用上千故事阐释内涵 用多阶诠释破解真义

故事增广

曾友明 曾祥丰 曾馨仪 曾尧生 编著

湖南教育出版社

代序　我读过的第一本蒙书

一、《增广贤文》，一本妇孺皆知的蒙学经典

第一次知道《增广贤文》，大概是在我五六岁时。后来，我又从外公、舅舅、姑父、父亲、伯父等大人的口中陆续听到过这四个字。有的时候，他们也只说“增广”两个字。而真正记住《增广贤文》中的一些句子，则主要得益于我的奶奶。奶奶出生在株木山乡杨家桥村的一个小地主家庭。很幸运的是，我奶奶的父亲曾经让她上过私塾，这在女子读书还受到较多束缚的清末是相当不容易的。

奶奶的记性很好。她在世的时候，经常在我们面前背自己当年学过的诗文。现在回想起来，奶奶背得最多、最流畅的，当属《增广贤文》《女儿经》《三字经》《百家姓》《千字文》《千家诗》等。由于多次听奶奶背诵《增广贤文》，所以自童年时代起，我就无意中记住了下面这几句话：“昔时贤文，诲汝谆谆。集韵增广，多见多闻。观今宜鉴古，无古不成今。”那时的我，之所以被这些语句给吸引，纯粹是因为它们就像歌诀一样朗朗上口而容易记忆。至于它们所表达的是什么意思，那时的我则似懂非懂。奶奶和家族中的长辈，以及周围的乡邻常常对我们这些小孩子说，“读了‘增广’会说话”。至于为什么会这样，以及如何才能做到这样，大人们并没有往下再做进一步的解释。

在我的记忆中，我的家乡，无论是在田间地头，还是在酒桌茶席上，时不时都会有人在他们的谈话中引用一两句《增广贤文》。这些乡邻在引用时，自然不会刻意告诉他人，说自己是在引用《增广贤文》。因为，在他们的言说方式、表达体系里，《增广贤文》是天然有机的一分子。换句话说，《增广贤文》不仅早已成为建构、传承、体现他们的价值观、世界观、自然观、社会观、伦理观、道德观、义利观等诸多观念的重要文本，而且也成为培育他们的言说方式、修辞语汇的基本精神资源。在过往的年代，尽管他们大多数人所受的教育都比较有限，但是，通过口耳相传，他们已经把自己所熟悉的有限的蒙学经典文本内化到了他们的生

活之中，成为指导他们自己处世、立身的指路明灯。他们对于这些经典的理解与体会，不需要抽象、空洞的言辞，不需要一个接一个的术语。毋宁说，他们大多能自觉地把自己在日常生活与劳动中的观察所得，同《增广贤文》里的总结与观察加以对照、验证，并据此来指导自己的生活，经营自己的家庭，援引其中的论断来教育自己的子弟。在他们看来，诸如“千年田地八百主，田是主人人是客”“鹪鹩巢林，不过一枝；鼹鼠饮河，不过满腹”“种麻得麻，种豆得豆”“水不紧，鱼不跳”等，以及诸如此类的论断和陈述，同他们自己的生活空间、劳作方式、认知版图密切相关，其中所包含的道理是淳朴天然、不证自明的。

在学院派的眼里和心中，类似于我家乡的这种蒙学的氛围，自然是碎片化的、零散的，甚至是不无村俗气的。然而，不可否认的是，在我的家乡，淳朴善良、勤劳坚忍的父老乡亲们，大多数恰恰就是通过浸润在这种零散、片段的传统蒙学氛围之中而丰富了他们的语汇、拓展了他们的眼界、提升了他们的判断力、装饰了他们的说话艺术。然而，这种充满田野芬芳、饱蘸泥土气息的蒙学氛围，恰恰是底层精神生活的本真面貌。这种毫无伪饰而又接地气的特质，高度契合了普通大众对于精神文化以及提高自我素养的朦胧诉求。这或许正是《增广贤文》这样的传统蒙学经典，在我的家乡得以妇孺皆知的秘诀之所在。

二、从世界教义文学经典看《增广贤文》

从世界范围来看，《增广贤文》属于具有鲜明中国传统文化特点的教义文学。所谓教义文学，就是以向受众传达某种道德教义，就某方面的技艺或才能提供教育指导为目的的文学作品。从中外文学发展历程来看，教义文学包括小说、诗歌、戏剧、格言、寓言、故事等多种形式。换句话说，教义文学既没有固定的格式，也没有一成不变的主题，在形式和内容方面都可能受社会历史发展的影响而发生相应变化。在不同文化背景中所产生的教义文学，首先传达的是与这种文化背景相符合的道德观念。从西方来看，教义文学像其他许多文学形式一样，最早也是起源于古希腊。人们现在常常提到的古希腊较早的教义文学，当首推大约问世于公元前8世纪的《工作与时日》。其后，在世界很多地方，都出现过诸多题材不一、体裁有别、风格多样的教义文学。比如，哲学家色诺芬写过《马术》，介绍职业骑手从事狩猎和进行战争的全部知识；古罗马诗人兼哲学家卢克莱修著有《物性论》，用诗歌的形式来阐述以原子学说为核心的伊壁鸠鲁哲学思想；古罗马诗人维吉尔著有《农事诗集》；古罗马诗人贺拉斯著有《诗艺》；古罗马诗人奥维德著有《爱的艺术》。最迟可以追溯到公元前3世纪在印度出现了《佛本生故事》；伊斯兰黄金时代的哲学家兼小说家伊本·图菲尔著有《哈彦·本·叶格赞的故事》；18世纪英国文化名人约翰逊博士著有《拉塞拉斯》；19世纪英国作家金斯莱著有《水婴孩》；20世纪英国作家伊夫林·沃著有《旧地重游》……就当代而言，也许我们还可以在这份名单中纳入乔斯坦·贾德所著《苏菲的世界》、达顿所著的《英格兰的童书：五个世纪的社会生活》等作品。

在我看来，包括《增广贤文》在内的诸多中国传统蒙学典籍，似乎也可以放在世界教义文学的花园中来加以考察与评价。当然，我提议从世界教义文学经典这一视角来衡量《增广贤文》，绝不意味着我认为它与那些已经获得较为广泛公认的教义文学经典，比如上面所提到的《工作与时日》《农事诗集》《诗艺》《爱的艺术》等这样的作品，乃至广为流布的《伊索寓言》这样的寓言故事，在艺术价值和对当代及后世的影响等方面可以简单地等量齐观。毋宁说，我更加看重的，是《增广贤文》同世界其他各国、各种文化中广为流布的教义文学在功能与目的方面的高度一致。

从维系一个民族乃至一种文化的精神根脉来说，教义文学在传承文化底蕴、构建文化认同、铸造人格、培育教养等方面，所发挥的作用其实是根本性的、奠基性的。这一点，在人类文明发展的早期阶段尤其如此，在教育尚不够发达、普及的时代也尤其如此。我们也不妨从这样的视角，来认识和评价摆在诸位读者面前的这部《故事增广》。

在教育不够普及的时代，在教育资源不够丰富的地方，像《增广贤文》这样既有乡野气息、泥土芬芳，又有翰墨精神、阳春底蕴的教义文学兼蒙学经典，往往发挥着难以估量的文化功能。它们在开启民智、传承文化根脉、塑造民族认同、规范乡野礼俗、敦睦家庭与人伦关系、辨别义利荣辱观念等诸多方面，发挥着重要的作用，其意义与影响至深至广。这一点，往往遭到了学院派研究者的忽略、漠视，乃至藐视。这种情形，既不利于一个社会的整体进步，也不利于一种文化的内部传承。从人类文化发展史的角度来看，在每一个民族的内部，的确存在着两种文化。实事求是地说，两种文化之间并不存在不可跨越的鸿沟。毋宁说，两种文化之间的边界总是流动的、变化的、此消彼长的、彼退此进的。这种滑动的边界关系，其犬牙交错之中，孕育着新的、有生命的文化增长的无限可能性。这两种文化，如果能够保持相辅相成、互相生发、互相促进的态势，那势必不仅有助于这两种文化的健康发展，而且也助于一个社会的和谐与进步。从世界范围来看，教义文学在两种文化之间所发挥的居间调停与融合功能，值得我们予以客观认识、做出公正估价。

作为一部教义文学经典，《增广贤文》自问世以来，它所发挥的功能，可谓是复杂而多元的。对个体来说，可以作为修身养德的指南；对家庭来说，可以作为明确长幼之序、融合血缘关系的黏合剂；对社区来说，可以作为敦睦邻里关系的准则；对国家来说，可以作为丰富文化传承的资源。毫无疑问，这些功能是可以叠加、重合而又互相补充、互为张力的。这些功能的践行，大体上也是切近我们十分看重的“修身、齐家、治国、平天下”这种人生追求的。如果把《增广贤文》这类具有明显中国文化特点的教义经典，同我们上面提到的世界其他文化中的教义经典做一些简单比较，就不难看出，《增广贤文》在教义功能方面的复杂、多元性，是十分突出而值得特别注意的。

与之相比，我们上面提到的许多教义文学经典，在教义功能方面则要相对单一或者说单纯得多。比如，《马术论》着重介绍职业骑手从事狩猎和进行战争的全部知识；《工作与时日》和《农事诗集》侧重于提出如何根据季节变化等条件有效开展农业生产；《诗艺》聚焦于总结当时新诗学的特点与贺拉斯本人的创作实践，并进而提出其诗学主张；《爱的艺术》偏重于在如何处理男女恋情、享受爱的愉悦方面提出建议和指导。当然，这些教义文学经典在形式的首尾一贯、主题的集中、篇幅的宏大、文采的丰富等方面，则大多要胜过《增广贤文》。不过，这方面的对照与比较，当属于在另外的场合来加以探讨的话题了。

三、《增广贤文》，作为教义文学经典照亮精神家园

像《增广贤文》这样一部妇孺皆知、雅俗共赏的教义文学兼蒙学经典，自然值得我们这些后来者兼传承者好好学习、研究。我们在学习、研究之后，乃至在此过程之中，还要考虑在理解、阐释的基础上来践行那些为我们所认可的观念，从而让经典活起来。以我的浅见而言，如果经典不能在我们的思想中、在我们的精神资源库中、在我们的日常生活中活起来，如果我们不能敞开心扉，让它的光芒照亮我们的精神家园，那么它的生命力或许是有些让人质疑的。正是在这个意义上，我怀着满心的欢喜向读者朋友们推荐这部《故事增广》，并真诚地祝愿从

这部作品中发掘出来的光芒，能够为我们的精神家园带来光明、温暖与灵动。

细读全书，我们不难体会到，为了让《增广贤文》这一重要教义文学兼蒙学经典活起来，为了让它的光芒闪耀起来，该书的编著者们做出了令人十分钦佩、景仰的工作。在他们看来，学习《增广贤文》的意义，就在于可以“提升自己的文化素养、道德修养，提高自己修身、齐家，治国、平天下的思想素质，告诉我们该如何为人处世。

为了发掘这部中国教义文学经典的当代价值与意义，该书的编著者们提出了“用近千故事阐释内涵，用多阶诠释破解真义”的主张。在我看来，这是非常有意义，值得尝试，而且也取得了明显成绩的编著思路。这种意义与成功，不仅得益于上述主张，而且得益于编著者们在编著过程中所做的技术处理。这本书给我的感觉很好，是可以从目前市场上绝大部分关于《增广贤文》的注释本、串读本、故事本、彩绘本等多种形式的阐释书籍中脱颖而出的一本书。读完《故事增广》全书，可以归纳为：该书好就好在“诠、图、例”三个方面。

所谓“诠”，也就是作者所用的多阶诠释的方法，将综合后择定的666句《增广贤文》阐释做到了极致，没有一定的学术功底是很难将这样的传统文学作品阐释得这么到位，这么细腻。

说到“图”，编著者亲自绘制的黑白插图当然不及那些市场上流传的绘本或漫画书，但每句必图，每图必题，也是个很费功夫的事情，从量上就抢占了制高点。若不是为了把《增广贤文》普及更广泛的社会层面，若不是考虑到对读者的审美尊重，若不是为了降减大量文字阅读带来的疲劳，是不会有这么充分考量的。有些图不仅是对原句的解读性图示，而且起到了补充、完善、提高的作用，更有的是让人会心一笑后的恍然大悟。书中的插图大都富有警醒世人的作用，给人以启迪，给人以振奋，从而加深人们对于该书的领悟。

那么“例”呢，也就是本书书名中那非常抢眼的“故事”二字。编著者深知，此类型的书籍不说汗牛充栋，也并非凤毛麟角，而本书在全面的基础上，将每条韵文对句也就是本书中所称韵文单元，铺展成一个或多个故事，来诱导读者更好地领悟《增广贤文》中所含的哲理，既有普及的需要，也有提高的应对，两相生辉，自成其美。而书中有完整人物、情节、结局等的典故、故事及事例就有近千个，可谓名副其实的故事体例的“增广贤文”。

本书还设置了检索体系，让读者耳目一新，附于书后，供人方便查询与读、用。这也是大多该类型书籍所没有的，也算本书的一大特色。为了激发读者对这种用“解悟+故事”法编著的《增广贤文》的阅读兴趣，编著者又提出了阅读此书的七种方法，分别为“定读法”“全读法”“枕读法”“翻读法”“心得法”“趣读法”“终身法”。严格地辨析起来，阅读《故事增广》的这些方法，其各自的划分有些或许尚不无可商榷之处，有些方法或有可合并之处。然而，我理解编著者的一片苦心，那就是要想方设法激发读者的热情与兴趣，唤起他们的注意，让他们花一点时间，读一点《增广贤文》，并从中汲取有助于浇灌、呵护我们精神家园的一点养分，让经典的光芒尽可能多地照进我们的精神家园。

当然，在我们说《增广贤文》是一部经典时，并不意味着它是十全十美的。事实上，放眼人类的文化史，要找出一部举世公认的十全十美的经典，几乎是不可能的。随着社会历史语境的变迁，随着人们精神素养的提升，随着时代精神的变化，人们对于经典的认识和评价，也会发生相应的变化。一方面，我们要认识到，《增广贤文》中所揭示的人生哲学，远不如那些高头讲章式的经典那般深奥、艰涩。毋宁说，从总体上来看，它是平实、朴素的。这不仅是它的特色，也是它能够征服普通读者，浸润于他们的生活与精神世界的力量之所在。另一方面，我们也要客观地认识到，《增广贤文》中的有些观念，或许有点乡愿气、因果论色彩和宿命论思想。这些方面，显然是与今天的时代观念相抵牾的，这也是特别需要读者们自行甄别、择取的。比如，“慢藏诲盗，冶容诲淫”“虎生犹可近，人熟不堪亲”“人生似鸟同林宿，大限来时各自飞”“人善被人欺，马善被人骑”这类的认识，其背后所寄寓的观念，总体上来看是比较消极而充满犬儒气息的。在本书的“前言”中，编著者已经就如何“去其糟粕，取其精华，为我所用，精进自身”提出了很好的见解和主张，我对此是赞成的。

通读这部用“解悟+故事”法编著的《故事增广》，我们不难感受到编著者发掘传统文化典籍精华、为照亮当代人的精神故乡而上下求索的热情与智慧。曾友明、曾祥丰两位先生及其合作者们苦心经营，历时三载，几番增删，终于把一部传统文化与现代诠释相映生辉的教义文学经典，呈现在诸位读者面前了。这是值得特别祝贺的事情。

这本《故事增广》的作者之一曾友明先生，是我中学时候的地理老师，目前是汉寿县一中的校长。曾友明先生风趣幽默、睿智超凡，对传统文化有着令人感佩的热忱，对于用优秀的文化资源来推动教育事业的发展，有着难得的使命感和责任感。在繁忙的行政管理工作间隙，曾友明先生不仅喜欢诵读优秀传统文化典籍，而且还常常创作旧体诗词。他力图通过自己的言传身教，在他的老师团队中，在他的学生群体中，在他周围的朋友中，延伸传统文化的根脉。对于一个基础教育界的管理者而言，在可能的情况下，能够有意识地将自己的传统文化素养同教育行政管理工作力争做到有机融合，这是难能可贵的，也是值得我这做学生的学习并践行的。

记得是在今年二月的一次小型聚会上，曾友明先生对我提起，他正在编一本书，说要让我写个序。老师这话一出，让我颇为犯难。欣闻老师有著作即将出版，这自然是很值得期待的事情。但是，给老师的书写序，这岂不是给我出了个大难题吗？几番思忖和犹豫之后，我慢慢就把这个事情淡忘了。直到今年五月，也就是我来波士顿工作三个月以后，我接到了曾老师发来的邮件。他把自己与其他三位编著者合作编著的《故事增广》电子书稿发送过来了。

在对着电脑屏幕赏读这部焕然一新的《故事增广》的过程中，我不仅得到了精神的愉悦，而且也唤醒了一些尘封已久的记忆。这其中，既包括奶奶当年为我们背诵《增广贤文》的种种情形，也包括我的父老乡亲们在各种场合引用《增广贤文》的情境。那些曾经烙印在我脑海中的《增广贤文》中的名句，似乎也排着队，在我的眼前跃动起来。每念及此，我的心头都觉得特别温暖。这是我特别需要向曾友明、曾祥丰、曾馨仪、曾尧生四位编著者表示感谢的。如果没有他们的辛勤劳作，我或许很难有机会在时隔差不多三十年之后，再次认真去翻读这部自儿时起就有些零星了解的《增广贤文》。正是缘于这种愉悦与感动、这种钦佩与景仰，在彷徨许久之后，我终于鼓起勇气，以一个学习者兼读者的身份，把自己同《增广贤文》的最初因缘，以及自己对它的粗浅理解付诸笔端，草成这篇不能算作序的文字，谨此向四位编著者致谢、致敬。正是他们的辛勤付出，使我得以有机会重温在儿时即已闯入了我的记忆森林中的这部教义文学兼蒙学经典，并由此获得了对它的进一步了解和认识。

对于一个读书人来说，与自己曾经亲近过的经典不期而遇，还有比这更快乐、更令人欣喜的事情吗？

姚建彬[①]

于贝尔蒙特镇山毛榉街158号寓所

2016年10月27日（美国东部时间）

① 文学博士、教授、博导，北京师范大学文学院副院长，美国塔夫茨大学孔子学院中方院长。

前 言

五千年来，勤劳智慧的中华儿女创造了光耀世界的灿烂文化，为人类的进步和文明作出了巨大的贡献。近百年来，在中国共产党的领导下，国家日益强盛，人民在物质生活得到满足的同时开始愈发追求精神文化生活。基于此，党和国家领导人历来就很重视中国优秀传统文化的传承和弘扬，并在不同场合、不同的讲话中作出了重要指示，要创造性继承与大力弘扬中国优秀传统文化。《增广贤文》是中国传统文化的一部分，也是非常精粹的一部分。作为中华儿女，有必要认真学习，剔除其糟粕，吸取其精华，把自己培养成一个有理想、有道德、有作为的中国人。

一、《增广贤文》成书简介

《增广贤文》是我国古代一部极有影响的蒙学读物。它在传统蒙学读物中有着不容忽视的地位，并有“读了增广会说话”的盛誉。《增广贤文》也简称《增广》，又名《昔时贤文》《古今贤文》《增广昔时贤文》等，后经人重订并更名为《重订增广》，但通称为《增广贤文》。有人考证此书源于唐朝的《太公家教》，自宋以来一直流行于社会各阶层，为中国古代儿童重要的启蒙书目，是一部古训集、民间谚语集、劝世箴言集，更是一部雅俗共赏的国学经典。书名最早见于明代万历年间的戏曲《牡丹亭》，据此可推知此书最迟写成于明万历年间。后来，经过明、清两代文人的不断增补，才有了现在这模样。作者一直未见任何书载，只知道清代同治年间由儒生周希陶对其加以修改，刊行了《重订增广》一书。从严格意义上讲，很可能是民间集体创作的结晶。它的取材广泛、版本也多，目前流行的几个版本，或详或略。

《增广贤文》篇幅不长，通行本只有370多句、3800字左右。全书以韵文的形式，将格言排列在一起，三言、四言、五言、六言、七言及多言交错而出，灵活多变。全书以对偶、比喻等修饰而成，句句通俗易懂，读起来抑扬顿挫，朗朗上口，易于记诵，从而突破了传统蒙学读物一种句式贯穿始终的基本格式，使语句更接近于口语，更易于为人们所接受。不仅儿童喜欢，就连成年人也乐于阅读，以至于其中许多格言至今仍广为流传，这正是传统文化的力量所在。可以说，这是《增广贤文》深入民间的原因之一。

《增广贤文》的基本思想和价值取向是儒家的基本道德观念。在中华民族漫长的历史发展进程中，儒学一直是指导治国和治家的理论基础，其思想一直为全民族所认同。中庸之道作为儒家推崇的最高道德标准和为人处世的最高规范，自然得到了广泛认可。在儒家看来，人是一种关系的存在，天地宇宙和人类社会都必须处在情感性的群体人际的和谐关系之中，而中庸之道的处世观正好与中华民族在长期历史发展进程中形成的民族心理定势相契合，在现实的社会、文化情境下，能够维持人际关系的和谐。这种受众的广泛性可从其体用中得以实证。儒家文化的主流是经世致用，兴邦治国，教化民俗。表现在人生态度上，就是关心社会现实的入世精神。《增广贤文》特别强调了对人的教化，反映出中华民族早就具有立足于现实、重视人生、以人为本的立国为民思想。细细通读全书，有如沐春风、惠风和畅之感；如若闲而读之，细细推敲，句句含义隽永，富有韵律；若与时代相契相合，毕露针砭时弊之锋芒；如把文中格言作为人生信条，即可终身受益。

《增广贤文》集合了经史子集、诗词曲赋、戏剧小说以及文人杂记中的语言、故事，直接或间接地诠释了古人的思想观念和人生智慧。其内容大致为：一是谈人性及人际关系，二是谈命运，三是谈如何处世，四是表达对读书的看法。这本书不但读起来通俗易懂，而且内容生动有趣，以格言的形式讲述了很多为人处世的道理，因此这本书被人们奉为“做人的准则，处世的法宝，交际的妙术，治家的秘诀”。许多精辟的格言警句千百年来一直被人们广为传诵，这些格言警句都蕴藏着前人丰富的智慧。

二、《增广贤文》的现实意义、特点及价值

当人们的生活质量达到了一定的程度，就会自觉地开始淡化肉体上的外在需求，转而寻求更高级的精神需要。在获得了精神满足的时候再升华到外部，从而

达到一个精神与肉体同时获得高追求、高满足的状态。人追求精神文化的一个方面就是传承自己民族的传统文化。因为传统文化融化于你的血液里，与你最亲近，最能让你快速认同，也是最能让你获得共鸣的。而这里说的传统文化其实指的就是一国所固有的学术思想即国学的经典。在我国，也指以儒学为主体的中华传统文化与学术思想。因儒家思想可指导我们为人处世、待人接物，能帮助我们更好地立足于这个社会之中，可以说我们每天都需要不断触摸儒家思想。

而《增广贤文》不仅是一本宣传儒家思想的书，还融合了道家、释家等百家思想。通过学习我们不仅可以提升自己的文化素养、道德修养，提高自己修身、养性、齐家、治天下的思想素质，还能更好地掌握为人处世之道。与此同时，我们还能开拓自己的思维，为培育和践行社会主义核心价值观以及加强思想道德建设服务，将传承了数千年的中华文化延续下去，发扬光大。

《增广贤文》既是中国传统文化的通俗读物，也是中国文化的集大成者，具有六个主要特点：一是集体创作。《增广贤文》的最初版本没有署名作者，属于集体创作的作品。目前以清代同治年间周希陶的重订本为权威版本。周希陶以平、上、去、入四韵编辑整理，并略加音注释典，更便于诵读，得到后人认可。二是内容丰富。《增广贤文》共3800多字。主要来源于历史典故、名人名言、名著警句、格言谚语。主要内容涉及为人处世、立志学习、勤奋谦虚、淡泊明志等方面。三是对仗工整。《增广贤文》表现形式非常讲究，前后句子对仗工整。这是有别于其他读物的一大特色。四是通俗易懂。《增广贤文》与《三字经》《百家姓》《千字文》等都属于通俗读物，因此内容通俗易懂，无论文化程度高低，一般能够读懂或听懂。五是广泛流行。《增广贤文》明清年间在我国广为流行，一些地方甚至有“除了贤文不说话”之说。时至今日《增广贤文》在我国城乡仍然有着深厚的根基。六是与时俱进。《增广贤文》的“增广”之意按今日之说法就是与时俱进，不断地淘汰过时的、消极的内容，增加体现新时代的内容。如淘汰的内容有“人无横财不富，马无夜草不肥”“人为财死，鸟为食亡”等；增加的内容有：“吃得亏，坐一堆；要得好，大做小”等。当你既无意从事国学研究，又无时间和精力学懂弄通“四书五经”时，不妨读一读《增广贤文》，或许将会使您感觉相见恨晚，受益终身。

《增广贤文》是蒙学读本中的佼佼者，它记录了许多反映生活哲理的格言，这些内容常被人们挂在嘴边。所以《增广贤文》的价值不容忽视。时至今天，《增广贤文》中积极的思想部分对于当代青少年仍有很大的教育价值和文化价值。

1. 具有鲜明的教育价值。重点体现在培育道德、珍惜时间、鼓励学生学习、为人处世哲学的教育价值。

培育道德的教育价值。道德教育重在孝、善、信。从古至今，道德教育在学校教育中始终居于重要的地位。首先，是“孝”的道德教育。《增广贤文》是在对《太公家教》批判性继承的基础上发展而来，传承了《孝经》《三字经》中的“孝悌”思想，很重视“孝”的道德教育，有不少孝敬父母的格言。“孝”是我们中华民族传统的伦理观念之一，“孝”是最大的美德。其次，劝人向善的道德教育占了很大篇幅。《增广贤文》传承了儒家经典书籍“四书五经”中的道德教育思想，教导人们与人为善，要保持一颗善良的心，多做善事，不做坏事。它告诫人们要尚善、行善、扬善，始终怀抱善心、善意，善待所有的人，那这个世界就会少很多假、恶、丑，多很多真、善、美，人们生活的这个世界才能真正称得上是一个美好的世界。再次，就是诚实守信的道德教育。诚信是立人之本、齐家之道、交友之基、为政之法、经商之魂。《增广贤文》中的诚信教育源于儒家的核心教育思想，即被称作“五常”的“仁、义、礼、智、信”中的“信”。《增广贤文》对青少年进行诚信道德教育很有帮助。

珍惜时间的教育价值。时间无情，稍纵即逝。时间是构成生命的材料，珍惜时间就等于珍惜自己的生命。无论是谁，生命只有一次，然而，对于珍惜时间的人，它却馈赠以无穷的智慧和财富。有人把时间比作世界上一切成就的土壤，只要人们辛勤耕耘，它将献给劳动者以甜美的果实。《增广贤文》中提醒人们，尤其是青少年，要想成为有才华的人，就一定要珍惜大好的青春时光来读书、学习，奋发图强，努力学习科学文化知识，用知识来充实、武装自己的头脑。《增广贤文》中有大量劝人珍惜时光、强调读书重要性的格言。这些对教导青少年努力学习具有积极意义。

鼓励学生学习的教育价值。《增广贤文》传承了《太公家教》中的思想，其中一些强调学习重要性的句子，保留了《太公家教》中的原意，但在文句上做了较大变动；同时也传承了《三字经》中勤勉好学的思想，用来教育青少年，教育他们努力学习，努力求知。《增广贤文》要我们珍惜时间，少年多学，老来无悔。其实，学习没有年龄之分，只有树立终身学习、时刻学习的意识，才能感受到学习的乐趣，才能从学习的收获中使生命永恒。

为人处世哲学的教育价值。素质教育要求培养具有综合素质的人才，要发展学生各个方面的素质。因此，除了让学生学好科学文化知识外，教学生如何做人、如何处世也非常有必要。在《增广贤文》中有不少谚语格言表明了为人处世的哲学观念，对青少年进行处世哲学的教育非常有帮助。

2. 具有很好的文化价值。《增广贤文》具有句式创新、灵活多变，形式创新、格言警世，兼容百家、普及经典，少用典故、通俗易懂，内容广泛、论述精辟五个方面的文化价值。

其一，句式创新、灵活多变。传统的蒙学读物为方便儿童阅读，一般采用韵文和短句式，如宋代出现的《三字经》《百家姓》，明代出现的《幼学琼林》《龙文鞭影》等都是如此，这无疑对儿童的学习有好处。但这些读物多数存在着句式整齐而显得单一刻板的问题，这就使蒙学读物模式化倾向严重，在一定程度上影响了内容的生动表达。《增广贤文》打破了三言、四言、五言一种句式贯穿始终的限制，采用三言、四言、五言、六言、七言，长句和短句交错的杂言句式。全书排列灵活多变，当长则长，当短则短，只求对偶成句，不强求整齐划一。尽管都押韵但换韵自由，视情况而定，不必如作诗般严谨，取其易于记诵即可，处处体现了自由活泼的特征。读起来抑扬顿挫、朗朗上口，从而突破了传统蒙学读物一种句式雷同的基本格式，使语句更接近于口语，更易于为人们接受。这也是《增广贤文》深入民间的原因之一。

其二，形式创新、格言警世。《增广贤文》以格言的形式，荟萃成书，讲述了对人际关系的看法，介绍了待人接物的经验，宣讲了人生哲学，并希望能进一步治世育人、敦伦劝孝、美化风俗。它以含有韵的谚语和文献佳句选编而成，实际上是一部格言集。从《增广贤文》所录格言的来源看，这些格言都经过千锤百炼，有着广泛的影响。《增广贤文》便因此代表了许多人的思想，凝聚了前人的智慧。这与其他蒙学读物只代表作者一家之言有极大的不同，是本书价值的又一表现。书中那些精辟的语句绝非凭空而谈、信口雌黄，而是对中国人处世经验、智慧和原则的总结，因此具有很强的说服力，这正是它的生命力所在。其中一些谚语、俗语反映了中华民族勤劳朴实、吃苦耐劳的优良传统，成为宝贵的精神财富。许多关于社会、人生方面的内容，经过人世沧桑的千锤百炼，成为警世喻人的格言。一些谚语、俗语总结了千百年来人们同自然斗争的经验，成为简明、生动、哲理式的科学知识。这就使得该书如同今天的《格言警句大全》之类，雅俗共赏，切近实用。

其三，兼容百家、普及经典。传统的蒙学读物，绝大多数是反映儒家的观点、代表儒家的思想。而《增广贤文》却不是这样，书中既有儒家的说教，也有道家的思想，这在蒙学读物中很少见。这也正是它的独特之处。但也正是由于这种庞杂，使《增广贤文》具有了广泛的代表性。《增广贤文》绝大多数句子都来自经史子集、诗词曲赋、戏剧小说以及文人杂记，其思想观念都直接或间接来自儒释道各家经典。从广义上来说，它是雅俗共赏的“经”的普及本，不需过多讲解就能读懂，通过读《增广贤文》同样能领会到经文的思想观念和人生智慧。有的格言警句来自经史诸子；有的格言出自历代著名的诗句；有的格言警句出自著名的小说、杂记；有的格言警句来自民间通俗文学；有的还采用了一些蒙学读物中的句子。正是因为出处不同，所以全书广泛采录，不拘一格。

其四，少用典故、通俗易懂。以往的蒙学读物都存在用典过多、深奥难懂的问题。《增广贤文》在这些方面就有了突破，不仅用典少，而且不强求以骈句行文，这就使《增广贤文》有了一个不同于其他蒙学读物的新面貌。在“言必引经，文必四六”用典之风盛行的明代，该书敢于打破常规，不用典故，而采用接近现代白话文的写法，确实难能可贵。难怪其中不少不藏典故、明白晓畅、易读易记的俗语谚语至今还流传在百姓口头上，这对今天建设社会主义精神文明、提高公民的道德素养仍有积极的借鉴作用。

其五，内容广泛、论述精辟。《增广贤文》最能征服人心的是它的内容。从表面上看，《增广贤文》似乎杂乱无章，但只要认真通读全书，不难发现有其内在的逻辑。全书重点谈了人际关系、命运人生、处世方法以及对读书的看法，但中心是讲人生哲学。该书对人性的认识以“性本恶”为前提，以冷峻的目光洞察社会人生：亲情被金钱污染，友情只是一句谎言，尊卑由金钱来决定，法律和正义为金钱所操纵，人性被利益扭曲，世故导致人心叵测，人言善恶难辨等。《增广贤文》把社会诸多方面的阴暗现象高度概括，冷冰冰地陈列在读者面前。在《增广贤文》描述的世界里，人是虚伪的，人们为了一己之私变化无常、嫌贫爱富、趋炎附势，从而使世界布满了陷阱和危机。人们既然不能真诚相待，那么他们追求的必然是真情以外的东西——那就是金钱。其实，书中并不一味崇拜金钱，也不片面反对金钱，其深知金钱的重要性，但认为有比金钱更重要的东西。《增广贤文》有很多强调命运和报应的内容，认为人的一切都由命运安排，人应行善，才会有好的际遇。书中那些过分强调命运的内容有其消极的一面，但它倡导行善做好事，则又值得肯定。《增广贤文》用大量篇幅叙述如何待人接物，这是全书的核心。书中十分强调自我保护：交友要慎重，要对自己有帮助；判断朋友好坏的原则等。书中对忍让多有描述，认为忍让是消除烦恼祸患的方法。人生在世，要小心谨慎。小心和忍让可以减少矛盾，这种处世态度有一定的积极意义。书中还强调了人的主观能动性，认为这是做事的原则。

文化是社会政治经济在观念形态上的反映，《增广贤文》也不例外。由于时代和历史的局限，《增广贤文》亦必然打上那个时代的烙印。《增广贤文》有它笼统的价值。我们鉴赏时要看清它每句话的立场：社会本位立场、自然法则立场。不同的立场所产生的观念自然不同，所以感觉到里面有很多自相矛盾的地方，就像古贤圣人与我们绝大多数社会人的立场相反一样。我们随流于社会，而圣人适应于自然；我们是欲得而终不能得，而圣人欲舍而终有得；我们修果，圣人修根；我们修名利，圣人修根本。同时，学习时还必须注意，它有的内容反映封建伦理和道德观念，甚至带有明显的封建迷信、宿命论色彩；有的内容以个人为中心，反映了当时人们普遍存在的自私自利、损人利己的思想；有的反映了在当时社会制度下小市民阶层得过且过、畏缩苟安的心理和避祸厌世的消极人生哲学；有的在当时社会不失为对社会现象的正确反映，但在今天来讲，却是我们应该摈弃的。此外书中那些表达及时行乐思想的内容也不可取。这些都带有时代的局限性，犹如糟粕，影响了全书价值的高品位。我们在阅读时务必采取正确的态度，明察扬弃，批判继承，取其精华，古为今用。

三、本书编著的技术处理

《故事增广》全书采用多阶诠释方法，通过意译的方式逐句解析，并借助故事、实例等加以说明，使更多的人能完全看懂，充分理解《增广贤文》作为国学经典的深刻含义。在所有中华传统文化的欣赏中，像《三字经》《增广贤文》等带有古典诗词色彩的韵文作品，需要领悟力。缺乏领悟力，传统文化的欣赏就会中断并出现困难，形成思维中的“高原反应”。由此则易引起中华传统文化欣赏群的严重萎缩，危机将不可避免。笔者作为普通的韵文爱好者，虽不能力挽狂澜，却有精卫填海的壮心，日思夜想，试着去尽可能地降低传统文化欣赏的门槛，让更多爱好者涌入古典韵文、诗词歌赋的艺术殿堂，一饱“诗”福，一饱“文”福，一饱“思”福。

1. 多阶诠释的基本含义

笔者试图把传统韵文欣赏分成三个主要阶段（参见下图）：

/ 插图阶（模糊 2 阶）

/ 故事、实例阐释阶（模糊 1 阶）

/ 意译阶（过渡阶）

/ 原句阶（源阶）

各阶的基本形式

第一阶：对古典韵文的直接领悟，即对原句的直接欣赏，或者初步熟悉原韵文。

第二阶：重组意译，侧重连贯韵文的诗意、诗境，美化欣赏，犹如老牛食草，悠闲反刍，细嚼慢咽，一直进入深层次欣赏，从而领悟到原句的韵文魅力。

第三阶：深化理解，余后的故事、实例阐释阶，插图阶都以模糊的方式去隐约阐释韵文例句的内涵，或紧或松，其意相近、相似或相对而已。

整个欣赏过程用“阶”这种逐级递升的外在形式去贯彻，这就是多阶诠释。

2. 多阶诠释的操作步骤

《增广贤文》的版本有很多，即便相似的版本，内容也有不同。为了适应新时代的需要，笔者以清代学者周希陶修订的《重订增广贤文》为蓝本，参照其他版本，以及笔者多年来对《增广贤文》和其他国学经典的研读和理解，适当增删、合理编排，组成了《增广贤文》综合版本，择句 666 句，共有万余字。这也是本书编著的总纲。本书还以每个完整的韵文为解析单元。有些内容非常紧密，即以四句为一解析单元。每个单元都有**【原文】【解悟 · 故事】**及插图。为让读者更好地理解古代韵文的多阶诠释，现通过例句来加以阐明。所举为《故事增广》中的不同例句来进行解说。对此，我们按多阶诠释方式分两步赏析。

第一步：直读原文。如果读者的欣赏层次已炉火纯青，足能领悟原有韵文的原汁原味，那么，当把书中的**【原文】**读完，韵文的欣赏也就可顺利完成。如果读者的知识水平还不能一步到位，则可往下继续试析，而此阶也就成了对原诗词的初识、熟悉过程。

第二步：是在保持原句本意的基础上，根据所举韵文例句的上下意境，重新组合成自由句群，以便完成意译，实现古代韵文的自我欣赏。

（1）先意译：

考虑到古、今语言的理解色彩和语序习惯等有很大的区别，笔者在**【解悟 · 故事】**中，首先用意译的办法对原有韵文进行了脱离原有字词的解读。

例如：537. **【原文】宁使人讶其不来，勿令人厌其不去**。

【解悟 · 故事】宁愿使别人对你的不到来而感到惊讶，也不要使别人对你的不离去而感到讨厌。因此，我们要学会交往，掌握人际关系中的度。

（2）明要点：

在意译的后面，用“因此”提示，对原文的领悟要点进行总结与分享。从上例中，“因此”后面的“我们要学会交往，掌握人际关系中的度”就能点明原文内核及我们所能吸纳的精髓，帮助读者诸君更好地理解《增广贤文》的教育实质。

（3）补实例：

考虑到不同的读者群，为使更多的人喜欢《增广贤文》，编著者为体现《故事增广》的特色，采用了近千个故事与实例。每个解析单元都用了至少一个实例、故事，有的是历史典故，有的是哲理性寓言。这些实例、故事对原文做了第三次解读，从而确保对原文的有效领悟和正确诠释。

例如：116. **【原文】先到为君，后到为臣。**

【解悟 · 故事】抢先一步就能当上君王，后到一步只能称作臣子。因此，我们要决策果断、行动迅速、抢抓机遇。

“先到为君，后到为臣”源于明嘉靖帝继位的民间传说。公元1521年，明正德皇帝朱厚照病死驾崩，因无子嗣，又是单传，皇族间早有明争暗斗。张太后迫于政势，颁密诏在汝安王、寿定王、兴王三人中选一人继统，三诏并发，并诏曰“先到为君，后到为臣”，以南郊仪仗相迎为准。湖北兴王朱厚熜是最近支的皇室，其条件最差，距离北京两千余里，而汝安王、寿定王离京均是千里之遥。按当时的交通条件，汝安王、寿定王可以十天到达，而兴王则至少需要二十天才能到达。为抢得时间，幕客严嵩献策，朱厚熜假扮钦犯，坐着囚车，日夜兼程赶到了北京。最终，这个计策成功地蒙骗了另外两王，朱厚熜第一个赶到并登了基，成了明朝第十一位皇帝嘉靖帝。

本书在编撰过程中，还遵循了以下原则：所引故事尽量古实今虚；用笔力争简洁，每句阐述、实例尽量限制在1000字以内。

（4）巧插图：

为了缓解读者的视觉疲劳，编者还请专人绘图666幅，适当编排，以激发读者阅读兴趣，缓和读者阅读节奏，引发读者纵深思考，从而让更多的人更直观地理解原文。

3. 有关索引的解释

本书较之一般的传统文化书籍，新增的“索引”可能也算是一大特色。本书编辑了三种索引。《首字笔画索引》《首字音序索引》中的首字均为《全文依序索引》

韵文单元中的第一个字，而后面括号中的序数即为《全文依序索引》中的序号。

例如：读者想查“画虎画皮难画骨，知人知面不知心”的韵文单元，从“画”字笔画入手，则可查得——八画：画（57、375），知有 2 个画字开头的韵文单元，再进入《全文依序索引》可查得：57. 画虎画皮难画骨，知人知面不知心；375. 画水无风偏作浪，绣花虽好不闻香。

由此可见，想查的应在第 57 个韵文单元。再从本书正文部分**【原文】**前的序号，查到第 57 句，就可欣赏到相应韵文单元的全部内容了。

如果从“画”字的音序入手可查得：H 画（57、375），可得知有 2 个画字开头的韵文单元，在第 57 句和第 375 句，然后再进入《全文依序索引》即可查得相应的全部内容。以此类推，不再赘述。

四、本书适合的读法建议

为了更方便大家的阅读，笔者建议采用以下阅读方式：

1. 定读法：在阅读前，要树立信心，不要畏惧这本书的厚度。开卷得喜，开卷见善，开卷增智。

2. 全读法：您如果想系统地了解和学习《故事增广》内含的丰富知识，最好是完整地阅读，从头至尾，花一段时间坚持读完。

3. 枕读法：将这本书放在枕边，每天花一刻钟看一两句再入眠，您将睡得更踏实，更温馨。

4. 翻读法：把这本书放在随手可得处，有空时翻看一两句，定会有所收获。当您遇上某事不得其解时也可随意翻翻看，也许你的烦恼就会迎刃而解。

5. 心得法：当您在读本书时，最好能一边读一边写下自己的心得体会。与此同时，与同读本书的朋友一同交流、一起分享，也算是人生的一大乐事。

6. 趣读法：当您遇上什么迷惑的事情非常纠结时，可随意选定一个句序，并翻看该句序下的内容，或许正是您需要解决的心理问题，触类旁通，给人启迪，豁然开朗，如释重负。无意言中，佳趣顿生。

7. 终身法：《故事增广》是本让人终身受益的书。将此书备于案头、床头等地方，闲来一读，必有所获。

最后祝您在《故事增广》的阳光下，有一个甜蜜而恬静的精神故乡！

曾祥丰　曾友明

目录

001/ 一、正文

504/ 二、首字笔画索引

507/ 三、首字音序索引

511/ 四、全文依序索引

534/ 五、后记

正　文

1.【原文】昔时贤文，诲汝谆谆，集韵增广，多见多闻。

磨铁成针

【解悟 · 故事】用以前圣贤们的言论，来给你谆谆教诲，广泛搜集押韵的文字汇编成“增广”，使你增长见识。因此，多学习过去的名言佳句，会对你的人生助益良多。

人生复杂，而社会又是复杂的人的集合，但即使再复杂的关系也有规律可循。先人将自己亲身经历的一些经验和教训总结起来，口口传诵，希望后来者不要重蹈覆辙。人的一生很短暂，要想过得有意义，就要从贤能者那里汲取精神营养，为撰写自己最美好的人生打下坚实的基础，做一个有理想、有志趣、品格高尚的人。

李白是唐代的大诗人，但是小时候读书并不用功。有一天，他的书读到一半，就不耐烦了：“这么厚的一本书，什么时候才能读完？”于是他干脆不读了，把书一扔就溜出去玩。李白快乐地跑着，忽然，他看见一位老奶奶正在磨刀石上用力地磨着一根铁棒。李白觉得很奇怪，便蹲了下来，傻傻地看了好一阵。老奶奶也不理会他，只是全神贯注地磨着。李白忍不住问了一声：“老奶奶，你在做什么？”老奶奶说：“我在磨针呀！”李白问：“这么粗的铁棒，怎么可能磨成针呢？”老奶奶说：“孩子，铁棒再粗，我天天磨，还怕它磨不成一根针吗！只要有恒心，再难的事情也能做成功。读书不也是这样吗？”听完，李白便立刻转身跑回家去，拾起扔在地上的书本，专心读起来，从此也不敢再偷懒了。后来，李白成了我国历史上一位伟大的诗人。

2.【原文】观今宜鉴古，无古不成今。

【解悟·故事】观察今天的事情应该借鉴过去的历史，如果没有过去就没有今天。因此，我们应该借鉴古人的经验教训，来指导今天的生活。

阅读历史小说，总能解悟到现实的哲理、人性的灵光，使人更明事理。古今一线牵。殷鉴历历，足以寄慨，足以垂训，让人百读不厌，启迪多多。这也正是历史小说吸引人的魅力所在。

司马迁小时候，是个爱静不爱动的孩子。他最喜欢的事情就是跟着父亲。白天，小朋友们都在外边玩，司马迁却搬个小板凳坐到父亲身边，听他读书，看他写字、画画。“父亲的大笔可真神奇！”司马迁心里想。晚上，吃过饭，司马迁总是蹦跳着扑到父亲怀里，“父亲，今天讲什么故事呀？”随着司马迁一天天长大，他有了一个问题：“为什么父亲知道那么多的事情，会讲那么多的故事呢？”父亲告诉他这些都是从书上看到的，司马迁翻了翻书，却一个字都看不懂，急得都要哭了。从那天开始，司马迁就跟着父亲学认字了。后来，他勤奋好学，坚韧不拔，终于练就了一支公正的铁笔，完成了“史家之绝唱，无韵之离骚”的《史记》。

人一生中需要接受古今中外的不同知识，这些知识就如同空气，平时看不到、感觉不到，却是必需品。诵读国学经典，可以让我们耳濡目染，鉴古知今，在潜移默化中陶冶情操，开阔胸襟，迈向圣贤之道。

3.【原文】贤乃国之宝，儒为席上珍。

【解悟·故事】德才兼备者是国家的宝贵财富，要把知识分子当作珍宝一样来重视。因此，我们要努力营造尊重知识、尊重人才的氛围，激励更多的中华儿女为国家建设奉献聪明才智。

燕国国君燕昭王一心想招揽人才，而很多人认为燕昭王不是真的求贤若渴。燕昭王因始终觅不到治国安邦的英才而整天闷闷不乐。后来有个叫郭隗的智者给燕昭王讲述了一个故事——有一位国君愿意拿千两黄金去购买千里马，然而过了三年，始终没有买到。又过了三个月，好不容易发现了一匹千里马。当国君派手下带着大量黄金去购买时，马已经死了。可被派出去买马的人却用五百两黄金买来那匹千里马的骨头。国君生气地说：“我要的是活马，你怎么花这么多钱弄来了一堆马骨头呢？”国君的手下说：“国君您舍得花五百两黄金买千里马的骨头，更何况活马呢？我们这一举动必然会引来天下人为你提供千里马。”果然，没过几天就有人送来了三匹千里马。

郭隗又说：“你要招揽人才，就从招纳我郭隗开始。像我这种才疏学浅的人都能被国君重用，那么，那些比我本事更大的人必然会闻风而动，千里迢迢汇聚燕国。”燕昭王采纳了郭隗的建议，拜郭隗为师，为他建造了宫殿，提供优厚待遇。没多久就引发了“士争凑燕”的局面。投奔而来的有魏国的乐毅，有齐国的邹衍，还有赵国的剧辛，等等。落后的燕国一下子便人才济济了。从此，一个内忧外患、满目疮痍的弱国，逐渐成为一个富裕兴旺的强国。

4.【原文】农工与商贾，皆宜敦五伦。

岳母刺字

【解悟·故事】各行各业的人士，都应该诚恳地遵循“五伦”（“五伦”是儒家伦理的核心内容，即父子、君臣、夫妇、兄弟、朋友之间的关系，泛指各种关系的言行准则）。因此，在人际交往中，应该遵循规则。

宋朝时，岳飞出生于相州汤阴（今属河南）的一个农民家庭。他出生不久，黄河决堤，生活十分艰难。岳飞年少时，北方的金人南侵。宋朝当权者腐败无能，节节败退，宋处在生死存亡的关头。一天，母亲把岳飞叫到跟前说：“现在国难当头，你有什么打算？”“到前线杀敌，精忠报国！”岳母听了儿子的回答，十分满意，“精忠报国”正是母亲对儿子的希望。她决定把这四个字刺在儿子的背上，让他永远记着这一誓言。岳飞解开上衣，请母亲下针。母亲问：“你怕痛吗？”岳飞说：“小小绣花针算不了什么，如果连针都怕，如何去前线打仗！”母亲先在岳飞背上写了字，然后用绣花针刺了起来。刺完之后，母亲又涂上醋墨。从此，“精忠报国”四个字就永不褪色地留在了岳飞的后背上。后来，岳飞以“精忠报国”为座右铭，奔赴前线，英勇杀敌，立下赫赫战功，成为一代名将。

5.【原文】孝弟为先务，本立而道生。

【解悟 · 故事】孝敬长辈、关爱兄弟，是一个人为人的首要之事，只有懂得和做

到了孝顺，才能明白做人的道理。因此，我们要孝顺长辈，履行孝道。

汉高祖第四子刘恒为薄姬所生。他在公元前180年继承帝位，即汉文帝。汉文帝以仁孝而闻名天下，侍奉母亲从不懈怠。母亲卧病三年，他常常目不交睫，衣不解带；母亲所服的汤药，他亲口尝过后才放心让母亲服用。汉文帝在位期间，重德治，兴礼仪，注重发展农业，使西汉社会稳定，人丁兴旺，经济得到恢复和发展，他与汉景帝的统治时期被誉为“文景之治”。

“孝”的造字也很有深意，由“老”字头、“子”字底构成，其字意体现了父子关系，父在上，子在下；父亲要抚育、关爱子女，子女要尊重、孝顺父亲。再来看“教”字，则是由左“孝”右“文”组成，其寓意“教育”之道就是“文”之以“孝”。教育就是要通过文化来传播孝道，因此古人把宣传、弘扬孝道作为教育的主要内容。由此可见，孝道在我国传统文化中的地位何等重要。胡适先生曾非常感慨地说：“我在三十年前曾主张废止读经，经过三十年以后，我又要提倡读经，尤其特别要提倡读《孝经》。”孙中山先生则曾经说过：“现在世界中最文明的国家，讲到‘孝’字，还没有像中国讲得这么完全。所以‘孝’字更是不能不要的。”“要能够把‘忠孝’两字讲到极点，国家便自然可以强盛。”

6.【原文】尊师以重道，爱众而亲仁。

【解悟 · 故事】尊重老师，重视人文道德和自然规律，并以仁爱之心对待天下人。因此，老师值得我们永远尊重。

宋代著名学者杨时，从小就聪明伶俐，四岁入村学，七岁能写诗，八岁能作赋，人称神童。他十五岁时攻读经史，熙宁九年进士。杨时一生立志著书立说，曾在许多地方讲学，备受欢迎。居家时，潜心攻读，写作教学。有一天，杨时与他的学友游酢因对某问题有不同看法，为了求得一个正确答案，便决定一起去老师程颐家请教。时值隆冬，天寒地冻。他们行至半途，瑞雪霏霏，冷飕飕的寒风肆无忌惮地灌进他们的领口。他们把衣服裹得紧紧的，匆匆赶路。来到程颐家时，适逢老师坐在炉旁打坐养神。杨时二人不敢惊动老师，就恭恭敬敬侍立在门外，等候老师醒来。这时，远山玉簇，树林银妆，房屋也披上了洁白的素装。杨时的一只脚冻僵了，冷得发抖，但依然恭敬侍立。过了良久，程颐一觉醒来，从窗口发现侍立在风雪中的杨时和游酢，只见他们通身披雪，脚下的积雪已一尺多厚了。程颐赶忙起身迎他俩进屋。“程门立雪”由此而来，并成为千古佳话，流传至今。

仁爱是儒家思想的主要内容，仁爱思想被历代贤哲智士不断发扬光大。仁爱也是和谐社会的重要思想基础。仁爱讲求奉献，不求索取；仁爱提倡扶危济困，尊老爱幼。仁爱作为一种做人的美德，备受古今中外各界人士的推崇。

7.【原文】钱财如粪土，仁义值千金。

【解悟 · 故事】钱财就像粪土一样微不足道，仁爱和正义才值千两黄金。因此，一个人切不可为了钱财而抛弃仁义。

西汉时期，有个叫卜式的人十分关心自己的弟弟，把弟弟照顾得也很周到。父母死后，他把家里所有的财产都分给了弟弟，自己只要了一百多只羊。十几年过去了，卜式的羊发展到了上千只，他还买了房屋和土地。而这时，弟弟因经营不善而破产，于是卜式把自己的财产分了一大半给弟弟。卜式不仅不贪图财物，而且为了照顾弟弟，还把自己的财产分给了他。当国家有需要时，他也把自己的家产慷慨奉献出来。这些行为感动了当时的人，大家都说卜式是个看重仁爱道义、不爱钱财的君子。

古代有个叫倪闪的人，家居福建沙县，聪慧好学，喜好施舍。每逢外出，总随身带着钱财，遇见贫穷的人就将钱放在他家里，不管人家知不知道。倪闪多次考试都未考中，于是有人讥笑他说：“先生每天周济穷人，为什么却多次落榜呢？莫非老天爷不长眼吗？”倪闪却更加奋发布施，绝无悔心。有一年闹饥荒，路旁饿死的人一个紧挨一个，倪闪设了个粥棚周济灾民，救活了上万人。第二年，倪闪又去赴试，乡里很多人都梦见倪家门外锦旗高竖，上写着“粥阴骘功”四个大字。当年，倪闪果然中了状元，后来官至尚书。

8.【原文】作事须循天理，出言要顺人心。

【解悟 · 故事】做任何事情都要符合自然规律和社会法则，说话要顺应他人的情

感和愿望。因此，我们要顺应自然，顺应人心。

2008 年 5 月汶川大地震后，形成了唐家山堰塞湖。按照党中央、国务院的重要指示，水利部把确保人民群众生命安全作为首要目标，实行主动处理、及早处理、科学处理的策略。按照事先设定好的方案，唐家山堰塞湖泄流渠开始泄水。几天后，唐家山堰塞湖蓄水量从最高水位时的 2.466 亿立方米降至 0.861 亿立方米，成功消除了特大威胁。对唐家山堰塞湖的危机处置，使下游人民群众无一伤亡，重要基础设施没有损失，创造了世界上处理大型堰塞湖的奇迹。人类或许永远无法准确预言和阻挡任何一场天灾，但是人类只要认识规律，遵从规律，就有可能成功化解灾难。

大家都知道“病从口入，祸从口出”的道理，说话是一门艺术，其关键在于话顺不顺人心。顺人心的话，别人听了就会高兴，否则，别人听了就会生气，种下祸根。在我们的现实生活中，经常会发生因为一句玩笑、一句口角而大动干戈，甚至闹出人命的事情。某县有个小市场，比邻的两个店家小彭和小孙平素关系很好。一天，小彭借小孙的手机打电话，在未征得小孙同意的情况下，又擅自将手机借给另一个人。小孙很不高兴，责问小彭，小彭却声辩“不就是几毛钱话费的事，太小气了”。言语中你来我往，竟惹得小孙拔出水果刀，把平时关系很好的小彭给捅死了。最终，小孙受到了法律的制裁。

9.【原文】心术不可得罪于天地，言行要留好样与儿孙。

【解悟 · 故事】心术不可违背天地意志，言谈举止要给子孙做榜样。因此，我们要严于律己，端正做人。

袁崇焕于明万历四十七年（1619）中进士，后通过自荐的方式在边关任职，得到孙承宗的器重，镇守宁远。在抗击后金的战争中先后取得宁远大捷、宁锦大捷，但因为不得魏忠贤欢心而辞官回乡。明思宗朱由检即位后，袁崇焕得以重新任用，并声称自己可以五年复辽，赴任后持尚方宝剑将毛文龙设计杀害。袁崇焕于崇祯二年击退皇太极，解了京都之围后，魏忠贤余党以“擅杀岛帅”“与清廷议和”“市米资敌”等罪名弹劾袁崇焕。皇太极又趁机实施反间计。袁崇焕作为一代名将，最终被明朝皇帝朱由检以通敌叛国罪处以凌迟。到清乾隆时期，他的功绩又受到乾隆皇帝的赞赏。

喻秉渊16岁中秀才，22岁中举，后任云南保山县知县。任职期间，为官清廉，秉公断案，不接受贿赂吃请，以其官俸供养一家清淡生活。因此，喻秉渊被县民爱戴，声名远播，被当地乡民称为“喻青天”。他每次审案后，总要独自一人仰望苍天，反复思索案情经过，扪心自问断案是否公允，是否做到上不愧朝廷、下不愧黎庶。时间一长，此事传到皇帝耳中，为了以示褒奖，赐其“问心堂”匾额一块。他十分珍惜这块匾，后来挂印回乡，也把它高悬于住房堂屋门额上。他在任时，有一天升堂审问一桩杀人案，犯人供认不讳，证人证据确凿。审问之后，嘱师爷据案申报秋决。但宣判之后，那罪犯当堂大喊：“怎么，要了银子，还要脑袋吗？”喻秉渊忙查原委，才知其妻弟收了犯人银两，深感家教不严，有悖家风，丧失官德。为保全清誉，他责成妻弟立马退还赃银，并连夜上表辞职，不待批文下来，就毅然辞官，封印挂冠而去。他那高雅、清廉的家风，在喻氏家族中根深蒂固，不但家喻户晓，妇孺皆知，还将榜样留给儿孙以代代相传。

10.【原文】处富贵地，要矜怜贫贱的痛痒；当少壮时，须体念衰老的酸辛。

【解悟·故事】当你富裕和发达的时候，要去关爱贫穷和地位低微的人；当你年轻身强力壮的时候，要体谅老年人的困苦。因此，我们要有仁爱之心，多去关心他人。

这是发生在越南的一个孤儿院里的故事。由于飞机的狂轰滥炸，一颗炸弹被扔进了这个孤儿院，几个孩子和一个工作人员被炸死了，还有几个孩子受了伤。其中有一个小女孩流了很多血，伤得很重。

幸运的是，几分钟后一个医疗小组来到了这里，小组只有两个人，一个女医生，一个女护士。女医生很快地对孩子们进行了急救，但在那个小女孩那里出了一点问题，因为小女孩流了很多血，需要输血，但是她们带来的不多的医疗用品中没有可供使用的血浆。于是，医生决定“就地取材”，她给在场的所有人验了血，终于发现有几个孩子的血型和这个小女孩是一样的。可是，问题又出现了，因为那个医生和护士都只会说一点点越南语和英语，而在场的孤儿院的工作人员和孩子们只听得懂越南语。于是，女医生尽量用自己会的越南语加上一大堆的手势告诉那几个孩子：“你们的朋友伤得很重，她需要血，需要你们给她输血！”终于，孩子们点了点头，好像听懂了，但眼里却藏着一丝恐惧。孩子中没有人吭声，没有人举手表示自己愿意献血。女医生没有料到会是这样的结局，一下子愣住了，为什么他们不肯献血来救自己的朋友呢？难道刚才说的话他们没有听懂吗？忽然，一只小手慢慢地举了起来，但是刚刚举到一半却又放下了，好一会儿又举了起来，但没有再放下！女医生很高兴，马上把那个小男孩带到临时手术室，让他躺在床上。小男孩僵直地躺在床上，看着针管慢慢插入自己细小的胳膊，看着自己的血液一点点地被抽走，眼泪不知不觉地就顺着他的脸颊流了下来。女医生紧张地问是不是针管弄疼了他，他摇了摇头，但是眼泪还是没有止住。女医生开始有一点慌了，因为她总觉得有什么地方肯定弄错了，但是到底错在哪里呢？针管是不可能弄伤这个孩子的呀！关键时候，一个越南的护士赶到了这个孤儿院。女医生把情况告诉了越南护士。越南护士忙低下身子，和床上的孩子交谈了一下，孩子竟然破涕为笑。原来，那些孩子都误解了女医生的话，以为她要抽光一个人的血去救那个小女孩。一想到不久以后就要死了，所以小男孩才哭了出来！女医生终于明白为什么刚才没有人自愿出来献血了！但是她又有一件事不明白了，“既然以为献过血之后就要死了，为什么他还自愿出来献血呢？”女医生问越南护士。于是越南护士问了一下小男孩，小男孩不加思索就回答了。回答很简单，只有几个字，但却感动了在场所有的人。他说：“因为她是我最好的朋友！”

11.【原文】孝当竭力，非徒养身。

子路尽孝

【解悟·故事】尽孝应当竭力尽心，并不仅仅是养活父母而已。因此，满足父母的精神需求更为重要。

子路，春秋末鲁国人。在孔子的弟子中以擅长政事著称，以直爽勇敢闻名。但子路小的时候家里很穷，长年靠吃粗粮野菜度日。有一次，年老的父母想吃米饭，可家里一粒米也没有，怎么办？子路想到要是翻过山到亲戚家借点米，不就可以满足父母的这点要求了吗？于是，小小的子路翻山越岭走了十几里路，从亲戚家背回了一小袋米。看到父母吃上了香喷喷的米饭，子路忘记了疲劳。邻居们都夸子路是个孝顺的好孩子。后来他当了大官，每天有很多道菜，吃得非常丰盛，结果子路反而吃不下。人家就问他：“这样的山珍海味，你为什么吃不下？”子路说：“这些饭菜比不上我去帮父母扛了十几里路的白米饭香，而且我的父母现在也没有机会吃这么丰盛的菜肴了。”子路既能尽到赡养父母的职责，又能替父母排忧解难，其孝心由此可见。

有个女老师事先买了一大袋荔枝带到课堂。教完课后，她引导孩子们说，我们要理解父母的辛劳，时刻侍奉父母；别人的父母同样也很辛苦，同样对家庭有贡献，对社会有付出，因此任何一个人的父母都值得我们尊敬、孝敬。她让孩子们拿着荔枝到村里去送给长辈。一群孩子在村里跑得不亦乐乎。每个长辈接到这些孩子送的荔枝，内心都非常欢喜，那天整个村里都萦绕着其乐融融的氛围。隔天她父亲打了一通电话给她，告诉她村里很多长辈打电话到家里来。这些长辈说，我们村里从来没有一个嫁出去的女儿能这样关心自己的家乡。她父亲在讲这句话的时候，别提有多自豪了；女儿听到父亲这么讲，心里也很高兴。可见父亲对女儿用爱回馈乡里的行为很认同，实现了自己想要造福社会的志向。当我们能够用自己的德行让父母感受到光荣时，那就是一种大孝显亲的表现，是对父母的最大孝敬。

12.【原文】鸦有反哺之孝，羊知跪乳之恩。

【解悟·故事】乌鸦知道在母亲老了的时候反过来哺育自己的母亲，羊知道喝奶时给母亲下跪来感谢母亲的哺育之恩。因此，我们要孝顺父母。

古语说：“鸦有反哺之孝，羊知跪乳之恩。”连动物都知道要感恩，更何况我们是人！我们一点一滴的成长都离不开父母的帮助，滴水之恩当涌泉相报。所以，我们应该懂得感恩，懂得感谢把自己带到世界上来的父母。一个人如果连自己的父母都不爱，他还会去爱谁呢？

古时，舜的父亲瞽瞍和舜的继母以及继母生的弟弟象想杀死舜。有一次，瞽瞍对舜说：“粮仓的顶漏水，你快去修补一下。”舜于是爬到粮仓顶上涂泥补漏。继母便叫象在这时放火烧粮仓，舜急中生智，用双手举着斗笠，像鸟儿一般降落下来逃走了。又一次，继母要舜挖井。舜挖井时，在侧壁凿出一条暗道通向外边。当舜挖到深处，继母和象一起往下倒土填埋水井，而舜从旁边的暗道跑了出去，又逃过一劫。继母和象都以为舜死了，非常高兴。象说：“这个主意是我出的，舜的房间和琴归我，牛羊和粮仓归二老。”象便搬到舜的房间住下，弹起舜的琴。

舜回到家中，象先是十分惊愕，后又很不自在，说：“我正十分难过地思念你呢！”舜回答道：“是吗？你真是个好弟弟！”此后，舜仍然十分孝顺父母，爱护弟弟。他二十岁那年，他的孝行传遍千里，尧也因地方官吏的推荐而得见舜，并非常赞赏舜的为人，于是把两个女儿嫁给了舜。而舜的孝行最终也感动了继母和弟弟，一家人最终和和乐乐地过日子。后来，尧也将天下禅让给了舜。在舜的治理下，国家得以兴盛太平。

13.【原文】岂无远道思亲泪，不及高堂念子心。

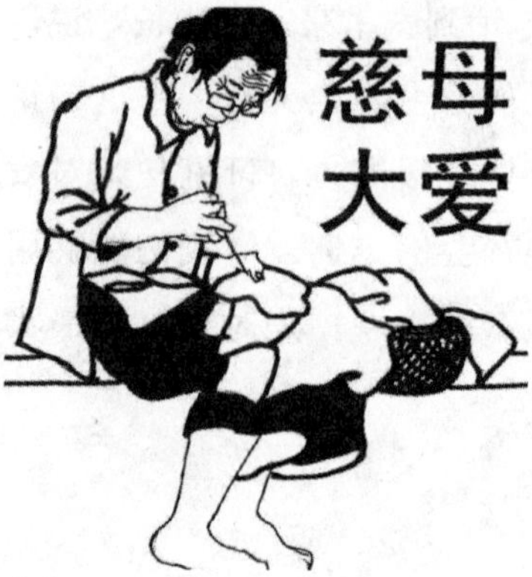

【解悟·故事】远游在外的游子会因思念父母亲而流下眼泪，但远不如父母思念孩子的感情来得强烈。因此，我们要永远不忘父母对我们的爱，永远心怀感恩之情。

老孟是个普通人，50岁时背井离乡去广州打工。当他看到哥哥拍摄的老母亲90岁生日视频时，热泪盈眶。视频中，老母亲倚门对哥哥说：“你晓得啵，弟弟又到广州打工去了？”——母亲一生都牵挂着自己，真是“可怜天下父母心”。可他在广州时除紧张的工作外，想到的也只有自己的小家，而很少去想年迈而寡居的母亲，愧疚之情，油然而生。

他的母亲姓许，1915年出生在一个贫寒的农家小院，是家中长女，下面有两个兄弟，三个姐妹。母亲自1935年冬月出嫁，一生共育有三男八女。十月怀胎，一朝分娩，推干就湿，慈母情怀。母亲从贫寒的家境中走出来，历经战乱，饱经风霜，含辛茹苦，虽从没上过学，目不识丁，却完成了自己一生中最伟大的工程——构筑了一个幸福的大家庭。

大家庭的构筑也需要父亲的参与，而老孟的父亲早在1968年7月，也就是儿女们大都还亟待抚养时，因病撒手人寰。此后，母亲独自一人披星戴月，将儿女们苦苦拉扯大。母亲为儿女们分别组建了幸福的小家庭，迎来了七个孙辈、两个重孙辈的降临，使这个大家庭充满了欢乐、和谐、温馨。为儿女，母亲纳鞋，一针一线，夜以继日，白皙的手指被针刺得又粗又糙，连眼睛也熬出血丝了。为养家糊口，母亲拖着病，担上近百斤的蔬菜，一走就是二三十里，还要赶清早去，赶黑夜回。在那段辛酸的日子里，炸油条，熬姜糖，搭麻线，扎纸扇，端油锅游街，下放后插秧、割稻、种菜……一些连男人们都望而生畏的苦活、累活，母亲都争着干，所做的一切都只是为了让儿女们吃饱穿暖，上学交得起学费，在人前能体面一点。慈善的老人为儿女们建造一个幸福美满的大家庭付出了一切。2006 年 4 月老母亲因病医治无效辞世，享年 91 岁，当算长寿老人。

14.【原文】爱日以承欢，莫待丁兰刻木祀；椎牛而祭墓，不如鸡豚逮亲存。

丁兰刻母

【解悟 · 故事】在父母膝下承欢要珍惜时日，不要像丁兰那样用木头刻成双亲的雕像来祭祀而为时已晚；杀牛来祭奠死去的父母，还不如在父母有生之年照顾好父母的日常生活。因此，履行孝道应该从现在做起，从小事做起。

古时有个叫丁兰的人。丁兰很小的时候，双亲相继病故，成了一个孤儿。丁兰是在苦水中泡大的，常昼思夜想，深切怀念父母对自己的养育之恩。他用木头雕刻了父母的形象，供奉于厅堂，作为一种安慰和寄托。平日里，他像侍奉父母一样对待木像，毕恭毕敬，虔诚孝顺。凡事都与木像商量，出门必向木像辞别，回家必向木像请安。一日三餐，都是先敬木像之后，自己才与妻子动筷子。时间长了，丁兰视木像如亲生父母，感情异常深厚。可是他的妻子就不这样想了，因为她从来就没见过公婆，不知道怎样尽孝道。丈夫这般痴心地侍奉两个木像使她大惑不解。日子一久，妻子对木像也就不那样恭敬了。一天，丁兰又出了家门。他的妻子闲得无聊，便用一根针去戳木像的手指，边戳边开玩笑地问木像疼不疼。说来也怪，那木像的手指竟是湿漉漉的，像在流血。丁兰回来后，看到木像似有无限悲哀和委屈，眼里垂泪，酸楚无语。他赶紧询问妻子发生了什么事情。妻子坦言相告。丁兰极其生气，一气之下将妻子休掉了。

15.【原文】兄弟相害，不如友生；外御其侮，莫如弟兄。

【解悟 · 故事】兄弟之间如果反目成仇，相互陷害，那么兄弟还不如朋友；在抵挡、防御外敌的时候，只要兄弟精诚团结，就会力量巨大而无人可比。因此，兄弟之间应相互敬重，相互帮助。

周文王的儿子、周武王的弟弟周公旦，在周武王病死后、周武王之子周成王年幼时担当辅育重任。此时一些朝臣散布流言蜚语，说周公旦有野心，有可能谋害成王，篡夺王位。周公旦听后，不顾别人的误解，仍精心辅佐成王，等成王成

年后，便将权力还给了周成王。自己则离开京都，隐居到自己的封地，解除了世人的疑虑。周公旦不但是周武王的好兄弟，而且是著名的政治家，受到后人的景仰。

齐桓公是春秋时齐国君，为春秋五霸之首。齐桓公即位后，任管仲为相，推行改革，齐国逐渐强盛。齐桓公晚年信任为留在桓公身边把自己给阉了的竖刁、把儿子蒸给桓公吃的易牙、父母死了都不回去奔丧的开方等佞臣。管仲病重时，曾警示桓公，说他死后一定要驱逐这三人出宫，否则他们必然为乱。管仲死后，齐桓公听从管仲之言逐三人出宫。但离开小人，桓公食不知味，于是桓公复召三人回宫。那时，齐桓公年事已高，正面临立储之事。竖刁、易牙、开方极力主张立长子。后来齐桓公生病，竖刁、易牙他们为了假托王命把王宫用高墙围起，只留一个小洞，桓公饮食，全靠小太监从洞里送入，并很快连饭也不送了，桓公在饥渴中悲惨死去。齐国霸业从此衰落。

16.【原文】有酒有肉多兄弟，急难何曾见一人。

【解悟 · 故事】当你有钱有势的时候跟你称兄道弟的人多的是，可当你有难的时候能看见一人真心相助吗？因此，我们要想交到更多的朋友，就一定要先让自己强大起来，并且要慷慨、舍得。

清代的乔致庸是著名晋商。他不仅家境富有，而且非常慷慨。他素性恬淡，酷嗜读书，经营财务非其甘愿亦非其所长，但是他知人善任，对待属下十分宽厚。他为人豁达大度，慎始慎终，所以大家都乐意在他那儿做事。大荒之年，他把自己的所有家产用以开设粥棚，救济了十多万灾民。当他几次遭到陷害被朝廷打入死牢之时，他的伙计们不离不弃，千方百计营救他，使他转危为安。

战国时期，有个规模不大的中山国，后被强大的魏国所灭。中山国君只得狼狈出逃。此时的中山国君面临着“树倒猢狲散”的险境，环顾身边，只有两人还持戈跟随在后面。中山国君问他们：“事到如今，别人都自逃生路去了，你们为什么不怕危险还跟随我呢？”只听两人答道：“我们的父亲在快要饿死的时候，是您施予了一碗饭，救了他的命。父亲临终时对我们说‘中山国将来有祸事，你们一定要为之赴汤蹈火’，所以我们今日不惜以死来报答您给我们父亲的一饭之恩。”由此可见，处于危难中的人往往更需要帮助，若我们能主动帮助他们，利人利己，甚至会被人感激一辈子。

17.【原文】一回相见一回老，能得几时为弟兄。

【解悟·故事】弟兄尤其是老年弟兄之间，每次再相见时，人就老了一回，故见一次少一次，今后还能有多长的时间做弟兄呢？因此，我们要珍惜弟兄之情，好好相处。

相传在魏晋南北朝的时候，北齐有个叫普明的人，为了争财产和他兄长长年累月打官司，而且还各自请了证人，来为自己证明。最终，他们一状告到了清河太守苏琼那里。苏太守就把普明兄弟俩召请过来，并且劝他们说：“天下最难得的就是兄弟啊，而容易得到的则是田地。假使得到了田地而失去了兄弟，你们的心会觉得好受吗？”苏太守说着说着，就掉下了眼泪，在旁的证人看了，也无不被太守的真诚感动得流下了眼泪；普明兄弟俩则互相叩头认错，彼此退步礼让，再也不争财产打官司了。

法昭禅师曾经作了一首偈子：“同气连枝各自荣，些些言语莫伤情；一回相见一回老，能得几时为弟兄。”在兄弟骨肉之间，应多讲情，少讲理；因为执着了理，便会伤到了情；而伤到了情，就是非理了！因此，要想天下和谐，必先始于家庭之和谐，如果兄弟手足之间都不能和谐，又谈何社会和谐呢？

18.【原文】父子和而家不败，兄弟和而家不分，乡党和而争讼息，夫妇和而家道兴。

【解悟·故事】父子和，家就不会败落；兄弟和，家就不会分裂；乡党（泛指乡友同事、社会组织，是家庭关系的向外拓展，周制以五百家为党，一万二千五百家为乡，合而称乡党）和，矛盾纠纷就会平息；夫妻和，家就会兴旺。因此，我们只有和谐相处，才能避免纠纷。

唐朝时，郭子仪和李光弼同在朔方节度使安思顺手下当副将。一天两人之间发生了矛盾，此后见面很少说话。后来安禄山起兵叛乱，朝廷提拔郭子仪为朔方节度使，这样一来郭子仪就成了李光弼的顶头上司，紧接着朝廷又令郭子仪带兵征讨安禄山。李光弼感到自己的处境很危险，怕郭子仪暗害他们全家，就硬着头皮去郭子仪那里赔礼，说：“过去是我做得不好，太不对了，请您大人不记小人过，您怎么处罚我都行，只求您放过我的父母和家人。”其实郭子仪根本没想过这个问题，见李光弼这样说，赶紧从座上下来抱着他说：“您说哪去了，我怎是那种小肚鸡肠的人？再说我也有不对的地方，不能都怪您。现在，国家正处在动乱之机，我们更应该紧密团结，共同对敌才对啊！”从此两人冰释前嫌，有事共同研究处理，为平定叛乱作出了贡献。

19.【原文】只缘花底莺声巧，遂使天边雁影分。

【解悟 · 故事】只是因为花下莺声巧妙，便使得天边雁影分飞。“莺声”指家妻或其他女人之言，“雁影”指兄弟。如果丈夫听信妻子的花言巧语，就可能造成兄弟不团结、不和睦。因此，男女双方都应该加强自身修养，在处理家庭关系时要互相帮助，孝敬长辈，尊重亲友。

有户人家开了个工厂，生活条件也不错。夫妻二人有两个儿子，大儿子大学毕业后，直接去父亲的厂里做事，慢慢接替了父亲的位置。小儿子从小不爱读书，初中毕业后，学了门技术，由父亲提供资金给他在外地开了个厂，因生意不好，小儿子就把厂搬到了父亲开厂的地方。后来小儿子找了个同村的家里很有钱的女朋友，而且女孩也很漂亮。起初女孩的爸妈不同意，因小儿子在村里有点“名气”。但因为女孩的坚持，最终促成了这段婚姻。小儿子结婚后很勤快，对媳妇也很好。媳妇怀孕后生了个孙子，把老两口乐坏了。他们对小儿媳很好，小儿媳也不错，经常给公公、婆婆买东西，一家人相处得很和睦。

不久，大儿子在网上认识了一个外地的女孩小芳。虽然他的妈妈并不喜欢这个女孩，但是因自己的孩子喜欢，也就同意了。小芳住到家里后，公共卫生从不打扫，连客厅的垃圾也不倒一下，自己的房间却弄得很干净。婆婆觉得难以接受，甚至劝大儿子趁早与她分手，可是大儿子却执意与她在一起。几年后他们结婚了，因为之前婆婆并不同意他们在一起，小芳一直耿耿于怀。

端午节时，婆婆让大儿媳把粽子拿去给在厂里的公公吃。小芳就出门把公公的粽子扔到垃圾桶里，被小叔子看到了，并告诉了自己的母亲。不久后的一天，小芳、婆婆以及小叔子一家在一起吃饭，小芳先吃完后回了房间。过了一会，婆婆用家乡话讲小芳，尽管她能听懂的不多，但知道是在说她，就气呼呼地冲出来把饭桌给掀翻了，还砸伤了小叔子的儿子。小叔子十分生气，扇了嫂子两个耳光。就这样，两个儿子和儿媳妇从此变成了仇人，老死不相往来。如果最开始婆婆和儿媳之间能够少一分争执，多一分信任，彼此和睦相处，也许这样的事情就不会出现了。

20.【原文】诸恶莫作，众善奉行。

【解悟 · 故事】少做坏事，多行善举。因此，我们要与人为善，多做好事。

唐代宰相裴度早年尚未做官时，因父母双亡，家境贫寒，又不肯跟随姨父王员外做生意，只得寄居在山神庙中。有天早晨，裴度到香山寺去漫步，看见寺里有一位妇人跪在佛前，喃喃祈祷，祷告完毕，匆匆离去。裴度看见案桌上有一个包袱，解开一看，是非常贵重的物品——一条翠玉带。他想：这一定是刚才那位妇女所有，于是坐着等待失主。到了下午，那位妇女满头大汗，气喘吁吁，匆匆进门，扫视案桌一遍，不禁大哭。裴度上前问她，妇人哭着说："家父病重，家产当尽，昨日我请到名医，略有起色。今天早晨，我赶去亲戚家，借到一条翠玉带，准备典押借款作医药费。我行经此寺，顺便入寺祈祷，不料心急匆忙，忘记携走翠玉带，等我到了典当地方，才发现遗失翠玉带。我没有钱，家父一定无法活命，家中尚有母亲和弟妹待养，我不知道该怎么办才好！"说完，又大哭起来。裴度立刻归还原物，妇人拜谢而去。

古时有个进士叫袁了凡。一次他偶遇一个大名鼎鼎的算命先生。算命先生算出了他的过去：哪年考学，哪年升官，哪年娶妻生子，等等。因为算得比较准确，让袁了凡吃惊不小，顿时折服。可是，接下来往后一算，却又把袁了凡立马给算傻了。算命先生说他短命，四十几岁寿命终结，不仅如此，还断子绝孙，香火不继。从此他悲观极了。可有个偶然的机会，他拜访结识了一位佛学大师。大师给他讲了善恶因果，命自我立。只要"但行好事，莫问前程""心存善念，广种福田"，就可彻底改变人的命运。从此以后，袁了凡认清了命运的真谛，坚定了生活的信念，改变了生活的态度。他开始每天至少做一件好事，坚持不懈。就这样，到了算命先生推断其该死的年月，他不但没有死，反而身体健康，其家业也是人丁兴旺、子孙满堂。最后，袁了凡写了本《了凡四训》以警示子孙和后人：走出迷信算卦的误区，命运就掌握在自己的手中。

21.【原文】知己知彼，将心比心。

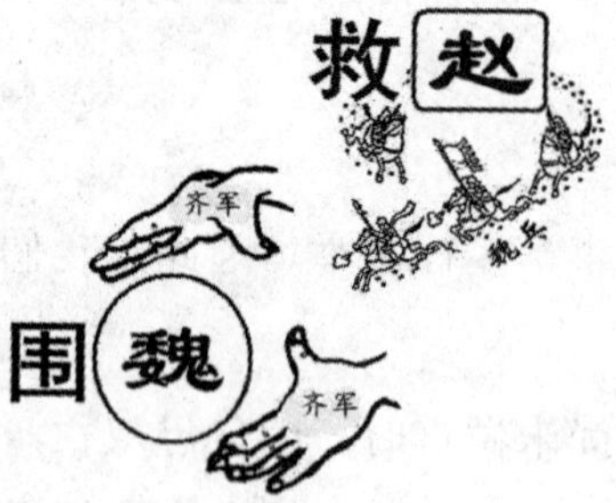

【解悟·故事】既要了解自己，也要了解别人；要拿自己的心去衡量别人的心。因此，我们要设身处地地为别人着想。

战国时期，魏国围攻赵国，齐国派田忌率军救赵。田忌乘魏国之虚而引兵攻魏，魏军回救本国，齐军乘其疲惫，大败魏军，赵国因而解围。大战略家田忌就是因为既知己又知彼，才赢得了这场著名的战争。

有一个年轻的母亲因生活所迫，肩负起了照顾婆婆和孩子的重任。她每天晚上回家做的第一件事就是给自己的婆婆端洗脚水，帮婆婆洗脚。有一天，这个母亲为婆婆洗完脚回房间时，看到自己年幼的儿子吃力地端来一盆水，感到很惊讶。只听到孩子用稚嫩的声音认真地说："妈妈，洗脚。"看着如此贴心、懂事的孩子，母亲的心里暖烘烘的，感动得泪流满面。

一头猪、一只绵羊和一头奶牛，被牧人关在同一个畜栏里。有一天，牧人将猪从畜栏里捉了出去，只听猪大声号叫，激烈反抗。绵羊和奶牛厌恶它的号叫，于是抱怨道："我们经常被牧人捉去，都没像你这样大呼小叫的。"猪听了回应道："捉你们和捉我完全是两回事，他捉你们，只是要你们的毛和乳汁，但是捉我，却是要我的命啊！"——所站立场不同、所处环境不同的人，很难了解对方的感受。因此，对他人的失意、挫折和伤痛，我们应进行换位思考，以一颗宽容的心去了解、关心他人。这才是君子的风范。

22.【原文】责人之心责己，爱己之心爱人。

【解悟·故事】以责备、责怪他人之心责备、责怪自己，以爱自己之心爱他人。因此，我们要做到正人先正己，多从自己身上找差距。

有个小女孩拿着母亲给她的一块钱下楼买零食，遇到一个乞丐婆婆，小女孩犹豫了半天后对乞丐说："婆婆，我给你一块钱，你还我五毛，好吗？"乞丐婆婆愉快地答应了。小女孩既做了一件好事，同时又没委屈自己。美国科学家证实：

爱人爱己

人的左半脑专门负责辨认“自我”，而右半脑则负责辨认“非我”。也许，我们更喜欢这种真实做人的行为：左脑爱自己，右脑爱他人。

有个老中医，一生行医治病，过得平平淡淡。到60岁那年，他家却发生了一件大事，他的儿子要去邻县当县长了。那天晚上，等左邻右舍送行的人走后，老中医怎么也睡不着，儿子当了县长，他既高兴，又担忧。儿子毕竟只有35岁，世间万物，瞬息万变，当官不容易呀！一失足成千古恨……老中医想了很多。天亮了，邻县的车来接儿子，老中医眼里含着泪花，抓着儿子的手，声音颤抖着说：“儿啊，昨夜我给你开了一张药方。”儿子先是一怔，接着就恭恭敬敬从父亲手里接过药方，放进了上衣口袋，然后道别而去。在车上，儿子打开药方：“凡能行好事、做好人、当好官者，需服如下之药，方能前程锦绣——好心肠一份，爱民心一颗，道理十分，道德十两，情义加量，诚信一片，老实一个，正直全用，豁达八分，利民不拘多少，仁德天赋，此方药用宽心锅炒，不要焦，不要躁，去火性三分，用和气汤送服。损人利己，口是心非，阳奉阴违，骄横奢侈，以权谋私，取不义之财，以上几样，服药时务须戒除！”儿子看完后，只觉鼻子酸酸的，眼泪禁不住淌了下来。他回头一望，父亲仍在向他挥着手……

23.【原文】再三须慎意，第一莫欺心。

一链至诚

【解悟·故事】要反复思量自己的起心动念，首先是不要自己欺骗自己的内心。因此，我们要慎独，做一个诚实的人。

地中海沿岸有个老铁匠，为人十分诚实，并鲜明地体现在他做的活计上。他打造铁器时完全按买主要求，从不偷工减料，把铁器打得又好又结实。尤其是他打造的船舶用的铁链，比任何一家打得都结实。有人说他太老实了，但他不管这些，工作起来总是一丝不苟。有一次，他打造了一条巨链，打好后运去装在一艘大轮船上，作为主锚的铁链。多年后的一个晚上，海上风暴骤起，风高浪急，随时有可能把船冲到礁石上撞个粉碎。船上其他锚都放下去了，可一点用都没有，那些锚的铁链就像是纸做的，经不住风浪，全都断开了。最后船长下令：把主锚抛下海去。这条巨链，第一次从船上滑到海里，大家都紧张地望着它。全船一千多名乘客的安全都要靠这条铁链了。多亏老铁匠打造的这条铁链，它经受住了风浪的考验，船保住了，一直到风浪过去，黎明来临。后来，逃脱大难的船长亲自到老铁匠处表示谢意。听完船长激动的话语后，老铁匠却很平静地说：“我只是本着良心，尽力做好我分内之事而已。”

吴国的延陵季子曾拜访过徐国国君。徐国国君观赏延陵季子的宝剑时，嘴上没说，但神色透露出想要的意思。延陵季子因有出使晋国的任务，就没把宝剑献给徐国国君，但心里已经答应给他了。等他出使完晋国回来时，徐国国君却已死在了楚国。于是，延陵季子解下宝剑送给继位的徐国新国君。随从人员阻止他说：“这是吴国的宝物，不是用作赠礼的。”延陵季子说：“我不是赠给新国君的。前些日子我经过这里，在老国君观赏我的宝剑时，我心里已经答应给他了。如今他死了便不再把宝剑进献给他，这是在欺骗自己的良心。因爱惜宝剑而违背良心，正直的人是不会这样做的。”于是延陵季子解下宝剑送给了继位的徐国国君。继位的徐国国君说：“先君没有留下遗命，我不敢接受。”于是，延陵季子把宝剑挂在徐国国君坟墓边的树上就离开了。徐国人赞美他道：“延陵季子兮不忘故，脱千金之剑兮带丘墓。”

24.【原文】宁可人负我，切莫我负人。

【解悟 · 故事】即便是人家辜负了我，我也坚决不辜负人家。因此，我们做人要宽容大度。

战国时，蔺相如因完璧归赵以及在渑池会上立了功而被赵王封为上卿，职位比廉颇高。廉颇很不服气，很想找机会羞辱蔺相如，而蔺相如虽是个连秦王都不怕的人，但为了赵国的利益，有意躲避廉颇。廉颇明白蔺相如的良苦用心后，觉得很过意不去，于是脱下战袍，背上荆条，到蔺相如门上请罪。蔺相如见廉颇来负荆请罪，连忙热情相迎。正是因为蔺相如的大度，赵国才能得以稳定安宁。

《三国演义》中提到，当年曹操刺杀董卓失败，逃出长安，董卓下令通缉。曹操路经中牟县，被守关军士拿获。可县令陈宫认为曹操敢于行刺董卓，乃是大英雄，非但没将他押往长安，反而挂印弃官，与曹操一同逃走。行至成皋，二人到吕伯奢庄上投宿。吕老本是曹操父亲的好友，并且对曹操的行为也很敬佩，便让其留宿一晚，并外出买美酒。曹陈二人在吕家等候，突然听见后园有人在讲：“绑住再杀掉，怎么样？”如同惊弓之鸟的他们，听到这话，以为要杀他俩。因此抽出宝剑，冲进屋里，不问情由，把吕家八口全部杀光。最后发觉是弄错了，厨房里正绑着一头猪，准备杀了招待他俩。曹操知道闯了大祸，因此拉了陈宫便走。走到庄口，正好吕伯奢买酒回来，见他俩要走，急忙叫住：“我酒已打来，你们怎么要走了？快快回去饮酒。”曹操想，我已把你一家杀光，怎么还好同你一起回去？便推托道：“我有紧要事情，定要告辞了。”吕老怎么肯依，拖住不放。曹操突然说：“你看，那边谁来了？”吕老回头看时，曹操抽出宝剑，将他一剑砍死。陈宫大吃一惊，对他说：“孟德，你方才杀吕伯奢全家，还可算是误杀，现在既已知道错了，为何还要将吕伯奢杀死呢？”曹操说：“陈公，今后我要治天下，若让吕伯奢活着，他把我杀他全家之事传扬出去，我难以为人，故而不得不斩草除根。”陈宫说：“照你这样的作为，天下人岂能服你？”曹操理直气壮地回答：“宁教我负天下人，休教天下人负我！”

25.【原文】贪爱沉溺即苦海，利欲炽燃是火坑。

【解悟·故事】过度好色就会坠入人生的苦海，过度贪利就会跳入人生的火坑。因此，我们要洁身自爱、淡泊名利，不要沉溺贪爱、炽燃利欲。

50多岁的雷蒙德本来是个成绩卓著的企业家，因感到行业中年轻人前进的步伐大大超过了自己，故产生了巨大的压力。为了缓解自己的压力，他不慎迷恋上了色情网站，希望借以麻痹自己的心灵。与此同时，他还假扮成20岁的大学生，在网上上传了伪造的相片，引诱和欺骗一些女性，无法自拔。这样的行为更进一步削弱了他在行业中的表现能力。幸好在心理医生的帮助下，雷蒙德认识到自己行为的危害，才避免了家破人亡的悲剧发生。

曾某在1995年至2006年9月担任某市市委副书记、市纪委书记期间，借用手中特权，贼喊捉贼，以双规其他官员为由要挟而敛财。据专案组查明，曾某涉案金额高达近8000万元，相当于20世纪50年代一个贫困县10年的财政收入。2010年12月30日，人民法院对他执行了枪决，为其利欲熏心的人生画上了句号。

26.【原文】随时莫起趋时念，脱俗休存矫俗心。

【解悟·故事】随着时世变化但不要有随波逐流的念头，要想成为脱俗的人就不能存有矫情流俗的心态。因此，我们要心态平和，不要偏激。

日本侵华期间，在日军占领区的工厂、车站门口，中国人要对站岗的日军鞠躬，否则就不许进门甚至会遭痛打、杀害。在这种形势下，你只得向他鞠躬。这就是迫不得已的“随时”。如果你认为“现在是日本人的天下”，从而讨好日本人，跟日本人一起干坏事，那就是“趋时”，只会落得自绝于民的“汉奸”下场。

周佛海是湖南沅陵人，早年留学日本。1921 年 7 月参加中国共产党第一次全国代表大会。1924 年脱离共产党，加入国民党。曾任广东大学等校教授、国民政府训练总监部政治训练处长。1932 年后参与筹建国民党特务组织复兴社，并任国民党中央民众训练部长、蒋介石侍从室副主任、代理宣传部长。1938 年底，随汪精卫投敌。1940 年起，任汪伪政府警政部长、上海市市长等职。日本投降后曾被蒋介石任为上海行动总队总队长。后在舆论压力下被捕。1948 年死于南京狱中。

“脱俗”是高洁品行，是不沾染社会通行的不良风气；“矫俗”是纠正不好的习俗。“脱俗”是自爱，是明哲保身；“矫俗”则是企图改造社会，它有可能实现，但如果没有大的气魄、大的气候、大的机遇，就很难成功。所以，与其追名逐利不如平淡处世，才能活得安然自在。

27.【原文】横逆困穷，直从起处讨由来，则怨尤自息；功名富贵，还向灭时观究竟，则贪恋自轻。

【解悟·故事】遇到非理、遭贫苦的时候，应分析其中的起因，则怨恨就会消失；享受功名富贵的时候，应该考虑其后果，则追求富贵的欲望就会变淡变轻。因此，我们不要过多抱怨，要淡名轻利。

以忠臣自居的和珅曾在历史的长河中声名显赫，辉煌一时，是富可敌国的人物，最终却落得身败名裂、家破人亡的下场。如果他知道乾隆皇帝死后，自己会被嘉庆皇帝索命，导致家产被抄、遗臭万年的话，恐怕就不会有那般的贪念了。

成某，曾主政广西近十年。考察他的历史，曾有过努力向上、勤恳工作、有所作为的时期。然而，随着职位的不断提升，他的思想也逐渐发生了变化。特别

是与有夫之妇李某发生不正当关系后，成某更是沿着生活上放纵奢靡、工作上无所用心、作风上独断专行、经济上贪婪无度的轨迹，一步一步滑向犯罪的深渊。他曾以睡在“钱床”上而自傲，却最终被处以极刑。

当我们遇到不顺心的事情，不要过多地怨天尤人，要多从自己身上寻找原因。整天怨天尤人，并不能解决任何问题，只有改变自己的心态和行为，才能改变自己的生存环境。当我们获得功名富贵的时候，想想自己的获得与付出是否相称。如果所得所获是依靠不正当手段而取得的，最终都不会有好下场。

28.【原文】昼坐惜阴，夜坐惜灯。

【解悟 · 故事】白天坐着的时候要珍惜时光，夜里坐着的时候要珍惜灯光。因此，我们不要虚度光阴、浪费时间。

西汉时期，有一个叫匡衡的人特别勤奋好学，但家中很穷，没有钱买蜡烛来照明。有一天，匡衡发现邻家有蜡烛，但光亮照不到他家。匡衡就把墙壁凿了一个洞引来邻家的烛光，让烛光照在书上。同乡有个大户人家不识字，家中却有很多书。匡衡就到他家去做雇工，却不要报酬。主人对这件事感到很奇怪，问他为什么这样，他说：“我希望能把您的书都读一遍。”主人听了，深为感叹，就把书资助给他。最终，匡衡成了大学问家。匡衡没有蜡烛也要凿壁偷光，没有书也要不惜代价去读书，而今我们的学习条件已大为改观，为什么不发奋努力、认真读书呢？

车胤，生于东晋，本是富家子弟，后来家道中落，变得一贫如洗。可是，他在逆境中却能自强不息。他年轻时就很懂事，也能吃苦耐劳。因为白天要帮家人干活，他就想利用漫漫长夜多读些书，好好充实自己。然而，他的家境清贫，根本没有闲钱买油点灯。于是，他想出了一个好法子：他捉来许多萤火虫，把它们放在一个用白夏布缝制的小袋子里。因为白夏布很薄，可以透出萤火虫的光。他把这个布袋子吊起来，就成了一盏“照明灯”。车胤不断苦读，终于成为著名的学者，后来还成了一名深得人心的大官。

29.【原文】读书须用意，一字值千金。

【**解悟·故事**】读书、写字、做学问需要用心用意，一个字就像千两黄金般有价值。因此，我们读书、写字时不能马虎，要认真细致。

战国末期，秦国的丞相吕不韦，曾是秦始皇的仲父，实际掌控着秦国的行政大权。当时养士之风盛行，他也养了三千门客作为自己的智囊团，想出种种办法来巩固他的政权。这些门客，三教九流，应有尽有。吕不韦将他们各自的见解和心得，汇集起来，编成了一部二十六卷的巨著——《吕氏春秋》，并把这部书作为秦国统一天下的经典。当时吕不韦还将该书在秦国首都咸阳公布，悬了赏格：如有人能在书中增加一字或减少一字，就赏赐千两黄金。

在市场经济环境下，一个“定”或“订”字就有天壤之别。所谓“定金”，是指合同当事人为了确保合同的履行，依据法律规定或者当事人双方的约定，由当事人一方在合同订立时或者订立后履行前，按照合同标的额的一定比例，一般不超过20%，预先给付对方当事人的金钱或其替代物。它是作为债权担保的一定数额的货币，属于一种法律上的担保方式，目的在于促使债务人履行债务，保障债权人的债权得以实现。签合同时，对定金必须以书面形式进行约定，同时还应约定定金的数额和交付期限。给付定金一方如果不履行债务，无权要求另一方返还定金；接受定金的一方如果不履行债务，需向另一方双倍返还定金。债务人履行债务后，依照约定，定金应抵作价款或者收回。而“订金”在法律上是不明确的，也是不规范的，在审判实践中一般被视为预付款，即使被认定为一种履约保证，这种保证也是单方的，它只对给付方形成约束，即给付方对收受方的保证。若收受方违约，只能退回原订金，得不到双倍返还；若给付方违约，收受方会以种种理由把订金抵作赔偿金或违约金而不予退还。因此，我们写文章、签合同都要认真考虑每个字的意义所在，不可率性而为。

30.【原文】酒逢知己饮，诗向会人吟。

【**解悟·故事**】有酒的时候和理解自己的人喝，才能一醉解千愁；写了诗要向

懂诗的人读，才知道所写之诗存在的不足。因此，我们做事情要注意选择场合和对象，讲究方法，注重效果。

传说楚国的郢都有那么一个人，他在自己的鼻尖上抹了一点像苍蝇翅膀大小的白泥，让一个匠人用斧头把它砍下来。匠人抡起斧头砍下去，挥动的斧头还响着呼呼的风声。结果白泥完全除掉了，而鼻子却一点儿也没有受伤。那个郢人不仅脸色未变，连眼睛都没有眨一下。宋元君听说这事后，让这个匠人给自己再表演一次。匠人回答说：“我确实曾经砍过，但是能够让我施展技术的那个人已经死去很久了。”

诗是言志言情的灵物，在不懂诗的人面前吟诵你的诗作，无异于对牛谈琴。如有同道能懂你的诗作，还能奉和几句，那的确是人生快事。酒要找了解自己的人去喝，诗要向懂得的人去吟诵。人的交往需要寻找共鸣，没有共鸣也就无法交往，更无法深交。友不在多，心诚则已；知心难求，有一足矣。早已习惯置身于高山流水间，海天明月，独上西楼，捻一支瘦笔，吟尽清风，歌遍繁花，回眸间，一扇花事，两袖轻叹。相识满天下，知心能几人？自古世间万般情，终究只是个“缘”字而已，方成全那一生最美的眷恋。

31.【原文】相识满天下，知心能几人。

【解悟 · 故事】认识的人可能很多，但真正了解自己并知心的却没有几个。因此，我们要珍惜知己。

欧阳修是北宋著名的政治家和文学家，无论是在政坛还是在文坛都有其足迹，其一生最大的成就是撰写了《新唐书》《新五代史》等作品，也是古文运动的主要代表人物，被列为唐宋八大家之一。

王安石也是北宋著名的政治家、文学家，同为唐宋八大家之一，他在政治上推行了著名的“王安石变法”，在文学上创作了大量的千古佳作，可谓是文坛巨匠。

王安石早期文学受到欧阳修的大力赞扬，欧阳修非常欣赏王安石的文学作品，在早期欧阳修对王安石的帮助是很大的。欧阳修曾经提携过王安石，所以两人交往甚密，不论是在政治上还是在文学上，两人都是互相切磋、互相学习。

到了晚年，欧阳修的政治思想过于保守，而王安石的政治主张则趋于前卫与创新，所以欧阳修成了保守派，反对王安石变法，而王安石则是新法的拥护者及推行者。两人政见不同，可谓是政敌，但是在政治上的分歧并没有对他们造成影响，两人的关系可谓是亦师亦友。

32.【原文】相逢好似初相识，到老终无怨恨心。

【解悟 · 故事】如果人与人每次见面都好像刚认识时那样互相有礼有节，那么即使相处到老也始终不会相互产生怨恨之心。因此，人相处应始终讲究礼节，有热情。

有这样一个“刺猬之喻”：刺猬在天气寒冷的时候，喜群居依偎在一起，以便相互取暖，然而其背脊上有刺，不能太靠近，以免刺伤彼此。因此，人际关系的“刺猬原理”就是要告诉人们，保持距离，美感自来。

经常在一起的人总会产生或大或小的矛盾，如果彼此不能给对方带来新鲜的感觉，那么这两个人就有可能产生越来越大的排斥感。亲朋好友、单位同事如此，连最亲密的爱人，也会有“七年之痒”：一开始海誓山盟、如胶似漆，结婚几年之后就没有了新鲜感，逐渐产生厌烦情绪。婚姻不是简单的“七年之痒”，其实许多婚姻，婚龄达到一定阶段都会出现问题。尤其是在目前这个彰显个性的时代，谁都不愿再委屈自己，离婚呈现新的特点：婚龄越来越短，离婚率越来越高。其实，每个人就像一本书，再好的书，读第一遍时的激动、新鲜和悬念在以后重读时都会淡化，所以我们要不断注入新的内容使这本书常读常新，要用自己的智慧去营造爱的氛围，将婚姻进行到底。

如果人们每次相逢时都如同当初相识时那样，相互理解尊重，互信互好，拥有那份初心，无论是亲情、友情，还是爱情，彼此间矛盾就会减少，感情也会历久弥新。

33.【原文】平生不作皱眉事，世上应无切齿人。

【解悟 · 故事】只要你不做出格的事，就没有人会痛恨你。因此，我们要多做善事好事，人家就会记住你的恩德。

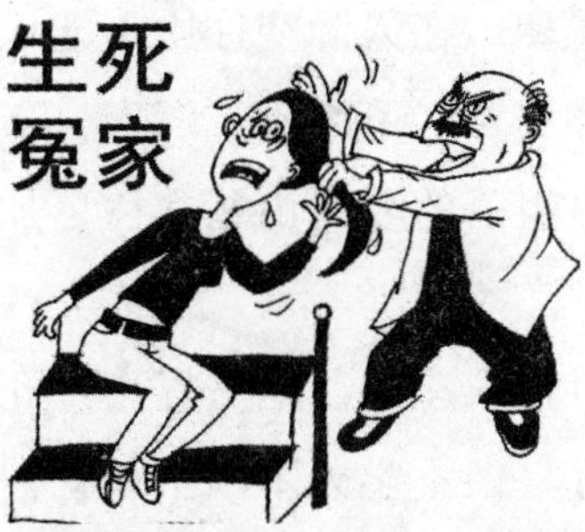

隋朝末年，天下大乱。王世充霸占洛阳后，自立皇位，定国号为“郑”，封其侄儿王仁则为领兵大元帅。这叔侄二人终日东杀西战，民不聊生。那时候，洛阳城郊有少林寺的千亩田地，住着十三个有武艺的和尚，专管种田护园。一日，饲养牲口的和尚智守，听见有一对夫妇在谷草垛后嘀嘀咕咕。听后才知原来他们是青泥沱人，听说唐王那里年景好，在闯潼关逃荒要饭时，拾到上书“秦王之印”玉印一个。丢印的是一个被抓的郎中。智守听完以后，把这对夫妇带进庄院，让他俩把经过重说了一遍。寺主僧志操，留下玉印，打发逃荒夫妇走后，十三武僧议论起来，说郎中可能是李世民。都说唐王李渊父子办事顺天理人情，关内五谷丰登，军队秋毫无犯。王世充自称皇帝，祸国殃民，实属蟊贼，要设法搭救那个郎中才是。最后上座僧善护决定，立即奔洛阳搭救李世民。十三人扮成挑柴汉子，混在人群里来到“禁地”洛阳监狱，并劫了狱。他们当即拿定主意：一不做，二不休，决定志操等八人护送李世民出城，到洛阳桥头等；昙宗等五人去捉贼子王仁则。他们捉住王仁则后，将王仁则一绑，昙宗像扛粮食袋子似的，往肩头一放，五个僧人一同赶往洛阳桥。再说志操他们，在官马棚牵了十四匹战马，把李世民扶上马，来到洛阳桥头等候。昙宗扛着王仁则来到桥头，翻身上马，十四匹战马直向西而去。不远遇见了李世民的唐营兵将，十三个少林和尚，把俘虏到的王仁则和那块玉印，一并交给了李世民，便回去了。李世民最终灭了乱世逆贼，成就一世盛唐。

34.【原文】栖迟蓬户，耳目虽拘而神情自旷；结纳山翁，仪文虽略而意念常真。

【解悟 · 故事】居住在简陋的房屋中，耳朵听到的和眼睛看到的虽然都会受到限制，但是人却显得怡然自得、开朗旷达；结交山中老者，礼节虽然简略，但是念头、感情却是率真的。因此，我们要见素抱朴、返璞归真。

随着生产力的发展和社会的进步，一些人离开了乡村，告别了简陋住所，迁入了繁华城市，住进了高楼大厦，开上了小车，用上了网络，过上了现代生活……但这些带给人们的并不一定是快乐幸福。生活在大城市的人面临着交通拥堵、空气污染、竞争激烈、人际关系复杂、失眠等诸多困扰，幸福感欠缺，不少城市人产生了向往乡村、回归自然、享受宁静的愿望。在人际交往中不能以貌取人，西装革履、巧言令色之人不一定真诚可信。正如圣贤老子所说：“智慧出，有大伪。”其实，在现实生活中，那些少有文化、口出粗语的乡村山翁往往更加朴素真诚。

春秋时期，孔子的学生澹台灭明相貌丑陋，孔子对他很冷淡，他只好离开孔子回去自修，后成为有名的学者。而学生宰予长得很好，但不学无术，不久就被齐王处死。孔子感慨地说：“不能以貌取人，也不能凭人说话来衡量别人。”

35.【原文】萤仅自照，雁不孤行。

【解悟·故事】萤火虫只能照亮自己，大雁迁徙时是成群结队而行。因此，一定要团结别人，团结才有力量。

一个国王有五个儿子，但这五个儿子并不团结，每天不是明争暗斗就是尔虞我诈，国王早已心知肚明。于是有一天，国王给五个儿子每人一支箭，叫他们把自己手中的这支箭折断。儿子们都非常轻松地折断了。接着，国王又让他们每人再折断一捆箭。他的儿子们没有一个人能把一捆箭折断。从此以后，这五个兄弟从中悟出了“孤立易攻，齐心难破”的道理，逐渐和睦起来，团结一心，帮助国王把国家治理得井井有条。

动物学家把一盘点燃的蚊香放进一个蚁巢。开始，巢中的蚂蚁惊恐万状，约二十秒钟后，许多蚂蚁见难而上，纷纷向火冲去，并喷射出蚁酸。可一只蚂蚁喷射的蚁酸量毕竟有限。因此，一些“勇士”葬身火海。但它们前仆后继，不到一分钟，终于将火扑灭。存活者立即将“战友”的尸体移送到附近的一块“墓地”，盖上一层薄土，以示安葬。一个月后，这位动物学家又把一支点燃的蜡烛放到原来的那个蚁巢进行观察。尽管这次“火灾”更大，但蚂蚁这次却有了经验，迅速调兵遣将，有条不紊协同作战。不到一分钟，烛火即被扑灭，而蚂蚁无一“遇难”，创造了灭火的奇迹。蚂蚁面临灭顶之灾时的非凡表现也令人震惊。在野火烧起的时候，为了逃生，众多蚂蚁迅速聚拢，抱成一团，然后像滚雪球一样飞速滚动，逃离火海。那噼里啪啦的烧焦声，是最外层的蚂蚁用自己的躯体开拓求生之路时的呐喊，是奋不顾身、无怨无悔去抗争的怒吼。

一个人只有把自己放得很低很低，别人才会把你看得很高很高。人千万不要做只照亮自己的萤火虫，也不要像一只孤行的雁。一定要从现在开始，伸出自己的手，牵住别人的手，让我们手牵手一起飞翔，做一只永不掉队的大雁。那时，你就离成功不远了。

36.【原文】苗从蒂发，藕由莲生。

【解悟·故事】植物的苗是从蒂上长出来的，藕是由莲子生长出来的。因此，要养成良好的习惯，小害不除就可能酿成大患。

一个母亲，见自己孩子拿了人家的东西，不但不制止和教育，反而赞扬孩子“能干”。结果这个孩子长大后偷鸡摸狗，后来发展到犯了死罪。临刑前，孩子借口想吃一口母亲的奶而将母亲的乳头咬掉了，以此责怪母亲纵容他走上了犯罪的道路。这就是“小时偷针，长大偷金”的故事在民间盛为流传的版本。

一日，小张驱车在街上走，远远看见一个过去要好的朋友。由于好久不见，小张就将车开到非机动车道上，停下车，降下车窗玻璃，准备下车叙叙旧。没想到那位朋友与小张点了一下头，却与另外一个熟人打招呼去了。小张“忽”地一下，脚踩油门，驱车而去。在很长一段时间里，小张一想起此事就很生气。过了许久，小张再次碰到那个朋友。那个朋友主动和他说起这件事，说小张在他身边停车之前，另外一个他认识的人就远远地望见了他，因而他停下来站在那等着他，所以，只能与小张先点头示意，待与之打了招呼后，再来与小张讲话。哦！原来如此。听完朋友的解释，小张心里释然，不禁为自己的生气感到羞愧。

生活中的一些小事可能导致大问题。如果我们在平时的工作和日常生活中，对一些人和事能进行换位思考，也许人与人之间就会少一些隔阂，少一些误会，少一些不愉快，多一些理解，人与人之间的关系就会更融洽一些，也就会让社会更加和谐。

37.【原文】近水知鱼性，近山识鸟音。

【解悟·故事】如果生活在水边，经年累月地观察水中的鱼，那么就能熟悉鱼的性情；如果生活在山上，经年累月地观察山上的鸟，那么就能听懂鸟的叫声。因此，我们要多亲近自然，多了解自然，就能将自己融进大自然中而自得其乐。

亲近自然

法国女孩 Tippi，1990 年出生于非洲的纳米比亚，从小跟随拍摄野生动物的父母在丛林中长大。她与野象亲吻、同鸵鸟共舞，变色龙、牛蛙、狮子、狒狒等动物都给她带来或快乐或惊险的体验，当然也免不了受一些皮肉之苦，但是最终她和很多动物都成了朋友。

她后来回到巴黎，将她与非洲各种野生动物生活在一起的动人故事编撰成书，配上她父母现场拍摄下的130多幅珍贵的照片，希望唤起人们保护自然的意识。她会跟动物说话、会用眼睛跟动物交流，在和动物的交往中，她体会到“动物世界复杂得很”，她认为“害怕没有出息”“绝不要害怕，但永远要小心”。坐在大象头上，她感觉这是世间最快乐的事；而鸵鸟的背很柔软，坐上去很舒服；变色龙是她最美的“饰品”；就连危险的豹子，她也尝试着去和它接近。她说，“动物从来不凶猛，但比较好斗”，只要理解、尊重、爱护它们，才不会招致它们的误解，甚至能从它们那里得到善意的回报，因此，她的直觉告诉她“动物来自好人这一边”。

生产活动是最基本的实践活动，是决定其他一切活动的基础。常言道“近水知鱼性，近山知鸟音”。沿海的一些渔民，把耳朵贴在船帮上，听听底下的声音，就知道有什么鱼在附近海域游动；生活在深山老林的猎人，凭着经验就可判别各种鸟类的叫声。为什么他们能够做到一般人做不到的事呢？根本原因就是长期、反复地实践。

38.【原文】路遥知马力，事久见人心。

【解悟 · 故事】路途遥远，才能分辨出马有多大的力气；经历的事情多了，时间久了，才能知道人心的好坏。因此，交朋友不要看一时一事，多观察分析才能交到真朋友。

路遥和马力是对好朋友。路遥的父亲是富商，马力的父亲是路遥家的仆人。虽然是主仆关系，但两人的关系很好。他们一起读书，一起玩耍。到了该谈婚论嫁的年龄了，路遥家有钱有势，不愁老婆；而马力家贫困潦倒，一直没人作媒。有一天有媒人给马力说媒，马力大喜，但是对方却要昂贵的彩礼。马力只好请朋友路遥帮忙。路遥说：借钱可以，但是结婚入洞房我来替你前三天。马力怒火中烧，但是又没有办法，总不能光棍一辈子，只好答应路遥。第四天该他进洞房了，他心里懊恼极了！天一黑就一头栽进房间拉被子蒙头睡觉。新娘子问：“夫君，为何前三夜都是通宵读书，今天却蒙头大睡？”马力这才知道路遥给他开了个大玩笑，真是又喜又恼，被有钱的朋友给耍了。从此马力发誓好好读书，后来还真考上了状元并在京城做了大官。

路遥性情豪放，侠肝义胆，最后却坐吃山空。看到自己一家实在无法度日，想起曾经资助的朋友马力，于是就和老婆商量着自己进京找他帮忙。马力见到路遥很是高兴，热情款待。路遥说明来意，马力却说：“喝酒！喝酒！”根本没有帮助他的意思，路遥很恼。过了几天，马力说：“路兄，你回家吧，免得嫂夫人牵挂！”路遥只得气愤而沮丧地回家，还没进家门就听见家里哭成一片。路遥急忙进来，看到妻儿守着一口棺材在痛哭。一见路遥进来又惊又喜。原来是马力派人送来棺材说：“路遥到京城后，生了重病而死！”路遥更加恼怒，打开棺材一看里面全是金银财宝，还有一纸条上写着：“你让我妻守三天空房，我让你妻痛哭一场。”

39.【原文】运去金成铁，时来铁似金。

【解悟·故事】人没有运气的时候金子会成为铁，时运好的时候铁都会变成金。所谓时运，其实就是机遇。因此，我们要管理好自己，随时做好准备，等到机遇来临时要牢牢把握住。

公元653年滕王阁建成，675年洪州牧阎伯屿在新修成的滕王阁上，大宴宾客，并准备让他的女婿作序，来纪念这一盛事。当时，王勃也参加了滕王阁盛会。宴会上达官显贵济济一堂，文人墨客灿若群星！真可谓“高朋满座，胜友如云”！酒兴正酣，阎伯屿请各位嘉宾行文赋诗以记欢宴之盛况，其实他是想借此机会让其颇有诗名的女婿扬名，其女婿也已将诗文准备好了，只等当场吟诵。所以，文人们一一谦让，不敢造次。临至王勃，他却不谙此道，踌躇应允，使得满座愕然。王勃行文前习惯小酌，然后蒙头小睡。王勃小憩片刻，便文采飞扬，一挥而就。他在文章的末尾赋诗一首，为了留下悬念，故意把最后一句“栏外长江空自流”

的“空”字落下没写，然后离开了宴席。

当阎伯屿发现诗中落下一字时，王勃已经远走高飞了！此时的阎伯屿掂出这篇文章的分量，他马上吩咐随从，带上千金，去追赶王勃索要落下的那一字。随从几经周折，追上王勃后，说明来意，恳请王勃把字补上，否则难以交代。在随从的再三请求下，王勃让他闭上眼睛，在其掌心画了几下，叫他攥紧拳头，并交代说，非阎伯屿任何人不让看。当随从回到阎府，当着阎伯屿打开拳头时，手心什么字也没有。阎伯屿正要发作，却突然转忧为喜，拍着脑门连连叫绝：“妙！妙！妙！”从此以后，王勃因滕王阁而名垂千古，滕王阁也因王勃而美名远扬！一千多年以来，有多少贤达显贵登楼怀古，有多少迁客骚人舞文弄墨。王勃和滕王阁的故事，成就了中国古典文学史上的千古佳话！

无论是运去金成铁，还是时来铁似金，我们都要谨记：任何人都会有时运光顾和时运不济的时候，而这都是既不能避免又不能强求的。无论是好运来了还是坏运来了，都要直面人生，宠辱不惊，把好运气看成是自己努力的奖赏，把坏运气看成是努力不够的鞭策。

40.【原文】马行无力皆因瘦，人不风流只为贫。

【解悟 · 故事】马因为瘦弱而行走无力，人因为贫穷而无法风流倜傥。虽然这句话比较偏激，太过强调财富的功用，但从世俗来看也有其合理的成分。因此，我们要自立自强，努力发展。

人不风流是因贫，国被欺凌只为弱。日军侵华就是最好的例证。日本1931年在东北发动“九一八事变”，霸占中国东北三省；1937年卢沟桥事变，则掀开了日军全面侵华的序幕。1945年8月15日，日本裕仁天皇宣布无条件投降，9月2日正式签订投降协议，日本侵华战争结束，共计14年。日本帝国主义侵略者在中国侵占大片国土，实施“以华治华”的政策，扶植汉奸傀儡卖国政权，残酷奴役、杀害中国人民，疯狂掠夺中国的资源和财产，严重侵犯、破坏了中国的主权，严重分裂了中国，使中华民族的统一程度在抗日战争时期受到了严重削弱。日本在侵华战争中制造了一系列令人发指的暴行：在占领区实行“杀光、烧光、抢光”的三光政策；制造南京大屠杀，使30余万人惨遭屠戮；用中国人进行“活体解剖”细菌实验；制造平顶山惨案……日军杀害中国平民数千万，并造成千万中国百姓流离失所、家破人亡。

当时的中国，由于长期受封建主义压迫和帝国主义剥削，经济发展十分缓慢。同时军阀割据，民不聊生。落后就要挨打，面对如此贫弱的旧中国，日本自然觊觎，一场大规模的侵华战争也就在所难免。

41.【原文】近水楼台先得月，向阳花木早逢春。

【解悟·故事】楼台一靠近水边就能借助其空阔而提前看到美丽的月亮，山南边的花木向阳而生就能早早地迎接春天的到来。因此，接近美好的事物会优先得到好的回报和好的享受。

相传范仲淹任杭州知府时，城中文武官员，大多得到过他的推荐提拔，受到过他的关心帮助。唯有一个叫苏麟的，因为在外县担任“巡检”，不在杭州城里，所以没有得到什么照顾。有一次，苏麟因事到杭州来见范仲淹，顺便献诗一首，其中有“近水楼台先得月，向阳花木易为春”两句。范仲淹看了之后，自然明白他的意思，就满足了他的愿望。后来，人们就把“近水楼台先得月”这句话作为因人事关系接近而易于获得方便的意思，或简作“近水楼台”四字。

美国黑人杰西克是当时美国一家小报的记者。那时，美国的石油大亨哈默已蜚声世界，报社总编希望几个记者能采访到哈默，以提高报纸的声誉与卖点。杰西克便在心底暗暗发誓，一定要独立完成稿子，让他们不敢轻视自己。有天深夜，杰西克终于在一家大酒店门口拦住哈默，并诚恳地希望哈默能回答他的问题。面对杰西克的软磨硬缠，哈默没有动怒，只是和颜悦色地推脱。最后迫于无奈，哈默只同意回答一个问题。杰西克想了想，问道：“为什么前一阵子阁下对东欧国家的石油输出量减少了，而你最大对手的石油输出量却略有增加？这似乎与阁下石油大亨的身份不符。”哈默依旧不愠不火，平静地答道：“关照别人就是关照自己。而那些想在竞争中出人头地的人如果知道，关照别人需要的只是一点点的理解与大度，就能赢来意想不到的收获，那他一定会后悔不已。关照是一种最有力量的方式，也是一条最好的路。”哈默离去后，杰西克怅然若失地伫立街头。他以为哈默只是故弄玄虚，敷衍自己。直到10年后，他在有关哈默的报道中读到——在成为石油大王之前，哈默曾一度是个不幸的逃难者。

那年冬天，年轻的哈默随一群同伴流亡到美国南加州沃尔逊小镇上，他认识了善良的镇长杰克逊。可以说杰克逊对哈默的成功起了不可估量的作用。那天，冬雨霏霏，镇长家门前花圃旁的小路成了一片泥淖。于是行人就从花圃里穿过，弄得花圃里一片狼藉。哈默也替镇长痛惜，不顾寒雨染身，一个人站在雨中看护花圃，让行人从泥淖中穿行。这时出去半天的镇长笑意盈盈地挑着一担炉渣铺在泥淖里。结果，再也没人从花圃里穿过了。最后镇长意味深长地对哈默说："你看，关照别人就是关照自己，有什么不好？"杰西克读后也终于领悟到，关照就是两颗心之间最美的桥梁。每个人的心都是一个花圃，每个人的人生之旅就好比花圃前的小路。而生活的天空有时也会风霜雨雪，那些在雨中前行的人们如果能有一条可以顺利通过的路，谁还愿意去践踏美丽的花圃，伤害善良的心灵呢？

42.【原文】饶人不是痴汉，痴汉不会饶人。

【解悟·故事】能饶恕别人就不会是痴痴傻傻的人，痴痴傻傻的人也绝不会饶恕他人。因此，我们要与人为善，宽容待人。

有个人捉到了一只大老鼠，想起老鼠作的孽，气得牙根痒痒的，决心好好地惩治它。他想，如果一下子让它死去，那就太便宜它了。于是，他找来煤油，把煤油倒在老鼠的身上，然后点燃，等到火把老鼠烧得吱吱叫的时候，才将其放开。谁知一放开，浑身是火的老鼠便在屋里狂奔乱窜，一头钻进了柴火堆里，引起一场大火，把这人的屋子烧得精光。最后这人只能是痛哭流涕，后悔莫及，本来想惩治一下老鼠，没想到手段过于残忍，反倒把自己家给毁了。

老鼠如此，人更是如此。你对人家什么样，人家就会对你什么样。你得势不饶人，那么人家只有以死相拼，最后只能是鱼死网破，玉石俱焚；相反，假如你能宽容人家，所谓大肚能容天下难容之事，那么人家反过来也会对你恭恭敬敬。你主动退一步，人家有可能会退三步；你把人家往火里推，那么人家肯定也要把你一起拉到火里去。所以说，得饶人处且饶人。跟别人过不去，其实就是在跟自己过不去；对别人宽容，其实也就是给自己留下了余地。

43.【原文】不说自己桶索短，但怨人家箍井深。

【解悟·故事】打不上来水，很可能是自己系桶的绳索短；却不去思考改进，

只责怪人家的井太深。同样的道理，用竹篮去接水也只能“竹篮打水一场空”。因此，我们应该不断充实自己，丰富自己。

每次走进考场，我们都希望考个好成绩，但一考试起来就会感觉题目很难，恨不得叫老师来告诉我们这道题的正确答案。平时练兵不够，真到了上战场时就难免吃败仗，要怪也只能怪自己平时没认真听课，没领会好老师所教的知识。要想能在考试的时候得到满意的分数，唯有刻苦学习，在老师的指导下，将自己的知识绳索练长练结实，就不怕考试这口井有多深了。

蚂蚁虽小，但也有超过大象的地方，如一只猛蚁就能够举起超过自身体重400倍的东西，还能够拖运超过自身体重1700倍的物体。现实生活中，也还真有“大象向蚂蚁伸出橄榄枝”的案例。在全球铸造行业，美国Anvil公司可谓一头巨象。2004年7月18日，这头“巨象”和位于上海浦东曹路镇上一家不起眼的铸件生产厂家——浦东马铁厂签署了排他性合作协议，全面代购其消防管路接头等铸件产品，年销售额达1亿元以上。此举意味着在这场发生在中美铸铁行业中的反倾销官司里，浦东马铁厂取得了完胜。有媒体戏称“小蚂蚁与大象握手言和”，更有评论家评价道：在成功应诉反倾销后，与起诉方携手合作，这在中国企业应诉反倾销事件中极为罕见。

44.【原文】美不美，乡中水；亲不亲，故乡人。

【解悟 · 故事】不论甜美与否，家乡的水都最好喝；不论是不是亲戚，故乡的人都最亲近。因此，我们要热爱故乡，感恩故土。

1959年6月25日，毛泽东主席回到阔别了多年的故乡韶山。在回韶山短短的两天时间里，毛主席接见了数以千计的人民群众，了解群众疾苦。在那些熟悉或不熟悉的父老乡亲面前、在父母亲的坟前、在自己出生的老屋前、在毛家祠堂里，毛泽东是一个“少小离家老大回”的游子。在这个曾经记载着他童年和理想的小村子里，毛泽东独特的思绪、风趣的语言、精辟的见解，赢得了乡亲父老的广泛称颂。为此，他写下了饱含浓郁乡情的诗：“别梦依稀咒逝川，故园三十二年前。红旗卷起农奴戟，黑手高悬霸主鞭。为有牺牲多壮志，敢叫日月换新天。喜看稻菽千重浪，遍地英雄下夕烟。”领袖对家乡的热爱之情溢于言表。

人生烙印的不断加深，会使自己对故乡的事物备感珍惜、对同乡的人备感亲切。尤其是方言，它不需要过多的修饰，一开腔就能拉近双方的距离，让人感到乡情来袭。说直白点儿，我们打小就是在同样的语言模子里长大成人，而这种乡情乡音的纽带，是一辈子无法割舍的。谁都有自己的故乡，那是我们心中镌刻痕迹最深的山水画。不仅仅是方言，还有些生活习惯，都是那么相似。无须去特地叮嘱，自然就能融到一块儿去。也许人们的身份地位都在不断变化，但乡里乡亲的根却永远不会变。无论何时何地，我们都不会忘记自己的根在哪里！

45.【原文】割不断的亲，离不开的邻。

【解悟·故事】割舍不掉的是亲情，离不开的是邻居。因此，我们要仁爱宽容，助人为乐。

在现实生活中难免出现一些意想不到的事情，一个人处理不了，而亲人又不能及时赶到，此刻就会出现待援无助的局面，而邻里相距咫尺之遥，只有一墙一门之隔，此时第一个出来帮忙的可能就是邻居。

刘爷爷家的小孙女兰兰发高烧，孩子的爸妈都上班去了，家中只有刘爷爷和老伴，眼看孙女的小脸烧得通红，老两口急得在屋里直打转，真是一点办法都没有。正巧，隔壁家的老王刚好来串门，看到兰兰发高烧，急忙和爱人开车把老两口和正在发烧的兰兰送到人民医院。经医生确诊，孩子得的是气管炎，需要输液。老王帮助老人把孩子一切都安排好后，看看天色已晚，心想大家都折腾了大半天，老人肯定又累又饿，便让爱人留在医院陪着祖孙三人，自己坐公交车回到家中包饺子。等他们一行从医院回来，老王急忙把热腾腾的饺子端到刘爷爷面前。刘爷爷非常感激地说：“你忙了半天，还给我们做吃的，真让我们心里过意不去啊！”老王笑着说：“远亲不如近邻，咱们都是一家人！”其实邻居之间处好了，就和亲人没有两样。血肉亲情是割不断的，而邻居也是难离开的。我们平常要培养好亲情，处理好邻里关系。邻里关系是人际交往中的重要部分，邻里之间要互相关心、和睦相处，因为有时候远亲可能还真不如近邻来得及时。

46.【原文】相见易得好，久住难为人。

【解悟 · 故事】初与人交往，彼此客客气气，容易相处得好；而时间一长，每个人的缺点就慢慢暴露出来，要保持良好的人际关系就不那么容易了。因此，要珍惜友情，关爱朋友。

一棵大树和一只小鸟是朋友，小鸟唱歌悦耳动听。每当小鸟唱歌给大树听时，大树就会新长一圈绿叶。日子久了，大树长得枝繁叶茂，十分茁壮。有年冬天，小鸟对大树说："大树，我要飞向温暖的南方去过冬了，明年春天我再来和你玩儿！"大树依依不舍地对小鸟说："小鸟呀，明年，你一定要回来看我！""嗯！"小鸟飞走了，大树目送着它。第二年春天到了，万物复苏，生机盎然。小鸟飞回来时，被一个男孩抓住了，关进了笼子里。小鸟想到大树正在等自己，不禁流下了眼泪。大树在此时此刻也被木工锯倒了，即将被运走。大树想到小鸟飞回来时找不到自己，也哭了。大树被做成了一盒盒火柴，其中一盒被卖到了抓住小鸟的男孩家。男孩燃起了火柴，明亮的火光映出了一棵生机勃勃的大树。啊，那是以前的大树！小鸟看见了，泪水又流了出来。它对火柴说"大树，你怎么变成这样了？呜呜……为什么？"火柴说："小鸟，我被砍倒，被做成了火柴，我快燃尽了，你再唱支歌给我听吧！""嗯！"小鸟抹了一把眼泪，唱起了大树最爱听的那支曲子。小鸟唱了一会儿，火柴微笑着燃尽了。小鸟大哭起来，最后也倒在了火柴身边。之后的每一个春天，新树发芽，候鸟北归，似乎都是对小鸟和大树深厚友情的纪念。

有哲人说得好，友不贵多，得一人，可胜百人；友不论久，得一日，可逾千古；友不择时，得一缘，可益一世。真挚情义，可伴一生。

47.【原文】客来主不顾，应恐是痴人。

【解悟 · 故事】家里有客人来了而主人不知道接待照顾，那么这主人可能是痴傻之人。因此，我们要礼貌待人，友善待人。

古往今来，中国人大多热情好客，但总有一些人，对朋友缺少真诚、缺少行

动，让人不得不与之断交。小梅有个女同事，邀请几个同事去她家做客。这年头，在家设宴的已经很少了，能被邀去家中就餐，可算最高礼遇。所以，得到这样的邀请，大家很高兴。周日大家提着水果，中午十一点敲开了她家的门。门开了，她还穿着睡衣，让人好不自在。落座后，她问：“吃了吗？”让人好不惊讶。小梅和同事们笑答：“早餐吃了，准备吃午餐。”她才提篮去买菜，大家只好耐心等饭。可时至下午两点，还未见其归来。大家起身下楼准备自行解决，却见其姗姗而来，只拎了一些萝卜白菜，让人不知如何是好。一时间，好客变成了损客，令人哭笑不得。最终小梅和同事们只得乘兴而来，扫兴而归。如此虚情假意，很难有真心朋友。

“截发留宾”说的是晋朝的陶侃的故事。年少时，他虽有名气，但家里穷，与母亲湛氏相依为命，艰难度日。一日天降大雪，同郡范逵来访。陶侃发愁了，湛氏便将自己的长发剪下，让儿子拿到市场上卖了换回几斛米，置办酒肉款待宾客，并锉碎草荐以供其马。范逵对他们虽处穷困中但能如此待人接物十分敬佩。此后，陶侃得到范逵等贤士举荐，从而步入仕途，成为一代名臣。

一般来说，客人来家应当真诚招待。现代人不喜欢在家接待客人，除非至亲好友。非亲非故的人登门拜访，可能是带着某种目的而来。目的实现不了，要求难以满足，就会生出一些是非来，而文明待客就不至于让此成为待人处事的“后遗症”。

48.【原文】在家不会迎宾客，出路方知少主人。

【解悟 · 故事】在家时不懂得礼遇上门的客人，当自己出门在外时就不会受到别人的礼遇。因此，善待别人也就是善待自己。

有天深夜，一对年迈的夫妻走进一家旅馆投宿，但是旅馆已经客满，没有空房剩下。看着老人疲惫的神情，旅馆的侍者说：“让我来想想办法。”好心的侍者将这对夫妻引到一个房间，说：“也许它不是最好的，但现在我只能做到这样了。”

第二天，当他们到前台结账时，侍者却对他们说：“不用了，我只不过是把自己的屋子借给你们住了一晚。祝你们旅途愉快！”两位老人十分感动。老头儿说：“孩子，你是我见过的最好的旅店经营人。”侍者笑了笑，送老人出门，转身接着忙自己的工作，很快把这件事情忘了。没想到有一天，侍者收到一封信，里面是一张赴纽约的单程机票并附有简短留言，聘请他去做另一份工作。他乘飞机来到纽约，按信中所标明的路线来到一个地方，抬眼一看，一座金碧辉煌的大酒店矗立在他的眼前。原来，那个深夜，他接待的是一个有着亿万资产的富翁和他的妻子。富翁为这个侍者买下这座酒店，深信他一定会管理好它。这就是全球赫赫有名的希尔顿酒店首任经理的传奇故事。

也许我们的生活并不会像这个故事那样传奇，但只要善待别人，就会得到意外之喜。只有善待他人，你才能把自己融入人群，获得友谊、信任、谅解和支持；只有善待他人，你才能调整失衡的心态，解脱孤独的灵魂，走出无助的困境；只有善待他人，你才能在人生的道路上，时刻感受到快乐，走向充满希望的未来。

49.【原文】群居守口，独坐防心。

【解悟·故事】人多的时候少说话，独处的时候不胡思乱想。因此，我们做事要三思而后行，提高自制能力。

有人问墨子：“多说话有益处吗？”墨子答：“青蛙日夜不停地叫，口干舌燥也没有人注意它的存在；公鸡每天按时啼叫，一啼叫人们就知道是天亮了。”可见话说多了并不见得有什么好处，只要在恰当时机说话就行了。“群居守口”就是要防止祸从口出。

北宋时期，南唐李后主派了当时著名的学者徐铉前来宋朝进贡，按照惯例，宋朝要遣一个押伴陪同。但是满朝文武都知道徐铉满腹经纶，很难对付，万一对答不出，那可就有损宋朝的声威，因此都大感为难。后来还是赵匡胤英明，故意挑选了一个根本不识字的木讷侍卫担任押伴。起初，徐铉还口若悬河，旁征博引，但不管他说什么，那侍卫都不吭一声，大不了点点头，“嗯哪”几句。结果后来徐铉说得累了，也不说话了，心里还肃然起敬，觉得大宋押伴深藏不露呢！

50.【原文】志从肥甘丧，心以淡泊明。

【解悟·故事】志向因食肥饮甘，贪图享受而丧失，心境淡泊能使人明智，宁

静能让人的思绪走得更远。因此，我们要崇尚淡泊，不要贪恋名利。

郑板桥是清朝著名画家、文学家，曾任山东范县知县，后因助农民诉讼及办理赈济，得罪豪绅而罢官。他淡泊名利，坦荡直率，为世人所称道，被誉为“扬州八怪”之一。他洁身自好，不与贪官污吏同流合污。当时许多官绅都愿意与他交往，为的是附庸风雅，提高声望。还有的官绅想得到他的字画，为自己脸上贴金。一次，一个官员庆贺生日，几次派人去请郑板桥。郑板桥无奈，只好带上一轴画和一缸酒，前去祝寿。那官员十分高兴，命人把酒打开，一人一杯。大家一尝，原来是水，可谁也不好说破。郑板桥拿过画轴，写下一副“君子之交，淡淡如水”的对联，随后扬长而去。大家面面相觑，谁也不敢评论什么。郑板桥一生淡泊名利，为后人留下了许多关于为人处世的宝贵精神财富，比如“难得糊涂”的名句、“衙斋卧听萧萧竹，疑是民间疾苦声。些小吾曹州县吏，一枝一叶总关情”的诗句，至今仍然广为流传。

一个人如果贪欲太重，必然会影响志向和事业。只有淡泊和宁静，才能集中时间和精力成就事业，实现人生目标。当今社会之所以很难产生《红楼梦》和《本草纲目》，不是现代人没有曹雪芹和李时珍聪明，而是现今的诱惑比他们所处的时代要多得多。美好的东西实在数不胜数，我们总是希望得到尽可能多的东西，可是欲望太多，反而会成为累赘。其实，还有什么比拥有淡泊的襟怀，更能让自己充实满足的呢？

51.【原文】有钱堪出众，遭难莫寻亲。

【解悟 · 故事】有钱财就可以多出头、多承担义务，遇到了困难不要去寻找一般的亲戚求助。因此，我们要努力自强，多担义务。

有一名虔诚的佛教徒遇到了难事，于是便去寺庙求拜佛祖。当他走进寺庙时，发现也有一个人在跪拜佛祖，仔细一看觉得这人与佛祖长得很像。他便问道：“你是佛祖吗？”“是的。”“可你为何还要拜自己呢？”“因为我也遇到了难事，可我知道求人不如求己。”

布露柯 · 艾莉森开创了哈佛大学的先例，因为她是学校首位四肢瘫痪的学生。

艾莉森在一次严重车祸中几乎丧命，但她在医院昏迷36小时后竟奇迹般苏醒，可四肢全部瘫痪。她醒后首先想到的不是关心自己怎么样了，而是什么时候可以去上学和功课是否会落下。尽管已经四肢瘫痪，但不服输的精神让她点燃了希望的火焰，她以优异的成绩从哈佛大学毕业，并取得心理学和生物学双学位。面对种种痛苦，她仍无比坚毅地说："这就是我的生活，我一直感到，不管我所面对的情况如何困难，我都应该坚持下去，只有自己才能拯救自己。"

有时候，一些亲戚或朋友是在你风光荣耀的时候才与你走动的；而当你遭难去寻求帮助的时候，往往会受到这些人的冷落和不齿。

52.【原文】远水难救近火，远亲不如近邻。

【解悟·故事】远处的水来不及救近处的火，远方的亲戚不如身边的邻居。因此，我们要友好睦邻，处理好邻里关系。

相传，庄周家里很穷，有一年家里已经揭不开锅了，于是他就去监河侯那里借粮米。监河侯说："可以，我将要收到封地的税金，到时借给你三百金，可以吗？"庄周忿然作色说："我昨天来，路上听到呼喊的声音，四面张望见干涸的车辙中有一条鲋鱼。我问它说：'鲋鱼，你是做什么的呢？'它回答说：'我是东海的水族。你能给一升半斗的水救我的命吗？'我说：'可以，我去南方劝说吴、越的国王，引西江的水来营救你，可以吗？'鲋鱼忿然作色说：'我失去了我不能离开的水，困在这里。我只要得一升半斗的水就可以活，你却要我等西江的水，还不如趁早到卖干鱼的店铺里去找我呢！'"

小王的邻居是和谐的三口之家。一天早上，小王洗完衣服拿到楼顶上晾晒后就去上班了，中午有个应酬就没有回家。午后，天空中的乌云越来越多，惊雷之后大雨倾盆而下。等小王下午上完班赶回家，上楼顶一看惊呆了：一件衣服也没有。刚走到家门口，邻居家的门开了。隔壁阿姨探出头告诉小王，是她帮小王把衣服收了回来，并把一大堆衣服交给了小王。一时间小王心里充满了温暖，充满了感激。有这样的好邻居，真是有福气。

只要有家，就会有邻居，所以我们要学会和邻居友好相处。邻里之间，尽管有时也会遇到一些磕磕碰碰的事，但是只要相互谅解，相互忍让，问题就能迎刃而解。

53.【原文】两人一般心，无钱堪买金；一人一般心，有钱堪买针。

【解悟·故事】两个人同心协力一条心，即便没钱也能买到黄金；如果一人一条心，即使有钱也买不到一根针。因此，我们一定要加强团结，同心协力，才能办好事。

在宋朝，有一对名叫郑得珪和郑得璋的兄弟。他们兄弟之间十分友爱，并且孝敬父母，恪守祖训。两人白天同在一张桌子上学习，夜里同在一张床上睡觉。弟弟得璋性格刚烈，看不惯不公平的事，仇视恶人。哥哥得珪也是如此，不过要比弟弟多些计谋。兄弟俩同心同德，经常为乡里做善事。有一年，乡里闹饥荒，饿死了不少乡邻，兄弟俩不忍心，于是奔南走北，寻求救济，又同心协力做生意，将所得收入用于购置粮食，分发给乡邻，从没考虑过自己的利益。最后乡人得救，人们都称赞他们兄弟同德一心，比金子更可贵。

三国时期的关云长，也就是关公，做事重信用、讲义气，历来受到后人的敬仰，是人们崇敬的典范。在古时候，几乎每座城市都有关帝庙，并且很多关帝庙由晋商所建。晋商与关公乃同乡关系，将关公尊为财神，以其信义教育同行，以其武功希冀保卫自己的商业利润。关公重信用、讲义气的品格不仅值得古人学习，而且值得今人弘扬。

54.【原文】力微休负重，言轻莫劝人。

【解悟·故事】力气小就不要去挑重担，说话没有分量就要避免去劝导别人。因此，要想劝导别人，自己不仅要有实力，而且还要点中要害。

春秋时期，有一个人得罪了齐王，齐王大怒，让人将他肢解，还说谁要劝阻就杀谁的头。这时，晏子走过来一手操刀，一手抓住那人的头问齐王：“请问您，古代贤明的君王肢解人是从哪里先下手啊？”晏子并非普通人，而是齐国的大夫，曾出使楚国立了大功。他爱国忧民，敢于直谏，有政治远见和外交才能，作风朴素，在诸侯和百姓中享有极高的声誉。尽管传说晏子五短身材，“长不满六尺”，貌不出众，但足智多谋，刚正不阿，为齐国昌盛立下了汗马功劳，是在齐王面前能说得起话的人。晏子一语点醒梦中人，而齐王也从“贤明、君王、肢解”等词义上获得了体会，有所醒悟，只好说：“放了他吧，我错了。”故事中聪明的晏子就是“一言九鼎”的人物，能把糊涂的齐王劝醒，但如果换成另一个“人微言轻”的人，恐怕就会有杀身之祸了。

55.【原文】听话如尝汤，交财始见心。

【解悟·故事】听别人讲话，如同喝汤一样，要慢慢品味，才能听出话外之音；通过财务经济上的交往，才能看清一个人的心。因此，我们在人际交往中要注意听出别人的弦外之意，而通过利益交往就可以认清人的本质。

鲍叔牙与管仲是春秋战国时期的人。鲍叔牙在与管仲进行生意合作时，总是自己少得，让利管仲，因为管仲家境贫困，需要更多的钱财。因此，“鲍管之交”成为历史美谈。但是，有句俗话叫作“没有永远的朋友，只有永远的利益”。说明只有在利益交往中，才能看出一个人的本质。在无关利益时，有些人信誓旦旦、精神高尚；而一旦利益攸关时，就有可能斤斤计较。

明万历年间，山西大同瘟疫大作，疫情十分严重，持续时间长，死亡人数众多。据传，鼎祥林山西分号掌柜杨济生见疫情严重，一方面捐钱给官府用于救济灾民，另一方面打开仓库，把所有的茯砖茶摆放在大门口，请乡医给人们治病。说来奇怪，人们喝了乡医加了中药的鼎祥林茯砖茶后，病情竟然大为好转，大部分人甚至完全康复。一传十，十传百，鼎祥林茯砖茶能治病的消息迅速传遍了十里八乡，人们纷纷来到鼎祥林商号，要求购买茯砖茶，一周姓大户更要以万金买下鼎祥林山西分号所有的茯砖茶。但杨掌柜却做出了一个惊人的决定：所有鼎祥林茯砖茶分文不收，全部用来给百姓治病。消息一出，人们大喜过望，纷纷奔走相告。山西大儒傅青主闻之，提笔赞曰：“重义轻利鼎祥林，货真价实茯砖茶。”

一个“财”字可谓试金石，真诚与虚假、厚道与薄义、慷慨与吝啬、仗义与贪婪，在它面前一试就现形，无须言语，屡试不爽。

56.【原文】易涨易退山溪水，易反易覆小人心。

【解悟·故事】山溪里的水随着季节常涨常退，不明事理的小人反复无常、变化不定。因此，我们不要同小人交往，即使非得交往，也得十分谨慎。

借桃杀士

《晏子春秋》中有个二桃杀三士的故事。春秋时期，齐景公手下有三员猛将：公孙接、田开疆、古冶子，他们战功彪炳，但也恃功而骄。晏子为避免未来之祸，建议齐景公早日消除祸患。晏子让齐景公把三位勇士请来，要赏赐他们三人两个珍贵的桃子，并以功劳大小来确定拿取桃子的条件。公孙接与田开疆都先报出了自己的功绩，分别拿了一个。古冶子却认为自己功劳更大，气得拔剑指责前二人；而前两人听到古冶子报出的功劳后，自觉不如，羞愧之余便将桃子让出并自尽。而古冶子却对先前羞辱别人、吹捧自己以及让别人为自己而死的丑态感到羞耻，也拔剑自刎了。就这样，只靠着两个桃子，晏子兵不血刃地除掉了三个威胁。晏子用借刀杀人的方法为齐国除掉了祸患，可见他计谋之深。

小人的反反复复，并不是体现在生活习惯上，而是在变化中给人带来心理或其他方面的伤害。小人在利己的情况下去损人，人们容易发现和预防，可有时在看不到任何利益纠葛的情况下，小人也可能会去损人。从古到今，小人就像苍蝇一样被人厌恶和痛恨。那些在历史上被反复证明，在生活中被同事朋友发现，可被称为“小人”的人，其最本质的特性就是“害人”。

57.【原文】画虎画皮难画骨，知人知面不知心。

妇人扇坟

【解悟·故事】能把老虎的皮毛画得栩栩如生，却画不出它的骨头来；即使天天与他人相处，但要真的知道对方的心事，也不是件容易的事。因此，防人之心不可无。

庄子不喜欢做官，而乐于到处游走。相传有一天，庄子正在感慨人世的无常，忽见一新坟，坟上的土还没干。一年轻妇人，穿着一身白色的孝服，坐在坟旁，手中拿着一把白色的扇子，向着那坟一下接一下地扇着。庄子觉得很奇怪，问道：“娘子，坟中所葬何人？为何举扇扇土？必有其故。”那妇人并不起身，仍然继续扇着，口中说道：“坟中乃妾之拙夫，不幸身亡，埋骨于此。生时与妾相爱，死不能舍。遗言教妾如要改嫁他人，直待丧事毕后，坟土干了，方可嫁人。妾思新筑之土，如何得干，因此举扇扇之。”庄子含笑，想道：“这妇人好性急！亏她还说生前相爱。若不相爱的，还要怎样？”于是问道：“娘子，要这新土干燥极易。因娘子手腕娇软，举扇无力，我愿替娘子代一臂之劳。”那妇人方才起身，深深道个万福：“多谢官人！”双手将素白纨扇，递与庄生。庄生行起道法，举手照坟顶连扇几扇，水气都尽，那坟上的土完全干透了。那少妇谢过庄子，欣然离去。可见这个妇人上坟并非真心，只是想尽快开始自己新的生活。

58.【原文】谁人背后无人说，哪个人前不说人？

【解悟·故事】每一个人都难免遭人背后议论，每一个人也都会在背后议论别人。因此，对于别人对自己的谈论，有则改之，无则加勉，还要有自己的判断力，不要见风就是雨。

有个男孩讲了一句脏话，不知怎么了，脏话落到地上，变成了“丑话人”。“丑话人”有一只眼睛，半个鼻孔，短短的胳膊，细细的腿。透过乱蓬蓬的头发，只能看到大大的嘴巴。一只小老鼠出门买东西，突然，它听到“丑话人”的哭声，就问：“你为什么哭呀？”“我长得这么丑，能不哭吗？如果我像你那样，我一天到晚都笑！”“可是你长得太……”小老鼠本来想说“丑”的，怕“丑话人”更伤心，把话咽下去了。“丑话人”说：“我知道自己丑，但我是因为小男孩的脏话而变成这样的。”小老鼠说：“那我能帮你什么吗？”“丑话人”说：“只要你从头到脚都夸我，我就会变成‘漂亮话人’。”“夸什么呢？”小老鼠想起妈妈很美，就照妈妈的样子夸“丑话人”，果真“丑话人”慢慢变成了一个小女孩，变成了“漂亮话人”，她抱着小老鼠大步来到商店，帮它买好东西，然后一起回家去了。

平心而论，没有人可以做到背后无人说、人前不说人，哪怕是一个出家之人、一个有学之士、一个道德高尚的人，甚至是一个伟人，他们可能也做不到。世上没有尽善尽美的人，只要我们懂得去塑造完美，认真接受别人的批评和意见，采纳好的建议，修身养性，也许我们就有机会接近完美。

59.【原文】但行好事，莫问前程。

【解悟 · 故事】当下要多做自己认为正确的事，而不要去牵挂往后的发展。因此，凡事只要付出足够的努力，就一定会有回报。

在五代，有个叫桑维翰的人参加进士考试，成绩很好。录取时，主考官读到他的姓，认为桑与丧同音，非常不吉利，因此取消了他的资格。桑维翰万分感慨，觉得主考官的做法毫无道理。于是作了篇《日出扶桑》的文章来激励自己。同时又特意请铁匠师傅打制了一个铁砚，告诉别人“要使我改变主意，除非铁砚磨穿”！从此桑维翰寒暑不辍，努力攻读。有人讥笑他不谙世事。桑维翰笑道：“但行好事，莫问前程。”几十年后，他终于扬眉吐气，中了进士。

一般情况下，只要做事做得正确，好的结果会不请自来，关键是要有足够的耐心。与此同时，策略还可以弥补缺陷。理查德 · 道金斯教授在《自私的基因》一书里，举了个典型的例子。程序员在编写“智能棋手”程序的时候，并不是让计算机每走一步就去穷尽之后所有的可行性，而后选择可以产生最佳结果的下一步。那样的话，运算能力再强的计算机，都会显得很“慢”，甚至好几年才可能走出一步。程序员实际上做的事情是“教会”计算机一些常见的“策略”，而后再给计算机加上“自我补充学习机制”，使得计算机显得很“智能”。如此一来，计算机就可以把棋下得越来越好。

同样的道理，尽管面临着不可知的未来，但我们可以给自己制定一些简单的原则，或干脆采取一些前人的智慧或策略，来限定我们的行为，进而控制未来的结果。很多策略非常简单，但往往是简单的策略才容易保证正确实施，才更加安全有效。事实上，“但行好事，莫问前程”这本身就是一个优势策略。因此，我们不要为达成某个目的而去做某事，也许做了这件事后，某个目的自然而然就实现了。

60.【原文】钝鸟先飞，大器晚成。

【解悟 · 故事】是笨鸟就要比其他鸟先飞，早做准备；要想成大器就不要太着急。因此，只要坚持就会有意想不到的收获。

梁灏及第

宋朝有个老状元叫梁灏。早年，他立下了一定要高中状元的志向，可惜屡考不中，别人讥笑他迂腐不堪。他却告诉人家，自己每考一次离状元的梦想就近了一步。真是功夫不负有心人，在他八十二岁的那年终于考中了前三名。在殿试时，他才思敏捷，对答如流，另外两个年轻人都不及他。最终，梁灏独占鳌头。皇上高兴地说："你真行！钝鸟先飞，大器晚成。"

东汉时的马援，12 岁就失去了父母，由哥哥抚养长大。马援少年有志，可天性并不聪明。当时，同村有个叫朱勃的人，与马援年纪相仿，却能口诵《诗经》《尚书》。马援见此，自愧不如，于是就向哥哥提出要去边疆放牧。哥哥十分了解马援，就安慰他说："你是很有才干的人，只要奋发努力，克服自卑，时间久了，定成大器。"马援听后，发奋学习，坚持不懈，终于在五十多岁时被封为伏波将军。在东汉建立的过程中，马援屡建奇功，成了"大器晚成"的名将。

这些故事告诉我们一个简单的道理：能力差并不可怕，只要比别人早下功夫，笨鸟先飞，就可能成为大有作为的人。

61.【原文】千里不欺孤，独木不成林。

【解悟 · 故事】不要欺侮从远方来的孤单的客人，一棵树成不了森林。因此，我们不能去排挤新来的人，要知道一个人的力量是有限的，只有依靠集体的团结，才能干成大事业。

独木不林

汉太祖刘邦出身农家，为人豁达大度，不事生产。秦时，刘邦任沛县泗水亭长，因释放刑徒而逃亡。陈胜起义后不久，刘邦集合三千子弟响应起义，攻占沛县等地，称沛公，不久投奔项梁。公元前 206 年，刘邦军队进驻霸上，攻占咸阳，秦王子婴向刘邦投降。秦朝灭亡。刘邦废秦苛法，与关中父老约法三章。鸿门宴后刘邦被封为汉王，统治巴蜀及汉中一带。楚汉战争前期，刘邦屡屡败北。但他知人善任，注意纳谏，能充分发挥部下的才能，又注意联合各地反对项羽的力量，终于反败为胜。击败项羽后，刘邦统一天下，即皇帝位，定都长安（今陕西西安市西北），史称西汉。

刘邦称帝与善于用人是分不开的。他曾说过一段很著名的话：论运筹策帷帐之中，决胜于千里之外，我不如张良。镇国家，抚百姓，给馈饷，不绝粮道，我不如萧何。连百万之军，战必胜，攻必取，我不如韩信。这三个人，都是人杰，却都被我用了。因此，我才能取得天下。项羽尽管有一个范增却不能被重用，结果他就被我打败了。

如今的社会，早已不是个人英雄的时代，所有成功的大公司不仅仅是企业主的私人财产，也是成千上万个员工辛苦与智慧的结晶。因此，无论什么事，只要有团结的精神，人与人相互依存，就会更好、更快达到目的。

62.【原文】贫居闹市无人问，富在深山有远亲。

【解悟 · 故事】贫穷时，即使居住在闹市也不会有人来过问；富贵时，哪怕是住在深山也会有人攀亲带故找上门。因此，我们与人交往要看重真情实意，而非钱财等身外之物。

明末，有个叫刘军臣的人，在家排行老四，人称军四爹。刘军臣原来家里很穷，30多岁了还讨不起老婆。村里人瞧不起他，喊他“军瞎”，或喊他“军臣老者”。有一年大年三十在祖宗堂设年福，也就是族人集中敬拜祖宗，刘军臣多了一句嘴：“我有一句话不知该说不该说？”有人说：“你说。”刘军臣说：“我建议明年你们把神龛修一下。”那个人说：“你瞎说什么，谁出钱呀？”众人立即哄笑起来。刘军臣哑口无言。后来，刘军臣外出做生意赚了不少钱。村里人不再喊他“军瞎”，改口喊他“军四爹”。又是一年大年三十在祖宗堂设年福。刘军臣又多了一句嘴，说：“我又有一句话不知该说不该说？”有人说：“你说。”他说：“我建议明年把逍遥杠换一换。”逍遥杠就是抬棺材用的杠子。众人马上附和说：“那是该换一下了。”刘军臣有些恼怒地说：“那年设年福，我说把神龛修一下，你们说我瞎说。今年我说了‘把逍遥杠换一换’这句不吉利的话，你们倒都说我说得好，你们嫌贫爱富的思想要不得，会教坏后人。”说完扬长而去，留下众人哑口无言。

战国时秦军和赵军在长平对阵，赵国大将廉颇为避敌锋芒，屯兵不出。赵王听信了秦国间谍散布的谣言，起用赵括取代了廉颇。廉颇被免职回家，失掉了权势。这时，原来的门客都离开了他。等到赵括战败，廉颇复被任用为将军，门客又重新回来了。廉颇说：“各位都请回吧！”门客们回答说：“唉！您的见解怎么这样落后？天下之人都是按市场交易的方法进行结交的，您有权势，我们就跟随着您；您没有权势了，我们就离开。这本是很普通的道理，有什么可抱怨的呢？”

63.【原文】人情似纸张张薄，世事如棋局局新。

【解悟 · 故事】 人的感情就像纸张一样，单薄而脆弱；世上的万事都像下棋一样，每局都有不一样的情况。因此，人情冷暖，世事无常，我们要有平常心。

1935年，纽约时任市长在纽约贫民区的一个法庭旁听了一桩面包偷窃案庭审。偷面包的是一个老太太。在法官问老太太是否愿意认罪时，老太太嗫嚅着回答：“我需要面包来喂养我那几个饿着肚子的孙子。要知道，他们已经两天没吃到任何东西了。”法官裁定：“我必须秉公执法，你可选择10美元的罚款，或是10天的拘役。”——那时的物价大约是8美分一杯咖啡，10美元的罚金绝非是这个穷苦老太太所能缴纳的，否则她也不会被迫去偷几美分的面包了。因此老太太只能“选择”拘役。意想不到的事情发生了。审判结束后，纽约市长从旁听席上站起身来，脱下自己的帽子，往里面放进10美元，然后面向旁听席上的人说：“现在，请每个人另交50美分的罚金，这是为我们的冷漠所付的费用，以处罚我们生活在一个要老祖母去偷面包来喂养孙子的城市与社区。”在场的每个人都默默地捐出了50美分，连法官也不例外。

世事的确如棋：（1）人生如游戏，不可太执着、较真。（2）虽是游戏，也有游戏的规则，一旦制定，不可违反。（3）游戏规则由人制定，不是不可以改变。（4）棋有棋道，十分公平，它是虚拟的生存竞争，是一种寻求娱乐的方式，当以平常心处之，不可失其乐；而处世亦有其道，相对公平，它是在现实的竞争中寻求适意，亦当以平常心处之，不可把自己搞得太累。（5）棋局变化无穷，世事也是捉摸不定。（6）下棋可以复盘，也可以重新开局；而人世却机遇难再，若着眼于历史长河，也可说局局皆新，人世轨迹是有规律地再现。（7）下棋当从全局着眼，不可迷惑于一子一地的得失，必要时可与“敌方”共活；处世也当从大处着眼，理智地看待得失，不可置人于死地，更要有与怨仇共存的心理准备。懂得了这样的下棋道理，何忧你不是常胜将军？

64.【原文】世人结交须黄金，黄金不多交不深；纵令然诺暂相许，终是悠悠行路心。

拜金主义

【解悟 · 故事】世上的人交往一般必须要有利益关联，没有利益或太少的利益，其交情就很浅薄；即使暂时答应得好好的，过后就如同冷漠的路人，无法兑现诺言。因此，我们要警惕拜金主义的污染，真诚待人。

这几句诗出自唐代诗人张谓的《题长安壁主人》。诗人用精警的语言，揭露了中唐以后世风日下的情形。世俗社会的友谊宝塔完全建立在黄金的基础上，没有黄金这块奠基石，友谊马上就会垮台。黄金成为衡量世人结交的砝码。黄金的多少与交情的深浅恰好构成正比例，揭露出金钱对人情世态的“污染”。

诗人张谓是河内（治今河南沁阳）人，天宝年间的进士，曾入安西幕府。大历年间张谓出任潭州刺史，后官至礼部侍郎，《全唐诗》存其诗一卷。在京都长安，张谓因公事需要，通过关系引荐，数次拜访必须要见的达官显贵，即标题中点明的“长安壁主人”，这是个典型的市侩人物。长安是中外交通的枢纽和对外贸易中心，“丝绸之路”的集散地。中唐以来，工商业，尤其是商业特别兴盛。在繁荣热闹的长安东西两市场里，汇集着各式各样的商品和各种奇珍异宝。黄金作为商品流通的手段，在这花花世界里神通广大。而长安又是全国政治中心，随着朝政的腐败，趋炎附势、钻营逐利的现象更为突出。所以，在封建社会里，出现“长安壁主人”这类人物并不奇怪。

诗的后两句形象地勾画出“长安壁主人”虚情假意的笑脸和冷漠无情的心，道破了官场中人生的况味。他口头上暂时相许，只不过是表面上的敷衍附和，根本谈不上什么友谊。他的心，像路人般冷漠。“悠悠”两字，形容“行路心”，看似平淡，实为传神，刻画世情，入木三分。整首诗言浅意深，富有哲理，反映了唐代社会世态人情的一个侧面，同时，也像镜子一样映照出当今市场经济条件下某些人丑恶的世俗嘴脸。

65.【原文】当局者昧，旁观者明。

【解悟 · 故事】当事人往往因为对利害得失考虑得太多而认识不全面，反而不及在一旁冷静观看的人看得清楚。因此，我们要多听取周围意见，不能一意孤行。

唐朝的大臣光上书唐玄宗要求把唐初名相魏徵整理修订过的《类礼》即《礼

记》，列为经书，也就是作为儒家的经典著作。玄宗当即表示同意，并命元澹等仔细校阅一下，再加上注解。不料，右丞相张说对此提出不同看法。他说，现在的《礼记》是西汉戴圣编纂的本子，使用到现在近千年；再说东汉的郑玄也已加了注解，已经成为经书，有什么必要改用魏徵整理修订的本子呢？玄宗觉得他说得也有道理，便改变了主意。但元澹认为，本子应该改换一下。为此，他写了一篇题为《释疑》的文章表明自己的观点。《释疑》是采用主客对话的形式写成的。先是客人问：“《礼记》这部经典著作，戴圣编纂、郑玄加注的本子与魏徵修订的本子相比，究竟哪个好？”主人答道：“戴圣编纂的本子从西汉起到现在经过了许多人的修订、注解，互相矛盾之处很多。魏徵正是考虑到这些因素而重新整理。谁会想到那些墨守成规的人会反对！”客人听后点点头，说：“是啊，就像下棋一样，下的人反倒糊涂，旁观者却看得很清楚。”

大诗人苏轼在游庐山时写下了《题西林壁》：“横看成岭侧成峰，远近高低各不同。不识庐山真面目，只缘身在此山中。”阐明人们之所以认不清庐山的本来面目，是因为自己身在山中。所以，认识事物的真相与全貌，要超越狭小的范围，摆脱主观成见。每个人的生活阅历、文化知识、所处地域、年龄长幼不同，导致对事物的看法也各异。真理是相对的，向前迈出一步就是谬误，尤其涉及自己切身利益之时，主观偏见会更加明显。要想少犯错、少失误，在处理问题时应该多听听别人的意见，这样才有利于补充和完善自己的意见与决策，为明智之举。

66.【原文】河狭水急，人急计生。

【解悟·故事】在河道狭窄处水流自然湍急，在关键时刻人就会急中生智。因此，人有压力时才有动力和潜力，而我们即使不是在紧急时刻也要能居安思危。

孟子有言：“生于忧患，死于安乐。”一个人在危困之时，容易奋发图强、开拓创新，难得的是在安逸舒适的时候还能够未雨绸缪。就像《谁动了我的奶酪》一书中所揭示的道理一样，奶酪再多也会有吃完之时，只有不断创造新的奶酪才能生存。

项羽率全军渡河，原本全军将士进则已，不进可退，没有后顾之忧。但在“皆沉船，破釜甑，烧庐舍，持三日粮”后，断了退路，人被逼急了。本来后退生存不成问题，现在求生成了他们的唯一奢望。在这种紧迫的险境中，全军将士个个以一当十，勇猛无比，拼命厮杀，大获全胜。这就是项羽的“破釜沉舟”。可见，人的潜力在紧急时刻会被激发出来，催生出新的计谋，释放出巨大的能量，甚至超过一般人的想象，以至克危而制胜。

世界上任何物质、任何人都有其一定的能量。在正常状态下，有时会保留很大一部分能量不被发挥，这就是潜力。而这种潜力只有在特殊情况下才能被激发出来。如水不激不跃，人不急不奋。不同的人在不同的条件下具有不同的应激反应。人类最伟大的领袖们都是那些知道怎样在特定条件下，鼓舞他的追随者发挥热忱的人。

67.【原文】饱暖思淫泆，饥寒起盗心。

【解悟·故事】吃饱穿暖、生活富足时，就会产生淫乱放荡的念头；饥寒交迫、生活穷困时，如果不能安分守己就会产生盗窃的念头。因此，人在饱暖和饥寒时都要警醒自己，莫生那些非分之念。

“饱暖思淫欲”最终都没有好结果。《三国演义》中的西门庆是个生药铺老板。他善于钻营，巴结权贵，在县里包揽讼事，交通官吏、知县知府都和他往来。他不择手段地巧取豪夺，聚敛财富，荒淫好色，无恶不作。他抢夺寡妇财产，诱骗结义兄弟的妻子，霸占民间少女，谋杀姘妇的丈夫。为了满足贪得无厌的享乐欲望，他干尽伤天害理的事情。但由于有官府作靠山，特别是攀结上了当朝宰相蔡京并拜其为义父，这就使他不仅没有遭到应有的惩罚，反而左右逢源，步步高升。不过后来，西门庆也没有善终。

“饥寒起盗心”是个社会问题。我们要创造更好的条件解决人们最起码的生活需求，消除盗窃等不良社会行为。反过来，当自己面临饥寒的窘境，则要努力去解决食物问题，寻找抵御寒冷的办法。实在不行，也要向社会呼告，寻求帮助，尽早摆脱困境，而不要选择去做贼，这是起码的底线。

68.【原文】飞蛾扑灯甘就镬，春蚕作茧自缠身。

【解悟·故事】飞蛾扑到油灯上甘愿赴死，春蚕把丝吐在身上作茧缠住自己。因此，我们要明辩是非，做出正确选择。

佛教有一个传说，在五浊海中有个叫无明的小岛。岛上生长着茂盛的功利树，树叶十分鲜嫩。树上有种蚕，嘴特别馋。它们拼命地吃着树叶，吃到很饱也不肯罢休，因此这种蚕 99% 以上还没等作茧就撑死了。有只叫大觉的蚕，边吃边观察，看到同类都挣扎着死去，深感悲哀，觉得"蚕"生一世，生不知何来，死不知何去，实在可怜。它经过求师、自悟，最后决定把肚里的丝吐出来，结一个壳把自己封起来，剩下的事就顺其自然。它是想及时地戒掉贪婪的习气，吐出肚中的淤积，舍弃对功利的执着，抱元守一，闭关自省，最终等待机会羽化飞升。春天到了，和煦的阳光把大觉从禅定中唤醒，它轻轻地蠕动一下身子，一股生命的真气从体内生起。它感到身体在膨胀，底气十足地膨胀，同时也感到身上紧绷着一层坚硬的外壳，膨胀的生命之气和这道外壳在交锋，最后轰然一声，那层蛹壳破了。它伸出头部又向外层茧壳发起冲击，经过艰苦的努力，生命的力量胜利了，它终于得到了解脱，破茧而出。这时，它惊喜地发现，自己成了一只蛾子，就像它作蚕时见到的那只蛾子一样美丽，一样潇洒。它振起翅膀，翩翩地飞起来，地心的引力早已成为若有若无的东西了，好自在，好轻盈，一切获得了重生！

有的人虽拥有高度的智商，却在种种名利面前，丧失理智，争权夺利，以权谋私，并且不顾后果，趋之若鹜。贪官们明知法纪在前，仍无所畏惧，就像飞蛾去赴火、春蚕作茧自缚一样，把自己送上了断头台。

69.【原文】江中后浪催前浪，世上新人赶旧人。

【解悟·故事】长江的后浪必然会推着前浪一步一步前进，一浪胜过一浪；世上的新人无情地踏着旧人的脚步，一代一代更换。因此，凡事顺其自然就好。

明代文学家杨慎，11 岁能作诗，12 岁拟作《古战场文》，人皆惊叹不已。入京作诗《黄叶》，为李东阳所赞赏。1511 年殿试第一，授翰林院修撰。嘉靖帝继位，任经筵讲官。1524 年，"大礼议"爆发，嘉靖帝通过"大礼议"之争，打击杨慎的父亲杨廷和等先朝阁臣和言官，确立和巩固自身的统治，推行新政，导致杨慎

被谪戍。杨慎动身前往戍地云南永昌卫。从前其父当政之时，曾经裁撤锦衣卫冗员，有怀恨在心者趁机埋伏在途中，伺机加害杨慎。杨慎有所准备，处处小心。驰骋万里，到达云南之后，几乎一病不起。嘉靖帝因“大礼议”之故，对杨慎父子极其愤恨，常问及杨慎近况，大臣则回答杨慎“老病”，嘉靖帝才稍觉宽慰。杨慎听闻此事，更加放浪形骸，常纵酒自娱，游历名胜。终嘉靖帝一世，六次大赦，杨慎终不得还，按明律年满六十岁可以赎身返家，但无人敢受理。杨慎年近七旬时，曾返回泸州短住，不久又被巡抚派人押解回永昌。1559 年 7 月，卒于戍地。他曾作有《廿一史弹词》，其中第三段《说秦汉》的开场词，就是有名的《临江仙 · 滚滚长江东逝水》。后来，毛宗岗父子评刻《三国演义》时将其放在卷首。这是一首咏史词，借叙述历史兴亡抒发人生感慨，豪放中有含蓄，高亢中有深沉。作者试图在历史长河的奔腾与沉淀中，在成败得失之间寻找深刻的人生哲理和探索生命永恒的价值，有历史兴衰之感，更有人生沉浮之慨，体现出一种高洁的情操、旷达的胸怀。

人世间，春花开后，荷花又飘香而来。等荷花低首折颈时，菊花正开得风华正茂，洋洋得意。白梅胜雪时，其他的花卉都不知躲到哪里去了。四时变迁，人生更新，这自然规律谁也改变不了。能改变的唯有自己的心态，有什么花就看什么花赏什么花，处什么境就说什么话做什么事，遵循自然，人生自会恬然快乐无遗憾。

70.【原文】人生一世，草木一春。

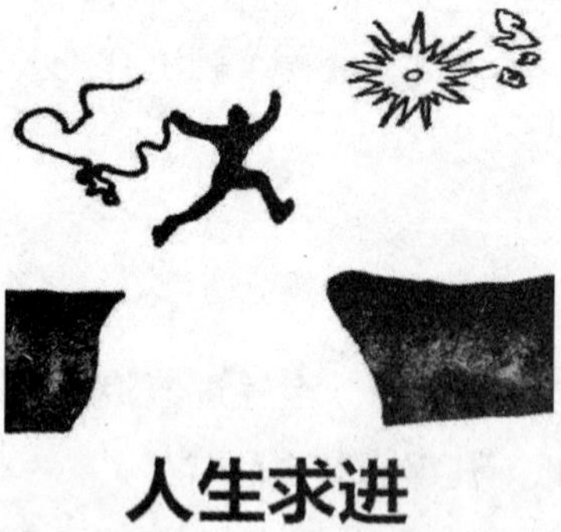

【解悟 · 故事】人只有一生的机会，而草木也只有一个春天的茂盛。因此，我们要珍惜和合理利用时间，莫等白了头才去感慨时间的流逝，追悔不已。

李清照是宋代女词人，出身于书香门第，早期生活优裕，良好的家庭环境为她日后的文学创作打下了坚实的基础。出嫁后与丈夫赵明诚共同致力于书画金石的搜集整理。金兵入据中原时，流亡南方，境遇孤苦。她作的词，前期多写其悠闲生活，后期多悲叹身世，情调感伤。形式上善用白描手法，自辟途径，语言清丽。论词强调协律，崇尚典雅，提出词“别是一家”之说，反对以作诗文之法作词。她作的诗，留存不多，部分篇章感时咏史，情辞慷慨，与其词风不同。她曾有“生当作人杰，死亦为鬼雄”

的感慨。这真是远胜男儿的豪迈。

人生不过百年，不同的人会产生不同的人生观、价值观。普通老百姓一般都以“光宗耀祖”“出人头地”等作为好好活着的基本追求。而儒家提倡的是“达则兼济天下，穷则独善其身”，这是最实在的想法。至于范仲淹“先天下之忧而忧，后天下之乐而乐”则是所有历史上社会改革者的基本理念，荡气回肠，非一般人所能做到。

71.【原文】来如风雨，去似微尘。

【解悟 · 故事】不论人生如何风风雨雨、轰轰烈烈，死去的时候都像一粒微尘那样悄然。因此，人生淡然总是对的。

《红楼梦》中的贾宝玉，本是女娲补天剩下未用的一块顽石。作为荣国府嫡派子孙，他出身不凡，又聪明灵秀，生得“面若中秋之月，色如春晓之花”。他是贾氏家族中被寄予重望的继承人。他含玉而生，来时好不热烈，贾府上下欢天喜地。自幼深受祖母贾母的疼爱。到后来，红尘历尽，理想与现实反目，却在大雪天跟随僧人出家当了和尚。宝玉的一生正好阐释了风雨、微尘之说。他迷茫过，抗争过，但特定的时代为他圈定了悲伤的结局。

董鄂妃，内大臣鄂硕之女。她 18 岁入宫，为顺治帝所宠。顺治十三年（1656），顺治帝册封她为贤妃，仅一月有余，又晋封她为贵妃，并颁恩诏大赦天下。这是清朝以来绝无仅有的一次。顺治帝自亲政伊始，曾雄心勃勃，力图振兴国祚，却力不从心，致使矛盾重重。他既有胸怀大志富于进取的优点，又存在着浮躁易怒、任性放纵的顽症。顺治帝是从顺治十四年（1657）开始接触和尚，成为佛教信徒。数年后，一代名妃、绝代佳人董鄂妃因与顺治帝所生儿子夭亡而随之香消玉殒，年仅 22 岁。顺治帝因董鄂妃之死，陷入了无法摆脱的困惑之中，精神支柱已轰然坍塌，心灰意冷到了极点，再也无力支撑这座辉煌的帝国大厦了。这时只有佛学理论使他还有所寄托，他决心出家，剃度成了光头天子。不久，这位年仅 24 岁的青年天子也与世长辞，火化为尘。

人生在世，不要犹豫，不要彷徨，要始终保持一颗积极乐观的心才不会在人生旅途中迷路。只要明白了人生规划，即使面前是波涛汹涌的大江大海，我们也会为自己建造竹筏，想办法抵达彼岸。人生虽短，但一定要深知生活的底线，要学会不惧险途，知悟进退，互相搀扶，同担风雨，去实现自我价值，去分享人生的快乐！

72.【原文】闹里有钱，静处安身。

【解悟·故事】热闹繁华之地有钱可赚，但修养需要在清净之处。因此，我们有基本的生活条件就足够了，修养身心才是正理。

有钱不一定是好事，没钱也不一定是坏事，主要还是看个人素质。有人说人生就在于折腾，到底是越折腾越好，还是越折腾越差，那就不好说了。有个女孩，家境极好，是父母的掌上明珠。在父亲的安排下，她与一个公务员结了婚，两年后生了个女儿，可以说是个幸福的三口之家。但是，这个女孩却通过网聊认识了一个比她小三岁的乡下小帅哥，那人擅长花言巧语，不久两人就成了情人关系。之后，她竟托各种关系，把小帅哥弄进了银行当部门经理，还动用私房钱，给小帅哥买了一套别墅、一辆奥迪 A6。直到银行的人问她父亲，知不知道这小帅哥，这件事才被抖了出来。于是女孩的老公一气之下与她离婚了。之后，女孩的爸爸给了那个小帅哥 180 万元，让他以后不要再和他女儿纠缠下去，小帅哥拿了钱，立马跟女孩分了手。本以为女孩会就此安分下来，开始认真生活，可她并没有。没过多久，她嫁给了一个比她年长很多又有犯罪前科的男人。鬼迷心窍的女孩用她爸爸的名义贷了 4000 万元，开了家足浴中心。那个男人从此风生水起。可女孩的爸爸死活不承认他们的婚姻，家庭矛盾愈积愈深，最后如何不得而知。可见有钱未必是福，良好的家教比钱财更重要。

要想“安身”之“静”，不在于身处何处，而在于自己的内心。这也为培养自己的独处能力提供了营养之源和栖息之地。人们往往把独处看成是一种能力，是比交往更为重要的一种能力。反过来说，不擅交际固然是一种遗憾，而不耐孤独也未尝不是一种缺陷。战胜寂寞，学会独处，才能安身立命，方得始终。

73.【原文】明知山有虎，莫向虎山行。

【解悟·故事】如果明知道山中有老虎，就不要去那山里了。因此，当人们明知前途艰难困苦、险恶异常，应知难而退，理智地放弃，也许比鲁莽地向前冲更

能体现出一个人的智慧。

刘邦与项羽争夺天下时，刘邦本有机会称王关中，可自知实力不如项羽，便在鸿门宴上自处低位，暂与项羽修好，避免了在自己的实力还未壮大到能与项羽抗衡的情况下过早被削弱。他明智地选择了示弱服输的政策，退守汉中，潜伏待机，为以后打败项羽夺得天下赢得了喘息蓄势的时间。假如当时他不顾客观事实，决意要向“虎山”行，去争做关中王，可能会被项羽打得落花流水。他因能审时度势，先保全自己然后择机而战，才成了汉朝的开国皇帝。

有个打柴的人，在山里走着走着遇到了一只老虎，他就躲到一个石洞里，老虎也跟着他进了洞。石洞本来幽深而曲折，打柴人辗转向里走，洞渐渐地容不下老虎了，可是老虎一心想吃了打柴的人，就拼命强行向里走。打柴人十分为难，他看到旁边一个小洞，仅能容下一人，就像蛇一样爬了进去，没想到曲曲折折地爬了几步，竟然看到了光亮，最终，他走出了山洞。打柴人搬来几块石头，堵住老虎的退路，在前后两个洞口分别架了堆柴烧了起来。老虎被烟火熏烧，怒吼声震动山谷，没过多久就死了。

嗓子不好，却一心想当歌星；天资有限，却非要当牛顿、爱因斯坦。这都不可取，而应重找目标，努力奋斗。无论是在学习、生活或工作中，当你向前走感觉吃力甚至走不动时，不妨采用暂停甚至后退的迂回战术，这也许是你最终能继续前进的最佳选择。

74.【原文】莺花犹怕风光老，岂可教人枉度春。

【解悟·故事】黄莺和鲜花都害怕春光早早地流逝，人怎么能虚度美好的年华呢？因此，我们应该珍惜时光，把握人生。

苏联名著《钢铁是怎样炼成的》一书中，作者保尔·柯察金曾说过：人最宝贵的是生命。生命属于人只有一次。人的一生应当这样度过：当他回首往事的时候，不会因碌碌无为、虚度年华而悔恨，也不会因为为人卑劣、生活庸俗而愧疚。这样，在临终的时候，他就能够说："我已把自己的整个生命和全部的精力献给了世界上最壮丽的事业——为人类的解放而奋斗。"万物莫不留恋生命，都希望尽展生命的风采，鸟兽虫鱼、百草千木莫不如此。人作为万物之灵，生不过百年，更应珍惜生命。不要虚度年华，而应刻苦学习，努力工作，成就自己的事业，为人类社会多作贡献。

爱迪生一生只上过三个月的小学，他的学问是靠母亲的教导和自修得来的。他的成功，应归功于母亲自小对他的体谅与耐心的教导，才使原来被人认为是低能儿的爱迪生，长大后成为举世闻名的"发明大王"。爱迪生一生勤奋好学，善于思考，努力工作，在75岁时，还每天准时到实验室签到上班。他在几十年间几乎每天工作十几个小时，晚间在书房读3至5小时书。若用平常人一生的活动时间来计算，他的生命已经成倍地延长了。因此，爱迪生在79岁生日的那天骄傲地对人们说，他已经是135岁的人了。他活到84岁，一生中的发明有1100项之多，发明了电影机、磁力析矿机、压碎机等两千余种新事物，其中最大的贡献是发明了留声机和自动电报机，并通过实验改进了白炽灯和电话。

75.【原文】相逢不饮空归去，洞口桃花也笑人。

【解悟 · 故事】好友相逢，不饮而归，连山洞口的桃花都会嘲笑人。因此，我们要注重待客之道，不能让客人扫兴而归。

古人尚饮，朋友聚会如不喝上两杯，主、客都会感到遗憾。酒文化是中国传统饮食文化的组成部分，它蕴藏着古往今来中国人之间深厚的情感，是文人雅士纵情欢歌、排遣孤寂的重要工具。

说到饮酒，自然会让人想起天下美味之一——法国鹅肝来。鹅肝就是鹅的肝脏，是补血养生的最佳食物。欧洲人将其与鱼子酱、松露并列为"世界三大珍馐"。吃鹅肝的历史可以追溯到2000多年前——罗马人真正发现了吃鹅肝的美味及乐趣，连恺撒大帝吃后也视其为佳肴。没尝鹅肝，不能算是真正吃过法国菜。鹅肝的珍贵程度等同于我们中餐的鲍鱼、海参。这道名菜将法国菜的浪漫推向了极致，更有人表示，鹅肝是最适合女人的一道西方菜肴。而鹅肝的培育，则源于农夫先选一批一级肥鹅，然后每天灌之以酒和粮食。鹅肝就这样一天天不健康地长大，变成原来体积的数倍。农夫杀鹅取肝，鹅肝的价值远远超过鹅的本身。鹅的酒精肝成了美食，人的酒精肝则需要依靠很多药物治疗才能慢慢康复，不及时治疗还有性命之忧。因此，美酒待客的同时，劝君少饮一杯，以健康为度，既有高雅的饮食文化，又有健康的体魄，两相兼顾，何乐而不为呢？

76.【原文】昨日花开今日谢，百年人有万年心。

【解悟 · 故事】昨天开得很艳丽的花，到今天就凋谢了；人生不过百年，却有算计万年的心思。因此，人还是应该现实点，做好眼前的事，珍惜当下，努力奋进就是人生最大的成功。

花在自然界是形形色色的，它所隐藏的人生哲理也形形色色，只是看有没有人去发现而已。所以说，花不光是用来欣赏的，很多时候，花还是我们的良师益友！花中隐藏着丰富的人生哲理，自古就有“愈是淡雅朴素的花就愈是芳香”“愈是娇贵的花愈容易凋谢”的说法。有人喜欢玫瑰，但讨厌它的刺。金无足赤，人无完人。每个人都有缺点，伟人也不例外，在褪去他头上耀眼的光环后，他的缺点也会显现出来。我们爱玫瑰，也要爱它的刺，而且要学会不被它的刺伤到自己。那么，我们对人也一样，要包容他人的缺点，要学会不让它伤到自己，伤到自己所爱的人。

秦始皇出生于赵国都城邯郸，公元前 247 年继承王位，公元前 221 年称皇帝，在位 37 年，是中国历史上著名的政治家、战略家、改革家，是首位统一华夏的铁腕政治人物。他建立首个多民族的中央集权国家，曾采用三皇之“皇”、五帝之“帝”构成“皇帝”的称号，是古今中外第一个称皇帝的封建王朝君主。他还规定：自己死后皇位传给子孙时，后继者沿称二世皇帝、三世皇帝，以至万世。他到处寻求“不死之药”，以为服后便可“长生不老”，结果自己也只活到“知天命”的年岁。而秦朝也仅存在了 15 年，并没有像秦始皇预想的那样能更迭万世。秦始皇的妄想与他残暴的统治形成了鲜明的对比，最终只落得天下人笑话。

人既要心怀长远，志在天下，也要懂得适可而止，不可太固执。只有百岁的人生不必心系万年的事情。人生一世，应该有所取舍，得过且过固不可取，但关心太多必生无穷烦恼。有所为有所不为，才能成就自己的既定目标，实现自己的人生价值！

77.【原文】北邙荒冢无贫富，玉垒浮云变古今。

玉垒浮云

【解悟·故事】生前无论贵贱贫富，死了以后都化为北邙墓地的一堆土；玉垒山上空今天飘浮的白云和古代的白云看不出有什么区别。因此，沧海会变成桑田，对于功名利禄都不必太在意。

北邙在河南洛阳，又称邙山。古代的邙山，又叫牡丹山，满山都长着牡丹花。当地农民每到秋冬季节就会滥伐牡丹，将其枝条砍去作柴。有一个青年，特别爱牡丹。每逢花开时节，即选最佳品种，移到自己家里精心培植，并在山上牡丹多的地方筑篱保护。在他的精心保护下，那里的牡丹越长越好，名声也越来越大。某年中秋之夜，有一位美丽的姑娘来到青年家，送给他一床绣有牡丹花的被单和一方手帕，说特来表示一点谢意。青年问她叫什么名字，从何而来，姑娘却不见了。手帕上有一首诗："芳名就叫洛阳花，邙山岭上是我家。感君惜花情意厚，来年春天见奇葩。"果然第二年春天，漫山遍野开出许多不同颜色、不同花型、雍容华丽的牡丹花。从此再也没有人到邙山打柴了。

累累坟冢的邙山开遍了象征富贵的牡丹花，这或许是苍天的一个暗喻。要不信，就启程去看看北邙的牡丹和荒冢，去亲吻牡丹的香氤，仰视玉垒山上的青烟，身后谁都一样，都不过是一捧灰、一堆黄沙。放下肩上的种种，去笑看那自在悠然的山间浮云，不会因人的贵贱生死而发生变化。在它无声的启示中，一切岂不释然？

78.【原文】幸名无德非佳兆，乱世多财是祸根。

【解悟·故事】一个人如果没有很高的道德修养而侥幸获得了好名声，这不是好预兆；在不安稳的世界里，钱财多了，很可能就是惹祸的根苗。因此，人一定要讲究德位相配，努力求实。

徐某官至高位，不修德行，凭借手中权势，大肆侵吞财产，终至败亡。这个从大连瓦房店的偏僻小岛走出的解放军高级将领，在军校及工作初期都鲜有突出之处，谨小慎微，普通平庸。由于长期不被看好，他曾险些脱下军装转业回家。但因彼时军队对知识化、年轻化干部选拔的标准实际上异化为高学历化、名校化，使得并非优秀人才却占得年龄和学历优势的徐某时来运转，继而一路升迁，平步青云。2014 年 3 月 15 日，徐某被组织调查。当晚，对他 2000 平方米的豪宅进行查抄，其现金居然有 1 吨多重，各种金银珠宝不可胜数。200 多公斤和田玉、各种名贵硬木、珍稀翡翠制品等一大堆。历朝的各种古玩器具和字画也很多。最后，用了十几辆军用卡车才将其全部运走。面对家里被查抄的大量赃款赃物，他不得不低头认罪。审查期间，他躺在病床上留下了临终遗言：“当一个人生命走到尽头，不能挽救的时候，钱算什么？无休止的追求财富只会让人变得贪婪，变成可怕的恶魔。此时此刻在我眼里那些所谓的身份、地位、金钱、珠宝、豪宅……就是垃圾一堆！”他那一捆又一捆非法所得的钱，结果成了一张又一张的催命符。一年后，他因膀胱癌晚期加上长期的精神压力，卧倒病床，结束了他贪婪的一生。

土壤有肥沃贫瘠，人有聪明愚笨。农夫不会因土壤贫瘠而不耕作，君子也不会因对方愚笨而放弃教育。君子处世要以厚德处世待人，无论是愚笨的，还是卑劣的，都给予一定的包容。因此，我们要修德守义，在名利面前要走正道，实至名归，才无后顾之忧。

79.【原文】世事茫茫难自料，清风明月冷看人。

【解悟 · 故事】尘世间的事情往往难以预料，像清风明月这样的自然景物却亘古不变地在俯视着世人。因此，对于难以预料的世事，应该放平心态，泰然处之。

河北唐山，曾是中国冀东重要的沿海工业城市。1976 年 7 月 28 日，一场大地震横扫唐山，让 24.2 万多人丧生，16.4 万多人重伤，城市全面瘫痪，变成了一片废墟。曾有外国人预言：“唐山将从地球上消失！”沧桑巨变，如今的唐山又重新成为一座功能分区明确、布局合理、市政建设配套完善、抗震性较强、生产生活方便、环境优美的新型城市。在世界地震史上，大地震后要建一座功能齐全的城市，一般需要几十年甚至上百年的时间。1906 年美国旧金山地震后重建用了 30 年，1923 年日本关东大地震后重建用了 20 年。谁曾料想，唐山仅用了 10 年时间就完成了恢复建设，而今又成了一座令人惊叹的现代城市。

清风明月从古至今都一样，在天地自然的支配下，吹拂大地，光照山河，无私奉献，不求回报。这冷眼看人的清风明月又何尝不是人类的榜样呢？人只要放弃了私心成见，就会活得更加泰然自若，幸福快乐。

80.【原文】劝君莫作守财虏，死去何曾带一文。

【解悟 · 故事】人生在世，当慷慨时应慷慨，不要过于看重钱财，不要做守财奴，因为死后带不走一分一文。因此，我们应多做一些有益于家庭和社会的事情，千万不要当守财奴和吝啬鬼。

葛朗台是法国索尔城最有钱、最有威望的商人。他利用 1789 年的革命形势和种种手段聚敛了大量财物。他十分吝啬，有一套理财的本领。为了省钱，家里整年不买蔬菜和肉，而是由佃户送来，比较重的家务活由女仆做，寒冬腊月舍不得生火取暖，平时还要克扣独生女儿和妻子的零用钱。他做木桶生意，计算得像天文学家那样准确，投机买卖从不失败，区里人人都吃过他的亏。在一次葡萄酒买卖中，葛朗台欺骗其他葡萄酒商，最终他的葡萄酒以每桶 200 法郎卖了出去。他虽家财万贯，但为了钱却六亲不认。幽禁女儿时，只给她喝冷水、吃面包；葛朗台的妻子一死，他就通过公证人让女儿签署了一份放弃母亲遗产继承权的证明，把全部家产揽在自己手里。临死前，他要女儿把黄金摆在桌面上，并一直用眼睛盯着，好像一个才学会用眼睛看事物的孩子一般。他说："这样好叫我心里暖和！"最后他唤女儿前来，并对她说："把一切照顾得好好的！到那边来向我交账！"神甫来给他做临终法事，把一个镀金的十字架送到他唇边让他亲吻。葛朗台见到金子，竟做出一个骇人的姿势，想把它抓到手里。这一下努力，便送了他的命。而葛朗台也因此成为守财奴和吝啬鬼的代名词，受到人们无情地嘲讽和鞭挞。

人们常说，钱财生不带来，死不带去。人生的成就在于奉献而不在于索取。多做一些有益于社会的事情，才会受到世人尊重与赞誉，留下千古美名。有人将珍宝财物带进坟墓，供死后享用。但每一次文物考古都无情地宣告：死人无法消受那些带进坟墓的财宝，反而会招来盗墓的风险。历代帝王的厚葬无不如此。

81.【原文】血肉身躯且归泡影，何论影外之影；山河大地尚属微尘，而沉尘中之尘。

【解悟 · 故事】一个人的身躯微小得像个泡影，影外之影就更加微小了；山河

水中捞月

大地在宇宙中属于一粒尘埃，尘中之尘就更不值一提了。因此，我们要正确认识自己，懂得谦虚谨慎，切忌自我膨胀、目空一切。

有一群猕猴，一日在林中玩耍，来到一口井边。领头的猕猴见井水中有一“月亮”（实为月亮的影子），于是对同伴说：“月亮今天死了，落在井中，我们应把它捞出来，以免世间长夜昏暗。”可猕猴们不知如何下手。领头的猕猴见井边长有一棵树，就说：“我捉住树枝，你们捉住我的尾巴，一一相连，就可将月亮捞起来。”于是众猴照此方法开始行动，可最终因为树弱枝折，群猴都掉进井水里去了。世间名利，何尝不是水中之月？难怪有人把对名利的追求看成是“水中捞月”，一切都是虚空幻影，何必穷追不舍！每个人对宇宙的认知非常有限，未知世界浩如烟海。如此说来，每个人所占有的名利又何尝不是微中之微呢？普通百姓当以宁静为要，居庙堂之高者更应以清廉为本，切不可过分看重名利，淡泊名利方是长久之策。

82.【原文】速效莫求，小利莫争。

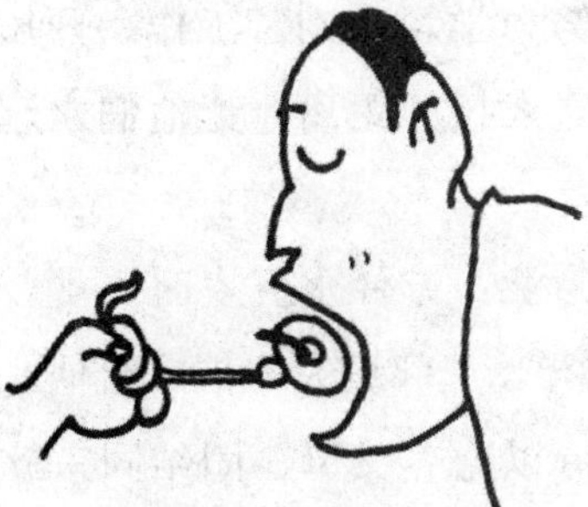

莫贪小利

【解悟 · 故事】做事情不要企求立即见到效果，蝇头小利不要去斤斤计较。因此，我们做事不要过于性急，凡事不要贪小便宜。

公元前200年的一个冬天，因韩王信替匈奴将兵抗汉，刘邦亲征，先与冒顿单于在晋阳激战。汉军士气高昂，连战皆捷。刘邦被胜利冲昏了头脑，想乘胜前进、犁庭扫穴，一劳永逸地解决掉匈奴的威胁，结果轻敌冒进、一意孤行，在平城（今山西大同）白登山被倾国而出的匈奴骑兵重重包围，情况十分危急。七天之后，采用陈平的计策，才得以脱围出险，汉军主力南归。刘邦亲身领教了匈奴的实力，被迫采用刘敬等人的建议，以和亲政策代替军事手段，为汉朝赢得了休养生息的时间。俗话说得好：速效莫求，小利莫争。四年后的春天，韩王信协同匈奴骑兵一部，侵入参合（今山西阳高县东北），对抗汉朝。刘邦派柴武前往迎击，此时便是解决匈奴问题的最好时机。在刘邦的授意下，柴武先以一封情词恳切的信劝降，遭韩王信修书谢绝。于是短兵相接，汉军大胜，“将军柴武斩韩王信于参合”。

在现实生活中，有些人既聪明又精明，在与人打交道时喜欢使伎俩、占便宜，总让别人吃亏，并且沾沾自喜。其实，这些人在占小便宜的时候，就丧失了人脉关系，遭到朋友唾弃，成为无本之木、无源之水。失去了人脉资源，失去别人的信任，岂不损失巨大、得不偿失吗？因此，小便宜占不得。

83.【原文】名高妒起，宠极谤生。

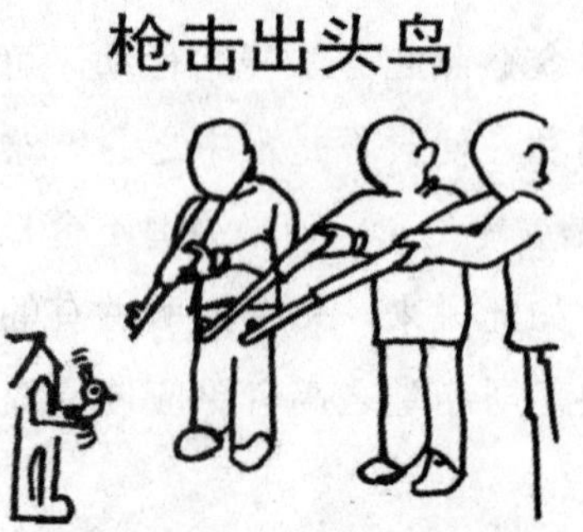

【解悟 · 故事】有了名声之后，自然会有人嫉妒；受宠到了极点，诽谤就会多起来。因此，我们要低调行事，同时要勇于直面妒忌和诽谤，使自己更加优秀。

人们常说“人怕出名猪怕壮”“枪打出头鸟”。如果你没有出息，别人会看不起你；而当你优秀出众，又会招来妒忌和诽谤。俗话说：“宁遭人妒忌，不要人同情。”因为，遭人妒忌说明自己在某些方面优秀。面对妒忌和诽谤，明智之举就是“走自己的路，让别人去说吧”，保持沉默，不用争辩，用事实和时间来证明一切，而不要以眼还眼，以牙还牙。同时，努力学习、刻苦工作、开拓创新，用业绩来证明自己的优秀，与那些妒忌和诽谤之人拉开距离，让他们永远够不着，妒忌与诽谤也就会随之逃遁。

北宋时，江西金溪平民方仲永，家里世代以种田为业。方仲永五岁时，不曾见过书写工具，忽然哭着要这些东西。父亲对此感到惊异，从邻近人家借来给他。他当即写了四句诗，并且自己题上自己的名字。这首诗以赡养父母、团结同宗族的人为内容，传送给全乡的秀才观赏。从此有人指定事物叫他写诗，他也能立刻完成，诗的文采和道理都有值得欣赏的地方。他出名了，同县的人对他感到惊奇，渐渐越来越多的人请他父亲去作客，有人用钱财和礼物求他写诗。他的父亲认为那样有利可图，便每天带着他四处拜访同县的人，不让他学习。到他十二三岁时，再叫他写诗，诗已经不能与之前的名声相称了。再过了七年，他的才能完全消失，像普通人一样了。方仲永才能的散失，并不是由于妒忌和诽谤，完全是因为忽视了后天的努力而造成的。

84.【原文】众怒难犯，专欲难成。

【解悟 · 故事】群众的愤怒不可触犯；单凭个人的意愿，事情最终难以办成。因此，相信群众，依靠群众，才是实现理想的基础。

春秋时期，郑国的子孔接替子驷的位置，主持国政。鉴于以往的叛乱，他准备用强硬的手段来管理国家，并制定了一份所谓的“盟书”，规定了很多严厉苛刻的条令，要求大臣们都要无条件地执行。子产在郑国为相数十年，仁厚慈爱、轻财重德、爱民重民，执政期间在政治上颇有建树，并被清朝的王源推许为“春秋第一人”。子产得知子孔的想法后，劝阻道：“您不要乱杀人！这样会引起全国的恐慌。依我看，还是把盟书烧了，平息众怒吧！”子孔听后很不高兴地说：“制定纲纪盟书，这是为了安定国家。如果因为一些人反对就把它烧了，那不成了众人执政了吗？那样的话，国家不就乱套了吗？”

子产解释说：“正所谓‘众怒难犯，专欲难成’。众人的怒气难以冒犯，一个人专断独权也是难以办成大事的。如今，这两个‘难’字您都占上了，想要使国家安定，那是不可能的。不如把盟书烧掉，您得到了国家政权，众人也得到了安宁，这不是很好吗？否则，不单是国家，您自己的处境也很危险。”子孔听后暗想：是啊，这样一来我非但得不到国家政权，还要白白搭上自己的性命。于是，子孔立刻命人烧了盟书，又做了许多安抚的工作，郑国才慢慢安定下来。

“众怒难犯，专欲难成”，子驷独揽大权，独断专行，后被属下所杀。子孔企图用强硬的手段来治理国家，幸亏有子产好言相劝，子孔焚毁盟书，郑国才稳定下来。因此，无论是治理国家还是管理企业，独断专行都是行不通的，必须广开言路、广纳良言，方为上策。

85.【原文】物极必反，器满则倾。

【解悟 · 故事】事物发展到极点必然走向反面，敧器盛满了水就会倾倒。因此，我们做事不能走极端，要适可而止。

武则天本是唐高宗时的皇后，她在高宗死后就临朝听政。当她临朝听政时，太子中宗已经长大，可以处理国家大事了，但武则天还是不肯放手。不久，她废

欹器戒满

了中宗，改立国号为周。当时，许多大臣都很不满，纷纷上书劝止。其中有个叫苏安恒的大臣，也上了一本奏疏，劝谏武则天。奏疏上说：“太子现在的年纪已经很大了，才德也不错，你却还贪恋着皇帝的宝座，而忘了母子的情分，时间已不能让你拖延下去，我以为上天和百姓们，都是倾向李家的。你现在虽然还平安地坐着皇上的位子，但总要知道‘物极必反，器满则倾’的道理吧！”因忠谏可鉴，武则天虽未纳谏也未治罪。之后，武则天病笃，宰相张柬之等人发动兵变，迫使其退位，拥立唐中宗复辟，一代女皇的统治生涯从此结束。

热情好客的杰米扬精心熬制了一锅鱼汤，请好友福卡前来品尝。鱼汤确实很鲜美，福卡也吃得很饱了，可是杰米扬依然一个劲地劝福卡继续吃。福卡为了不驳朋友的面子，只好装作吃得津津有味，把盆子里的汤吃了个精光。可怜的福卡虽然喜欢喝汤，但这样喝却跟受罪一样。他马上站起身来，抓起帽子跑回家去，从此再也不来杰米扬的家了。由此可见，热情好客本是件好事，但仍然要有个“度”的限定，如果给予过量就会给受众带来沉重的负担，以至于产生厌烦的情绪。同样的道理，适当的表扬会让被表扬者心情愉悦，同时也可以显示出自己的风度；而表扬过多却会产生负面效果，让别人对你的表扬习以为常，甚至怀疑你的诚意。只有适度的表扬或批评才能让别人感受到你的真心好意。拿捏不准，超过适当的“度”则过犹不及了。

86.【原文】欲知三叉路，须问去来人。

三岔路口

【解悟·故事】当你来到一个三岔路口，不知往哪条路上走时，问一下在这条路上来来往往的人就可以避免走错路。因此，我们必须虚心向别人请教学习，可以使自己少走弯路。

有一次，孔子和学生们正在赶路，忽然被一个叫项橐的小孩子挡住了去路。原来，这个小孩子正在路上用瓦石块垒一座城池。孔子叫那个小孩让路，而小孩却说“这世上只有车绕着城池而过的，还没有把城池拆了给车让路的”。孔子听后是哭笑不得，心里想：确实不能把这孩子摆的城池当玩具。我这样想，可孩子不这样想啊。我倡导礼仪，没想到让孩子给问住了。孔子只好带着学生绕土堆而过。后来，孔子十分感慨地对自己的学生说："三人行必有我师！这孩子虽小，却懂礼仪，可以做我的老师了。"

牧羊人赶着十只绵羊到草原，有四只绵羊在草原里走失了。它们为了找回主人，吃力地在草原里行走。但在它们面前的永远是一片宽阔无垠的草原，它们走了很久都没有走出草原。夜色渐渐袭来，路上，它们遇到另一只筋疲力尽的绵羊，躺在地上，寻求帮助，原来是一周前走散的绵羊。其中三只年轻的绵羊走到它面前，轻蔑地说："看样子你也不是很精明呀，还不如我们呢！"三只年轻的绵羊你一言我一语，极力避开这只落魄的绵羊。剩下的一只心地善良的老绵羊终于说话了："让它跟我们一起走吧，它对我们会有帮助的！"于是，老绵羊热情地招呼那只落魄的绵羊，和蔼地对它说："虽然你也迷路了，境遇比我们好不到哪里去，但至少你让我们知道往哪个方向走是错误的。"可见，每个人都可能成为我们的老师。我们要善于从别人的失败中学习经验，避免同样的错误发生在我们身上，那样成功就离我们不远了。

87.【原文】三十年前人寻病，三十年后病寻人。

健身有术

【解悟·故事】三十年前抵抗能力强，病毒难侵，而自己却不注重健康，为疾病提供了入侵的机会；三十年后抵抗能力减弱，疾病会乘虚而入。因此，我们要早点注重健康，珍惜生命。

春秋初期政治家、思想家管仲鼓励锻炼身体。管仲虽是贵族的后裔，但他已失去了贵族的身份。经鲍叔牙推荐，齐桓公任命管仲为卿。为富国强兵，管仲十分重视平民的军事体育，他的寓兵于民、全民皆兵的军事体育思想，对富国强兵和齐国霸业的建立产生了很好的效果。他所采取的措施是：把齐国分为三个行政区，每个区编组一个军。将每个乡的农民按军事组织编为队伍，对他们进行田猎等军事体育训练，实行赏罚制度。他把军事体育训练和生产劳动结合起来，提倡用锄头练习剑戟的动作，用草帽当盾牌、蓑衣当铠甲来进行训练，这样不脱离生产就可以进行军事和体育训练了。如此一来，既提高了每个人的军事素质，又增强了全民的体质。后来，齐桓公想北伐，又怕越国乘机从南入侵，为了防备越国入侵，需要训练水军。管仲建议开展游泳活动，通过鼓励群众学习游泳的办法来选拔和训练水军，对能游者赐千金。通过这种办法，从学习游泳的群众中选拔了5万名水兵。齐桓公北伐时，越军果然从水路来偷袭齐国，而管仲有了水军的准备，打败了来袭的越军。

年轻人拼事业时，最好不要让身体透支，免得年老后用钱保命。每个人都应当选择一些适合自己的锻炼项目，养成习惯，不要等到身体各项机能开始衰退，病找到自己头上时才后悔。一定要提早谋划好健身之道，使得老来少生病，少花钱，少受罪，少让你的家人操心。

88.【原文】大富由命，小富由勤。

勤劳致富

【解悟·故事】大富大贵由老天决定，小康小富由自己的勤劳带来。因此，我们做人要勤劳节俭，不要懒惰浪费。

过去有个人白天专门为出丧人家抬棺材，夜间就敲更，生活过得非常贫困。不知为何，他突然消失了好长一段时间。后来，有人见到了他，就问他去了哪里。他说是意外地得了一笔钱，本想过一段舒服的日子，不料又生了病，只得拿钱治病而把钱花光了。病好了，他也只好重新回到了原来的起点。所以，做人不可太相信命运，也不要迷信机遇或一夜暴富，你如果想成功，想过上富裕生活，那么从现在开始就要比别人努力一百倍。你的努力也许不能让你大富大贵，但你流下的汗水绝对会得到等量或加倍的回报，也许是在明天，也许是在若干天或若干年之后。

春秋时期有个楚国人叫卞和。一次偶然的机会，他发现了一块玉原石，认定其中必有惊天宝玉，先后拿出来献给楚国的两位国君。两位国君以为受骗，先后砍去了他的左右腿。卞和抱着玉原石在楚山上哭了三天三夜。后来楚文王知道了，便请玉工切开外面包裹的石头，结果得到了一块我国历史上最著名的宝玉——和氏璧。卞和也因有功而封为零阳侯。后来和氏璧被赵惠王所拥有，秦昭王答应用十五座城池来换这块壁，可见其价值之高。发现和氏璧的卞和却因献玉而先后失去左右腿，虽换得了一个零阳侯，但没有了健康的体魄，一切都是过眼云烟。

从现在开始，珍惜生命的每一秒钟，勤劳努力，奋发图强，你的生命就会焕发出别样的光彩。

89.【原文】自恨枝无叶，莫谓日无阴。

【解悟 · 故事】要怪就怪自己的枝上没有叶子，不要去埋怨太阳没有阴凉的时候。因此，当我们遇到问题时，要多找自身原因，不要用客观理由去推脱和掩盖自身的问题。

有个国王为了感谢一个任劳任怨的大臣，就让他提一个条件。大臣说："我的要求不高，只要在棋盘的第1个格子里装1粒米，第2个格子里装2粒，第3个格子里装4粒，第4个格子里装8粒，以此类推，直到把64个格子装完。"国王一听，暗暗发笑，要求太低了，即照此办理。不久，棋盘就装不下了；改用麻袋，麻袋也不行了……改用小车，小车也不行了；粮仓很快告罄。数米的人累昏无数，那格子却像个无底洞，怎么也填不满。国王终于发现自己太蠢了。那个从不埋怨的大臣最终获得了丰厚的回报，而国王自己却变成没有一粒米的穷人了。可见，一个东西哪怕基数很小，一旦以几何级倍数增长，最后的结果都很惊人。

在我们现实生活中，有些人遇到困难、出现问题、发现错误，第一反应就是寻找客观原因，把责任推得一干二净。这既不能改正错误，提高水平，还会造成人际关系紧张。一个单位或一个部门，一旦遇到问题、出现错误，如果大家都主动揽责，矛盾就容易化解。各担其责，有利于增进团结、融洽关系；而相互推诿的话，自然会造成关系紧张。如果揽功推过成为一种社会惯例，那每个人就只会活在别人的指责和唾骂之中。明知自己不行就赶紧努力去学习，光在那里埋怨别人，而不去改进，永远都不会前进。有担当的人，都会在阳光的照耀下，多吸纳知识的养分去培养自己的枝叶，也就不怕太阳的严厉，反而会接受阳光那慈父般的能量，使自己早日开花结果。

90.【原文】一年之计在于春，一日之计在于寅，一家之计在于和，一生之计在于勤。

【解悟 · 故事】一年的计划应在春天里做好，一天的计划应在黎明时分做好，一个家庭最宝贵的是和睦，一个人一生要有所成就必须勤劳。因此，要认真计划、把握好每一天，要维持好家庭的和睦，要养成勤奋的好习惯。

森林里有四只爱吃苹果的毛毛虫。一天，它们各自去找苹果。第一只毛毛虫根本就不知道哪里有苹果树，没有目的，不知终点，没想过什么是生命的意义，

是只没规划的糊涂虫；第二只毛毛虫找到一棵苹果树，看见一个大苹果就准备扑上去大吃一顿，但它发现要是选择另外一个分枝，就能得到一个大得多的苹果，再看看其他分枝，又发现了很多大苹果，于是一直不断地改变自己的目标，永远不知道自己想要的究竟是哪一颗苹果；第三只毛毛虫知道自己想要的就是大苹果，并拟出了一个完美的计划，按理说这只毛毛虫应该会有一个很好的结局，但因为它爬行相当缓慢，当它抵达时，苹果不是被别的虫捷足先登，就是已熟透而烂掉了；第四只毛毛虫做事有自己的预期规划：它的先期目标并不是一个大苹果，而是一朵含苞待放的苹果花，它计算着自己的行程，最终它如愿以偿，得到了一颗又大又甜的苹果，只有它享受到了苹果给它带来的美好。

在一日中从早晨开始就要考虑当天的学习与工作，始终处于有序状态，不至于无所事事，浪费生命。一个人年轻时就要做好职业生涯规划。有了人生目标，就像大海中的航船有了航标，才能顺利地找到人生方向。一个人要想人生有所成就必须勤奋，勤能补拙，能带给你很多意想不到的收获。一个家庭最可贵的是和睦。家庭是讲爱的地方，不是讲理的地方，因此，每个家庭成员要多一份爱心，只有爱才能化解矛盾与纷争，才能促使和谐美满。

91.【原文】择婿观头角，娶女访幽贞。

【解悟 · 故事】选夫婿要看他的气质或才华，娶媳妇要看她的贤惠与节操。因此，在选择对象时一定要有眼光，要有前瞻性。

在庄某眼里，李某家里尽管穷得连饭都吃不上，但根性好，善于学习，善于察言观色，聪明灵活，是个不可多得的人才。在庄某的力挺和支持下，李某发奋图强，终于创业成功，事业蒸蒸日上，成了大富豪。

挑选女婿就挑潜力股，那些气质好、有才华的小伙子无论贫富都会受到女孩的青睐。若能先观察一下细节，也许会有不同的答案：（1）从约会看尊重、包容度及价值观——如果你不吃辣，他不应该强迫你吃麻辣锅，至少换个鸳鸯锅。（2）从言谈看共性与个性：两个人“有话聊”很重要，尤其是对结婚对象而言，找到一辈子能说话的对象就是幸福了。（3）从相处小细节看体贴度——一起用餐的时候，他是不是会主动拿菜单、餐具，倒水，点餐，是否是照顾别人的体贴男人。（4）从与他有关联的亲友看人品——看看他都交什么样的朋友，与同事间的关系如何，家人都怎么对待他。（5）从工作职场表现看信赖度——如果你一句心情不好叫他请假或调班来陪你，他就遵命照办的话，虽然一时讨你欢心却也显现了他不足以信赖的工作态度。（6）从休闲生活看浪漫情趣——一个人是否有趣，问问他放假时都在做什么就能看出端倪。（7）从穿着及随身物品看生活习性与个性等。

92.【原文】大抵取他根骨好，富贵贫贱非所论。

【解悟 · 故事】选择夫婿或女婿，总的来说是要他的底子好、潜力大，而不是看他是否富贵贫贱。因此，选择对象时不要过度考虑眼前的贫富美丑等表象的、物质的东西，而应考虑他是否有潜力。

孔子虽有“唯女子与小人为难养也”的偏见，但对自己的女儿培养还是很上心的，放到当时也算“小资”水平。孔子为女儿选的丈夫名叫公冶长，是孔子的弟子、七十二贤人之一。传说他能通鸟语，并因此无辜获罪，身陷囹圄。他还是一个善于思考的人，深得孔子的喜爱。可这么好的一个人，偏偏受人陷害而坐过牢。当孔子想要招他为女婿时，孔子夫人难免心下踌躇。孔子凭着对学生的了解，说公冶长虽然坐过牢，但不是因为他本人有过错造成的。因此这对选他做女婿没有任何妨碍，他所看中的只是他高尚的品格情操。公冶长犯没犯罪，孔子心里自然清楚，不应该因为外来的诬陷而定性他本质的善恶。所以最后公冶长做了孔子的乘龙快婿。

对中国人来说，儿女的婚姻向来都是父母的头等大事。有人说，女儿是父亲的掌上明珠，也是父亲前世的情人。父亲对女儿的爱，并不因女儿婚姻的建立而终止。中国文化中对于择婿有着广为颂扬的标准：择婿看发展，关键看潜力。如果这个年轻人的道德品质、工作能力都还不错，他现在的富贵贫贱根本就不值得放在眼里了。

93.【原文】无限朱门生饿殍，几多白屋出公卿。

【解悟 · 故事】许多豪门权贵之家生出一些无能之辈，多少贫穷之家却生出了

达官贵人。因此，出身的高或低并不能决定一个人的成功或失败，只有靠自己拼搏努力，才能获得一个美好的将来。

明朝太祖朱元璋，原名朱重八，草根出身，家里穷得叮当响。他儿时放牛，后出家当和尚，还行过乞，历经民间疾苦，最后成为明朝开国皇帝。朱元璋是历代最为节俭的皇帝，他即使是当了皇帝，在应天修建宫室，只求坚固耐用，不求奇巧华丽。每天早饭也是“只用蔬菜，外加一道豆腐”。由此可见，从绝顶穷困到极度富贵的朱元璋仍不忘本，仍保持节俭的传统。

中国历史上有那么多皇帝，可曾见几个皇子皇孙仍在享受世间的荣华富贵？而穷苦人家则相反，他们为了生存，发奋努力，练就了极强的生存能力、适应能力、抗挫能力，有可能面对逆境改变命运，虽不能成为富贵人家的后代，但可做富贵人家的祖先。我国自隋朝开始实行的科举制度为什么能保持千年，就是因为它可以将居于白屋、出身贫寒的学子变为对国家有用的“公卿”。如今，大多数人仍认为高考是挑选人才最公平的方式，就是因为它可以使“山窝里”飞出“金凤凰”，能让平民老百姓通过公平竞争改变命运，实现自己的伟大理想。太阳每天都是新的，世界唯一不变的就是变化。不管是谁，都生活在变幻莫测的人世间，只有靠自己的努力去拼搏奋进，才能拥有格外美好的明天。

94.【原文】凌云甲第更新主，胜概名园非旧人。

【解悟 · 故事】直插云霄的富贵宅第更换了主人，风景优美的名园里住的也已不是旧人。因此，世界是变化的，人和物都在不停地变化着。

苏州名园拙政园是明正德初年（16 世纪初），御史王献臣归隐苏州后，于元代古寺旧址所建。王献臣的好友、书画大家文徵明也参与了造园，很多景点出自他的设计。后来，园林传到王献臣不争气的儿子手里。其子好赌，被人在赌局中设下陷阱，一夜狂赌之后，输得一干二净，将拙政园拱手交给徐家。曾经富甲一方的王家子女后来落魄到给别人当吹鼓手。

徐家是苏州的名门大庶，随着徐家的衰落，拙政园也渐渐荒废。转眼到了明末清初，入苏的清兵一眼看中了拙政园，强行住进园中。当时的园主是徐氏第五代后人，无奈之下，只得将拙政园卖给海宁相国陈之遴。可陈之遴身为投降清朝的明朝臣子，还没等住进拙政园，就因贿赂罪，全家一并被发配到辽宁。最后陈之遴也死在辽东。1662 年，拙政园被充公，没为官产。后多次辗转，再次荒落。拙政园与《红楼梦》的诞生不无瓜葛。相传康熙末年，拙政园的一部分为曹寅购得，曹雪芹就诞生在园内，少年时也常在园中游玩，所以大观园的许多景致描写皆取材于拙政园。

世界是物质的，物质是运动的。中国有着五千多年的文明史，历经朝代更迭。许多帝王大兴土木，建造宫殿，企图基业长青，但都经历了由盛而衰、改朝换代的历史。放眼世界，数不清的皇宫、王府、将军府、相府等豪门甲第，绝大多数都已毁了。即使有幸留了下来，也不再住着帝王将相的后裔。民间的私家大宅，又何尝还在原来主人的手里？所以，人们应放下对物质的过度占有，多去追求点精神的愉悦！

95.【原文】众口难辩，孤掌难鸣。

【解悟 · 故事】辩赢众口之辞很难，一个巴掌也拍不响。因此，只要肯努力，总有一天会得到认可。

自从周幽王有了褒姒，便迷恋她的美色，差不多三个月的时间都住在琼台，再没有踏进申后的宫殿一步。申后抑制不住怒火，有一日带着宫娥，来到琼台。正巧遇到周幽王与褒姒并排而坐，褒姒也不起身迎接。申后忍不下这口气，便骂道："哪里来的贱婢，在这里扰乱宫中秩序！"周幽王唯恐申后动手，于是挡在褒姒前面，代答道："这是寡人新得到的美人，还没有定位次，所以不曾朝见，你没有必要发怒。"申后骂了一场，愤愤而去。后来，申后的儿子太子姬宜臼为母泄愤，挑事毒打了褒姒。在褒姒的唆使下，周幽王将姬宜臼发去申国，听从申后的父亲申侯差遣。申后很久不见儿子姬宜臼进宫，派宫人去询问，才知道姬宜臼已被贬去申国。申后身边没有儿子的依靠，终日怨夫思子，含泪度日。公元前 774 年，周幽王废黜申后和太子姬宜臼，而立宠妃褒姒为王后，立褒姒所生之子姬伯服为太子。姬伯服加害姬宜臼，致使申侯大为愤怒。公元前 771 年，申侯联合缯国、西夷犬戎攻打周幽王，在骊山下杀死周幽王，西周灭亡。

有些事情不是靠嘴巴就能说得清的，而要用行动和时间去证明。有些事情的结果是由多种原因产生的，发生矛盾纠纷不要一味地责怪别人，而要勇于从自身寻找原因。社会关系是多元的，人际关系是复杂的，有些事情特别是掉进别人设下的陷阱时，在当时的情况下怎么解释也辩解不清，不如提高自身承受委屈和挫折的能力，等待事实来证明，等待时间来洗礼。

96.【原文】当场不战，过后兴兵。

【解悟 · 故事】该战斗的时候不去战斗，过后却兴师动众。因此，痛失战机再去后悔就已经晚了。

鸿门宴最能说明这个道理。公元前 206 年，抗秦主力有两支，领袖分别为刘邦和项羽。刘邦的军队驻在霸上；项羽的军队驻扎在秦朝都城咸阳郊外的鸿门。当时，项梁战死，怀王派项羽等去救援被秦军围困的赵国，同时派刘邦领兵攻打函谷关。临行时，怀王与诸将约定，谁先入关，便封为关中王。项羽大破秦军后，听说刘邦已出咸阳，非常恼火，就攻破函谷关，直抵新丰鸿门。这时刘邦的左司马曹无伤暗中派人告诉项羽说刘邦想在关中称王。项羽听了，更加恼怒，决定第二天发兵攻打刘邦。张良向刘邦分析，不宜和项羽硬拼。刘邦只得退出咸阳，回师霸上。明知自己军力不及项羽四十万大军，刘邦便把在咸阳所得一切，原封不动地送到项羽营中，并说愿让项羽称关中王。范增已觉出刘邦必成大器，便要项羽设下“鸿门宴”，一心诛除刘邦。

但此事为项伯知悉，项伯顾念和张良的故人之情，向刘邦大军报讯。刘邦知道这鸿门是去不得的凶险之地，但张良却表示不去便只有死路一条，赴会也许能有生机。刘邦无奈只得应约前往。鸿门宴当日，范增早已布下天罗地网，定要把刘邦人头留下，谁知刘邦竟以一跪化解了项羽的怨恨。范增便命项庄舞剑，其意却在沛公，一心要在席中把刘邦刺死，可还是被项伯和樊哙给刘邦解了围，刘邦终于借如厕之机逃遁而去。后来，项羽与刘邦展开了历时四年的楚汉之争。项羽虽屡屡大破刘邦，但始终没有固定的后方补给，粮草殆尽，又猜疑亚父范增，最后反被刘邦所灭。公元前 202 年，项羽兵败垓下，可怜一代霸王，因坐失良机而自刎乌江，终成遗憾。

97.【原文】一肥遮百丑，四两拨千斤。

【解悟·故事】身体上只要有一处肥胖就能遮盖许多其他的缺憾，四两的力气就可以拨动千斤。因此，做事要懂得抓关键。

唐代妇女以肥为美，宋代则以文弱清秀为尚，时光流转到今天，现代人尤其女孩又以瘦为美；而“四两拨千斤”和“打蛇打七寸”都是中国古代兵法中经典的智慧，也就是用最少或最关键的投资，获得最大的回报。

石油大王洛克菲勒把炼油事业做大以后，大家就开始排挤他，敌对阵线相当强大，从采油的到炼油的，外加社会舆论，压得他喘不过气来。最后，他采取了“擒贼先擒王”的战术，先找到采油阵线的头领，利用策略将他争取过来。开始洛克菲勒并没有让他暴露身份，而是让他以扩大产业为由，将那些小集团一家一家地并购过来，到时机成熟时，再让他宣布自己属于洛克菲勒阵营。于是，庞大的敌对阵线，转瞬间就被掌控了。不过这种“占位”思维，在中国也有人用过了，是谁呢？就是大家熟悉的李鸿章。

清朝末年，以左宗棠和李鸿章为核心的两大帮派矛盾很大。李鸿章想要除掉左宗棠，怎么办呢？李鸿章分析：要想击溃左宗棠，就先要扳倒他的主要赞助商胡雪岩。胡雪岩的生意，主要是当铺、丝行和药铺等，重中之重是钱庄。如果钱庄一倒，那么其他的生意就做不下去了。李鸿章就从钱庄下手，先攻击他的信用。于是，他采取釜底抽薪的办法，紧紧盯着胡雪岩钱庄的信用做文章。不久，上海就传出消息了，胡雪岩的钱庄周转不灵，人心惶惶，很快就有人上门来兑巨额现银，钱庄库存告急，很快就顶不住了。左宗棠就这样被李鸿章在背后捅了一刀，从此在政治斗争中处于下风。

人生需要选择，也需要放弃，有所为有所不为。我们做事一定要懂得抓住关键点，运用“四两拨千斤”的道理，其他问题就迎刃而解了。

98.【原文】无病休嫌瘦，身安莫怨贫。

【解悟·故事】没有病就不要嫌瘦，身心安康就不要埋怨贫穷。因此，我们要多一些安贫乐道，少一些怨天尤人。

列子本名列御寇，郑国人，是战国前期的思想家、文学家，是老子和庄子之

外的又一位道家思想的代表人物。他一生安贫乐道，不求名利，因为生活贫困，常常吃不饱饭，脸上时有饥色。有人就对郑国的宰相子阳说起了这件事："列御寇，是一位有道的人，居住在你治理的国家却是如此贫困，世人恐怕就会认为您不喜欢贤达的士人吧？"子阳为了博得一个好士的美名，立即派人给列子送了十车粮食。列子坚辞不受，打发来人把十车粮食拉了回去。

回到屋里，列子的妻子埋怨他说："我听说有道的人，妻子孩子都能快乐地生活，可你看看咱家，个个面黄肌瘦，营养不良。这倒也罢了，明明宰相看得起你，给你送来十车粮食，你倒好，拒不接受。咱家的人难道是命里注定要忍饥挨饿吗？"列子笑着对她解释说："这粮食咱不能要。你想想看，子阳并不了解我，他是听了别人的话才给我送粮食。今后，他也可以听别人的话加罪于我呀。"妻子一听这话有理，于是不再埋怨他了。一年后，郑国发生变乱，子阳被杀，其党众多被株连致死，列子却安然无恙。天上不会掉馅饼，看见利益就得想到危害，这是列子给我们的启示。

在物质生活飞速发展的今天，越来越多的人已不再仅仅满足于温饱，开始追求更高层面的精神生活。但是人们的生活却面临越来越多的挑战，无数意外充斥在我们的每一天中。因此，不如把心放宽一点，安贫乐道才是生命的真谛。

99.【原文】岂能尽如人意，但求不愧我心。

【解悟·故事】为人处世不可能事事如意，只要无愧于自己的良心。因此，人生最重要的意义在于对得起自己的心，只要按照心里的要求和想法去做了，成败就不再那么重要了。

明朝朱元璋的军师刘伯温这样自勉："岂能尽如人意，但求无愧我心。"他以神机妙算而著称于世，向有"前朝军师诸葛亮，后朝军师刘伯温"之说。

相传当年刘伯温路经池州，曾对池州的地理变迁趋势提出过大胆的预言。当时，长江流经池州段的地理非常复杂：江上有风仪洲、长安洲、泥洲将长江一分为四；江岸深凹，地势低洼，唯有妙因塔所居位置较高；上游尚有一乌沙洲，夹江称为乌沙夹。刘伯温预言"五百年前满江游，五百年后楼上楼；雷打清溪塔（妙因塔的俗称），沙没乌沙夹”。这一预言果真实现了。泥洲已与南岸连为一体，这里不仅楼房林立，还盖起了码头、客运站、工厂；妙因塔也确实遭过雷击，虽幸免未毁，但塔尖被击碎一块；乌沙洲也由当年的“孤岛”变成“半岛”。然而，智者千虑，必有一失。池州城四周环水，地势低洼，当时陆上通道仅有三条窄土埂。刘伯温预言“池州本是排形地（形似竹排），三条篾缆（指土埂）通池州。有朝一日篾缆断，池州变成烂泥州”。如今，池州非但没成为“烂泥州”，反而成为一座初具规模、欣欣向荣的新城市。

话说回来，人生在世，就要抓住每一天的精彩，在离开的那一天才不会空留余恨。人生最大的困扰就是甘于平庸，要让生命之火照亮世界、照亮人生。我们虽然有时做不到尽善尽美，但只要能问心无愧足矣。

100.【原文】雨露不滋无本草，混财不富命穷人。

【解悟·故事】雨露之水不会去滋润那些没有根系的草木，意外之财不能使命运不顺的人富起来。因此，要想改变命运，就要去努力和奋斗，才会有更好的发展。

明朝的袁了凡出生在嘉善县魏塘镇（今属嘉兴）。他年轻时聪颖敏悟，卓有异才，曾授宝坻知县等职。一次，他被一算命师算准其前半生的命运，因而认为命已注定，再无改变动力。后遇云谷法师，方知命运原本是可以改变的。因此他努力精进，根据法则改运，最终实现了人生逆转。他曾提出过具中华文明特色且为精神生活中划时代成果的“功过格”，即把每日所做之事，按其善恶增减记数，实现道德自律，完成了中国人对颠覆命运的革命性认识。他提倡以记“功过格”的方法，“隐恶扬善”“迁善改过”，进行道德自律，规范自己的行为，达到修养自我、完善人生从而改变命运的目的。他作为提倡且身体力行者，强调个人改变命运的力量，用善书来推动社会流动和提升社会地位，为后来者树立了榜样。

尽管“混财不富命穷人”看似是说人要有好命运，命中无财给你意外之财也富不了，扩张了宿命观的渲染，而实际上，没有自己的奋斗作为发展的根本，也的确无法得到好的结果。归根结底强调了个人奋斗和积极发展，而不是简单地宣扬宿命。要想改变命运，先改变对社会、对人生的认识，方不为不义之财所误导。

101.【原文】慢藏诲盗，冶容诲淫。

【解悟 · 故事】财物不仔细保管，易招致别人来偷窃；女子打扮得过于妖艳，易引诱别人起淫乱之心。因此，我们做事要低调，不张扬，不显耀。

十多年前，有一个人家里穷困潦倒，小偷偏偏将他家中稍微值钱的自行车给偷了。这一遭遇引发他的奇思，便写成《盗悟》：“因盗而悟，是为穷道。盗贼窃物，以一而视万千，伺机而为。常人无此能耐，常以一视一，甚或无视，故被盗。盗为魔道，高于常道。有志者，虽不为盗，但可借盗之道以遂志。机未临，贼眼四顾，每物皆可为猎，盗心时时不泯。机临即用，物换其主。——有欺世盗名之人，胡不如此？吾为小民，偶被盗。盗后多戚戚忧忧，居不知何物为己，何物为人，何物为私，何物为公？不失则尽私，心惴惴，惶惶然恐失。待失，方不得不以此物之贱而慰己，虽悲而不惑，殷殷然大度模样。盗固不可仿，然世人至于万物犹如此也。悲夫，盗失通思！老庄风物，宜淡宜轻，不以事物功名为重。得之如失，失之犹得。天下本为一体，岂言得失？任命运天然临我，不惶求，不苛逼，乐存天然，天然为乐。此即盗悟也！”

此人因自行车被盗，写了如此一大通，实在可笑。要是事先把自行车给收好，这样的事情就不会发生了。这就警示我们平时要低调行事，也要未雨绸缪，防患于未然，才不会让有心之人有可乘之机。

102.【原文】偏听则暗，兼听则明。

【解悟 · 故事】听信单方面的话，就分不清是非；听取多方面的意见，才能明辨是非。因此，面对复杂的现实生活，最好多问几个为什么，多听听人家的意见，你的眼界才能开阔，才能正确地认识事物。

唐太宗问魏徵：“君主怎样能够明辨是非，怎样叫昏庸糊涂？”魏徵答：“广泛地听取意见就能明辨是非，偏信某个人就会昏庸糊涂。从前尧帝能广泛地听取民众的意见，所以能及时掌握三苗作恶之事；舜帝耳听四面，眼观八方，故共、鲧、讙兜都不能蒙蔽他；秦二世偏信赵高，在望夷宫被赵高所杀；梁武帝偏信朱异，在台城因受贿被下臣侮辱；隋炀帝偏信虞世基，死于扬州的彭城阁兵变。所以人君广泛听取意见，则宦官不敢蒙蔽，下面的情况得以反映上来。”唐太宗说：“好啊！”唐太宗还说过：“以铜为镜，可正衣冠；以古为镜，可知兴替；以人为镜，可知得失。”只听一方面的意见，就信以为真，往往会做出错误的判断；而多方面听取意见才能真正辨明是非得失。为人处世，当官为民都应如此。

在我国历史上还有许多这样的案例，如春秋首霸齐桓公英明一世，却偏听偏信了易牙、开方、竖刁三位奸臣，没有接受管仲等忠臣的提醒，结果被三位奸臣控制言行，被活活饿死在王宫。因此，我们应该以史为鉴，开阔胸襟，集思广益，才能避免走偏路。

103.【原文】耳闻是虚，眼见是实。

【解悟 · 故事】亲耳听到的还不足为信，只有亲眼看到的才真实可靠。因此，我们要多见多闻，才有可能获得真实信息。

据说，从前有一个人能够点石成金。于是很多人纷纷去他家里验证，尽管那个人使出“十八般武艺”，也没能把石头变成金子。因此，有些太过于夸张的传闻并不一定是真的，过于轻信，只会上当受骗。虽然有句老话叫“宁可信其有，不可信其无”，但还是应该“眼见为实”，以免造成不必要的麻烦。

孔子受困于陈蔡时，曾有七天未尝过米饭的滋味。子贡就用私房钱买得一石米，并让颜回拿去煮饭。谁料，子贡在井边远远看到颜回在吃煮熟的饭。于是子贡很不高兴地去问孔子：“对于仁人廉士，贫穷能够改变他们的品德吗？”孔子回答：“品德改变了怎么能够称为仁呢？”子贡再问：“就算是颜回也一样吗？”孔子说：“是的。”子贡就把颜回偷吃饭的事情告诉孔子。孔子说：“我从很久以前就相信颜回是个仁义的人，虽然听你说了，但我还是不怀疑颜回的品德，其中必然有原因。你就不要追究了，我来问他。”于是孔子召见颜回问：“我梦到了先人，不知是否有什么启示？你饭煮好了吧，让我来祭祀先人。”颜回说：“刚才有些灰尘落在饭中，置之不洁，弃之可惜，我就把它吃了。”孔子说：“好啊，如果是我也会吃掉沾上灰尘的饭的。”颜回出，孔子对身边的弟子说：“我相信颜回是个君子，并不仅仅在今日啊。”弟子们由此服之。可见一代圣贤孔子也深信“耳听为虚，眼见为实”。

104.【原文】一犬吠影，百犬吠声。

【解悟·故事】一只狗会因为见到可疑的影子而大叫，其他的狗听见声音也会跟着叫起来。因此，我们做人做事都必须要有主见，切不可人云亦云。

夏天，太阳举办了一场别开生面的婚礼。所有动物都高高兴兴地庆祝这一盛事。可有一只青蛙却说：“傻子们，你们为什么还高兴呢？一个太阳就能把稀泥晒干，现在它又结了婚，如再生下一个与它一样的儿子，那我们不知还要吃怎样的苦呢？”可见，许多缺乏思想的人，不明事理，只会跟随他人瞎起哄，结果遭殃的只会是他们自己。

在我们的现实生活中，道听途说、跟着瞎起哄的人并不少见。比如，大家熟悉的成语有“三人成虎”“矮子看场”，说的都是道听途说、人云亦云的现象。“一犬吠影”也被说成“蜀犬吠日”。过去，蜀地能见到太阳的时间少。一天，有条狗因突然见到太阳觉得新鲜便惊叫起来，其他的狗也跟着瞎叫。“蜀犬吠日”讽刺的就是那些孤陋寡闻、少见多怪的人。

随着网络时代的到来，人们的视野日渐开阔，有更多与世界交流的机会，这对增长见识、发表己见都起了重要作用。但做人一定要坚守道德底线，坚持实事求是，坚持自己的观点，不能以别人意志为转移。我们不能道听途说、人云亦云，要坚持真理、重视实践。

105.【原文】莫信直中直，须防仁不仁。

【解悟·故事】不要相信那些吹嘘自己正直而实际上并不正直的人，要防备那些吹嘘自己仁义而实际上并不仁义的人。因此，我们不要过分相信他人，要提高警惕，有所防备。

有一个名叫朱朗轩的画家，身怀绝技，却无人赏识，只得浪迹江湖，穷困潦倒。恰逢州县新官上任，偶闻其名，便命他作画。朱朗轩遵命作画，在一张洁白的宣纸上，用浓墨打了三个大黑点，然后把笔一丢扬长而去。县官看了此画，认为是朱朗轩戏弄于他。心中恼怒，立命人将朱朗轩拘到衙门，喝问画乃何意？朱朗轩也不言语，

有所防备

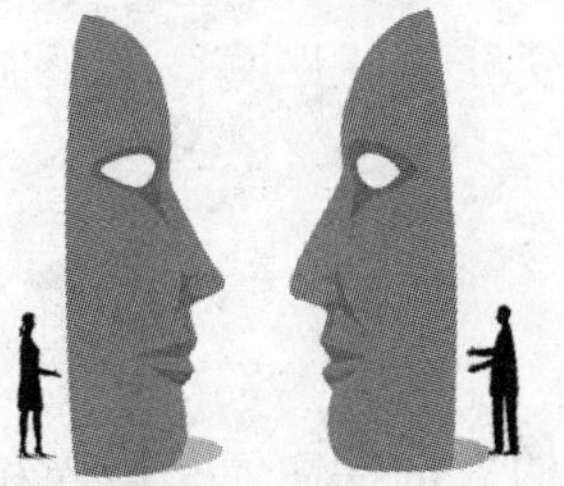

又拿起笔来，在三个黑点上勾了几笔，立即变成了三个驼背的人，并且姿态各异，栩栩如生。朱朗轩又在画幅上方题诗一首：一个驼子去招亲，一个驼子去淘金，一个驼子醉醺醺，可笑世上无直人。

如有人说，我这个人很单纯，没坏心肠，只是脾气暴躁，为人正直，刀子嘴、豆腐心，心里不藏事，那你千万要保持怀疑态度。因为这种人很可能嫉妒心强，与他有过节的人，他会时刻想着怎样把对方踩在自己的脚下。满嘴“仁义道德”的人不见得就是“仁义”之人，其实是伪善、奸诈之徒，真正的目的可能是为粉饰自己，另有所图。当今社会，别人所表现出来的不一定是真实的。正直的面具后面可能隐藏着一副可怕的嘴脸。不过话说回来，老是防备别人，自己也会活得很累。只要自己做得好、站得正，管他直不直、仁不仁，走自己的路，叫那些小人去瞎折腾吧！

106.【原文】虎生犹可近，人熟不堪亲。

请君入瓮

【解悟·故事】与老虎即使是陌生的但仍可以与之亲近，与人即便再熟悉也不能与之过分亲近。因此，人与人的交往必须要把握一个度。

武则天有两名大臣——周兴和来俊臣，他们是当时有名的酷吏，成千上万的人冤死在他们手下。有一次，周兴被人密告伙同别人谋反。武则天便派来俊臣去审理。来俊臣和周兴平时关系非常好，对这事感到很棘手。他苦思冥想，生出一计。一天，来俊臣故意请来周兴，两人饮酒聊天。来俊臣装出满脸愁容，对周兴说：“唉！最近审问犯人老是没有结果，请教老兄，不知可有什么新绝招？”周兴一向对刑具很有研究，便无顾忌地说：“我最近才发明一种新方法，不怕犯人不招。用一个大瓮，四周堆满烧红的炭火，再把犯人放进去。再顽固不化的人，也受不了这个滋味。”来俊臣听后，便吩咐手下人抬来一个大瓮，照着刚才周兴所说的方法，用炭火把大瓮烧得通红。来俊臣突然站起来，把脸一沉，对周兴说：“有人告你谋反，皇帝命我来审问你。如果你不老老实实供认的话，那我只好请你进这个大瓮了！”周兴听了惊恐失色，知道自己在劫难逃，只好俯首认罪。

距离之美，是一种意味深长的节制之美。人与人之间保持一定的距离，既保证了自己的心理安全，又不至于侵犯他人。人际关系太远，易淡忘；太近，易生矛盾；适中，才是美。敢于承认距离，善于把握距离，勇于协调距离，敢于制造距离，人际关系才会更单纯和谐，生活自然也会更快乐幸福。

107.【原文】来说是非者，便是是非人。

【解悟 · 故事】爱说是非的人，往往便是搬弄和制造是非的人。因此，与那些来说是非的人交往，绝不要推心置腹。

《金刚经》记载，临济宗清素禅师初参法演大师，演问："百丈野狐作么生？"师曰："来说是非者，便是是非人。"演大悦。话中"百丈野狐"典故是禅门有名公案。有一天，百丈禅师上堂讲经说法。下座后，大家都已散去，独留一位老人不肯离去。百丈禅师便问他是谁，想要做什么。他说："实不相瞒，我不是人。在迦叶佛时代，本在此山修行。有个学人问我'大修行人还落因果否'，我说'不落因果'。因为这句话，便做了五百年的野狐精，没法脱身，请和尚慈悲为我开示，让我解脱狐狸身之苦。"百丈禅师说："你把学人问你的问题，现在重新再问我一次。"老人便道："请问和尚，大修行人还落因果否？"百丈禅师答道："不昧因果。"意为不是不明白因果，也即自己明白自己的因果。老人听后大悟，便向百丈禅师礼拜叩谢说道："今承蒙和尚开示，令我超脱狐身。我就住在后山岩下，祈请和尚慈悲，以出家人的礼仪，帮我埋葬。"第二天，百丈禅师带领大众，在后山石岩下，找到一头死狐，便用亡僧的礼仪将它火葬了。一落一昧，境界大不相同。禅宗很早就已教育弟子不落是非，正是谨言慎行的指导原则。

前来告诉你是非的人，其本人就是搬弄是非的人。任何一个来说是非的人，其背后一定有其动机和目的。在现实社会里，人的行为可能往往带有功利性。来说是非者也不例外。人生在世，名利如过眼云烟，只要你能看穿是非的名利内核，你就能在听是非言论时冷静分析。对于真心为了发展的是非，我们要及时采纳；对于实际上是为了个人或小团体利益的是非，我们要理性防范或婉言拒绝。

108.【原文】世路由他险，居心任我平。

【解悟 · 故事】不管世道多么险恶，但我始终保持一颗平和善良的心。因此，

我们要以平常、宁静之心面对人生，直面现实。

相传，孔子的弟子子路要去卫国做大司马，可卫国的国情却是国君无能，太子无德，官场腐败，民怨四起。孔子不赞成子路去任职，就说：“笃信好学，守死善道。危邦不入，乱邦不居，天下有道则见，无道则隐。邦有道，贫且贱焉，耻也。邦无道，富且贵焉，耻也。”这番教诲何其深刻啊！这些至理名言，历久弥新，不仅当时受益，而且后人也当谨记。

西方人的“经济人”理论对市场经济体制下的人性作了深入刻画。有些人为了追逐名利，常常会突破道德底线，做出伤天害理的事情。今天出现的假冒伪劣等现象，都可以从这上面找到原因。我们要学会尽量避开险恶的环境，保护自己，学习古人对此具有的大智慧。另外，不管世事如何发展，我们都要调整好自己的心态。心态决定一切，已是很多明智之人的选择。视名利如粪土、视江山如云烟、视生如梦、视死如归等，都表明了一种豁达的心态，决定了自己为人处世的出发点，为摆正人生的位置起到了不可低估的作用。

109.【原文】惺惺常不足，懵懵作公卿。

【解悟 · 故事】聪明能干的人常常不如意，老实厚道的人反而做了高官。因此，我们做人要老实厚道，不用过于精明。

有一个老实人，日复一日，在路边以修鞋为生。因为老实，不肯偷工减料，于是就有了口碑，有了回头客，倒也衣食无忧。一天，来了一个聪明人。聪明人一面等着修鞋，一面看着老实人黝黑的面庞、粗糙的双手，说：“你这个样子能挣几个钱？啥时候才能富裕起来？”老实人自言自语道：“我又没别的手艺，除了修鞋之外，还能干什么？”聪明人笑了：“你有三种选择，一是再学一门手艺，艺多不压身；二是扩大经营范围，以获取更多更大利润；三是抢银行，一夜暴富。”老实人笨，学不来新手艺；胆子又小，不敢去抢银行；他采纳聪明人第二条建议，扩大经营范围。两年后，老实人不再修鞋，他拥有了一家小店。聪明人路过小店，又笑了：“小富即安，这怎么行？不能总守着一家店，事业要发展、要壮大。办法有很多，比如偷税漏税，去银行贷款，集资融资，有钱才能生钱……”老实人茅塞顿开，生意越做越大。当然，围在他身边的，已不是一两个聪明人，而是一群聪明人。他们的敛财手法花样翻新，胆子越来越大。有一天，警察来了，老实人因诈骗、偷漏税款被送入监狱。老实人刑满释放之时，已到古稀之年，为了谋生，又干起老本行。一天，聪明人牵着狗遛弯儿，经过此地，见老实人衣衫褴褛，面黄肌瘦，禁不住一声长叹：“你啊，好高骛远，这一回，咎由自取！”老实人指着聪明人，全身都在哆嗦，一口气没上来，昏厥过去。聪明人一看情况不妙，撒腿就跑。一面跑，嘴里还一面嚷嚷：“要死你等会儿死，我可啥都不知道，啥也没说过，一切都与我无关。”

做你自己的事，要有自知之明。对聪明人的话，尤其是那些漂亮话，充满诱人前景的话，要三思而后行。

110.【原文】遍身绮罗者，不是养蚕人。

分配不公

【解悟·故事】全身上下穿着美丽丝绸衣服的人，根本就不是辛苦劳动的养蚕人。因此，我们可以得知古代社会穷人勤劳却困苦，富人当道而奢侈。

宋代诗人张俞写了首妇孺皆知的诗：“昨日到城郭，归来泪满巾。遍身绮罗者，不是养蚕人。”这首诗体现了生活于封建社会底层人士的疾苦、无奈，揭示了劳动人民辛勤劳动的果实被剥削者掠夺的事实，反映了当时社会收入分配不合理和严重的阶级对立现象。

美国的贫富悬殊也很有特色。美国普通老百姓一般身材肥胖、有啤酒肚、皮肤褶皱，衣着邋遢，开着一辆旧车，长年从事体力劳动或者服务业，数学不好，勉强读完高中，十七八岁就开始做售货员、收银员，或在当地工厂当工人，拿着政府的救济粮食券，在超市里只买最便宜的转基因食品和大量垃圾食品如薯片、汽水，不喜欢读书。这样的人占到了美国人口的50%以上。这和在曼哈顿见到的西装革履、风度翩翩、精明能干、品味考究的白领，以及常青藤大学里气质高雅、稳重礼貌、经历丰富的学生们形成了鲜明的对比，更不用说那些腰缠万贯、富可敌国的企业家和富豪了。

《增广贤文》的创作者，之所以没选诗的前两句，也许是从另一个层面看到了“生产者未必是消费者”的现象。在如今的现实生活中，我们既是生产者，同时也一定是别人产品的消费者。因此，我们完全不必为自己创造的产品被人家所用而泪流满面。

111.【原文】毋私小惠而伤大体，毋借公论而快私情。

【解悟 · 故事】不要因为私下的小恩小惠，而伤害到整体的大义；不要借助公众的舆论来满足自己的私人愿望，发泄个人不满，以图快意一时。因此，我们不能因小害大、因私害公，而要识大体、顾大局。

尧在选择接班人时，征求大臣们的意见。大臣放齐举荐尧帝的长子丹朱，说他通达事理。尧却认为他愚顽好斗。大臣讙兜举荐水官共工，说他深得民心，尧却认为他欺上瞒下。最后议到舜，大家都说这个人德行好、口碑好。尧决定把自己的两个女儿嫁给他，看他的德行到底如何。然后再交他几件事去办，看办得如何。结果舜的德行很好，事情办得也很好。最后尧把帝位禅让给了舜。

《史记》记载，尧“终不以天下之病而利一人”，而把天下交给了舜去管理。尧的境界就在于不能使天下人受害而只让一个人得利。“病天下”还是“病一人”？是“私小惠”还是“伤大体”？两种境界有天壤之别。在今天来看，这也是对每一个从政者的起码要求。全心全意为人民服务，才是对这种思想境界的高度概括和提升。

比如选人和用人，完全出于公心就不容易。用人不但要任人唯公、任人唯贤，注重公论，而且还要用做事好坏来衡量，是骡子是马牵出来遛一遛。如此一来，老百姓又怎能不口服心服。如果把官职当成私人财产，谁送的钱多就选谁用谁；把官职当成拉拢人心和搞小圈子的工具，谁忠于自己、谁是自己的人就选谁、用谁，那就不会选出像舜这样优秀的干部了。唯有坚持凭公论、凭实绩用人，不“私小惠”，才能体现公平，使社会健康发展。

112.【原文】毋以己长而形人之短，毋因己拙而忌人之能。

【解悟 · 故事】不要用自己的长处去比较别人的短处，也不要因为自己比较笨拙就妒忌别人的才能。因此，要向周围的人学习，共同进步，使自己的才干逐渐得到提高。

很久很久以前，一只长颈鹿遇到一只小羊，长颈鹿认为小羊太矮了，就很看不起它。长颈鹿于是大摇大摆地走到小羊面前，高傲地对小羊说：“小不点，你在干什么呢？要不咱俩比谁本领大吧！”小羊说：“比就比，谁怕谁呀！”长颈鹿说：“看！那棵树上有许多果子，我们看谁能吃到果子。”小羊说：“好的。”长颈鹿个子高，很容易就吃到了果子。而小羊个子矮，又不会爬树，自然吃不到果子。又过了几天，小羊和长颈鹿又相遇了。小羊说：“我们再比比谁的本领大吧！”长颈鹿又高傲地说：“手下败将，比就比，这次由你定。”小羊说：“前面有一个花园，花园里有好多花，我们看谁能采到花！”小羊个子矮，它从栅栏里爬进去，很容易就采到了，而长颈鹿个子高，没办法进到花园里，自然也就采不到花了。

尺有所短，寸有所长。每个人都有自己的长处，同时，也会有自己的短处。以己之长形人之短就会骄傲自满，以人之长比己之短就会心生自卑或妒忌，这些都是错误的。上述寓言故事告诉我们，不论是人还是动物，都各有各的长处，不能只看到自己的长处或别人的短处，要学会用别人的长处来弥补自己的短处，用自己的长处去帮助别人弥补短处。这样，你才能获得自身的进步和别人的尊重。

113.【原文】勿恃势力而凌逼孤寡，勿贪口腹而恣杀牲禽。

【解悟·故事】不应依仗势力去欺凌压迫孤儿寡母，不应贪口腹之欲就任意地屠杀牛羊鸡鸭等动物。因此，无论我们怎样有钱有势，都不要以强凌弱，要珍惜生命。

孤儿寡母属于社会弱势群体，弱势群体更应得到公平的待遇。仗势欺凌孤儿寡母会不得人心，受到道德谴责。三十年河东，三十年河西，好运不能跟随人的一辈子，坏运也不会陪伴人的一辈子。得势之时要想到失势之时。所以，多一些善良，多一些仁爱，会给自己多留下一些从容和余地。

从前，有只老虎捉到一只狐狸，正准备吃它，狐狸说：“你不能吃我，我是天帝派来管理百兽的，你吃了我，就违抗了天帝的命令。如果不信，我可以带着你，到百兽面前走一趟，看看百兽见了我，是不是吓得四处逃跑。”老虎信以为真，就跟着狐狸走了一遭。果然百兽看见它们，都吓得逃走了。老虎真以为百兽们怕狐狸，也就放过了它。有天，有只聪明的小猫躲在树洞里悄悄把真相告诉了老虎，老虎才知道狐狸骗了它。老虎顿时醒悟，找到狐狸，将其一把抓过来，几下就把它吞到肚子里去了。狐狸逃脱不了厄运，既因为自己的弱小，也祸起自己的骗术。狐假虎威、仗势欺人都没有好结果。

天地之间，生养万物，形成了一个由低到高的生物链，如果生物链失衡将会给人类带来灾难。上天有好生之德，禽兽皆然，不要为了贪图口欲而滥杀兽禽。人的营养需要平衡，需要控制口欲，如果营养过剩会对身体造成损害。因此，我们平时的饮食应该注意荤素搭配，并勤加运动，才能拥有更为健康的身体。

114.【原文】倚势凌人，势败人凌我；穷巷追狗，巷穷狗咬人。

【解悟 · 故事】一个人如果仗势欺人的话，自己一旦失势，别人就会反过来欺负你；在巷子里追狗，狗如果没了退路，就会掉转头来咬人。因此，我们做人要有高姿态，别人如果伤害了你而理亏时，你得理也要让三分。

东汉时有个叫齐宽的人。一次他坐着牛车在路上走，忽然遇到一个丢牛的人，说齐宽车上套的牛是他的。齐宽一句话也没说，解下牛就让他牵走，自己下车步行回家。过不久，丢牛的人找到了自己的牛，于是就把齐宽的牛送回来。一见到齐宽，那人就跪下磕头道歉：“我实在对不起您，现在由您随便处罚我好了。”齐宽却当什么也没发生，和颜悦色地对那人说：“世界上有很多东西是相似的，偶然认错也是情理之中的事。现在你又辛辛苦苦地把我的牛送了回来，还有什么可道歉的呢？”州官听说这件事后，对齐宽的宽宏大量、不与人计较的品德大加赞赏。齐宽的美名也由此传流开来。

王旦是北宋的名臣。一次，王旦在中书有事送枢密院，文件因格式不符合规定，被寇准告到了皇帝那儿，王旦因此受到了严厉的斥责。不到一个月，枢密院有事情，需要送文件到中书省，谁知枢密院的文件也出现了不符合规定的错误。值班官吏高兴地把它送给了王旦，以为可以乘机报复一下枢密院的寇准，出以前那口恶气。而王旦并没有将此事上报朝廷，而是指出了错误，将文件退还给枢密院，并通知他们修改后重新上报。寇准知道这件事情后，心里十分惭愧。王旦以德报怨的做法，深深感染了恩怨分明的寇准。此后，寇准一直将王旦当作知己。

在军事上有条策略叫“围而不歼”，就是根据实际需要，如果无须或无力全歼敌人，在布置包围圈时，有意留下一个口子，让敌人从那里逃走，这样可避免鱼死网破。同样的道理，在生活中给别人一个台阶下，保住别人的尊严，也不失为明智的选择。

115.【原文】见色而起淫心，报在妻女；匿怨而用暗箭，祸延子孙。

【解悟·故事】见色而思淫邪，会报应在妻子和女儿身上；用暗箭伤人，会祸及子孙。因此，我们为人处世要坚守节操，宽容大度。

柳宗元被贬官柳州时，刘禹锡也即将同时被贬往播州。当时播州新建，地处偏远，生活艰苦，瘴疠时作，非人居之处；而刘禹锡则上有高龄老母，“万无母子俱往理”。于是，柳宗元不避罪上加罪的危险，上书朝廷，请求以柳州换播州。

韩愈长柳宗元七岁，而柳宗元却死在韩愈之前。韩愈是柳宗元的好朋友。柳宗元去世后，韩愈责无旁贷地写下了《柳宗元墓志铭 1》。韩愈在铭文中先概述了柳氏先世的事迹，然后叙说柳宗元仕途的不幸和在文学上的成就。铭文激动地指出：“呜呼！士穷乃见节义。”这是韩愈给柳宗元崇尚仁义、忠厚待友的崇高评价。接着，笔锋陡转，铭文开始描述群小的行径。这些人平时和睦相处，也能一块儿吃吃喝喝，脸上总是堆满笑容，有时还握着对方的手，说出几句掏心窝子的话，还满脸热泪地指天发誓：“哥们儿，咱们死也得死在一块！”这一切都像是最真实的，好像他最值得信任。但是，一旦遇到蝇头小利，这种人便立即翻脸不认人，好像压根儿就不认识你这个人了，想想都令人寒心。

我们一旦与人产生矛盾要学会沟通，不要暗中使坏、落井下石，否则，只会使积怨越来越深，甚至可能祸及子孙。因此，古人说：“冤家宜解不宜结。”要以宽容之心化解矛盾，以真诚之心冰释前嫌，才能营造一个和谐的人际环境，有个幸福快乐的人生。

116.【原文】先到为君，后到为臣。

【解悟·故事】抢先一步就能当上君王，后到一步只能称作臣子。因此，我们要决策果断、行动迅速、抢抓机遇。

“先到为君，后到为臣”源于明嘉靖帝继位的民间传说。公元1521年，明正德皇帝朱厚照病死驾崩，因无子嗣，又是单传，皇族间早有明争暗斗。张太后迫于政势，颁密诏在汝安王、寿定王、兴王三人中选一人继统，三诏并发，并诏曰“先到为君，后到为臣”，以南郊仪仗相迎为准。湖北兴献王朱厚熜是最近支的皇室，其条件最差，距离北京两千余里，而汝安王、寿定王离京均是千里之遥。按当时的交通条件，汝安王、寿定王可以十天到达，而兴王则至少需要二十天才能到达。为抢得时间，幕客严嵩献策，朱厚熜假扮钦犯，坐着囚车，日夜兼程赶到了北京。最终，这个计策成功地蒙骗了另外两王，朱厚熜第一个赶到并登了基，成了明朝第十一位皇帝嘉靖帝。

人的一生中会有很多机遇，但天赐良机却是有限的。如果机遇到来时，你晚了一步，就会丧失机会。能否抓住机遇的前提是是否思想解放、心态开放、敢担风险、嗅觉灵敏、行动迅速。一个因循守旧、故步自封、畏首畏尾的人是抓不住机遇的。

117.【原文】莫道君行早，更有早行人。

【解悟·故事】不要以为自己来得早，前面也许已经有人更早。因此，我们办事，要么就不要担心会被别人抢了先机，要么就要比别人早一步抢占先机。

相传，很久以前有一个商人，带着两袋大蒜，骑着骆驼，一路跋涉到了遥远的国度。那里的人们从没有见过大蒜，更想不到世界上还有如此美味的东西，因此，他们用当地最热情的方式款待了这个聪明的商人，临别赠予他两袋金子作为酬谢。另一个商人听说了这件事后，不禁为之动心，他想：大葱的味道不也很好么？于是他带着大葱来到了那个地方。那里的人们同样没有见过大葱，甚至觉得大葱的味道比大蒜的味道还要好！他们更加盛情地款待了商人，并且一致认为，用金子远不能表达他们对这个远道而来的客人的感激之情，经过再三商讨，他们决定赠予这个商人两袋大蒜！生活往往就是这样，你先抢一步，占尽先机，得到的是金子；而你步人后尘，东施效颦，得到的可能只是大蒜！

其实人生的路上无所谓走得早与迟——走得早，有早的景色；走得晚，也会有晚的风景。只要是自己喜欢的就好。人生如此，工作也如此，没有必要去羡慕别人，做好自己的一切就好，别人的工作再风光，终究也不是属于自己的风景。只要自己努力了、尽心了就是最好的。

118.【原文】灭却心头火，剔起佛前灯。

【解悟 · 故事】将心头火一吹灭，从前肚里的怨嗔也就不见了；点亮佛前的青灯，心就会更加坦荡，更加光明。因此，我们要平心静气、克制怒火、开启智慧。

松下幸之助是日本“松下电器”的创始人。他创立公司后，对员工的要求非常严格，大的决策必须亲自参加。在一次决策会上，松下幸之助对一个部门经理说：“我个人要做很多决定，并要批准他人的很多决定，实际上只有40%的决策是我真正认同的，余下的60%是我有所保留的，或我觉得过得去的。”经理觉得很惊讶，如果松下幸之助不同意的事，大可一口否决，完全没有必要征求旁人的意见。松下幸之助接着说：“我不可以对任何事都说不，对于那些我认为算是过得去的计划，大可在实行过程中指导它们，使它们重新回到我所预期的轨道上来。我想，一个领导人有时应该接受他不喜欢的事，因为任何人都不喜欢被否定。我们公司是一个团队，并不仅仅是我一个人的公司，需要大家的群策群力。有时候妥协，会使公司强大、人际关系融洽。”一番话让这个经理口服心服。

现实生活中我们常常强调自己的强势，而忘了有时妥协也是成功最重要的因素之一。熄灭心头之火，说白了也就是放得下，会妥协。我们只要看一看世界，就知道生活中到处都是妥协。树要向阳光妥协，无任何外力影响时，树总是向着阳光倾斜。河水向山石妥协，沿着它的裂缝奔涌。如果水一定要覆盖山的峰顶，那它一定要改变自己的形态，变成雪或者雨，那也是水的一种智慧性妥协。人生少不了烦恼，需要正确面对，风物长宜放眼量。人一发怒，就会屏蔽智慧，心就沦为了情绪的奴隶，容易做错事情。所以，我们要学会克制怒火，开启人生智慧，使世界变得更加美丽！

119.【原文】平日不作亏心事，半夜敲门心不惊。

【解悟 · 故事】光明磊落的人，从不做那些愧对良心的事情，即使半夜里有鬼来敲门，心里也不会感到害怕。因此，我们要善待别人，才无愧于自己。

大宋年间，陈州大旱三年，颗粒不收，人民饥饿到人吃人的境地。朝廷派刘得中、杨金吾前去救灾。他们不仅私自抬高米价，大秤收银，小斗售米，大肆搜刮百姓钱财，而且还用皇帝御赐的紫金锤打死了同他们辩理的农民张古。张古的儿子小古上告到开封府。包拯微服暗访，查明事实真相后，智斩了杨金吾，又让小古以同样的方式，用紫金锤打死了刘得中，为受害者雪了冤。此为杂剧《包待制陈州粜米》的故事情节。剧中就出现了类似“平日不作亏心事，半夜敲门心不惊”的谚语。

当今世界为官，真正能做到夜半敲门心不惊，需要何等的坦荡襟怀和无畏底气！这底气来自于哪？来自于自身两袖清风、问心无愧的超然，来自于对人民的责任意识、廉洁意识，来自于个人平素的自爱、自尊与自重。古往今来，逢年过节都是行贿受贿的高发期。春节往往是送礼收礼的一大由头和“黄金时节”，关系的疏通、人情往来的答谢，或真诚的或怀揣各种欲望的走访，掺杂其中，都要在年关“上演”。为遏制节日贪官“犯事”，各地多会“杀鸡骇猴”，以儆效尤。如果能看穿，想想那些送进家门的花花礼品都是扎人的“刺猬”、害人的“糖衣炮弹”，就能够把守住欲望之门，就能做到手莫伸、嘴莫馋、眼莫红、心莫贪。唯有如此，才会走得正，行得端，清清白白做人，堂堂正正做事。只要平日不做亏心事，到夜半敲门时，自己的心也就不会受惊了！

120.【原文】牡丹花好空入目，枣花虽小结实成。

【解悟 · 故事】牡丹花尽管好看，但只能饱人眼福，解决不了实际问题；枣花虽然小，但结出的枣子却能食用，有益于人。因此，我们要说实话，做实事。

相传禹的女儿叫璪，十分聪明，十三岁就告别母亲，帮父亲治理河水。她沿着禹疏通的河道走，因天黑脚下一滑，摔倒在河堤上，并往下滑。她只好伸手向土里插去，稳住了身子。而当她把手抽出时，一束亮光从小洞里射了出来。她一看原来是许多宝石，就顺手抓了一块红色的宝石。那宝石把漆黑的夜照得光亮无比。这时她又累又饿，就情不自禁地把宝石放进嘴里，宝石立刻散发出一股清香，还

流出了甜丝丝的汁。她咽了几口，立刻就不饿了。

璪用土埋好了洞口，把那颗能吃的宝石也埋进了河堤，并做上记号，赶忙去找父亲。

璪找到禹后，告诉父亲遇到宝石的事。禹高兴地对女儿说："咱们快把宝石找出来，好帮助灾民度饥荒。"父女俩来到埋宝石的河堤上，只见那里长着一棵大树，树上挂满了果子。那果子晶莹透亮，红红的，和宝石一模一样。璪摘下了一颗放在嘴里一尝，又甜又脆，比她含宝石的滋味强多了。原来那宝石受了璪润含的津液，吸纳了灵气，猛地强盛起来，并长成一棵大树。树上结出了与宝石一模一样的果子，以此表达对璪的感激与敬佩之情。父女二人吃了几颗树上的果子，立刻不渴、不饿、不累了。他们高兴极了，赶忙把树上的果子摘下来，分给饥民们。

璪见这样能救灾，就留下来种树。不出几年，那一带就长满了用宝石做种的果树。树是璪种出来的，大家就起名叫它"璪树"。人们还专门创造了一个"枣"字，里面有"木"表明枣树是木本植物，还有个"巾"字，说明是个巾帼能人种的。璪被人们尊为枣祖。因为她是在夜间栽种的，所以每年八月十五月亮升起的时候，人们都要端上一盘红彤彤的小枣，放在供桌上敬拜天地，以示对璪的怀念。

121.【原文】众星朗朗，不如孤月独明；照塔层层，不如暗处一灯。

【解悟·故事】众多的星星虽然明朗，却比不上一个月亮的光明；高高的灯塔虽然明亮，却远不如在昏暗处给人点上一盏油灯。因此，我们要创造更多的实惠给亲友，给人民。

王羲之的儿子王献之师承父亲，他为了让自己的书法能与父亲匹敌，从小便开始勤奋练笔。据说，他坚持不懈费了数年光阴练笔，用尽十八大缸水，在书法上苦下功夫，最终成为一代书法大师，终于取得了与父齐名的伟大成就。蓦然回首，众星朗朗，不如做一轮叫"自己"的月来得明亮！

美国总统约翰·肯尼迪从小到大都是百病缠身，可他却从平民百姓起步，从工人、军人到议员，一步一步走到总统的位置。他为什么有如此传奇的成就？因为他懂得时光的短暂，明白时间的珍贵。尽管病痛把他折磨得身心疲惫，甚至在30岁时被医生断言“最多只能再活一年”，但他在各种发病期都废寝忘食地学习、工作着。死亡无时无刻不在威胁着他，可他却更加珍惜宝贵的时光，加紧利用，充分高效地让它们为自己尽最大的力。肯尼迪被许多人誉为“与时间赛跑的人”，他用短暂而又有限的46年生命为我们创造出一席珍惜时光的佳话。肯尼迪用短暂的一生见证了一个奇迹：做人就要做一颗朗照星空的明月，给世界更多的光明！他的成就也鼓舞着无数在成功路上摸索的人，给人们一份启迪和动力——不管何时何地，我们都不要忘记学习，努力做一个浑身发光的月亮。

122.【原文】鼓打千椎，不如雷轰一声；良田百亩，不如薄技随身。

【解悟·故事】打一千次鼓比不上雷鸣一次，有百亩好田也比不上掌握一门手艺。因此，我们做什么事都要抓住牛鼻子，学好一门生存的技艺。

世界著名推销大师乔·吉拉德，在15年中，销售了13001辆汽车，平均每年卖出1425辆，每天2～3辆。尽管推销员是个没多少技术含量而且很辛苦的差事，但这项纪录却被《吉尼斯世界纪录大全》收入，并将乔·吉拉德誉为“世界上最伟大的推销员”。然而，35岁以前，乔·吉拉德是个彻彻底底的失败者。他小时候不喜欢念书，经常逃学，连高中都没有念完。更要命的是，他患有严重的口吃。为了生计，他甚至当过小偷，开过赌场。走投无路时，乔·吉拉德向朋友求得汽车销售员的工作。因为严重口吃，乔·吉拉德必须放慢说话速度，同时他更注意聆听客户的需求与问题。而没有人脉的乔·吉拉德，最初只靠一部电话、一支笔和几页电话簿来记录客户名单。只要有人接电话，他就记录下对方的职业、嗜好、买车需求等生活细节。虽吃了不少闭门羹，但多少有些收获。曾有人在电话中用半年后才想买车的理由打发他，而半年后，乔·吉拉德便提前打电话给这位客户。就是靠着掌握客户的未来需求和紧紧盯人的超常毅力，乔·吉拉德从对手如云的底特律杀出一条血路。他曾在一次演讲中说道：“很多人早上起床后，糊里糊涂地过了一天，不知道生活的目标是什么。还有人总在等待机会的到来，期望一条大鱼撞到自己怀里。上帝才知道这种人是否能成功。我绝对不做这种人，我每天都有目标，而且是前一天就计划好的。不管别人怎么摸鱼，我只管捕自己的鱼。”

家有万金，不如一技在身。技能型人才在推进自主创新方面具有不可替代的作用。技不压身，学门技术或深研技术常会在关键时刻养活自己，成就家庭，成就事业，成就幸福人生。

123.【原文】富厚福泽，不过厚吾之生；贫贱忧戚，乃是玉汝于成。

【解悟 · 故事】富贵福泽固然是天地对我的厚爱，贫贱忧戚也是老天爷对我的眷顾，磨砺我，使我成功。因此，顺逆两不相扰，福来不喜。贫来不忧。

据说，商王武丁求贤臣良佐，梦得圣人，醒来后将梦中的圣人画出来，派人寻找，最终找到在傅岩地方筑城的囚犯说，任命他为丞相，国乃大治，遂以傅岩地方为姓，即为傅说。此后便形成了历史上有名的“武丁中兴”的辉煌盛世。我国历史上还有许多案例对此作出了诠释：胶鬲从贩卖鱼盐的工作中被举荐；管夷吾从狱官手里获释，被录用为相；孙叔敖隐居滨海被举用；百里奚从市集中被举用。孟子关于“生于忧患，死于安乐”的名言，成为激励后人战胜挫折、发奋努力的精神之光，不仅照耀历史，而且激励现代，照亮未来。

自古英雄多磨难，从来纨绔少伟男。苦难是通往幸福的途径。各种烦恼，皆为我炼心之助。真正的人生追求者既无恐惧，也无烦愁，永远是安静安详，不因灾变而烦乱沮丧，不因有苦难而郁郁寡欢，也不因此而失去耐性。他必须用笑脸来迎接悲惨的厄运，用百倍的勇气来应付一切的不幸。痛苦这把犁刀，一方面割破了你的心，一方面掘出你生命中新的水源，滋润你的心灵，让你重获新生。

124.【原文】命薄福浅，树大根深。

【解悟 · 故事】命运太差是因为他的福分浅，树木大一定是因为它的根深。因此，我们只有明白因果、明了始末、懂得先后，才会对生活有本质的认识。

我国古代西晋时期，文坛成就最高的诗人左思，是临淄人。他创作的《三都赋》名噪一时，至今仍被人传诵。然而，左思小时面貌丑陋，口齿迟钝，学习钟、胡书及鼓琴，都没有学成。左思不善言辞，但写的文章却辞藻壮丽。他年龄稍大之后，便志存高远，决心写一篇赞颂魏、蜀、吴三国都城的文章《三都赋》。这个消息一出，受到不少人嘲弄，连当时著名的文学家陆机都不怀好意地讥讽他说：“这里有一个粗鄙之人，还想作一篇《三都赋》？真是不知天高地厚！等他写成了，也只配给我盖酒坛子罢了！”

左思听后，只是淡淡地一笑，可心里却下了决心：你们说我写不成，我偏要写出来，并且写得让你们心服口服！他广泛阅读，深入调查，大量收集资料。一切就绪后，他便关上房门，深居简出，专心致志地构思、创作。他简直有些痴迷入魔，在室内、院中，甚至茅厕内都放上了纸，不管在什么时间，不论走到哪里，只要想到一个好词、一个好句，便立即用笔记下来。就这样，他向隅面壁，熬过了整整十年的酷暑严冬，专心著书，终于写成了轰动一时的《三都赋》。果然是绝美佳作，文笔流畅，精彩传神，让人读后叹为观止。当时京城洛阳传抄的人非常多，以致纸价大涨。这就是“洛阳纸贵”。

厚积薄发，根深树大。人生也是一样，特别是年轻人，要多把时间精力用在修炼品德和增长本领上。有了好的品德和真才实学，终将会有所作为，让金子发出光来。

125.【原文】非上上智，无了了心。

顿悟牛顿

【解悟·故事】如果不是智慧最高的人，就不能把人生真正看开。因此，要培养自己淡泊的心境，才能洞悉为人处世的道理。

一天，牛顿坐在自家院中的苹果树下思考问题。一个熟透了的苹果落下来，正好砸在牛顿头上。牛顿想：苹果为什么不向上飞而向下落呢？他推测可能是地球某种力量吸引苹果掉了下来，于是牛顿发现了万有引力。牛顿从苹果落地这一理所当然的现象中找到了苹果下落的原因——万有引力的作用，这种来自地球的无形的力拉着苹果往下落，正像地球拉着月球，使月球围绕地球运动一样。这个苹果凑巧砸中了人类最具智慧的头颅之一，终于让人们看到了一个从来没有看见过的力，在人类探索世界的道路上留下了精彩的一步。

纵观历史，的确有许多大师，他们了悟世态，洞察真理，对人类的发展产生了极大的推动作用。人类如果没有爱因斯坦、马克思，也许就无法洞察相对论、资本论的真理。有人生活浑浑噩噩，过一天算一天，从来不去想为什么要这样过，自己为什么活着；有些人则常常自省，遇事不糊弄，反倒是多琢磨多思考。这两种人的生活质量当然天壤之别。许多穷困的人，不怨天尤人，内心开朗乐观；有些富裕的人，却常常内心空虚痛苦。这就是有没有清澈透亮的心的区别。只有真正知道自己在做什么的人，才知道应该怎么做才更有成效；只有真正知道自己活着的人，才明白应该怎样活才更有意义。

126.【原文】护疾忌医，掩耳盗铃。

【解悟·故事】害怕自己有病而忌讳医生来治病，掩住自己的耳朵去盗取别人家的铃铛。因此，我们有病要治病，做事要明理。

古代名医扁鹊多次去见蔡桓公，先后发现蔡桓公的病在皮肤、肌肉、肠胃，劝其治疗。蔡桓公反说“医生就喜欢医治没病的人，并以此当作自己的功劳”。不久，蔡桓公病入骨髓，浑身疼痛，赶忙派人去请扁鹊。扁鹊却早已逃到秦国去了。最终蔡桓公因忌医失掉了治病良机而死掉了。

晋国贵族范氏被人灭掉了。有人趁机跑到范氏家里想偷点东西，见院子里吊着一口大钟。钟是用上等青铜铸成的，造型和图案都很精美。小偷心里高兴极了，想把它背回家。可钟又大又重，怎么也挪不动。他想到一个办法：把钟敲碎，然后再分别搬回家。小偷找来一把大锤子，拼命朝钟砸去，咣的一声巨响，把他吓了一大跳。小偷慌了，心想这不等于是告诉人们我在偷钟吗？一着急，他不由自主地收回双手，使劲捂住自己的耳朵——咦，钟声变小了，听不见了！小偷高兴起来，心想妙极了！把耳朵捂住不就听不见钟声了吗！他立刻找来两个布团，把耳朵塞住，心想，这下谁也听不见钟声了。于是就放手砸起钟来，一下一下，钟声传得很远。人们听到钟声后，蜂拥而至把小偷给捉住了。

在我们现实生活中，有些人为了达成某种目的，惯用欺骗手法。然而撒下一个谎言，往往需要十个谎言来掩盖，结果很有可能穿帮露馅。其实，做人还是诚实为好。人非圣贤孰能无过，做错了就要勇于承认，敢于担当，不要害怕别人的批评，要有闻过则喜、从善如流的胸襟。这样才能改正错误，不断进步，成就人生。

127.【原文】烈士让千乘，贪夫争一文。

【解悟·故事】一个胸怀大志、重视道义的人，能把千乘拱手让人；一个贪得无厌的人，连一文钱也要争抢。因此，做人要有礼让利人的胸怀。

香港富商李某之所以能够成为华人首富，与他给合作伙伴让利是分不开的。他教育儿子：与人合作时，能拿八分利只拿六分利，多给合作伙伴让出几分，让人家觉得合算，这样合作伙伴就会越来越多。现实生活中，人们大都有这样的心理：越是大方的人，越愿意帮助他；越是小气刻薄的人，越不愿让他占便宜。

某网络公司总裁唐某在卡拉OK盛行的时候，研发了一个专门用于卡拉OK设备上的打分机，演唱者唱完一首歌后，打分机会自动打出分数。三星公司以8万美元的价格买断唐某该项专利后，其卡拉OK设备在整个市场所占的份额一下子从百分之十几提高到百分之三十多。三星的竞争对手日本先锋公司向三星购买专利使用权，花了150万美元。三星依靠该项专利成为大赢家。很多朋友都觉得唐某特别亏，但这个现在IT行业的风云人物在谈到早年的吃亏经历时却没有一丝遗憾，相反，反而对当年的吃亏心怀感激。唐某说："应该感谢三星公司，如果没有三星来买这项专利，就没有我创业之初的8万美元启动资金，也许后来我的事业就不会有现在这么顺利。"同时，唐某认为，这件事也教会他如何将专利变成商品，使他从一个学者型的人变成了一个事业型的人。

吃亏是福，生命中吃点儿亏算什么？吃亏若能换来难得的和平与安全，能换来身心的健康与快乐，吃亏又有什么不值得的呢？人生各有得失，追求有追求的失落，富贵有富贵的难处，安贫有安贫的快乐。只有去掉私心杂念，保持内心宁静，才能远大其志而谋成其事。

128.【原文】气是无明火，忍是敌灾星。

【解悟·故事】气是一股阴暗的怒火，忍是敌人的灾星。因此，我们遇事要忍让，便可能战胜敌人。

在《三国演义》中，周瑜年轻得志，智慧超群，却因肚量太小，最后被诸葛亮气死。第一次，周瑜和诸葛亮约定，如果周瑜夺取南郡失败，刘备再去取。周瑜第一次夺取失利受伤，然后又将计就计，打败了曹兵，但是诸葛亮却乘机夺取了南郡等地，

以忍为尚

既没有违约，又夺取了地盘。气得周瑜金疮迸裂，摔下马来。第二次，刘备的夫人死后，孙权按照周瑜的计策假装把自己的妹妹孙尚香许配给刘备，想把刘备骗到东吴，再将其杀害。谁知孙权的母亲看中了刘备，不仅不许孙权杀他，还真要把孙尚香许配给他。周瑜便想让刘备长期与诸葛亮、关羽、张飞等人远离，并用声色迷惑刘备，使之丧失争霸天下的雄心。但诸葛亮又使计让刘备安然地回到了荆州，并让周瑜中了埋伏，还让士兵讥讽周瑜“周郎妙计安天下，赔了夫人又折兵”，让周瑜气得金疮再次迸裂。第三次，刘备向东吴借取荆襄九郡，图谋发展壮大自己，然而东吴怕养虎为患，等刘备强大后势必对自己构成威胁，三番五次要求其归还荆州。刘备和诸葛亮就以攻取西川后必还荆州为由拖延，迟迟不行动。此举令周瑜气急败坏，遂想出了过道荆州帮助刘备攻取西川，因为欲攻取西川必须途经荆州。可见周瑜实则是为了攻取荆州。而此计却被诸葛亮识破，使得周瑜被围，周瑜气急而导致旧伤复发，大叫一声，吐血身亡，死前仰天长叹：“既生瑜，何生亮！”三次失意，就因为英雄气短，周瑜丢了性命。

唐朝时山东有一位张姓老人被尊称为张公。他一家九代同居，几百口人生活在一起，和睦融洽、家道兴旺、美名远播，受到皇帝嘉奖。他的成功之道就是“张公百忍”。现代医学理论认为，很多疾病与情绪有关，经常生气、发怒的人容易患多种疾病，甚至可能丧命。因此，我们无论在家庭，还是在职场，都要修炼忍让之道。

129.【原文】但存方寸地，留与子孙耕。

【解悟 · 故事】哪怕是很少的土地，也要多留些给后辈子孙去耕种。因此，我们要珍惜资源，适度取舍。

这句忠告，出现在宋代叶適的《留耕堂记》。叶適，生于1150年，卒于1223年，南宋哲学家，温州永嘉（今属浙江）人。宋孝宗淳熙五年中榜眼，后被诬陷夺官，从此闭门著述，著有《水心先生文集》。他一生讲究“功利之学”，反对空谈性命，对朱熹学说提出批评，是永嘉学派集大成者。他还主张以国家之力扶持商贾，流通货币，反对传统的“重本抑末”，即只重农业、轻视工商的政策。《留耕堂记》便是《水心先生文集》中的一篇记事散文，而“但存方寸地，留与子孙耕”，便是《留耕堂记》的开篇语。《留耕堂记》讲的是一位叫葛自得的人根据当时民间传诵的“但存方寸地，留与子孙耕”的两句民谚，将自己的宅第取名为“留耕堂”，其意，一是对这句具有重要训诲作用的格言的推崇，二是借以教导子孙后代珍惜土地，勤恳躬耕，节俭务家，自食其力。

叶適在《留耕堂记》中讲到，这两句民间谚语，在他孩提时，就在其家乡到处传诵。后来他长大了，到外边读书、应试，以至做了官，到了很多地方，人们都能熟记这两句谚语，并以此互相告诫。特别是当他看到葛自得以这两句谚语中的“留”字和“耕”字来为自己的宅第命名时，不仅深受感动，而且大有所悟，于是便作《留耕堂记》一文，以记述自己对这句久铭心中的谚语的理解。作者还深刻阐述了为后代留下忠厚本分、勤劳致家的品德也即“留心”，要比留下“谷量山积”的财富也即“留货”更加重要的思想。尤其是文章中“故广欲莫如少取，多贪莫如寡愿，有得莫如无争”等佳句，不仅有着深刻的哲理，而且有着现实的警世作用。

130.【原文】万事劝人休瞒昧，举头三尺有神明。

【解悟 · 故事】凡事都奉劝人们不要昧着良心，一举一动神灵都知道得一清二楚。因此，我们要做老实人、说老实话、办老实事，才会心安理得。

有一位武士向白隐禅师问道：“天堂和地狱有什么区别？”白隐反问：“你是什么人？”武士答：“我是一名武士。”白隐听后笑道：“就凭你这粗鲁之人也配向我问道？”武士勃然大怒，随手抽出佩剑，朝白隐砍去：“看我宰了你！”眼看佩剑就要落在白隐头上，白隐却不慌不忙轻声说道：“此乃地狱。”武士猛然一惊，然后若有所悟，连忙丢弃佩剑，双手合十，低头跪拜：“多谢师傅指点，请原谅我刚才的鲁莽。”白隐又说道：“此乃天堂。”

人在做，天在看。凡事都奉劝人们不要昧着良心，一举一动天地都看得一清二楚。做人做事都要心存敬畏、以诚待人。一个人离开了诚信，就无法立足于世，就无法交到朋友。如果昧着良心欺骗别人，不仅会伤害别人，而且自己的心里也不得安宁。现实中，我们常常可以看到一些逃犯在落网之后反而感到心里踏实，说可以睡个安稳觉了。因为他们深知东躲西藏、心神紧张的痛苦。俗话说：人过留名，雁过留声。一个人所做过的事情都会留下痕迹，即使暗室之中也有“四知”。因此，要有敬畏之心，暗室之内也不要欺心，更不可做违反法规、违背良心、有损社会、伤害他人的事情。一个人如果心生不良，犹如在道德的长堤中打开了一个缺口，祸水就会泛滥成灾。

131.【原文】为恶畏人知，恶中犹有善路；为善急人知，善处即是恶根。

【解悟 · 故事】一个人做了坏事还怕人知道，可见这种人还保留羞耻之心，还保留着一点改过向善的良知；一个人做了点善事就急着让人知道，可见他做善事纯粹为了贪图虚名，这种人在做善事时就已种下了可怕的伪善祸根。因此，我们要提升知错必改和默默奉献的修为，养成乐于助人的习惯。

乐广是西晋南阳人，是当时“清谈”一族的佼佼者。他父亲是魏国征西大将军夏侯玄的参军。有一回，夏侯玄在路上遇见乐广，就把他叫过来交谈了一会，大为赞叹，并预言这孩子有出息，将来能成为大名人。那时，乐广才8岁。后来，乐广果然成了大器，一路升官到河南尹，成了一方大臣。乐广可算当时士大夫圈里的领袖人物，他性格淡泊，却又很会跟人打交道。魏晋时期，尤其是司马氏掌握朝政时，社会复杂，士大夫论人是非的风险比较大。当时的阮籍就用青白眼来表明自己对人物的看法，乐广则不用眼色，而是用巧妙的言语说人的短处。他评价人物时，“必先称其所长，则所短不言自见”，也就是使劲说别人的好处，缺点半个字也不提，如此一来，对方的缺点反而显露无遗。这种委婉的方式，在留面子的同时，也善意地提醒了对方，有助对方的改进，从而避免让自己成为好好先生。乐广的聪明之处，就在于既能维护对方的自尊，又能保持自己的人格，于人于己两不相误。

稍微做点好事就急于昭告天下，其借助弱势群体进行“炒作”的动机，本身已是可恶至极。这使我们这个社会的同情心和爱心，都变成了攫取经济利益的工具。盖世的功劳，当不得一个“矜”字。只有低调的慈善才称得上是真正的慈善，其他任何披着慈善外衣的商业行为，都只能说是宣传手段。而一家成熟的企业，应懂得低调而务实地履行自己的社会责任。

132.【原文】贫贱骄人，虽涉虚矫，还有几分侠气；奸雄欺世，纵似挥霍，全没半点真心。

黑白曹操

【解悟·故事】贫贱之人为了自尊，有时虚矫高傲但显出侠义气概；奸雄为了欺世盗名，有时显得慷慨重义但毫无真心。因此，我们要知道草根与奸雄有着不同的处世本质，与奸雄相处，必须要防着点，小心着了道却不知情。

《三国演义》中的曹操是个“奸雄”。董卓败乱朝纲，曹操夜逃，误杀友人吕伯奢全家，还凄怆地说：“宁教我负天下人，休教天下人负我！”但是，曹操也有他英雄的一面。官渡之战中，曹操正闷坐在帐中，愁眉紧锁，为军粮之事烦恼，忽闻许攸来投，甚是欢喜，来不及穿鞋，光着脚出迎。曹操大喜：“许君这一来，必能助我破袁。”许攸寒暄几句后，径直问道：“军粮还充足么？”曹操一怔，回答说：“够一年之用。”许攸笑笑，说：“未必吧？”曹操改口说：“半年还是可以的。”许攸站起身来，说：“告辞了！”曹操拦住他，问道：“为什么要走？”许攸严肃地说：“丞相，我真心来投，还要为你献计，你怎么欺骗我？”曹操解释道：“子远，军中机密，胜负攸关，真不敢轻易说出，我们的军粮，将够三个月用。”许攸笑了笑说：“人言曹公多诈，今日一见，果然如此！”曹操屏退左右侍从，附耳密告许攸：“粮已用尽了！你可有救急妙策？”许攸点点头，也想捉弄对方一下，故意说道：“有人向袁绍献计，说曹营粮草将尽，应分兵攻打许昌。”“啊！”曹操大吃一惊，盯住许攸，思索一会儿，忽地笑了说：“此人这条毒计，袁绍未必采用，是吧？”许攸不解，问道：“您怎么知道袁绍不用呢？”曹操眯起眼睛，指点着说：“袁绍若是言听计从，你也不会到这儿来了！”说罢，二人和解并大笑起来。许攸说：“丞相无粮，袁绍却有。距此仅四十里的乌巢，便是袁军屯粮之所。守将淳于琼好酒贪杯，丞相及早差人扮作袁军将士，潜入乌巢，烧掉袁绍军粮，官渡一战即可告捷。”曹操依计，果然大获全胜。

官渡之战后，许攸跟随曹操平定冀州，立有功劳，但他拥兵自重，屡次轻慢曹操，称呼曹操小名。有次嬉骂守城将士后，许攸被许褚拔剑怒杀。曹操知后只“深责”了许褚，没人偿命。可怜许攸，对曹操抱有太大的幻想，愚忠一场，到头来却如同蝼蚁。曹操也是一代枭雄，不是不看重“才”，只是一涉及自己的尊严与利益时，一切“才”都将成为他的牺牲品。

133.【原文】扫地红尘飞，才著工夫便起障；开窗日月进，能通灵窍自生明。

开窗迎日

【解悟 · 故事】扫地时烟尘四起，才一会儿工夫便形成烟障，遮住了视线；只要打开窗户让日月之光进来，烟尘散去，便能让人通灵窍，头脑一片清明。因此，人生要不断地修炼，才能把智慧引进来，才会有人生最美的享受。

从前有个道僧在山中独自修炼。年复一年，却什么殊胜的感觉都没有，内心不免懊丧，魔障却越演越烈，使他产生了自杀的念头。他费劲全力好不容易爬上顶峰，就在刚要跳崖自尽时，突然发现不远的地方有个湖。心生惊奇，原来在这么险峻的山峰上，竟真的有这么一个美丽出奇的小湖。他从清澈的水中，看到了自己那长年累月打坐修炼的结果，有喜悦，有坚定，有忍耐，更有点点的不足。他想：反正一会儿就要死了，让我在临死之前，再多看一眼山中的美景。他坐下来，环望四周。苍松滴翠，百鸟悠鸣，云雾缭绕，真如人间仙境。他看得很出神，竟不由自主盘腿开始打坐。他很快入定了，自己的元神似乎穿越到了美好的天国，游览了天国的圣美。他明白了：自从走入修炼的那一瞬间，万千的美好已经随身。当他睁开眼睛，天上那轮皓洁的明月，映入湖中，却呈现出无比辉煌的金色，引得湖光粼粼，光彩灿烂。他的身体变得无比高大，尘世变得那么渺小。豁然，心中一阵光明，一切了然于胸：曾自以为修炼了很长时间，但回首一看却只是一瞬。那些孤苦寂寞只是通向更高层境界的台阶，来帮助自己站得更高更远，去领会那圣洁的美景。

人世间，因为扫地而红尘起障，因为升官发财而狂傲生痴。这就需要将日月光辉从打开的窗户里引进来，烟雾渐渐尘落，思想便会一片空明。

134.【原文】发念处即遏三大欲，到头时方全一点真。

克制欲望

【解悟 · 故事】一个人只有从内心克制过度的欲望，到头来才能呈现出真实与真诚。因此，我们要克制欲望、淡泊名利、回归本真。

在某个城市，有个年轻人大学毕业后，进入房地产行业。为了事业，他一直保持着向前奔跑的姿势。他太忙了，欲望总是在膨胀，目标总是在前方，从不满足。他每天的生活就像上足劲的发条一样，跑生意、谈条件、找资料、看计划……被各种方案塞得满满的。经过几年打拼，他在本地已小有名气。他为自己的成功、名望而自豪和骄傲。随之，各种不同的欲望极度膨胀，他也必须要满足那些跟他有关的、有来往、有利益关联的人的欲望——不管愿不愿意都必须要满足。为此，他不断承受着各种烦恼。有天，他感到自己的身体有些不舒服。一去医院，医生告诉他一个不好的消息，他患了很严重的心脏疾病。他有些茫然，不相信这是真的，可他无法改变事实。他回到公司，很晚才从公司出来。他没有开车，走着走着不由自主地停了下来。他解开领带，仰头出了一口气。这时，他吃惊地发现星星在丝绒般的夜幕中闪烁着，呈现出一种无言的美丽，除在毕业前最后一晚外，他从没有感受过夜空这么的美丽。他再一次茫然了，凝视着天天陪伴他的夜空，他感到那般陌生，可就在瞬间他也好像明白了什么。从此，他放弃了对欲望的追求，把病治好后，开始用恬淡的心态去领略真实的人生。

这世上，充满了各种各样的欲望。欲望使人进步，是促进社会发展的动力；但欲望本身也是个黑洞，无休无止，欲望太强，就会造成痛苦和不幸。所以，我们要掌控好自己的欲望，在欲望面前要讲究“度”。我们要尽量克制自己过高的欲望，清心寡欲才能真正感受到人生的真谛。

135.【原文】守分安命，趋吉避凶。

【解悟 · 故事】一切顺其自然而不作非分之想，谋求平安吉祥而避开灾难。因此，我们要安分守己，不要做违法乱纪之事，才能免祸避灾。

15 岁的小陈与 16 岁的小李是初三的同班同学，平时恃强凌弱，总是欺负其他同学。二人家庭经济都比较困难，很羡慕有钱的同学能穿名牌。一天，一个低年级学生穿了一双新的耐克鞋，走路时不小心一脚把一块石头踢到小陈的身上。小陈很生气，想教训教训这个小同学。小李突然看到小同学脚上新的耐克鞋，就说把这双鞋换过来穿穿算了。小同学不肯，两个人冲上去一下把他按在地上，小陈往他屁股上踢了一脚，小同学只好把鞋给了小陈。小同学的家长报了案，小陈与小李被叫到了公安局。经查，小陈和小李还数次敲诈勒索其他小同学，有的 2 元，有的 4 元、5 元，最多一次强索 17 元，后因被害人要求返还 7 元，总共强索金额 31 元。学生家长反映十分强烈。公安机关根据《治安管理条例》与《预防未成年人犯罪法》

做了处理。

安分守己是对现状的积极适应，是什么角色，就做好什么事。正如台湾著名漫画家蔡志忠先生所说：“自己是什么就做什么；是西瓜就做西瓜，是冬瓜就做冬瓜，是苹果就做苹果；冬瓜不必羡慕西瓜，西瓜也不必嫉妒苹果……”然后才能游刃有余，进一步积累、创造自己的价值，取得成功。

136.【原文】识真方知假，无奸不显忠。

【解悟 · 故事】认识了真的才知道什么是假的，没有奸臣就不能显现忠臣。因此，我们要多长见识，辨别真假。

赵高，本是赵国贵族后裔，赵被灭时被掠入秦。父子先后被阉。少年赵高饱尝人间辛酸。入宫后暗立复仇之志，忍辱负重悉心侍候少公子胡亥，深得秦始皇赏识。公元 210 年，秦始皇病死沙丘。赵高策划阴谋，巧言厉色拉李斯下水，瞒天过海，修改诏书逼杀公子扶苏，将大将军蒙恬兄弟下狱，成功帮助胡亥篡位。事后升为郎中令，控制朝纲。接着他充分施展其凶残手段，诛杀异己，腰斩同盟者李斯。他指鹿为马，玩秦二世于股掌之上，最后发动政变，逼杀二世。不久，赵高被子婴用计杀于斋宫，并灭其三族。千古一帝秦始皇如有在天之灵，又岂能知道，铁打的大秦江山竟毁于奸险的赵高之手？

奸与忠是相反的概念，奸指阴险、虚伪、狡诈，忠指为人正直、诚恳厚道、坚持真理。历朝历代都有奸臣与忠臣。人们崇敬周公、诸葛亮、魏徵等忠臣，鞭挞赵高、董卓、秦桧等奸臣。奸与忠相比较而显现，我们可以通过奸识忠，也可以通过忠来识奸，奸忠相互显现，褒贬自有公论。

137.【原文】人无千日好，花无百日红。

【解悟 · 故事】人不可能一直走运，花不可能一直盛开。因此，我们要想有顺达的人生，就必须用淡定的心态去面对现实。

宋江杀死阎婆惜后投靠有钱有势的柴进，受到了柴进的特别款待。他喝酒到深夜，起身去上厕所碰到武松。武松破口大骂，旁人告诉武松，宋江是大官人最红的客官。武松大发感慨：人生不可能永远称心如意，摘下的花儿不可能鲜艳不

败。他们同去见柴进，相识后成为要好的朋友。

南朝梁文学家江淹，诗词歌赋样样精通，但等他成为朝廷的金紫光禄大夫后，就沉迷于眼前的舒适、安逸，再也没有写出好的文章，给后人留下了“江郎才尽”的笑谈。如果我们拥有一个好的环境，千万不要沾沾自喜，而要居安思危。

晋朝武将周处，在天下安定时他闲着没事，就每天早晚把家里一堆砖搬出搬进。有人不解，他说即使是在太平时期，也不能掉以轻心，要经常舒展筋骨，以防止在战时身体僵化。后来北方少数民族攻打晋朝，他浴血奋战，立下了汗马功劳。

人的行运和花的生长莫不如此，在绝望中诞生，在绚烂处结束。天有不测风云，人有旦夕祸福，有很多的事往往不太完美。“人无千日好”，是对得意人的忠告，反推出的“人无千日坏”也会给失意人以激励。有人辞官归故里，有人漏夜赶科举，虽人各有志，但不要自我无为。该你争取的还得去争取，该你放弃的也得放弃。人的一生，不同的境界产生不同的结果，唯有依靠自己去思考奋斗，才能生得其所，死而无憾。

138.【原文】人老心不老，人穷志不穷。

【解悟 · 故事】年龄虽然大了但心态要保持年轻，生活虽然穷苦但志向要远大。因此，我们要雄心不老，壮志长存。

东汉马援，知书达理，武功高强。哥哥死后，他侍奉嫂子并养育哥哥的儿女。马援长大以后，当了郡中督邮。有一次，郡太守派他送犯人到长安。半路上，他觉得犯人怪可怜的，不忍心把他送去受刑，就把他放走了。自己也只好丢了官，逃亡到北朝郡躲起来。这时恰好赶上大赦，以前的事不再追究。马援从小就胸怀大志，便打算到边疆去发展畜牧业，于是安心搞起畜牧业和农业生产来。不到几年工夫，马援成了一个大畜牧主和地主。他有牛羊几千头，粮食几万石。但是，他对富裕生活并不留恋。他把自己积攒的财产、牛羊，都分送给他的兄弟、朋友。他说：“一个人做个守财奴，太没有意思了。”他常对朋友说：“做个大丈夫，总要‘穷当益坚，老当益壮’才行。”也就是说，越穷困，志向越要坚定；越年老，志气越要壮盛。后来，马援成了东汉有名的将领，为光武帝立下了很多战功。

人有可能一时遇到挫折，经济暂时出现困难。即使遇到穷困，志气不能穷。人最怕的是丧失了志气，人生最大的悲哀莫过于心死。只要志气还在，就没有走不出的困境、迈不过的坎。“有志者，事竟成，破釜沉舟，百二秦关终属楚；苦心人，天不负，卧薪尝胆，三千越甲可吞吴。”这副楹联说的就是项羽破釜沉舟灭掉暴秦和勾践卧薪尝胆灭吴复越的故事。

人有三种年龄，即生理年龄、心理年龄和社会年龄。有的人尽管生理年龄很年轻，但心理和社会年龄老了；而有的人则相反，尽管生理年龄很大，但心理和社会年龄却很年轻。人总会变老，但是如果可以做到心理不老，精神不穷，就能活出自己的精彩来！

139.【原文】座上客常满，杯中酒不空。

【解悟 · 故事】人都喜欢高朋满座、宾客迎门，酒杯不空，酒香四溢。因此，我们要好客爱友。

人们喜欢给任何东西都找一个源头，所以造字的就有仓颉，取火的就有燧人，造酒的就有仪狄。《战国 · 魏策》里说：“昔者帝女令仪狄作酒而美，进之禹，禹饮而甘之。遂疏仪狄，绝旨酒，曰‘后世必有以酒亡其国者’。”由此可见，第一个喝酒的人很有可能是上古最后一个圣人禹。禹是个矛盾的人，他对酒有很奇特的态度，他“饮而甘之”，觉得很好喝，可是又禁绝美酒，疏远造酒的人。他的这一态度使得酒在后来几千年的命运变得很坎坷，因为从此以后，每一代的帝王都要禁酒。禁酒禁得最有名的，当数曹操，因为他禁酒遭到的反对最多，反对他禁酒的人当中就有孔融。

孔融一生指摘古今，纵横文字，批评朝政，所以注定了仕途失意。仕途失意的他最爱的就是喝酒。他平生的志向是“座上客常满，樽中酒不空”，所以曹操前脚颁布禁酒令，他后脚就写文章反对。后来，他又写文章公开批评曹操禁酒，说夏商因为女人而失去天下，怎么不禁止婚姻呢？所以，孔融虽然让梨，但倘若把梨换成酒，那他恐怕是不会让的，哪怕因此掉了脑袋。曹操是个小心眼，当然不会放过攻击他的孔融，最终找了个理由把孔融杀了，还演出了一段“覆巢之下安有完卵”的故事。

中国人把酒和礼仪等同，敬神祭祖、会亲访友、逢年过节、婚丧嫁娶都少不了酒，所谓“无酒不成礼”，所以总是屡禁不绝，不但不绝，甚至花样翻新，不同的地方不同的人喝酒还有不同的规矩。这也正是中国酒文化的魅力之所在。

140.【原文】礼义兴于富足，盗贼出于贫穷。

【解悟 · 故事】懂礼义的人多出自富裕之家，盗贼多是由于贫困而产生。因此，我们要加强物质文明建设，让人民富裕起来，分享发展成果。

汉明帝刘庄做太子时，博士桓荣是他的老师.后来他继位做了皇帝“犹尊荣以师礼”。他曾亲自到太常府去，让桓荣坐东面，设置几杖，像当年讲学一样，聆听老师的指教。他还将朝中百官和桓荣教过的学生共数百人召到太常府，向桓荣行弟子礼。桓荣生病，明帝就派人专程慰问，甚至亲自登门看望。每次探望老师，明帝都是一进街口便下车步行前往，以表尊敬。进门后，往往拉着老师枯瘦的手，默默垂泪，良久乃去。当朝皇帝对桓荣如此，所以“诸侯、将军、大夫问疾者，不敢复乘车到门，皆拜床下”。桓荣去世时，明帝还换了衣服，亲自临丧送葬，并将其子女做了妥善安排。

一个社会能否文明成风，礼义盛行，在很大程度上有赖于社会、学校和家庭的教育。在社会的发展过程中，礼义与盗贼的共生关系在某种程度上反映了社会现象。人们只有解决了温饱问题，才能更好地加强精神文明建设，提高人的素质水平。古时梁山好汉被逼落草为寇、占山为王，乃宋朝腐败、民不聊生所致。当一个人生存遇到危机，吃不饱时，礼义廉耻也可能会淡化。当然，身处贫寒之人，也有穷不改志、洁身自好、处贫志远、终成大器者；生在富贵之家，也有蛮横无理、不懂礼义、违法乱纪、终入牢房之人。所以，人的境遇如何，最重要的还是要看自己的选择。

141.【原文】乍富不知新受用，乍贫难改旧家风。

【解悟 · 故事】一夜暴富起来，会不知道如何享用财富；一下子贫穷下来，过去的优裕生活方式也很难改变。因此，人难免存在习惯性的思维和生活方式，要

注重修炼自己，理解他人。

美国的石油巨子洛克菲勒，是个很懂得运用金钱的人。有一次，他的公司打算盖间仓库，请来两名建筑工人。这两名工人是一对兄弟，哥哥叫约翰，弟弟叫哈佛。仓库盖好后，兄弟俩便到洛克菲勒办公室领工资。洛克菲勒对他们说：“赚了钱应该储蓄起来，现款如果到了你们手中，一定很快就会花光，不如把它换成公司的股票，作为你们的投资如何？”约翰听了，觉得很有道理，当场便答应了。但是哈佛不愿意，坚持要领现款。结果不出洛克菲勒所料：没多久哈佛就把钱花光了；而约翰因为公司股票涨价，赚了不少钱，几年后便成了一个大富翁。

习惯成自然。每个人都有习惯性的思维和生活方式。人的素养需要长期接受熏陶才能形成。人们常说，培养一个贵族需要三代人。现在从社会上可以看到，一些暴发户在一个偶然的机会有了钱以后，就不知道该怎样生活了，挥金如土地追求低级庸俗的生活，导致身败名裂的可悲下场。而有些习惯了养尊处优的贵族走向衰败后，仍然改变不了往日的家风，做出不合时宜的举动。这些可以从《红楼梦》中贾府的兴衰史得到诠释——尽管贾府大势已去、财务拮据，但贾府上下那种奢侈排场的习惯仍难改变。太阳每天都是新的，生活在这个世界的人都要学会顺道而为，适应权变。如果不思进取，终将遭遇尴尬、自取其辱。

142.【原文】天上有星皆拱北，世间无水不朝东。

【解悟 · 故事】天上的星星都围绕北斗星，世间的水均向东流。因此，万物皆有自己的规律，不可强求。

当年禹的父亲鲧受舜帝之命治理水患。因为我国地势西高东低，江河之水最终都向东流而相聚于大海，这是水往低处流的自然规律。而他采取的方法是围堵，结果事与愿违，水患尤甚，结果被舜治罪处死。禹继承父亲治水大业后，不仅励精图治，三过家门而不入，而且遵循自然规律，采取疏导的方式，将江河之水引入海洋，结果河清海晏，天下太平，大获成功，后被舜选定为接班人。禹也成为后世崇拜的人。

1975 年 8 月，在河南省驻马店等地区 1 万多平方公里的土地上，包括两座大型水库在内的数十座水库相继发生垮坝溃决。河南省29个县市、1700万亩农田被淹，1100万余人受灾，超过2.6万人死难，倒塌房屋500万余间，冲走耕畜30万余头。纵贯中国南北的京广线被冲毁102公里，直接经济损失近百亿元，成为世界最大最惨烈的水库垮坝惨剧。30年后，反观这次决堤事故，从中折射的问题更值得深思：不遵循自然规律，盲目发展建设，只会遭到大自然的惩罚。

143.【原文】白发不随人老去，转眼又是白头翁。

【解悟·故事】白发不会随岁月而离去，转眼之间就成了满头白发。因此，我们要珍惜时间，把握自己的人生。

森林里发生了旱情，树木花草都枯死了。鸟儿们都快活不下去，大家就聚在一起想办法找水喝。大雁说："湖里还没干枯，可就是路太远了。"白鹤说："我们从湖边啄开一条河道，水就会流过来了。"只有一只鸟怕辛苦，偷偷把自己头上的羽毛染成了白色，并对大家说："我老了，头都白了，手无缚鸡之力，不能和你们一起去啄河道了。"有些鸟怀疑它的行为，但白鹤却劝道："别说了，人各有志。谁愿意去跟我啄河道的，就跟我来。"说罢，便带头朝湖的方向飞去。雀鸟们都到河边啄河道去了，只有那只鸟待在家里，生怕人家说它装老，每天晚上都染一次白色，让头上的羽毛白灿灿的。

在河道上，鸟儿们拼命地啄呀啄，嘴都啄出血来了。火红的太阳差点把鸟儿们的羽毛都烤焦了。鸟儿们实在受不住了，就飞到湿润的地方喘喘气。就这样，鸟儿们啄了很久很久，湖水终于沿着河道哗哗地流了过来，草木转青，花儿开放。鸟儿们高兴极了，它们到处飞。自从河道被鸟儿们啄成后，那只染白了头的鸟非常苦恼，它飞不高，也不敢唱，怕别人笑它，更怕悔悟过去，便把头埋起来，而它头上的白颜色再也洗不掉了。大家就给它起了个名字：白头翁。

人生不过百年，如果把出生比作逗号，死亡就是句号。生命的过程就是把逗号到句号的内容填满。时间一过而逝，无始无终。人仅是宇宙中的过客，弹指一挥间，但都会留下自己的烙印。我们要对得起生命，珍惜每一天。因此，我们眼看着光阴似箭、日月如梭，就更要珍惜时光，成就自己的事业，不要像白头翁鸟那样，到老还不懂得悔悟。

144.【原文】屋漏更遭连夜雨，船慢又被打头风。

【解悟·故事】屋子漏了，可是偏偏又赶上连夜下雨；船本来就慢，却又赶上逆风航行。因此，当我们遇到挫折和坎坷时，要淡然处之，积极应对。

“诗圣”杜甫生活在唐朝由盛转衰的历史时期。随着唐玄宗后期政治越来越腐败，他的生活也一天天陷入贫困潦倒、颠沛流离的境地。杜甫参加了考试，由于权相李林甫编导了一场“野无遗贤”的闹剧，参加考试的士子全部落选。他客居长安十年，仕途失意，郁郁不得志，过着贫困的生活。天宝十四年（755），杜甫至长安也十年有余，为生计而接受了河西尉这种无用之职。后来，杜甫前往奉先省家，刚进门就听到哭泣声，原来小儿子饿死了。“屋漏更遭连夜雨，船慢又被打头风。”安史之乱，杜甫不幸又为叛军所俘，押至长安。后杜甫冒险逃出长安投奔肃宗，被肃宗授为左拾遗，故世称“杜拾遗”。不料杜甫很快因营救房琯，触怒肃宗，被贬到华州负责祭祀等事，心情十分苦闷和烦恼。后受牵连，被贬为华州司功参军，见到了战乱给百姓带来的无穷灾难。不久遇大旱，杜甫忧时伤乱，咏叹国难民苦，对污浊时政痛心疾首。不久杜甫辞了官。之后五六年间，杜甫寄人篱下，生活依然很苦，孩子们因饥饿在东门外号哭，秋风暴雨把他家的茅屋弄得更加破败。饥儿老妻，彻夜难眠。大历三年，杜甫思乡心切，乘舟出峡，漂泊到岳阳。后遇臧玠在潭州作乱，杜甫又逃往衡州，原打算再往郴州投靠舅父崔漳，但行到耒阳，遇江水暴涨，只得停泊方田驿，五天没吃到东西，幸亏时任县令派人送来酒肉而得救。后来杜甫一心要北归，顺流而下，就在一条由潭州驶往岳阳的小船上去世了。纵观杜甫的一生是何等的悲苦，但是他却在如此环境下写出了无数脍炙人口的诗篇，可见他内心是何等的坚强和超然。这正是困境给他以及我们后世带来的财富。

人生必然要经受坎坷磨砺，我们总是在战胜挫折、经受考验中慢赶急行。一个人的成功，往往不在于取得多少成绩，而在于能够战胜多少挫折。

145.【原文】笋因落箨方成竹，鱼为奔波始化龙。

【解悟·故事】山间竹笋，在成长的过程中，尽管有笋壳脱落的痛苦，还是变成了枝叶婆娑的竹子；鱼儿因为长途奔波，从小溪、小河到大江、大海，经历了千难万险，才一跃龙门而成龙。因此，我们做人做事都需要不断努力和奋斗，才

会有所成功。

张海迪是一个高位截瘫的残疾人，但她非常努力，不但自学了小学、初中、高中的全部课程，还研读了针灸学等专业书籍，阅读了大量的中外名著，自学了美术、音乐、英语、日语、德语、世界语并进行译著，创作了《轮椅上的梦》等作品，在轮椅上唱出了意气高昂的生命之歌。她怀着“活着就要做个对社会有益的人”的信念，以保尔·柯察金为榜样，勇于把自己的光和热献给人民。她以自己的言行，回答了亿万青年非常关心的人生观、价值观问题，是个值得学习的励志楷模。

自己的命运掌握在自己的手中。纽约大学米汉教练说过：“从一次胜利中我们实际上学不到什么东西，而我们收集到的所有信息都来自于一场失败。一个胜利者会忘掉他的大部分失误。”实践证明，每一次失败和成功都会使意志力进一步增强。心理学上有个“自证预言”的定理：当一个人坚信某件事要发生时，我们就会主动地去寻找和发现符合自己所期望的正面信息，而不断获得的正面信息又会给我们强大的信心，我们的行动也会在这样的信心之下变得更加积极起来，那么我们所想要的一切也就会在我们坚实的行动之中如期而来。每个人都有可能掌控和主宰自己的命运，去创造一个崭新的自己吧！

146.【原文】汝惟不矜，天下莫与汝争能；汝惟不伐，天下莫与汝争功。

【解悟·故事】你只要不自大，天下就无人与你争比才能；你只要不自夸，天下就无人与你争抢功劳。因此，谦虚使人进步，骄傲使人落后。

有一次，孔子带学生参观鲁桓公的庙宇，发现了一种倾斜而不易放平的容器。他不解地询问。守庙人说：“这是君王放置在座位右边的一种器具。当它空着时就会倾斜，装入一半水时就正立着，灌满了就翻倒过来。”孔子回头叫学生往容器内灌水，果然是这样，水灌满的时候容器翻倒过来。孔子感慨地说：“哪有满了不翻的道理呢！”借用这种现象，孔子向学生们讲述了一定要谦虚做人的道理。做人不能骄傲自满，要像大地一样低调沉稳，承载万物；像大海一样虚怀若谷，容纳百川。

歌德的许多诗歌在那个时代就广为人们所传颂，但当时也有许多人对他和他的作品怀有成见。有天，歌德在魏玛公园里散步，迎面遇见一个对他的作品提过尖锐的、带有挖苦性批评的批评家。两人面对面地停在人行道上。那个批评家蛮横地喊道：“我从来不给蠢货让路！”歌德则说：“而我正相反！”说着满面笑容让在一旁。那个批评家走过去以后，更加气急败坏，可他半天也没有说出一句话。歌德对那位寻衅污辱他的批评家，不仅表现出豁达的情操和高雅的风度，而且只用一句话就对对方进行了巧妙的还击。

谦虚为人，不仅是儒家文化的重要内容，也是道家文化的精髓所在。道家文化的内核是“慈、俭、不敢为天下先”，其中“不敢为天下先”就是教育人们要谦虚谨慎，放低身段。现实中，踮起脚跟想要站得很高，反而站不稳；长时间迈开大步想要走得很快，反而不能远行。想要自我表现的，反而难得露脸；自以为是的，反而不能显扬。这为我们立身行事提供了一面明亮的镜子。

147.【原文】明不伤察，直不过矫。

【解悟 · 故事】精明而又不失之于苛求，性情刚直而又不矫枉过正。因此，我们做人要圆融，做事不偏激。

从前，一位威严而又贤明的国王统治着远方的维兰尼城。他的威严使人敬畏，他的智慧令他备受爱戴。那时市区中心有一口水井，井水清冽，全城居民都从这口井中汲水饮用，即使国王与大臣们也不例外，因为这是城池中唯一的一口井。一天夜里，当大地万物都沉沉睡去，一个女巫进入城中，在井中滴了七滴魔液，然后说：“从现在起，凡饮用了这井水的人就会发疯。”第二天清晨，所有居民，除了国王与侍从长，其他居民都饮用了这井里的水，于是都变成了疯子，正如女巫预言的那样。这一天，狭窄的小街上、市场中，人们都在窃窃私语，除此以外什么事情也不做。“国王疯了，咱们的国王与侍从长都失去了理智！我们不能让一个疯国王统治国家，我们必须废黜他。”这天晚上，国王从人们震天的呼喊声中清醒过来，赶快命人把那女巫找来，要了解药，并把她送上了绞刑架。他派人把解药倒入井中，使水得到了恢复，并从井里汲来满满一杯水。水一送到，国王便大饮了一口，然后把剩下的水赏与大臣们。人们看到喝了水的大臣们回到了往日情景，都争相效仿。最终，维兰尼城又开始了幸福生活。

我们在大事上要坚持原则，守住底线，而小事上没必要过分精明。正直品性固然值得赞许，但处理具体问题却要注重方法、讲究艺术。如果发现了领导或同事的问题，不要当众指出，因为这会伤害别人的自尊，使别人尴尬难堪，最好过后私下沟通交流。这样的话，既能使别人感受到你的善意，又有利于事情的改进，取得双赢的效果。不管怎样，我们做人做事都要适度而为，切忌尖酸刻薄与矫枉过正。

148.【原文】仁能善断，清能有容。

【解悟 · 故事】心地仁慈而又有明察善断的智慧，清廉纯洁而又有容忍不廉的雅量。因此，我们要宽容大度，仁慈善处。

晋代陶渊明喜爱有隐士风格的菊花。自唐以来，人们很喜爱颇有富贵色彩的牡丹。而北宋著名哲学家周敦颐却最爱莲花。莲花从淤泥中生长出来，却不受淤泥的污染；它经过清水的洗涤后，却不显得妖媚。莲花的茎中间是贯通的，外形是笔直的，不生枝蔓，不长枝节。香气传播得越远越清幽。它笔直洁净地立在那里，让人们可以远远地观赏它们，却不可靠近去玩弄它。由此可见，莲花是花中的君子。在世间能做一个有莲花品格的人，是非常值得称道的。

东汉末年，荆州牧刘表病死，刘表的儿子投降曹操，刘备被迫南撤。素以仁义著称的孙权派鲁肃去联络刘备。刘备的军师诸葛亮认为可以联吴抗曹。孙权多谋善断，分析曹操犯了用兵之忌，与蜀军在赤壁大破曹操 80 万大军，从而形成了三足鼎立的局面。

现在，大多数人提倡个性，要求表现自我，活出真实的自己，那么所有的特质便愈发偏激地发展。外向的人更大大咧咧，内向的人更沉默寡言，好表现的人更加喜欢表现，人们常说这叫个性。但做人却要不偏不倚，就像直性子的人要懂得保留，内向的人要学会表达一样。可以说，这是另一种意义上的中庸之道。它不像一般而言的中庸之道，往往隐瞒得太好，自己累，别人也累。总而言之，有美德的人，不会把事情做得太绝，会给别人留点余地，恰当适宜地为人处世。

149.【原文】不尽人之欢，不竭人之忠。

【解悟 · 故事】不可让朋友违背意愿、强作欢乐来迎合自己，不去要求朋友给予自己毫不保留的忠诚与爱戴，从而保持永久的交情。因此，我们为了保持友好交往，要严于律己，宽以待人。

兔子喜欢上了猴子，用尽所有财产给猴子买了一车胡萝卜，兔子都被自己感动了，而猴子却一点也不感动。所有人都在责怪猴子的无情，而猴子只是不喜欢吃胡萝卜罢了，这有什么错？我们千万不要做那只兔子，不要以己所喜误为他爱。唯有不强求、不苛求，才能交到知己好友，并得以保持友谊天长地久。“君子之交淡如水”，情谊愈浓，心境却要愈淡的好。

有次，楚共王亲自率兵参加了楚军与晋军在鄢陵的血战，激战中楚共王身负重伤，只好鸣金收兵，暂回营中。楚共王的大将军司马子反，在前线奋战，又累又渴，一回到营帐就直嚷着要喝水。司马子反有个叫阳谷的仆人，平时对主人一向忠心耿耿，百般爱护，一见主人这样，赶紧搬来一坛酒，让他解渴，并用汗巾一个劲地替他擦汗。司马子反向来嗜酒如命，见了酒便什么都忘了，直至醉倒床上。休战半日，楚共王准备重新开战，迎击晋军。楚共王派人去司马子反帐中催他出战，不料他正醉意沉沉，睡在床上鼾声大作，哪里能起床打仗。仆人阳谷又对来人说，司马子反胸口痛，不能出战。楚共王听说大将在这紧急关头病了，十分着急，便亲自到司马子反帐中探望。楚共王刚一进帐就闻到浓烈的酒味，顿时气得要命。楚共王指着睡在床上的司马子反大声喝道：“今日之战，关系重大，寡人亲自出战，身受重伤，指挥全军就完全靠你了。谁知你在这紧要关头竟敢胡来，这不是存心要让楚国亡国吗？像你这样置国家利益于不顾的嗜酒之徒，还能再率兵打仗吗？罢！罢！罢！这仗不能打了！”楚共王没有办法，只好命令撤军回朝。阳谷后悔得不知所措，求楚共王原谅，自己愿意替罪。楚共王冷笑道：“司马子反作为大将，误了国家大事，你顶替得了吗？”楚共王回朝后，按军法将司马子反斩首示众，以诫众人。仆人阳谷也从此离开楚国，不知去向。

作为仆人的阳谷，娇宠自己的主人，对主人忠诚无可厚非，但不顾场合，不考虑后果，在战争的紧急关头还满足主人喝酒的爱好，结果误了国家大事，使主人招来杀身之祸。这种不讲原则、不顾后果的愚忠实在害人不浅。我们对孩子的管教也是如此，过于溺爱，会使孩子形成依赖；过于严格，则会造成孩子的叛逆。

宽严适度才是良策。

150.【原文】不自是而露才，不轻试以幸功。

【解悟·故事】不要太自以为是，急于显露自己的才华；对于没有把握的事情，不要抱着侥幸心理去立功。因此，我们只要肯努力，不心存侥幸，就能获得社会的认可。

北大方正创始人王选院士曾经说过：一个科学家如果热衷于在镁光灯下亮相，那么他的学术成就也同时止步于此了。王选本人就是个很务实的科学家，被称为“汉字激光照排系统之父”。他在主持电子管计算机逻辑设计期间，每天工作14个小时以上。他在研究中养成了每做一个项目，就先要了解国外现状的习惯，为此他刻苦学习英语，多年来每天收听半个小时的英语电台，从不间断。西方在20世纪80年代中期才开始采用“轮廓加参数”的描述方式，而王选先于西方8年就提出并实现了这一方法，成为世界上使用这一方法的第一人。这一发明成为华光和方正激光照排系统的基石，获得了欧洲专利和中国专利。王选也成为获欧洲专利的中国第一人。由于他所研制的先进技术，到1993年，国内99%的报社和95%以上的书刊印刷厂采用了国产系统，中国报业和印刷业掀起了一场“告别铅与火，迎来光与电”的技术革命。从1975年到1993年这18年中，王选几乎放弃了所有节假日，每天上午、下午和晚上三段工作时间，身心极为紧张劳累。他说，献身科学的人没有权利像普通人那样生活，尽管这样会失掉常人所拥有的幸福，但也会得到常人所享受不到的乐趣。这个乐趣就是工作过程本身。他胸怀科技报国的雄才大略，忘我工作，无私奉献。他不愧是促进科学技术成果向生产力转化的先驱者，也不愧为中国知识分子的优秀典范。王选2001年获国家最高科学技术奖，2009年被评为“100位新中国成立以来感动中国人物”。

天外有天，山外有山。那种自以为是、不知天高地厚的人，往往不甘寂寞，喜欢哗众取宠，常把时间和精力花在获取外界掌声和鲜花上，钻研学问也只会唱“空城计”罢了。

151.【原文】受享不逾分外，修持不减分中。

【解悟·故事】不能过度获取物质享受，不能降低道德修养。因此，我们要克制物质欲望，加强身心修炼。

早年，小刘一个人在外上学，当他看到同学们都穿着耐克、阿迪球鞋时，心里十分羡慕，可是他家里条件并不好，多次向爸爸妈妈索求无果，只好动了歪念头。一天，小刘偶然得知某同学刚收到父母寄来的生活费，于是趁那同学不在，竟然把同学放在抽屉里的500块钱收入囊中。他既胆怯又激动地跑到商场买到了他人生中第一双耐克球鞋。可纸包不住火，小刘的行窃行为很快被老师发现，最终受到了严厉的处分。

人作为高级动物，都有物质享受的欲望，而人与一般动物的区别就是有思想、有理智。思想和理智强大的人注重道德修养、明白事理、畏天敬人，能发乎于情、止乎于理，克制物质欲望。而在我们现实生活中，有些人书读了不少，官当得挺大，脑子也很聪明，但缺少智慧。当他们大权在握时，利令智昏、财迷心窍，贪腐的钱财以亿计、以吨衡量。他们过着纸醉金迷、穷奢极欲的生活，其结果是毁伤了身体不说，还自毁前程甚至命丧黄泉。所以，加强道德修养是人一辈子的任务，并且要向古代圣贤和当代道德模范看齐。

古人造智慧的“慧”字意在用扫帚天天清扫心上的尘埃。不让心灵惹尘埃，人才能明亮如镜而通灵有慧。道德的雕琢是日常而长期的任务，只有不偷懒、不逾矩，美玉才可能精雕成大器。

152.【原文】待人无半毫诈伪欺隐，处事只一味镇定从容。

【解悟·故事】对待他人没有一丝一毫的欺诈隐瞒，处理事情向来镇定从容。因此，我们只有做人诚实无欺，才能做事镇定从容。

香港富豪李嘉诚，他成功的秘诀核心只有一个字：诚。正如他所说：“我绝不同意为了成功而不择手段，如果这样，即使侥幸略有所得，也必不能长久。”当初，曾有一个外商希望大量订购他们生产的塑胶花，为确证李嘉诚有供货能力，外商提出须有富裕厂家作担保。李嘉诚白手起家，没有背景，跑了几天，磨破了嘴皮子，也没人愿意为他作担保。无奈之下，李嘉诚只得对外商如实相告。李嘉诚的真诚感动了对方，外商对他说：“从你的坦白之言中可以看出，你是一个诚实君子。诚信乃做人之道，亦是经营之本，不必用其他厂商作保了，现在我们就签合约吧！”没想到李嘉诚却拒绝了对方的好意，他对外商说：“先生，能受到如此信任，我不胜荣幸之至！可是，因为资金有限，一时无法完成您这么多的订货，所以，我还是很遗憾不能与您签约。”李嘉诚这番实话使外商内心大受震动，他没想到，在“无商不奸”的社会背景下，竟然还有这样一个“出淤泥而不染”的诚实商人。于是，外商决定，即使冒再大的风险，也要与这位具有罕见诚实品质的人合作一回，李嘉诚值得他破一次例。外商对李嘉诚说：“你是一个令人尊敬的可信赖之人。为此，我预付货款，以便为你扩大生产提供资金。”外商的鼎力相助，使得李嘉诚既扩大了生产规模，又拓宽了销路。李嘉诚由此发展成为塑胶花大王。正是“诚信”这两个字，帮助李嘉诚奠定了事业基础，才有了现在的李嘉诚。

人际交往贵在言而有信、以诚待人，最忌讳的是虚情假意、欺诈隐瞒。做人与做事是紧密相关的，一个人只有诚实无欺，才会心地坦然，镇定从容，做得成大事。

153.【原文】肝肠煦若春风，虽囊乏一文，还怜茕独；气骨清如秋水，纵家徒四壁，终傲王公。

【解悟 · 故事】古道热肠、像春风般温暖的人，即使口袋里没有一文钱，也会怜爱孤寡之人；有骨气、品德像秋水般高洁的人，纵然家徒四壁，也能傲对王公贵族。因此，我们一定要富有同情之心，培养高尚的人格，还要有几分傲骨。

丹麦有一个卖火柴的小女孩，在富人合家欢乐、举杯共庆的大年夜，无人买她的火柴，只得擦亮火柴取暖，并从微弱的火柴光中看到美好的幻想，最后却还是因饥寒交迫冻死在街头。小女孩死了，嘴角却带着微笑，她从冷酷的世界里走进了幻想的天堂。安徒生通过这个童话，表达了对穷苦人民悲惨遭遇的深刻同情和对当时社会的不满。而小姑娘会有如此悲惨的境遇，就是因为在当时的社会拥有古道热肠的人实在太少了。

一个人到释迦牟尼佛面前哭诉："我无论做什么事情都不能成功，这是为什么？"释迦牟尼说："这是因为你没有学会给予。"这人说："可我是一个一无所有的穷光蛋啊！"释迦牟尼说："并不是这样的，一个人即使没有钱，也可以给予别人七样东西——第一，和颜施，就是用微笑与别人相处；第二，言施，就是要对别人多说鼓励的话、安慰的话、称赞的话、谦让的话、温柔的话；第三，心施，就是要敞开心扉，对别人诚恳；第四，眼施，就是以善意的眼光去看别人；第五，身施，就是用行动去帮助别人；第六，座施，就是乘船坐车时，将自己的座位让给老弱妇孺；第七，房施，就是将自己空下来的房子供别人休息。如果你有了这七种习惯，好运会随之而来的！"这人后来践行了释迦牟尼的教导，果然获得了人生的成功。

做人不可有傲气，但要有骨气，没有骨气就撑不起"人"字。对待弱势群体要多几分同情，对待权贵不能趋炎附势，否则会被人看不起。

154.【原文】急行缓行，前程只有许多路；逆取顺取，到头总是一场空。

【解悟 · 故事】不管是快走，还是慢走，人生都是这么长的路；不管是顺拿，还是逆拿，到头来这些财富都是一场空。因此，我们要顺应自然，千万不要违背规律急功近利。

一个英国人到中国云南山区旅游，看到那里的居民步履缓慢、生活悠然，便用中文问一个老太太："你们这里的人为何这样不讲效率，节奏如此缓慢？"老太太慢条斯理地答道："请问人生的终点在哪里？"英国人答道："死亡。"老太太说："既然知道人生的终点是死亡，还用得着那么急吗？"

纵有大厦千间不过夜眠八尺，纵有良田万顷不过日食一升。一个人有一桶水时留着自己喝，有一缸水时留给一家人喝，当拥有一条河时就应与众人分享了。在一生中，我们如果只顾一路快跑，就无法欣赏到美丽的风景，所以不妨适当放慢脚步，用好心情去享受慢生活，这样的人生也许更有意义。

155.【原文】生不认魂，死不认尸。

【解悟 · 故事】人生在世如果不能认清自己的灵魂，到死了就无法找到自己的尸体。因此，在自己的有生之年，我们要正确认识自己，不断充实自己，让自己的生命更有价值。

生命的价值不依赖于我们的所作所为，也不仰仗于我们结交的人物，而是取决于我们本身。天津市安定医院曾对1976年唐山大地震幸存者进行过濒死体验调查，虽只获得81例有效的调查数据，但却是目前世界濒死体验研究史上采集样本最多的一次。据统计分析，这些幸存者中，半数以上的人濒死时会对生活历程进行回顾，近半数的人产生意识从自身分离出去的感受，觉得自身意识脱离了自己的躯体，游离到空中。据被调查的人员表示，他们的身体似乎被一分为二，一个躺在床上，那只是空壳，而另一个是自己的身形，它比空气还轻，晃晃悠悠飘在空中，感到无比舒适；约三分之一的人有自身正在通过坑道或隧道样空间的奇特感受，有时还伴有一些奇怪的嘈杂声和被牵拉或被挤压的感觉；还有约四分之一的人体验到他们“遇见”非真实存在的人或灵魂现象，这种非真实存在的人多为过世的亲人，或者是在世的熟人等，貌似同他们团聚。

“生不认魂，死不认尸”虽包含一定迷信色彩，但我们可以从中悟出一个道理：一个人一生的长度是有限的，我们要在有限的生命长度中去努力创造无限的生命价值。

156.【原文】好言难得，恶语易施。

【解悟 · 故事】说好话很难，讲坏话很容易。因此，我们要懂得说话这门艺术，要好好钻研。

一头熊在与同伴的搏斗中受了重伤，它来到一个守林人的小木屋外乞求得到援助。守林人看它可怜，便决定收留它。晚上，守林人耐心地、小心翼翼地为熊擦去血迹、包扎好伤口并准备了丰盛的晚餐供熊享用。这一切令熊无比感动。临睡时，由于只有一张床，守林人便邀请熊与他共眠。就在熊进入被窝时，它身上那难闻的气味钻进了守林人的鼻孔。“天哪！我从来没闻过这么难闻的味道。你简直是天底下第一大臭虫！”熊没有说话，当然也无法入眠，勉强地挨到天亮后向守林人致谢上路。多年后一次偶然相遇时，守林人问熊：“你那次伤得好重，现在伤口愈合了吗？”熊回答道：“皮肉上的伤痛我已经忘记，心灵上的伤口却永远难以痊愈！”

人们一般肯定自己多，赞美别人少。提高人生境界需要修炼德性，要学会理解他人，尤其是欣赏赞美他人的长处。在人际关系中，自己永远是主角，当你把别人当朋友时他就是朋友，当你把别人当敌人时他就是敌人。人贵有自知之明，要客观地认识自己的短处与不足，多肯定、欣赏和赞美别人的长处，多真心实意地说别人的好话。

157.【原文】美玉可沽，善贾且待；瓦甑既堕，反顾何为。

【解悟 · 故事】有价值的美玉，要卖到好价钱就需要等待；瓦甑既然已经摔碎了，为什么还要回头看呢？因此，我们要善于告别过去，立足当下，放眼未来。

传说泰勒斯为古希腊第一个哲学家，米利都学派的创始人。他原是个商人，可是他不好好经商，不好好赚钱，老去探索些在别人看来没用的事情，有点钱就去旅行了，所以他很穷。有一年，他运用自己掌握的知识赚了一笔钱：他预测那一年雅典人的橄榄会丰收，他租下了全村所有榨橄榄的机器，并乘机抬高垄断了价格，赚了一笔钱。这证明，有智慧的人如果想赚钱的话，可能会比普通人赚得更多。

有一天晚上，泰勒斯走在旷野之中，抬头看着星空，满天星斗。泰勒斯预言第二天会下雨，正在他预言会下雨的时候，脚下一个坑，他就掉了进去，差点摔了个半死，别人把他救起来。他说：“谢谢你把我救起来，你知道吗？明天会下雨啊！”可见，哲学家是只知道天上的事情，不知道脚下会发生什么事情的人。几千年以后，德国哲学家黑格尔说过：一个民族如果有了那些关注天空的人，这个民族才有希望。如果一个民族只关心眼下脚下的事情，这个民族肯定没有未来。

158.【原文】英雄行险道，富贵似花枝。

【解悟 · 故事】英雄要敢于走险恶的道路来历练自己，富贵就像枝头花朵一样

难以长久。因此，我们要想干大事，就必须抓住稍纵即逝的机会。

西汉时期名将卫青，是汉武帝皇后卫子夫的弟弟。他最被人熟悉的战役是漠北之战，可以说这是一场把他的智慧与勇气发挥到极致的战斗。在战斗中不仅体现了他谨慎小心的作风，更体现了他在关键时刻超乎寻常的果敢。面对种种不利条件，卫青制定了固守的战略，以坚固的战车防御抵挡匈奴骑兵的冲击。而当黄沙突起时，卫青抓住稍纵即逝的战机，命令主力部队迅速进攻，在匈奴阵脚已乱的情况下发动突袭，最终使得匈奴全军溃败。漠北之战歼灭匈奴军九万多人，俘获匈奴数万，堪称是汉匈战争中决定性的转折。从此，西汉取得了对匈奴战争的主动权，匈奴则退缩在大沙漠以北，再也无力发动战争。

超常的成就需要付出超常的努力。古人有“智过十人为杰，智过百人为豪，智过千人为雄，智过万人为英”的说法，英雄豪杰层次分明。因此，要想成为英雄豪杰需要付出比常人更多的努力，不仅要“吃得苦中苦”，能经受住嫉妒、诽谤和挫折的考验，还要开拓创新，勇立潮头。正如高手下棋，双方势均力敌，哪一方敢于“铤而走险”，让对方“无路可走”，就更有可能得到胜利女神的青睐。

159.【原文】人情莫道春光好，只怕秋来有冷时。

【解悟 · 故事】人情关系并不总是如同春光一样美好，也会有像秋天一样冷清的时候。因此，人与人相处应当为别人留下空间，亲密也要有间。

1966年，毛头小子瑟鲁在非洲乌干达的一所大学任教，时逢奈保尔也在该校做驻校作家，两人由此结识，从此开始了长达30年的友情。瑟鲁是晚辈，尊奈保尔为师。奈保尔回英国后，瑟鲁随即到伦敦投奔，奈保尔将其引荐给当地的文学圈人士。但奈保尔很快埋怨瑟鲁逗留太久，给他写了逐客信，可惜瑟鲁不解其意。瑟鲁走了以后，奈保尔说他实在讨人嫌，“我写了一封指桑骂槐的信给他，以为他会就此不再来信，可信还是源源不断”。不过，奈保尔并不拒绝时不时地跟瑟鲁吃顿饭——全由徒弟埋单。随着瑟鲁的成名，他们的关系越来越糟。1996 年，奈保尔和瑟鲁一同受邀参加海伊文学节的讨论会，两人坐在台上。据报道，奈保尔一直扭着头，拒绝与瑟鲁的眼光相碰，现场的空气令人窒息。据说，奈保尔给过瑟鲁一句忠告：“夹起尾巴，您就凑合着过吧！”恨入骨髓的时候，还曾说要到非洲请巫医置瑟鲁于死地。由此可见，再好的关系也要保持独立性。

每个人都是特殊的个体，各有特性，相处之时应求同存异，但只能和而不同。如果追求完全相同，就会同而不和。人与人相处，再亲密也有差异，切不可强求亲密无间。否则，春光美好后就会秋来生寒。多元社会，应当有多元人格；亲友相处，各自都应保持独立性。这样才可避免时冷时热，先亲后疏，产生不悦。人与人应当以诚相待，亲密有间，我们应为别人留下空间，保持好适度的距离才是交友的常胜之道。

160.【原文】父母恩深终有别，夫妻义重也分离。

【解悟·故事】父母含辛茹苦，将儿女养大成人，恩深似海，可终究会有生离死别的那一天；夫妻的情义再重也有分离的时候。因此，我们既要有情有义，善待父母、夫妻和睦，也要看淡人生。

相传宋朝有个人叫陈世美，家境贫寒时与妻子秦香莲恩恩爱爱。后来，陈世美进京赶考，中状元后被仁宗皇帝招为驸马。在老家持家的秦香莲，久无丈夫陈世美音讯，非常思念，便带上儿子上京寻夫。但陈世美贪恋富贵，不肯与其相认，并派韩琪半夜追杀。韩琪不忍下手，只好自尽以求义，秦香莲反被误认为凶手入狱。在陈世美的授意下，秦香莲被发配边疆，半途中官差奉命要杀她，幸被展昭所救。一代青天包拯为秦香莲伸冤，找得人证物证，欲定驸马之罪。公主与太后闻讯赶来阻挡，但包拯凭皇上所赐尚方宝剑，不肯让步，终将陈世美送进了龙头铡。

当今社会，生活多元，诱惑多多。其实，谁都难以看淡。万里长城今犹在，不见当年秦始皇；渡尽劫难兄弟在，相逢一笑泯恩仇。我们只有在淡定中把紧锁的眉头舒展，才能使心灵不再受世俗的羁绊，让久违的笑声从心底传出，活出自我，活出精彩来！

161.【原文】人生似鸟同林宿，大限来时各自飞。

【解悟·故事】人就像鸟儿一样都栖息在一个林子里，一旦死期或严重的天灾人祸来临，便会各奔东西。因此，我们要相互信任，相互扶持。

汉代刘秀当年力量薄弱时，被人一路追杀，由北向南日夜奔逃。战斗中，刘秀手下有个叫宋弘的大将不幸负伤。当逃到饶阳境内时，宋弘实在走不动了，而后面追兵又紧，怎么办呢？刘秀没办法，只好将宋弘托付给郑庄一户人家养伤。姓郑的这户人家很同情刘秀，而且非常善良，待宋弘亲如家人，端茶送水，好吃好喝，很是周到。特别是郑家女儿，长得虽不很漂亮，但为人正派，聪明大方，待宋弘像亲兄弟，煎汤熬药，问寒问暖，关怀备至。宋弘非常感动。日子一长，两人建立了深厚的感情。宋弘伤好后，两人便结为夫妻。后来，宋弘跟随刘秀南征北战，屡立战功，终于帮刘秀夺得了天下。

刘秀当了皇帝后，万事如意，只有一件使他放心不下：刘秀有个姐姐，早年丧夫，整日闷闷不乐。刘秀多次派人给她提亲，提了一个又一个，姐姐就是不满意。后来，刘秀得知：姐姐看上了宋弘。他想，我是皇帝，这点事还不好办？而且，宋弘的妻子郑氏年龄大且不说，那模样和姐姐一比就差多了，便派人向宋弘提亲。谁知宋弘听后却说："糟糠之妻不下堂。"来人将宋弘的话向刘秀禀报后，刘秀被宋弘的为人所感动，不仅没有责怪他，反而对他更加看重。

劝人向善的先贤，是绝对不会教导家庭成员尤其是夫妻在"大难临头"时，撇下同甘共苦、一路携手的家人，说声"拜拜"然后"各自飞"的。其实，父母与孩子、丈夫与妻子作为一个命运共同体，在遭遇人生变故时，理应风雨同舟，祸福同当，共渡难关，携手到老，直至生命终结的那一刻。这才是家庭和谐的真谛。

162.【原文】早把甘旨勤奉养，夕阳光景不多时。

【解悟·故事】趁着老父老母还健在，赶紧用甘美香甜的食物来侍奉，因为他们已经步入了晚年，没有更多时间来享受了。因此，我们一定要善待父母，孝敬父母。

陈先生是个有社会名望的人。有次他去看望久别的母亲，而母亲瘫痪在床，大小便不能自理。他进家门时，母亲非常高兴，刚要向儿子打招呼，忽然想起换下来的尿湿了的裤子还在床边，就示意身边的人把它藏到床下。他一见母亲，心

里非常激动，上前握住母亲的手，并亲切地问这问那。过了一会儿，他对母亲说：“娘，我进来的时候，你们把什么东西藏到床底下了？”母亲看瞒不过去，只好说出实情。他听了，忙说：“对不起，娘！您久病卧床，我不能在您身边伺候，心里非常难过。这裤子应当由我去洗，何必藏着呢？”母亲听了很为难，旁边的人连忙把裤子拿出，抢着去洗。他急忙挡住并动情地说：“娘，我小时候，您不知为我洗过多少次尿裤，今天我就是洗上10条裤子，也报答不了您的养育之恩！”说完，他把尿湿了的裤子和其他脏衣服都拿出来洗得干干净净。母亲望着孝顺的儿子欣慰地笑了。

从古至今，孝道都是各个朝代所提倡的道德理念。孔子对西周的“孝”进行了继承、发展、改造和创新，强调“孝”要建立在“敬”的基础上。孔子认为孝敬父母要真心实意，如单纯在物质上满足父母，尚不足以为孝。更重要的是要“敬”，使父母得到人格的尊重和精神的慰藉。

163.【原文】人善被人欺，马善被人骑。

【解悟·故事】人忠厚老实，就容易被人欺侮；马温顺老实，人就爱骑它。因此，我们做人要在善良的同时，不能一味老实，该硬气时不能服软。

义兴人周处年少时，为人凶恶武断，被乡里人视为祸害。那时，义兴水中有条蛟龙，山上有只吃人的老虎，一起祸害百姓，义兴百姓将他们并称为“三害”。有人用计劝周处去杀死猛虎、蛟龙，实际上是希望三害相拼，不是你死就是我伤。周处听后立即上山刺杀了猛虎，又跳入水中与蛟龙搏斗。蛟龙在水中有时浮有时没，漂流出数十里远。周处紧紧追击，经过三天三夜，百姓们都以为蛟龙和周处都死了，轮番互相庆贺。令人意想不到的是，周处竟杀死了蛟龙，破水而出。当他听说大家以为自己已死而庆贺的事，才知道自己也被当作了一大祸害，萌生悔改之意。周处怕修身改过后，最终仍一事无成，于是到吴地寻找名士。名士陆云说：“古人重视道义，哪怕是早上明白了道理，晚上死去也甘心。何况你的前途还很有希望。人就怕立不下志向，何必担忧好名声得不到传扬呢？”周处于是努力改过，终于成为一名忠臣孝子。

做人要行善，千万不要心狠手辣，不要为达到某一目标而不择手段。纵观古往今来，哪个朝代，哪种文化，哪个著名的人物不是宣扬“善”的呢？人善人欺天不欺，马善人骑行千里。人如果善良、品德好，一定会有所回报！

164.【原文】人恶人怕天不怕，人善人欺天不欺。

【解悟 · 故事】恶人横行霸道、欺压良善，别人都害怕他，但老天不会怕；人善良会遭到一些小人的欺负，但老天不会欺负他。因此，我们应该多行善积德，不做不义之事。

长孙夫人是唐朝节度使崔琯的曾祖母，唐夫人是崔琯的祖母，唐夫人是长孙夫人的儿媳。长孙夫人年岁已高，牙齿脱落，饭食难以咀嚼。儿媳唐夫人就每天清晨用清水洗干净了身体到大厅去，让婆婆坐着，自己躬身站立，用自己的乳汁来喂婆婆。长孙夫人就这样每天吃着儿媳的乳汁健康地活了十多年，死前嘱咐儿孙们：“若我家世代子孙都像我儿媳这般孝敬，就是我家最珍贵的遗产了。你们要向她学习啊！”大家都十分恭敬地向唐夫人表示愿意学习她高尚的品质。后来，他们家族中，做尚书、做州郡官的有好几十个人。论起天下做官的人家来，崔家是首屈一指。

善良的人心胸坦荡，没有私心杂念，不会欺天瞒地，也不会耍阴谋诡计，被人欺负时经常一笑了之，不会挂记在心，内心清净，心情愉快，因此也就生活在幸福之中。邪恶的人却正好相反，他每时每刻都生活在罪恶的阴影之中，随时接受着内心的惩罚。俗话说，“不做亏心事，不怕鬼敲门”，“君子坦荡荡，小人长戚戚”。提心吊胆的人与内心坦荡的人无法相提并论。上海的城隍庙庙檐下挂着一个大算盘，警醒人们老天无时无刻都在盘算着善恶之账，也正告着世间的芸芸众生：“天理昭昭，因果不爽。”明白个中道理就能洞察天机，就能成为真正的智者。善心常在也就能成为人世间的得道之士。

165.【原文】善恶到头终有报，只争来早与来迟。

【解悟 · 故事】善有善报恶有恶报，不会没有报应，只不过是时间上的早晚问题。因此，我们做人一定要善良，有善心，行善事。

祁某是江苏盐城的一个官员，非常“善于装穷”，平时穿的是旧夹克，吃饭总是稀饭加馒头，亲戚看不过去，还总接济他；大贪官成某“善于装廉”，最爱作反腐报告，常常教育部下，要“用好人民给予我们的权力，权力是双刃剑，用得好是工作利器，用不好就会反伤自身”；福建连江县原县委书记黄某擅长“大忽悠”，称自己因多次查处腐败大案受到人身威胁，不得不穿防弹衣……诸如此类，不胜枚举。贪官的“隐身术”可谓五花八门，让人眼花缭乱。但是，这些贪官最终都受到了的严惩。只要人民这个“天”没塌，贪官的“隐身术”再高明，终究躲不过老天的眼睛。

尽管报应之说，带点“精神胜利法”，也有点像人们的自我安慰，但也奉劝那些咄咄逼人的权势者，多积点德吧，凡事谦让一点，不会有坏处。不要把别人的善良，当作自己肆无忌惮的资本。

166.【原文】龙游浅水遭虾戏，虎落平阳被犬欺。

【解悟 · 故事】蛟龙游到了浅水，没法动弹，就会被虾戏弄；老虎到了平原地区，没有了丛林的掩护，它自身的爆发力和突击优势就不复存在，只能被犬欺负了。因此，遇到逆境也要从容应对，不可自乱阵脚。

三国时期，周瑜嫉妒诸葛亮的才能，总想加害诸葛亮。有一天想出了一条妙计：设宴相请，并以对诗为名进行加害。诸葛亮早已觉察周瑜的心意，便故意说：“谁输了就砍谁的头。”周瑜暗自大喜，忙说：“君子无戏言，戏言非君子。”鲁肃见他俩击掌为定，急得出了一身冷汗，埋怨诸葛亮聪明一生，糊涂一时，轻易地入了圈套。而诸葛亮假装不知，泰然自若，反拉着鲁肃的手说：“子敬也算一个。”

周瑜见诸葛亮中计，十分高兴，首先出诗一首：“有水也是溪，无水也是奚，去掉溪边水，加鸟便是鸡（雞）。得志猫儿雄过虎，落毛凤凰不如鸡。”诸葛亮听了，心中暗想，自己身为刘备军师，今日落入周瑜之手，岂不是“落毛凤凰”吗？便立即吟诗以对曰：“有木也是棋，无木也是其，去掉棋边木，加欠便是欺。

龙游浅水遭虾戏，虎落平阳被犬欺。”周瑜闻言大怒。鲁肃早已留意这场龙虎斗，见周都督意欲爆发，急忙劝解道：“有水也是湘，无水也是相，去掉湘边水，加雨便是霜。各人自扫门前雪，莫管他人瓦上霜。”

风波平息了，周瑜怒气未消，他更换内容，又吟诗一首：“有口也是吅，无口也是丑。去掉吅边口，加女便是妞。隆中有女长得丑，百里难挑一个妞。”诸葛亮见周瑜奚落自己的夫人，也就毫不客气反唇相讥，遂吟诵道：“有木也是桥，无木也是乔。去掉桥边木，加女便是娇。江中吴女大小乔，曹操铜雀锁二娇。”

诸葛亮的嘲讽，激得周瑜怒火万丈，暴跳如雷，暗令伏兵团团围住。诸葛亮毫不惊慌，稳如泰山。鲁肃立即上前劝阻：“都督息怒！我有一诗奉献——有木也是槽，无木也是曹。去掉槽边木，加米便是糟。今日这事在破曹，龙虎相残大事糟。”鲁肃以诗指点，周瑜恍然大悟，遂喝退伏兵，与诸葛亮共议破曹妙计，成就了后来流传千古的大事业——火烧赤壁。

167.【原文】但将冷眼观螃蟹，看你横行到几时。

【解悟 · 故事】冷眼旁观对方像螃蟹一样横行霸道，看他能威风多久。因此，遇到不公正的事，不必大动肝火，因为最终一定会得到公正的结果。

严嵩是明代的大奸臣，当时就有首民歌《京师人为严嵩语》讽刺他：“可笑严介溪，金银如山积，刀锯信手施（说他随意杀人）。尝将冷眼观螃蟹，看你横行得几时。”显然是说权臣严嵩蹦跶不了多久，要他做人不要太嚣张，要懂得收敛，多行不义必自毙。话说回来，世上并没有横行的道，螃蟹能横行多久？不管怎么横行，总会到头。历史给了他沉重的报复，《明史》将他列为明代六大奸臣之一。

清代“扬州八怪”之一的郑板桥任潍县知府时，有个一贯贪赃枉法、鱼肉百姓的知府路过这里。郑板桥是个秉性刚直的人，一向对贪官都无好感。他知道这个知府的底细，便故意不出城迎接。这个知府知道郑板桥才高气傲，受到冷遇心中虽然有火，却也没有发作，加上郑板桥名气很大，画的竹子在当时相当走俏，豪门贵族都以得到他的一幅竹子为荣。知府也想做个谦卑的姿态，看能不能顺便讨幅字画。 知府厚着脸皮进了郑板桥的官衙，郑板桥一看也不想做得太过，便勉强设席招待。席间，知府的无知语言总是会冷不丁地受到郑板桥的讥讽，看来字画也是无望的了。知府越想越窝气，就想找茬奚落郑板桥一顿，无奈总是没有机会。恰巧这时差役端上一盆河蟹，知府灵机一动，指着河蟹一语双关地说：“久闻郑大人才高八斗，此物目中无人，郑大人以此物为题，吟诗一首如何？”才思敏捷的郑板桥对知府的用意心知肚明，想讥讽他一番，便吟道：“八爪横行四野惊，双螯舞动威风凌；孰知腹内空无物，蘸取姜醋伴酒吟。”知府一听，深知自己反受了嘲笑，非常难堪，可也无奈。

168.【原文】黄河尚有澄清日，岂有人无得运时。

黄河瀑布

【解悟·故事】浑浊的黄河水都有变得澄澈的时日，人难道没有转运的那一天吗？因此，世上无难事，只要肯坚持。

姜子牙尽管是个文武全才，但生活却举步维艰。人一倒霉，咸盐也会招蛆。他去贩卖牛羊，贩牛不赚钱，贩羊不赚钱，牛羊齐贩，当时国家出现牛羊瘟疫，牛羊因而禁止贩卖。几经折腾，他本钱也没了。他又从朋友那里借来钱，去卖面，卖出四钱面，买主要他给半两，还不依不饶，把他的秤都给收走了。争吵时，来了一匹受惊的马，把面担踩翻在地，他刚要收起所剩的一点，一阵狂风刮得面影也不剩了。真是“快走赶上穷，慢走穷赶上”，怎么走怎么穷。干什么都不行，他干脆什么也不干了，最后沦落到要靠老婆到处讨饭才能维持两夫妻的生计。他掐指一算，只有当老婆的鞋有八斤半重的时候他才可以转好运。这一天，老婆出去讨饭，回来正好天下大雨，租住的小破屋漏着雨，而外面的小巷里泥泞难行。老婆深一脚浅一脚地往家里挪，好容易走到家，鞋上沾着厚厚的泥，比鞋本身要重好多倍了。姜子牙一称，不轻不重，正好八斤半，心里一阵狂喜。姜子牙感觉到就快要时来运转，第二天就到山西渭水边“钓鱼”去了。他的钓钩是直的，上面不挂鱼饵，也不沉到水里，并且离水面三尺高。他一边高高举起钓竿，一边自言自语：“不想活的鱼儿呀，你们愿意的话，就自己上钩吧！”姜子牙奇特的钓鱼方法，一传十，十传百，终于传到了周文王姬昌那里。姬昌意识到这个钓者定是位贤才，必须亲自将他接来。姜子牙果然是栋梁之材，他做了国相，辅佐文王，兴邦立国，还帮助文王的儿子武王姬发灭掉了商朝，建立了周朝，成就了自己辉煌的人生大业。

姜子牙抓住了稍纵即逝的机会，既成就了自己，又辅佐了一代君王。身处逆境时，他虽然也会有消极的情绪，但总是在等待机会的到来。因此要想获得成功，就要经得起成功前的寂寞，坚持最重要！

169.【原文】十年窗下无人识，一举成名天下知。

【解悟·故事】士子们坚持苦读，十年寒窗却没有人过问，一旦科举及第就能天下闻名。因此，我们只要坚持读书，为了理想而奋斗，就一定会有出人头地的一天。

汉代书生蔡伯喈与赵五娘新婚不久，恰逢朝廷开科取士。蔡伯喈认为父母年事已高，欲辞试留在家中，服侍父母。但其父蔡公不从，邻居张大公也在旁劝说。蔡伯喈只好告别父母、妻子赴京赶考。结果他应试及第，中了状元。牛丞相有一女未婚配，奉旨招新科状元为婿。蔡伯喈以父母年迈、在家无人照顾需回家尽孝为由，欲辞婚、辞官，但牛丞相与皇帝不同意，蔡伯喈被迫滞留京城。自蔡伯喈离家后，家乡连年遭受旱灾，赵五娘任劳任怨，尽心服侍公婆，让公婆吃米，自己则背着公婆私下自咽糟糠。婆婆知道后一时痛悔过甚而亡，蔡公也死于饥荒。而蔡伯喈被强赘入牛府后，终日思念父母。他给家中写信，信被半路拦截，导致音信不通。一日，他在书房弹琴抒发幽思，被牛丞相之女牛氏听见，得知实情，告知父亲。牛丞相夫妇被女儿说服，遂派人去接蔡伯喈父母、妻子来京。蔡公夫妇去世后，赵五娘祝发买葬，罗裙包土，自筑坟墓。又亲手绘成公婆遗容，身背琵琶，沿路弹唱乞食，往京城寻夫。赵五娘来到京城，正遇弥陀寺大法会，便往寺中募化求食，将公婆真容供于佛前。正逢蔡伯喈也来寺中烧香，祈祷回乡路上平安。见到父母真容，便拿回府中挂在书房内。赵五娘寻至牛府，被牛氏请至府内弹唱。赵五娘见牛氏贤淑，便将自己的身世告知牛氏。牛氏为让赵五娘与蔡伯喈团聚，又怕蔡伯喈不认，便让赵五娘来到书房，在公婆的真容上题诗暗喻。蔡伯喈回府，见画上所题之诗，正欲问牛氏，牛氏便带赵五娘入内，夫妻遂得以团聚。赵五娘告知家中事情，蔡伯喈悲痛至极，即刻上表辞官，回乡守孝。得到皇帝和牛丞相的同意后，蔡伯喈携赵五娘、牛氏同归故里，庐墓守孝。后来皇帝下诏，旌表蔡氏一门。

隋炀帝时开设进士科，用考试办法来选取进士，使得任何参加者都有成为官吏的机会。“一举成名”必然要经历“十年寒窗”。所谓厚积而薄发，不然怎么能“一举成名”呢？将相本无种，男儿当自强。不经一番寒彻骨，怎得梅花扑鼻香！

170.【原文】燕雀那知鸿鹄志，虎狼岂被犬羊欺。

【解悟 · 故事】燕雀怎么知道鸿鹄的志向，虎狼又岂能被犬羊欺负？因此，我们要立下宏大的志向，去实现伟大的理想。

陈胜年轻时，给人耕田种地。有一次，耕作中的他忽然停下手来，走到田垄上，愤恨地对伙伴们说“要是谁将来富贵了，彼此都不要相忘。”伙伴们笑着应声问道：“你是被雇佣来耕田的，哪里来的富贵呢？”陈胜叹息道：“唉，燕子、麻雀这些小鸟哪里能知道大雁和天鹅的志向呢？”乡邻只会一辈子耕种田地，而陈胜却心怀大志，谋划着推翻暴秦自立为王。果然，后来陈胜和吴广发动了名垂青史的大泽乡起义，成为推翻暴秦的导火索。

庄子在见梁惠王时讲了个有趣的故事：一只从高空飞过的鹓鸰鸟。它非梧桐树不栖息，非竹子的果实不吃，非甘美的泉水不喝。这时，一只猫头鹰找到一只腐烂的老鼠，以为鹓鸰鸟要来抢它的美食，便把死老鼠抓得紧紧的并大声吓唬鹓鸰鸟。庄子用这个故事来暗示自己根本没有看上梁惠王的官职，将官职比作猫头鹰爪子里、鹓鸰鸟压根瞧不上的死老鼠。

虎狼与狗羊也非一个层次的动物，尽管可能有“虎落平阳被犬欺”的时候，但并非常态，一旦恢复常态，狗羊就有可能成为虎狼的盘中餐。由此可见，层次不同见识有别，不能以小人之心度君子之腹。待人接物不要鼠目寸光，逞一时之能，图一时之快，更不可欺负失势之人。

171.【原文】事业文章，随身消毁，而精神万古不灭；功名富贵，逐世转移，而气节千载如斯。

【解悟 · 故事】一个人的事业文章，随着肉身的消亡而毁灭，但圣贤的精神则万世不灭；一个人的功名富贵，随着时代的变化而转移，唯独忠臣义士的志节才会永远留在人间。因此，要做一个有才德的君子，才能在浩浩青史中保留千秋气节。

司马迁的祖上好几辈都担任史官，父亲司马谈也是汉朝的太史令。司马迁 10 岁时，就跟随父亲到了长安，从小就读了不少书籍。为搜集史料，开阔眼界，他

从20岁开始，游历各地，后随汉武帝巡游，获得了大量的地理和历史知识；他又从民间语言中汲取了丰富养料，为写作打下了厚实的基础。司马谈死后，他继承父亲的职务，做了太史令，阅读和搜集的史料就更多了。正着手写作时，因替李陵辩护得罪汉武帝，进了监狱，为免死罪接受了奇耻大辱的宫刑。他本想一死了之，但转念一想：从前周文王被关在羑地，写了一部《周易》；孔子周游列国的路上被困在陈蔡，后来编了一部《春秋》；屈原遭到放逐，写了《离骚》；左丘明眼睛瞎了，写了《国语》；孙膑被剜掉膝盖骨，写了《兵法》。这些著作，都是作者心里有郁闷，或者理想行不通时，才写出来的。我为什么不能利用这个艰险的时候把这部史书写好呢？于是，他忍辱负重，克服心理与身体的双重折磨，坚持编成了辉煌巨著——《史记》。被后世称为：史家之绝唱，无韵之离骚。

事业与功名短暂，精神与气节永存，人生在世要注重培养精神，锻造气节。每个人都是宇宙的过客，人生不过百年。任何人都离不开衣食住行等物质生活，但这些都是短暂的，会随着时间的流逝而消亡。除了物质生活之外，人还应有精神和气节方面的追求，在立德、立功、立言上下功夫。中华民族文明之所以连绵不断，历经侵凌而不屈服，遭受磨难而重振雄风，正是因为有历代华夏儿女的自强不息、厚德载物、开拓创新、舍生取义。这些精神和气节应当不断弘扬光大。我们都应以实际行动成为民族精神和气节的传承者、弘扬者。

172.【原文】得宠思辱，居安思危。

【解悟 · 故事】在得到荣宠时，一定要想到可能受到的屈辱，做好受屈辱的思想准备；处在和平安乐的环境中，一定要想到随时可能出现的危机。因此，我们得意时别太招摇，安逸时要考虑避免危难、危险的发生，一切要留有余地。

春秋时期，有一次宋、齐、晋、卫等十二国联合出兵攻打郑国。郑国国君慌了，急忙向十二国中最大的晋国求和，得到了晋国的同意，其余十一国也就停止了进攻。郑国为了表示感谢，给晋国送去了大批礼物，其中有：著名乐师三人、配齐甲兵的成套兵车共一百辆、歌女十六人，还有许多钟磬之类的乐器。晋国的国君晋悼公见了这么多的礼物，非常高兴，将八个歌女赠给他的功臣魏绛，说：“你这几年为我出谋划策，事情办得都很顺利，我们好比奏乐一样的和谐合拍，真是太好了。

居安思危

现在让咱俩一同来享受吧！”可是，魏绛谢绝了晋悼公的赠送，并且劝告晋悼公说：“咱们国家的事情之所以办得顺利，首先应归功于您的才能，其次是靠同僚们齐心协力，我个人有什么贡献可言呢？但愿您在享受安乐的同时，还能想到国家还有许多事情要办。《尚书》上有句话说得好——‘居安思危。’思则有备，有备无患。现谨以此话规劝主公！”魏绛这番远见卓识而又语重心长的话，使晋悼公听了很受感动，高兴地接受了魏绛的意见，从此对他更加敬重。

魏绛的话包含了浓厚的哲学寓意：矛盾着的双方在一定条件下可以相互转化；事物是不断运动、变化、发展的；矛盾双方是对立统一、不可分割的。因此我们要增强忧患意识，未雨绸缪，才无后顾之忧。

173.【原文】国乱思良相，家贫思良妻。

家有贤妻

【解悟·故事】国家有动乱时往往会想起治国的良相，家中贫困时往往会想起治家的贤妻。因此，我们要敬重良相，尊重贤妻。

战国时期，魏国君主魏文侯是个开明的君主。一日，魏文侯问他的门客李悝道：“常言道，‘家贫则思贤妻，国乱则思良相’。有一个问题你帮我分析一下——魏成子和翟璜都很有才干，你认为两人中谁更适合做相国？”李悝答道：“您之所以犹豫不决，是由于平时考察不够。判断一个人的标准是要看他平时和哪些人亲近，富裕时要看他的朋友是哪些人，当官了要看他举荐的是哪些人，不做官了要看他对某些事情的态度，贫穷时要看他哪些钱不屑于拿。有这五个方面，就能比较出这两个人谁更合适了。”魏文侯笑笑说：“知道了，我明白谁更适合做相国了。”李悝出来，正遇到翟璜，翟璜说：“听说国君跟你商议选相的事情，决定了吗？”李悝说：“决定了，是魏成子。”翟璜不服气地说：“我哪里不如魏成子？邺地无人治理，我推荐西门豹；太子缺一个好的老师，我推荐了屈侯鲋；攻打中山国，我举荐乐羊。于是邺地大治、中山覆灭、王世子品德日进。魏成子又做了什么？”李悝耐心地向翟璜讲述了自己的道理，并指出卜子夏、田子方、段干木这些贤士都是魏成子推荐的人才。翟璜也是品德高雅之人，一点便透，惭愧地向李悝道歉，从此不再有自大之心。

《三国志》里，郭嘉这个人足智多谋，一开始在袁绍麾下不得施展才华。他说袁绍“多端寡要，好谋无决”，就跑到曹操那里去了。曹操说他“每有大议，临敌制变。臣策未决，嘉辄成之。平定天下，谋功为高”。可惜郭嘉中年夭折。曹操大哭，痛失谋臣。

174.【原文】荣宠旁边辱等待，贫贱背后福跟随。

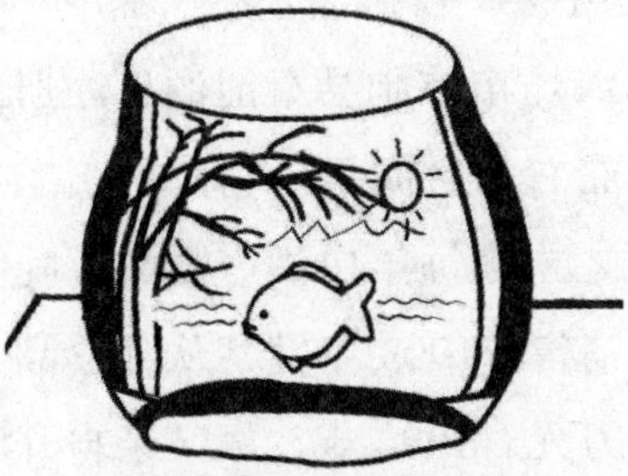

困境不悲

【解悟·故事】荣耀和受宠旁边可能就有羞辱在等待，处境困窘的背后可能有福气跟随而来。因此，我们要处顺境而知辱，处困境而不悲。

高尔基童年时家里穷，不得不去打工，帮一户人家做长工。一次，高尔基一边烧开水一边读书。他读书读入了神，没有发觉水已经烧开了，结果把茶缸给烧坏了。他心里想，这下可闯祸了。这时，女主人正好回来并发现了此事。凶残的女主人抄起了一根木棍，不容分说就朝高尔基的身上打来，一边打还一边骂，把高尔基打得遍体鳞伤，以至于不得不请医生来。高尔基身上青一块、紫一块，有的地方还渗出了血，木刺都扎进肉里去了。医生从他背上拔出了十二根木刺，并非常气愤地鼓励高尔基去告发女主人。女主人害怕极了，怕高尔基告她虐待。她为逃避虐待罪，不得不答应了高尔基提出的干完活后可以读书的要求。就这样，高尔基因祸得福，以皮肉受苦的代价，换来了更多的学习和读书的时间，为成为著名文学家打下了坚实的基础。

1960 年，美国斯坦福大学心理学家瓦特·米伽尔把一些 4 岁左右的孩子带到一间陈设简陋的房子里，然后给他们每人一颗非常好吃的软糖，同时告诉他们，如果马上吃软糖只能吃 1 颗；如果 20 分钟后再吃，会再奖励 1 颗软糖。有些孩子急不可待，马上把软糖吃掉了；有些孩子则能耐心等待，暂时不吃，为使自己耐住性子，或闭上眼睛不看软糖，或头枕双臂自言自语……结果，这些孩子最终吃到了两颗软糖。实验后，米伽尔团队开展了长达 14 年的跟踪研究，结果显示：那些能等待并最后吃到两颗软糖的孩子，在青少年时期，仍能等待机遇且不急于求成，他们具有一种为了更大更远的目标而暂时牺牲眼前利益的能力，即自控能力；而那些急不可待只吃 1 颗软糖的孩子，在青少年时期，则表现得比较固执、虚荣或优柔寡断，当欲望产生的时候，无法控制自己，一定要马上满足欲望，否则就无法静下心来继续做后面的事情。换句话说，能等待的那些孩子由于可设法“延迟满足”，其成功的概率就远远高于那些不能等待的孩子。

175.【原文】成名每在穷苦日，败事多因得意时。

【解悟 · 故事】今日的成功是昔日艰苦奋斗的结果，事业失败往往是得意忘形造成的。因此，我们做人要了解因果，明白本末，不要一叶障目，不识泰山。

1990 年 3 月，山东潍坊市临朐县秦池酒厂注册成立。在成立之初 3 年左右的时间里，它只是山东无数个不景气的小酒厂之一，每年白酒产量 1 万吨左右，产品主要在本市销售。1993 年姬某从县食品公司调到秦池担任厂长，当时厂里年销售收入 2000 多万元。1994 年，姬某亲自开拓东北市场获得成功，年销售收入突破 1 亿元。1995 年 11 月 8 日，秦池以 6666 万元获得中央电视台新闻联播后 5 秒黄金标版，成为第二届标王。1996 年，秦池的销售额从前一年的 23 亿元猛增到 95 亿元，每个秦池人都很得意。同年 11 月 8 日，在中央电视台的第三届广告段位招标会上，秦池以 32 亿元的天价再次夺得标王。这一数字相当于 1996 年秦池全年利润的 64 倍，比竞标的第二位整整高出 1 亿元。1997 年 1 月，《经济参考报》的一则关于“秦池白酒是用川酒勾兑”的系列新闻报道被国内多家报刊转载。当年，秦池的销售额下滑至 65 亿元。1998 年秦池的销售额仅为 3 亿元，秦池终于在得意的光环下走上了不归路，失败的结局已不可避免。

无论管理者有多么华丽的推脱理由，终究落在“败事只因得意时”马槽里了。如果我们能够从中国文化和祖先身上吸收一些“防患于未然”的智慧，也许我们的管理会更加理性，事业会更加成功，生活会更加快乐，人生会更加稳健。

176.【原文】声妓晚景从良，半世之烟花无碍；贞妇白头失守，一生之清苦俱非。

【解悟 · 故事】歌姬舞女晚年嫁人从良，前半生不好的名声对她并无妨碍；守节贞妇年老时丢失操守，她半生守寡的清苦则付诸东流。因此，我们要知错能改，慎终如始。

霸王别姬

严歌苓的小说《金陵十三钗》讲述了一个这样的故事：1937年的南京，日军残暴，满目疮痍，但由国际友人主持的一个教堂暂时还是一方净土。几个神职人员收留了一群躲在教堂里的金陵女大学生、13个躲避战火的秦淮河上的风尘女子，以及6个从死人堆里爬出来的中国伤兵。共同面对有史以来最惨绝人寰的大屠杀，结果竟然是那13个最“下贱”的女子成了保护众人的英雄。在这个相对封闭的空间里，他们共同面对有史以来最可怕、最没有人性的屠杀，产生了各种各样奇妙的感情。然而，教堂也不是永远的净土，日军终于冲进了这里。伤兵被杀，女大学生眼看就要被日军掳走凌辱，在这个时刻，这13个平日里被视为下贱的女子，在侵略者丧失人性的屠刀前，激发了侠义血性：她们身披唱诗袍，怀揣剪刀，代替教堂里的女学生参加日本人的圣诞庆祝会，去赴一场悲壮的死亡之约。最终13名女子除1人之外无一生还。

看人只看后半截，也即所谓“田看收成、人重晚晴”。西楚霸王项羽一生风光，可到了人生的关键期却刚愎自用，最终“赔了夫人又折兵”——在项羽的军帐中，虞姬抽出项羽的佩剑自尽；在乌江，项羽怒斩汉军数百人后自尽。纵观项羽的一生，是悲壮的、惨烈的。如果他自始至终能头脑清醒，或许这样的遗憾就不会发生在他身上了。

177.【原文】闲事休管，无事早归。

不辱使命

【解悟 · 故事】闲事不要去管，没事就早点回家。因此，我们不要去多管闲事，而要认真做好自己本分内的事，爱岗敬业，忠于职守。

古时候有个国王，他有很多敌人，特别是在漆黑的夜晚，敌人随时都有可能包围他的宫殿。一群仙鹤十分拥戴国王，它们怕国王遭遇不测，对他的安全十分关心。为了忠于职守，它们想了个办法——只用一只脚站立，另一只脚抓住一块石子，一旦忍不住打瞌睡，石子就会从松开的爪子里掉下来，石子碰撞的声响就会惊动所有的仙鹤，从而保证国王的安全。久而久之，仙鹤就形成了一只脚站立着睡觉的习惯。

东汉的何汤早年师从大名士桓荣，桓荣十分器重他。他后来做了把守宫门的官。有一天，光武皇帝微服私访，因路途较远，一直到深夜才赶路回宫。当时，何汤正守卫宫门，无论皇帝的随从们怎样磨破嘴皮，他都坚决不开宫门，认为过时开门，违反宫中禁令。大家都认为何汤就要大祸临头了。没想到第二天，皇帝宴请了何汤，以表彰其尽职尽责。

有一个小和尚念经的时候，心却不在经文上。为此他非常苦恼，因为心中总是想着师兄弟们说他的闲话。那些无所不在的闲话让他坐立不安、无所适从。他实在无法忍受了，于是便跑去向师父告状：“师父，他们老说我的闲话。弄得我都无法静下心来念佛了。”师父双目微闭，轻轻说了一句：“是你自己老说闲话、人瞎操闲心。”小和尚一脸茫然地瞪大眼睛。“操闲心、说闲话、管闲事，那是他们的事，就让他们说去，与你何干？你不好好念经，老想着他们操闲心，不是你在操闲心吗？老说他们说闲话，不是你在说闲话吗？老埋怨他们说闲话的事，不也是你在管闲事吗？”话说完，小和尚茅塞顿开，从此再也没有什么能打扰到他念经了。

178.【原文】假饶染就真红色，也被旁人说是非。

【解悟·故事】假的绸缎即使染成真的红色，也还是会被人发现其中真假，被旁人说长道短。因此，真的假不了，假的真不了，做人还是真实点好。

2005年，三个农民结伙流窜至某镇，凭着大医院的假工作证，打着免费看病的幌子，吸引大批群众前来就医。为让前来就医的群众相信他们是纯粹的“扶贫医生”，决不赚钱，三人装模作样为每一位患者开具一张处方单，叮嘱他们一定要到正规医院或药店买药。见三位医生如此认真负责，前来就医的群众完全相信了他们。这时，三人将事先准备好的假虎骨、假鹿茸、假羚羊角拿出来，称是医院的“特效药”，因为是下乡扶贫，所以价格比在医院买便宜一半以上。能省钱当然好，于是二十一名村民花了三千元争先恐后购买了三人的“特效药”。事后工商部门发现，这些所谓价值上万元的“名贵药材”全是由猪骨头雕刻而成，毫无医疗价值。

春秋时期，楚国有一个被叫作叶公的人。他经常对别人说：“我特别喜欢龙，龙多么神气、多么吉祥啊！”他家装修房子时，他让工匠们在他家的房梁上、柱子上、门窗上、墙壁上到处都雕刻上龙，家里就像龙宫一样。就连他自己的衣服上也绣上了栩栩如生的龙。叶公喜欢龙的消息传到了天宫中龙的耳朵里。龙想：“没想到人间还有一个这样喜欢我的人呢！我得下去看看他。”有一天，龙来到了叶公的家里。龙把大大的头伸进叶公家的窗户，长长的尾巴拖在地上。叶公听到有声音，就走出卧室来看，竟发现一条真正的龙正在那里瞪着自己。他顿时吓得脸色苍白，浑身发抖，大叫一声便逃走了，落下了“叶公好龙”的笑话。

179.【原文】常将酒钥开眉锁，莫把心机织鬓丝。

【解悟 · 故事】宁可借酒消愁，也不要处心积虑而心机太重，从而让岁月爬上自己鬓边白丝，使自己在愁闷中渐渐老去。因此，我们要善解世事，做心宽的高人。

贞观十九年（645），李世民御驾亲征辽东，命令皇太子在定州监国，房玄龄在长安留守，得以便宜行事，无须奏请。有人去找房玄龄，声称要告密。房玄龄问：“你要告谁？”那人回答：“告您。”房玄龄马上把此人送到前线给李世民处理。李世民听到报告说有留守送来人告发谋反的事，令人持刀列队，押上告密人，问他要告谁，回答：“房玄龄。”李世民早已料到这是怎么回事，立即大喊一声，将此人腰斩，然后下玺书批评房玄龄不能当机立断。这是贞观君臣博弈的实例，双方都明白，但都要按规则把自己的角色演好。李世民要给房玄龄充分的信任、充分的权力，房玄龄要对得起皇上的信任；皇上要展示的是胸怀，臣下要表现的是忠诚和谦卑。

贞观二十年（646），房玄龄因为小错被勒令停职回家反省。为此褚遂良上书劝谏，李世民听了，立即召房玄龄入宫议事。没多久，房玄龄再次犯错“避位”回家。过了一阵，皇上驾幸芙蓉园，房玄龄得到消息，立即命令子弟洒扫门庭，因为他知道皇上会驾临房家。果然，皇上李世民给自己找一台阶，“顺路”来到房家，然后“顺便”带着房玄龄一起回到宫中。李世民的举动不是心机太重，而合乎君王南面之术，是君主操控臣下的基本伎俩、常用手段，即恩威并施。皇帝必须随时保持对权力的绝对控制，随时显示皇权的权威；臣下则必须知道皇帝的底线，适可而止，政治第一，友谊第二。

人生不如意十有八九，因此，面对不开心的事，遇到困难挫折，要想得开，放得下，不妨找上二三好友把酒临风喝上两杯，睡一觉，忘记它。其实，许多困难和挫折并没有想象中那么严重。与此同时，与人交往要少些算计，少点心机，一旦被人识破小伎俩，人脉可能就从此断了。

180.【原文】为人莫作千年计，三十河东四十西。

【解悟 · 故事】为人处世不要做太过长远的打算，世事变化无常，三十年河东三十年河西。因此，我们面对变幻莫测的人生道路，要学会人格独立，处变不惊。

据说，唐朝郭子仪之孙由于挥霍无度，家产败尽。他只好沿街乞讨，来到河西庄。这里曾是他乳母的家乡。到此，他想起了自己的乳母，于是四处寻访。问了很多人，可人们都说不知道。天快黑时走来一个农夫，他上前一打听，竟然是乳母之子。于是叙旧后随那个人到了他家。到人家家里一看，只见粮囤座座，牛马成群。郭子仪之孙就问："你家那么有钱，为何还要自己劳作？"乳母之子说："家产再大，也会吃空。家母在世时，带领我们创业，才有此家业。勤俭持家，乐趣无穷啊！"郭子仪之孙听后很惭愧。后来，乳母之子便让郭子仪之孙在家管账。无奈郭子仪之孙对管账一窍不通，乳母之子不禁叹息到："真是三十年河东享不尽荣华宝贵，四十年河西寄人篱下。"

我们要劝诫那些纨绔子弟，要珍惜金缕衣，更要珍惜少年时，坐吃山空，老大就会徒伤悲。同时，要劝慰那些落魄失意、怀才不遇、生不逢时的人，"青山遮不住，毕竟东流去"，"沉舟侧畔千帆过，病树前头万木春"。尽管暂时处境艰难，命运多舛，但总有"守得云开见月明"之时，万事总有峰回路转、柳暗花明、否极泰来之机。努力吧！奋斗在当下，有播种就一定会有收获！

181.【原文】秋虫春鸟，共畅天机，何必浪生悲喜；老树新花，同含生意，胡为妄别妍媸。

【解悟 · 故事】秋虫和春鸟，都是天机的舒展，没有必要随意产生悲伤喜悦；老了的树和新开的花儿，一样包含了生命的意义，都有勃勃生机，为什么一定要胡乱分出好坏美丑来呢？因此，我们要平淡心境，舒畅心意，快乐人生。

有人用玻璃把一条蛇和一只青蛙在水池里隔开。开始时，蛇要吃青蛙，它一

次次冲向青蛙，却又一次次撞到了玻璃隔板上，吃不着。过了一会儿，蛇放弃了努力，不再朝青蛙冲去。当玻璃隔板被抽掉之后，蛇也不再尝试去吃青蛙了。我们可从这个小故事中得到启发：要想获得成功，方法很简单，只要不因一时的失败而失去信心，继续坚持下去就可以了。

庄子是个愤世嫉俗的人。他生活在战国时期，曾做过漆园小吏，生活很穷困，却不接受楚威王的重金聘请。他在道德上是一位非常廉洁、正直，有棱角和锋芒的人。他的“齐物论”认为，世界万物包括人的品性和感情，看起来千差万别，归根结底却又是齐一的。由此出发，秋虫和春鸟，老了的树和新生的花儿，有权势的高官和落魄的百姓，都包含了生命的意义，都有勃勃生机，也就没必要硬分出美丑好坏强弱来。

有一个年轻人请教道长什么是“道”，道长指着大山说：“冬去春来百花香就是道，顺其自然就是道。”现实生活中，人们常常妄生出分别心、痴迷心、悲喜心，自寻烦恼。该读书的时间不好好读书，该睡觉的时候不睡觉，逆道而为的现象比比皆是，以致人心浮躁，矛盾丛生。因此，我们要向大自然学习，效法春风的和煦温暖、大地的厚德载物、太阳的无私光照，以明净的心态，说好话、做好事，积极面对，自然会收获美好的人生。

182.【原文】许人一物，千金不移。

杀猪取信

【解悟 · 故事】答应给别人的物品，哪怕价值千金也不要变更。因此，我们要诚信为人，言而有信。

曾参是春秋末期鲁国有名的思想家、儒学家，是孔子门生中七十二贤之一。他博学多才，德行高尚，十分注重修身养性。一次，他的妻子要到集市上办事，年幼的孩子吵着要去。曾参的妻子不愿带孩子去，便对他说：“你在家好好玩，等娘回来，将家里的猪杀了煮肉给你吃。”孩子听了，非常高兴，不再吵着要去集市了。这话本是哄孩子说着玩的，过后，曾参的妻子便忘了。不料，曾参却真的把家里的一头猪杀了。妻子看到曾参把猪杀了，就说：“我是为了让孩子安心地在家里等着，才说等赶集回来把猪杀了烧肉给他吃的，你怎么当真呢！”曾参说：“既然你说过了，我们就应该做到，即使是对孩子也不能欺骗。如果今天你欺骗了孩子，玷污了他的心灵，明天孩子就会欺骗你、欺骗别人，甚至违法犯罪。到那时就迟了。”

有个年过花甲的老太太，一辈子的生活就在田间地头，平时省吃俭用，过年连一件衣服都舍不得给自己买。可是，她却将儿子给她的养老钱、毕生的积蓄和老伴挣小工的钱悉数拿出，为自己村里修了一条路。有人觉得她的精神境界很高，而她却觉得这没什么:“我小时候就有这样的心愿，如今总算实现了。能修上一条路，可以给千千万万的人走，就有千千万万的人能记得我。”有次，听一个她新结识的女企业家说自己有肩周炎，要是能采到野菊花做枕头就好了。老太太听着立马说：“我来帮你摘。”数月过去了，那女企业家心血来潮打个电话向老太太问好，却不曾想老太太第一句话就是“帮你采的野菊花都晒干了，我还打算托人问你住哪呢”。

“言必行，行必果”是我们中华民族的传统美德。古人把承诺当作非常严肃的事。君子不轻诺，做不到就不随便答应；而只要答应了的事，无论多么困难，都要想方设法去兑现。

183.【原文】一言既出，驷马难追。

【解悟 · 故事】一句话说出了口，就是四匹骏马拉的车也难追上。因此，我们要说话算数，言出必行。

春秋时，卫国有个大夫叫棘子成。有一天，棘子成对孔子的学生子贡说：“君子只要有好的本质就够了，要那些表面的仪式干什么呢？”子贡说：“您这样说是不对的。四匹马拉的车子，也追不回已经说出口的话。本质和表面是同样重要的。让我拿皮毛来举例解释吧！虎豹的皮和犬羊的皮，它们的区别，既在本质，也在表面，如果把这两类兽皮，拔去上面的毛，那虎豹皮看起来就像犬羊皮了。”子贡认为，说话要深思熟虑，因为话说出口，就不能再收回。后人就用“一言既出，驷马难追”来表示说话算数，不能反悔。

公元907年，延续近三百年的大唐帝国结束了，中国历史开始了混乱的五代十国时代。后唐清泰三年（936），后唐明宗的女婿石敬瑭引来北方的契丹，一举灭亡了后唐。石敬瑭因此奉契丹君主耶律德光为父，自称“儿皇帝”。契丹封石敬瑭为晋帝，史称“后晋”。天福七年（942），晋高祖石敬瑭去世，其养子石重贵即位。石重贵无执政能力，加上严重的旱灾和蝗灾，以致饿殍遍野，民不聊生。皇太后李氏屡屡训教，仍无转变。待外敌临近之时，后晋已势如危卵，不堪一击。开运元年（944），耶律德光派后晋降将张彦泽率两千骑兵，攻近都城长安，驻兵在明德门外。长安危在旦夕，城中一片混乱。石重贵一筹莫展，便命学士范质草写投降书，并垂示范质，投降书里一定要写先帝（即石敬瑭）与耶律德光“翁（祖父）皇帝”的关系，并要自称“孙臣”。范质又奉旨为皇太后草写投降书，称“晋室皇太后新妇李氏妾”。投降书上说，石敬瑭危难时，得到过耶律德光的救助，并建立了晋，“不幸先帝厌代，嗣子承祧，不能继好息民，而反亏恩辜义。兵戈屡动，驷马难追，戚实自贻，咎将谁执”。耶律德光收到投降书后，回信安抚。辽军进入长安后，改石重贵为光禄大夫，封“负义侯”，投降书中的“驷马难追”也被传为典故。

184.【原文】鄙啬之极，必生奢男；厚德之至，定产佳儿。

涉水过河

【解悟·故事】若一个人自私或吝啬到了极点，那他的孩子的作风肯定会很奢侈，消耗其财；而一个忠厚老实到了极点的人，他的孩子一定心地光明，待人亲和。因此，我们要积善余庆，厚德传家。

有一个人在路途中，遇到河水上涨，虽可坐船渡河，但他舍不得出船钱，便涉水过河。刚走到河中，就被河水冲倒漂流而下。他的儿子在岸上找船救他。船家说给一钱才能前去，儿子说只给五分。这样讨价还价僵持不下。那人快不行了，在垂死之际，还回过头来向他儿子大声呼喊：“我儿我儿，他若同意五分便来救我，一钱就不要救我！”结果这个人沉入了河底，五分钱买了他一条人命。

魏晋时期，胡质、胡威父子都以为官清廉著称于世，人们赞颂他们是“父子清官”。胡质曾经担任过东莞郡太守九年，从军征战数十次，每次因军功受的奖赏，他都全数分给部属，自己分毫不要，将士们都很感激他的恩德，誓死为他效命。他为官清廉，屡迁高职，官拜荆州刺史、振威将军。他的儿子胡威，备受父亲胡质的影响，年少时就有志继承和发扬其父的清廉美德，为官继承父亲的遗风，也官至青州刺史、前将军。有一年，胡威从洛阳去探望在荆州当刺史的父亲。胡威虽然是宦官子弟，但是由于家无钱财，备不起车马仆童，只好骑着毛驴带着干粮上路，沿途住旅店时，他一边放驴，一边砍柴生火做饭。到了荆州，胡质看到儿子十分高兴，父子二人彻夜长谈。头两天，胡质还能买些肉和鸡蛋给胡威吃，几天后，桌子上只剩下青菜豆腐萝卜汤了。在荆州小住几日之后，胡威向父亲辞行，胡质很想拿点什么东西表示一下做父亲的心意，翻来找去，总算从家里翻出一匹绢，便拿给胡威作为路上的盘缠。胡威却责问父亲："人们都说您清正廉洁，为官不贪不占，不知此绢从何而来？"胡质解释道："这是我从俸禄中节余下来的。"胡威这才放下心来，谢过父亲上路。闻知胡氏父子为官清廉的美名后，晋武帝司马炎召见了胡威，对他父子二人的廉洁奉公大为赞赏，并随口问道："你和你父亲相比，谁更清廉？"胡威答道："我不如我父亲。"晋武帝又问："那是为什么？"胡威回答说："我父亲清廉不愿意让人知道，我是唯恐别人不知道，所以我比我父亲差远了！"晋武帝更加佩服胡威了，因为他谦逊恭顺，为官政绩显赫而廉洁守操，下诏对他进行了褒奖。

185.【原文】日勤三省，夜惕四知。

【解悟 · 故事】我们白天要反省自己，做事是否敬业、与人交往是否诚信、学过的东西是否经常复习；晚上要警惕"天知、地知、你知、我知"。因此，我们要坚持忠信好学，学会慎独。

东汉时期的东莱太守杨震，人称"关西孔子"。他做官十分清廉，从不接受别人的贿赂。他在任东莱太守时，有次路过山东昌邑，他的学生王密在昌邑做县令。夜里，王密带着黄金来见杨震。杨震非常生气地说："我理解你的心情，你怎么就不理解我呢？"王密说："老师，半夜里是没有人会知道这件事的。"他反驳道："此事不是无人知道，而是有'四知'——天知、地知、你知、我知，怎么说没有人知道呢？"王密听后十分惭愧，只好带着黄金告退。从此，人们都知道杨震是一个清廉无私的人了。

春秋时期，孔子的学生曾参勤奋好学，深得孔子的喜爱，同学问他为什么进步那么快。曾参说："我每天都要多次问自己——替别人办事是否尽力、与朋友交往是否有不诚实的地方、先生教的知识是否学好。如果发现做得不妥就立即改正。"中国人讲究"独善其身"，像曾参那样"日三省吾身"，即通过自我的修炼来保持心灵的平衡。

其实，一些高智商、高职务的人在犯罪之前，大都衡量过犯罪行为的风险，但之所以最终会受到法律的惩罚，主要是走进自设的认识误区：有的自认为犯罪技术手段高明，不会被人发觉；有的自认为犯罪团伙组织成员是铁哥们，牢不可破；还有的自认为在夜幕掩盖下进行的犯罪勾当，无人知晓。但他们却错了，正如杨震说的黑夜都有“四知”，还有什么罪恶能够存入“保险箱”呢？

186.【原文】博学而笃志，切问而近思。

【解悟 · 故事】要有渊博的知识，更要有坚定的意志；多听多问，还要能切近平实地思考。因此，我们要努力学习、实事求是，善于思考、敢于提出质疑。

复旦大学的校训墙上镌刻了“孔门十哲”中子夏的名言“博学而笃志，切问而近思”作为校训。伫立墙前，可体会时光的流逝，却总有些不变的东西一直在敲打着人们的心，那就是传统文化的精髓。1915年，适逢复旦建校10周年，由留学耶鲁的老校长参照美国名校制度，为复旦制订了校训等。该校训由国文部的教师从《论语》中挑出来，暗合耶鲁大学注重培养学生严密、独立思考的能力和自由精神的特色。1995年复旦大学90周年校庆，5月27日校训墙揭幕仪式上，物理学家、复旦大学校董事会名誉会长李政道发表了即兴演讲。他觉得复旦大学的校训好就好在每一句的第二个字，“学”与“问”。李政道寄语复旦学生，学习要有创见，不能只学着回答问题，还要学会提问，更要看到“学生的头脑不是一个被填充的容器，而是一个待被点燃的火种”。

子夏比孔子小四十多岁，是孔子后期学生中的佼佼者，才思敏捷，以文学著称，被孔子视为其“文学”科的高材生。子夏为学时，因常有独到见解而得到孔子的赞许。子夏曾说，一个人要是能博览群书，然后学习的范围广泛，能做到上知天文下知地理，世界上新奇的东西他都喜欢研究，世界上优秀的作品他都喜欢研读，而且他又能够坚定自己所坚信的志向，并且遇到不懂的善于提问，那么这个人还缺少所谓的仁德吗？

187.【原文】少年不努力，老大徒伤悲。

【解悟 · 故事】年轻力壮的时候不奋发图强，到了老年只能悔恨与悲伤。因此，

春华秋实

我们要趁早学习，坚持不懈，晚年才不会后悔与伤悲。

汉乐府诗集中有个诗人一反常调，从普通诗人哀叹人生的短促、鼓吹及时行乐的反面起意，写了一首难能可贵的佳作：青青园中葵，朝露待日晞。阳春布德泽，万物生光辉。常恐秋节至，焜黄华叶衰。百川东到海，何日复西归？少壮不努力，老大徒伤悲。该诗“托物起兴”从园中葵写起，它在春天的早晨亭亭玉立，青青的叶片上滚动着露珠，在朝阳下闪着光亮，像一个充满青春活力的少年。由于有春天的阳光、雨露，万物都闪耀着生命的光辉，到处是生机盎然、欣欣向荣。这四句是对春天的礼赞，实际上是借物比人，是对人生最宝贵的东西——青春的赞美。

诗人用“常恐秋节至”表达对“青春”稍纵即逝的珍惜，其中一个“恐”字，表现出人们对自然法则的无能为力，感叹青春凋谢的不可避免。接着又从时序的更替联想到宇宙的无尽时间和无垠空间，时光像东逝的江河，一去不复返。由时间尺度来衡量人的生命，老死以后不能复生。在这永恒的自然面前，人生岂不就像叶上的朝露一见太阳就被晒干了吗？岂不就像青青葵叶，一遇秋风就枯黄凋谢了吗？诗歌由对宇宙的探寻转入对人生价值的思考，终于推出“少壮不努力，老大徒伤悲”这一振聋发聩的结论。

学习是一辈子的事，切不可停滞与懈怠。自然界的万物都有一个春华秋实的过程，人生也有一个少年努力、老有所成的过程；自然界的万物只要有阳光雨露，秋天自能结实，而人没有自身努力是不能成功的。诗歌最后两句浑厚有力，深沉含蓄，如洪钟长鸣一般。尤以“徒”字意味深长：老大无成，人生等于虚度了；如果老年时才醒悟将于事无补，徒叹奈何，意在强调必须及时努力。

188.【原文】惜钱休教子，护短莫从师。

【解悟·故事】吝啬钱财就不要给子女教育的机会，庇护孩子的缺点就不要为他们请老师了。因此，我们要想教育子女，就必须投资，从师也切忌护短。

郭沫若五六岁时，正值中秋前后，母亲又犯了晕病。在他老家，相传芭蕉花是治晕病的良药。他便同二哥四处寻找，隔着窗看见天后宫里的散馆园内有一簇芭蕉，其中有一株刚好开着花。刚巧散馆放假，他们见里面无人，便翻过窗子，摘取了给母亲治病的黄色芭蕉花。回到家里，母亲听说是在天后宫摘来的，非常

生气，立刻叫他们跪在床前，连连叹气地说："唉，娘生下了你们这样不争气的孩子，为娘倒不如病死好了！"他们都哭了。不一会儿父亲晓得了，又把他们拉去跪在大堂，当着祖宗面打了他们。母亲病了要吃芭蕉花，在别处园子里掏了一朵回来，为什么就犯了这样大的过错呢？芭蕉花最后也没有用，又抱去奉还了。患有晕病的母亲因需医治而盼花心切，但没有忘记育子的重任。其实父亲也体察到孩子的孝心，但他坚守"勿以恶小而为之"的信条，所以责罚了心爱的孩子。他们把孩子的品德看得比治病还重要，比生命还可贵，他们对孩子这样的爱才是真爱，才爱得有价值。

社会在进步，教育在深入，再穷不能穷教育。如果爱惜自己的钱财就别想教好孩子；严师出高徒，偏袒自己的孩子就不要找老师去教他。总之，只有舍得付出才能使孩子们获得更多的知识，才能为以后的人生打下基础。同时，我们也不要老护着孩子，孩子只有在严师的教育下才能成功。

189.【原文】须知孺子可教，勿谓童子何知。

【解悟 · 故事】要知道小孩子是值得教育培养的，不要说"小孩子知道什么"这样的话。因此，我们要让孩子接受好的教育，同时也不能小看孩子。

秦朝末年，有个叫张良的年轻人。一天，他在一座桥上遇见一位穿得破破烂烂的老人。老人看到张良，就把鞋扔到桥下，让张良去捡，还让张良给他穿鞋，张良都照做了。于是老人说："你这个年轻人是可教之材，五天后的早上到桥上来找我吧。"五天后，张良一早来到桥上，可是老人早就到了，老人责备张良来晚了，让他五天后再来。可又过了五天，张良再次来到桥上，又比老人晚到，老人十分生气。第三次，张良半夜就到了桥上，终于比老人早到了。这次老人很高兴，就送给他一本《太公兵法》。张良日夜攻读这本兵书，后来帮助刘邦统一了天下，自己也作为军事谋略家而赢得了"运筹帷幄之中，决胜千里之外"的千古嘉誉。

战国时代的甘罗，从小聪明过人，小小年纪即是秦国丞相吕不韦的门客，屡为秦国立功，12 岁被秦王拜为上卿；三国时期的孙权，9 岁丧父，18 岁执掌江东，使东吴在诸侯混战中成就了三足鼎立的时代，创造了名垂青史的业绩。

我们教育孩子要诲人不倦，不要小看孩子的知识与能力。孺子一定要教，教才能让其成才。

190.【原文】一举首登龙虎榜，十年身到凤凰池。

【解悟 · 故事】参加一次科举考试就榜上有名，苦读十年终于获得了大展宏图的机会。因此，要想成就大业，就必须坚持学习。

科举是中国官制史上的巨大进步。在古代，张贴出来的文告或名单叫榜，而在科举时代，称考取进士后张贴的皇榜叫龙虎榜。凤凰池本为禁池沼，魏、晋时中书省设于禁苑，掌管一切机要，因接近皇帝，故称“凤凰池”，后凡中书省中机要位置，均称为“凤凰池”。唐高宗在显庆四年（659）春季亲自主持考试，在九百名考生中选拔了张九龄等青年才俊。这算是中国殿试之开端。但人们总说武则天是这个制度的创立者，为什么呢？因为唐高宗举行这次考试是临时举措，没有形成制度，而武则天则把这件事制度化了，规模也更大。武则天做事很认真，一个个考，一考就是好几天，可谓盛况空前，从此殿试就成了惯例。所以《资治通鉴》都说，殿试是武则天创造的。此后历朝历代皇帝都举行殿试，进士们也自豪地说自己是“天子门生”。

清代乾隆年间的陕西状元王杰是地地道道的农家子弟，父母都是种田人。王杰在朝为官 40 余年，身为嘉庆皇帝之师，官居高位，刚正廉洁，伸张正义。嘉庆皇帝惩办贪官和珅时，王杰是主审官。王杰是后世公认的乾、嘉两代名臣。王杰晚年告老还乡，嘉庆皇帝对他的称赞是：“直道一身立庙廊，两袖清风返寒城。”

191.【原文】进德修业，要个木石的念头，若稍涉矜夸，便趋欲境；济世经邦，要段云水的趣味，若一有贪恋，便堕危机。

【解悟 · 故事】树立道德发展事业，要有个坚定无妄的念头，如果稍微涉及骄傲自满、过于夸张，就走向私欲的境界；济世治国，要如行云流水般自然，如果贪恋名利，就会堕入危机。因此，我们要志存高远，心无旁骛，低调清廉，不骄不躁，才能永葆事业的青春。

很久以前，乌龟与兔子之间发生了争论，它们都说自己跑得比对方快，于是它们决定比赛。确定了路线之后，它们就开始跑了起来。兔子一个箭步冲到了前面，并且一路领先。看到乌龟被远远抛在了后面，兔子觉得自己应该先在树下休息一会儿，然后再继续比赛。于是，它在树下坐了下来，并且很快睡着了。没想到，乌龟慢慢地超过了它，并且完成了整个赛程，毫无争议地当上了冠军。骄傲的兔子醒来后，才发现自己输了。

凡存远大理想者要有坚定的意志，不困于名利，不为取得一点成绩而四处夸耀。如果被名利所诱惑，就容易走向歧路，偏离目标。如果骄傲自满，就会失去同事与朋友，容易遭遇人生红灯。骄傲使人落后。富兰克林说过：虚荣是骄傲的食物，轻蔑是它的饮料。

我们如果要想发展仕途、建功立业，手握权力之后，要明白权力的来源，遵循权力运行规则，断不可以权谋私。为政者如果一味贪恋荣华富贵、功名利禄，就等于一个一心向上的人忽然跌落无底深渊，不仅不能治国经邦、为人民服务，而且恐怕连自己的身家性命也难以保全。

192.【原文】官清书吏瘦，神灵庙祝肥。

【解悟 · 故事】为官清正廉洁，下面当差的就捞不到油水；庙里的神仙灵验，香客就会络绎不绝，也就养肥了掌管香火的人。因此，官场之中上行下效，我们应该严于律己，秉持清廉之风。

东汉时期，庐江太守羊续施政清平，为人俭朴，素有穷官之称。有一次，羊续的属下给他送了一条活鲤鱼。面对这条“礼鱼”，他收下后让人把鱼挂在庭檐下，没过几天，就成了一条枯鱼干，在屋檐下飘来荡去。羊续不准别人取掉枯鱼干，以此表达自己不收礼的决心，留下“悬鱼太守”的美名。

三国时期，吴国名臣陆绩乘船渡河，遇到大风浪，需要东西压船。陆绩身无长物，更没有钱财等，最终只寻得一块巨石，度过了风浪。这块“压舱石”如今还矗立在苏州文庙的庭院中，石面正中刻有“廉石”两个大字，并有落款。廉石也代表了陆绩为官清廉、为民造福的高尚品质。

官场中的官员由高到低形成一个体系。正像古人所说：“君子之德风，小人之德草。草上之风，必偃。”按照现在的说法是“榜样的力量是无穷的”。一个品德高尚的官员有可能带出一个清廉的团队，而一个贪腐的官员则有可能带出一个贪腐的团队，出现塌方式腐败。在“打老虎”“拍苍蝇”的反腐斗争中，常常出现窝案、串案，抓出“大老虎”，牵出一大片“苍蝇”。

“神灵庙祝肥”启迪我们要加强品牌建设，好的品牌和高质量产品有利于扩大知名度，有利于提高经济效益，有利于提高员工幸福指数。

193.【原文】若要人不知，除非己莫为。

【解悟·故事】如果你想你做的事情不被别人知道，你就不要做这件事。因此，我们不仅自己不要去做坏事，也要劝别人不去做坏事，无论做什么，总会有一双眼睛在你背后看着你。

传说尧帝时期的缙云氏部落首领，十分贪婪，把一个族群的风气都带坏了。他们不劳动，利用手中权力占有别人的劳动果实，供少数人吃喝，不肯帮助弱势群体。他们心怀鬼胎，试图勾结异己势力，推翻尧帝。人民异常激愤，因而将其称之为“饕餮”。当时，除了饕餮之外，还有另外三个部落首领也很腐败，受到人民的唾弃，合称为“四凶”。尧帝采取措施，任命舜来处置他们。舜采取了严厉的制裁措施，把饕餮等四凶流放到边远地区，让他们抵御妖怪。尧舜由此受到人民的拥护。

古往今来的腐败之人，都自以为非常聪明，做的事神不知、鬼不觉，不会被发现。有个行贿人，将行贿额度写在纸上，得到受贿人同意后，将纸条吞入肚中，以为没人知晓。随着利益的承诺与兑付，事情最终还是败露了。中国历史上的廉政，最早形成于原始社会向奴隶社会过渡的时期，即传说中的尧、舜、禹时期，涌现了很多优秀历史人物，他们率领广大人民活动在黄河流域，建立公共管理机制，或者说公共权力机构，即政权。反对腐败的廉政活动，迄今约有五千年的历史。

194.【原文】静坐常思己过，闲谈莫论人非。

【解悟·故事】静坐时要经常反省自己的过失，闲谈的时候莫议论别人的是非得失。因此，我们要修身律己，提倡道德修养。

从前有个女人是个长舌妇，很喜欢搬弄是非，无中生有。待到她死后就下了地狱。可到了地狱，她依然喋喋不休。阎罗王受不了了，于是命人把她的舌头割去。小鬼就去拉她的舌头，没想到，她的舌头那么长，拉啊拉啊，怎么也拉不完。小鬼好不容易把她的舌头完全拉出来并且割去。天啊！一条又臭又长的舌头！小鬼本来还准备下酒吃了这舌头，可实在是太臭了，只好丢去喂狗。哪知道狗看到这条舌头，也掩鼻而逃。这时候舌头急了，它骂道："你不就是一条狗！"这阴间的狗也厉害，不但会掩鼻而逃，还会说人话："你不也就只是一条舌头！"舌头很气恼，去找阎罗王评理。阎罗王说："既然这样，我就把你还给你主人吧！"于是他命小鬼把这条舌头去喂那个长舌妇。虽然这舌头臭，但毕竟是长舌妇的命根子，她忍了忍也就吃下去了。黑无常和白无常按捺不住了，问道："她这吃下去了，下辈子还是个长舌妇可怎么办啊？"阎罗王笑笑说："阳间的事儿，我可管不着了。"——这虽是个荒唐的警示故事，但隐喻着"少扯是非"的道理。

为人处世要先讲严于律己，后说宽厚待人。茶余饭后，尽量少在背后聊人是非。这世上没有不透风的墙，是是非非，迟早会传入他人耳内。如果无心的传话者按原话直言不讳，你可能还相安无事。但是，如果传话者有心添油加醋，那你可能就有麻烦了——你一定会因此而受到怨恨。人活着，就要避免是非。当你听到他人在谈论人是人非时，你最好保持沉默或借故躲开。尽量避免背后议论别人，以免带来不必要的麻烦。如果真的做到了"静坐常思己过，闲谈莫论人非"，我们就会有更多的朋友，过得更加简单快乐。

195.【原文】友如作画须求淡，邻有淳风不攘鸡。

【解悟·故事】真正的朋友之间应如画画一样追求淡雅；邻里之间如果风俗淳厚，就不用担心会有人来偷鸡摸狗。因此，我们与人交往，若没有物质利益上的冲突，只是心与心的相通，即是最可贵的境界了。

刘禹锡是唐朝文学家、哲学家，自言系出中山（治今河北定州），曾任监察

御史，有“诗豪”之称。刘禹锡曾因参加过当时政治革新运动而得罪了当朝权贵，被贬至安徽和州县当一名小小的通判。按规定，通判应在县衙里住三间三厢的房子。可和州知县却看人下菜碟，见刘禹锡是从上面贬下来的软柿子，就故意刁难，先安排他在城南面江而居，刘禹锡不但无怨言，反而很高兴，还随意写下两句话，贴在门上：“面对大江观白帆，身在和州思争辩。”和州知县知道后很生气，吩咐衙里差役把刘禹锡的住处从县城南门迁到县城北门，面积由原来的三间减少到一间半。新居位于德胜河边，附近垂柳依依，环境也还可心，刘禹锡仍不计较，并见景生情，又在门上写了两句话：“垂柳青青江水边，人在历阳心在京。”那位知县见其仍然悠闲自乐，满不在乎，又再次派人把他调到县城中部，而且只给一间只能容下一床、一桌、一椅的小屋。半年时间，知县强迫刘禹锡搬了三次家，面积一次比一次小，最后仅是斗室。想想这个势利眼的官员，实在欺人太甚，刘禹锡遂愤然提笔写下超凡脱俗、情趣高雅的《陋室铭》，并请柳公权刻上石碑，立在门前，以培育自己的淡雅气息。

君子之交淡如水。过于浓烈的交往大都别有用心，难以长久，平淡方能长久。很多公司将“君子之交淡如水”作为人事观，成为一种交友文化，反对员工之间节日喜庆送礼随份子，培养了一种良好的文化氛围。与此同时，邻里关系也是人际交往中重要的一部分。邻居是搬不走的朋友，而处好邻居关系的责任主体在自己，关键是要有仁爱之心、包容之心，以诚相待。

196.【原文】小窗莫听黄鹂语，踏破荆花满院飞。

【解悟·故事】不要听小窗前的黄鹂叫得好听，你看它们到处乱飞，弄得不好，常使花落满院。这里的黄鹂语其实是指女人说的话，荆花指的是兄弟。因此，我们要妥善处理妯娌关系，兄弟之间不要偏听老婆的枕边私语，要珍视手足之情，为家庭和睦尽责尽力。

有一对妯娌去庙里求签，看她俩同去赶考的丈夫是否考中。大媳妇求了张“侬可凉凉去”，二媳妇求了张“我也凉凉去”，两人都不懂是什么意思。酷暑天气，她俩在屋里挥汗如雨地做饼，一时间一群人吹吹打打上门报喜，说大公子考中了。

婆婆就叫大媳妇："侬可凉凉去！"大媳妇就到旁边休息乘凉去了。二媳妇一个人接着干活，气得眼泪在眼眶里打转。不一会又有吹吹打打的人上门，报告二公子也考中了。二媳妇就把擀面杖一扔，说："我也凉凉去！"——无须多着墨，妯娌间的明争暗斗早已显现。其实细细一想，就连"妯娌"这两个字也体现了汉字的妙不可言，同是女字旁，右边框架的组成部分也相似，但彼此又是对着干的，一个朝上，一个朝下。朝上的"妯"，身段稳重，神态像是鼻孔冲天，得理不饶人；朝下的"娌"则显得小而娇气，恃宠而骄。

在家庭关系中，妯娌关系很重要。许多兄弟分家反目，有一部分是因妯娌不和所造成。兄弟之间具有血缘关系，加之从小到大，经过长期磨合，矛盾冲突会相对较小。妯娌则是在不同的家庭长大，因姻缘关系而共处一个屋檐下，同吃一锅饭。如果丈夫不明事理、感情冲动，矛盾就易通过妯娌传递到兄弟之间，导致兄弟不和睦。但如果把兄弟之间的矛盾都归咎到妯娌显然也是不公平的，现实生活中也有不少深明大义、大公无私的妯娌，她们为家庭和睦作出了积极贡献，值得称道。

197.【原文】平生最爱鱼无舌，游遍江湖少是非。

少说为佳

【解悟·故事】一生当中最喜爱鱼了，它们没有舌头，即使游遍江河湖海也很少惹是生非。因此，我们平时不要因为图一时嘴快而招惹是非。

舌头是好东西，善于表达、能言善辩是人的一项重要本领。张仪游说六国，让六国间见死不救，使秦一天天做大；苏秦游说六国，并立西向，使秦国 15 年不敢出函谷关；诸葛亮赴东吴通过舌战群儒，分析形势，陈述利弊，坚定了孙权联合刘备抗击曹操的决心，结果演绎了火烧赤壁大败曹操、三足鼎立的经典故事。

舌头又是灾祸之源，无数人因舌头遭祸甚至丧命。后梁太祖朱温是个居心叵测的皇帝。他经常设套引诱臣子来拍马屁，然后安个欺君的罪名将其杀害。他曾经跟臣子说，柳木做车轴好。臣子马上附和道：当然好。朱温马上大怒：你们戏弄我，柳木怎么能做车轴，车轴必须用枣木做！于是随声附和的倒霉鬼就被杀了头。这就是舌头惹的祸。

作为一个明智之人，首先是要藏得住事，不能说的事情要守口如瓶；其次是要理性分析，不道听途说，不轻信谣言，不传播谣言，谣言止于智者，要相信自己就是止住谣言的智者；最后是当谣言伤害自己时，不要急于争辩，要沉得住气，让时间来证明，让事实来说话。总之，不管鱼是不是因无舌而少是非，我们都要谨言慎行，不扯闲话惹是非，过得清静点为妙。

198.【原文】无事常如有事时提防，才可以弥意外之变；有事常如无事时镇定，才可以消局中之危。

【解悟·故事】安然无事的时候，要常常如同面临大事一样警觉提防，小心谨慎，才可以弥补意外发生的变故；当有事情来临的时候，要常常如同安然无事一样镇定从容，保持冷静理智，才可以消除局势中的危机。因此，我们要无事不松懈，有事不慌张，随时保持冷静理智的头脑。

曾国藩从一介书生到一代名臣，在错综复杂的形势之下明哲保身、得以善终，其修身、齐家、平天下的能力与做人处世的艺术可见一斑。他在做人上有其独到之处。自近代以来曾国藩就被政界人物奉为“官场楷模”。他升官最快，十年七迁，三十七岁官至二品，在清朝独一人；做官最好，政声卓著，治民有言；保官最稳，历尽宦海风波而安然无恙，荣宠不衰。他一生有个非常突出的特点，就是善于在不同的环境之中改变自己的性格，尽可能达到一种完善的状态，应对人生风云。他战胜太平军后，迅速裁撤湘军，让能征善战的弟弟回家种地，成为他无事时提防变故、借以消除朝廷疑虑的绝招。他熟读中国历史，对官场之道参悟深透，积淀了一整套官场绝学，用之于中国官场，攻无不克，战无不胜，无愧为晚清“中兴第一名臣”。

一日下午，老僧在寺门外的古树下打坐参禅，静若草垛。一只被老鹰追击的野兔，在慌不择路、无处躲藏之际，居然钻进了老僧的百衲衣里。随即而至的老鹰嘶鸣着在老僧的四周近距离地盘旋，接着又落在老僧的身上。老僧依然微眯双目，泰然静坐。直到夕阳落山，天色渐暗，老鹰才很不情愿地朝山峰飞去，胆战心惊的野兔也慢慢地钻出来，朝一处山谷跑去。后来，远远地目睹了这一切的几个小和尚，非常敬佩而好奇地问老僧：“师父为什么不扬手吓走那老鹰，来救护可怜的野兔呢？您老的静功可真练到家了！”老僧说：“野兔的性命尽管珍贵，老鹰的饥肠同样令人悲悯。没有被吃掉的野兔，就会有被饿死的老鹰。佛心禅意，处变不惊。”

199.【原文】三人同行，必有我师，择其善者而从，其不善者改之。

【解悟·故事】三个人同行，其中必定有我的老师；选择别人的优点去学习，发现我也有别人一样的缺点就改正它。因此，我们要自觉修养，虚心好学。

曾子是孔子的弟子。有一次他在孔子身边侍坐，孔子就问他：“以前的圣贤之王有至高无上的德行、精要奥妙的理论，用来教导天下之人，人们就能和睦相处，君王和臣下之间也没有不满，你知道它们是什么吗？”曾子听了，明白老师孔子是要指点他最深刻的道理，于是立刻从坐着的席子上站起来，走到席子外面，恭恭敬敬地回答道：“我不够聪明，哪里能知道，还请老师把这些道理教给我。”在这里，“避席”是一种非常礼貌的行为，当曾子听到老师要向他传授时，他站起身来，走到席子外向老师请教，是为了表示他对老师的尊重。曾子懂礼貌的故事被后人传诵，很多人都向他学习。

有天，孔子向东游历，遇见两个小孩在看日出。于是孔子便凑了过去，只见两个小孩儿争得面红耳赤。一个小孩说：“你看！早晨太阳像车轮，中午像盘子，这不是早晨离我们近，中午离我们远吗？”另一个小孩却说：“离我们近必定晒人厉害，可早晨太阳凉凉的，但到了中午却像火盆烤人呢！”二人相持不下，见孔子来到，便请教孔子。孔子也没说出个所以然。两个小孩笑着说：“人们都说你上知天文，下知地理，中知人伦纲常，是无所不知的圣人，怎么这些事都不能讲清楚呢？”孔子长叹一声，俯下身来对孩子们和蔼地说：“后生可畏，我当拜你们为师。”又回头对弟子们讲：“三人行必有我师。我们要不耻下问。”

同行三人本无贤愚之别，择善从之，不善改之，故无常师。如果三人之中确有优劣之别，择善者而从之，对于劣者则以善导引而改之。榜样的力量是无穷的。孔子强调了楷模的作用，但还有个更为重要的前提是辨别善恶的能力，首先要建立起自我为中心的“是非判断体系”，然后则是“行为”，行其所当行，为其所当为。如此则可无常师，这也是孔子学与教的根本。

200.【原文】养心莫善于寡欲，无恒不可作巫医。

【解悟·故事】养身之道最好的莫过于清心寡欲，人如果没有恒心就不可能成为祭祀鬼神、为人治病的巫医。因此，我们要想培养并提高自己的思想境界，就应该清心寡欲，并且持之以恒。

梁惠王在范台宴请各国诸侯。酒喝到酣畅时，魏惠王向鲁共公敬酒。鲁共公站起身，离开自己的坐席，正色道："从前，帝女令仪狄酿造美酒，把酒献给了禹，禹喝了之后也觉得味道醇美，但因此就疏远了仪狄，戒绝了美酒，并且说'后世一定有因为美酒而使国家灭亡的'；齐桓公有一天夜里觉得肚子饿，想吃东西，侍臣易牙就做出美味可口的菜肴给他送上，齐桓公吃得很饱，睡到天亮还不醒，后来说'后世一定有因贪美味而使国家灭亡的'；晋文公得到了美女南之威，三天没有上朝理政，于是就把南之威打发走了，并说'后世一定有因贪恋美色而使国家灭亡的'；楚灵王登上强台远望崩山，左边是长江，右边是大湖，登临徘徊，唯觉山水之乐而忘记人之将死，于是发誓不再游山玩水，后来他说'后世一定有因为修高台、山坡、美池，而致使国家灭亡的'。现在您酒杯里盛的好似仪狄酿的美酒；桌上放的是易牙烹调出来的美味佳肴；您左边的白台，右边的闾须，都是南之威一样的美女；您前边有夹林，后边有兰台，都是强台一样的处所。这四者中占有一种，就足以使国家灭亡，可是现在您兼而有之，能不警戒吗？"梁惠王听后连连称赞谏言非常好。鲁共公的这番话点醒了沉迷于享乐的梁惠王，也证实了清心寡欲对一国君主的重要性。

人的疾病很多来自心理与情绪。心理与情绪主要因欲望引起，得不到时焦虑，得到后不安，失去后忧郁。可见，欲望既是人生上进的动力，同时也是焦虑、不安、忧郁的根源。人在努力的同时应当看淡名利，少私寡欲，要懂得生命的意义在于奉献，而不是索取。要有知足知止的智慧，知足知止才是真正的富贵，贪婪则是真正的贫穷。

201.【原文】狎昵恶少，久必受其累；屈志老成，急则可相依。

【解悟·故事】亲近品行恶劣的年轻人，时间长了必定会受到牵累；恭敬虚心，与那些阅历丰富而善于处事的人交往，有了急事难事，就可以受到他们的指导或帮助。因此，我们要慎重择友，多交君子，不交恶少。

同化效应

老舍的小说《四世同堂》里有个人物叫祁瑞丰，是祁老太爷的二孙子。他本性并不坏，只是单纯地想做官，哪怕是一个小官。而在那个动乱的年代，因为没有正当的渠道能获得官职，只得到处求人。他顺应社会大风气，对胖菊子低声下气，想通过胖菊子找他当权的亲戚给他“运动运动”。他对冠晓荷、大赤包乃至蓝东阳阿谀奉承，甚至不惜成为汉奸。当大哥被日本鬼子抓走时，他可以拿着母亲的钱一走了之；侄女妞子没饭吃，他可以把剩下的鸡蛋全吃了；为求一时舒适，他可以成为日本人任意摆布的工具。最终，他被日本人找个借口给弄死了，可谓是咎由自取。

丝放进什么染缸就会变什么颜色，学好千日不足，学坏一日有余。有益的朋友有三种：正直、诚实、见识广博的人。有害的朋友有三种：搞歪门邪道、阿谀奉承、花言巧语的人。恶少多是酒肉朋友，当你有危难时，他们早已逃之夭夭；而君子用文章学问来结交朋友，帮助自己培养仁德。看到贤德的人就向他看齐；看到不贤德的人，就反思自己身上有没有类似问题，这样自己的品德慢慢就提高了。常和品行高尚的人在一起，就像沐浴在种植芝兰、散满香气的屋子里一样，时间长了虽闻不到香味，但本身已充满了香气。所以，青年时期，一定要谨慎交友。

202.【原文】心口如一，童叟无欺。

童叟无欺

【解悟 · 故事】心里想的和口头说的要一致，不要欺骗小孩和老人。因此，我们说话做事要表里如一，不欺骗任何人。

有个穷苦的小孩，13 岁时父亲就去世了，于是他到一家银行当帮工，靠微薄的收入过日子。有一天，银行派他到客户家中取 300 法郎。当他收到款项后回到银行仔细一算，却发现多了 300 法郎。他立即跑回客户那里，将多出的钱还给这个客户。这个客户是当时有名的数学家高斯先生，高斯收下钱后对他说：“你真是一个诚实的人啊！欢迎你有空时常来和我聊天，我想和你做朋友。”此后他便经常去高斯家中，向高斯请教有关数学及电报方面的知识。不久之后，他辞去了银行的工作，高斯便出资让他到柏林经营书店。经历了许多艰难险阻，他建立了欧陆通讯网，甚至将其扩展到了全世界。这完全是因为他当时的诚实，才获得了创业的援助。他的欧陆通信网最后发展成了今日繁荣的路透社。这个人就是保罗·朱利叶斯·路透。

“诚”是修养道德的精髓，是得到他人信任的基础。“诚”的关键不在别人，在乎自身，人对自身首先要“诚”。“诚己之身”然后才能诚人，最后达到人信、人诚。做人不仅要心口如一，而且要言行一致。说到做到，不轻易承诺，轻诺则无信。承诺了的事情就要想方设法做到。做人要讲究公正、公平，对于强权不阿谀奉承，不放弃道德底线。对于老人小孩等弱势群体要给予更多的呵护，不能欺凌。其实，对弱势群体的关爱就是对自己的关爱，每个人都会由年轻走向衰老，今天你欺骗那些老人家，当你老了，被骗的或许就是你自己。因此，我们做人一定要讲究诚信，老少无欺。

203.【原文】人有善念，天必佑之。

从善有报

【解悟·故事】做人如果有好的念头，有实现善的愿望，苍天也会保佑他，并让他的愿望得到实现。因此，要多存善念，多做善事。

春秋时期，鲁国孟孙氏的家里有位特别忠实善良的使臣，名叫秦巴西。有一次，孟孙氏让秦巴西陪他外出打猎。狩猎中，孟孙氏捕获了一只小鹿，非常高兴，决定把小鹿带回家。孟孙氏把小鹿交给秦巴西，嘱咐他一路上好好看护，别让小鹿跑了。秦巴西把小鹿放在车子上，十分细心地照料着。这时，他发现一只母鹿远远地跟在队伍后面，并不时发出痛苦的哀鸣。秦巴西断定这只母鹿一定是小鹿的母亲。听着母鹿的哀鸣，他恻隐之心油然而生，于是顾不得主人的嘱咐，把小鹿放了，让它回到母鹿的身边。小鹿被放掉了，秦巴西心里轻松了许多，但他知道，放了小鹿一定会得罪主人。尽管如此，他一点都不后悔。回到家里，孟孙氏叫秦巴西将小鹿带过来给家里人观赏，秦巴西不得不把自己放走小鹿的经过说了出来。孟孙氏听后，气得半天说不出话来，决定放逐秦巴西，以示惩罚。过了一年，孟孙氏的儿子需要请一位老师。孟孙氏想起了秦巴西，决定派人把他接回来。孟孙氏手下的人不解地问：“秦巴西是因犯了错误而被放逐的，为什么如今竟让他做公子的老师呢？”孟孙氏笑了笑，说：“其中的道理不是很简单吗？秦巴西对小鹿尚且如此爱怜、如此善良，对公子还会有差吗？”不久，秦巴西被接回孟孙氏家里，做了孟孙氏儿子的老师。秦巴西的善良和忠诚得到了回报。

所以，我们要努力做一个善良的人，即使你的善良在别人眼里会显得有点傻，但总有一天你的善意会让你得到意想不到的收获。

204.【原文】过则无惮改，独则毋自欺。

【解悟 · 故事】犯了错误就不要怕改正，即使在独处时犯了过错，也要主动改正，切不可自己欺骗自己。因此，我们要知错必改，诚实无欺。

明代有位叫曹鼎的典吏，有一次抓了一名绝色女贼。由于离县衙路远，于是两人夜宿一座庙中。月光下，女贼千方百计以色相引诱他，他便写下了“曹鼎不可”四个字贴在墙上提醒自己。转念一想，这荒山野外，谁能知晓，于是他又把纸条撕下来，便要破门而入。此时又觉得这是因私欲而废公法的行为，实在不妥，又退回把纸条贴上。可又一想，送到嘴边的肉不吃不是太傻了吗？于是又把纸撕掉，转念又一想，我是执法人员，这是知法犯法的行为，又把纸贴上。过了一会儿又产生一念，她是犯人，我做了坏事她也不敢说，又把纸撕了下来。刚要进门，又一想不行，这是乘人之危，是不道德的行为。就这样一夜折腾了十几次，终于保住了清白之身，成了慎独的典型。

人都喜欢展示光彩的一面。有些人对自己的过错、短板，要么认识不到，要么不肯当众承认，总会找各种客观理由一推了之、一遮了之，其实到头来受害的还是自己。因为认识不到自己的错误就无从改过，自己还心满意足，就会失去前进的动力。有错不改，犹如讳疾忌医，小则伤身，大则送命。因此要向古圣学习，吾日三省，见贤思齐，知错必改。即使一个人独处的时候，也要勇于无情地解剖自己。一个人最不能欺骗的是自己的心灵，撒下一个谎需要十个谎来圆，可能还圆不了。改过自新不是外界的压力，而是自身的修养。要通过不断学习、磨砺，养成知错必改、诚实无欺的习惯。有了好的习惯，终将受益终身。

205.【原文】道吾好者是吾贼，道吾恶者是吾师。

【解悟 · 故事】只说我好话的人是贼子，是想偷走我的正直、善良的品行；而能指出我的错误与不足的人，才是我的老师。因此，人要有自知之明，不要因几句吹捧就飘飘然；要闻过则喜，才能不断进步。

接受批评

东晋书圣王羲之，他的字堪称我国书法史上的一绝。他儿子王献之自小跟父亲学写字。有次，他要父亲传授习字的秘诀，王羲之没有正面回答，而是指着院里的十八口水缸说：“秘诀就在这些水缸中，你把这些水缸中的水写完就知道了。”王献之心中不服，认为自己人虽小，字已经写得很不错了，便下决心再练练基本功，好在父亲面前显示一下。他天天模仿父亲的字体，练习横、竖、点、撇、捺，足足练习了两年，才把自己写的字给父亲看。父亲笑而不语，母亲在一旁说：“有点像铁划了。”王献之又练了两年各种各样的钩，然后给父亲看，父亲还是不言不语，母亲说：“有点像银钩了。”王献之这才开始练完整的字，足足又练了四年，才把写的字捧给父亲看。王羲之看后，在儿子写的“大”字下面加了一点，成了“太”字，因为他嫌儿子写的“大”字架势上紧下松。母亲看了王献之写的字，叹了口气说：“我儿练字三千日，只有这一点是像你父亲写的！”王献之听了，这才彻底服了。从此，他更加下功夫练习写字了。

王羲之看到儿子用功练字，心里非常高兴。一天，他悄悄走到儿子背后，猛地拔他执握在手中的笔，没有拔动，于是他赞扬儿子说：“此儿后当复有大名。”王羲之知道儿子写字时有了手劲，这才开始悉心培养他。后来，王献之真的写完了这十八缸中的水，与他的父亲一样，成了著名的书法家。王羲之劝子于学，采用的是“不动声色”的方法。王羲之对儿子没有一句说教，却使他逐步懂得学无止境的道理。

纵观我国历史，凡是成就突出的人，大都勇于接受批评意见。他们能够从善如流，所以能够吸取众人的智慧，避免失误，从而成就自己的事业。

206.【原文】入观庭户知勤惰，一出茶汤便见妻。

【解悟 · 故事】到别人家里去，看看庭院就知道主人是勤快还是懒惰；一端出茶水，便能看见主人妻子是何模样。因此，我们要注重持家，使家庭幸福。

古人讲究阴阳之道，在一个家庭里也是一样，通常情况是男主外，女主内。男人的主要任务是干事业，赚钱养家；女人主要是相夫教子，打理家务。这样的家庭结构容易和谐。如果夫妻两人都是强人，都忙于工作，无人照顾家庭，无人教育孩子，甚至没有时间照顾老人，这样的家庭总会有所欠缺。现代社会妇女得

到解放，已经在许多领域成了主角，那么就需要她们的配偶做出调整，甘于担当好“家庭主男”的角色。

20 世纪 80 年代，英国流行着一句玩笑：“英国有两个最伟大的男人，一个躲在唐宁街 10 号，一个躲在白金汉宫。”前者指的是时任英国首相撒切尔夫人的丈夫丹尼斯，后者则是菲利普亲王，这两个男人一生都生活在自己“强势妻子的光影里”。

1939 年，13 岁的伊丽莎白公主在英国达特茅斯邂逅 18 岁的希腊王子菲利普。此后八年，两人“鸿雁传情”，终在 1947 年 11 月 20 日喜结连理。尽管这两人现年事已高，无论是在白金汉宫还是女王最爱的温莎城堡，夫妻俩依然保持着同床共枕的习惯，除非其中一人第二天需要早起。

伊丽莎白女王和菲利普亲王多年来和谐相处的秘密是二人达成的一项“契约”：在公众场合，女王是高高在上的皇权象征，而在家里则以丈夫菲利普为尊。菲利普亲王是这个世界上唯一能将女王视作普通人的人，也是唯一能够这么对待女王的人，女王对此颇为珍惜。在属于他们的厨房里，没有尊卑之分，只有浓情蜜意。心疼丈夫的女王因丈夫每况愈下的身体状况特意取消了很多外事活动，专心陪伴在丈夫的身边，每天在夕阳下散步闲谈，享受独处的快乐。而原本是王子身份的菲利普亲王，为了爱情，不仅放弃了王位，而且甘愿一辈子做女王的侍卫，他的这种奉献精神同样是伟大的。

207.【原文】父老奔驰无孝子，要知贤母看儿衣。

【解悟 · 故事】父亲老了还在奔波，肯定是膝下的儿女不孝；要知道母亲是否贤德，看看儿子的衣服就知道了。因此，我们做儿女的要多替父母做事，做父母的也要关照好儿女的衣食住行。

很久以前，在城门山脚下，住着孟子和他的母亲。孟子三岁丧父，孟母艰辛地将他抚养成人。有天，孟子怀里抱着一些红苹果和青枣跑回家。孟母撞见了，问：“孩子，这是从哪里拿来的？”孟子支支吾吾地回答：“是、是从墓地里偷来的。”原来，家旁边不远处有块墓地，孟子和小伙伴们经常来这里玩，有时会模仿别人哭丧，有时还偷墓地的供果吃。孟母不想让孩子去那么荒凉而危险的地方玩，马上带着孟子搬了家。

新家离集市很近，热闹又方便。住了一段时间，孟母发现孟子经常学集市里商贩的叫卖声、吆喝声，还用泥土捏小猪，模仿杀猪的样子。“周围的环境太嘈杂了，孩子怎么能专心学习？”于是，孟母再次搬家。

这次她搬到了一所学堂附近。孟子听着学堂里传来的读书声，渐渐喜欢上了学习。孟母用织布换来的钱交了学费，送孟子去读书。孟母还特别叮嘱孟子：“学习一定要坚持。如果半途而废，那就像把这织布机上的布剪断了一样，前功尽弃！”孟子把妈妈说的话记在心里面，和师兄弟们一起专心读书。许多年以后，他成了一位著名的思想家。

现在家庭普遍孩子较少，一般家庭都舍得在孩子身上花钱，孩子穿着上奢侈浪费的现象比较严重。对于生理和心理处于成长阶段的孩子来说，家长千万不要忘了对孩子进行节俭教育和简朴习惯培养。这是为人父母必须要做到的。

208.【原文】入门休问荣枯事，观看容颜便得知。

【解悟·故事】进门的时候不需要问是好事还是坏事，通过察言观色就能够洞悉。因此，我们要善于观察，透过现象认识本质。

有个女生，在大一时与一个大四男生谈恋爱。没过多久他们就分手了，因为有两件事让她看到这个男生的另一面。一天晚上他俩去看电影，排队买票时，有个卖口香糖的小孩走过来想让他们买包口香糖，他居然大声呵斥那个小孩。还有一天，他们去散步，看到一个老奶奶摔倒了，他不仅没有去搀扶，还说“你这种老家伙我见多了”之类的话。经过分析，她觉得他没有爱心，并且有暴力倾向，她便提出了分手。这个男生毕业后就结婚了，但9个月以后就离婚了，原来他把他的太太痛打了一顿，差点把眼睛都打瞎了。这个消息传到这位女生的耳朵里，心想，当初如果没有和他分手的话，那个被打的人必然就是自己了。这就叫作“见微知著”。因此，只要我们平常注意去观察，一个人的真实样子和内心世界肯定是伪装不了的。

现实生活中，有的人喜欢打听，有的人爱说别人家的事情，他们都容易招致人家的反感。因为在这两者面前，都没有秘密可言。时间久了，这样的人不仅不会受到重用和重视，而且没有人会拿他当知心朋友，最后也就成了孤家寡人。所以，在与人交往时应注意少问、少说。如果朋友在一起时，为不至于冷场，就找一个双方都感兴趣但又不牵扯双方家庭的话题去谈。英国人常把天气作为闲谈的话题，或许就包含了这类道理。

209.【原文】养儿代老，积谷防饥。

积谷防饥

【解悟·故事】养育儿子是为了防备老来无依靠，保存谷物是为了防备饥荒。因此，我们要从长计议，未雨绸缪。

朱元璋出生在钟离县的穷苦农民家庭，15岁那年父母去世，连棺材、墓地都买不起，好心的邻居帮助他安葬了双亲。走投无路之下，朱元璋投奔了皇觉寺的高彬和尚，剃度为僧做了小行童，挑水打杂，赚口饭吃。但是年成不好，寺庙也很困难。朱元璋17岁那年，庙里连粥也吃不上，他像其他和尚一样，带着木鱼与食钵，外出讨饭。他流浪了三年，走过许多州府，看到了民间疾苦，也增长了社会见识。后来，朱元璋在成就帝业的路上，看到了粮食等物资对支持他的政权与军事活动的重要性。在徽州，朱元璋征求学士朱升对他今后战略方针的意见时，朱升说："高筑墙，广积粮，缓称王。"这实际上总结了朱元璋一贯实行的方针。他听后非常高兴，并据此一步步完成了统一中国的大业。

元代《琵琶记》中出现了"养儿代老、积谷防饥"的名言。然而时移势异，在中国延续了千年的"养儿代老"的传统正在发生变化。传统的"养儿代老"意味着儿女多等于劳动力多，等于有更好的经济保障。随着时代变迁，中国需要日趋多元化的养老模式。在国家承担更多养老保障责任的同时，家庭养老、社区养老以及机构养老需要同步发展。其实，社区养老和家庭养老更符合中国老年人在熟悉的生活环境中安度晚年的意愿。因此，为人子女即使不能和父母一起生活，也要记得常回家看看，正如那首歌所唱的"老人不图儿女为家做多大贡献，一辈子不容易就图个团团圆圆"。

210.【原文】常将有日思无日，莫待无时想有时。

【解悟·故事】过上富有生活时要想到以后可能会过贫穷的日子，不要到了一无所有时再来回想以前的美好生活。因此，我们要居安思危，勤俭持家，要有计划地过日子，切莫挥霍无度。

财去又回

元朝时，苏州富翁施鉴是个爱财如命的守财奴。他儿子施济却又散财好客，周贫恤寡，豪侠仗义。施鉴唯恐儿子将家财散尽，就偷偷将金银埋藏于地窖数处，不让儿子知道。谁知施鉴一夕五更睡去便不醒了，不曾留下片言遗嘱。当时施济已四十来岁，只生一男，中年得子，便收拾三百两银子，到虎邱山拜佛感谢。忽听得有人哭泣甚惨，上前一看，认得是旧时邻居桂富五，再三盘问，才知他被债主逼迫，家产盘剥一空，卖妻鬻子还不足数，因此想投水自尽。施济是个豪爽性子，悯其遭际，立即赠银三百两，代还债务，并将胥门外枣园一所、茅房数间、田十亩借与桂富五一家居用。两家从此就如亲戚往来，不觉过了三年多。

有天，桂富五在桑枣园银杏树下挖得一千五百两窖银。这恰是施鉴埋下的一处银两。桂富五大喜，瞒过施济，悄悄在会稽购下房产、田产，三年经营后成了富翁。这年，施济得病死了，桂富五携家眷离开苏州，到会稽落户。施济生前好施乐善，家中早已空虚，又经这番丧中用费，不免欠下债务。施济的夫人严氏守着孤儿施还，无法度日，于是想起当初曾给桂富五三百两银子的事，又听说桂家近来富足，便携儿去会稽求助。谁知那桂富五不仅不认账，且恐施家不断求索，相待十分冷淡，竟不顾旧日恩情，将施家母子推搪回去。桂富五赶走施家母子后，以为得计，谁知他儿子又嫖又赌，竟将家产挥霍殆尽，又贫穷下来了。桂富五追思前事，又悔又愧，遂终身吃斋念佛，洗心革面，重新做人。

严氏携施还怄气归来，一病三月，诸医无效，一命归西。施还年轻，衣衾棺椁都办不了，只得将住宅卖给别人。拆迁之际，在天花板上得一小匣，拆开看时，只有账簿一本，内写：某处埋银若干，某处若干，如此数处。遂挖掘出来，一一如数，只桑枣园树下一千五百两只剩空坛。于是施家赖以中兴。

211.【原文】守己不贪终是稳，利人所有定遭亏。

【解悟·故事】守住本分不贪婪会有善终，若想占别人的便宜必定会吃亏。因此，我们不能贪婪，要提倡勤劳致富过安稳日子。

在墨西哥干旱的草原上，大量的食草动物给生长在这里的植物造成了很大的压力，很多植物因此濒临灭绝。可是有一种叫刺槐的树例外。刺槐的树叶常年翠

吃亏是福

绿繁茂，成为这片干旱的草原上难得一见的景观。每隔一段距离，就有一棵刺槐，每棵刺槐都有自己的一小块地盘。刺槐枝上长着大量的刺，这些刺不仅用来阻挡不受欢迎的入侵者，而且还是蚂蚁的家园。这种寄居在刺槐身上的蚂蚁确实非同一般。一旦刺槐的敌人——食叶昆虫及其幼虫、草食动物——靠近时，盛怒的蚁群就会蜂拥而出，与入侵者做殊死搏斗，直到把它们赶走为止。除此之外，蚂蚁还可以清除对刺槐造成威胁的寄生植物。当这些植物靠近时，蚂蚁就会毫不客气地上前利用尖锐的上颚啃掉它们的藤条和嫩芽。

为了投桃报李，刺槐不仅让蚂蚁在自己身上安家，还为这些蚂蚁提供了充足的食物。在刺槐树枝上的刺与刺之间，有绿色的小孔，这些小孔会不断地产生蜜，为饥饿的蚁群提供糖分等饮食需求，另外还能提供蚂蚁们需要的蛋白质、脂肪和维生素，可以说是有求必应，服务周到。显然，刺槐费了很大力气来供养蚂蚁，目的是留住蚂蚁。刺槐和蚂蚁的这种合作共存给人类以很大的启示——合则双赢，争则俱败。

一个人要坚守道德底线，知道哪些事可做，哪些事不能做。古人说：“君子爱财，取之有道。”孔子说：“不义而富且贵，于我如浮云。”如果违背道德底线，追求名利富贵，即使得到了财富和权力，最终也会成为祸害，受其连累。

212.【原文】美酒饮当微醉候，好花看到半开时。

适度哲学

【解悟 · 故事】好酒要喝到微醺时，好花要赏在半开时。因此，我们要学会适度享受人生，要防范物极必反。

有个地主去拜访一个部落首领。首领为报答地主曾经的施舍，就说：“你从这儿向西走，做一个标记，只要你能在太阳落山之前回来，从这儿到那个标记之间的地都是你的了。”太阳落山了，地主没有走回来，因为走得太远，他累死在路上了。因此，过度地追逐利益，往往会使人迷失生活的方向，甚至失去生命。

几个人在岸边垂钓，旁边几名游客在欣赏海景。只见一名垂钓者竿子一扬，钓上了一条大鱼，足有一尺多长，落在岸上后，仍乱跳不止。可是垂钓者却用脚踩着大鱼，解下鱼嘴内的钓钩，顺手将鱼丢回海里。围观的人发出一片惊呼，这么大的鱼还不能令他满意，可见垂钓者雄心之大。就在众人屏息以待之际，垂钓者钓竿又是一扬，这次钓上的是条更长的鱼，垂钓者仍是不看一眼，顺手扔进海里。第三次，垂钓者的钓竿再次扬起，只见钓线末端钩着一条不过几寸长的小鱼。众人以为这条鱼也肯定会被放回，不料垂钓者却将鱼解下，小心地放回自己的鱼篓里。众人百思不得其解，就问垂钓者为何舍大而取小。垂钓者回答说："因为我家里最大的盘子只不过有一尺长，太大的鱼钓回去，盘子也装不下。"在经济发达的今天，像钓鱼者这样舍大取小的人越来越少，而舍小取大的人越来越多。实际上，合理争名，适度取利，心地善良，胸襟开阔，这才是健康长寿之本。

一般来说，野兔的寿命约十年，家兔寿命约五年，究其原因就在于野兔多在野外，比较好动，家兔更多时间是在室内。唐代伟大的医药学家、养生保健学家孙思邈活了101岁。他曾提出"小劳"养生法，即根据身体情况量力而行，不要过度疲劳。过分安逸、缺乏劳动，会使人体气血运行不畅，脏腑功能减弱，导致各种疾病。可见，中医认为动以养身，静以养心，两者均要适度。

213.【原文】当路莫栽荆棘树，他年免挂子孙衣。

【解悟·故事】不要在路的中间栽荆棘树，免得子孙以后在这里挂破衣服。因此，我们不能做坏事，不要遗祸子孙。

中国历史上的大贪官和珅，在他所贪恋的金银财宝中，偏爱珍珠。作为乾隆皇帝的头号宠臣，和珅同时兼任着军机大臣等数十个要职，要是没有强健的体魄和过人的精力，绝不能胜任如此繁多的政务。和珅深谙此理，而他让自己长期保持强健体魄和旺盛精力的最佳方法就是服食珍珠粉。和珅每天早晨坚持适量服食产自合浦的优质海水珍珠——南珠研磨成的珍珠粉，以此来增强心脏功能、机体免疫力和记忆力。因历代封建王朝过量捕捞，南珠资源已基本枯竭，价格十分昂贵，但士大夫们依然争相购买，好献给和珅。和珅虽然服食上品南珠，但也舍不得把那些价值连城的硕大珍珠研磨成粉来吃掉，而是把它们当成宝贝珍藏起来。封疆大吏孙士毅有颗用状若鸽子蛋的硕大南海珠精雕而成的鼻烟壶，本是献给皇上的珍品，也被和珅巧取豪夺，成了掌上玩物。

乾隆皇帝死后，深恨和珅的嘉庆皇帝便以突然袭击的方式逮捕了他，并迅速派人去查抄他的家。嘉庆帝以一条白绫赐和珅自尽。查抄的结果让嘉庆皇帝大吃一惊，据说和珅在当政的25年时间里，竟然聚敛了折合11亿两白银的家财，相当于大清王朝15年的财政总收入。嘉庆皇帝又大为惊喜，扳倒和珅后，他在一夜之间便成了大清开国以来最富有的皇帝了。而和珅被赐死后，其长子丰绅殷德作为皇上的乘龙快婿也被夺职，削夺伯爵爵位。几经折腾，丰绅殷德郁郁寡欢去世。其他亲族好友也一并受到牵连。

种瓜得瓜、种豆得豆，你有几分耕耘，就有几分收获，那些非正当渠道获得的财富和权力，随着时光的推移，不仅会祸害你的余生，还会殃及你的子孙。

214.【原文】望于天，必思己所为；望于人，必思己所施。

【解悟 · 故事】仰头望天时要经常反思自己的所作所为，不断地加以改正；看到别人时也一定要想自己的所施所行，不断提高自己做人的修养。因此，我们要看天有所敬畏，看人有所顾虑。

某省医药保健品有限公司董事长兼总经理罗某，是该品牌创始人，于1993年创立了该公司。在全国有29个分公司和8万多家销售网点，并实现了跨行业综合性发展。其主打产品某口服液是著名的保健品品牌。2003年罗某当选为全国人大代表，同年获“广东省优秀民营企业家”称号。2006年该公司受到国家税务总局通报，经查明，2002年1月至2004年10月间涉嫌偷税罪。据规定，该公司共应补缴税款8000多万元，连滞纳金、罚款在内合计为1.14亿元。税务机关据此将税款、滞纳金、罚款全部追缴入库。后来，该公司吸取教训，依法经营，现已发展成为粤西地区药品保健品行业的领头羊。

人作为高级动物，与其他动物的显著区别就是有着很强的思考能力，并且能够总结经验，吸取教训，调整自己的行为。其他动物则主要依靠本能行为。因此，人生要不断地反思总结，才能不断改进提高，所作所为要放在道德的天平上去衡量，要做到见贤思齐，知错必改。孟子为我们提出了衡量标准：“仰不愧于天，俯不怍于人。”人要抬头无愧于天，低头无愧于人，不做任何有愧于天、有愧于人的事。做人要正直坦荡，最重要的是无愧于心。

215.【原文】贪了牲禽的滋益，必招性分的损；占了人事的便宜，必受天道的亏。

【解悟·故事】贪图了牲禽的滋味就使人的天性受损，占了别人的便宜必会在道义上吃亏。因此，我们要节制欲望、坚守本分，少求索取、多讲奉献。

很多病都是吃出来的。“三高”即高血压、高血脂、高血糖，这些病症大都由营养过剩引起。营养过剩的主要原因是大鱼大肉吃太多，贪图牲禽的美味。一些人不仅吃了家养的还嗜好野味，在享受野味的过程中将野生动物的病毒带到人群，因此而遭受大自然报复的案例屡见不鲜。

有一个顾客到菜市场买菜，向卖菜的老板讨价还价。老板起初不同意，一番争执之后，老板终于同意优惠一点。可当顾客选好了菜，要付钱时，老板还是按原价收。顾客见老板少找给了自己 1 元 2 角钱，一肚子的不满。老板说：“愿买就买，不买拉倒。”顾客一听火冒三丈：“我还不买了呢，你怎么着？”说完把菜往地上一扔，准备要走。老板见状忙追上去让顾客捡起来。顾客就是不捡，老板一急踩了顾客一脚，这个顾客也不服输，拿起一个秤砣就砸向老板的头部。老板当场晕倒，被送入医院。顾客本来想占点便宜，不愿吃 1 元 2 角钱的小亏，没想到最终却吃了大亏。

经常爱占小便宜的人会养成一种不良习惯。这种人自以为聪明、精明，但终将会吃大亏。因为天道是公正的，人心也是公平的。一般来说，人与人的智商相差无几，当人们看透了某个人心术不正且爱占便宜，就不愿意再与这样的人打交道。久而久之，这种人就会失去人脉、众叛亲离，也就失去了事业的基础。最终无便宜可占，等着他的就只有大亏可吃了。

216.【原文】出家如初，成佛有余。

【解悟·故事】如果始终保持刚出家时的认真刻苦状态，精进用功，时刻将佛敬在心田，那么一直到成佛，都绰绰有余。因此，做任何事从始至终都要保持热情，善始善终。

云南的大山里有一个小村庄，村里有一所学校。这一天，从城里来了一个新的女老师。这个女老师刚大学毕业，青春洋溢，在来之前就下定决心要把自己的青春奉献给山里的孩子们。她每天早起，总是第一个来到教室等候每一个孩子的

到来；为了上好每一堂课，她精心备课；她晚上改作业，有时候甚至改到凌晨一两点。就这样她任劳任怨地工作了大半年。可突然有一天她发现，自己的努力似乎并没有得到想象中的回报。孩子们依旧顽皮，成绩并没有提高，于是她的热情渐渐减退，甚至有时候连课都不去上了。正当她决心离开这里，开始新生活时，她在树下发现自己的一个学生竟然一边放牛一边在看书。不知为何，她泪如雨下。原来是她错了，山里的孩子们并不像城里孩子那样拥有那么好的学习环境，学习成绩当然不可能提高得那么快，小小的挫折竟让她忘记了自己初衷，这令她感到有愧于自己的学生。于是，她重拾了当年那份热情，开始更加认真地上好每一堂课。多年以后，村里面走出去的第一个大学生就是她的学生！

古人云："出家一年，佛在心田；出家二年，佛在眼前；出家三年，佛在耳边；出家四年，佛在天边。"意思说新入佛门的小沙弥，出家之初，诵经行善，虔诚备至。这种虔诚如果坚持下去始终如一的话，成为佛祖都是足够的。可是时间一长，慢慢可能就会懈怠下来，不再认真念经，学会喝酒吃肉，忘掉了清规戒律，成了"做一天和尚撞一天钟"的和尚。最终不要说成佛，就连高僧方丈都做不了，只能成为一个平庸的老和尚了。

217.【原文】三心一净，四相俱无。

【解悟 · 故事】人只要将心、意、识这"三心"合一归真之后，就不会受外界干扰，就能够免除人生烦恼。因此，我们要抛弃杂念、抑制物欲、抱朴归真。

传统的佛教教人注重因果、离苦得乐。人生的忧虑与烦恼太多来自内心的焦虑不安，来自与别人的攀比，来自欲望的不满足。人一旦有了私心杂念之后所表现出来的情态不仅别人容易发觉，而且就连动物、植物都能感觉得到。

有个生长在海边的孩子，心地善良，纯朴厚道，经常在海边与海鸥嬉戏。一天，孩子的父亲起了歹意，叫来孩子说："听说海鸥的肉鲜美，明天你捉两只回来给咱们家尝尝鲜。"孩子无奈答应了父亲的要求。第二天，孩子与往常一样来到海边，可是情况却发生了变化，不仅没有一只海鸥接近他，而且当他接近海鸥时，海鸥都立马飞走，离他而去。可见人们常说的"相由心生"不无道理。

返朴归真

惠能是禅宗第六代祖师。传说，当年五祖弘忍年老、心求传人，他告诉寺里上下所有的弟子用偈子写下佛法的精髓。于是五祖门下最优秀的弟子，也是被公认为最有修行的神秀，便提笔在墙面上造偈，偈言：“身是菩提树，心如明镜台；时时勤拂拭，勿使惹尘埃。”而当时惠能还只是大寮里一个不识字的帮工。当他听说了墙上的偈子后，他恳请一位善士代笔为他转写心中的偈子：“菩提本无树，明镜亦非台；本来无一物，何处惹尘埃。”五祖见到这两道偈子后，便认可惠能为禅宗第六代祖师。那时候的惠能不曾接受过任何教导，但剃发出家后，却成为一位知名的禅师。佛教禅宗非常重视“空”的智慧。在谈到什么是“空”时，禅宗六祖慧能“本来无一物，何处惹尘埃”给我们提示了一种真正彻底的“空”的境界。

218.【原文】着意于无，即是有根未斩；留心于静，便为动芽未锄。

传奇人生

【解悟·故事】要想进入“无”的境界，就不要刻意去追求，一旦着意去求，也就还是留有根没有斩断，仍停留在世俗的境地里；要想进入“静”的境界，就不要留心去追求，一旦着意去求，躁动的根芽也就没有锄出，还留在躁动的世界里。因此，我们要想追求“无”和“静”的高境界，就不必刻意而为，率性即可。

史蒂夫·乔布斯走了，留下了传奇。20岁时，他和沃兹尼亚克在自家的车库里开创了苹果公司。他们勤奋工作，只用了10年的时间，苹果公司就从车库里的两个小伙子扩展成拥有4000名员工，价值达到20亿美元的企业。而在此之前的一年，他们刚推出了他们最好的产品Macintosh电脑，当时他刚过而立之年。然后，乔布斯就被炒了鱿鱼，失去了一直贯穿在他整个成年生活的重心，受到了毁灭性的打击。后来的事实证明，他被苹果炒掉是他这一生所经历过的最棒的事情。成功的沉重被凤凰涅槃的轻盈所代替，每件事情都不再那么确定，乔布斯以自由之躯进入了整个生命当中最有创意的时期。在接下来的几年里，他创办了一家叫作NeXT的公司，并成立了一家名叫皮克斯的公司。

皮克斯制作了世界上第一部全电脑动画电影《玩具总动员》。在经历了一系列事件之后，苹果买下了 NeXT，乔布斯又回到了苹果，而 NeXT 研发出的技术成为推动苹果复兴的核心动力。乔布斯非常肯定，如果没有被苹果炒掉，这一切都不可能发生。

如同美酒一般，任何伟大的工作只有在岁月的酝酿中才会愈久弥香。在你终有所获之前，不要停下寻觅的步伐，唯有坚持，才能嗅到成功的芬芳。

219.【原文】鹬蚌相持，渔人得利。

【解悟 · 故事】鹬去啄张开壳的蚌，嘴被蚌壳夹住，两方都不相让，渔翁来后把它们两个都捉住了。因此，我们要顾全大局、深明大义、善识时务。

鹬鸟和翠鸟在河边争夺一条大鱼。渔翁发现后，用鱼叉刺去，没有击中。鹬鸟趁机抢走大鱼，逃之夭夭。一只河蚌敞开胸怀在沙滩上晒太阳。翠鸟啄到一条泥鳅，泥鳅挣扎滑落，正好掉在河蚌身上被夹住了，翠鸟想从河蚌壳里夺回泥鳅，鹬鸟又飞来赶走了翠鸟，欲与河蚌争夺泥鳅。于是，鹬鸟与河蚌在沙滩上进行了一场智慧与心理的争斗。虽然泥鳅被鹬鸟吞下肚子，但是它的一条腿被河蚌夹伤了。双方都不肯善罢甘休，斗争又只得继续。鹬鸟佯装打盹，河蚌慢慢张开壳，伺机进攻。鹬鸟出其不意猛然回头啄去，早有准备的河蚌立刻合拢，把鹬鸟的长喙死死夹住。这时，早已守候在芦苇中的渔翁趁机把它们一起捕获了。

战国时期，赵国准备攻打燕国，燕王派苏代去赵国游说赵王，讲述了河蚌、鹬鸟及渔翁的故事，并指出如果燕赵发生战争，秦国就会像渔翁那样轻易地吞并燕赵。赵王只好放弃了战争的打算。古人用这条谚语避免了一场战争，赢得了一时间的和平。

两只小猫互相争夺美食。“这是我发现的！”“不对，应该是我的！”两只小猫互不退让，紧抓着食物不放。过路的狐狸停住脚，用两只闪亮的眼睛看了看，然后说：“孩子们，你们吵什么？”“狐狸伯伯，他想抢走我发现的食物！”“错，这是我先发现的！”“我知道了！伯伯会好好把食物分成两半的！”狐狸将食物分成两半，并找来秤称量起来。“咦，右边重了！”狐狸说完就把右边的一半咬下一口。“啊！左边重啦！”接着又咬了左边的一口。左一口右一口。两只小猫眼睁睁看着秤上的食物变成豆粒般大小。“干脆就让伯伯吃光吧！”狐狸把食物吃得一干二净，还说：“真好吃！再见了！”多么狡猾的狐狸呀！“我们两个如果不吵架，好好地把那食物分开来吃该多好啊！”两只小猫垂头丧气，从此以后再也不敢吵架了。

220.【原文】城门失火，殃及池鱼。

【解悟 · 故事】城门失火了，因灭火用水，会使池里的鱼也跟着受到影响。因此，我们要知道事物是普遍联系的。

从前，有个地方，城门下面有个池塘，一群鱼儿在里边快乐地游着。突然，城门着火了。一条鱼儿看见了大叫说：“不好了，城门失火了，快跑吧！”但是其他鱼儿都不以为然，认为城门失火，离池塘很远，用不着大惊小怪。除了那条鱼儿飞快游走外，其他鱼都没有逃走。这时，人们拿着装水的东西来池塘取水救火。过一会儿，火被扑灭了，而池塘的水也被取干了，满池的鱼都遭了殃。

春秋时候，晋献公想要扩充自己的实力和地盘，就找借口说邻近的虢国经常侵犯晋国的边境，要派兵灭了虢国。可在晋国和虢国之间隔着一个虞国，讨伐虢国必须经过虞地。“怎样才能顺利通过虞国呢？”晋献公问手下的大臣。大夫荀息说：“虞国国君是个目光短浅、贪图小利的人，只要我们送他垂棘之璧和屈地产的良马，他不会不答应借道的。”晋献公一听有点舍不得，荀息看出了晋献公的心思，就说：“虞虢两国是唇齿相依的近邻，虢国灭了，虞国也不能独存，您的垂棘之璧和屈地产的良马不过是暂时存放在虞公那里罢了。”晋献公采纳了荀息的计策。

虞国国君见到这些珍贵的礼物，顿时心花怒放，听到荀息说要借道虞国之事，当时就满口答应下来。虞国大夫宫之奇听说后，赶快阻止道：“不行。虞国和虢国是唇齿相依的近邻，我们两个小国相互依存，有事可以互相帮助。万一虢国灭了，我们虞国也就难保了。俗话说‘唇亡齿寒’，没有嘴唇，牙齿也保不住啊！借道给晋国万万使不得。”虞公说：“人家晋国是大国，现在特意送来玉璧良马和咱们交朋友，难道咱们借条道路让他们走走都不行吗？”宫之奇连声叹气，知道虞国离灭亡的日子不远了，于是就带着一家老小离开了虞国。果然，晋国军队借道虞国，消灭了虢国，随后又把亲自迎接晋军的虞公抓住，灭了虞国。

221.【原文】人而无信，百事皆虚。

【解悟 · 故事】做人如果不讲诚信，什么事都做不成。因此，我们为人处世一定要讲诚信，才能成事，才能有朋友。

北宋名将种世衡到环州任知州时，巡视抚问境内羌族部落。牛家族首领奴讹倔强自负，从不服从宋朝地方管理。种世衡与他约定，次日到帐下慰问部族。谁知当晚下起了大雪，次日道险难行，而奴讹部落又在偏僻的山沟，侍从们劝阻种世衡改天再去，种世衡坚持一定要赴约。奴讹以为这样的大雪种世衡想必不会来了，没想到他顶风冒雪赶来了，奴讹深感佩服，急忙聚齐了族人来见种世衡并听命于他。此后，当地的羌族人也都相继来归顺。种世衡的军队秋毫无犯，深得人心，与羌民和睦相处，人称“种家军”。后来每当西夏军侵犯宋朝时，羌民总是提前去通报，并尽全力相助，因此宋军每战必胜，使边境得到安宁。

春秋时期鲁国有一个叫尾生的人，认识了一个年轻漂亮的女子，两人一见钟情，于是许下山盟海誓。但是女方父母嫌尾生家境贫寒，坚决反对他们的亲事。女子决定私奔，两人相约在城外桥下相会。不料女子被父母困在家中。而尾生在桥下久等女子不至，突然下起大雨来，于是紧紧抱着桥柱，最后被洪水淹死。女子脱逃后赶来时，洪水已退，看到尾生抱柱而死，悲痛欲绝，抱尸大哭。哭罢，便相拥纵身投入河中，共同赴死。尽管诚信是古今中外都崇尚的美德，但我们并不赞成这种“愚信”。

222.【原文】言称圣贤，心类穿窬。

【解悟 · 故事】嘴里说的像圣贤一样高尚，心里想的和做的却是像打洞穿墙行窃的盗贼一样的勾当。因此，我们要心口一致地去见贤思齐。

唐玄宗时，李林甫官居宰相职位。李林甫论才艺倒也不错，能书善画；但若论品德，那是坏透了。他忌才害人，凡才能比他强、声望比他高、权势地位和他差不多的人，他都不择手段地排斥打击。对唐玄宗，他有一套谄媚奉承的本领。他竭力迁就玄宗，并讨好玄宗宠信的嫔妃以及心腹太监，取得他们的欢心和支持，以保住自己的地位。李林甫和人接触时，外貌上总是露出一副和蔼可亲的样子，嘴里尽说些动听的“善意”话，但实际上，他的内心非常阴险狡猾，常常暗中害人。有一次，他装作诚恳的样子对同僚李适之说：“华山出产大量黄金，如果能够开

采出来，就可大大增加国家的财富。可惜皇上还不知道。”李适之以为这是真话，连忙跑去建议玄宗快点开采。玄宗一听很高兴，立刻把李林甫找来商议，李林甫却说：“这件事我早知道了，华山是帝王‘风水’集中的地方，怎么可以随便开采呢？别人劝您开采，恐怕是不怀好意；我几次想把这件事告诉您，只是不敢开口。”玄宗被他这番话所打动，认为他真是一位忠君爱国的臣子，反而对李适之大为不满，逐渐将他疏远了。就这样，李林甫凭借这套特殊“本领”，一直做了19年宰相。后来，司马光在编《资治通鉴》时评价李林甫，指出他是个口蜜腹剑、毫无诚信的人，这很符合实际。

实践证明，言行不一风险巨大，惯于伪装的人最终不会有好下场。他们整天在伪装、表演，生怕露馅，活得极其不自在，与此同时他们还会失去朋友的信任，以至于没有人愿意与他们打交道。所以，我们要透过现象看本质，不要被一个人的言论所迷惑，要看他怎么做才是关键。

223.【原文】学不尚实行，马牛而襟裾。

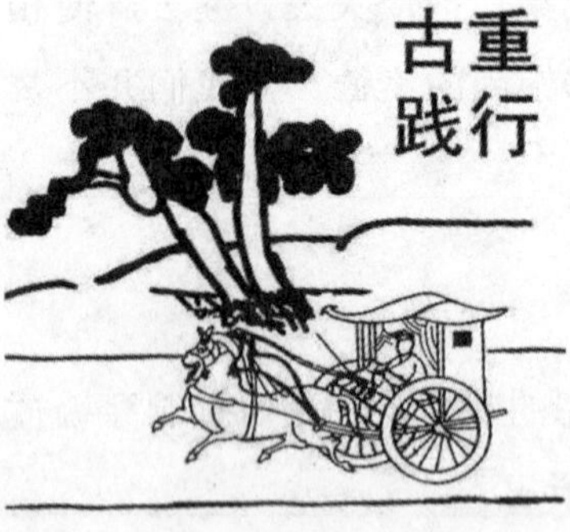

【解悟·故事】学了圣贤教的道理却不去实行，就与牛马穿上衣服没有什么区别。因此，我们既要重视学习，又要重视实践。

有个老人在河边钓鱼，一个小孩走过去看他钓鱼。老人技巧纯熟，所以没多久就钓上了满篓的鱼。老人见小孩很可爱，要把整篓的鱼送给他。小孩摇摇头，老人奇怪地问道：“你为何不要？”小孩回答说：“我想要你手中的钓竿。”老人问：“你要钓竿做什么？”小孩说：“这篓鱼没多久就吃完了，要是我有钓竿，我就可以自己钓，一辈子也吃不完。”——也许你会说：“好聪明的小孩。”——错了，他如果只要钓竿，那他一条鱼也吃不到。因为，他不懂钓鱼的技巧，光有钓竿是没用的，因为钓鱼重要的不在“钓竿”这一工具，而在于凭借丰富的实践活动才能获得的“钓技”。有很多人认为，只要自己拥有了人生道路上的钓竿，就再也无惧于路上的风雨，就能钓上很多的鱼。却不想，即使这样，也可能会在泥泞路上摔跤，钓回的只是个空鱼篓。小孩看老人，以为只要有钓竿就有吃不完的鱼，这也就像职员看老板，以为只要坐在办公室里，就有滚滚而来的财源。

在四川边远地方有两个和尚，一个穷一个富。一天，穷和尚找到富和尚请教：“我想到南海去，你的意见如何？”富和尚问：“你凭着什么去那样遥远的地方呢？”“我有一个瓶子和一个碗，瓶子用来盛水，碗用来装饭。”穷和尚的回答底气十足。富和尚一笑，说：“多年来我一直有个志向，想租一条船去南海，但一直未能如愿。如今你只靠一个瓶子和一个碗，岂能成行？”说罢，连连摇头。一年后，穷和尚从南海回来了，富和尚却还在为他租船的事发愁。四川与南海相隔几千里，富和尚一直没去成，而穷和尚却把这件事做成了。可见，要想做成一件事，光说永远不能成功，只有努力去做了，事情才会在实践中得到满意的答案。

224.【原文】欲求生富贵，须下苦工夫。

苏秦苦读

【解悟 · 故事】要想过上富贵体面有尊严的生活，就需要多付出，肯吃苦。因此，我们一定要摒弃投机取巧、不劳而获的思想，一定要脚踏实地、艰苦奋斗。

苏秦，东周洛阳人，早年到齐国求学，拜鬼谷子为师。学成后，外出游历多年，穷困潦倒，狼狈而回。家人都私下讥笑他不治生产而逞口舌之利，舍本逐末。苏秦甚感惭愧，于是闭门不出，遍观所藏之书，感叹道：“从师受教，埋头攻读，却不能换来荣华富贵，读再多书又有什么用呢？”于是他找到《阴符》，伏案钻研，发愤图强努力读书。由于他经常读到深夜，想打盹时就用锥子往大腿上刺一下，痛感使他猛然清醒，振作精神继续读书。一年后，他揣摩出合纵连横之术，并凭此外出游说当世君王。苏秦成功游说完各个诸侯后，六国达成合纵联盟，团结一致。当苏秦把合纵盟约送交给秦国，从此泱泱秦国不敢窥伺函谷关以外的国家，长达十五年之久。苏秦被任命为合纵联盟的从约长，担任了六国的国相，同时佩戴六国相印，并衣锦荣归，就连一向看不起苏秦的家人也匍匐在地，不敢仰视。苏秦感慨万千地说：“同样的一个人，富贵了，亲戚敬畏；贫贱时，连亲戚都轻视，更不必说一般人了。假使我当初在洛阳有二顷良田，现在又怎能佩带六国相印呢！”于是散发千金，赏赐给亲戚和朋友。

法国的媒体大亨巴拉昂，以推销装饰肖像画起家，在不到十年的时间里，迅速跻身于法国50大富翁之列。1998年他因前列腺癌在法国博比尼医院去世。临终前，他留下遗嘱，愿用100万法郎作为奖金，奖给揭开贫穷之谜的人。在48561封来信中，答案有：金钱、机会、技能、帮助、漂亮……最终一个名叫蒂勒的9岁小姑娘猜对了巴拉昂的秘诀：穷人最缺少的是野心，即成为富人的野心，而实现野心的根本就在于不怕吃苦、勤勉努力。

225.【原文】既耕亦已种，时还读我书。

【解悟 · 故事】耕种劳作过后，时常返回家来读我喜爱的书。因此，我们要把读书当作一种习惯。

1969年春，老钱随着上山下乡运动做了知青。一边日出而作，一边夜读泰戈尔和陶渊明。他领悟到：自魏晋以来，诗人苦苦思索生命价值和人生意义，都走不出人生的苦闷。从《古诗十九首》到曹植、阮籍，表现出严重的心理失衡。而全部的陶诗告诉他，生命价值和人生意义不在别处，在回归自然、在自食其力、在天伦之乐、在为乐趣而读、在为回报而写，以审美态度对待人生。他就这样找回了心理平衡。读懂陶诗，对于知青时代的他来说，太重要了。老钱看到了陶诗似淡实腴的本质，并认为印度诗人泰戈尔与陶渊明在本质上非常接近。知青生活很单调，劳动很辛苦，思想也有迷茫之时，但总的感觉是快乐的——因为他还年轻，还有足够的时间去看世界的改变。

如今，老钱已成为一名拥有十多部作品的作家，他的诗集还获得了丁玲文学奖。他的经历有力地证明了，即使生活再辛苦，也不要忘记读书，唯有读书，才能升华自己，甚至改变自己的命运。

226.【原文】结交须胜己，似我不如无。

【解悟 · 故事】结交的朋友，其道德品行、文化素质必须胜过自己；如果结交与自己水平差不多的朋友，还不如不结交。因此，我们要提高自身素质与交往技巧，才能交往到更有品位、更有档次的朋友。

小李和小刘是高中同班同学，成绩优异的他们都考上了重点大学。到了大学，由于良好的人际交往能力，小李很快拥有了很多好朋友。他的朋友遍布学校的每一个院系，有学生会会长、社团会长，甚至还有任课老师。他不仅真诚热情地对

待每一个朋友，还会以自己优秀的朋友为目标，不断向他们学习。大学毕业后，他如愿进入了一家世界500强企业，现在已是这家公司的高管。而小刘呢，他的朋友基本都是宿舍的同学，受同学的影响，他整天窝在宿舍玩游戏，甚至连课都不上。最终，小刘因为多次旷课加上多门功课不及格被学校劝退回家，当初的天之骄子沦为如此下场，令人嗟叹不已。小李和小刘的经历应证古人所说的“近朱者赤，近墨者黑”和“结交须胜己，似我不如无”，因此我们交友真的要谨慎。

结交比自己强的人，并非是件有心机的事，朋友本应该有值得学习的地方。那些浪费时间和金钱，还被当作讲义气的事情最好少做，甚至不做。结交什么样的朋友，自己就有可能变成什么样的人。同时，结交不一样的人，才会有改变自己命运的机会。聪明的人不仅不会在不如自己的人中去炫耀，而且会因自己是其中一员感到羞愧。因此，我们应收起嫉妒心和敌对感，结交那些比自己更富有、更聪明、更有学识的人，这既能得到他们的帮助，也能拓宽人脉，为自己未来的成功奠基铺路。

227.【原文】同君一夜话，胜读十年书。

【解悟·故事】与那些有水平的人谈一夜话，比读十多年的书还管用。因此，我们要努力与君子交往，这可能比读书更有价值。

明朝的开国皇帝朱元璋是个穷人家的孩子，儿时帮大户人家放过牛，讨过饭，也在皇觉寺出家当过和尚，吃过不少苦。他登基后第一场科举京试由他亲自出题，想为难一下人们所说的“万般皆下品，唯有读书高”的书生们，题目是雌雄之水和公母之树如何区分及其理由。考生们开卷一看，个个失色，目瞪口呆，难下笔应答。

话说有个穷秀才进京赶考，他只顾赶路，错过了客栈，心里正急。这时，一屠夫走来，知情后邀请到自己家里去宿夜。屠夫与秀才谈得很投机。无意中屠夫随口问秀才：“先生，万物皆有雌雄，敢问大海之水何谓雌雄？高山上的树木何谓公母？”秀才一下被问住了，无言以答，只好向屠夫请教。屠夫说：“海水有波有浪，波平则喜静性柔为雌，浪花喜动好强为雄。高山上的松树的‘松’字，右旁有个‘公’则是公树，梅树的‘梅’字，右旁有个‘母’则是‘母’树。”秀才听罢，深觉在理，十分信服，拱手称赞。第二天初晓，秀才辞别屠夫，赶到京城，进入考场，打开试卷，皇上出的考题，正是屠夫说的雌雄水公母树。他不加思索，一挥而就。不久，皇榜公布，秀才被钦点状元。三日后进宫，在金殿里皇上亲赐为八府巡按，立即上任。秀才回乡祭祖后，特地到屠夫家中，奉上厚礼，感谢屠夫那一夜给他的启迪。

融会贯通是学术、学问的最高境界。如果一个苦读了十数年的人距最高境界只一步之遥了，却出现了学习上的高原反应，而这一步往往最难的，需要很高的天分和极大的努力，恰好此时，一位大师的一句话不经意间将听者的知识融会贯通，便豁然开朗，大彻大悟。这是一个从量变到质变的过程，是双方的，没有量变的积累，再多的一句话也不可能促成、催化质变。也许这就是“同君一夜话，胜读十年书”的最好注脚。

228.【原文】求人须求大丈夫，济人须济急时无。

【解悟 · 故事】遇到困难时，要向仗义疏财的大丈夫去求助；如果想要施舍、救济别人，应当选择急需要援助的人。因此，我们要求助就找能真正解决问题的关键人物，多做那些雪中送炭的好事。

子华是孔子的弟子，比孔子小 42 岁。有次子华被派出去做大使。冉求是子华的同学，见子华还有母亲在家，于是就代子华的母亲请求拨一笔安家费。正在当政的孔子说：“好，给他一釜。”“釜”就是古代的六斗四升。这是米谷的成数，数量不多。冉求为同学说话了：“老师，一釜少了一点，给他增加一些吧！”于是孔子说：“好吧！加给他一庾。”“庾”是古代的十六斗。等于孔子同意加到二十二斗四升。冉求当时是在孔子那里当总务。“一朝权在手，便把令来行。”为了同学，不管孔子的意见，另外自己一下批了五秉，一秉合十六斛，五秉合为八十斛。事后，孔子知道了，并没有责怪冉求——这也是他的一种特殊教育方法。孔子如果专讲法令，那冉求对这事的处理肯定是大错特错的，很可能要撤职查办。但孔子没追究，他始终站在教育的立场上对学生们说：“你们要知道，子华这次出使到齐国去，神气得很——坐的是第一流的交通工具，穿的是第一流的行装。

子华已有这么多置装费、额外津贴，完全可以拿出一部分来给他妈妈用。我们帮忙别人，要在别人急难时帮助人家。子华已很阔绰了，再给他那么多，不是成了锦上添花吗？”孔子说“君子周急不继富”，也就是说已经有了的人，就不必再给他了。这无疑给冉求敲了一下思想上的警钟。

229.【原文】渴时一滴如甘露，醉后添杯不如无。

【解悟 · 故事】人最渴时一滴水就像甘露一样，人酒醉后再添酒就不应该了。因此，我们要在别人处于逆境时给予帮助，无须在顺境时援手。

北宋时期，宋太宗继位后，生活节俭，但对百姓却毫不吝啬。有年冬天，天下着鹅毛大雪。太宗披着狐皮还觉得冷。他回到宫中，命人端来火盆、美酒。他独自喝酒，抬头见宫外雪花飘飘。他想到这么冷的天，那些缺粮少炭的人家肯定会更加难过。想到这，他命人带上木炭和粮食去送给那些挨饿受冻的人家。

从前，有两户邻居，平时关系好。这一穷一富的两家本没有恩怨。可这一年，出了天灾，田里颗粒无收。这穷的一家没了收成，只好躺着等死。这时候，富的一家买到了很多粮食，想着大家邻里乡亲的，就给穷的一家送去了一升米，救了急。这穷的一家非常感激，认为这真是救命的恩人呀！熬过最艰苦的时刻后，穷人就前往感谢富人。说话间，谈起明年的种子还没有着落，富的一家慷慨地说：“这样吧，我这里的粮食还有很多，你就再拿去一斗吧。”穷人千恩万谢地拿着一斗米回了家。回家后，他的兄弟说：“这斗米能做什么？除了吃以外，根本就不够我们明年地里的种子，这个富人太过分了，既然你这么有钱，就应该多送我们一些粮食和钱，才给这么一点，真是坏得很。”这话传到富人耳朵里，他很生气，心想：我白白送你这么多的粮食，你不但不感谢我，反而把我当仇人一样忌恨，真不是人。于是，两家从此就成了仇人，老死不相往来。可见“升米恩，斗米仇”。当一个人快被饿死的时候，你给他一升米，他会把你当作恩人；可你要给了他一斗米，他就会想，既然你出得起一斗米，就能给我更多，你要不给我，那你就成为我的仇人了。

230.【原文】作事惟求心可以，待人先看我何如。

【解悟 · 故事】做什么事情都要求个问心无愧，希望别人如何对待自己就要先

问心无愧

看自己是怎样对待别人。因此，我们做事、做人都要问心无愧。

北宋词人晏殊，素以认真做事、诚实做人著称。在他14岁时，有人把他作为神童举荐给皇帝宋真宗。宋真宗召见了他，并要他与一千多名进士同时参加考试。结果晏殊发现试题是自己十天前刚练习过的，就如实向宋真宗报告，并请求改换其他题目。宋真宗非常赞赏晏殊的诚实品质，便赐给他“同进士出身”。晏殊当职时，正值天下太平。于是，京城的大小官员便经常到郊外游玩或在城内的酒楼茶馆举行各种宴会。晏殊家贫，没钱出去吃喝玩乐，只好在家里和兄弟们读写文章。有一天，宋真宗提升了晏殊，让他辅佐太子读书。大臣们惊讶异常，不明白宋真宗为何做出这样的决定。宋真宗说：“近来群臣经常游玩饮宴，只有晏殊闭门读书，如此自重谨慎，正是辅佐太子读书的合适人选。”晏殊谢恩后说：“我其实也是个喜欢游玩饮宴的人，只是家贫而已。若我有钱，也早就参与宴游了。”这两件事，使晏殊在群臣面前树立起了信誉，而宋真宗也更加信任他了。

这个世界上唯一不能欺骗的是自己的心灵。外界对一个人的认识与评价难免不真实不客观。因此，不要太在意外界的评价与议论。身在职场，心中要有准绳，做事要有底线，说话做事首先要对得起自己的良心。做一个正直善良的人，有时难免会受到委屈和误解，甚至遭遇不公正对待。遇到这种情况不要太在意，时间会说明问题，人心会澄清事实。一个人只要对得起自己的心灵，就占据了道德高地，自当心安理得。

世界如何对待我们是由我们自己决定的，我们是世界的主人。我们把别人当朋友，别人就会是朋友；把别人当敌人，别人就有可能是敌人。当人际关系出现问题时，不要轻易指责他人，首先应当好好反思一下自身的问题，然后积极改进。这才是为人处世的正道。

231.【原文】害人之心不可有，防人之心不可无。

【解悟 · 故事】伤害别人的念头千万不能有，但也不能没有防范别人的心思。因此，我们不能心存害人之心，还要对他人有所防备。

释迦牟尼开始传教时，遇到了难以想象的困难和麻烦，有时甚至遭到挑衅和人身攻击。但他凭借智慧、毅力和人格力量，一次又一次战胜困难、化解矛盾。

有一次，释迦牟尼走在街上，遇到了一个愤怒的婆罗门。那个婆罗门非常仇视佛教，几乎到了疯狂的地步。他发现受世人尊敬的佛教开创者是释迦牟尼后，一个诡计顿时涌上心头。他蹑手蹑脚地绕到释迦牟尼背后，趁释迦牟尼不注意，抓起一大把沙土，就向释迦牟尼头上扔去。然而，就在沙土扔出去的一刹那，突然一阵风吹向婆罗门，沙土反而向他自己飞来，弄得他满脸沙土，十分狼狈。他想发作，但又无法开口，气得满脸通红。街上的人看到刚才发生的一切，都盯着他看，嘲笑他。面对这么多锐利的目光，那个婆罗门不得不低下了头，羞愧难当，恨不得找个地缝钻下去。这时他耳边响起了释迦牟尼平静而洪亮的声音："如果想污染清净的东西，或者想陷害心无邪念的人，罪恶反而会伤了自己。"

在《三国演义》中，吕布被曹操擒住，曹操认为吕布是个人才，在该不该放吕布之事上犹豫不决。于是就问当时在座的各位，刘备站出来说道："您忘了吕布侍奉丁原和董卓然后杀了他们的事吗？"曹操恍然大悟，于是立刻将吕布处死。"害人之心不可有，防人之心不可无。"这句话本身就有一个前提，那就是防人！问题是要防什么样的人，面对那种心如蛇蝎、性如豺狼的人的确要防。这就是刘备和曹操要杀吕布的原因。如果防人不加以区别，最终会使得自己变成一个心胸狭隘之人。因此防人之前最重要的是要知人，识人。

232.【原文】酒中不语真君子，财上分明大丈夫。

【解悟·故事】在酒席之上不说酒话才算得上真君子，在钱财上分得清楚才是大丈夫。因此，我们在喝酒或花钱时就能分辨君子与小人。

著名的古希腊寓言家伊索，在年轻的时候给贵族当过奴隶。一次，他的主人设宴请客，客人都是当时希腊有名的哲学家。主人命令伊索备办酒肴，要他做最好的菜来招待客人。于是，伊索专门收集各种动物的舌头，准备了一席"舌头宴"。开席时，主人大吃一惊："这是怎么回事？"伊索回答说："您吩咐我为这些尊贵的客人办最好的菜，舌头是引领各种学问的关键，对于这些哲学家来说，舌头不是最好的菜吗？"客人都被伊索说得频频点头，哈哈大笑起来。主人又吩咐：“那明天我要办一次宴席，菜要最坏的。”到第二天开席上菜的时候，依然全是舌头。主人责问伊索。伊索镇定地回答说：“难道一切坏事不是从口出的吗？舌头既是最好的，也是最坏的东西啊！”主人默然。难怪古人说：“舌为利害本，口是祸福门。”

去过寺庙的人都知道，一进庙门，首先是弥勒佛，笑脸迎客，他的背面，则是黑口黑脸的韦陀。相传很久以前，他们并不在同一个庙里，而是分别掌管不同的庙。弥勒佛热情快乐，所以来的人非常多，但他什么都不在乎，丢三落四，没有好好地管理账务，所以依然入不敷出；而韦陀虽然管账是一把好手，财上分明，但成天阴着个脸，太过严肃，因此来的人越来越少，最后香火断绝。佛祖在查香火时发现了这个问题，就将他们俩放在同一个庙里，由弥勒佛负责公关，笑迎八方客，于是香火大旺；而韦陀铁面无私，锱铢必较，便让他负责财务，严格把关。两人分工合作，庙里一派欣欣向荣景象。

现实生活中，有些人见利忘义，在与人合作过程中爱占便宜，从不吃亏。这样表面上看赚了，实际上是亏了，因为合作伙伴会越来越少，没有了合作伙伴也就没有了生意。

233.【原文】白酒酿成缘好客，黄金散尽为收书。

榜上有名

【解悟·故事】酿成上好的白酒是为了日后款待宾朋，把黄金散尽是因为喜欢收藏好书。因此，我们要热情待客，不惜代价努力学习。

道光十四年（1834），曾国藩参加湖南乡试，中试举人。第二年，曾国藩参加会试，不幸落第，便寓居京师的长沙郡馆读书，想来年参加“恩科”考试。第三年，曾国藩参加了“恩科”考试，然而又名落孙山。他只好离开京城，决定沿大运河南下，绕道扬州、金陵，再回湖南老家。曾国藩举债赴考，身上盘缠所剩无几。在经过江苏睢宁县时，得知同乡易作梅前辈在当地任知县，便前去拜访求援。家乡读书子弟的到来，令易作梅非常高兴。当曾国藩说出自己的难处，想借钱回家时，易作梅欣然为其解困，慷慨地借给他银子百两。曾国藩得了这些盘缠，便决定坐船溯长江而行，经江西，回湖南。

船过金陵时，他慕名上岸，游览六朝古都。在书肆，他看中了一套书，报价一百两银子。这套书是现有《二十四史》的绝大部分，当时尚缺《清史》，是我国古代各朝各代历史典籍的合称。但一数囊中银两，却左右为难，因为如果买书，就没有回家的盘缠了。好几次，他都想忍心离去，却又恋恋不舍，走而复还。踌躇很久，突然，他想到自己所带的四季衣裳，便选了几件好点的，送进当铺，添作书资，用借款终于买下了心爱的书。

曾国藩回到家之后，父亲曾麟书看到儿子典当了衣服，而且还借了一屁股债买了这么一套书，不但没有生气，反而非常高兴，痛痛快快地替儿子把债还了！曾国藩买到这套书后如获至宝，每天坚持阅读，结果眼界大开。第二年进京考试，终于榜上有名，也因此成就了他中兴名臣、近代大儒的锦绣前程。假如曾国藩当时不但不买书，反而把带去京城的书扔进大运河去“释放压力”，还会有后来大名鼎鼎的曾国藩吗？

234.【原文】竹篱茅舍风光好，道院僧房总不如。

【解悟·故事】自家的茅屋竹院风光很好，就是道观寺院也比不上。因此，我们要始终相信，只有适合自己的才是最好的。

梅溪寨是个远离城郊的自然村，最早住了30多户人家，现在只剩村尾的一户了。这是一对60来岁的曾姓夫妇，儿女们外出打工了，门前却每天都打扫得干干净净，推开房门，木板壁上还留着改革开放前夕的年画。屋侧边的向阳山坡上，平整了几块干净晒坪，坪沿上长着几棵红豆杉，仿佛迎客使者。他们砍柴、做篾器活、喂养鸡鸭，不定期走几十里山路到城里去卖。来了客人，就在敞口堂屋里，摆上十来种巧果、油炸锅巴、馓子等山里特有的茶点。不管是酷热伏天还是寒冬腊月，夫妻二人总是按照自己的步调欣然地生活着。弯弯曲曲的小路都被野草半掩着，拖拉机、小轿车也难得爬上来，除了鸡啼狗吠人声以外，就只剩树上的鸟鸣声了，真是生活清幽的“世外桃源”。如今别的人家都迁走了，只有他们仍然舍不得离开村庄，即使是在儿女生活的大城市，他们也是匆匆而去、匆匆而归。因为在老人心里，只有家乡才是真正属于他们的乐土。

人的生活不光是吃住条件，还有生活习惯、生活环境、人际关系等等。老人们来到一个新的地方，除与家人交流之外难以与外界交流。子女上班，孙辈上学，怎比得他们在老家那样舒适，那样惬意。俗话说，“金窝，银窝，不如自家的草窝”，外面的世界再繁华，也不如自家那么温馨，只有适合自己的才是最好的。

235.【原文】炮凤烹龙，放箸时与盐齑无异；悬金佩玉，成灰处于瓦砾何殊。

【解悟 · 故事】再丰盛、珍奇的美味，吃完之后，也与家常的咸菜、腌菜没有什么区别；再贵重的珍宝，一旦被焚烧，也与砖瓦石块没有什么不同。因此，我们要知道平平淡淡才是真，能够抱朴归真的人才能感悟到生活的真谛。

美国好莱坞影星利奥·罗斯顿，腰围约189厘米，体重约175公斤，是好莱坞地道的“巨星”。1936年，他因心肌衰竭住进了汤普森急救中心，随后又因医治无效而辞世于病床上。临终前，他痛苦而绝望地自语说：“你的身躯很庞大，但你的生命需要的仅仅是一颗心脏！”罗斯顿的这句意味深长的话深深触动了包括哈登院长在内的在场所有人。后来，汤普森急救中心把罗斯顿的这句话刻在了医院的大楼上。

1983年，美国石油大亨默尔也因心肌衰竭住进了汤普森急救中心。随即，默尔公司的“指挥中心”也搬进了汤普森急救中心——他包下了急救中心的一层楼，增设了五部电话和两部传真机。就是这样一位连病危时还在为自己心爱的公司奋斗的老总，在一个月后病愈出院时，却毅然卖掉了数千万美元的公司，跑到他在苏格兰乡下的一栋别墅去颐养天年。对默尔的举动，人们百思不得其解。后来，人们从他的一本传记中发现这么一句话：“富裕和肥胖没什么两样，也不过是获得超过自己需要的东西罢了。”原来默尔在大病初愈时之所以有那样的异动，是因为罗斯顿临终前的自语给了他生命的启示。

这世界上不知有多少人日日夜夜在为金钱财富拼命，一心只想聚钱财。废寝忘食，无暇享受，甚至不惜用人最宝贵的健康去换自己无法享用的财富。有钱没福享，要钱做什么？黄金不足贵，健康值钱多。对健康的生命而言，任何多余的东西就是负担。

236.【原文】先达笑弹冠，休向侯门轻束带；相知犹按剑，莫从世路暗投珠。

【解悟 · 故事】前辈贤士讥笑那些后来准备做官的人，非但没有提携，反而轻薄排挤，不要轻易向侯门权贵献媚；即使是朋友也要有防备之心，不要在尘世路途明珠暗投。因此，我们做人要有骨气，要常怀居安思危之心。

齐国有人叫冯谖。因为太穷而不能养活自己。他便托人告诉孟尝君，表示有意在他的门下寄居为食客。孟尝君问他有什么擅长，冯谖回答说没有什么擅长。孟尝君又问他有什么本事，冯谖回答说也没有什么本事。孟尝君听了后笑了笑，但还是接受了他，享受最低等门客的待遇。后来，冯谖因弹剑而歌，要求食有鱼、出有舆、居有家，惹得孟尝君好不高兴，并也因"无车弹剑"而小有名气。不久，冯谖受孟尝君安排去收债，到了薛地之后，将欠债者召集到一起，用收取的部分息钱，杀牛置酒招待他们。到酒喝得差不多了，便取出债券来对照，能交上利息的，与其约定日期；因贫穷而交不上利息的，假借孟尝君之命，将债券悉数烧掉，民众们高兴得很。冯谖做完这事后便很快回来了。当时，孟尝君很不理解。过了几年，齐王受秦、楚等国对孟尝君的诋毁所迷惑，废了孟尝君的职位。不得已，孟尝君只好到自己的封地去过日子。还差百里未到，薛地的人民扶老携幼，都在路旁迎接孟尝君到来。孟尝君见此情景，回头看着冯谖道："您为我买的'义'，今天才见到作用了。"冯谖有超人的智慧和极具战略眼光，抱着对孟尝君高度负责的态度，积极为孟尝君政治地位的稳定出谋划策，使得孟尝君做齐国相国的几十年时间里，没丝毫的灾祸。

人不可有傲气，但不可无傲骨。见到权贵就点头哈腰、大献殷勤的人会令人讨厌，自己也难以自立，难以抬头挺胸成就事业，因为他们把宝贵的时间和精力大多用在了琢磨别人、投其所好上。人不可以害人，但不能没有防心。明人不受暗投珠，明珠亦不暗投人，否则相知的朋友也会起疑而持剑相向。

237.【原文】厚时说尽知心，恐妨薄后发泄。

【解悟 · 故事】交情浓厚时与朋友说尽知心话，恐怕反目时会被当成把柄。因此，我们为人处世都要有防备之心，要树立保密意识，以防祸从口出。

从前郑武公想要攻打胡国，却把自己的女儿嫁给胡国的君主。后来，他问大臣们："我要用兵的话，该去攻打谁呢？"关其思回答说："可以攻打胡国。"郑武公就把关其思杀了，并且说："胡国，是我们兄弟之国，你说攻打他，是何居心？"胡国君主听到这件事，就认为郑国君主是自己的亲人而不加防备。可不久之后，郑国就趁机偷袭并占领了胡国。

一些单位人际关系复杂。有些人本性善良，缺乏戒备，肚里藏不住事，知道点秘密就喜欢往外说，还嘱咐别人不可外传，殊不知实则等于白说。其实，话只要一出口，就无密可保。听话者也有可能以同样的方式告诉另外一个人。管好嘴巴，该说的说，不该说的永远烂在肚子里，是适应职场、取胜职场不可缺少的素质。另外，换个角度来说，我们要学会尊重别人，允许别人保留私密空间，要懂得亲密有间。对别人的私密不要刨根问底，这样既可避免双方的尴尬，又省了许多“陈谷子烂芝麻”的烦心事。

238.【原文】少年不节嗜欲，每致中道而殂。

【解悟 · 故事】年轻时不节制嗜好和欲望，生命走到半路便容易早亡。因此，我们要养成好的习惯，杜绝不良嗜好，才能有益身心健康。

梁实秋是中国著名的散文家、学者、文学批评家、翻译家，是国内第一个研究莎士比亚的权威，曾与鲁迅等左翼作家笔战不断。一天，梁实秋和朋友们一起吃饭。熏鱼端上来了，梁先生说他有糖尿病，不能吃带甜味的东西；冰糖肘子端上来，他又说不能碰，因为里面加了冰糖；什锦炒饭端上来，他还是说不能吃，因为淀粉会转化成糖。最后，八宝饭端上来了，大家都猜他一定不会碰，没想到梁实秋居然开心地说：“这个我要。”朋友提醒他：“里面既有糖又有淀粉。”梁实秋则笑着说他当然知道，就是因为知道有自己最爱吃的八宝饭，所以吃前面的菜时他才特别节制。“我前面不吃，是为了后面吃啊；因为我血糖高，得忌口，所以必须计划着，把那‘配额’留给最爱。”许多伟大的人，正是因为他们懂得节制，集中力量在特定的事物上，才能取得杰出的成就。

人从自然中来，必须遵循自然规律。如果放纵欲望，过度摄取或消耗，就会损伤身体。人到中年一旦倒地，会给家人带来莫大的悲伤，对家庭造成无可挽回的摧残和伤害。

239.【原文】水至清则无鱼，人至察则无徒。

水清无鱼

【解悟·故事】河水太清澈了，鱼儿就没法生存；一个人太精明苛察了，就很难交到朋友。因此，我们要最大限度地严格要求自己，最大限度地包容别人，不能对别人过于苛刻。

在日本的一家动物园，有位饲养员特别爱干净，对动物也特别有爱心，每天都把小动物住的小屋打扫得干干净净。结果呢，那些小动物一点也不领他的情，在干净舒适的环境里，动物们开始慢慢萎靡不振了，有的厌食消瘦，有的生病拒食，有的甚至死了。后来，通过观察才发现，那些动物都有自己的生活习性，有的喜欢闻混浊的味道，有的看到自己的粪便反而感到安全。

古时候有一个禅师晚上在禅院里散步，突然发现墙角边有一张椅子，便知是有个出家人违反寺规越墙出去溜达了。老禅师没有声张，他走到了墙边，移开椅子，就地而蹲。过了一会，果真有一个小和尚在翻墙，黑暗中踩着老禅师的背脊跳进了院子。当他双脚着地时，才发觉刚才踏的不是椅子，而是自己的师父。小和尚顿时惊慌失措。但出乎小和尚意料的是，师父并没有厉声责备他，只是以平静的语调说："夜深天凉，快去多穿一件衣服。"

在现实世界中，几乎每个成功人士都有容人的雅量，从而交到各个层面的朋友。当他遇到麻烦时，到处都有人主动帮忙，从来不会陷入孤立无援的境地。

240.【原文】痴人畏妇，贤女敬夫。

举案齐眉

【解悟·故事】平庸痴心的男人怕老婆，贤惠有德的女子尊敬自己的夫君。因此，我们要夫妇相敬，白头偕老。

梁鸿是陕西平陵人。由于他品德高尚，许多人想把女儿嫁给他，梁鸿谢绝他们的好意，就是不娶。与他同县的一位孟氏有个女儿，长得又黑又肥又丑，而且力气极大，能把石臼轻易举起来。当时她已三十岁了，可每次为她择婆家，她就是不嫁。父母问她为何不嫁，她说：“我要嫁像梁鸿一样贤德的人。”梁鸿听说后，立马聘礼，准备娶她。孟女高高兴兴地准备着嫁妆。等到过门那天，她打扮得漂漂亮亮的。哪想到，婚后一连七日，梁鸿一言不发。孟女就来到梁鸿面前跪下，说：“我早闻夫君的贤名，立誓非您莫嫁；夫君也拒绝了许多家的提亲，最后选定了我为妻。可不知为什么，婚后，夫君默默无语，不知我犯了什么过失？”梁鸿答道：“我一直希望自己的妻子是位能穿麻葛衣，并能与我一起隐居到深山老林中的人。而现在你却穿着绮缟等名贵的丝织品缝制的衣服，涂脂抹粉、梳妆打扮，这哪里是我理想中的妻子啊！”孟女听了，对梁鸿说：“我这些日子的穿着打扮，只是想验证一下，夫君你是否真是我理想中的贤士。妾早就准备有劳作的服装与用品。”说完，便将头发卷成髻，穿上粗布衣，架起织机，动手织布。梁鸿见状，大喜，连忙走过去，对妻子说：“这才是我梁鸿的妻子！”在霸陵山深处，他们以耕织为业，或咏诗书，或弹琴自娱。每次梁鸿归家时，妻子就备好食物。夫妻俩十分恩爱，举案齐眉，一时间成为美谈。

敬夫不错，爱妻无罪。女人如水，贤惠女人能够如水一般随方就圆，深知做妻子的本分，以似水柔情，赞美、体贴夫君，愿做丈夫的贤内助。贤能的女人即使知道夫君才智不如自己，也不会越俎代庖，只在暗中帮丈夫出谋划策，从而成就美满幸福的家庭。

241.【原文】妻财之念重，兄弟之情疏。

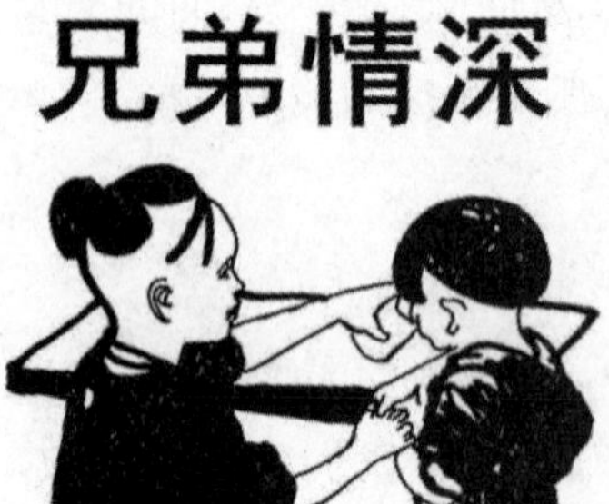

【解悟·故事】如果过于看重妻子和钱财，兄弟之间的情谊就会看得比较淡漠，从而变得更加疏远。因此，我们既要顾及妻子、财产，也要珍惜兄弟情谊。

宋朝苏轼与弟弟苏辙情义深厚。有年中秋，苏轼与苏辙已有多年没见面了，望月思弟，生出无穷悲欢之感，写了首《水调歌头·明月几时有》，成为千古绝唱。正所谓“兄唱弟随”，在苏轼写词后的第二年，苏辙也写了首《水调歌头》来回赠其兄，以示兄弟情深。苏轼、苏辙兄弟两人自从踏上官宦仕途之路，他们的命运就紧密联系在一起了。他们的政治见解相同，也都敢于直言进谏。他们因才略而被任用，也因才略而罹难。当兄长被一贬再贬时，弟弟也因受牵连而日子很不好过，但做弟弟的从来没有过丝毫怨言。在勘问“乌台诗案”的过程中，苏辙愿意以自己的官爵为长兄苏轼赎罪，结果被谪监筠州盐酒税。常言道“患难见真情”，兄弟间的手足真情在患难时更显得弥足珍贵。后来苏轼第三次被贬，居于儋州，位于海南，而苏辙也因为哥哥而受牵连被贬雷州，位于广东。苏轼居海南，苏辙居广东，正是一南一北隔海相望。兄弟两人同时遭贬，患难与共，倍觉情笃。由此可见，苏轼、苏辙不愧为一对情深似海的模范兄弟。

人的一生都在做感情、物质等方面的分配。分配好感情，协调好钱财与人情，处理好妻子与兄弟姐妹的人际关系，家庭就会和睦和谐。分配不好就会激化矛盾、冲突不断。男子婚后，要做好平衡工作，在将更多的感情分配给妻子的同时，也不能淡漠了兄弟姐妹的感情。对于兄弟较多的家庭来说，男子成家后一般会分家自立，这有利于家庭的发展。但有些家庭常常会为分家析产闹出矛盾，主要原因是家庭成员淡漠亲情，看重钱财。人生的价值在于奉献而非索取。一个有品德、有孝道的人追求的不是从祖上先辈那里索取什么，而是要为大家庭和大家族做更多更大的奉献。

242.【原文】宁可正而不足，不可斜而有余。

【解悟 · 故事】为人宁愿正直地安贫守拙，也不可靠邪门歪道营利。因此，我们要为人正直，遵纪守法，绝不可走邪门歪道。

春秋战国时期，黔娄一生为官清廉，与曾参是同窗好友。黔娄去世后，曾参急忙前去吊唁。曾参到了黔娄家里，看到黔娄的尸体静卧于榻上，上面覆盖着一块白布。由于这块白布短小，盖头露脚，盖脚露头。曾参就说：“把布斜着盖，不是头脚都盖上了吗？”黔娄妻说：“斜而有余，不如正而不足。先生生前不斜，死而斜之，这样会违背先生的生前意愿。”

这个世界上，没有任何东西是自己应该得到的。得到了要有感恩之心，失去了，也要多从自己身上找原因，千万不能让膨胀的私欲迷失了自己。有的人，认为人生就是索取，欲望一旦没有满足，就会心理失衡，就会视道德与法纪于不顾，不择手段地去获取，甚至不惜铤而走险，最终触犯法纪。有的像阿Q一样“和尚摸得，我摸不得”；有的是侥幸心态“别人也有这样做的，我做应该也没事”；有的以为自己有关系有后台，恃宠而骄，恃才傲物，以为自己就是社会森林中的老虎大王，真的就是食物链的顶级了，所以占山为王，我行我素；还有的简直就是赌徒心理，

“成者为王，败者为寇”，所以当他们真的只是“潇洒混一回”，到头来，可能也会后悔不已。总之，人这一辈子，一定要心存敬畏感才好，才不至于被各种外在诱惑迷住了双眼。

243.【原文】认真还自在，作假费工夫。

【解悟 · 故事】凡事认真客观就会自在坦然，弄虚作假就会浪费时间精力。因此，我们应该诚实做人，要对得起他人，更要对得起自己的良心。

有个文物商人透露，目前书画造假者“开发”出大量耸人听闻的技术。如将字画挂在墙上，墙底放置一口装满凉茶的大锅，燃火熏煮，用凉茶蒸发的气体将字画熏黄，令其松脆变质，加速陈化，使其变为“无价之宝”。也有造假者将真古画上不出名作者的印章剜去，补上伪造的名人刻章，鱼目混珠。或者将落款年限推前。有人看到书画被虫蚀食的痕迹就以为是真品无疑，其实，这很可能也是人为的。一些造假者为求效果“逼真”，甚至专门养虫养鼠来啃食书画新作，目的就是为了用“蚀食痕迹”来掩人耳目。更为先进的“珂罗版印刷”技术的还原色彩能力非常强，且可以直接印刷在传统作画用纸——宣纸上，其印刷出来的书画作品与手绘无异，能达到以假乱真的地步。照排复印、墨刻水印等现代印刷手段被造假者广泛应用，有些印刷出来的书画几乎看不出油墨的痕迹，极为逼真。有些造假者还在仿品上略添绘一些水墨，造就手绘的“质感”，为了利益无所不用其极。

婴儿最能呈现生命的本真——饿了渴了就哭，生病难受就闹，不用看谁的眼色，这是多么自在而抱朴归真的生命状态啊！可是随着年龄的增长，有些人会渐渐忘掉自己最本真的状态，在官场上不知说了多少违心的奉承话语，不知喝了多少伤害身体的苦酒，也不知做了多少有违道德底线的事情。一些原来纯朴厚道的人在官场这个染缸里失去了本真、异化了人性。在当今反腐倡廉的形势下，不时爆出高官落马的消息，腐败官员惶惶不安，彻夜难眠，最终依然逃脱不了法律的制裁。如此看来，贪污、造假不仅费时，而且到头来什么也捞不到，甚至会丢了性命。

244.【原文】是非朝朝有，不听自然无。

【解悟 · 故事】喜欢搬弄是非的人天天会有，你如果不去听、不去在意就不会有烦恼了。因此，我们应该有主见，该听的话要听，不该听的话就不要去理会。

父子骑驴

有对父子牵着驴进城，半路上有人笑他们：“真笨，有驴不骑！”父亲便叫儿子骑上驴，走了不久，又有人说：“真是不孝的儿子，竟然让自己的父亲走路，自己骑驴！”父亲赶快叫儿子下来，自己骑到驴背上。走了一会儿，又有人说：“真是狠心的父亲，不怕把孩子累死！”父亲连忙叫儿子也骑上驴背。谁知又有人说：“两个人骑在驴背上，不怕把那瘦驴压死？”父子俩又赶快溜下驴背，把驴的四只脚绑起来，用棍子扛着。经过一座桥时，驴因为不舒服，挣扎着掉了下来，结果掉到河里淹死了！父子俩总是想满足所有人，累了自己不说，还把驴淹死了！

一个人要有主见，要有判断是非的能力，才不会被别人的意见所左右。不要活在别人的议论中，要靠自己的脚走路，用自己的脑袋思考。如果你只听从别人，而不去思考这件事对不对，那么你可能就会做错。你不能满足所有人，有自己的主见，即使失败也不会懊悔。有时你会遭到别人的否定，你要想，就算是全世界否定你，你依然要做你自己。如果人这一生，连自己都不能主宰自己了，那还会有什么意义呢？

245.【原文】久住令人贱，频来亲也疏。

【解悟·故事】你在亲戚、朋友家玩或住，时间长了会让人觉得你很卑贱；人与人来往过多，再亲的人也会觉得厌烦，从而慢慢疏远。因此，我们要懂得，有时，距离才能产生美。

距离生美

她和他相识了多年，有过同窗共读的青葱岁月，也有过鸿雁往来的纯真日子，更有过一起喝咖啡的浪漫时光。两人自毕业分手之后，直到他们各自成家后的那年春天，在一场同学聚会中，他与她再度相遇。男女之间的交往很玄妙，从友情跨越到爱情往往只有一步之遥，从爱情回归友情却仿佛远隔着千山万水。可机缘让他们再次相遇，并成为超越恋人关系的知心好友。

回想那段携爱同行的日子，他几乎每一个星期都请她喝一次咖啡。那时，她心里多么渴望成为他心目中最重要的女子啊！可他总是不懂得用甜言蜜语讨她欢心，在她面前反复强调母亲对他来说是最重要的人，却不知道这句话会粉碎一个逞强好胜的女孩的自尊，将她推向痛苦与绝望的深渊。许多年后，时过境迁，在看望他住院的母亲时，她才理解了他的苦衷——一个从小失去父爱的男孩视母爱如生命非常合情合理。从此她将自己从暗暗为屈居他母亲之后而吃醋的往事里解放出来。同时她也感激上苍，让她在纤尘不染的豆蔻年华结识了他并与他成为一辈子的朋友。

从那次聚会以后，他和她见面的地点总是餐厅。有时候吃顿饭就消磨几个小时，或谈工作的酸甜苦辣，或谈生活的起承转合，总有许多话要说。喝咖啡是两人的共同爱好，而且百喝不厌。他常常在晚饭后点一壶咖啡，她一边搅动着咖啡一边想，也许这不是世间最美味的咖啡，但眼前的朋友绝对是最合适的“咖啡伴侣”。在咖啡飘香的静美时刻，她忽然领悟到：男女之间最美的距离，似乎就是一张餐桌的距离，那是两者的楚河汉界，情感与理智泾渭分明。这正好保持着禅宗里“花未全开月未圆”的理想状态，才让人生的美好憧憬永远无尽无涯。

246.【原文】但看三五日，相见不如初。

【解悟 · 故事】亲朋故友久别重逢，相聚三五天后，感觉就不同于当初那般了。因此，要想维护双方的友情，就要用距离去解读当年的初心。

民间相传，纳兰性德与朋友交往重感情，讲义气，敢为朋友两肋插刀。他作为清代著名词人，不但具有怜香惜玉、百转柔肠般的情怀，而且具有大义凛然、铁骨铮铮的性格。清代历史上发生的纳兰性德对朋友“生馆死殡”的故事就一直流传至今。他曾写过一首《木兰花令 · 拟古决绝词》：“人生若只如初见，何事秋风悲画扇。等闲变却故人心，却道故人心易变。骊山语罢清宵半，泪雨零铃终不怨。何如薄幸锦衣郎，比翼连枝当日愿。”意思是说事物的结果并不像人们最初想象的那样美好，在发展的过程中往往会变化得超出人们最初的理解，没有了刚刚认识时的美好、淡然。一切停留在初次的感觉多么美妙，当时的无所挂碍，无所牵绊，一切又是那么自然。初见时的美好，结局的超乎想象，描绘的人生，总有那么几许淡淡的遗憾和哀伤。

纳兰情深词浅，然而却常有极直白动人的好句，像首句“人生若只如初见”，让后面所有的句子，都变成了可有可无，几乎无法让人留下印象。年少的意气风发，最初的感动和梦想，在时间的浸润下渐渐磨灭；一见如故的亲切，山盟海誓的诺言，只剩下一个依稀的背影。其中的“何事”句，借用了汉班婕妤被弃的典故。班婕妤为汉成帝妃，被赵飞燕与赵合德谗害，退居冷宫，后有诗《怨歌行》，以秋扇为喻抒发被弃之怨情。这里是说本应像当初一般相亲相爱，可却成了今日的相离相弃。

247.【原文】人情似水分高下，世事如云任卷舒。

【解悟·故事】人与人之间的情分像水一样有分高低，世间的事情像云一样变幻莫测。因此，我们要以平静淡然的心去看待人情冷暖、世态炎凉。

有一年夏天，一群好友出去漂流。其中一个女孩在玩水的时候不小心将拖鞋掉进了水中。当时他们要走一段很长的路，可烈日当头，铺满道路的鹅卵石早已被太阳晒得滚烫。于是，女孩就向别人寻求帮忙，可是每个人都只有一双拖鞋。女孩心里有点埋怨，因为她一直觉得只要撒娇就会得到满意的结果，但这次却没有。看到她的窘况，有一个男孩将自己的拖鞋给了她，然后自己赤脚在那晒得滚烫的鹅卵石上走到了他们的营地。女孩想要表示感谢，男孩却说：“你要记住，没有谁是必须要帮你的。帮你是出于交情，不帮你也是应该的。”女孩记住了男孩的话，不再将别人的善意当作理所当然，并且对曾经帮助过她的人给以更大的回报。很多时候，我们总是希望得到别人的好。一开始，感激不尽。久了，便是习惯了。习惯了一个人对你的好，便认为是理所应当的。有一天不对你好了，你便心怀怨恨。其实，不是别人不好了，而是我们的要求变多了。习惯了得到，便忘记了感恩。所以，滴水之恩，当涌泉相报。

面对人情冷暖世态炎凉时，面对内心思想情绪的变化时，要具备一个心态，就像坐看云卷云舒般淡然的心态。我们从小到大，早就熟悉了云彩的变化，看着它们在天上变化来变化去，不会觉得烦恼，反而觉得有趣。虽然偶尔会乌云密布、雷鸣电闪，可是，我们早就知道，风雨过后一切自会回归本然。

248.【原文】百年成之不足，一旦坏之有余。

【解悟·故事】多年的努力做一件事还不一定成功，但一朝不慎毁掉却十分容易。因此，当我们获得成功时，应珍惜劳动成果，而不应随意挥霍。

东晋时期前秦在北边迅速崛起，前秦皇帝苻坚不顾许多大臣们的坚决反对，亲自统率六十余万大军逼近淝水，号称百万雄师，想以秋风扫落叶的态势一举消灭东晋。东晋宰相谢安命令谢石、谢玄统兵八万在淝水对岸安营扎寨，准备迎敌。谢玄抵达前线后，立即给苻坚写信挑战。信中开诚布公地说：“将军既犯我疆土，而在河边列阵，显然不想速战速决。真打算决战，请把兵营后移，让我军过河，一决雌雄，岂不爽快。”苻坚自恃兵强马壮，下令往后退。谢玄亲率八千精锐骑兵强行渡河。谁知道军令一下，前秦军兵马秩序大乱，立刻失去了控制。苻坚在混战中被冷箭射伤，前秦兵军马互相践踏，死伤不计其数。此时晋军乘胜北伐，很快就收复了北方大片失地。然而，这时东晋朝廷官员中有人妒忌谢玄立下的汗马功劳，以镇守淮阴为借口调回了他的军队。谢玄眼看收复国土的大业转瞬之间变成沤浮泡影，不禁忧心忡忡，没有过多久就与世长辞了。可谓是多年的辛劳毁于一旦。

人生是一个大课堂，也是一个大考场。考验的不仅是技能与本领，而且是意志与胸怀，是时间长河里无数失败的积累与若干成功的集合。因此，卓越很艰难，毁灭很容易。

249.【原文】训子须从胎教始，端蒙必自《小学》初。

【解悟·故事】教育小孩要从胎儿时开始，启蒙时期的教育内容必须自《小学》开始。因此，我们要重视启蒙教育，并且教育孩子要由浅入深。

2005年高考爆出一个大新闻，我国年龄最小的高考生是辽宁盘锦一个10岁的小男生。他的高考成绩是505分，超出辽宁省当年第二批本科大学录取分数线47分。小男生为什么如此聪明，这成为人们希望了解的秘密。据他的父亲介绍，在妻子怀孕时，便开始进行胎教，每天都听音乐。在他咿呀学语时，父亲便开始教其识字。他两岁的时候已认识了一千多个字，五岁的时候认识了两千多个字。2005 年，年仅 10 岁的他参加高考。至今，他保持的“全国最小大学生”的纪录无人打破。2008 年他成为全国年龄最小的硕士生，2011 年 9 月成为全国最小的博士生。他之所以成为大家眼中的“神童”，也许有多种原因，但其父母重视并实施的早期教育是其中的重要原因之一。

我们的祖先早已认识到了启蒙教育的重要性，并且总结归纳了启蒙教育的内容。《小学》一书由朱熹和他的学生刘清之共同编辑而成，书成于淳熙十四年（1187）。书内摘录了一些较为抽象的有关行为规范方面的言论，以便让儿童明了哪些事可以做、哪些事做起来是有意义的。《小学》在南宋时代就被用于教学。从元朝以后，对这本书进行注释的著作也不断出现，使之更为完善，使儿童们学起来更容易懂。

250.【原文】养子不教如养驴，养女不教如养猪。

【解悟 · 故事】养儿子不教育的话就像养了一头只会干活的驴，养女儿不教育的话就像养了一头只会等吃的猪。因此，每个家长都应用正确的教育方法，认真教好自己的子女。

傅雷先生爱儿子，但绝不溺爱娇纵。他把对儿子做人的教育寓于立身行事、待人接物的家庭生活之中。诸如穿衣、吃饭、站立、行动、说话这样的生活小事，傅雷都提出了严格的要求。比如进餐，傅雷就注意孩子是否坐得端正，手肘靠在桌边的姿势是否正确，吃饭时是否发出失礼的咀嚼声。当傅雷发现儿子不爱吃青菜、专拣肉吃并不听警告时，就罚他吃白饭，不许吃菜。傅雷还抓住孩子思维具体形象的特点，把做人的教育贯穿在孩子能接触到的、易于理解的日常生活之中，逐步提高孩子辨别是非的能力，加深孩子道德情感的体验，培养他良好的行为习惯。正是傅雷的这些做法，使他的儿子从小就身心健康，举止端庄，为他的儿子长大成人后能适应复杂的社会生活奠定了基础。

现在很多父母认为教育是学校的事。他们不清楚，学校的主要责任是传播知识，而教孩子如何做人，如何养成崇高的品德，主要的责任在家庭。生而不养，何以为人父母？养不教，父之过。可有的父母一直认为只要把子女交给学校教育就行了，却不知如果父母不亲自教育或不参与教育，会导致子女的教育不全面、不完善，从家庭到社会到学校的整个链条就会有断裂，并出现许多家庭问题。智力培养固然重要，但教孩子怎样做人则更重要，因为“道德常常能弥补智慧的缺陷，而智慧却永远填补不了道德的空白”。

251.【原文】有田不耕仓廪虚，有书不读子孙愚。

【解悟 · 故事】有了田地不去耕种，粮仓就会空虚；有书不读，子孙也会愚笨。因此，我们要教儿孙多读书，明事理，才能使家庭幸福长久。

北宋政治家、科学家沈括的父母文化底蕴深厚。在父母的教育下，他很早就开始读书。十四岁时，他已把家中的很多藏书都读过了，而后又到处借书读，青年时期就已成为当地知名人物。后来他随父亲工作调动到各地又读了很多书，学识更加充实。至和元年（1054）他以父荫步入仕途，政务之外仍勤奋读书不辍。嘉祐八年（1063）时考中进士。治平二年（1605）后被聘为皇家昭文馆编校。这让他有机会读了更多的皇室藏书，学识更加渊博。他对文学、史学、军事、农事、天文、地理、物理、化学、数学、生物、水利、医药、书法、音乐……都有很深造诣，是当时深受人们尊敬的学者。他一生著述有几十种，最著名的是《梦溪笔谈》。《梦溪笔谈》也被誉为“中国科学史上的坐标”。沈括因此成为当之无愧的优秀而伟大的科学家。

纵有良田万顷，如不耕种，让其荒芜，就没有收获；靠吃老本，粮仓的粮食只会越来越少。读书与收获智慧就像耕种与收获粮食一样，家里有很多书，只是为读书创造了条件，如果不读的话与没有书是一样的。无论平民百姓，还是大户人家，多为子孙投资教育，鼓励后代多读书、读好书，当是家庭乃至民族之正道。在我国古代封建社会，耕田和读书是人立身之本，是做人的两个基本要求。耕田可以使人热爱劳动，读书可以使人增进智慧。现代社会分工更细，可以不耕田但必须劳动，书就不可不读了。一愚满家，悔之晚矣。因此，为人父母一定要培养子女爱劳动和爱读书的好习惯。

252.【原文】仓廪虚兮岁月乏，子孙愚兮礼义疏。

【解悟 · 故事】粮仓空虚了，粮食也就缺乏，日子就会过得贫穷而艰辛；子孙

礼仪之邦

愚笨了，也就不懂得礼义，礼义也就自然疏远了。因此，我们要教育子孙懂事明理，生活才会越过越有滋味。

丰子恺是我国著名漫画家、美术与音乐教育家，师从弘一法师，以中西融合画法创作漫画以及散文而著名。丰子恺是名人，家里经常有客人来访。每逢家里有客人来时，丰子恺总是耐心地对孩子们说："客人来了，要热情招待，要主动给客人倒茶、添饭，而且一定要双手捧上，不能用一只手。如果用一只手给客人端茶、送饭，就好像是皇上给臣子赏赐，或是像对乞丐布施，又好像是父母给小孩子喝水、吃饭。这是非常不恭敬的。"他还说："要是客人送你们什么礼物，可以收下，但你们接的时候，要躬身双手去接。躬身，表示谢意；双手，表示敬意。"这些教导，都深深地印在孩子们的心里。有次，丰子恺在菜馆里宴请一位远道而来的朋友，把几个十多岁的孩子也带了去作陪。孩子们吃饭时，还算有礼貌，守规矩。当孩子们吃完饭，他们之中就有人嘟囔着想先回家。丰子恺听到了，也不敢大声制止，就悄悄地告诉他们不能急着回家。事后，丰子恺对孩子们说："我们家请客，我们全家人都是主人，你们几个小孩子也是主人。主人比客人先走，那是对客人的不尊敬。这很不好。"孩子们听了，都很懂事地点头。丰子恺有个儿子特别害怕见生人。他就带去接触生人，加强一些这方面的锻炼。有时等送走客人后，丰子恺就会告诉儿子："刚才，那位叔叔跟你打招呼告别，你应该理睬人家。人家客人向你问好，你也要向人家问好；人家跟你说再见，你也要说再见。"在父亲的正确教导下，丰子恺的孩子个个都是懂规矩、讲礼貌、长大后有出息的人。

"仁义礼智信"构成了中国文化的重要内容，一个民族只有讲文明、懂礼仪才能永久地屹立于世界民族之林。

253.【原文】茫茫四海人无数，那个男儿是丈夫。

【解悟 · 故事】茫茫四海有千千万万的人，可哪个男儿才是有责任、有担当、有作为的大丈夫呢？因此，我们要慧眼识人，远离小人，与大丈夫为伍。

有一对情侣晚上一起去散步，突然前面有一条大狼狗向他们袭来，没想到男生拔腿就跑，可还是没有逃过被咬的命运，而女生也被狗咬伤。经历了这件事之后女生决定和男生分手，理由是他在关键时候并没有表现出一个男人该有的担当。

女孩天生就有强烈的不安全感，既然把自己的一生托付给你，你就该在危险的时候保护她、安慰她，而不是自顾自地跑开。害怕狼狗是人的天性，可当你条件反射式逃跑后，如果心里还想着女友，应选择转身回来救她，这样就算被狗咬了也值得，起码女朋友会死心塌地爱你一辈子。而逃跑被咬，除了牙印，留下的只会是女友的失望以及别人的瞧不起。

男人应该是什么样子没有范本，但起码心里要有基本底线，在困难和危险面前你就要像个爷们，千万不要失去了作为一个男人应该有的担当！

254.【原文】要好儿孙须积德，欲高门第快读书。

【解悟 · 故事】要想儿孙好就要多积德行善，要想家族发达就要抓紧读书。因此，我们的言谈举止不仅要对自己负责，而且要对国家、民族、家庭、子孙后代负责，要多行善良之举，读书上进。

西汉名相陈平，少时家贫，与哥哥相依为命。为了秉承父命，光耀门庭，陈平不事生产，闭门读书，却为大嫂所不容。为了消弭兄嫂的矛盾，面对一再羞辱，他隐忍不发。但随着大嫂的变本加厉，他终于忍无可忍，离家出走，欲浪迹天涯。被哥哥追回后，他又不计前嫌，阻兄休嫂，在当地传为美谈。终有一老者，慕名前来，免费收徒授课。学成后，他辅佐刘邦，成就了一番霸业。

圣贤们往往嗜读如命：孔夫子读《易经》，致使韦编三绝；范仲淹居僧舍，晨夕断齑划粥。有的人甚至到了近乎自虐的程度：古人青灯黄卷、焚膏继晷，流传了许多凿壁偷光、囊萤映雪、悬梁刺股、负薪挂角的苦读故事。还有如董仲舒专心攻读，孜孜不倦。他的书房后虽然有一个花园，但他专心致志读书学习，三年时间没有进园观赏一眼。董仲舒如此专心致志地钻研学问，使他成了西汉著名的思想家。

书籍是人类进步的阶梯。读书是文人的“童子功”，是人生的必修课，是生活的奠基石。执卷在手，是最优美的生存姿态；吟诵经典，是最惬意的心灵享受。别人不读书，文化人不能不读。在灵魂最易飘荡的时代，文化人要坚守自己的内心宁静和淡定，做一个德才兼备、受人尊敬的好人，必须重视读书对个人修养的重要影响。“书犹药也”，多读可以治愚、化俗、消浮、祛燥；可以骋目、广闻、养心、益智。一个人的阅读史就是他的思想成长史。孙中山先生题联自勉：“愿乘风破万里浪，甘面壁读十年书。”表明了兼济天下的鸿鹄之志。青年周恩来去国怀乡，立志“为中华崛起而读书”，成为激励青少年发奋学习的座右铭。

255.【原文】救人一命，胜造七级浮图；积金千两，不如一解经书。

【解悟·故事】救一个人的命，胜过建造一座七层的佛塔；积累万贯家财，不如解读传播一本经典。因此，我们要以人为本、关注民生、重视教育。

清朝的慈禧太后曾经让一位书法家给她题写扇面。那位书法家在扇面上写的是唐朝王之涣的诗：“黄河远上白云间，一片孤城万仞山。羌笛何须怨杨柳，春风不度玉门关。”由于书法家匆忙疏忽，题诗时竟然漏掉一个“间”字。慈禧看后大怒，认为是故意欺她没有学识，要把那位书法家问成死罪。书法家急中生智，一边忙着解释：“老佛爷息怒，这是用王之涣诗意填的词。”并当场断句吟咏：“黄河远上，白云一片，孤城万仞山。羌笛何须怨，杨柳春风，不度玉门关。”慈禧听罢，无言以对。书法家写丢一字，险些送了命，但他又巧用断句挽救了自己的性命。

读书是公认的至宝。“昼坐惜阴，夜坐惜灯。”立身凭勤俭，保家靠耕读！“功名富贵”是短时间的，都会随着生命的结束而消亡与转移，只有“精神”与“气节”才会万古长存。这就是读书的最大功效。另外，知行结合，耕读同行，是古人读书立身、强家的两大准则。儒家重视实践，学了就要实行，否则就是装样子，就像牛马穿衣服一般，假装斯文。“枯木逢春犹再发，人无两度再少年。”“书有未曾经我读，事无不可对人言。”真正的富贵是饱读诗书，懂得了道理，看透了世界。如此，便可以过舒适的生活。书，一辈子都看不完；道理，一辈子都学不完。所以，我们大家都要努力，形成读书风气，并要代代坚持，才能上为国家，中利家庭，下益自身！

256.【原文】静中观物动，闲处看人忙，才得超尘脱俗的趣味；忙处会偷闲，闲中能取静，便是安身立命的工夫。

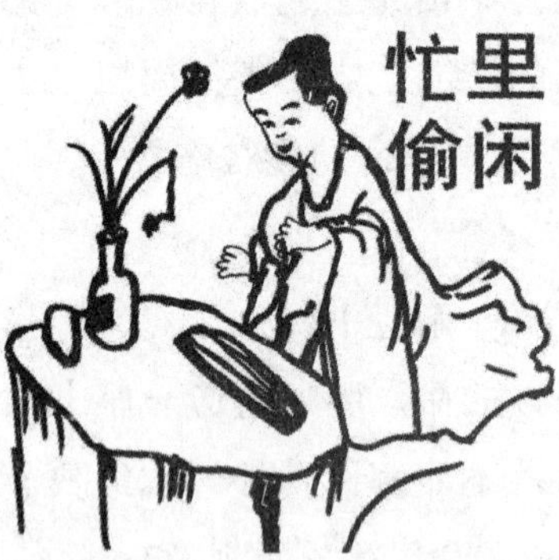

【解悟 · 故事】学会静中观动，闲处看忙，才能获得超尘脱俗的趣味；要想修炼安身立命的本事，就必须忙里偷闲，闹中取静。因此，我们要在纷乱的世界里学会忙里偷闲，才能真正做到超凡脱俗、安身立命。

爱尔斯金是美国近代诗人、小说家，又是出色的钢琴家。他在谈及如何利用时间这个话题时，曾深有体会地说：“当我在哥伦比亚大学教书时，我想兼顾创作。可是上课、看卷子、开会等事情把我白天、晚上的时间全占满了。差不多有两个年头我不曾动笔，我的借口是没有时间。后来，只要有五分钟左右的空闲时间，我就会坐下来写作一百字或短短的几行。仅仅一个星期的时间，我竟积累了相当多的稿子。后来我用同样积少成多的方法，创作长篇小说。虽然我的教授工作一天比一天繁重，但是每天仍有许多可利用的短短空闲。我有时还练习钢琴。我发现每天小小的间歇时间，足够我从事创作与弹琴两项工作。利用短时间，其中有一个诀窍——你要将你的时间最大化，如果只有五分钟的时间给你写作，切不可把四分钟消磨在咬你的铅笔头上。思想上事前要有所准备，一旦进入状态，就要立刻把心神集中在所做的事情上，迅速集中脑力。人类的生命完全可从这些短短的闲歇、闲余中获得一些成就。这些极短的时间，如果能毫不拖延地加以充分利用，就能积少成多地供给你所需要的长时间。”

面对纷繁尘世、复杂的局面，需要加强自身修养，注重心灵成长，淡泊功名利禄。要学会透过现象看本质，找出客观规律。闹中取静，首先要把浮躁的心静下来。心如果静不下来，即使躲到深山老林、杳无人烟之处，心灵也得不到安顿；如果把心静下来，即使在繁华闹市也能够享受安宁。

257.【原文】子教婴孩，妇教初来。

【解悟 · 故事】对孩子的教育要从小开始，对新媳妇的教育要从第一次来时开始。因此，我们施加教育要及时、及早。

多年前的某一天，有个美丽的少妇抱着自己的孩子去找达尔文，向他询问有关育儿的问题。生物学家达尔文不但对物种起源研究精深，对育儿的见解也颇有

独到之处。“啊，多漂亮的孩子啊！几岁了？”没等少妇开口，达尔文就高兴地首先向少妇发问。“刚好两岁半。”少妇诚恳地对达尔文说，“当妈妈的都希望孩子成才。您是个科学家，我今天特意登门求教。”“您要问什么问题呢？夫人。”达尔文微笑着注视着少妇。“我想问一下，对孩子的教育什么时候开始才好？”达尔文惋惜地说：“夫人，很可惜，您已经迟了两年半了。”

德国的教育学家威特，主张教育应与孩子的“智力曙光”同时开始。他说：“对孩子的教育无论开始得多么早也不会过头。”这是他从对自己儿子的教育实践中得出的结论。而我国当代早期教育理论家，则提出了著名的“0岁方案”——怀孕时期是潜在的素质教育；0到6岁是基本素质教育；6岁到青年时期是自我发展素质培养时期；青年以后是发挥素质时期。父母是孩子的第一任老师，父母的言谈举止对孩子的影响巨大，因此，父母一定要从严要求自己，当好表率，言传身教，让孩子有一个好的学习楷模，实现良好的家教目的。

一般来说，新媳妇是从不同家庭或地域嫁入男方家庭的，可能存在着地域、文化、风俗等方面的差异。所谓“妇教初来”，就是要明确规矩、遵循家风、磨合融洽。作为新媳妇，要入乡随俗、尊老爱幼、融洽关系、适应环境。不过，作为新时代女性也不是完全处于从属地位，要勇于建言献策，为家庭发展发挥积极作用。

258.【原文】内要伶俐，外要痴呆。

【解悟·故事】做什么事心里要有底，清清白白，但外表看上去要朴实甚至有些迟钝。因此，我们要外表质朴，内心聪明。

孙膑原名孙伯灵，中国古代军事家。孙膑与庞涓都是鬼谷子的弟子。庞涓急于下山出仕，孙膑为其送行，二人流泪而别。后来庞涓当上了魏惠王将军，认为自己的才能比不上孙膑，心生嫉妒，欺骗孙膑到魏，并设计陷害孙膑私通齐国，将他的膝盖骨剜出，脸上还刻了囚字，使他成了废人。孙膑用吃粪便、睡猪圈、哭笑叫闹不停等装疯卖傻的方法欺骗庞涓，使他放松了警惕。在淳于髡和禽滑厘的帮助下，孙膑逃奔至齐国寄居于田忌门下，被齐威王任为军师。先后用围魏救赵计策，使齐国在桂陵、马陵两场战役获胜。在马陵之战时，孙膑身居辎车，计杀庞涓，大败魏军，使其元气大伤。马陵大捷之后，齐王要给孙膑加官受爵，但他执意不肯，连军师一职也请求免除。后来，他找了一处清静的地方，招收几个学生，总结、研究早年所学兵法和作战经验，撰成《孙膑兵法》，后失传，直至1972年在山东临沂银雀山出土，有11000余字。

众所周知，我国古时的铜钱形状一般内方外圆。寓意一个人做生意干事业要有原则、有智慧，而对外则要注重圆融变通，故有“和气生财”之古训。历史上享有盛誉的郑板桥留下了“难得糊涂”的千古名言。一个所谓痴呆的人，人们总会给他一丝同情与和善，他懂得取之有道和见好就收，懂得放长线钓大鱼，能把握好分寸和度，能看到长远利益。关键时刻，只要聪明一下就全盘变局、胜利在望了。

259.【原文】聪明逞尽，惹祸招灾。

嫉杀杨修

【解悟·故事】一个人过分地炫耀自己的聪明，当他的聪明炫耀完了，也就会因为他曾经的炫耀而让自己惹祸上身。因此，我们要韬光养晦，谦虚谨慎，才能趋利避害，远离险祸。

在《三国演义》中，杨修是曹操手下的谋士，很有才气，却喜欢显摆。一次，工匠们奉命为曹操修建一座花园。花园建好之后，请曹操驾临观赏，曹操转了一圈之后，一言不发，只在花园的门上写了一个“活”字，随从们面面相觑，不明此意。这时杨修抢先发言：“这还不明白吗？丞相是嫌门太窄了，因此写了一个‘活’字，‘门’内添‘活’字，不就是‘阔’字吗。把门改阔点，就合丞相之意。”此话传至曹操耳中，曹操既佩服杨修的聪明，又担心杨修的聪明会威胁到自己。在一次进退两难的战役中，晚间值勤官向曹操请示当晚的口令。这时曹操正在吃鸡肋，就随口说出“鸡肋”作为当晚的口令。杨修听说曹操传出“鸡肋”的口令，就赶忙告诉好友们抓紧收拾行李准备撤军。好友们问杨修：“撤军是军中最高机密，你怎样知道丞相要马上撤军？”杨修说：“这不明摆着吗？这‘鸡肋’食之无味，弃之可惜。加上军中粮草又不多，此时不撤军更待何时？”曹操了解到了这件事情之后，再也不能容忍杨修了，就以扰乱军心为名，将杨修斩首示众。所以，聪明到头，灾祸自来。

七分精明以度生，三分痴呆以防死。现实生活中，多数聪明人缺少大智慧。聪明的本意是“耳朵听力好，眼睛视力好”。而智慧比聪明的层次更高。古人造“智慧”两字时颇费心机。“智”字上为“知”，下为“日”，因而寓意每日增进知识。“慧”字上为“彗”，下为“心”。“彗星”俗称“扫帚星”，寓意要经常打扫心上的杂念尘埃。每日增进知识，经常清扫内心的杂念和尘埃才能拥有智慧。有些人喜欢显示聪明，并自我陶醉，殊不知，聪明常常反被聪明误。

260.【原文】能让终有益，忍气免伤财。

【解悟·故事】如果能够谦让就一定会有所受益，忍气吞声就能避免伤财招灾。因此，我们要百忍成金，谦恭得益。

韩信胯下受辱不仅影响和改变了历史，而且在今天仍具有现实意义。韩信因忍让当年的泼皮屠夫而成为兵马大元帅，成就了汉朝400余年的江山。假如没有当初的忍让，图一时痛快，杀了屠夫，因而服刑入狱，毁了前程，汉朝江山的建立也许就发生了逆转。忍让作为为人处世的大智慧，值得我们学习。

牛某创建某品牌乳业之前，在一家大企业做副总，虽然尽心尽力、业绩卓著，做事冲劲十足，但他为企业的一把手所不容，处处受到排挤。这时，牛某没有火冒三丈，而是选择了忍，之后便递交了辞呈。辞职后，他创建了自己的品牌。但该品牌与他原供职的那家企业同在一个城市，经营的又是同一类产品，狭路相逢，必生事端。那家企业财大气粗，对还很弱小的牛某的品牌进行强烈抵制，要求经销自己产品的经销商绝对不能经销牛某品牌的产品，否则就取消其经销权。牛某又选择了忍，然后艰难地建立和完善自己的经销网络。可不久，牛某的品牌在该市的40多块广告牌一夜之间全被砸毁。这种暴行遭到媒体的一致谴责，牛某最初也曾悬赏缉拿凶手。后来一个朋友给牛某打电话说：“你们的广告牌是我们砸的，没办法，我们要不砸就会被开除回家。”这时，牛某还是选择了忍让，不再追究，也不去争辩是与非，而是专注于自己产品的开发和销售。没想到，牛某的忍让和克制，竟带来了品牌人气和销量的大涨。因为，经销商佩服他的气度心量，愿意倾力合作，媒体和消费者也认同该品牌的品质，成功也就水到渠成。

将锋利的剃须刀刀片当作推土机的推土铲刀来使用，还能推动土石吗？显然不能。推土机的推土铲刀是很厚的，推土移石，勇往直前，非常强劲。可见，所谓的锋利是相对的，不同的工具应在不同的场合使用，才能发挥最佳的效果。我们应该按照既定的人生目标，像推土机的推土铲刀一样排难前进，在经受磨炼、承受委屈的过程中，使脆弱的心灵变得更加坚韧，最终赢得精彩的人生。

261.【原文】富从升合起，贫因不算来。

【解悟 · 故事】富裕是从勤俭持家而来，贫穷主要是因为不会精打细算、不会理财。因此，我们只要拥有合理的理财计划和勤俭持家的美德，就能远贫近富。

台湾“经营之神”王永庆早年因家贫读不起书，只好去做买卖。1932 年，15 岁的王永庆从老家来到台湾嘉义开了一家米店。那时，当地的米店有近 30 家，竞争非常激烈。仅有 200 元资金的王永庆，只能在一条偏僻的巷子里承租一个很小的铺面。新开张的日子里，生意冷冷清清，门可罗雀。他想到了背米上门推销，可是效果不好。怎样才能打开销路呢？王永庆决定从每一粒米上打开突破口。他和两个弟弟一齐动手，一点点将夹杂在米里的秕糠、砂石之类的杂物拣出来，然后再卖。一时间，小镇上的主妇们都说，王永庆卖的米质量好，省去了淘米的麻烦。这样，一传十，十传百，米店的生意日渐红火起来。后来，他又主动送米上门，无疑是一项创举。有次为守信誉，他冒着倾盆大雨，为一家客栈的厨师送一斗米，就赚了一分钱。回来时，他全身都湿透了。有时他还为收入微薄的客户赊米，待他们发了薪水才去收。由于精细、务实的服务，使嘉义人都知道在米市马路尽头的巷子里，有一个卖好米并送货上门的王永庆。知名度上升了，生意也就红火起来。这样，经过一年多的资金积累和客户扩张，王永庆办了个碾米厂，在最繁华热闹的临街处租了一处比原来大好几倍的房子，临街做铺面，里间做碾米厂。就这样，王永庆从小小的米店生意开始，一步一步，直到最后其事业问鼎台湾。王永庆尽管家财万贯，但生活却非常节俭，打了补丁的手绢还会继续使用。

从王永庆身上，我们看到了那种目光远大、永不满足的精神，其间渗透着善于理财投资的智慧和勤俭持家的美德。

262.【原文】暗中休使箭，乖里放些呆。

【解悟·故事】不要暗中投射冷箭伤人，要在机灵的同时装得呆傻一点。因此，我们要心胸开阔，进退自如。

春秋时期，郑国联合鲁、齐两国共同讨伐许国。在攻打许国都城时，老将颍考叔手执大旗，登上城头。青年副将公孙子都眼看颍考叔就要立大功，心怀忌妒，对他暗放一箭，正中背心。颍考叔顿时一个跟头栽下城来。另一副将瑕叔盈以为他是被敌兵射死，马上拾起大旗，继续指挥郑军奋勇攻城，终于攻克了许国都城。此后郑庄公利用多种手段对颍考叔死因进行了调查，终于查出了真相，使放暗箭的公孙子都受到了极刑，并将他永远钉在了历史的耻辱柱上。

使暗箭者，一般来说是心理阴暗、嫉妒心极强的人。这种人的心思和精力不是用来提升自己的素质和能力，而是想方设法把别人往下拉。习惯使暗箭的人，往往以害人开始，以害己告终。因为这些人会长期妒火中烧，遭受精神折磨，影响身体健康。一个人的时间和精力有限，如果将过多的时间和精力用在了歪门邪道上，必定会影响正常的学习和工作。

我们可以不放暗箭，但也要学会在自己的乖巧中适当放些呆傻的烟幕弹，让对手感觉到不值得他花心思去与你较量，放松对你的攻击，你就可利用相应的空隙来提升自己的实力，去实现自己的预期目标。

263.【原文】衙门八字开，有理无钱莫进来。

【解悟·故事】古代的衙门是呈八字朝南开的，有理却没有钱的人别想进去告状。因此，我们既要坚信法纪，也不要无理取闹。

古代因北方有斗，所以尊北为上，官署衙门都有坐北朝南的讲究。官署衙门的这种“八字墙”建筑，除显示官衙的尊贵、威严之外，还有另外一种用途，这要从古代州县衙门的职责说起。古代的官员以其官职各司职守。但到基层州县一级，所掌职司不像现在这样分那么多的机构。古代州县衙门的职司包括劝农、理财、狱讼、兴学、治安、工程建筑、水利等。国家最高统治者皇帝的一些劝农、教化的“圣谕”，各上司衙门下达的需要向民众告知的公文、本县长官发布的告示、禁令等都要在“八字墙”张榜公布，“八字墙”也就成了衙门“公告栏”。特别是皇帝的“圣谕”要张挂于右边的“八字墙”上。为引起民众的注意与重视，在恭迎“圣谕”时，还要笙箫鼓乐，吹吹打打地举行隆重仪式。为使老百姓理解“圣谕”的文字内容，还要组织专门人员在衙门前进行宣讲。

《红楼梦》里的贾雨村复职后，新补授了应天府，一上任就遇到一起人命案：人称“呆霸王”的薛蟠为争夺一个女婢而打死了小乡绅之子冯渊。贾雨村本想依律“严肃处理”，却又受了门子——出身于“葫芦庙”里的小沙弥的“点拨”，为勾结“金陵四大家族”，胡乱了结了这起案件。“葫芦”者，糊涂是也。“糊涂官”因徇私枉法，把简单明了的案件办成“糊涂案”。其实，《红楼梦》里的贾雨村绝非糊涂之人，乱判“葫芦案”，是为了攀附权势，捞得“护官符”，巩固自己的地位。可机关算尽，最终他并没有得到好的下场。

264.【原文】天灾不时有，谁家挂得免字牌。

【解悟 · 故事】天灾人祸不知什么时候就降临了，没有哪一家可以避免。因此，要有防灾意识，这样灾难到来时才不至于那么慌张。

2008 年 5 月 12 日 14 时 28 分，四川省汶川县映秀镇（北纬 31.0°，东径 103.4°）发生里氏 8.0 级强烈地震，地震波及大半个中国及亚洲多个国家和地区。老天有时就是如此无情，但是我们国家和民族是坚不可摧的！汶川地震，大地一抖，将我们 13 亿多颗心紧紧连在一起，使全世界人民的心走到了一块！天灾不时有，谁家挂得免战牌？四川地震不仅是中国的灾难，更是全人类的灾难。汶川大地震是中华人民共和国成立以来破坏力最大的地震，也是唐山大地震后伤亡最严重的一次。

但是，仅过了几年的时间汶川就完成了灾后重建，向全世界展示了中国人民的坚强与睿智。重建后的汶川发生了翻天覆地的变化，民生改善、产业振兴、文化发展、民族团结，一幅和谐的新画卷呈现在我们眼前。我们因灾难而悲痛，我们又为民族强大凝聚力而骄傲。在灾难面前，中华民族坚强勇敢、团结奉献的精神得到了高度的升华。这种精神将化作一种永远的动力，推动中华民族走向繁荣富强！

265.【原文】用人不宜刻，刻则思效者去；交友不宜滥，滥则贡谀者来。

所长无用

【解悟 · 故事】选用人才不宜苛刻，否则有心报效的人就会离去；交朋友也不应太过泛滥，否则谗谀小人就会出现。因此，我们用人要宽厚，交友须谨慎。

有个鲁国人擅长编草鞋，他妻子擅长织白绢。他想迁到越国去。友人对他说："你到越国去，一定会贫穷的。""为什么？""草鞋，是用来穿着走路的，但越国人习惯于赤足走路；白绢，是用来做帽子的，但越国人习惯于披头散发。凭着你的长处，到用不到你的地方去，这样，要使自己不贫穷，难道可能吗？"一个人要发挥其专长，就必须适应社会环境需要。如果脱离社会环境的需要，其专长也就失去了价值。因此，我们要根据社会的需要，决定自己的行动，更好地去发挥自己的专长。

一些管理者受西方文化影响，唯重制度，缺少人性化，把属下看作工作机器，动辄训斥处惩，并且美其名曰"严格管理"。人是有七情六欲的万物之灵，最能打动人心、调动积极性的是感情，是文化的力量。有研究表明，优秀人才的跳槽，很大一部分原因是所在单位缺乏人文关怀和人际关系紧张。因此，管理者在执行制度刚性管理的同时，应当多一些人文关怀。

人需要朋友，好朋友会成为生命中的贵人。但是交友要有原则，不能太滥。如果太滥的话，会耗费大量的时间和精力，自然会影响本职工作和理想计划。另外，交到不好的朋友有可能近墨者黑，阿谀奉承就会环绕左右，必定会败坏名声，带来隐患。

266.【原文】财是怨府，贪为祸胎。

利令智昏

【解悟 · 故事】钱财往往是大家怨恨所集中的对象，贪欲往往成为人生的祸根。因此，我们要淡泊名利，懂得分享，学会放弃。

战国时期，秦惠文王想吞并南方的蜀国，借此巩固秦国的后方。可蜀国与秦国隔着一千多里的山路，如派兵攻打，就需要开辟一条山路，不仅劳民伤财，而且势必引起蜀国的注意。后来，秦惠文王听说蜀侯喜欢贪图小利，就让工匠刻凿了五头石牛并谎称石牛能屙黄金，并准备将这五头石牛送给蜀侯。蜀侯不知是计，果然高兴不已，为把石牛运回蜀国，派数万人开凿山路，忙了几年才将山路修通。当山路修好之后，秦国二十多万大军也尾随而至，不费吹灰之力，就攻占并灭掉了蜀国，蜀侯也成了天下的笑料。

财富是人们追求的对象，也是促进社会进步的动力。勤劳致富、合法致富无可厚非。君子爱财，取之有道；分外之财，切莫伸手。社会资源和财富是有限的，如果资源和财富分配严重失衡，就会引起贫富不均，导致社会动荡。财为身外之物，当达到一定程度之后，再多的财富也只是符号而已。古时许多仁人志士都懂得将财富与人分享。如春秋时期的范蠡功成身退之后下海经商，三次致富，三散巨财，名留青史。

凡动物都会有一定的贪欲，而作为高级动物的人更是有七情六欲。人与动物的区别在于能够“发乎于情，止乎于理”，即能够控制贪欲。财有害气，贪有渊相，自觉抵制钱财、美色的诱惑需要大智慧、大定力。

267.【原文】乐不可极，乐极生衰；欲不可纵，纵欲成灾。

范进中举

【解悟 · 故事】遇到高兴的事不能过头，高兴过头可能会发生令人悲哀的事；欲望不能过于放纵，放纵欲望可能会造成灾难。因此，我们要坚信凡事有度，物极必反。

范进是《儒林外史》中的人物。他准备去应考，因家里没钱，就去向身为屠夫的丈人借钱应考，被丈人痛骂并奚落，钱也没借来。后来，范进瞒着丈人去考试。出榜当日，范进因家中没有粮食了，只得拿着母鸡到市场上去卖。谁知此时，报录的人也到范家报喜，祝贺范进高中了举人。邻居在集市上找到范进并报喜，但他不敢相信。范进亲眼看到喜报后，因欢喜过度而发了疯。众人商议救治范进的各种方法，最后建议由他日常最怕的丈人来掌掴他，使他清醒，除掉疯病。但他丈人也害怕，自己本是个杀猪的，而现在女婿又高中了，万一将来不理他，那就麻烦了。在众人的劝说下，为了帮助女婿，丈人只得喝酒后，壮着胆子掌掴范进，使他清醒起来。范进很快就恢复正常，丈人及邻居们向他道贺，阿谀奉承，极尽恭维，丑态毕露。

事物的发展转化规律表明，一件事物一旦发展到了巅峰必然要向相反的方向转化。我们要谨记：一个人的欲望不能太过于放纵了。这个世界不是你想怎么样就怎么样的。过于放纵自己的行为，必定会引发祸端。凡事要以一颗平常心对待，遇见好事不要太高兴，遇见坏事也不要太悲观，能做到“不以物喜，不以己悲”才是一种人生境界！因此，一定不要放纵自己的欲望，学会克制自己，收敛自己的心性。

268.【原文】百年容易过，青春不再来。

【解悟·故事】人的一辈子很容易过去，失去的青春却不会再来。因此，我们要保鲜青春，珍惜时光，活出精彩来。

人生是一趟单程列车，一路向前，永不回头。人充其量能活百岁，三万多天。一百年在历史的长河中仅是一瞬间。我们能够来到世上也属不易，是在激烈的竞争中取胜才拿到了这张入场券。我们每个人都是世上的唯一，都有特别的优势，有的人发挥得好，有的人发挥得不够，但不管你发挥得如何，优势都存在。每个来到世上的人都应当留下些或深或浅的烙印，莫要辜负苍天的眷顾。

有个平时游手好闲的年轻人，有天梦见自己随着时光的流逝变成了白发苍苍的老人，等他意识到自己一生碌碌无为时，却已是悔之晚矣。于是他痛苦地仰天大喊：“青春啊，回来吧！回来吧！我的青春！”这一喊把青年从梦中惊醒。他暗自庆幸自己还未沦落到那种地步，从此便开始亡羊补牢，发愤图强，最终成了著名的作家。

青春是人生中最锦绣的一道风景，是一生中最真切的回忆，一旦逝去就不再回来。青春是一场与时间赛跑的比赛。时钟嘀嗒而过，青春也在无声无息中悄然溜走。只有紧紧掌握住点滴的时间，才能坐着青春的小船顺利驶向理想的彼岸。叶圣陶先生说过，少年时期的放浪是晚年的汇票，人生最大的悲痛莫过于辜负青春。的确，青春是有限的，但聪明是无限的。趁短短的青春，学习无限的聪明，等到我们成功的那一天，你会想起青春岁月所留下的痕迹。珍惜青春，就是珍爱生命。当生命即将终结时，拿出自己的“青春纪念册”，多苦都会变成甜！青春如梦，明天的太阳将为我们高高升起。

269.【原文】欲寡精神爽，思多血气衰。

【解悟 · 故事】把自己的私心欲望降到最低会使人神清气爽，思虑太多会导致血气衰微。因此，我们要清心寡欲，淡泊明志。

一个年轻人去拜访一位年长的智者。他问："我如何才能变成一个自己愉快、也能够给别人带来愉快的人呢？"智者微笑着说："我送给你四句话。第一句话是，把自己当成别人；第二句话是，把别人当成自己；第三句话是，把别人当成别人；第四句话是，把自己当成自己。"这个青年人很快就领悟了其中的奥妙：把自己当成别人，就能够在困惑痛苦的时候跳出来找到出路；把别人当成自己，就是站在对方的角度看问题，才可能知道别人究竟想要的是什么；把别人当成别人，每个人都是一个个体，做事皆有自己的顾虑，不把自己的想法妄加在别人身上，充分尊重别人的独立性；把自己当成自己，不必随波逐流，在得意忘形的时候平衡自我。从此，这位青年从智者那里吸取了精神营养，后来真的就成了一个自己快乐，也给人带来快乐的人。

当某个问题一下不能解决时，应暂时摆脱，搁置一边，出外散散步，听听音乐，或干点别的事情，调剂一下精神状态，让大脑休息一下。这样不仅有利于身体，也有利于问题解决和提高工作效率。生活不可能一帆风顺，总会有波折，总会有险阻，只有放宽心态，才能自如地面对人生风雨。

270.【原文】一头白发催将去，万两黄金买不回。

【解悟 · 故事】满头白发是时光催成的，就是拿万两黄金也买不回曾经的黑发和青春。因此，我们要珍惜时光，切莫虚度。

时光对待每个人都是公平的，无论贫穷富贵，每个人的一天都只有24小时，每个人享有的一生也最多百余岁。生命短暂，有的人乐于奉献、留名青史；有的人平平淡淡、碌碌无为；有的人自私贪婪、危害社会。要想不让你的人生留下遗憾甚至悔恨，唯有珍惜当下、认真努力，才能拥有好的结局。

鲁迅12岁时在绍兴城读私塾，他父亲患有重病，两个弟弟年纪还小，他不得不经常跑当铺、跑药店，还要帮助母亲做家务。为避免影响学业，他必须做好精确的时间安排。此后，鲁迅几乎每天都在挤时间。鲁迅酷爱读书，又喜欢写作，而且对于民间传说、传统绘画十分感兴趣。正因为他涉猎广泛，所以时间对他来说非常重要。他一生多病，工作条件和生活环境都不好，但他每天都要工作到深夜才肯罢休。后来，鲁迅凭借着自己的勤奋与睿智成为中国现代伟大的无产阶级文学家、思想家和革命家。

人生要做好不同阶段的规划，该玩的时候好好玩，该读书的时候好好读书，该工作的时候好好工作，该退休的时候安心退休，顺其自然。人生努力当尽早，等到满头白发时再来后悔就迟了。

271.【原文】略尝辛苦方为福，不作聪明便是才。

【解悟 · 故事】经历艰难困苦可以磨炼人的意志是人生之福，不要小聪明就是才华。因此，我们要辩证地看待坎坷与挫折，把艰难困苦当作人生的前行动力；要学会韬光养晦，不要小聪明。

朱元璋是杰出的政治家和军事家。他出生在贫苦农民家庭。小时候，他以给大户人家放猪牛为生，吃尽了苦头。他的父母和长兄都先后死去。16 岁时，孤苦无依的他只好到附近的皇觉寺当了小和尚。元朝末年，爆发了农民大起义。后来，朱元璋接到濠州起义军中同乡汤和的邀请信，就投奔到濠州红巾军郭子兴的队伍。由于他勇武过人，很快就被提拔为亲兵九夫长。不久，他又成为郭子兴的亲信，并娶了郭子兴的养女马氏为妻。此后，在不断的征战中，他凭借战功先任镇抚、总管、左副元帅等职，后又被龙凤政权任命为江南等处行中书省平章。在南征北伐时，他采纳了老儒朱升的献策“高筑墙，广积粮，缓称王”，命令军队自己动手生产，兴修水利，减轻农民负担，因而兵强粮足。随后，他又适应新的军事形势，对东南采取守势，东北和西面取攻势的战略，在军事上取得了有利的局面；然后又战鄱阳，取东吴，奠定了统一全国的基础。1368 年，朱元璋经过千辛万苦，终于称帝，当上了明朝的开国皇帝，史称明太祖。

日本原来在中国有个蕨菜生产基地。日本的专家要求菜农加工的蕨菜只能在太阳底下晒干，这样用水一泡就变成新鲜的蕨菜。可有人为了多赚钱，就用锅来炒干，而炒过的蕨菜就泡不开了。日本商人发现后，找来加工者说，根据生产工艺只能太阳晒，千万不能用锅炒，否则，无法继续合作。随后，有的人守信，但有的人自以为是，仍然用锅炒。日本人分不清哪些是炒的哪些是晒的，最后所有的蕨菜都不进口了，合作就这样被耍小聪明的人给搅黄了。

社会规律告诉我们：聪明人，宜敛藏；若炫耀，一定败。耍小聪明的人，最终逃脱不了聪明反被聪明误的命运。

272.【原文】终身疾病，恒从新婚造起；盖世勋猷，多是老成建来。

【解悟·故事】终身疾病往往是从新婚时就开始产生的，常为老来的疾病栽下了根苗；盖世的勋业，大多是老成时才建成的事业，得益于丰富的经历。因此，我们要适度享受，注重积累，稳健发展。

林肯是美国第16任总统，仅受过一点儿初级教育，担任公职的经验也很少，然而，他那敏锐的洞察力和深厚的人道主义意识，使他成了美国历史上最伟大的总统。1809年他出生在肯塔基州哈丁县的一个贫苦家庭。儿时，他帮助家里搬柴、提水、做农活等。9岁时，母亲去世。因生活所迫，他当过农场雇工、石匠、船夫等。后来，林肯一家迁居伊利诺伊州，在那里他第一次发表了政治演说。1834年他被选为州议员。两年后，林肯通过自学成为律师，不久又成为州议会辉格党领袖。1846年，他当选为美国众议员。1854年，北方各州主张废奴和限制奴隶制的资产阶级人士成立了共和党。1956年，林肯加入了共和党。1858年，他发表了著名演说《家庭纠纷》，要求限制黑人奴隶的发展，实现祖国统一。1860年，林肯作为共和党候选人，当选为美国第16任总统。林肯上任后不久，南部奴隶主挑起了南北战争。在这场战争中，林肯肩上的担子非常沉重，但他凭借着非凡毅力和决心履行了自己的职责，即使在遭到诋毁时，也从未动摇他的方向：恢复联邦、废除奴隶制。1862年9月，林肯发布了著名的《解放黑人奴隶宣言》，宣布废除奴隶制，解放黑奴。1865年4月南北战争以北方胜利而告结束，标志着奴隶制的彻底崩溃。

要想成就事业，就不要急于求成，要三思而后行，注重防范风险，将风险控制在可控范围之内。只有稳健而持续地发展，才能使基业永固。

273.【原文】见者易，学者难。

灌油妙技

【解悟 · 故事】有些事情看起来容易，学起来却很难。因此，我们不要眼高手低，要刻苦学习，注重实践。

无论何种学科专业，都需要下功夫学习实践才能掌握要领技巧。有时看着别人做起来很容易，可我们一试手就感觉特别难。我们看到的是别人的轻松自如、游刃有余，可我们并不知道别人背后付出了多少艰辛与汗水。就拿唱戏来说，有句俗话叫作“台上一分钟，台下十年功”，可见要当一个名角是多么不容易。

北宋人陈尧咨擅长射箭，凭着会射箭的本事，自认为在世界上没有第二人能同他相比。有一次，他在自己家的箭场地里练射，有个卖油的老头放下担子，站在场边斜着眼看他射箭，很久都没有离开。卖油翁看见陈尧咨射十箭能射中八九箭，对他的射箭技术只是微微地点了点头。陈尧咨就问他说：“你也懂得射箭吗？我的箭法是不是很精深？”老翁说：“这也没有别的，只不过是手法熟练罢了。”陈尧咨听后气愤地说道：“你怎么敢轻视我射箭的本领呢？”老翁说：“凭我倒油的经验知道的这个道理。”于是就拿出一个葫芦放在地上，用一枚铜钱盖在葫芦口上，慢慢地用油勺舀油注入葫芦，油从钱孔注入，但钱币却未被打湿。卖油翁于是说：“我并没有别的本事，只不过是手法熟练罢了。”大家见老翁的手法熟练精准到这种程度，都为之鼓掌称道。这功夫只有积累几十年的经验才能做到。

现在不少孩子在父母的呵护中长大，学会的本领就是考试拿高分，家务活做得很少，社会实践能力也不强。社会实践、动手能力会成为这些孩子的短板，会影响今后的发展。无论家庭还是学校，都应当注重培养孩子的动手能力，强化社会实践，提高综合素质。只有这样，当孩子走入社会后，才能很快融入社会。

274.【原文】莫将容易得，便作等闲看。

【解悟 · 故事】不要把那些以为容易得到的东西，视为等闲之物，而不加以珍惜。因此，我们要善于珍惜当下，珍惜一切看起来很平常的幸福。

二万五千里长征是人类历史上的奇迹。1934 年 10 月，第五次反“围剿”失败后，红一方面军为了摆脱国民党军队的包围追击，被迫实行战略大转移，退出中央根据地江西瑞金，开始了长征。在长征中，中央红军共进行了 380 余次战斗，攻占 700 多座县城，共击溃国民党军数百个团，其间共经过 11 个省，翻越 18 座大山，

等闲焚烧

跨过24条大河，走过荒无人烟的草地，翻过连绵起伏的雪山，行程约二万五千里。红一方面军主力历时一年，于1935年10月到达陕北，与陕北红军胜利会师。1936年10月红二方面军和红四方面军分别到达甘肃会宁和静宁以北的将台堡（今属宁夏）地区，与红一方面军会师。红军三大主力会师，宣告红军长征胜利结束。在长征途中的1935年1月，中共中央在遵义举行了政治局扩大会议，着重总结了第五次反“围剿”失败的经验教训，集中力量解决博古等人在军事上和组织上的错误，确立了以毛泽东为代表的中共中央的正确领导，制定了红军之后的战略方针，在最危险的关头挽救了红军和中国共产党。这次会议是中国共产党和工农红军历史上一个伟大的转折点，是中国共产党从幼稚走向成熟的标志。两年间，其艰险不敢想象，发生了如“一袋干粮”“吃草根面”“赠参救母”等可歌可泣的动人故事。

年轻的一代不知道和平下的幸福生活是多么的来之不易——是拿着刺刀拼出来的，是吃着带泥草根闯出来的。当然，经过千辛万苦拼搏奋斗才成功的事情，人们会产生更多的成就感和胜利感：得到一亿元遗产和自己赚了一亿元决不能混为一谈；捡来的奥运金牌和运动场上赢得的金牌更不能相提并论。世上万事万物的运行总有随机性和偶然性，一个初出茅庐的小伙子可能很轻松赢取的荣耀，可对于有些人来说就算辛苦奋斗一辈子也可能无法获得。所以，我们要珍惜目前所得到的一切，不要身在福中不知福。

275.【原文】万恶淫为首，百善孝为先。

传承孝道

【解悟·故事】千千万万的罪恶中要数奸淫为第一宗罪，各种各样的善行中要数孝顺为第一件善行。因此，我们要反对奸淫，传承孝道。

秦始皇的母亲赵姬生活放荡，品行不端。她先与秦国相国吕不韦偷情，后来又与吕不韦介绍的假宦官嫪毐勾搭成奸。她让秦始皇专门为自己修建了豪华宫殿，在那里与嫪毐生下了两个私生子，而嫪毐也以秦始皇的“干爹”自称。他在太后的宠爱下，成为身份显赫的王侯，并拥有大片领地，还培养了大批党羽亲信。嫪毐这样还不满足，竟然异想天开地要杀害秦始皇并取而代之。结果秦始皇少年老成，沉着应对，早已在太后宫殿布置好三千精兵，打败叛军。嫪毐转攻咸阳皇宫，而那里也早有军队，嫪毐一人落荒而逃，没过多久便被捉住。秦始皇将嫪毐五马分尸，曝尸示众；又把母亲赵姬关进冷宫，并摔死母亲的两个私生子。

我国古时有个忤逆之子，不孝顺老父亲。老父亲生病在床不仅不给其治疗，当老父亲还未咽气时，竟让自己的儿子也就是病者的孙子帮他将老父亲抬到山上去活埋了。当埋完回家时，孙子把竹筐捡了回来。他父亲问道："你要这竹筐干啥？"孙子说："将来好抬你用。"一句话刺醒了这个忤逆儿，他赶紧刨出了老父亲，抬回家请来大夫治病，从此对老父亲嘘寒问暖、百依百顺。

孝敬父母，尊敬长辈，是做人的本分，也是各种品德形成的前提。试想，一个人如果连孝敬父母、报答养育之恩都做不到，谁还指望他能做出什么大事来？谁都希望自己的孩子有孝心，要想孩子对自己孝顺，就应该先对自己的父母尽孝道。

276.【原文】妻贤夫祸少，子孝父心宽。

【解悟·故事】妻子贤惠就有安稳的家庭，丈夫就会减少、远离灾祸；做子女的能孝顺父母，老人就能放心颐养天年。因此，做妻子要贤惠，做儿女要孝顺。

古时候，有个叫齐公的人。家境贫寒，幸得贤妻娘家资助，做起了贩卖粮油的买卖，几年下来挣得了一份家业，成了当地的富人。富了后，他也想纳妾。一次他出去办货，在烟街柳巷遇见了一个歌姬，小曲唱得好，又有风韵。于是花大价钱把歌姬娶回了家。妻子见他娶回了小妾很生气，哭了一夜，无奈把正房让了出来，每天诵经念佛。而齐公眼里只有歌姬，并没有在意妻子的感受。过了几年，有天刮起了暴风，眨眼间掀翻了齐公家的正房，倒塌的墙正好砸在他身上，他痛得惨叫一声，想跑可腿却被死死压住，只得高声喊歌姬来救他，而歌姬这时只顾着往外跑。他又气又急地破口大骂。歌姬回头说："我委身给你，是图你有钱。现在房子塌了要重建，你必定会花去所有储蓄，我可不愿陪你吃苦。"说完抱着细软就跑了。就在齐公彻底绝望时，妻子慌慌张张跑来，话也不说就去搬他脚上的砖块。齐公见结发妻子前来相救惭愧地说："我以前那么对你，你还帮我干什么！快走吧！这屋子马上就要塌了，别管我了。"妻子边搬砖块边说："你是我丈夫，我不可能丢下你一走了之！”齐公听完更加惭愧。齐公最终得救了，从那以后他再也没有动过娶妾的念头了。

一个孝敬父母、尊敬师长的人，对别人也会尊敬和关怀，这是一个社会成员最基本的修养。孝敬的关键，就是要让父母不为自己而烦恼，让父母能够心安。很多孝顺体贴的孩子，与父母交流时，总是“报喜不报忧”，从不说使父母徒增忧虑而又束手无策的话，自己的问题靠自己去解决，这是有担当有作为的表现。家有这样的子女，何愁父母不心宽呢？

277.【原文】事亲须当养志，爱子勿令偷安。

【解悟 · 故事】侍奉父母要做到奉养他们的心意，即使疼爱儿女也不能让他们只图眼前的安逸。因此，我们做人不仅要懂得履行孝道，而且要懂得孝道的层次；要爱护子女，但不能溺爱。

司马迁是汉武帝时期的一位执掌天时星历，记录、搜集保存典籍文献的一个史官。少年时期曾经“耕牧河山之阳”。后来他的父亲司马谈到长安做了太史令，司马迁随父亲也到了长安。在父亲的指导下，司马迁刻苦读书，打下了深厚的文化基础。司马迁的家族，世代都是史官，而作为史官，有责任来记载帝王圣贤的言行，也有责任来搜集整理天下的遗文古事，更有责任通过叙事论人来为当时的统治者提供借鉴。他的父亲司马谈就有志于整理中华民族数千年历史，试图撰写一部规模空前的史著。司马谈做太史令之后，就开始搜集阅读史料，为修史做准备。但司马谈感到自己年事已高，若要独立修成一部史著，无论是时间、精力，还是才学知识都还不够，所以他寄厚望于他的儿子司马迁，希望他能够早日参与其事，最终实现这样一个宏愿。而司马迁作为一个史官无权无势，无名无利，后又因替人辩护而得罪了汉武帝，为实现家父的遗愿，竟在死刑和宫刑之间选择了对男人而言最为耻辱的宫刑。司马迁忍受莫大的耻辱，历尽艰辛，遵循父亲嘱托，继承父亲遗志，终于完成了被称为“史家之绝唱，无韵之离骚”的《史记》，为后人留下了宝贵的文化遗产。

梁元帝在位时，有个学士，聪明有才气，从小被父亲宠爱而疏于管教；他若一句话说得好，他父亲巴不得过往行人都知道，一年到头都挂在嘴上；他若一件事有闪失，他父亲为他百般遮掩，希望他悄悄改掉。等到学士长到结婚和做官的年龄后，凶暴傲慢的习气一天赛过一天，终究因为说话不检点，被杀掉了。

278.【原文】不求金玉重重贵，但愿儿孙个个贤。

【解悟 · 故事】不求金子、玉器多而贵，只愿子孙都贤德。因此，我们要把握好求财与育人间的价值取向，成才第一，求财第二。

五代后周时期，燕山府即现在的北京一带，有个叫窦禹钧的人。他牢记祖训，教导儿子们仰慕圣贤，刻苦学习，为人处世不愧不怍。他的五个儿子在父亲的教导下，个个都品学兼优，先后登科及第。窦禹钧本人也达到高寿，无疾而终。当朝太师冯道还特地写了首诗："燕山窦十郎，教子有义方。灵椿一株老，丹桂五枝芳。"《三字经》也以"窦燕山，有义方，教五子，名俱扬"的句子歌颂此事。后来，又逐渐演化为"五子登科"的吉祥图案，寄托了一般人家期望子弟都能像窦家五子那样联袂获取功名，并及第封侯的理想生活。十年寒窗，正是为了"一举成名天下知"，出将如相，平步青云。有幅图案，画着五个嬉戏的天真幼童，或跨坐巨鲤，或执箫弄曲，或手擎荷叶等，仪态各异，栩栩如生。后被世人将此雅称为"五子登科"，并常用来作为结婚的祝福词或吉祥语。

追求财富是人们的普遍心理。然而追求财富与培育后代相比，就居次要地位。因为金玉财宝是呈相对静态而有时限性的，而子孙后代是呈动态且无时限性的；如果子孙后代无德无能，再多的家财也会坐吃山空。若把子孙后代培育成贤能之人，就可以创造无限金玉财宝，并且持续发展。因此，国家提出再穷也不能穷了教育，再苦也不能苦了孩子，乃明智之举。作为家长，要在孩子教育方面舍得投入，不能吝啬，不仅在资金方面要舍得投入，而且要在时间和精力方面舍得投入，为孩子成才创造良好条件。

279.【原文】却愁前面无多路，及早承欢向膝前。

【解悟 · 故事】担心父母年龄大了来日不多，做儿女的就应当尽早膝前尽孝。因此，做儿女的要尽早履行孝道，担当责任。

传说东汉时广汉人姜诗，娶庞氏为妻。他的家距长江六七里之遥，庞氏常到江边取婆婆喜喝的长江水。婆婆爱吃鱼，姜诗和庞氏就常做鱼给她吃。婆婆不愿

膝前尽孝

意独自吃，他们又请来邻居一起吃。一次因风大，庞氏取水晚归，姜诗怀疑她怠慢母亲，将她逐出家门。庞氏寄居在邻居家中，昼夜辛勤纺纱织布，将积蓄所得托邻居送回家中孝敬婆婆。后来，婆婆知道了庞氏被逐之事，令儿子将其请回。庞氏回家这天，院中忽然喷涌出泉水，口味与长江水相同，每天还有两条鲤鱼跃出。从此，庞氏便用这些供奉婆婆，不必远走江边了。

孔子说："父母之年，不可不知也，一则以喜，一则以惧。"父母的年龄，做子女的不能不知道，一是为父母的年高体健而高兴，一是为父母岁数大而担心。人生在世有几件事情不能等待，其中一件是对父母尽孝。为何一首《常回家看看》唱红神州大地，为何中国春运成为一道特殊的风景，其中深层原因是孝道文化。春节回家过年，与父母团聚，在膝下承欢是一件无比幸福的事情。但也有些职场人士，为了事业，远离家乡，告别父母，难得与父母相聚。他们总是期待实现了成家、立业等一个个目标后，再到父母膝前好好尽孝。可在等待的岁月中，父母老了，身体差了，甚至有的父母辞别了人世，留给子女"子欲养而亲不待"的永久伤痛和后悔。因此，对父母的尽孝，不仅是物质上的满足，更重要的是心灵上的沟通，情感上的抚慰，多陪陪父母，哪怕是"刷刷筷子洗洗碗"。

280.【原文】祭而丰不如养之厚，悔之晚何若谨于前。

行孝理念

【解悟 · 故事】用丰厚的祭品祭祀先人不如趁先人在世多尽孝道，与其等到事后后悔不如事先考虑周全。因此，我们要多在父母膝前尽孝。

郑板桥为"扬州八怪"之一。他曾在山东潍县任县令。传说有一天，他领着一名书童走到城南一个村庄，见一民宅门上贴着一副新对联："家有万金不算富，命中五子还是孤。"郑板桥感到很奇怪，又不是逢年过节，贴对联干什么，而且写得十分含蓄古怪。他便叩门进宅，见家中有一老者，老者强颜欢笑将郑板桥请进屋内。郑板桥见老人家徒四壁，一贫如洗，便问道："老先生贵姓？今日有何喜事？"老者唉声叹气说："敝姓王，今天是老夫的生日，便写了副对联自娱，让先生见笑了。"郑板桥似有所悟，向老者说了几句贺寿的话，便告辞了。

郑板桥一回县衙，便命差役将南村王老汉的十个女婿叫到衙门来。书童纳闷，便问道："老爷，您怎知那老汉有十个女婿？"郑板桥给他解释说："看他写的对联便知。小姐乃'千金'，他'家有万金'不是有十个女儿吗？俗话说一个女婿半个儿，他'命中五子'，正是十个女婿。"书童一听，恍然大悟。老汉的十个女婿到齐后，郑板桥给他们上了一课，不仅讲了孝敬老人的道理，还规定十个女婿必须轮流侍奉岳父，让他安度晚年，最后又严肃地说："你们中如有哪个不善待岳父，本县令定要治罪！"第二天，十个女儿带女婿都上门看望老人，并带来了不少衣服、食品。王老汉对女婿们一下子变得如此孝顺，感到有点莫名其妙，一问女儿，方知昨日来的是郑大人。后来，郑板桥要离开潍县时，送行的人依依不舍说道："郑大人，您要走了，给我们留几句勉励的话吧！"他马上对众人说："对待父母，能像对待自己的孩子那样就可以了！"

281.【原文】花逞春光，一番雨一番风，催归尘土；竹坚雅操，几朝霜几朝雪，傲就琅玕。

君子喜竹

【解悟·故事】花儿在春天开放，经过几番风雨，都化为了尘土；竹子具有高尚的操守而非常坚韧，经过几朝霜雪，历练成为像珠玉一样的美石。因此，我们要向经得起霜雪考验的竹子学习，强大自己的心灵，培养高洁的品质。

郑板桥一生喜竹爱竹，指竹作诗，写竹入画，咏竹言志，画竹传情。他画出了竹的品格，竹又成就了郑板桥的名声。除了竹的风骨能表现他洒脱、豁达、坚忍不拔的精神追求外，相传还因为画竹曾让他治好了自己的肝郁症。郑板桥原是个有大抱负的学士，博闻多才，满腹经纶，但由于他性格孤傲，既不逢迎讨好，也不随波逐流，所以生活很清苦，兼之心忧天下，于是得了肝气郁结之症，时感胸闷不适，胁肋隐痛，胃口不佳。眼看他一天天消瘦下去，家人请医生来诊治，可他索性连医生也不愿见。一天，他见窗外疾风下的竹子仍然枝节坚韧、不屈不挠，不觉触动了他的灵感，取过纸笔砚墨，画下了一幅清雅坚劲的《风竹图》。画毕，他自赏自叹，天天玩味，喜爱不已。从此，他天天画竹。过了些日子，郑板桥渐渐觉得胸膈宽松，胁肋隐痛慢慢消失，吃饭也有了胃口，气色竟转为红润且有光泽。恰巧好友张衡来访，见郑板桥病态全无，诧异地问：“君用何回春之灵丹妙药？”郑板桥道：“唯画竹耳，也不知何故。”张衡略懂医道，沉思片刻，顿悟道：“肝主疏泄，汝怀才不遇，忧国忧民，日火而忧郁伤肝。肝不疏泄则肝气郁结，方有胸闷、叹息和肝脾不和的症状。然汝时常画竹，一来精神有所寄托和转移，感情上得以宣泄；二来观竹画竹时常感受竹子舒畅的身姿，心情不觉地随之开朗了；三来运气作画也使肝气慢慢疏泄。此汝画竹解肝郁的道理之所在。”郑板桥闻言，深感有理。于是，他与竹结下了不解之缘。

竹子是植物世界里的君子，是历代文人雅士赞美的对象。我们赞美竹子的同时要向竹子学习，当以竹的情操而自勉自励。

282.【原文】言顾行，行顾言。

【解悟 · 故事】说话时要顾虑到能不能做到，做事时也要顾虑到与自己所说的话是不是一致。因此，我们要言行一致，说到做到。

闻一多作为学者和诗人，在国立青岛大学的两年时间，一心钻研古代典籍。他想吃尽、消化尽我们中华民族几千年来的文化史，他要给我们衰微的民族开一剂救济的文化药方。他在一个又一个大的四方竹纸本上，写满了密密麻麻的小楷，如群蚁排衙。几年辛苦，凝结而成《唐诗杂论》的硕果。他并没有先“说”，但他“做”了，做出了卓越的成绩。他又由唐诗转到楚辞。十年艰辛，一部“校补”赫然而出。别人在赞美，在惊叹，而闻一多也没有“说”。他又向“古典新义”迈进了。他潜心贯注，心会神凝，成了“何妨一下楼”的主人。但作为革命家，情况就迥然不同，而且一反既往。作为争取民主的战士、青年运动的领导人，闻一多“说”了。起先，小声说，只有昆明的青年听得到；后来，声音越来越大，他向全国人民呼喊，叫人民起来，反对独裁，争取民主！他“说”了就“做”。言论与行动完全一致，这是人格的写照。他“做”了，在情况紧急的生死关头，他走到游行示威队伍的前头，昂首挺胸，长须飘飘。他终于以宝贵的生命，证实了他的“言”和“行”。他说得义薄云天，做得大义凛然。可不幸的是，1946 年 7 月 15 日他被特务暗杀了。闻一多不仅是言的巨人，更是行的高标。

一个人的口碑是通过一件件小事积累起来的，一旦口碑确立就会成为人生的无形资产。好的是正资产，不好的是负资产。同时，也别轻信别人的承诺，尤其是饭桌上喝酒后的诺言。在这种场合下容易“酒壮英雄胆”，一般会有求必应，爽快承诺。但等到曲终宴散之后，有些人连自己说了什么都记不得，若以他的酒后承诺来找他办事，十有八九会遭遇尴尬。

283.【原文】为事在人，成事在天。

雨救仲达

【解悟 · 故事】做事靠自己尽力而为，至于能否达到目的，那就要看客观情况怎么样了。因此，我们要积极谋划，顺应天时、地利、人和。

《三国演义》中诸葛亮帮助刘备匡扶汉室，司马懿却帮助曹操消灭刘备，成为诸葛亮的死对头。诸葛亮千方百计想要除掉司马懿，有一天终于用妙计将司马懿骗到了上方谷，进入了诸葛亮设计的包围圈。司马懿看见草房上尽布干柴，心中甚疑，正犹豫间，只听见东西二山喊声大震，山上火箭如雨齐下，烧着谷口的柴草，断了魏军退路。山上火箭纷纷射向谷中，地雷遍地炸响，草房内干柴一片火起，火势冲天。司马懿惊恐万分，手足无措，父子三人料定此回必死无疑了，谁料忽然狂风大作，黑云布满天空，闪电雷鸣。一声巨雷霹雳，骤然倾盆大雨自天而降。满谷熊熊烈火，都被雨水浇灭。地雷不响，火器失灵。司马懿父子绝处逢生，遂即带兵奋力向谷口冲杀，终于突围成功。可见，尽管诸葛亮谋事已极尽周全，可老天并没有成全他除掉司马懿，天降大雨帮助司马懿逃过了一劫。

人“谋”是过程，天“成”是结果；人谋在前，天成在后；先有人谋，后有天成；有了人谋，在预定时间内不一定有天成，但终归也许会有天成；但没有人谋，绝不会有天成！一个人的梦想有可能实现，也有可能实现不了，但连梦想都没有就谈不上实现梦想。另外，主观设计再好，也有可能遇到各种客观变化，会影响目标的实现。如果目标实现不了，也要心平气和，不要过分强求和自责，或另定目标，或再找机会。成功不是追求别人眼中的最好，而是把自己能做的事情，做到最好。有些事情只要尽了力尽了心，自然就问心无愧了。

284.【原文】伤人一语，痛如刀割；杀人一万，自损三千。

【解悟 · 故事】一句伤人的话，会让人痛苦万分，恍如刀割体肤；杀掉对方一万兵马，自己也会损失三千。因此，我们要多做双赢的事情，尽量减少损耗。

韩信年轻时带剑投奔项梁，默默无闻；后隶属项羽，也只做了个郎中，他多次献策以求重用，项羽都未采纳。萧何却发现了韩信这个奇才，但仍没有重用他。军至南郑，韩信自觉出头无日，便随众将逃亡。萧何未及请示，便月下追韩信。有人向刘邦报告丞相也逃亡了，刘邦惊怒。过了两天，萧何回来，刘邦且喜且怒。在刘邦的追骂中，萧何答道："韩信具有杰出的军事才能，不是普通的人才。大王若只想称王汉中，就用不着韩信；若要争夺天下，除了韩信，没有第二个人可同您共谋大事！"于是劝刘邦选择吉日良辰，斋戒设坛，隆重拜韩信为大将。一夜之间，韩信从一无名小卒而位冠三军。这正是萧何一语，使韩信封侯。

后来，韩信运筹帷幄，逐鹿中原，为刘汉王朝打下半壁江山，封王列侯。有人告韩信谋反，刘邦便削了他的兵权。汉十年，刘邦亲征陈豨，韩信称病未出，却暗中派人与陈联络，家臣告密，坐镇京城的吕后想召见韩信，又怕他拥兵不肯就范，就同萧何商议计策。解铃还须系铃人，毕竟萧何老谋深算，他派人传旨韩信，声称陈豨已经被捉拿斩杀了，列侯、群臣都要进宫朝贺。萧何欺骗韩信道："你尽管有病在身，也得勉强进宫朝贺，以免皇上生疑。"可怜韩信聪明一世，糊涂一时。一踏进宫门，即被吕后预伏的刀斧手劫持捆绑，架至长乐宫悬钟室，身首异处了。不久韩信一家也惨遭株连。这也是萧何一言，使韩信灭门。

我们在现实生活中处理人际关系，如果以蛮横的态度处理问题，在伤害别人的同时，也会伤害自己；如果能以友好的态度处理摩擦与纠纷，就会产生预想不到的好效果。

285.【原文】击石原有火，逢仇莫结冤。

【解悟 · 故事】石头相击就会碰擦出火星来，遇上仇家时最好莫结怨。因此，我们要以宽容之心，去化解各种矛盾。

有一位外国母亲，她的儿子是消防员，在一次火灾抢险中不幸牺牲，而纵火犯是两个流浪少年。该市的市民和市长都说要严惩这两名纵火犯。但这位伟大的母亲在电视讲话中是这样说的：“我很伤心地看到我的儿子离开了我，但我现在只想对制造灾难的两个孩子说几句话——作为这个世界上最有资格谴责你们的我，此刻只想说，请你们回家吧！家里还有等待你们的父母。只要你们这样做了，我就会和上帝一道原谅你们！”

在这位宽容的母亲发表电视讲话前，两个少年已经购买了大量的安眠药准备离开这个世界。但就在这时，他们从电视里听到了这位母亲说的话，便主动向警察局投案自首。多年之后，这两名鲁莽的少年已为人父，他们还会时常带着自己的孩子去看望那位可敬而伟大的母亲。可以想象，如果这个母亲当时如果说的是另一番话，两条鲜活的生命将从这个世界上消失，而这位母亲也将永远陷入孤寂之中。

猫鼠结怨

相传很久以前，猫和鼠是好朋友。有天，动物们听说玉皇大帝要给它们封属相，以先来后到为序，只封十二个。天下动物们都竞相赶往天庭。半路上，鼠发现猫在后边跟了上来，怕自己跑不过，就要起了小心眼。于是，调头往回跑，正好被猫碰见。猫问何故？鼠眼溜溜一转，说：“我刚从天庭回来，玉帝改时间了，明天再封，还是回去吧！”猫信了，就调头往回走。等猫走远后，鼠又转身快速向天庭跑去。第二天，猫起个大早，赶到天庭请求赐封。玉帝说：“你来晚了，昨天已封完了。”猫一看封榜，鼠竟然封了第一名，才知道自己受了骗，顿时气得“喵喵”直叫，发誓要找老鼠算账。从此，猫和鼠这对好朋友反目为仇，成了世代冤家。

286.【原文】有容德乃大，无欲心自闲。

【解悟·故事】一个人如果宽容大度，其美德就会扩大；如果没有私欲，就会获得心境的平静。因此，我们要宽容别人，放弃仇恨，驱赶欲望，追求闲适。

官渡之战前，袁绍拥有中国北方最强大的势力。后来曹操用奇计，出奇兵，以少胜多战胜了袁绍，不可一世的袁绍率领残兵败将渡黄河。曹操缴获了袁绍丢下的所有辎重、地图、书信和珍宝。在袁绍的往来书信中，曹操翻到许多下属暗中写给袁绍的信。有些人建议曹操严厉处置这些暗中勾结袁绍的人，曹操却没有采纳他们的建议，不仅没有把这些信曝光，没有揪出与袁绍勾结的下属，而且把这些书信全部当众烧毁，并说：“袁绍强大的时候，我尚且担心性命难保，何况

我手下的那些人呢？即使他们暗中与袁绍联络，谋求退路也是可以理解的。”那些曾经想投奔袁绍的人都暗自羞愧不已，又赞叹曹操有如此宽容的胸襟，从此对曹操忠心耿耿，万死不辞。

有天，老师叫班上每个同学各带一个大袋子到学校，她还叫大家到超市去买一袋马铃薯。第二天上课时，老师叫大家给自己不愿意原谅的人选一个马铃薯，将这个人的名字以及犯错的日期写在上面，再把马铃薯丢到袋子里，这就算这周的作业。第一天，快放学时，其中一个孩子的袋子里装了九个马铃薯，上面说的是一个同学说他新剪的头发很丑，另一个同学打了一下他的头，还有一个同学不肯让他抄作业，等等。这个孩子把每件事都很认真地写在马铃薯上，欣然丢到袋子里，发誓绝不谅解他们。下课时，老师说在这一周里，不论到哪儿都得带着这个袋子。于是，孩子们便扛着袋子到学校、回家，甚至和朋友外出也不例外。一周后，那袋马铃薯就变成了相当沉重的负担，有的孩子已经装了五十多个马铃薯在里面，孩子们都累坏了，都迫不及待地等这项作业快快结束。又过了几天，老师问：“你们知道自己不肯原谅别人的结果了吗？会有重担压在你们自己肩上，你不肯原谅的人愈多，这个担子就愈重，对这个重担要怎么办呢？”孩子们互相看看，不知道该怎么办。老师接着说：“很简单，把它放下来，扔掉它就行了。”孩子们欢呼起来，都把那些装马铃薯的袋子扔得远远的，再也不想背着它了。

如果你觉得别人伤害了你，试着原谅他吧，因为每个人都应怀有一颗宽容的心，这样自己就能够活得更轻松。

287.【原文】瓜田不纳履，李下不整冠。

【解悟 · 故事】在瓜田下面不可弯腰提鞋、穿鞋，免得被人误以为偷瓜；在李树的下面不要抬起手来整理帽子，免得被人误以为偷摘李子。因此，我们要尽量避免招惹无端的怀疑。

北齐时期，学识渊博的袁聿脩做了博陵太守，他为官清廉，公私分明，不收取别人的钱物。有一次他去外地考察，路过兖州。老朋友兖州刺史邢邵拿出一匹当地生产的白绸送他。他以考察地方官员应注意瓜田李下之嫌，婉拒了朋友的好意，没有收取。正人君子要主动远离一些有争议的人和事，避免引来不必要的嫌疑。

瓜田李下

唐朝时期，大书法家柳公权忠良耿直，能言善辩，当上了工部侍郎，但不过是备员而已。唐文宗曾召他问事，问他：“外边有什么议论？”柳公权回答说：“自从郭旼被任为邠宁节度使，人们议论纷纷，有的说好，有的说不好。”唐文宗说：“郭旼是尚父郭子仪的侄子，太皇太后的叔父，官封大将军，在职也没有过错。现在只让他当邠宁这个小小地方的主官，又有什么不妥呢？”柳公权说：“凭郭旼的功绩和品德，任命为节度使是合适的。人们议论的原因，据说是郭旼把两个女儿献入宫中，因此才升官，这是真的吗？”唐文宗说：“他的两个女儿是进宫陪太后的，并不是献给朕的。”柳公权回答：“瓜田李下的嫌疑，百姓哪能都分辨得清呢？如没有嫌疑，为什么这事嚷嚷得家喻户晓？”他便举出王珪劝太宗送卢江王妃出宫的事例来说明利害，唐文宗当即派内使把二女送回郭旼家，平息了这场众议。

288.【原文】误处皆缘不学，强作乃成自然。

养成习惯

【解悟·故事】有错误的地方都是因为自己不学习，强行做出学习的行为，养成习惯后就成了自然。因此，我们要刻苦学习，持之以恒，养成良好的行为习惯。

毛泽东是个把读书当作习惯，并一辈子与书为伴的人。他热爱学习、热爱读书的程度无人能及。毛泽东曾说他一生最大的爱好是读书。自少年时代起，毛泽东就善于挤时间看书学习。中南海毛泽东的住所就像个书的天地，居室的书架上摆满了书，办公桌、饭桌、茶几上到处都是书，床上除躺卧的位置外也全都被书占领，连厕所里也摆放着书。为了读书，毛泽东把一切能利用的时间都用上了。在游泳之前活动身体的几分钟里，他有时还要看上几句名人的诗词；游泳之后顾不上休息，就又捧起书本翻阅起来。外出开会或视察工作时，毛泽东也总是带着几箱子书。路途中他不顾列车震荡颠簸，一手拿着放大镜，一手按着书页，读得津津有味。到了目的地，毛泽东同在北京一样，书架上、桌上、茶几上、床上都摆放着书，一有空闲就读起来。有一次，毛泽东高烧39度多，医生不准他看书。他难过地说：“我一辈子爱读书，现在你们不让我看书，叫我躺在这里，整天就是吃饭、睡觉，我是多么难受啊！”工作人员没有办法，只好把拿走的书又放在他身边，毛泽东这才高兴地笑了。

当今世界有三个最显著的特点：快速，多变，危机。我们的对策是：坚持学习，改变思想，改变态度。要想成功，就必须学习，学习才能改变，学习才能成功。

289.【原文】将相顶头堪走马，公侯肚内好撑船。

【解悟 · 故事】将军和宰相头上可以走马行军，公爵和侯爵肚内能撑起船。因此，我们要有包容之心，能容人之长、短，容人之功、过。

魏徵从小丧失父母，家境贫寒，但喜爱读书，不理家业，出家当过道士。魏徵在长安时，被太子李建成引用为“东宫僚属”。魏徵看到太子与秦王李世民的冲突日益加深，多次劝其要先发制人，及早动手，除掉李世民。然而，玄武门之变，李世民抢先发难，太子被杀，魏徵被俘。后来，李世民成了唐太宗，因为早就看中魏徵的胆识和才能，非但没有怪罪，反而把他任为谏官之职，并经常引入内廷，询问政事得失。魏徵喜逢知己之主，竭诚辅佐，知无不言，言无不尽，加之性格耿直，往往据理抗争，从不委曲求全。他曾向唐太宗请求自己要做良臣而不要做忠臣。唐太宗询问有何区别。魏徵答道：“使自己身获美名，使君主成为明君，子孙相继，福禄无疆，是为良臣；使自己身受杀戮，使君主沦为暴君，家国并丧，空有其名，是为忠臣。以此而言，二者相去甚远。”唐太宗当即点头称是。唐太宗李世民也因不计前嫌，宽恕他人的过错，才成了一代明君。

做人，就要有一种宽容、大度之心，以平静的心态看待身边的一切，在内心承认思维的多元性，不要以一己之见，强加于人。要求同存异，与各种人处理好关系，让别人因为自己的存在而感到幸福。真正做大事业、有大成就的人，都需要有这种宽大的胸襟和容人的雅量。宽容是一种心态，将忌恨、仇恨抛开，心情归零，人就将拥抱阳光，内心自然舒适。

290.【原文】贫不卖书留子读，老犹栽竹与人看。

【解悟 · 故事】即使贫穷也不能卖书，要把书留给儿子读；老了也要栽上竹子，留给后人欣赏。因此，我们再穷不能穷教育，再苦不能苦孩子，要保持晚节，传递正能量。

老犹栽竹

爱迪生是人尽皆知的大发明家，很多人都以为他天生聪明，其实他的各项发明完全是通过大量阅读和勤于动脑完成的。他曾说过自己成功的奥秘：“现在回想起来，在底特律公立图书馆，我是从书架最下一层的第一本书开读，一本一本看了个全架。我不是读几本书，而读了一个图书馆。”这还不包括他在此之后读过的大量书籍。后来，爱迪生成了人类历史上第一个利用大量生产原则和电气工程研究来进行发明，而对世界产生重大而深远影响的人。他发明的留声机、电影摄影机、电灯都对世界有极大影响。他一生的发明共有两千多项，拥有专利一千多项。

一个家庭谁在看书，看哪些书，就决定了这个家庭的未来。中国古代，有不少贫寒的知识分子，因深受儒家“学而优则仕”思想的影响，毕生刻苦治学，皓首穷经，试图通过科举跻身于达官贵人之列。这些人往往家贫如洗，却藏书众多。有的甚至穷到身无半文，也不愿卖掉自己珍藏的书籍来换一点糊口之资。当今世界，一个家庭遇到暂时困难时，要想走出困境切不可急功近利，尤其不能减少教育投入，让子女放弃学习，否则只会陷入“越贫穷越无知，越无知越贫穷”的恶性循环。实在贫困，即使精打细算、节衣缩食也要加大教育投入，让子孙后代接受良好的教育，从而改变他们的人生。

文人雅士赋予竹子以虚心、高洁、坚韧的寓意象征。颐和园里就有老人栽竹的画匾，旨在激励人们保持美好晚节，以身作则，影响后人，为世界留下一道亮丽风景。像这样的老人往往都有不争功、不诿过的恬淡风范。他们竹性依然，高风亮节，为后生所敬重。

291.【原文】不作风波于世上，但留清白在人间。

【解悟 · 故事】不要在人世间制造麻烦，留下风波与笑柄；要正直清白，留下好名声。因此，我们要守本分，在世干净做人，身后留下清白。

于谦与岳飞、张煌言并称“西湖三杰”。明代的北京发生过一场异常惨烈的北京保卫战。在金戈铁马、刀光剑影中，拯救国家于危难、力挽狂澜的人，却是书生，他就是于谦。这场战争成为于谦人生中的一次壮举、一个巅峰，也成就了他的美誉。于谦少年时经过了“怀才‘有’遇”“两袖清风”“土木堡之变”“北京保卫战”

清白于谦

等事件，这些事件给于谦留下了胆识超人、才华出众、性格刚正、清正廉洁的明臣形象。这位在明朝史上有着举足轻重地位的大臣，被百姓誉为“救时宰相”。他的一生可用《明史》中“忠心义烈，与日月争光”来形容，然而，英雄末路，在明史上有名的“夺门之变”后，于谦含冤走向了刑场，令人扼腕叹息。

古语说得好：“世间本无事，庸人自扰之。”有些人总是不甘寂寞，喜欢无事生非，不顾别人的感受，只图自我张扬。其后果既影响了别人的正常生活，也给自己增添了许多烦恼。这种人大多没有好下场。因为他们的时间精力、聪明才智没有用于正道，浪费在了邪路上。而且，这种人只可能欺骗别人一时，不可能维持很久。时间一长，人们就会认清事实，便会对其敬而远之。这种人最终只能是众叛亲离。但守住道德底线，出淤泥而不染确非易事，需要淡泊名利、认清本末、明白真谛。

292.【原文】勿因群疑而阻独见，勿任己意而废人言。

月下独见

【解悟·故事】不要因为大多数人都怀疑就放弃个人的独特见解，也不要因为坚持自己的意见而忽视别人的智慧良言。因此，我们既要善于接受别人的劝谏，也不要轻易放弃自己的真知灼见。

燕国寿陵有个少年，听说邯郸人走路很好看，就赶去邯郸跟人家学习步法。可他不仅没有掌握邯郸人走路的独特技能，而且在大家的笑声中忘记了自己原来走路的步法，结果只好爬着回了家。这位寿陵少年的学习热情可嘉，但他不是根据自己的原有条件量体裁衣，而是生搬硬套、亦步亦趋，所以结果只能是失败。学习别人的长处，固然十分重要，但更值得注意的是学习的方法一定要对头，要实事求是，要有自己的主见。

秦汉时期，北方的匈奴始终对中原王朝是个巨大的威胁。汉武帝刘彻即位时，汉帝国经过多年的休养生息，经济有了很大发展。汉武帝是一位具有雄才大略的政治家，他不满足于王朝贵族固步自封的做法，立志用武力彻底击退匈奴。然而，在施行他的政策主张时，却遭到一片反对之声。但是他并没有因为别人的反对而放弃自己的主张，在他的领导下大汉改良了马匹、锻造了精良的兵器、训练了军队、建立了外交，为战争做好了一切准备。在卫青、霍去病、李广等将军的率领下，经过多年艰苦卓绝的战斗，终于征服和瓦解了强大凶悍的匈奴，使边关得以安宁，为大汉的强盛创造了条件。

293.【原文】路逢险处，为人辟一步周行，便觉天宽地阔；遇到穷时，使我留三分抚恤，自然理顺情安。

【解悟·故事】行路遇到危险处，仅仅替他人开辟出一步之宽的道路，便会使他觉得天宽地阔了；遇到别人穷困潦倒时，假使自己能留几分安慰，自然双方都理顺情安了。因此，我们要把心放宽，退后一步，可能后面的路就会好走很多。

一位禅师有一个爱抱怨的弟子。一天，禅师将一把盐放入一杯水中让弟子喝，弟子说："咸得发苦。"禅师又把更多的盐撒进湖里，让弟子再尝湖水，弟子说："纯净甜美。"禅师说："生命中的痛苦是盐，它的咸淡取决于盛它的容器。你愿做一杯水，还是一片湖？"心境似湖，抱怨全无。当你年老时，牙齿已经掉落，舌头却依旧健康。有时候宽恕的力量胜过惩罚，柔软的力量强过坚硬。

苏东坡和金山寺的住持佛印禅师，经常一起参禅论道。一日，苏东坡静坐之后，若有所悟，便撰诗一首，遣书童送给佛印禅师印证：稽首天中天，毫光照大千。八风吹不动，端坐紫金莲。诗中的"八风"指的是"讥、称、毁、誉、利、衰、苦、乐"八件尘世间煽惑人心的事。苏东坡以"八风吹不动"自许，表明经过佛法的修行，自己在面对外在的荣辱毁誉和人生的顺逆苦乐时，始终能够保持端坐不动、泰然自若的心境。禅师从书童手中接过诗作，莞尔一笑，拿笔批了两个大字，叫书童带了回去。苏东坡见书童归来，以为禅师一定会赞赏自己修行的境界，急忙打开诗作，却赫然看见上面写着"放屁"两个大字，不禁怒火中烧，立刻乘船过江，找禅师理论。船到金山寺时，佛印禅师已在岸边恭候多时。苏东坡见禅师，大声质问："大和尚！你我是至交道友，我的诗，我的修行，你不赞赏也就罢了，怎么可以恶语中伤？"禅师若无其事地反问："我骂你什么了？"苏东坡把诗上批的"放屁"两字拿给禅师看。禅师看过后，哈哈大笑："哦！你不是说'八风吹不动'吗？怎么'一屁过江来'了呢？"苏东坡呆立半晌，终于恍然大悟，惭愧不已。

294.【原文】事有急之不白者，宽之或自明，勿操急以速其忿；人有切之不从者，纵之或自化，勿操切以益其顽。

【解悟·故事】有人对某事一时不明白，要宽以时日让其慢慢想明白，不要操之过急以免让其生出怨恨；有人对某事一时不理解，要让其自己逐渐理解慢慢适应，不要急于求成使其抵触改变。因此，当我们面对某些事情时，要懂得欲速则不达的道理，要顺其自然，借机化解。

有一个小孩在草地上发现了一个蛹。他把蛹捡起来带回家，想看看蛹怎样羽化为蝴蝶。过了几天，蛹上出现了一道小裂缝，里面的蝴蝶挣扎了好几个小时，身体似乎被什么东西卡住了，一直出不来。小孩子看着于心不忍，想助它一臂之力。于是，他拿起剪刀把蛹剪开，帮助蝴蝶脱蛹而出。可是，这只蝴蝶的身躯臃肿，翅膀干瘪，根本飞不起来，不久就死去了。其实，蝴蝶只有在蛹中痛苦挣扎，直到它的双翅强壮了，才会破蛹而出。

我们在急于伸出看得见的手干预事物的发展时，始终要明白，事态并非被动地等着被干预，在事态背后，也始终有一只看不见的手在与我们互搏。表面上，看得见的手化解了危机，甚至创造了新的市场机会，在短期内出现皆大欢喜的局面，但实际上，这很可能不是在化解危机，而是在掩盖危机，并让危机在人为拖延和耽搁下变得更加难于解决，不仅暂时取得的效果会得而复失，而且最终还要为暂时得到的好处付出沉重的代价，直接的、本能的应对措施不仅于事无补，反而会让困难的局面雪上加霜。用《第五项修炼》的话说，就是不要急于寻求“症状解”，而要努力以系统思维寻找“杠杆解”。

很多时候，我们急于解决的难题可能不是难题，而是一种预警信号。成熟的管理者都具有一种如实观照、忍受现状的勇气，不寄希望于难题的彻底解决，而是以迂回而非直接影响、非强制的方式来转危为安，化危为机。

295.【原文】道路各别，养家一般。

【解悟·故事】人们走的人生道路也许各有不同，但维持生活的道理却都是一样的。因此，我们要走好自己的路，养好自己的家。

马某是某集团主要创始人。1988年毕业于杭州师范学院外语系，同年担任杭州电子工业学院英文及国际贸易教师，1995 年创办中国第一家互联网商业信息发布网站“中国黄页”，1999 年创办某集团，并担任董事局主席。2015 年 6 月，马某当选全球互联网治理联盟理事会联合主席。2016 年 2 月，《2016 胡润全球富豪榜》发布，中国富豪中，马某家族以 1400 亿位居第二。2016 年 4 月，美国彭博新闻社亿万富翁指数显示，马某成为亚洲新首富。2016 年 5 月，获得 2016 年新财富 500 富人榜第三位。他很会带领团队，提出关键是要做好以下 8 条：（1）授人以鱼：给员工养家糊口的钱；（2）授人以渔：教员工做事的方法；（3）授人以欲：激发员工上进的欲望；（4）授人以娱：把快乐带到工作中；（5）授人以愚：做事扎实，大智若愚；（6）授人以遇：给员工发展的机遇；（7）授人以誉：精神层面的赞誉；（8）授人以宇：顿悟宇宙运行智慧。这才是养家发家的真正秘诀！

现在的年轻人太想要一夜成名、一夜暴富，一件事坚持三个月看不见结果，就开始抱怨上帝不公、没有伯乐。请你看看，你眼中成功人士、励志达人，是从哪年哪月开始奋斗的？人生浮沉只能靠自己！人生往往不是因为做过什么而后悔，而是因为错过什么而后悔。自己最擅长做什么，喜欢做什么，就去做什么。实在不行时，不妨先试试做地摊生意，风险较小，可以当作人生的起点，然后再努力去创造自己的额外价值！

人可以没技术，也可以没本钱，但是一定要有脚踏实地的精神。所以养家的第一步，就是要在踏实努力的同时深层次地提高自己的价值，才有可能给家庭创造更高的幸福指数。

296.【原文】逸态闲情，惟期自尚；清标傲骨，不愿人怜。

【解悟 · 故事】安逸的态度，高雅的志趣，只期待修养自身的高贵情操；清雅标志，又傲气铁骨铮铮，不受他人的乞怜过活。因此，我们要活出自己的个性，不要被世俗所缚，不要太在意外界的批评与掌声。

李白在那个等级森严的封建社会中，无视权贵，不屑他人的冷嘲热讽，甚至在朝廷上让高力士忍辱为他脱靴，令杨贵妃怀恨为他研墨。他大声呼喊：“安能摧眉折腰事权贵，使我不得开心颜！”李白的傲骨使他一生逍遥自在，使他在有生之年，成为游遍名山大川，放白鹿于青崖的浪漫诗仙。

傲骨　不媚

徐悲鸿是中国现代画家、美术教育家，也是个很有傲骨的人。他刚刚去法国留学时，有一个外国同学瞧不起中国，徐悲鸿先生义正言辞地对那个学生说："既然你瞧不起我的国家，那么，从现在开始，我代表我的国家，你代表你的国家，我们等到毕业的时候再来比比看。"此后，徐悲鸿发愤图强努力练习，钻研绘画。他以"人不可有傲气，但不可无傲骨"为座右铭，他的刻苦终于得到认可。他将自己巧夺天工的画技奉献于祖国，为中国添光增彩。

人生需要有自信，要有自己的梦想和生活方式，不要受太多的外界干扰。一个人如果心灵不成长，钱赚得再多，官当得再大，都不踏实自在。人要像一棵树，不要做一根藤。树再矮也可以独立存在，藤再高也要依附于树，树倒了藤也就倒了。有傲骨的人不会趋炎附势地扭曲自己的形象，涂改自己灵动的线条，更不会让自己美丽的底色染上尘污。有傲骨的人才能挺起胸抬起头，才能坚守自己的道德底线，不随波逐流、同流合污。

297.【原文】他急我不急，人闲心不闲。

猎人救民

【解悟·故事】他人就是急起来了我也不会急，人闲下来了但心也不会闲。因此，我们要保持良好心态，处急而不急，处闲而不闲。

从前有个猎人叫海力布，他非常善良，常把打回来的猎物分给乡亲们，自己留很少的一份。一天，他在深山打猎，救了条小白蛇。白蛇是龙王的女儿，小白蛇为酬谢海力布，提出想带他回龙宫让龙王给他一块宝石，把这宝石含在嘴里能听懂各种动物的语言，但不能把所听到的话说出去，否则就会变成石头。海力布和小白蛇到龙宫，老龙王真依了，并把宝石给了海力布。后来，他去深山打猎，听到鸟的对话，说当晚有洪水，会淹没大地，山也会崩塌。他急忙跑回村子告诉村民。哪知他急可大家都不急，也没人相信。为了救村民，海力布只好一五一十地把事情说了出来，说完他就变成了石头，可村民获救了。就这样，人们世世代代纪念海力布。

有一对父子坐在大树下喂鸽子，树影婆娑，凉风从树梢间穿入，虽是夏日的午后，却也感到十分的凉爽。父亲对儿子说：“如果能像树那么悠闲，整天让凉风吹拂也是很好的事呀。”儿子说：“爸爸你错了，树其实也是很忙碌的。”“怎么说？”“树的根要深入地里，吸收水分，树的叶子也要接受阳光进行光合作用，整棵树都在不断地吸入二氧化碳，吐出氧气和水分。因此，树看似岿然不动实际上是很忙的呀！”父亲看到地上的鸽子在悠闲地散步，想到鸽子在觅食，也是很忙碌的。当父亲把玉米撒到地上时，悠闲的鸽子就忙碌起来了。如果我们有悠闲的心，那么所有忙碌的事情都可用悠闲的态度去完成。

298.【原文】富人思来年，贫人顾眼前。

【解悟 · 故事】富人可以想得很长远，穷人却只能考虑到眼前的事。因此，我们的人生既要有短期打算，又要有长远规划。

从前有个富人，可以说是富甲一方。可是他连从集市上买的烧饼都不喜欢与他人分享，因为担心别人偷吃，他甚至故意当着大家的面往烧饼上吐唾沫。那时候农村有句古话“家趁万贯不可盐豆就饭”。这句话有两个意思，一是盐豆（即盐炒的黄豆）很好吃，二是吃盐豆下饭费粮食。富人怕费粮食，所以就不允许家人吃盐豆。可是家里又不缺粮食，留着好吃的不吃干什么呀？他老婆不敢和他辩理，只好趁他赶集时带着儿子、儿媳、孙子、孙女炒黄豆吃，等他赶集回来就让他自己吃普通黄豆。有一天富人赶集回来得早，他儿子看见他快到家了，赶紧跑回家禀告，这可把大家吓坏了。舍不得把吃剩的盐豆扔掉，既不知道藏哪儿，又没工夫吃，大家急得团团转。富人老婆急中生智，赶紧叫家人把一瓢生黄豆撒在富人即将经过的路上。富人走到撒豆子的路上发现地上的黄豆就一粒一粒地捡起来，一边捡一边高兴，心想今年下种时又可少用些自家的黄豆了。等他把所有的黄豆都捡起来回到家时，家人已经吃光了盐豆。这个富人虽然富有，但是只考虑眼前的一厘一毫，而不顾长远，因此最终吃了亏。

富人不会为眼前的温饱发愁，可以从容地规划来年甚至更长的时间，实现人生的梦想；穷人多为温饱发愁，更多是考虑解决吃穿等温饱问题。但是，即使是为温饱发愁的穷人在考虑解决目前温饱问题的同时，也需要做出脱贫的打算和人生的发展规划，并且朝着目标不懈努力。一个人目前的生活境状是三五年前规划与行动的结果。要想三五年后的生活是怎样，目前就应当有蓝图和实现蓝图的路径和举措。

299.【原文】忙中多错事，醉后吐真言。

【解悟 · 故事】人在慌乱、匆忙中大多容易犯错，喝醉了的人容易讲出真心话。因此，我们做事要舒缓，喝酒要适度。

南宋都城临安城中有个屠户叫尤葫芦，从皋桥亲戚家借得十五贯铜钱回家，喝了点酒，就哄其继女苏戍娟说要卖她的身。苏戍娟因不愿为婢，深夜慌乱中私逃投亲。地痞赌棍娄阿鼠闯入尤家，偷盗十五贯铜钱，并用肉斧杀尤葫芦灭口。第二天清晨，邻人发现尤葫芦被害、钱被盗，其女无下落，议论纷纷，就一面报官，一面追赶凶手。客商陶复朱的伙计熊友兰，带十五贯铜钱往常州办货，途遇苏戍娟问路，二人因此顺路同行。邻人差役追至，见苏、熊二人同行，又见熊友兰所带的钱正好是十五贯，便怀疑他是凶手。娄阿鼠乘机诬陷，于是二人被押送无锡县衙门。

无锡知县过于执着，主观臆断，错将苏、熊二人定为通奸谋杀罪并判死刑。常州知府和江南巡抚都轻信无锡原判，草率定案。临刑前，苏州知府况钟监斩。况钟发现苏、熊罪证不实，便连夜赶往都府求见巡抚周忱，请求缓刑复查。周忱陈腐迂阔，循规蹈矩，认为已经三审定案，以监斩官无权过问为由，不同意他的请求。况钟据理力争，并以金印作押相迫。周忱无奈，便以半个月为期限要求况钟查清事实并回报，否则就上奏皇帝。况钟冒着丢官的风险，亲自到无锡现场查勘。当获得凶手作案的线索后，又改扮私访，将真凶娄阿鼠捉住，终于案情大白。况钟能在如此紧迫的时间里和如此慌乱的情况下将真相公之于众，可见他的果敢和机智。

酒后吐真言，一般发生在饮酒者的亢奋期，即急性乙醇中毒的兴奋期。酒后吐真言是因为急性乙醇中毒麻醉大脑皮层中枢所致。很多时候祸从口出正是因为这股兴奋劲而引发的，所以，对于那些嗜酒人士，还是少喝为好，以免产生让自己悔恨终身的麻烦。

300.【原文】上山擒虎易，开口告人难。

【解悟 · 故事】上山去捉老虎不难，难的是向别人开口，求其资助。因此，我们不要轻易向别人开口借钱，也不要轻易请别人帮忙。

武松回家探望哥哥，途中路过景阳冈。在冈下酒家喝了很多酒，踉跄着向冈上走去。走了不多久，只见一棵树上写着：“近因景阳冈大虫伤人，但有过往客商，可趁午间结伙过冈，请勿自误。”大虫即老虎。武松认为这是酒家写来吓人的，为的是让过客住他的店，便没有理会，继续往前走。太阳快落山时，武松来到一座破庙前，见庙门贴了一张官府告示，武松读后，才知山上真的有虎，想要回去住店，又怕店家笑话，只得硬着头皮继续向前走。由于酒力发作，武松便找了一块大青石，仰身躺下，刚要入睡，忽听一阵狂风呼啸，一只斑斓猛虎朝武松扑了过来，武松急忙一闪身，躲在老虎背后。老虎一纵身，武松又躲了过去。老虎急了，大吼一声，用尾巴向武松打来，武松又急忙跳开，并趁猛虎转身的一刹那，举起哨棒，运足力气，朝虎头猛打下去。只听“咔嚓”一声，哨棒打在树枝上被分为两半。老虎见势兽性大发，又向武松扑过来。武松扔掉半截棒，顺势骑在虎背上，左手揪住老虎头上的皮，右手猛击虎头，没多久就把老虎打得眼、嘴、鼻、耳到处流血，趴在地上不能动弹。武松怕老虎装死，举起半截哨棒又打了一阵，见那老虎确实没气了，才住手。从此武松威名大震。

比捉虎打虎更困难的事情是向别人借钱。不是生活所需，不到万不得已不要轻易开口向别人借钱，因为只要牵涉到经济关系，即使是亲戚朋友也会出现尴尬。开口借钱难就难在要放下尊严，请求别人。但是，我们要尊重别人，真的遇到亲戚朋友开口借钱，要尽力而为，慷慨解囊，帮助别人渡过难关。

301.【原文】不是撑船手，休要提篙竿。

【解悟 · 故事】如果我们不是船夫，就不要驾船。因此，我们不要逞能去做自己力所不及的事情。

一个哲学家乘船出海，一路上的风景煞是迷人，可这些都不能引起他的兴趣。他总觉得很无聊，在船上踱来踱去，很是烦躁。于是，他便与船夫聊了起来。不

哲人船夫

一会儿，哲学家就有点不高兴了，因为他觉得船夫实在是很无知，什么都不懂。哲学家问道：“你懂哲学吗？”船夫说：“我不懂。”哲学家惋惜地说道：“那你至少失去了一半的生命。”随即，哲学家又问道：“那你懂数学吗？”船夫说：“也不懂。”哲学家遗憾地说道：“那你失去了 80% 的生命。”船夫不再说话了。他们谁也不理谁，就这样，船夫划着他的船，哲学家思考着他的问题。小船漂了没多远，忽然海面上刮起了大风，小船在海浪中激烈地颠簸着。突然，一个巨浪把船打翻了，哲学家和船夫同时掉到了水里。船夫看着哲学家在水中胡乱挣扎，于是便问道：“你会游泳吗？”哲学家恐慌地喊道：“不会啊！”船夫说：“那你就失去了 100% 的生命。”

现如今，船员可以说是一项特殊职业，成为一名优秀的船员需要经过长期的训练。因为上岗驾船关系着许多人的生命安全，遇到狂风骤雨、急流险滩时，如果船员的技术不过关，就有可能船毁人亡，酿成灾难。因此，船员需要通过学习培训，取得驾驶证书才能上岗。如果船员没有驾驶证书就擅自驾船，是对别人不负责任，也是对自己不负责任。不只是船员驾船，我们在日常生活中做任何事情都要尊重科学规律和管理制度，强化安全意识，杜绝意气用事，远离冒险行为，确保人生平安。

302.【原文】好言一句三冬暖，话不投机六月寒。

冬日暖阳

【解悟 · 故事】一句同情理解的话，即使处于寒冷的冬季也感到温暖；而一句不合时宜的话，即使在夏季六月也感到阵阵的严寒。因此，我们要多结语言的善缘，不结话语的仇缘。

有一个人为了庆祝自己四十岁生日，特别邀请了四个朋友，在家中吃饭庆祝。三个人准时到达了，只剩一人，不知何故，迟迟没来。这位寿星有些着急，不禁脱口而出：“急死人啦！该来的怎么还没来呢？”其中有一人听了之后很不高兴，对寿星说：“你说该来的还没来，意思就是我们是不该来的，那我告辞了，再见！”说完就气冲冲地走了。一人没来，另一人又气走了，寿星急得又冒出了一句：“真是的，不该走的却走了。”剩下的两个人，其中有一个人生气地说：“照你这么讲，该走的是我们啦！好，我走。”说完，掉头就走了。又把一个人气走了。寿星急得如热锅上的蚂蚁，不知所措。最后剩下的这一个朋友交情较深，就劝寿星说：“朋友都被你气走了，你说话应该注意一下。”寿星很无奈地说：“他们全都误会我了，我根本不是说他们。”最后这朋友听了，再也按捺不住，脸色大变道：“什么！你不是说他们，那就是说我啦！莫名其妙，有什么了不起。”说完，铁青着脸走了。一场小小的生日聚会被不合宜、不投机的言语冲得一塌糊涂。

美国独立战争期间，全国上下都在征兵。当时村子里的年轻人基本上都被征走了，剩下的也多半是年老的或者不愿意去的人。这时，村里张贴了一张宣传海报。海报上说：“上战场没有那么可怕，去当兵无非就两种可能——受伤或不受伤。不受伤不用说了，就是受伤了也无非有两种可能——轻伤和重伤。受轻伤不用说了，重伤无非两种可能——可以治疗和不可治疗。可以治疗不用说了，不可以治疗就是死亡。既然已经死了，还有什么可怕的？”就因为这海报上的话，一下子村里报名参军的人数激增。由此可见，语言的力量是何等巨大！

303.【原文】知音说与知音听，不是知音莫与谈。

【解悟 · 故事】知心的话说给知己的人听，如果不是知己就不要跟他谈。因此，我们在人生的道路上应该多交几个朋友，只有知心朋友才能真正知道你的所感所想。

传说在春秋战国时期，有琴仙之称的晋国上大夫伯牙正乘船在汉江旅游，途中琴兴大发，一曲弹下来，突然看见对面山头有个人正专心听琴。伯牙走出船外，把那喜欢听琴的名叫钟子期的打柴人请到船上，两人互通了姓名。伯牙说：“我为你弹一首听听好吗？”钟子期立即表示洗耳恭听。伯牙即兴弹了一曲《高山》，钟子期赞叹道：“多么巍峨的高山啊！”伯牙又弹了一曲《流水》。钟子期称赞道：“多么浩荡的江水啊！”伯牙又佩服又激动，对钟子期说：“这个世界上只有你才懂得我的心声，你真是我的知音啊！”于是两个人结拜为生死之交。这对千古知音，就这样携手留名千古，与高山流水共留绝唱。后来，钟子期死了，伯牙跋山涉水，痛倒在坟前，长弹一曲，长叹一声，摔了琴以此感谢知音，发誓不再弹琴。只道是：知音不在，琴意谁知？从此，琴断，音绝，知音一词也就流传至今。

在这大千世界之中，即使相识满天下，知音又能有几人？人的一生何其漫长而又短暂。漫长的是一生中做一些自己不喜欢的事，令人痛苦万分，度日如年；短暂的是做自己喜欢的事，高兴快乐，度年如日。人生最幸福的莫过于两件事：一件是和自己喜欢的人相伴一生，幸福快乐；另一件是做自己喜欢的事，从事自己喜欢的工作，每天伴随自己的不是整日的抱怨，而是发自心灵的幸福喜悦。互相能够理解、互相懂彼此的两人，才会一起分享生活点滴、人生百趣，对方不是自己知音的话不会与他有什么深厚的友谊，只能做泛泛之交。人生可贵的是能够相知相许，难得的是能遇到知己，一旦遇到了知心朋友，就应珍视相互间的友谊，这样的人生才会更加精彩。

304.【原文】谗言败坏真君子，美色消磨狂少年。

【解悟·故事】再正直的君子都顶不住谗言的败坏而身败名裂，再轻狂的少年也会在美色的诱惑下而消沉意志、消磨时光。因此，我们不仅要矫正嫉妒心理、与人为善、不出谗言，还要保重身体、注重节制。

三国时，66岁的曹操一病不起。临终前说：“我一生所作所为，没有什么可后悔的，也不觉得对不起谁，唯独不知到了九泉之下，如果子修向我要妈妈，我该怎么回答？”子修就是曹昂，是曹操的长子，聪明且性情谦和，为其父所喜爱，二十岁时即举孝廉。后曹操因贪恋美色，强纳降将张绣的婶婶为妾，逼使张绣叛乱。建安二年曹昂随父亲南征张绣，却遭张绣突然袭击，曹昂为救父亲最终与父亲的贴身猛将典韦一同不幸战死于宛城。这件事成为曹操的心腹之痛。由此可见，爱美之心人皆有之，但爱好美色要适度，不能放纵。欲望一放纵就会消磨身心，甚至会带来祸害。

谗言出自嫉妒者。嫉妒者总是把别人的发展看作是对自己的威胁。因此，总是想方设法造谣中伤、陷害别人，把别人踩在脚下，使别人不如自己。嫉妒者不具备公开竞争的能力和水平，只好采取背后使坏等见不得人的诡计来实现自己的目的。而嫉妒的对象多为与其临近者，因为差距悬殊，或者力所不及。嫉妒与谗言是社会毒瘤，既害人又害己。哪里有嫉贤妒能者，那里的能人贤者就无法施展才能，实现抱负，有的甚至招来杀身之祸。嫉妒者会把许多宝贵的时间消耗在琢磨他人、诽谤他人等小动作上，整天被烦恼纷扰、怒火中烧，既伤害身体又无法集中精力干好本职工作，可谓是得不偿失。要消除嫉妒，需要树立正确的人生观和价值观，要有见贤思齐的气度，要通过努力学习提高自己的素质，而不是靠诽谤他人来抬高自己。

305.【原文】用心计较般般错，退步思量事事难。

【解悟 · 故事】用心去计较事情，钻牛角尖，那无论做什么事都会有缺憾；凡事总爱不停地做退一步之想，那就没有一件事是不难的。因此，我们要想有前途，就不要过多地去考虑前途。

在一家餐馆里，一对母女正在用餐，一个女服务员正准备给她们上蒸鱼时，不小心将盘子一斜，腥膻的鱼汁竟泼洒在那个母亲放在椅子的皮包上。母亲本能地跳了起来，脸色瞬间变了。可还没等她发作，她女儿便以旋风般的速度站起来，快步走到女服务员身旁，露出极为温柔的笑脸，拍了拍她的肩膀，说："不碍事，没关系。没事，我回家洗洗就干净了。"女服务员如受惊的小兔，得到了安抚。当晚，回家后，女儿才向母亲说出了自己这样做的原因：女儿伦敦求学三年，假期里曾有过兼职打工的经历，在家里从未干过重活的她，第一份工作却是女服务员。第一天上工，她被分配到厨房去清洗一只只薄如蝉翼的酒杯。刚洗完，她一个踉跄，撞倒了杯子，酒杯全化成了地上闪烁的玻璃碎片。一时间，惊恐的女儿仿佛坠入了地狱。可领班不慌不忙搂住了她，说："亲爱的，你没事吧？"并转过头吩咐员工将其打扫干净，对她连半句责备都没有。又一次，女儿在倒酒时，不小心把鲜红的葡萄酒倒在顾客乳白色的衣裙上了，原以为顾客会大发雷霆，没想到顾客却反倒来安慰她，说："没关系，酒渍嘛，不难洗。"之后自己便悄悄地去洗手间清洗。女儿告诉母亲，她从中学会了宽恕。原谅别人便是放过自己，自己也会有个好心情！

做人心眼不要太小，要心胸开阔，肚量要大。要想心眼大，就必须辩证地思考问题，包括"退步思量"这一重要思路和策略。

306.【原文】但有绿杨堪系马，处处有路到长安。

【解悟 · 故事】只要有地方有能拴马的树，条条路都可以通向长安城。因此，我们做事一定要有决心、有毅力，坚持不懈就能实现自己的目的。

古时的长安对很多人来说都是一个理想的目的地。要想到达以长安为代表的理想之地，仅仅有系马的绿杨，显然是不够的，还要有个“恒”字。水滴石穿、铁杵成针、绳锯木断便是最好的证明。每项工作从谋划、设计、实施到最终完成，都是复杂而连续的。若缺少了恒心，则会出现半途而废，落下个“虎头蛇尾”的名声。“世上无难事，只要肯登攀”，终有一天登凌绝顶，我们就能一览众山小，山高人为峰。

古代科技不发达，勤奋是我们祖先征服自然、改善环境、提高自身生存能力的基石。经过了一代又一代人的不懈努力，才有了气势磅礴的故宫等文化遗产，才有了精卫填海等励志典范，才有了“书山有路勤为径，学海无涯苦作舟”等诲人良句。勤能补拙，智力与成功不成比例，勤奋决定着成功的实现与否。天下事以难而废之者十之一，以惰而废之者十之九。我们都要以勤自勉，不断省吾身，壮吾翼，富吾能，方能有成功的希望。

307.【原文】人欲从初起处剪除，如斩新刍，工夫极易，若乐其便，而姑为染指，则深入万仞；天理自乍见时充拓，如磨尘镜，光彩渐增，若惮其难，而稍为退步，便远隔千山。

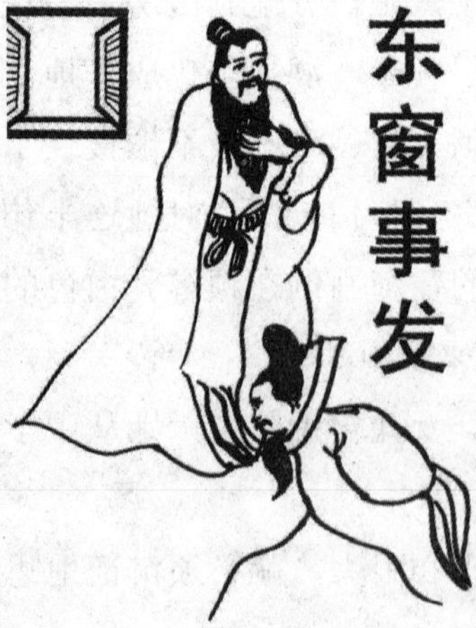

【解悟 · 故事】人的不良嗜好在初期戒除，如斩除小草一样十分容易，若任其放纵发展，便会成为痼疾难以医治；天道真理从开始显现之日便不断扩充开拓，好似洗磨布满灰尘的铜镜，光彩逐渐增显，若见难而退，便会离真理越来越远。因此，我们对于不良嗜好要善于杜微慎防；人的心简单，世界就简单。

乔治 · 普雷斯科特是个美国“70后”，做过老师，开过地产公司。他出身于显赫的政治名门——布什家族。他父亲是佛罗里达州前州长，祖父是第 41 任总统老布什，大伯是第 43 任总统小布什。但他并没有因此飘飘然，甚至一开始都没有想过要从政。老布什也没劝他一定要从政，只是告诫他“万万不可一逢人就炫耀自己的家世”“要和平常人做一样的事情”。也许，爷爷的教诲只是他行事低调的原因之一。因为出生在这样的家庭，要躲开政治很难。共和党内的保守派一直希望他能够“出山”，成为“第三位布什总统”。后来，他创立了得克萨斯拉美裔共和党人协会，算是正式从政了。他也被视为整个家族的“绩优潜力股”。不过，不管他做任何事，低调、谨慎都是他的一贯作风。这既源自家族传统，也与其本人感悟有关。他知道，没有人会永远风光。他经历过家族没落的艰难时光，因此更加懂得人情冷暖、世态炎凉。1980年，祖父老布什参加总统竞选。当祖父宣布退出时，站在身边的他目睹了祖父落寞的神情。14年之后，父亲在竞选州长时受挫，也给他带来不小的震撼。当然，美国政治世家的低调作风，跟美国国情也一脉相承。美国人很实用、很功利。选民很少关心政客的爸爸是谁。所以，对一些世家子弟，民众并不买账。相反，有的选民还会把对他们上一辈的不满转嫁到这些二代身上。因此，低调和谨慎，成为美国“官二代”的共同特点。

事物发展由量变到质变。大树是由小树长大的。砍掉一棵小树很容易，砍掉一棵参天大树却很艰难。许多大贪官，起初是从收一条香烟等小事开始的。如果警惕性高，别有用心者就会被拒之于门外。如若思想防线一松懈，来自各方的进攻就会逐步深入，道德一旦沦陷就难以自拔，直至东窗事发，为时已晚。贪欲是这样，其他不良嗜好也是如此，当其萌生时就应该果断遏止，否则任其发展，终将成祸。

308.【原文】风息时，休起浪；岸到处，便离船。

【解悟·故事】风平息下来了，就不要再起波浪；到岸了，就下船上岸。因此，我们做事要把握分寸，不要节外生枝。

传说中，19世纪最伟大的雕塑大师罗丹，在完成他的不朽名作《维纳斯》后问他的助手怎么样。助手回答说：“我觉得太成功了，尤其是这双手！”接下来，罗丹做了个让所有人都震惊的事——把那两只“完美的手”砸了！艺术是相通的，比如文学上讲究有主有次、有虚有实、有夸张等。美术上也讲究主次、整体、局部、虚实、强调、夸张。罗丹之所以砸掉那两只手，是因为这个“次要”的“局部”太过于突出，有“画蛇添足”之嫌。《断臂的维纳斯》，“天然”所成！她“突出”了主体——姣美的面容，丰满的躯干，优美的曲线。“抹去”了次要的手臂。登了岸，就不要留恋船了。曾经有许多艺术家试图恢复原貌，但是无论把两只手臂放到什么位置，都感觉没有断臂的美。最终只好放弃。

凡事都要把握时节因缘，恰到好处，才能收到应有的效果。就像猎人打猎，如果大雁还没有飞到射程之内就先拉弓放箭，大雁见到危险，自然逃之夭夭。如果动作迟缓，兔子已经跑掉了，再呼喊猎犬来也就太晚了，又怎么会有收获呢？所以说，要成事，必须选择正确时机。顺应事物自然运转规律，就像渡江过海，风波止息的时候不要急于扬帆冲浪，等到船靠岸了就要及时下船。这才是善于把握时机的高手应有的功夫。

人要学会善待自己，能息风就不要兴浪，能上岸就不要恋船。人生苦短，仅仅几十年而已，何必背上那沉重的枷锁，让自己囚在牢笼之中，活得狼狈不堪。在蹒跚而过的岁月里我们要学会放弃、懂得取舍，去领悟生命的意义，尤其要学会珍惜，学会遗忘，去真实地享受生命快乐的真谛。

309.【原文】隐恶扬善，谨行慎言。

【解悟·故事】不要宣扬传播别人的短处和丑事，而要多传播别人的好处和善举，自己则要谨言慎行。因此，我们行动要谨慎，说话要慎重。

三国时杨修善于卖弄小聪明，凡事都喜欢开口点破，使得本来就疑心很重的曹操十分反感。最后，他终于因道破“鸡肋”的意义，招来杀身之祸。其实，曹操的意思，别人未必不懂。杨修只道是自己聪明，说话不看场合，反误了身家性命。在现实生活中，如果只图一时之快，不注意言语的轻重对错，不考虑自己行为所带来的后果，任性而为，往往会给自己带来无尽的烦恼。言多必失，话一出口，妄下结论，所造成的影响，再有几百句、几千句话也弥补不了。因此，无论什么时候，我们都应把握好说话的分寸和行为的尺度，做到谨言慎行。

俗话说“家丑不可外扬”，家庭成员由亲情维系，家里出了丑事应尽量在内部解决处理，否则会造成负面影响，破坏家庭和谐，损害自身利益。人在职场和社会上，都应当有整体意识和全局观念，要有仁爱与善良之心。对待职场中的同事、老家的乡亲和学校的同学等都应该和善友爱。如果他们出现丑事，不能幸灾乐祸，要善意劝导，尽力帮他们消除不良影响。对待别人取得的成绩、获得的荣誉应当感到高兴，多多传播。职场有一条宝贵的经验与教训：即使两个脾气不合的人，当面对骂都不会造成太大的伤害，而背后说某人的坏话一般都会传到那人耳朵里，并且会带来长久的伤害。所以，隐恶扬善是处理人际关系的重要法则。

310.【原文】自处超然，处人蔼然。

【解悟 · 故事】自己独处时要超尘脱俗宁静致远，与人相处要和蔼可亲与人为善。因此，我们正确对待自己与他人，理性处理得意与失意。

1954 年，巴西的男女老少几乎一致认为：巴西足球队定能获得世界杯的冠军。然而，天有不测风云。在 1/4 决赛时，巴西队输给了匈牙利队，连半决赛都没有进。球员们比任何人都更明白：足球是巴西的国魂。他们懊悔至极，感到无颜去见家乡父老。他们知道，球迷们的辱骂、嘲笑和扔汽水瓶子是难以避免的。当飞机进入巴西领空之后，球员们更加心神不安，如坐针毡。可是，当飞机降落在机场的时候，映入他们眼帘的却是另一种景象：巴西总统和 2 万多名球迷默默地站在机场。人群中有两条横幅格外醒目："失败了也要昂首挺胸！""这也会过去！"球员们顿时泪流满面。总统和球迷们都没有讲话，默默地目送球员们离开了机场。

4 年后，巴西足球队不负众望夺回了世界杯冠军。回国时，巴西足球队的专机一进入国境，16 架喷气式战斗机即为之护航。当飞机降落在机场时，聚集在机场上的欢迎者多达 3 万人。在从机场到首都广场将近 20 公里的道路两旁，自动聚集起来的人超过了 100 万。在这宏大和激动人心的场面之中，人群中依然打着那条格外醒目的横幅："这也会过去！"

311.【原文】得意欲然，失意泰然。

【解悟 · 故事】人在得意的时候要保持淡定的心态，而当你失意的时候要处之泰然，不要惊慌失措。因此，我们要冷待得意，善待失意。

一天，白居易去拜访鸟窠道林禅师。他看见禅师端坐在鹊巢边，于是说："禅师住在树上，太危险了！"禅师回答说："太守！你的处境才非常危险！"白居易听了说："下官是当朝重要官员，有什么危险呢？"禅师说："薪火相交，纵性不停，怎能说不危险呢？”意思是说官场浮沉，钩心斗角，危险就在眼前。白居易似乎有些领悟，转个话题又问：“什么是佛法大意？”禅师回答道：“诸恶莫作，众善奉行！”白居易以为禅师会开示自己深奥的道理，原来是如此平常的话，感到很失望地说：“这是三岁孩儿也知道的道理呀！”禅师说：“三岁孩儿口能诵，八十老翁行不得。”白居易听了禅师的话，完全改变了自高自大的傲慢态度。胜固可喜，但不必欢呼雀跃，不要忘记人生如不断地爬山，爬过一个山头还有更高的目标在等你。如果把以往的荣誉和眼前的利益看得太重，欲望就放不下，身心就多了一块巨石，势必会影响你以后的路。

312.【原文】老当益壮，穷且益坚。

【解悟 · 故事】人老了，反而要像壮年人那样有精神；即使处在穷困的时候也不能悲观，而要更加坚强。因此，我们要老不气馁，穷不失志。

东汉名将马援，从小就胸怀大志，他打算到边疆去发展畜牧业。马援长大以后，当了扶风郡的督邮。有一次，郡太守派他送犯人到长安。半路上，他觉得犯人怪可怜的，不忍心把他送去受刑，就把他放走了。自己也只好逃亡到北朝郡躲起来。这时恰好赶上大赦，以前的事不再追究。于是他安心地搞起畜牧业和农业生产。不到几年时间，马援成了一个大畜牧主和地主。他有牛羊几千头，粮食几万石。但是，他对富裕生活并不满足。他把自己积攒的财产、牛羊，都分送给他的兄弟、朋友。他说：“一个人做个守财奴，太没有意思了。”他常对朋友说：“做个大丈夫，总要‘老当益壮，穷当益坚’才行。”就是说，越年老，志气越要壮盛；越穷困，志向越要坚定。后来，马援成了东汉有名的将领，为光武帝立下了很多战功。

313.【原文】榜上名扬，蓬门增色；床头金尽，壮士无颜。

【解悟 · 故事】如果有人中了皇榜，那么他家里用蓬草编成的门也会亮丽起来；如果床头没有了金钱，即便是壮士豪杰也会没有了颜面。因此，我们如果想要改变人生就需要努力；如果没有经济实力就会失去底气。

张廷辅是清末著名的社会名流。他是从广西贺县沙田镇小山村考出来的拔贡。辛亥革命后，他的才华得到孙中山器重。在孙中山、黎元洪、曹锟三任总统任内，

都当选为国会议员和总统顾问。他不仅是位爱国忧民的文化人，也是位热心公益事业的爱心人士。早年他在家乡创办了一所开明小学，成为贺县最早出现的现代教育新式小学之一。之后，他便在家乡自筹资金在佛天庵开馆设教。后来，贺县八步成立省立高工职校，校长卢世标邀请张廷辅出任文学课教师，他欣然受之。他热衷于教育，专门招收那些无法到学校读书的青少年入学，让家境贫寒的农家子女免费读书。他还苦口婆心地教育学生一定要做“对国家、对人民有用的人”。

张廷辅一心扑在教育上，自己的日子却过得非常艰苦。曾经有人开他玩笑：“张老师，你一年到头都是这样衣袋空空，有没有‘床头金尽、壮士无颜’的感觉啊？”张廷辅大笑，回答说：“要钱做什么？有吃的就行了，琴棋可以怡情、书画足以养性。”他见贺县芳林街至临江中学和芳林小学隔着一条小河，学生过河走的都是“踏水木板桥”。每逢下雨山洪暴发，木桥就会被冲毁，芳林、民田等地的学生就无法到校上学。他便联手几名乡绅，发动民众集资修建了一座高墩桥。他带头捐稻谷 1000 多斤，民众积极响应，很快就集够了建桥的资金。一座不怕洪水冲击的高墩木桥以极快的速度建成并投入使用，不仅方便了学生上学，还给河两岸农民耕种来往提供了便利。

314.【原文】由俭入奢易，由奢入俭难。

【解悟 · 故事】从节俭变奢侈很容易，从奢侈转到节俭很困难。因此，我们要坚持节俭，防止奢华。

纣王帝辛，是商朝最后一位君主。他除了天资聪颖、领悟力奇高之外，也是少见的大力士。他继位后，重视农桑，社会生产力发展，国力强盛。他曾因用了双象牙筷子，他的臣子就要逃走，原因是看到了帝辛的奢靡与贪欲。果然，帝辛在位后期，居功自傲，建鹿台，造酒池，悬肉为林，过着奢华的生活。加上连年征战，使兵力不足，国库空虚。他刚愎自用，听不进正确意见，杀比干，囚箕子，失去人心。他在讨伐东夷之时，没有注意对周国的防范，加上对俘获的大批俘虏又消化不了，造成负担。约公元前 1046 年，在帝辛伐东夷之际，周武王率诸侯联军会师孟津，乘机对商朝发起进攻。帝辛仓促间组织了一些由奴隶、俘虏等组成的临时军队迎敌，双方在牧野交战。没想到，商朝军队中大批士兵倒戈。商纣王自焚于鹿台，商朝就此灭亡。

人这一辈子，无论发达还是穷困都要勤劳节俭，既要努力工作又要节约用度，两者不可偏废。我国自古就以勤俭作为修身治家治国的美德。司马光在《训俭示康》中，引述他人的话“由俭入奢易，由奢入俭难”，此句强调要自觉保持俭朴，防止奢侈，含有自勉、警世之意。人都想过好日子，这本无可厚非，但过于奢华是不可取的，况且这种追求永无止境。古人认为能否做到勤俭，是关系到生存败亡的大事，不可轻视。在现代社会，经济增长和物质消费的观念已经发生很大的变化，但勤俭作为一种美德，还是要大力提倡，更要亲身作为。

315.【原文】少成若天性，习惯成自然。

【解悟 · 故事】儿童时养成的习惯就像人的天性一样牢固，很难改变，也就成为很自然的事了。因此，我们要重视培养良好习惯，改正不良嗜好。

我国教育家叶圣陶说过：“什么是教育？简单一句话，就是养成良好的习惯。”所以，人自幼就应该通过完善的教育去建立一种良好的习惯。青少年时期是行为和生活方式形成的主要阶段，是养成教育的最佳时期，机不可失，时不再来。

鲁迅是中国伟大的无产阶级文学家、思想家和革命家，并以笔代戈，战斗一生，被誉为“民族魂”。鲁迅先生从少年时代起就养成了爱护图书的好习惯。每次看书，他总是先洗手。他一旦发现书脏了，就小心地把它擦干净。他还学会了钉书、补书的本领。他备有一套工具，如发现书有破损，便及时细心整理、修补，使之面貌一新。鲁迅有每天写日记的习惯，即使特殊情况耽误了，也要找时间补记。但鲁迅也有个最不好的习惯——爱抽烟，烟瘾之大天下尽知。一次从东京回仙台，买完火车票后，鲁迅把剩下的钱统统买了烟，以致半路口渴却没钱买水。

人的行为决定习惯，习惯决定命运，有的会有助于成功，有的又会毁灭人生。养成良好习惯要从小开始，小时养成的习惯会影响人的一生。有位教育家说过：“习惯仿佛像一根缆绳，我们每天给它缠上一股新索，日积月累就会变得牢不可破。”我们要重视对不良习惯的矫正。矫正不良习惯需要毅力和决心，要自我监督、持之以恒。时间久了，习惯就成为自然，由外在变为内化，良好习惯成为生命中的一部分，也是成功的必备素养。

316.【原文】自奉必须俭约，宴客切勿留连。

【解悟 · 故事】自己享用的时候一定要本着勤俭节约的原则，受邀赴宴或宴请宾客切不可贪恋忘返。因此，我们的生活要勤俭节约，与人交往尽量不要增添麻烦。

古人敬畏自然，崇尚天人合一。人的生存依赖于自然，所需要的各种物质是从自然界提取，浪费是对大自然的不尊重。秦始皇灭亡六国，一统中华，可谓强大无比。然而秦始皇执政后穷奢极欲、大兴土木，征集全国民众修建阿房宫，劳民伤财，天怒人怨。最终陈胜、吴广农民起义军揭竿而起，各地起义运动此起彼伏，秦朝灭亡。逆道而行、暴殄天物肯定会受到相应的报应。

三国时期，曾有出于政治目的的强势挽留事件。周瑜为了腐蚀刘备意志，收复荆州之地，曾设计让刘备在东吴招亲并将其挽留，每天莺歌燕舞，山珍海味，极尽奢侈。刘备险些在温柔之乡不可自拔，好在有军师诸葛亮的锦囊妙计加之赵云的及时提醒，才没有上当。

宴请客人或接受亲友宴请不可流连，要善解人意，理解别人。主人应出于礼貌挽留客人，但不要强留；客人被主人挽留，也要懂得“客走主人安”的道理，长时间停留会打乱别人的正常生活，因此要知趣而返。

317.【原文】枯木逢春犹再发，人无两度再少年。

【解悟 · 故事】枯木到了来年春天还会重新长出新芽，而人却不可能有第二次的少年时光了。因此，我们要珍惜时光，奋发向上。

两千年前，一位哲人立于河边，面对奔流不息的河水，想起逝去的时间与事物，发出了一个千古流传的感叹：逝者如斯夫。而古今伟人、名人都是珍惜时间的高手和专家，给人留下了无数惜时的故事：司马光的枕头是用圆木做的。他读书困倦时就枕着圆木睡觉，只要一翻身，枕木就会滚走，人就会惊醒。他用这种方法来强制自己挤时间刻苦读书。我国的地质学家李四光，在野外进行地质勘查时，

经常用石头当作枕头睡觉，一旦被石头硌醒，马上又开始工作。鲁迅先生是十分珍惜时间的，他“把别人喝咖啡的工夫用在写作上”，所以一生著作颇丰，成为一代文坛巨匠。我国著名数学家陈景润十分珍惜时间，他曾给自己拟订出一张工作时间表，把一天24小时的分分秒秒都充分利用起来，即使在路上走，也在读读背背，他的英文、俄文、法文、德文四门外语的单词，就是这样掌握的。丘吉尔平均每天工作17个小时，还使得他的秘书也整日忙得团团转。为了提高政府机构的工件效率，他还设立了一个规定——给那些行动迟缓的官员们的手杖上，都贴了一张“即日行动起来”的签条。

时间最平凡，也最珍贵，金钱买不到它，地位也留不住它。“时间是构成一个人生命的材料。”每个人的生命都是有限的，稍纵即逝。时间是宝贵的，它限制了人们的生命，但可充分地利用。每个人每天得到的都是24小时，可一天的时间会给勤劳的人带来智慧与力量。成功的人珍惜每分每秒，成就了辉煌！

318.【原文】少而寡欲颜常好，老不求官梦亦闲。

【解悟 · 故事】年轻时欲望少，身体就会健康；年老时不奢求，就是做梦也清闲。因此，我们要节制欲望，淡泊名利。

面容是身体的外在表现。身体健康的人面容就会红润光泽、精神焕发；身体不佳的人一般会面容暗沉、萎靡不振。现在职场竞争激烈，诱惑多多。许多年轻人被创业或加薪晋升折腾得心浮气躁，心神不宁，经常加班加点，透支生命，以健康换前程。长此以往，不少白领精英疾病加身，甚至英年早逝，让人痛心不已。

范蠡，春秋末期楚国人。他学识渊博，志向远大，和新上任的宛邑县令文种很谈得来，两人一见如故，共论天下时政，怀抱雄伟理想。最后，两人一起投身越国，做了大夫。20年后，他们帮助越王打败了吴国，杀了吴王夫差。举国欢庆时，只见勾践面无喜色。范蠡心细如发，一看便知，随即辞官而去，而文种一时贪恋高官厚禄，没有走。不久，勾践便赐他一把剑，勒令他自杀。范蠡到了齐国，不再求官，只是农闲之际做做生意，很快成了当地首富。

年轻人要养成良好习惯，培养淡泊明志、宁静致远的心态，修炼“风物长宜放眼量”的胸怀。步入老年之后，更要懂得放弃。孔子教导老年人要“戒得”。经过青年、中年的奋斗拼搏，大都收获了不少名利，也承受了不少压力，透支了不少健康。到了老年，就像经历了高山峡谷、激流险滩之后，应当回归平坦缓流。老年人品味了酸甜苦辣，体验了人生百态，认清了名利本真，面对名利理应淡定，主动退出第一线，把机会让给年轻人。当放下了欲望之后，自会神定气闲，身心健康。

319.【原文】书有未曾经我读，事无不可对人言。

【解悟·故事】天下那么多书，肯定有很多自己没有读过；一生没有干什么坏事，任何事情都可以对人开诚布公。因此，我们要刻苦学习多读书，多读好书；做人胸怀坦荡，光明磊落。

欧阳修是北宋政治家、文学家，他在宋代文学史上是最早开创一代文风的文坛领袖。他自幼喜爱读书，常从城南李家借书抄读。他天资聪颖，又刻苦勤奋，往往书不待抄完，已能成诵；少年习作诗赋文章，文笔老练，有如成人。后来，他当过太守，主考礼部，在政治上负有盛名。他提倡行文求简，文喜严谨。有次欧阳修替人写了《相州昼锦堂记》，其中有“仕宦至将相，富贵归故乡”。交稿后，他推敲了一下，觉得不妥，便派人骑快马将稿子追回，修改后再送上。来人接过改稿，草草一读，很是奇怪：这不还和原稿一模一样吗？仔细研读后才发现，全文只是将原句改成了“仕宦而至将相，富贵而归故乡”，快马追加的只是两个“而”字。但他反复吟诵后，才发现个中妙处。原来，改句中增加了两个“而”字，意义虽未改变，但读起来语气由急促变为舒缓，音节和谐，增加了语言抑扬顿挫的音乐美。“书有未曾经我读，事无不可对人言”就出自欧阳修的一副对联。天下那么多书，肯定有他没有读过的。他一生坦坦荡荡，任何事都可以对人开诚布公。可见他不仅谦虚好学，而且人格高尚。

我国的人均阅读量在世界排名靠后，为鼓励全民阅读，政府出台了许多政策，传统文化得以有效提升，书香社会一定会早日到来！

320.【原文】兄弟叔侄，须分多润寡；长幼内外，宜法肃词严。

【解悟 · 故事】兄弟叔侄之间要互相帮助，富裕的要周济贫穷的；治家要严谨，无论长幼，无论内外，都要恪守家规、法纪。因此，我们要珍惜亲情，遵守家规。

两只鸟在一起生活，雄鸟采集了满满一巢果仁让雌鸟保存。由于天气干燥，果仁脱水变小，一巢果仁看上去只剩下原来的一半。雄鸟以为是雌鸟偷吃了，就把它啄死了。过了几天，下了几场雨后，空气湿润了，果仁又涨成满满的一巢。这时雄鸟十分后悔地说："是我错怪了雌鸟！"家庭成员之间要相互信任。很多幸福的家庭就毁于怀疑和猜忌。所以，对家人要保持信任，不要让猜疑毁了家庭的幸福。

人们每一天都要面对各种各样的人，处理各种各样的事情，烦恼不可避免。但是我们不管有再多的不愉快，也不能将坏情绪带到家中。只有用快乐的心情才能构建起幸福的家庭。同时，正所谓"国有国法，家有家规"，无规矩不成方圆，只有治家严谨才能带来世代相传的良好家风。这将对民族的发展起到重要作用。

321.【原文】一饭一粥，当思来处不易；半丝半缕，恒念物力维艰。

【解悟 · 故事】一碗粥一碗饭，应当想想它来之不容易；半根丝半根线，要常常想要得到这些东西很艰难。因此，人们要勤俭节约，不要铺张浪费。

勤俭不是吃苦，而是对有限资源的珍视。每年的 10 月 31 日，被联合国定为"世界勤俭日"，而我国也提出了"建设节约型社会"的号召。不算不知道，一算吓一跳。如果每人每天节约 1 分钱，全国 13 亿人就能节约 1300 万元，一年就能节省大约 50 亿元，就能建起 5000 所希望学校，就能让近千万个失学孩子重返校园。

伟大领袖毛泽东，要求别人前首先自己要做到。他一生粗茶淡饭，睡硬板床，穿粗布衣，生活极为简朴，一件睡衣竟有 73 个补丁、穿了 20 年。经济困难时期，他自己主动减薪、降低生活标准，不吃鱼、肉、水果。20 世纪 60 年代，有一次他召开会议到中午还没有结束，就留大家吃午饭，餐桌上也是一大盆肉丸熬白菜、几小碟咸菜，主食是烧饼。伟人在勤俭节约方面为国人做出了表率。

英国女王伊丽莎白二世经常说的一句英国谚语是：“节约便士，英镑自来。”每天深夜她都亲自熄灭白金汉宫小厅堂和走廊的灯，她坚持皇家用的牙膏要挤到一点不剩。号称“车到山前必有路，有路必有丰田车”的日本丰田公司，在成本管理上从一点一滴做起，劳保手套破了要一只一只地换，办公纸用了正面还要用反面，厕所的水箱里放一块砖用来节水。一个贵为一国之女王，一个是世界著名的跨国公司，节约意识竟如此强烈，令人赞叹。

322.【原文】人学始知道，不学亦徒然。

【解悟·故事】人只有通过努力学习才能明白世间道理，不学习则什么也不懂，还是空空荡荡的。因此，我们要通过勤奋学习，增长智慧，脱离愚昧。

海伦·凯勒是19世纪最出类拔萃的人物之一。她1880年诞生于美国亚拉巴马州的一个小镇。生下来19个月后，海伦突然发起了高烧。高烧退后，她变得又聋又哑又瞎。1887年，经人介绍，一个受过良好教育的姑娘安妮·莎利文做了海伦的家庭教师。从那以后整整半个世纪，安妮·莎利文一直是海伦朝夕相守的良师益友。安妮教会了海伦写字、“听讲”、“说话”。安妮以她独特的方法引导海伦进入了与常人无太大差别的生活。为了让海伦掌握单词water（水），她带着海伦到水旁，当清凉的水流过海伦的手时，她在海伦的手上拼下这一单词。海伦觉得，不知怎么，语言的谜底就这样被揭开了，原来水就是流过自己手心的一种物质。就是这个单词，终于唤醒了她那沉睡的灵魂，给她指出了光明、希望和快乐。海伦的心灵倾听到世界上最美丽的声音，看见最美丽的风景。随着时间的推移，海伦奇迹般地学会了英语、法语、拉丁语和希腊语。她的著作如《我生活的故事》等被译成50多种文字，风靡了五大洲。尽管她并没有做过任何惊天动地的大事业，但却受到了全世界亿万人民的尊敬和爱戴。海伦用学习这把钥匙打开了一个崭新的世界。

当面临选择的痛苦时，可以用学习和思想抚慰焦虑，缓解痛苦，启迪智慧，找寻答案。学习就如太阳，如烛火，如大海中的灯塔，让我们在黑暗中看清方向，找到道路。学习不但意味着接受新知识，而且还要修正错误乃至对错误的认识。

进学致和，行方思远，学习归根结底是通向真理、知识和光明的抉择。

323.【原文】愚而好自用，贱而好自专。

【解悟 · 故事】愚昧的人喜欢凭主观意愿行事，卑贱的人喜欢固执己见而独断专行。因此，我们要谦虚低调，不要自作聪明，刚愎自用。

三国时期，江东大将吕蒙趁关羽与樊城守将曹仁对峙之时偷袭荆州，攻占了关羽的大本营江陵。关羽两面受敌，急忙从樊城撤兵西还，驻扎在麦城。吕蒙采取分化瓦解的策略，使关羽的将士无心恋战，逐渐离散。关羽孤立无援，坚守麦城。孙权派人诱降关羽，关羽刚愎自用，伪称投降，在城头立幡旗，假做军士，自己却逃走，只有十多骑跟随。孙权派朱然、潘璋断了关羽各路，在临沮捉获关羽和其子关平，落得个被处死的下场。

春秋时期，楚国攻打进郑国。郑襄公裸体牵羊迎接楚庄王，并苦苦求饶，取得了楚王的同情。当年夏，晋国派军队救援郑国。晋军南下，兵临黄河时，听说郑国已经同楚国媾和，晋军中军主帅荀林父想退兵，并提出等楚国军队回国后，再出兵攻打郑国，讨伐背叛者。荀林父的副手先縠表示反对，自认为正确，并率领所属部队渡过黄河，继续前进。楚国军队想北上，到饮马黄河时再回国。听说晋军已渡河，楚王想退兵返国。其宠臣伍参想战，而令尹孙叔敖则不想战，并说："去年打陈国，今年攻郑国，不是没有战争。战而不胜，您的肉够吃的吗？"伍参说："如果这次打胜了，就足见您没有谋略了；不能战胜，我的肉将在晋军之手，还能吃得上吗？"孙叔敖转车反旗，伍参只好对楚王说："晋国现在从政的都是些新人，不能很好地执行命令；其副手先縠自作主张，独断专行，不肯听从命令；他们的中军、上军、下军的首领想统一行事也难以办到，就是想听从命令，也没有统一的上级，大家听谁的？这一仗，晋军必败。"楚庄王无奈只好命令孙叔敖调转战车向北，驻扎于管地以待晋军。事实证明伍参的分析很正确，晋楚两军在河南邲地大战一场，晋国指挥混乱，大败而归。

一个人的知识、能力、智慧都是有限的。作为一个管理者，要实现目标，完成任务，必须发挥团队的聪明才智，凝聚团队的力量，否则，就会出现众叛亲离、事业衰败的恶果。

324.【原文】有书真富贵，无事小神仙。

【解悟 · 故事】有学问和修养才是真正的富贵，没有是非、心思或奢望才会比小神仙还快乐。因此，我们要刻苦学习，增长知识与智慧；要安分守己，不要惹是生非。

杨绛先生，在105年的人生岁月里，固守于中国传统文化的淡泊与坚韧。她非常爱读书。她所著《读书苦乐》一展知识女性的光辉，雅趣丛生：（1）读书钻研学问，当然得下苦功夫。为应考试、为写论文、为求学位，大概都得苦读。陶渊明好读书，如果他生于当今之世，要去考大学，或考研究院，或考什么“托福儿”，难免会有些困难吧？我只愁他政治经济学不能及格呢，这还不是因为他“不求甚解”。（2）我曾挨过几下“棍子”，说我读书“追求精神享受”。我当时只好低头认罪。我也承认自己不是苦读。不过，乐在其中并不等于追求享受。这话可为知者言，不足为外人道也。（3）我觉得读书好比串门儿——“隐身”的串门儿。（4）每一本书——不论小说、戏剧、传记、游记、日记，以至散文诗词，都别有天地，别有日月星辰，而且还有生存其间的人物。（5）尽管古人把书说成“浩如烟海”，书的世界却是真正的“天涯若比邻”，这话绝不是唯心的比拟。世界再大也没有阻隔。

浮生偷得半日闲，手倦抛书午梦长。如果不能行万里路，环游世界，那我们就做一个有趣的精神旅行者。我们每天抽那么一小点儿时间去读书，去享受作者创造出的奇妙世界，随悲随喜，能做如此快活小神仙，意欲何求？

325.【原文】出岫孤云，去来一无所系；悬空明镜，妍丑两不相干。

【解悟 · 故事】孤云从山谷中飘出来，万物的去留和它都没关系；一轮明月像悬挂在天空的明镜，世间的美丑和它毫无关系。因此，我们要修炼淡泊心境，学会超凡脱俗。

东汉末年，管宁因不满朝廷宦官专权和中原地区诸侯割据称雄的局面，渡海来到辽东半岛上的海城。他在海城聚众讲学，为民众做了许多好事，深受当地百姓敬重。管宁学识渊博、品德高尚，朝廷屡次请他做官都被他拒绝，因为他不愿与贪官污吏们同流合污。他为了表明自己清白高雅的节操，常常戴顶高大的白帽，被后人戏称为“辽东帽”。

拒不折腰

东晋时的陶渊明为了养家糊口，离开家乡来到彭泽当县令。这年冬天，郡里的太守派出一名督邮，到彭泽县来督察。督邮，品位很低，却有些权势，在太守面前说话好歹就凭他那张嘴。这次派来的督邮，是个粗俗而又傲慢的人。他一到彭泽的旅舍，就差县吏去叫县令来见他。陶渊明平时蔑视功名富贵，不肯趋炎附势，对这种假借上司名义发号施令的人很瞧不起，但也不得不去见一见。于是他马上动身。不料县吏拦住他说：“大人，参见督邮要穿官服，并且束上大带，不然有失体统。督邮要乘机大做文章，会对大人不利的！”这一下，陶渊明再也忍受不了了，他长叹一声道：“我不能为五斗米向乡里小人折腰！”说罢，索性取出官印，把它封好，并且马上写了一封辞职信，随即离开只当了八十多天县令的彭泽。

一个人的时间、精力及所长都是有限的，要成就事业，必须学会专注，具有水滴石穿的坚韧。同时要学会放弃，尤其是要淡泊名利。如果什么都想要的话，有可能什么也得不到。人生要有出岫孤云与悬空明镜的情怀，活出本真，活得洒脱。

326.【原文】劝君作福便无钱，祸到临头使万千。

散财行善

【解悟 · 故事】行善的时候不要说自己没有钱，小心灾祸来了需要花很多的钱。因此，我们要积极地做好事、做善事。

在美国，有这样一个年轻人，家庭条件很优越，但父母早早让他独立了。大学时，每逢节假日，他都要到父亲开的公司去上班，他用打工挣来的工资来偿还父母为他垫付的学费和生活费。在公司里，他和其他员工一样排队打卡上下班，月底按工作成效结算工资。大学毕业后，他原本以为父亲会让他接管公司，可没想到，等待他的是被赶出家门的结果。他不明白，父亲有钱捐给福利院，却为什么对自己的亲儿子这么苛刻，连一分钱都舍不得给他。被赶出家门后，他想去银行贷款做生意，可父亲坚决不给他做担保。他没法从银行贷到一分钱，只得去给别人打工。他辛苦地工作，慢慢积累了一点资金，然后自己开了一家小店，小店生意不错，他又开了家小公司，小公司慢慢变成了大公司。但很不幸的是，他的公司因经营管理不善倒闭了，多年的奋斗成果一下子又归零了。他一度很沮丧，想自杀，但又不甘心，最终他决定挺起胸膛，从头再来。这时，父亲找到了他，让他来接管自己的公司。他问父亲："我现在是个一无所有的失败者，你为什么还要我接管你的公司呢？"父亲说："不，孩子，你虽然跟几年前一样依然没有钱，但你有了一段宝贵的经历。这段经历对你来说是一场磨炼，它让你学会了珍惜，学会了为人处世，学会在这个社会上坚强地生存。有了这段经历，你一定能把我的公司管理好，还会不断让它发展壮大。"果然，这位年轻人将父亲规模不大的公司发展成了一家令全球瞩目的大公司，他就是伯克希尔公司总裁，有着"美国股神"称号的沃伦·巴菲特。受那段苦难日子的影响，他一生节俭，办事谨慎。这成了他保持自己财富帝国屹立不倒的终极武器。

人要舍得花钱，尤其要舍得花钱行善，周济他人。布施越多，积攒来的福气就越大。

327.【原文】善恶关头休错认，一失人身万劫难。

【解悟·故事】在善恶选择的关头，不要选错；被一时地贪嗔之心所迷惑，就容易使自己进入万劫不复的境地。因此，我们要防止"一失足成千古恨"，认准善恶，敢于向前。

少年时，唐伯虎无所事事，和人纵酒游乐。经过好朋友的规劝，唐伯虎闭门苦读，经年累月。16岁时唐伯虎参加秀才考试，中了第一名。29岁时中南直隶乡试第一，高中解元。正当唐伯虎积极准备来年的京城会试时，却飞来横祸：在这次乡试中，有人事先经过贿赂，得了试题。事情泄漏后，考官被罢免，无辜的唐伯虎受到牵连，不仅被剥夺了解元称号，入了监狱，释放后唐伯虎感叹道："一失足成千古恨，再回头是百年人。"

一个工厂的师傅和徒弟加班修理设备，半夜回家时路过一片树林，突然听到一个女孩呼喊救命。徒弟建议和师傅赶快去解救女孩。师傅却说夜深人静有危险，要徒弟少管闲事。第二天早晨，在树林施暴的歹徒被公安人员抓获，而那个女孩竟是师傅的独生女儿。得知消息后师傅当场晕倒，后悔自己当时没有听从徒弟的建议，别说两个男人奋起解救，哪怕高喊几声也会吓跑歹徒。可见，如果一个人在善恶关头作出错误选择，就有可能带来后悔莫及的恶果。

328.【原文】积德若为山，九仞头休亏一篑；容人须学海，十分满尚纳百川。

【解悟 · 故事】积德就像造山一样，不要当造九仞高的山时，差一箕土就不造了；宽容别人一定要学大海，哪怕已经十分满了，还能容纳百条江水。因此，我们积德行善要坚持到底，持之以恒；宽容别人要胸怀宽广，海纳百川。

三国时期，诸葛亮死后，蜀国由蒋琬主持朝政。有个叫杨敏的官吏，背后指责蒋琬“办事糊涂，比不上诸葛亮”。有人把这话传给蒋琬，要求治杨敏的罪。可蒋琬说：“我确实不如诸葛亮，杨敏没有错。”后来杨敏因事被捕入了狱，有人猜想他这次活不成了。而蒋琬却不计前嫌，秉公处理，免除了杨敏的重罪。蒋琬为人正直，气量宽宏，人们称赞他“宰相肚里能撑船”。

一个人做一件好事容易，难的是一辈子只做好事，不做坏事。做好事需要坚强的意志，因此一般人难以坚持。一个高尚的人要把积德行善作为终身追求，不能停止，更不能走向反面去做坏事，否则，道德银行就会破产。如果每个人都能为社会增添一抹春色，那么我们的社会就会成为美好人间。

329.【原文】为善最乐，为恶难逃。

【解悟 · 故事】多做善事使人快乐，做坏事有恶行罪责难逃。因此，我们要树立起“做好事乐在其中，做坏事罪责必究”的道德理念。

十多年前袭警抢枪的逃犯吉某在逃期间，竟当起了电视剧演员，在知名度极高的电视剧《潜伏》一剧中饰演“盛乡”这一角色。然而，具有如此传奇经历的逃犯并不仅仅是吉某一人。如身背命案的徐某潜逃17年，其身份摇身一变，成了浙江某著名寺庙的法师，后被警方追逃后押解回江西省。

善事可做，恶事莫为。这是中国人根深蒂固的传统思想，作恶最终要为自己的行为付出代价。一时的恶行或一时的冲动带来的将是一生的追悔莫及，有着电视剧演员这一光鲜亮丽的职业也好，穿上了名寺法师的“超凡脱俗”的外衣也罢，其曾经的恶行一旦被揭穿，能顷刻间让其伪装的光鲜外表荡然无存。

社会在抑恶扬善过程中，有“恶”的事例，但“善”的事例也是不胜枚举。北京市曾为挺身而出救起小悦悦的拾荒阿姨陈贤妹、天安门广场义务捡垃圾的75岁老太太刘玉珍、照顾着108个流浪儿的“白菜爸爸”石清华、7年义务修建了700级台阶的“开山爷”王振明、勇救落水女孩并拒收10万元恩谢的昔日铁窗囚徒耿旺等人颁发了“良心人物”奖。

一个人之所以敢做坏事，是因为大都存有侥幸心理，自以为败行劣迹不会为人所知，因此有恃无恐。如小偷行窃以为不会被人发现；贪官贪腐以为天衣无缝无人知晓；还有些贪官脚底抹油逃到国外以为法力不及。但是，天网恢恢，疏而不漏，做了坏事恶事的人终将难逃法网，即使逃到天涯海角也难逃法律制裁。我国政府近年来启动了“猎狐”和“天网”行动，就充分诠释了“为恶难逃”的古训。

330.【原文】养兵千日，用在一朝。

救兵何在

【解悟·故事】长期供养、训练军队，以备一旦用兵打仗时可以及时出征。因此，我们平日里要有所准备，关键时方可无患。

战国时，齐国的孟尝君喜欢招纳各种人做门客。有一次孟尝君率领众宾客出使秦国，秦昭王将他留下，想让他当相国。孟尝君不敢得罪秦昭王，只好留下来。不久，大臣们劝秦昭王说：“留下孟尝君对秦国是不利的，他出身王族，在齐国有封地，有家人，怎么会真心为秦国办事呢？”秦昭王觉得有理，便改变了主意，把孟尝君和他的手下人软禁起来，只等找个借口杀掉。

秦昭王有个最受宠爱的妃子，只要妃子说一，秦昭王绝不说二。孟尝君派人去求她救助。妃子答应了，条件是用齐国那件天下无双的狐白裘当作报酬。可是孟尝君刚到秦国时便把这件狐白裘献给了秦昭王，正当他感到很为难时，有个门客说：“我能把狐白裘找来！”原来这个门客最善于钻狗洞偷东西，他轻而易举地把狐白裘偷了出来。妃子见到狐白裘高兴极了，想方设法说服秦昭王放弃了杀孟尝君的念头。孟尝君立即率领手下人，连夜偷偷骑马准备回国。到了关口正是半夜，按规定关口每天鸡叫才开门，可半夜时候，鸡怎么能叫呢？大家正犯愁时，只听见几声“喔——喔——喔——”的雄鸡啼鸣。原来，孟尝君手下的另一个门客会学鸡叫。守关的士兵虽然觉得奇怪，但也只得起来打开关门，放他们出去。

孟尝君靠着鸡鸣狗盗之士逃回了齐国。

一个国家没有强大的国防力量就会任人宰割。北宋末年，国家积贫积弱，军队战斗力不强，因此屡屡被入侵，不时割地赔款，连皇帝都被掳走而客死他乡。到了当今，我国国防实力大为增强，军队在军民融合方面也发挥了重要作用。在历次抗洪抢险和抗震救灾中，解放军和武警战士都雷厉风行、舍生忘死，为抢救人民生命财产发挥了重要作用，是救灾的中坚力量，得到了人民的高度赞誉。

331.【原文】国清才子贵，家富小儿骄。

【解悟 · 故事】国家在政治清明时治国之才就变得珍贵，富贵的家庭教养出来的小孩更为娇贵、骄纵。因此，我们要尊重人才，要爱护孩子但不能溺爱孩子。

武则天即位后，总是想方设法收罗人才，有的还曾是她的敌人。当时，唐朝东北部有一支契丹部落，经常和唐军发生战争。尤其有位契丹族将领李楷固特别骁勇善战，让唐军吃了不少亏。后来，因为部落发生了内乱，李楷固便率领手下的军队前来向唐军投降。许多唐朝的将军都纷纷上奏，请求武则天趁机杀掉李楷固全家，为牺牲的唐军将士们报仇。但在宰相狄仁杰的劝说下，武则天不仅没有惩罚李楷固，反而任命他为大将军，仍旧让他率领自己的旧部。武则天宽广的胸襟让李楷固心里十分感动，此后忠心耿耿报效国家，打了许多大胜仗，很快就把契丹部落全部平定了。

在欧洲历史上占有重要地位的拿破仑，很善于发现并使用人才。他手下的元帅和将军大多年纪较轻：苏尔特 25 岁因战功卓著升为准将，30 岁晋升少将，35 岁获得元帅军衔；马尔蒙 26 岁担任驻意大利法军炮兵司令，27 岁任军长和炮兵总监，同样在 35 岁被授予元帅军衔；达乌 28 岁担任远征埃及的骑兵指挥官，30 岁担任驻意大利法军的骑兵司令；麦克唐纳 33 岁时率军远征意大利，并攻占了罗马，35 岁时又担任了驻瑞士的法军统帅。在选拔将领时，拿破仑彻底废除了以出身论英雄的传统观念。他号召人人争当将军、元帅。他的许多杰出的元帅都是来自社会下层。

管理企业如同治国，人才是企业的第一资源。曾经有个扭亏高手说过："一家企业要成功，关键是要用好你的员工，并帮助他们，否则他们就不会帮助你的企业。"有家集团董事长也说过："千万不要认为你比你的员工还聪明。"企业领导只有自己忠诚地用人，才会获得被用人的忠诚，这就是人才管理的哲学。

332.【原文】士为知己用，节不岁寒凋。

【解悟 · 故事】读书人被了解自己的人起用而发挥特长，青松绿竹即使到了寒冷的冬天也不会落叶。因此，我们要与志同道合者共事，无论处在什么环境都要坚持操守，不离不弃，共同前进。

嬴政二十二岁时开始执掌大权，一心要统一中原，不断向各国进攻。这时，燕太子丹觉得只有杀掉嬴政，燕国才有好日子过。他把燕国的命运寄托在刺客身上，一心收买能刺杀嬴政的人。太子丹终于请到了一个很有本领的剑客荆轲，还让一个名叫秦武阳的燕国勇士当助手，以刺秦为目的，开展行动。公元前227年，荆轲到了咸阳。嬴政一听燕国的“使臣”荆轲和秦武阳把樊於期的人头和督亢的地图送来了，就叫他们来见他。荆轲捧着樊於期的人头，秦舞阳捧着督亢的地图，一步步踏上了秦国朝堂的台阶。荆轲回头一瞧，只见秦舞阳的脸又青又白，跟死人差不多。他只好独自捧着匣子献给嬴政。嬴政打开一瞧，果然是樊於期的脑袋，又叫荆轲拿过地图来。荆轲拿过地图慢慢打开，一个地方一个地方地指给秦始皇看。等地图全部打开，卷在地图里的匕首露了出来。嬴政一见，很快就逃，荆轲拿着匕首直追。嬴政边跑边将宝剑拔出来，砍断了荆轲的左腿，又上前向荆轲砍了几剑。刺秦宣告失败，燕国也被秦国吞并。即便如此，荆轲的精神却长留在史册上了。

患难之中见真情，人只有在艰难环境中才显出本性，或者说在艰难环境中更能考验一个人。平时难以看清一个人的本质，艰难困苦中方显本性，更能考验人。

333.【原文】不因渔父引，怎得见波涛。

【解悟 · 故事】没有渔夫的指引和帮助，就见不到江河湖海里的波涛。因此，我们要善用人脉资源，去拓展自己的事业。

美丽的海边住着一个渔夫，每天只钓两条鱼，只为果腹，余暇时光用来晒太阳。一个富人听说后，非常羡慕，终于痛下决心，推开手头繁杂事务去海边度假，看看大海的波涛，晒晒太阳。渔夫与富人在美丽的海边相遇，进行了一场经典的对话。关于这场对话，评论者众多——“人生苦短，能够作为一个人已经很不容易；选择自己喜欢的生活方式，好好享受每一天。”“如果渔夫有一天钓不到鱼，那他是不是不用吃饭了？天天都吃鱼，不烦吗？每天生活都是一样的，生跟死有什么区别呀？”“倘若每天都一样，我还不如生下来就死去，因为不管怎么样，每

王牌特工

个人最后都会死。大家的归宿都一样。不一样的是你由生到死的过程！”“有时候简单也是一种生活，也往往是因为简单，所以才快乐！”“珍惜你现在拥有的。平平淡淡才是真。幸福是什么，幸福就是真实的每一天。只要是开心的，你就是快乐的。不同的人有不同的追求，不同的追求有不同的人生。”

人际交际是一门艺术。坚守道德底线，结识良师益友，有助于成就人生。电影《王牌特工》中的街头小混混艾格西之所以能成为具有绅士风度的王牌特工，是因为有金士曼的王牌特工哈利慧眼识珠，精心培养。哈利使艾格西获得了改变人生的机会，给了他展现自我的舞台，成就了他辉煌的人生。近朱者赤，近墨者黑，我们在人生的旅途中要擦亮双眼，不迷失方向，在纷繁的人群中找到带领自己在深海航行的“渔夫”，才不愧为人生的一大幸事。

334.【原文】但知口中有剑，不知袖里藏刀。

笑里藏刀

【解悟 · 故事】我们只知道有的人口舌如剑、恶语伤人，却不知道有的人还笑里藏刀、暗地杀人。因此，我们不仅要有防人之心，更要透过现象看本质。

相传，汉高祖刘邦的皇后吕后不仅走向前台干政，给刘邦的决策施加影响，极力打压有功之臣，而且背地里谋杀重臣，残害嫔妃。战必胜、攻必取的韩信大将军被吕后骗入皇宫残忍杀害。令吕后吃醋的戚夫人命运更惨。吕后派人先是砍掉戚夫人的双手双脚，接着把她的眼珠子挖了出来，又强迫她喝下哑药，叫人用烟把戚夫人的耳朵熏聋。最后，命人把血肉模糊的戚夫人扔进茅厕成了“人彘”。

魏王给楚怀王送来一位美人，楚怀王非常宠爱她，而楚怀王的夫人郑袖因此失宠。郑袖很是嫉妒，但她知道楚怀王很喜欢这位新来的美人，于是也装出十分喜爱这位美人的样子，待她亲如姐妹，无论是衣服玩物，还是居室卧具，都送最好的给她，有时甚至表现出爱美人胜过爱楚怀王的样子。郑袖的表现令楚怀王十分满意。一段日子之后，郑袖见时机已经来临，便以关怀体贴的口吻对那位美人说：“大王对你的美赞叹不已，但美中不足的是，他觉得你的鼻子不太漂亮，如果你以后和大王在一起时，略微遮饰一下鼻子就好了。”面对一直待自己无微不至的郑袖，美人毫不怀疑。从此，每次见到楚怀王，她便用袖子掩住自己的鼻子。楚怀王觉得奇怪，便问郑袖说：“美人为什么见到我，总爱掩住鼻子呢？”郑袖面有难色地说：“我知道其中的原因，但是，我不能说出来。”在楚怀王的一再追问下，郑袖装作不情愿的口气悄悄告诉楚怀王说：“她是讨厌大王身上的臭味。”楚怀王一听，大怒，命人割掉了美人的鼻子。可怜这位美人直到最后都没有明白遭此厄运的原因。

在现实生活中，我们既要有善良之心，也要有防人之心。与人打交道时，不要被花言巧语所迷惑，凡涉及个人隐私，钱财关系时都要注重防范风险，利用法律武器维护自己的权益，以免上当受骗，造成损失。

335.【原文】春蚕到死丝方尽，恶语伤人恨难消。

【解悟·故事】春蚕吐尽了自己的丝才死，恶语伤人怨恨就很难消除了。因此，我们要重情重义，仁爱奉献，多出善言，不出恶语。

1967年2月，周总理的办公室门前贴了张“大字报”。繁忙是他的生活特征。他每天一般只有两三个小时睡眠时间，有时甚至一连几昼夜都在阅文、开会、接见等。长年累月的超负荷工作，他的身体日渐消瘦，体质也变差了。大家怎么劝都无济于事，当得知他患了心脏病后，更是忧心如焚，最后实在没办法了，就给他写了张“大字报”。大意是：要造他的反，请求他改变现在的工作方式和生活习惯，以适应身体变化，以便工作得更久。总理看后，笑了笑在报上写下“诚恳接受，要看实践”。然后他又继续工作，并没有因此而稍有改变。1975年总理病重住院，但他还是照样整日工作，甚至躺在手术台上想的仍然是工作。他自从患上心脏病后，一个装有硝酸甘油的小药瓶就没离过身。他说：“为党工作的时间不多了，要抢时间才行啊！”他的文具盒里总有盒清凉油，那是总理同瞌睡、疲劳进行斗争的一种武器，它陪伴着总理度过了无数个不眠之夜。总理胸前总是佩戴着“为人民服务”的纪念章，直到逝世。他生前常对身边的工作人员说：我们要像春蚕一样，将最后的一根丝都吐出来贡献给人民。

好言一句三冬暖，恶语伤人六月寒。有时一句好话可以化干戈为玉帛，一句恶语可能引发冲突。因此，我们无论在家庭还是在职场，都应当谨言慎行。可以沉默、少说，切不可胡说，更不能出口伤人。多出善言，不出恶语，是一个人的修养，更是一种人生智慧。

336.【原文】入山不怕伤人虎，只怕人情两面刀。

【解悟 · 故事】人行走在深山老林中也不怕被老虎伤害，就怕被那些两面三刀的阴险小人伤害。因此，我们要保护自己，防范小人。

相传，秦二世继承皇位以后，整日沉迷酒色之中，不接见任何大臣，实权落入太监赵高手里。丞相李斯打算找时机提醒秦二世提防赵高。狡猾的赵高岂不知李斯心里的想法？他早就准备对李斯下手了。有一天，赵高在宫廷走廊遇到李斯，说道："现在函谷关盗贼四起，百姓哀声怨气，可皇上在修阿房宫，花费了大量人力物力，我地位没有您高，您得劝劝皇上。百姓的幸福生活都指望着您呢！"李斯对赵高说："我堂堂丞相，肯定得关心黎民百姓，早就想见皇上一面进谏，可皇上深居宫中，根本不见我呀！"赵高说："您若是真要进谏，我可以帮您打听，有机会我就派人通知您，成吗？"李斯表示感激，然而他并不知道自己已经落入了赵高的圈套。一日，秦二世在宫中和妃子们捉迷藏，兴致正浓。赵高就叫旁边的宫女通知李斯说："皇上今日有空。"李斯随即就跑到宫门前求见。长此以往，李斯总是在秦二世最开心的时候打断他。秦二世不高兴了，对赵高说："你说这个李斯怎么当的丞相，我有空的时候不来，偏偏选我兴致高的时候来上奏，他是不是存心让我扫兴？"赵高听后暗自窃喜，说："臣有句话不知该不该说。当初沙丘密谋就是李斯的主意，现在皇上身居高位却没有提拔他当王。丞相的儿子李由管理的地方盗寇横行，企图反叛朝廷，李由却不镇压，听说他和当地盗寇头目暗中有往来，臣本想查清楚事实再禀告圣上，现在看来得提前跟您说了。"秦二世大怒："岂有此理！"赵高继续煽风点火："听说李氏父子的声望权威盖过您了呢！"秦二世更是怒火中烧，立马派赵高亲自彻查李由担任三川郡守期间的所作所为。昏庸无能的秦二世，在听信了赵高的各种谎言后，决定治李斯的罪，李斯最终被腰斩于咸阳。

一个单位如有两面三刀的小人存在，人际关系就易变质，还可能会闹得鸡犬不宁。面对两面三刀的小人，要提高防范意识，要三思而言，谨防祸从口出。

337.【原文】世间公道惟白发，贵人头上不曾饶。

白发公平

【解悟·故事】世上最公道的唯有白发，再高贵的人也照样会白发盈头。因此，当我们面对不公时，要坚持拼搏，敢于走自己的路，用时间去证明自己。

杜牧是晚唐杰出的诗人、散文家，是宰相杜佑之孙。杜牧的诗、赋、古文都堪称名家。杜牧受时代风气影响，也很注重辞采形式。结合他自身“雄姿英发”的语言风格，而形成了“风华流美而又神韵疏朗，气势豪宕而又精致婉约”的个人艺术特色。杜牧的诗歌以七言绝句著称，内容以咏史抒怀为主，其诗英发、俊爽、峭健，多切经世之物，在晚唐成就颇高。杜牧临死之时，心知大限将至，自撰平实无奇的墓志铭，丝毫不显文豪手笔。写完墓志铭，杜牧闭门在家，搜罗生前文章，对火焚之，仅留下十之二三。

“无媒径路草萧萧，自古云林远市朝。公道世间唯白发，贵人头上不曾饶。”杜牧在诗中，看穿了社会上的结党谋私，终于明白天道唯公。诗人从白发落墨，生发健拔高昂的议论。社会的压抑使他产生忧愁，难以驱逐的忧愁又使他早生华发。他叹息英雄无用武之地，痛恨扼杀人才的社会势力，呼吁世间公道。他认为，世间只有白发最公道，即使是达官贵人的头上也照长不误。白发不受财富摆布，不向权贵拜倒，不阿谀，不徇私，一切都公平合理。这就是人间的公道。诗中“唯”字，更表明了除了白发，人世间再没有公道可言。社会不公正，在诗人笔下得到深刻的揭露和无情的针砭。这是理性的批判，也是对当时社会现实的有力鞭笞。

338.【原文】无求到处人情好，不饮随他酒价高。

【解悟·故事】不用求别人的时候人缘都很好，不喝酒就不会关心酒价的高低。因此，我们要多奉献，少索取，用心专注，有所放弃。

林则徐，出身贫寒，父亲是个穷秀才，靠教私塾的微薄收入支撑一家人的生计。贫苦生活使林则徐很小就养成了俭朴的生活作风，深深体察到广大下层平民的饥寒。求学期间，刻苦用功，中了举人后，曾几次外出谋生，当过衙门文书，像父亲一样当过私塾先生。他28岁考中进士，跨进官场，做过地方小官，对社会、对民情有了广泛接触和了解；他55岁出任湖广总督后，开始了人生最光辉的岁月。“人到无求品自高”是林则徐在山东济宁当运河河道总督时，刻于碑上的7个道

劲有力的大字，并以此作为座右铭，这7个字一针见血地道出其“无私”“无欲”的崇高品德。

1838年10月，道光皇帝意识到鸦片毒品带来的严重后果，为维护自己的统治，命林则徐为钦差大臣，前往广东查禁鸦片。1839年6月3日，虎门海滩，随着一声令下，林则徐打响了震惊世界的销烟运动，为期20余天，将200多万斤的鸦片通通化为灰烬。这场斗争，揭开了近百年来反对外国侵略斗争的序幕。林则徐一生，历经官场40载，到头来仍两袖清风，一贫如洗，晚年时他家只有“田地家产折价三百银有零”“况目下均无现银可分”，实在令人可钦、可佩！

人到无求便是佛。如果无求，便会“无欲则刚”，腰杆就硬。喝酒的自然关注酒价，如果不喝酒一般对酒价就不会太关心。这从另一方面也说明人生要学会专注，因为人的时间精力有限，如果什么都想去关注，将会一事无成。

339.【原文】书画是雅事，一贪痴便成商贾；山林是胜地，一营恋便成市朝。

【解悟 · 故事】书画是高雅的事，一旦贪婪痴迷就成了贪恋钱财的商人买卖；山林是风景优美之地，一旦经营迷恋就成了争名夺利的市场。因此，我们要多读书，追高雅，去俗气。

书画同源，书法被誉为我国的国粹。练习书法有益于身心健康，历史上长寿的著名书法家比比皆是。统计表明，汉至清代，国人的平均寿命为25至40岁，著名书法家的平均寿命则为80岁；清末到新中国成立之前国人的平均寿命为40至62岁，而著名书法家的平均寿命为88岁；到现当代，著名书法家的平均寿命已超90岁。

陕西有一个书法家，为了早日实现加入中国书法家协会的心愿，在封闭式练兵的疲劳与焦虑中猝然身亡，被《书法》杂志推为“年度新闻人物”，可以说这是当代书法家的名利心作祟酿成的悲剧。黄庭坚说过：“学术要须胸中有道义，又广之以圣哲之学。”这种健康、大道的追求，无疑对人的身心有着积极意义。这一点在绘画上叫作“烟云供养”，书法上可谓美文怡情。书法家染翰之际，眼中是历代美文，思维里酝酿、展现着美好气象与意境，岂不乐哉！

340.【原文】情欲意识属妄心，消杀得妄心尽，而后真心现；矜高倨傲是客气，降伏得客气平，而后正气调。

【解悟 · 故事】情欲意念属于非分之心，去除非分之心后真心才能显现；夸耀傲慢是身外之气，降伏身外之气后正气便会上升。因此，我们要消除妄心，才能显现真心；要降伏身外之气，充盈人间正气。

一年秋天，坦山禅师和一个小和尚准备去拜访一位高僧。早上，他们准备出门时，天就已经阴云密布了，而且隐约能听到远处传来的阵阵雷声。跟随坦山禅师的小和尚犹豫了，他说："看天色，快要下大雨了，咱们还是等雨停了再走吧。"坦山禅师说："出家人怕什么风雨。"说完，就拿着伞出门了。小和尚没办法，就只好追上去跟在坦山禅师的后面。两人走了一会，大雨就倾盆而下了。他俩撑着伞，冒着雨继续赶路。走着走着，小和尚突然停了下来，两眼直直地看着前方路边站着的一个年轻姑娘。这个姑娘站在泥潭边，直皱眉头，原来她穿着一身崭新的衣裙，怕跨过泥潭时弄脏了自己的衣服，所以正在那里犯愁。这时，坦山禅师走上前去说："姑娘，我来帮你。"说完，他就把姑娘抱过了那片泥潭。在后面的路途中，小和尚满脸的不高兴，一句话不说跟在坦山禅师身后。到了傍晚，坦山禅师和小和尚就在一家小客栈投宿。直到吃完饭，坦山禅师要上床休息时，小和尚才说："坦山师父，我们都是出家人，应当遵守不杀生、不偷盗、不淫邪、不妄语、不饮酒这五戒，特别是不能接近女色，您怎么可以抱那个姑娘呢？"坦山禅师愣了一下，问道："哪个姑娘？"随后，他微笑着说："你是说我们在路上遇到的女子吧？我早就把她忘记了，你怎么还一直记着她呢？看来你还没有放下，你心中的妄心太重了！"

人的真心就是诚意，以诚待人就会融洽，以诚待物就会和谐。只有人心清了人心正了，才能有青山绿水，惠风丽日。

341.【原文】因风吹火，用力不多。

【解悟 · 故事】顺着风的方向来吹火，就很容易把火吹旺，还很省力。因此，我们要因势利导做工作，许多难题就可迎刃而解。

顺风吹火

在软饮料界，可口可乐和百事可乐两大公司是出了名的“死对头”。双方一直为争夺市场而剑拔弩张，明争暗斗。在美国甚至全世界，可口可乐旗下主打产品——碳酸饮料可口可乐，雄霸着市场的半壁江山，远在百事可乐之上。1964 年，百事公司推出了激浪，销量一直不错。几年前，可口可乐公司也推出了类似口味，甚至类似包装的橘汁饮料——沃特。为了尽快打入市场，沃特的定价比激浪少 10 美分。但即便如此，购买者仍寥寥无几。长久以来，激浪广受顾客欢迎，市场占有率为 80%，而沃特仅为 4%。

2010 年初，可口可乐公司总部任命克鲁尼 · 乔森为市场部经理。新官上任三把火，第二天，乔森就策划一个前所未有的免费赠饮料活动：从即日起，凡购买激浪者，就可获赠沃特，多买多赠。可口可乐旗下所有零售店都参加这次活动。“买激浪为什么要送沃特？完全可以开展沃特的买一送一的活动，或者直接降价也行啊！真是傻透了！”可口可乐集团内部一片混乱。在得知这一消息后，百事公司 CEO 卢英德乐坏了，这不是给我做促销吗！但是，久经商场的卢英德，隐隐知道对方没安好心。卢英德左思右想，可是也找不出什么破绽来。

一个月后，事情发生了根本性的变化。很多人尤其是年轻人，发出惊叹：“哇！原来沃特味道也不错！”可就在此时，可口可乐公司宣布停止赠饮活动。大事不妙，卢英德连呼上当，可为时已晚。无数人纷纷改喝沃特，沃特的市场份额一下子飙升到 76%。在庆功宴上，面对同事们惊讶的目光，乔森解释说：“之所以要买激浪送沃特，是因为必须利用激浪较高的市场认知度顺水推舟。”商场如战场，顺水推舟、因风吹火是制胜之道。

342.【原文】光阴似箭，日月如梭。

【解悟 · 故事】光阴就像射出去的箭一样快，日月就像纺织机上织布的梭子一样快。因此，只有珍惜时光，才能在有限的光阴里为人类做出自己独特的贡献。

传说，有个樵夫有天带着一把斧头，爬到桃源山顶去砍柴。休息时，他看见两位老人正在下棋。两位老人可谓鹤发童颜，道骨仙风，下得津津有味。旁边还放着一篮枣子，他们一边嚼着青枣，一边下。樵夫对下棋也很感兴趣，便在一旁观看，从中午一直看到夕阳西下，老人也很客气地请他吃了青枣。就这样，太阳快落山时，樵夫觉得时间不早，要回家了，于是找到中午扔在松树旁的斧头一看：

斧头的木柄都已腐烂了。他感到奇怪，但也没当回事就下山了。回到村子后，突然发现整个村庄都大不同了。再回到自己家，自己家也变了。他非常诧异，上前敲门。一位蓄着长胡须的老人走了出来问他是谁。他报出名字后，老人惊诧万分：这是我爷爷的名字啊，怎么会是你呢。我父亲曾经说过，爷爷有天上山打柴，后来就一去不复返了，我父亲都死了好多年啦！可见山中只一日，世上已百年呀。

谁都知道，时间是最公正的裁判。不管你是富有还是贫穷，时间都会公平分配给你大好的时光，一年365天，一天24小时，不多不少，就看你如何合理安排了。要想在自己过往的历史上留下烙印，需要珍惜时光，努力奋斗，不要让人生留下遗憾。虽然时光一逝永不回，但我们也要认清生命本真，让时间为自己酿造一杯人生醇酒，享受这幸福而快乐的人生。

343.【原文】吉人之辞寡，躁人之辞多。

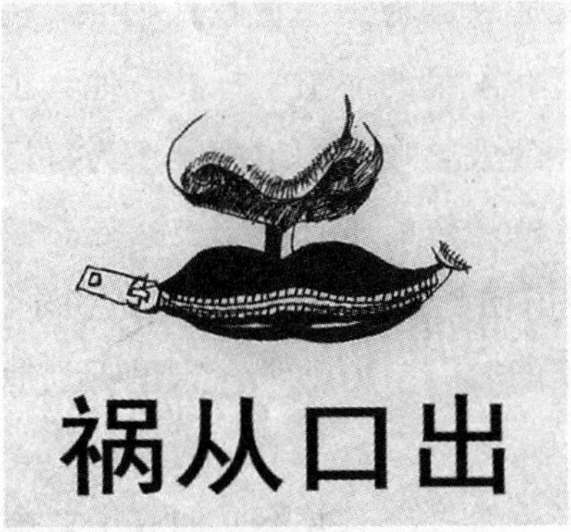

【解悟 · 故事】贤明之人说话言简意赅，急躁的人说话多而无益。因此，我们要谨言慎行，不急不躁。

东晋时期，王羲之的三个儿子子猷、子重、子敬去拜访政治家、书法家谢安。子猷和子重见到谢安后滔滔不绝话语较多，子敬则话语很少。三人走后，在座的客人问谢安：“刚才那三位贤士谁最好？”谢安说：“子敬最好。”客人说：“您是怎么知道的呢？”谢安说：“贤明的人言辞少，急躁的人言辞多，我是由此推断出来的。”急躁的人言辞大多没有经过认真思考，容易因言招祸，因言致败。

我国著名科学家王选先生曾经说过：“一个科学家经常上电视，其科学生命也就结束了。”可谓至理名言。因为科学家的生命在于研究成果，如果没有足够的时间和精力去从事科研工作，就难出科研成果，自然就不配称为科学家了。被称为中国人“心经”的《大学》曰：“知止而后有定，定而后能静，静而后能安，安而后能虑，虑而后能得。物有本末，事有终始，知所先后，则近道矣。”这告诉人们，不仅要懂得开始，而且要懂得停止；不仅要懂得获取，而且要知道放弃。

有些浅薄急躁之人，因底气不足、不甘寂寞，无论什么场合，总喜欢虚张声势，急于表现自己，所说之辞不是盛气凌人、漏洞百出，就是低级庸俗、令人讨厌。孔子认为有修养有作为的人应当“讷于言而敏于行”。有修养的人就像深潭之水，从容淡定、遇事不慌，良好的心理素质是成就事业的重要条件。

344.【原文】黄金未为贵，安乐值钱多。

【解悟 · 故事】黄金也不算最珍贵，只有平安快乐的人生才最有意义和价值。因此，我们要淡泊名利，认清本真，追求快乐。

德国人卡尔·马克思是无产阶级的精神领袖，共产主义运动的先驱。由于被许多国家驱逐，到处流亡，他曾自称是“世界公民”。马克思在思想上是富有者，在经济上却是贫困户。这位对资本主义经济有着透彻研究的伟大经济学家，本身一贫如洗，他的一生几乎是在贫困潦倒中度过的。马克思没有固定的工作，一家人主要靠他极不稳定而又微薄的稿费收入生活。在颠沛流离的生活中，他常常囊空如洗，衣食无着，在困境的泥沼中挣扎。他一生在极度艰苦中度过，他不仅遭到来自资本主义世界敌人的攻击和迫害，还为每日的面包辛苦奔走，有时穷得连穿上街的鞋也没有，就连他的三个孩子也接连悲惨地死于贫困。可他仍然没有放弃对真理的追求，他将其看作是人生一种巨大的快乐。马克思的女儿在回忆父亲时说，即使在生活最困难的时刻，也常常在家里听到他爽朗的笑声。

黄金是财富的象征。从自然属性来说，黄金极为珍贵，但并不是拥有了黄金你就能得到幸福。用汗水换来的薪水即便微薄，但它是通过努力得来的最好回报。从社会属性来说，古人认为平安快乐比黄金还要珍贵，这种理念体现了古人的大智慧。人生固然离不开财富，需要满足生存需求，但不是越多就越好。人的物质需求是有限的，超过了就有可能带来负面效果。我们来到这个世界，不论是成就事业、追逐财富，还是追求爱情，都是为了获得快乐。平安就是幸福，平安就是快乐。自由、平安是人生的基本需求，一旦失去便会十分痛苦。要想获得自由、平安，就必须顺道而为、知足常乐。

345.【原文】儿孙胜于我，要钱做甚么；儿孙不如我，要钱做甚么。

【解悟 · 故事】如果儿孙的能力胜过自己，就没必要留钱财给他们；如果儿孙不如自己，自己赚钱再多又有何用，迟早会被花光。因此，我们要教导儿孙不求索取，多讲奉献。

隋朝时期，一个叫李士谦的人把几千石粮食借给了同乡的人。刚巧这年粮食歉收，借粮的人无法偿还。李士谦就把所有借粮的人请来，摆下酒食款待他们，并当着他们的面把债券都烧了，说：“债务了结了，不用你们还了。”第二年粮食大丰收，借了粮食的人不仅都争着来还，而且还多还了许多给李士谦。李士谦无法拒绝，只好与乡友们商量说：“你们还我的粮食就当暂且存放在我家的粮仓里，你们如有需要，随时来取。”乡友们无不感激，李士谦的善举由此传遍乡里，成为一时美谈。如果人人都想索取，那么谁都无法得到自己想要的东西；如果人人都想着多奉献，并且努力去实践，那么自然会得到相应的回报。

一位商人在经营管理上遇到了难题，他便去请教一位禅师。禅师说：“后面的禅院里有一台压水机，你去给我打一桶水来！”半晌过后，商人汗流浃背地跑来说：“禅师，压水机下面是枯井，压不出水来。”禅师说：“那你就去山下给我买一桶水来吧。”商人到山下买了一桶水回来。禅师说：“现在我可以告诉你解决的办法了。”于是带着商人来到压水机旁，说：“先将半桶水倒进去。”于是，商人倒了半桶水到压水机里。禅师让他压水看看。商人试了试，可只听那井口呼呼作响，没有一滴水出来，那半桶水全让压水机吞进去了。商人恍然大悟，又拎起那剩下的半桶水全部倒进去，接着再压，果然清澈的水喷涌而出。可见，在竞争激烈的生意场上，或在儿孙后辈的事业发展上，付出是本，收获是末，只有付出才有收获，只有先舍得奉献才能得到回报。

346.【原文】会使不在家豪富，风雅不用着衣多。

【解悟 · 故事】善于理财的人会安排、会打算，不在于家里有多少财富；有品位的人穿着得体、有气质，不在于华丽的衣服多。因此，我们要精打细算、勤俭持家，反对骄奢淫逸。

老子曾与一位老翁探讨过有关寿命长短和人生意义的问题。老翁对老子说：“听

说先生博学多才，老朽愿向您讨教一个问题。”接着，老翁得意地说：“我今年已经106岁了。说实在话，我从年少到现在，一直是游手好闲轻松度日。与我同龄的人都纷纷作古，他们开垦百亩良田却没有一席之地，盖了豪华的屋宇却落身于郊外的孤坟。而我呢，虽一生不稼不穑，却还吃着五谷；虽没制作只砖片瓦，却仍然居住在可以避风挡雨的房舍中。先生，是不是我现在可以嘲笑他们忙忙碌碌劳作一生，只是给自己换来个早逝呢？”老子听了，微微一笑，吩咐一名弟子说：“找一块砖头和一块石头来。”老子将砖头和石头放在老翁面前说：“如果只能择其一，您是愿意要砖头还是愿意要石头？”老翁取过砖头放在自己面前说：“我当然选择砖头。”老子问老翁：“为什么呢？”老翁指着石头说：“这石头没棱没角，取它何用？而砖头能够砌墙盖房，大有用场。”老子又招呼围观的众人问：“大家要石头还是要砖头？”众人都纷纷说要砖头而不要石头。老子又回过头来问老翁：“是石头寿命长呢，还是砖头寿命长？”老翁说：“当然是石头的寿命长。”老子释然而笑，后说：“石头寿命长，人们却不选择它；砖头寿命短，人们却选择它，不过是有用和没用罢了。天地万物莫不如此。寿虽短，于人于天有益，天人皆择之，皆念之，短也不短；寿虽长，于人于天无用，天人皆摒弃，倏忽忘之，长也不长啊！”听罢老子的一番宏论，老翁无地自容。

一个人的风雅、高雅是由学识、心境、气度等决定的，由内向外散发出来。“腹有诗书气自华”，书籍与知识是塑造人气质的最好美容品，并且长久保鲜。

347.【原文】强中更有强中手，恶人自有恶人磨。

【解悟·故事】强者上面还有更强的人，作恶多端者自有人来对付他、惩罚他。因此，我们要谦虚低调，心存敬畏。

从前，有三个人上山采药，在傍晚时分发现了许多银子。三人商量，派一人进城打酒买肉，两人留下看守，天亮后再挖取地下的银子。见了这么多银子，他们各自私心渐起。留下的两个人暗暗商定，等打酒买肉的人回来后将他杀死，银子由他们两人分享；打酒买肉的人也暗自盘算，将毒药放入酒中，把那两个人毒死，银子就全归自己了，于是，就将毒酒带上了山。买酒的人刚到山上，就被另外两个人杀死。然后，他们俩高兴得又是喝酒，又是吃肉。正当他俩讨论如何分银子时，突然感到肚子疼痛难忍，不一会儿便中毒身亡了。

有句俗话叫作“山外有山，天外有天”。由于受到时空跨度和信息不对称的局限，一个人难以了解掌握全面充分的信息，容易导致一些人自以为是、目中无人，最后和高手一过招才知道强中更有强中手。当下流行的一句话叫作“高手在民间”。看过中央电视台《出彩中国人》节目的观众都会感到震惊，有些人具有的记忆、心算、听力等方面的天赋才能，能够达到常人难以想象的程度。其中有个5岁的小男孩，他心算多位数加减法的准确度与速度是评委们用计算器计算都难以企及的。因此，我们任何时候都不要骄傲自满，要有敬畏之心，水平的高低不是自己吹的，而要靠真才实学。

348.【原文】知事少时烦恼少，识人多处是非多。

钻木取火

【解悟·故事】知道的事情越少烦恼自然会少，认识的人越多招惹的是非也多。因此，我们要正确选择，懂得放弃，才会烦恼少、是非少。

有一天，孔子的一个小弟子在院子里扫地，远处来了个身穿绿衣的年轻人。绿衣年轻人问他：“你是孔子的弟子吗？”小弟子很骄傲地答道：“是啊。”绿衣年轻人问：“那你懂的东西也很多吗？”“应该是吧。”小弟子虽然有些纳闷，可也不想让人小看。“那我问你一个很简单的问题，你知道一年有几个季节吗？”绿衣年轻人问道。小弟子一听这个问题，又好气，又好笑，不屑地答道：“当然是春夏秋冬四季，这谁都知道。”“不对，是三个季节。”绿衣年轻人抢白道。“你才不对，是四个。”小弟子也不甘示弱。“那好，咱俩也别吵，找个人给咱们评评理，如果是三个季节，你给我磕三个响头；如果是四个季节，我给你磕三个响头。怎么样？”绿衣年轻人出了个主意。小弟子一听，满口答应：“行，一言为定。”恰巧这时孔子出来了，小弟子赶紧上前去问老师。孔子上下打量了绿衣年轻人一下，对小弟子说道：“确实是三个季节，你输了。”小弟子一脸吃惊地望着老师，心里满是疑惑，可也不敢多问，只好乖乖地给绿衣年轻人磕了三个响头。绿衣年轻人这才满意地走了。小弟子不甘心，终于问了孔子：“老师，明明是四个季节，您怎么说三个呢？”

孔子笑道：“你没看到那人一身绿衣吗，他其实是个蚂蚱变的。蚂蚱春天生，秋天就死了，他从来没见过冬天，你讲三季他会满意，你讲四季即使吵到晚上都讲不通。你吃点亏，磕三个头，无所谓。”说完，留下一脸茫然的小弟子而去。

物理学告诉人们，有接触有摩擦才能发热发光，古代人钻木取火就是运用了摩擦发热的原理。人与人之间的交往难免会有摩擦，因此我们在交朋结友时，要重视数量，更要重视质量，多交好友，远离那些搬弄是非的人。

349.【原文】世间好语书说尽，天下名山寺占多。

【解悟·故事】世界上的好话让书本都给说尽了，天下有名的山多数都让寺庙占去了。因此，我们想获取知识就要多读书，想增长见识就要遍历名山胜地。

周恩来出生于1898年，毕业于南开大学，是中华人民共和国第一任总理。小时候，校长问他为什么读书，他用洪亮的声音答道：“为中华之崛起。”他非常勤奋，喜爱读书，靠着坚定的信念，坚持不懈地努力，毅然参加了革命，领导人民走向了解放、和平。在美国政要中与周恩来接触最早并且最多的，首推蜚声世界的外交家、前国务卿基辛格。他说：“周恩来智慧超群、学识渊博、道德高尚，无论对哪个国家来说，他都是一位非常杰出的政治家。在我见过的外国领导人中，周恩来是百里挑一的人物。他和戴高乐等人都属于世界上最优秀的政治家。”周恩来在处理各种棘手的外交和国家事务上体现出来的睿智，得益于他一直保持阅读的习惯和不懈的学习。

书籍是历史的沉淀，是人类进步的阶梯。每个人都是历史的过客，在有限的人生中，想要不断提升精神境界与道德修养，就要与书籍为伴，把阅读当作一种人生习惯，终身读书，不断学习。普通人只要肯下决心，完全可通过读书改变自己的命运。“读万卷书”，是知识学问的博览；“行万里路”，是实践经验的积累。正是因为有了丰富的阅读量和人生经历，人们才学会了分析和判断，并从中找出一条最适合自己的路。只有把“读万卷书”和“行万里路”紧密结合起来，知识才能转化为力量，知识也才能变成财富。

350.【原文】**积德百年元气厚，读书三代雅人多。**

南橘北枳

【解悟 · 故事】常年累月积善行德，其家族的元气就会淳朴而浓烈；如果几代以上的人都坚持读书，家族中的文人雅士就会很多。因此，我们要广行善事，造福后人；传承书香，培育高雅。

范仲淹出身穷苦，家境贫寒。年幼时在寺庙里念书，每天喝稀粥，考试却一帆风顺。他当官后，用自己的俸禄救济贫寒亲属；办义学，请老师为清寒弟子教学，为国家培养人才；自己却过着如穷秀才的生活，死时连棺材都买不起，靠四周乡邻出钱才得以安葬。他的子孙后代都效法他，几百年来家道不衰。

你可能会在短时间内暴富，但要成为高雅的家族则需要长期甚至几代人的努力。高雅的气质、文雅的举止是从骨子里由内往外散发出来的，是需要从小熏陶培育的。植物的生长需要合适的生态，生态变了，物种也有可能发生改变，“南橘北枳”就是这个道理。人也是环境的产物，人的成长也需要合适的生态圈子。对后代的培养不应只满足他们的物质需求，还应让他们拥有高尚的人格。为了培养高雅的后代，自己也应当多读书、读好书，并且长期坚持养成习惯。

351.【原文】**上为父母，中为己身，下为儿女，做得清，方了却平生事；立上等品，为中等事，享下等福，守得定，才是个安乐窝。**

下等之福

【解悟 · 故事】为了孝顺父母，为了自己，为了儿女的前途，将事情做得公正，才是将一辈子的事情做完了；树立崇高的品格，做平常而普通的事情，享受下等人的福气，守住安定的生活，这才是安乐知足的家。因此，我们要孝敬父母、培育后代，树立理想、艰苦奋斗。

释迦牟尼大约与我国孔子同时代。他是古印度北部迦毗罗卫国的王子。据记载，释迦牟尼19岁时，有感于人世间的生、老、病、死，舍弃王族生活，入山苦修6年，睡在旷野下、树林中，穿着死人留下的衣服，每日仅吃几粒豆子、几粒芝麻维持生命。35岁时，他在菩提树下大彻大悟，遂创立佛教，并在印度北部、中部恒河流域一带传教。而我国的孔子一车两马，周游天下，宁受天下揶揄，而救世之心终不稍减，奔波之苦迄未挂怀。这种吃苦的精神，是值得我们学习的。

再看晋朝名臣陶侃，每天要搬砖头；英国名相格莱斯顿，每日午饭后要劈一个钟头的柴。难道他们是闲得慌吗？他们绝不是的。他们不过借此锻炼吃苦的精神，怕身体安逸了，将来不能做事。他们在艰苦中磨砺自己，用心良苦，都具有上上智。

人都要孝敬父母与养育子女。但在处理二者关系上，一些人并没有真正“做得清”。有的是上为儿女，下为父母，次序颠倒了；有的是对儿女百依百顺，对父母百般讨厌，良心天平倾斜了。也许有人会说自己虽是贪官，却从不亏待父母。此言差矣，只要你做了贪官，就上负父母，下亏儿女，早已不是深明大义“做得清”的人了，只会留下一辈子的悔恨。

352.【原文】一念常惺，才避得去神弓鬼矢；纤尘不染，方解得开地网天罗。

内质为本

【解悟·故事】头脑经常保持清醒，就能避开明争暗斗；洁身自好，谨言慎行，那么就算是天罗地网也无所畏惧。因此，我们要时刻保持清醒头脑，常存善心，摒弃恶念。

电影《查理和巧克力工厂》中的小男孩查理家里很穷，他家附近有一个全世界最大的巧克力工厂。一天巧克力工厂的主人威利·旺卡先生说他在5块普通的巧克力包装中分别放了5张金奖券，得到金奖券的孩子可以参观巧克力工厂，还可以有一辈子都吃不完的糖果。查理通过三次尝试，最终抽中了金奖券，成为最后一个幸运儿。参观巧克力工厂的过程是一次奇特的经历。每个参观者都感到惊叹不已和迷惑不解，他们看到了飞流直下的巧克力瀑布、川流不息的巧克力大河、郁郁葱葱的口香糖草地……这些“糖衣炮弹”让其他四个孩子都失去了理智，过度张扬自己的调皮个性，以致遇上了不可收拾的麻烦，退出了参观。可是查理却还是我行我素、不为所动，专心致志地参观巧克力工厂，让威利·旺卡先生很是喜欢，最终查理成了巧克力工厂的新主人。

要想平安度过人生，主要在于自己要时刻保持清醒头脑，保持心地洁净。有时天堂与地狱就在一念之间。在我们的生活中，有很多人都是为了自己的利益违反了规则，最终抱憾终生。如果在各种诱惑袭来时，能做到头脑清醒，让理智主导欲望，在自己已经得到或想得到一些什么的同时，能够想到将来会失去什么，就能识得破、顶得住。

353.【原文】富贵是无情之物，你看得他重，他害你越大；贫贱是耐久之交，你处得他好，他益你必多。

【解悟·故事】富贵钱财是无情之物，看得越重越受其害；贫贱考验人心，越经得起考验越受其益。因此，我们要淡泊名利，吃得苦中苦，方为人上人。

清末民初时，有一个富商，生意做得很大，财产很多，可是这人一天到晚，必须亲自打算盘管理账务。虽然请了账房先生，但总账还是自己算。富商年纪大了，每天打算盘打到深夜，便很难再入睡，很是烦恼痛苦。挨着他的高墙外面，住了一户很穷的人家。两夫妻靠卖豆腐维生，每天凌晨起来磨豆子、煮豆浆、做豆腐，有说有笑，快快乐乐。富商的太太说："老爷，我们还不如隔壁卖豆腐这两口子，他们尽管穷，却活得很快乐。"这位富商听了太太这样讲，便说："那有什么难，我明天就叫他们笑不出来。"于是他就打开抽屉拿出一锭金元宝，从墙边丢了过去。

那两夫妻正在做豆腐，又唱歌，又说笑，听到门前"扑通"一声，掌灯来看，发现地上放着一个金元宝，认为是天赐横财，悄悄地捡了回来，既不敢欢笑，也不敢唱歌了，心情为之大变。他们心里想，天上掉下黄金，这怎么办！这是上天赐给我们的，不能泄露出去给人家知道，可是又没有地方好藏，放在枕下不好睡觉，放在米缸里也不放心，直到天亮豆腐都没有磨好，金元宝也没有藏好。第二天，两夫妻决定——不再卖豆腐了，打算去买房子。可一下子发的财，容易被人家误以为是偷来的，如此商量了三天三夜，这也不好，那也不对，夜里睡觉也不安稳，当然再也听不到他俩的欢笑声和歌声了。最后，这位富商告诉他的太太说："你看！他们不说笑、不唱歌了吧！办法就是这么简单。"

富贵人人都想追求，但要取之有道。如果你把富贵看得越重，它就伤害得你越多。谁都不喜欢贫贱，但贫贱能考验人，是对一个人品德、意志、信心、能力的最好考验。那些经得起贫贱考验的人，也能立定志向，增长才干。

354.【原文】谦恭待人，忠孝传家。

【解悟 · 故事】以谦虚恭敬之心待人，用忠诚孝道传家。因此，我们待人要谦虚、恭敬，传家要忠上、孝亲。

春秋时期，孔子和他的学生们周游列国，宣传自己的政治主张。有天在路上遇见一个小孩子拦路，要孔子回答他两个问题才肯让路。孩子问：“鹅的叫声为什么大？”孔子答道：“鹅的脖子长，所以叫声大。”孩子又问：“青蛙的脖子很短，为什么叫声也很大呢？”孔子无言以对。他惭愧地对学生们说：“我不如他，我可以拜他为师！”

唐朝著名学者陆羽，是个弃婴，被智积禅师抚养长大。陆羽虽身在庙中，却不愿终日诵经念佛，而是喜欢吟读诗书。陆羽执意下山求学，遭到了禅师的反对。禅师为了给陆羽出难题，同时也是为了更好地教育他，便叫他学习冲茶。在钻研茶艺的过程中，他谦恭有礼，虚心求教。当陆羽最终将一杯热气腾腾的苦丁茶端到禅师面前时，禅师终于答应了他下山读书的要求。后来，陆羽撰写了广为流传的《茶经》，把祖国的茶艺文化发扬光大！

355.【原文】不学无术，读书便佳。

【解悟 · 故事】没有学问和本领，通过读书才会有所提高。因此，我们要把读书学习当成是提升人生价值的重要途径，并当作一种生活习惯而持之以恒。

北宋时，在澶渊之盟中大出风头的寇准做了宰相。张咏批评他说：“寇公奇才惜学术不足尔。”后来两人遇到了，寇准盛情款待他，分别时一路送他到郊外，向他请教：“何以教准？”张咏想了一想，道：“《霍光传》不可不读也。”寇准不明白他的用意，回去忙取《霍光传》来看，读到“不学无术”四字时，恍然大悟，哈哈大笑说：“此张公谓我矣。”

读书是一个民族精神发育和文化传承的基本途径，也是一个民族凝聚力和创造力的重要源泉。读书对个人、家庭、社会都非常重要。我国人均年读书量较低，与日本和西方国家相差较远。据调查统计，西方国家乘坐地铁、飞机等的乘客多数在读书，而国人则大多在用手机聊微信、打游戏。增强全民的读书意识，是在实现中华民族伟大复兴中国梦的进程中值得重视的问题。

356.【原文】男以女为室，女以男为家。

【解悟 · 故事】男子娶了女子才能组合成家室，女子嫁给了男子才有了自己的家。因此，只有夫妻同心，和睦协调，才能共建幸福的家庭。

每个人都有一个属于自己的家。家是什么？家就是集体，是男人缔造、女人装饰、儿女成长的温馨家园。家是一副重担，一份责任，更是能够白头偕老的漫漫旅程。家是我们人生的驿站，也是我们的避风港湾。无论刮风下雨，总让行人归心似箭，风雨兼程。因为，家里有牵挂的妻子，有可爱的儿女，有慈祥的双亲。我们都是家中的一员，都有责任共建一个美好的家。

中国古代进行“家教”的各种文字记录，包括散文、诗歌、格言等，通常称为“家训”，这是祖先留给我们的一大笔珍贵遗产。北齐颜之推，告诫子孙不可自恃门第，要摒弃骄逸怠惰的陋习，并写下了《颜氏家训》。这本家训在后代传诵不息，被后世尊为“家训之祖”。颜之推的苦心没有白费，颜家子孙果然争气。他的孙子颜师古是唐朝的大学问家，后又出了誉满书林的颜真卿和著名政治家颜杲卿。

在这个世界上，家是一个充满亲情的地方。它有的时候在竹篱茅舍，有的时候在高屋华堂，还有的时候是在无家可归的人群中。家不但能让你享受到人生的快乐，而且可以给你前行的勇气和力量。白天，人们可以无忧无虑地走南闯北，为事业奔波，与朋友们举杯畅饮；到了夜晚，当黑暗来临时，人们最需要的也许就是家里的灯光，因为那里有亲情，有温暖。家是每个人心中一盏永不熄灭的灯。

357.【原文】根深不怕风摇动，表正何愁日影斜。

【解悟 · 故事】树根如果扎得深，就不怕狂风暴雨的摇动；标注如果立得正，又何必怕那日影是斜的。因此，我们要想根深果丰，就得心正理准。

包拯早年丧母，是嫂嫂将他养大，包拯称她为嫂娘。包拯考中进士要到外地做知县。上任前一天中午，嫂嫂特地为他做了条红烧鲤鱼。包拯要嫂嫂和侄儿包勉同吃，嫂嫂没答应。他只好吃掉一面鱼肉，剩下的准备留给包勉吃。吃晚饭时，

嫂嫂却又将剩下的鱼给包拯吃，他就将鱼的另一面也吃了。第二天，嫂嫂问包拯昨天吃的两条鱼哪条更好吃。包拯说：“昨天我只吃了一条鱼，那条鱼很好吃。”嫂嫂一听大怒道：“我昨天明明是给你做了两条，你怎么能说只吃了一条呢？”包拯见嫂嫂发火了，连声又说：“请嫂娘息怒，我记错了！昨天是吃了两条鱼。”嫂嫂听了，知道包拯孝顺，不愿惹自己生气，但却严厉地对包拯说：“我昨天真的只给你吃了一条鱼！我说两条，你为啥不敢坚持呢？今后做官，如果只看大官的脸色就歪曲事实，不敢秉公执法，势必当的是昏官！”包拯听了嫂嫂一番话，方知昨天嫂嫂给自己吃鱼的良苦用心，忙撩衣跪下，说道：“嫂娘教诲，我铭记在心，永不忘记！”后来，包拯为官果然刚正不阿，不畏权贵，秉公执法，受到世人敬仰。

在几千年的封建社会里，中央政权以儒家思想统治天下。莘莘学子头悬梁、锥刺股，十年寒窗苦读，终有一日踏上仕途，坐在高堂之上只希望能“穷则独善其身，达则兼济天下”“先天下之忧而忧，后天下之乐而乐”。而法家则说事物都要有法可依，强调的是“法治”。其实，只要你人前人后、独处共处、内里表外都行得端坐得正，又何惧流言蜚语。此外，假如一棵树长在一个航空母舰的甲板上，根也深，枝也大，可一旦航空母舰经不起风浪翻了、沉了，树大根深又有何用？可见个人修养很重要，但制度建设更要提速。

358.【原文】能休尘境为真境，未了僧家是俗家。

【解悟·故事】能够摆脱红尘才能进入真正的境界，不能悟道的僧人和凡人没有两样。因此，我们只要了心悟性，俗即是僧，便能闲云野鹤，境随心转。

传说，济公俗名李修缘。18 岁来到杭州灵隐寺出家，法名道济。他不守戒律，好喝酒，吃狗肉。后来转到南山净慈寺当记室（文书）僧。他头戴破僧帽，身着破袈裟，手持破蒲扇，外形不僧不俗，非氓非丐，若痴若狂，好戏耍，神通广大，是“专管人间不平事”的一个受人喜爱的疯和尚。一次，济公经过西湖边，看到不少居民将螺蛳剪掉了尾巴，准备吃食。济公就向居民乞讨了这些螺蛳，放生到西湖里，这些没尾巴螺蛳都活了。从此，西湖中生长了不少没尾巴螺蛳。至今，虎跑、西溪一带的山涧中，仍生长着没尾巴螺蛳，传说就是当年济公亲手放生的“故物”。今天虎跑寺前的一条小涧，古时常常枯竭，是济公手持破蒲扇一扇，口中连连喊：“涨！涨！”涧水立时喷涌，并且从此畅流不歇，永不干涸。

每当我们静看窗外，时而春雨纷纷，时而阳光普照。偶尔睁开眼，看看浮云变幻，想想世事浮沉，于人于事，通透明达，少了世俗的眼界，增了几分慈悲的心思。万事万物终归尘土，又有何事难以放下？阴天晴天，心安即是太平，又何故执着？这时，若能端坐静室，顺手拿过一本书，正襟危坐，或吟或诵。每每这时，渐渐由红尘步入了尘外真境，身处俗家也仿佛成了超脱凡尘的菩萨。

359.【原文】成家犹如针挑土，败家好似水推沙。

【解悟 · 故事】为使家庭兴盛，就要像用针去挑土一样，一点一点积攒财富；而败掉一个家时，就像大水推动沙子一样，很快会被推走。因此，我们要珍惜家庭的幸福，杜绝各种劣行败迹。

历史上卧薪尝胆的勾践，经过“十年生聚，十年教训”的积累，顽强渡过难关，使越国强盛，一洗会稽之耻，留下一世英名。他忍辱负重，犹如凤凰涅槃浴火重生，用二十年的时间，打败强敌而成为一代霸主。其过程可谓壮烈，其精神可谓令人叹止。勾践成为霸主之后，勤政之心逐渐怠惰，而猜忌之心日渐增长。范蠡是勾践的重要谋臣，他忠心耿耿辅佐勾践成就霸业。勾践表示要与范蠡平分越国，但范蠡目光敏锐，深知“飞鸟尽、良弓藏，狡兔死、走狗烹”，勾践只宜与之共患难，不宜与之同享乐，终于离开越国，隐姓埋名。相比之下，大夫文种的遭遇就悲惨多了，竟被勾践安上“作乱”罪名，赐剑而亡。

成就人生、担当大任非常不容易，要习惯于吃苦吃亏、经受挫折。毁掉一个人，败掉一个家都是非常容易的事，有时就在一念之间。纵观一个家庭、一个企业甚至一个国家的中兴，靠的是一代又一代的艰苦奋斗和勤俭节约的精神，靠的是积少成多，集腋成裘的日积月累。有些位高权重的人，由于私心作怪，利用手中的权力寻租索贿，以为自己聪明，谁都发现不了，可谁知东窗事发，一失足成千古恨。惊梦醒来，为时已晚，不仅毁了自己，还会牵连整个家庭家族。可见，人生之路不可不慎。

360.【原文】池塘积水堪防旱，田地深耕足养家。

池塘积水

【解悟 · 故事】池塘里蓄满水可以用来防止干旱，土地深耕细作足以养家糊口。因此，我们应该未雨绸缪，勤劳持家。

古人视水为财，尚水为善。宅府大都喜欢选择靠山临水之地，寓意后边有靠山，前边有财源。池塘不仅可以养鱼养鸭，还可以防旱消灾。因此，池塘的水要积满不能干枯，水干了财源就会枯竭。由池塘积水我们可以想到，人生有备才能无患。年少时勤学苦读就是为将来干事业积累知识，存款储蓄就是为年老时的充裕生活提供保障。

从前有一个人去探望他的朋友，见朋友家炉灶设计不合理，便提出改灶搬柴的建议。朋友没有采纳。不久朋友家房子着火，人们纷纷帮助救火，朋友备酒杀牛感谢那些救火人。而那个建议改灶搬柴的人，反而受到了冷遇。由此可见，要想防止火灾、水灾、旱灾等，都要及时预防，提前预防，还要善待那些早就提出建议的人。等灾害一旦降临，一切就迟了。

人生犹如下棋，要会感知时势，预测走势，不能目光短浅，否则就会走进死胡同。有了理念梦想，还要知行合一，立即行动。田地和人一样，你对它好，它就会对你好。你粗制滥造、马马虎虎，它就还你薄收；你精耕细作、精心呵护，它就报以丰产。耕种是这样，其他的事情又何尝不是如此？书不好好读，就一知半解，到用时就方恨少；生意不精心，就会丧失机遇，赚不到厚利；管理搞表面文章，就会漏洞百出，品尝恶果。总之，无患是因为有备，养家必须勤俭。

361.【原文】讲学不尚躬行，为口头禅；立业不思种德，如眼前花。

【解悟 · 故事】如果只讲学习而不去亲身实践，那么就只是口头的修禅；要想建立功业却不思考去树立美好的品德，就像过眼的美丽花朵。因此，我们要重视实践，注重修养。

佛祖释迦牟尼有个弟子叫般特，他生性迟钝。佛祖让五百个罗汉天天轮流教他学问，可他一点也不开窍。于是佛祖把他叫到面前，逐字逐句地教他一首诗偈：“守口摄意身莫犯，如是行者得度世。”佛祖说：“你不要以为这首偈子很平常，你只要认认真真地学会这首偈子，就相当不容易了啊！”于是，般特翻来覆去地学这首偈子，终于体悟出了其中的禅理。有一次，佛祖派般特去给附近的僧尼讲经说法。那些僧尼早就对般特的愚笨有所耳闻，所以心里都很不服气，小声说：“这样愚钝的人也会讲经说法吗？”但他们表面上仍然很有礼貌地接待般特。般特惭愧而谦虚地对僧尼们说：“我生来愚钝，在佛祖身边只学到一个偈子，现在讲给大家听听。”接着，般特就念那首偈子：“守口摄意身莫犯，如是行者得度世。”他刚念完，僧尼们就开始哄笑起来，小声说：“竟然只会一首启蒙偈子，我们早就倒背如流，还用你来讲什么？”但般特不动声色，仍然从容地往下讲，从信念、体悟到实践，他说得头头是道，而且讲出了很多新意，从一首看似普通的偈子中道出了无限深邃的禅理。这时，僧尼们听得如痴如醉，连连赞叹起来：“一首启蒙偈子，居然能够理解到这么深的程度，实在是高人啊！”于是大家对他肃然起敬。

只有把圣贤教诲、人生哲理内化到生命的底蕴中去，才不算是一个抄书匠。为官从政，如果不爱护百姓，真诚地为人民服务，跟穿着有模有样的盗贼没什么区别；身为人师，如果不注重将所教学问，以身作则，真正落实在生活中，就只是华而不实，夸夸其谈。立身处世，成就一番事业，如果没有长远的眼光，这样的事业只会转眼即逝，如昙花一现。因此，我们既要仰望星空，又要脚踏实地，看准了的事就去实践，认准了的理就要去躬行。

362.【原文】一段不为的气节，是撑天立地之柱石；一点不忍的念头，是生民育物之根芽。

【解悟 · 故事】有所不为的操守是做人立业的基础；悲天悯人的爱心是人与自然和谐发展的根本。因此，我们要学会有所为，有所不为。

一个人要想成功，不仅要看他做了什么，还要看不做什么。人生每天都在做选择，选对了向成功迈进，选错了背离成功甚至彻底崩盘。名利是人们追求的对象，具有很强的吸引力和诱惑力。这就需要清醒和定力。

包公弃砚

包公弃砚的故事，成了一段历史美谈，也成了廉政建设的教材。包拯奉命调到广东瑞川任知郡事。当时，贿风盛行，一些土豪劣绅为了巴结权贵，争相以精雕细刻的贵重端砚作为行贿之物。包拯虽爱好书法，喜欢端砚，但他坚持一方不收。后来他调任离去，当地官绅百姓前来江边送行。没想到船方解缆时，突然乌云闭天，风雨大作，波涛汹涌。包拯大惊失色，以为自己在不觉中做过什么亏心之事，于是立即闭目反省。可是，他怎么也想不出自己在此为官时有何不对。这时，他命随从包兴把船舱搜索一遍，看看是不是有谁偷偷把礼物送上船来。包兴找遍每一个可以藏匿物品的地方，都未曾发现什么。最后，还是包兴不忍看主人着急，交代了他在上船时背着主人受了人家的礼。他以为这是百姓对主人感恩所送的礼物，收之无妨，说着就从包袱里取出一方用黄布包裹着的精美端砚。包拯二话没说，从包兴手上接过端砚，一扬手就把它丢进汹涌的江涛里去了。狂风巨浪随即平息。

363.【原文】早起三光，迟起三慌。

【解悟 · 故事】起床早，就会有充足的时间把该办的事情办好，大放光彩；起床晚，容易慌慌张张，把该办的事情忘记。因此，我们要遵循自然和生活规律，凡事留出提前量，避免慌乱出错。

李鸿章的文章写得特别好，曾国藩的很多公文都让他来处理。曾国藩组建湘军后，要求部队所有将士寅初就得起床，然后有仗打仗，没仗训练。李鸿章他们家从来都没这么早起的习惯。开始他还强忍着照章执行。终于有一天，因冬天天冷，且夜晚写公文太晚而不小心睡过了头，就干脆睡个回笼觉再说。突然有人敲门，来的是曾国藩的亲兵，奉命请他去一起吃早饭。原来曾国藩有个习惯，规定每天早晨和幕僚们共进早餐，催促早起。他一听曾国藩请他吃饭，便撒个谎说自己今天头痛，饭就不吃了。亲兵一走，李鸿章踏实了。可不遂人愿，他刚要睡，又有人来敲门。李鸿章有点火了，大喊一声：“还让不让人睡啊！”结果还是那个亲兵，说：“大帅说了，今日必定等齐幕僚们才吃早饭。”他一听，心里咯噔一下，看来这觉没法睡了，如果他不起床，不一起去吃早饭，曾国藩和所有的幕僚就都不吃了，都等他一人。他只得勉强去了，和大家一起默不作声地吃早饭。吃了一会后，曾国藩终于放下筷子，突然站起身来，对着还在喝稀饭的李鸿章很认真地说：“鸿章，你既然来我幕中，我就有言相告，到我这里来的人，都得守一个‘诚’字！”说完，曾国藩拂袖而去。自此以后，李鸿章痛自反省，再也不敢睡懒觉了。

早上空气清新，心情愉悦，自然有利于提高学习和工作的效率，带来一天的好心情。养成早起的习惯，对事业、对健康都十分有益。

364.【原文】顺天者存，逆天者亡。

【解悟 · 故事】顺从天道的就能生存，违背天道的则会灭亡。因此，我们说话做事都要遵循客观规律。

1937年7月7日夜，卢沟桥的日本驻军径自在中国驻军阵地附近举行所谓军事演习，并称有一名日军士兵于演习时失踪——实际上那名士兵是去上厕所并在随后不久归队——要求进入北平西南的宛平县城搜查。中国守军拒绝了这一要求。日军向卢沟桥一带开火，向城内的中国守军进攻。中国守军予以还击。卢沟桥事变掀开了日军全面侵华的序幕。日本帝国主义侵略者在中国侵占大片国土，实施“以华治华”的政策，扶植汉奸傀儡政权，残酷奴役、杀害中国人民，疯狂掠夺中国的资源和财产，严重侵犯、破坏了中国的主权，使中国的统一程度受到了严重的削弱。日本在侵华战争中制造了一系列令人发指的暴行，在占领区实行“杀光、烧光、抢光”的“三光”政策；制造南京大屠杀；用中国人进行活体解剖实验和细菌试验；制造平顶山惨案等。日军杀害中国平民数千万，并造成千万中国百姓流离失所，家破人亡。1945年8月15日，日本裕仁天皇宣布无条件投降，日本侵华战争结束。

前事不忘，后事之师。抗日战争的胜利，是近代中国人民反对外敌入侵第一次取得的完全胜利，是应该载入史册的伟大胜利。当时的日本帝国主义尽管在国力和军事上非常强大，但其发动的侵略战争违背客观规律，所以注定要失败。中国人民当时尽管非常贫弱，但自强不息、舍生取义，并且中国人民进行的是正义战争，是符合客观规律的，所以必然会胜利。

365.【原文】世路风波，炼心之境；人情冷暖，忍性之场。

【解悟 · 故事】世事沧桑，难免风浪，却是锻炼心志的地方；人际复杂，冷暖

自知，却是磨砺性格的场所。因此，我们要想成就事业，就必须经风雨见世面，温室里是长不出参天大树来的。

有个年轻人问大师："为什么有的人不能容下别人呢？"大师答："因为有的人心太小，小到只能容下自己。""那为什么有的人常常会迷失自己的心灵呢？""因为有的人心太大，欲望太大，无边的欲望让他们迷失了人生的方向。路行万里，难免遭遇风霜雨雪，但却是锻炼心志最好的地方。人情冷暖都是培育坚忍性格的最佳场所。"从此，这个年轻人处处培养容人气度，时时学习擦拭心灵，终于成就了自己的事业。

人生活在社会中，不可能总是一帆风顺，一个经不起挫折的人是难以成就大业的。社会是一个大舞台，各色人等纷纷登台表演。趋利避害是人的本性，冷暖变化是正常现象。"人走茶凉"是对当权者失去权力之后的一种感叹，我们应当以理性的心态理解"人走茶凉"。当你没有了权力之后，为什么还要奢望本来就是冲着你权势而来的人对你热情依旧呢？当退位失权之后倒是看清人生百相的好时机。

366.【原文】爽口食多终作疾，快心事过必生殃。

【解悟·故事】美味的食物吃多了容易诱发各种疾病，顺心的事情过后难免有不顺心的事甚至会有灾祸发生。因此，我们要适可而止，千万不可得意忘形。

刘某被医院诊断为大脑左侧额叶寄生虫感染。术后，医生从他脑里取出了一条名叫曼氏迭宫绦虫裂头蚴的寄生虫，长约10厘米。据介绍，裂头蚴一般寄居在蛙类和蛇类的体内，经过爆炒也不会死亡。刘某这才想到，有一段时间自己经常和朋友在外面吃青蛙火锅，可能正是因为这样才感染了这种寄生虫。经过医生的治疗，虽然寄生虫取出来了，但患下了症状性癫痫，经常没有任何征兆就突然倒地抽搐，根本无法正常生活。

碰到好吃爽口的东西，多数人难以控制食欲。因此，现代人普遍营养过剩，易患高血压、高血脂、高血糖。要治好馋嘴，就需要控制力和意志力，用理性战胜食欲。西方学者有一项研究表明，通过对 10 多个社会阶层 30 年的跟踪调查，30 年来这些阶层变化不是很大，尤其是处在较低阶层的人们仍然肥胖严重。究其原因是这群人的控制力较弱。控制力较弱是成功的绊脚石。这项研究结果值得我们深思。为了自己身体健康，一定要控制好食欲。

人生少不了酸甜苦辣，喜怒哀乐，不要奢望只有快乐而没有苦恼，只有幸福而没有灾祸。一定要有心理准备，要居安思危。当遇到坎坷泥泞、灾难困苦时不要觉得太意外。有心理准备的人面对挫折与灾祸时会多一份淡定与从容，这正是人不可缺少的素养。

367.【原文】汤武以谔谔而昌，桀纣以唯唯而亡。

集思广益

【解悟 · 故事】商汤、周武王能听进正谏忠言，使得国家繁荣昌盛；夏桀和商纣王喜欢阿谀奉迎的话，导致身死国灭。因此，我们要多听不同意见，广开言路。

桀是夏朝第 16 代君主姒发之子，是历史上著名的暴君。姒发在位时，各方诸侯已经不来朝贺夏朝了。夏王室内政不修，外患不断，阶级矛盾日趋尖锐，夏朝进一步衰落。至桀时，延续了 400 多年的夏朝，更是德政衰败，民不聊生。但桀不思改革，骄奢自恣，荒淫无度，暴虐无道。他“筑倾宫、饰瑶台、作琼室、立玉门”，还从各地搜寻美女，藏于后宫，日夜与妹喜及宫女饮酒作乐。据说酒池修造得很大，可以航船，醉而溺死的事情时常发生。这荒唐无稽之事，常使妹喜欢笑不已。当时，民众的生活十分困苦，他们每年的收成难得温饱，更无兼年之食，每遇天灾则民不聊生，妻离子散。同时，四方的诸侯也多背叛，夏王朝面临内外交困的局面。桀在位 52 年，国亡后，被放逐而饿死。长达 400 多年的夏王朝终于结束在他的手里。

李世民之所以能够开创贞观盛世，在很大程度上是他能够广开言路，从善如流。他能够容忍当面顶撞的魏徵，并且把他当成自己的一面镜子。梁武帝喜好歌功颂德，重用溜须拍马、阿谀奉承之流。中书通事舍人朱异凡事都看梁武帝脸色办理，甚至明知不对，也不劝谏，只要是梁武帝高兴的、决定了的事，即使是错误的，他也百分之百地执行。虽然梁武帝的虚荣心得到了满足，却给国家招来了侯景之乱。一个单位也一样，主要领导要善于汲取历史教训，向商汤王、周武王、唐太宗等明君学习，放低身段、广开言路、从善如流，才是单位之幸，职工之幸，更是自己之幸。

368.【原文】量窄气大，发短心长。

【解悟 · 故事】肚量越小的人越爱生气，而头发越短的人则其智谋越深长。因此，我们做人要宽容大度，虚心求教。

拿破仑是法国伟大的军事家、政治家，法兰西第一帝国的缔造者。某一天，美国发明家富尔顿来到了金碧辉煌的凡尔赛宫。他刚发明了蒸汽机铁甲战船，正兴致勃勃地向拿破仑建议，用它取代当时法国的木制舰船。毫无疑问，蒸汽机铁甲战船比木制战船要先进得多，威力也要大得多。眼看拿破仑就要被富尔顿说动，准备采纳富尔顿的建议时，拿破仑脸色骤变，两眼放射出难以抑制的怒火，眼睛直逼向富尔顿。合作告吹了，而富尔顿也许永远不会知道，他失败的原因完全在于他顺口恭维了拿破仑一句："伟大的陛下，您将成为世界上真正最高大的人！"在这里，富尔顿想表达的是"高贵、崇高"的意思，但他一不留神把法语的"高贵、崇高"一词说成了"高大"，恰恰富尔顿自己身材高大。这一下正好击中了拿破仑最自卑、最害怕被别人嘲笑的短处——个子很矮。拿破仑又自卑又嫉恨，他对富尔顿咆哮道："滚吧！先生！我虽不认为你是个骗子，但认为你是个十足的蠢货！"这之后，富尔顿的发明专利被英国购买，自此英国凭借强大的海军，确立了世界海上霸主的地位，法国却远远落在了后面。拿破仑仅仅因为容忍不了别人无意间使用的"高大"一词，就拒绝了一项伟大的发明，也失去了一个称霸世界的绝好机会。他的狭窄心胸，让他失去了一个时代。

369.【原文】善必寿考，恶必早亡。

【解悟 · 故事】行善的人必然长寿，作恶的人必定早死。因此，我们要乐善好施，疾恶如仇。

美国一些研究者在进行"社会关系如何影响人的死亡率"的研究后得出一个结论：人的善恶观念会影响其寿命的长短，品性善良的人平均要比品性恶劣的人长寿。研究者在加州阿拉米达县随机抽取了7000位居民，并对他们进行了为期9

年的跟踪调查。研究发现，乐于助人者易与他人融洽相处，预期寿命显著延长，男性尤其如此；相反，心怀恶意、损人利己的人，死亡率比乐于助人者高1.5倍。并且，该结论不受种族差别、收入高低、体育锻炼及生活作风等因素的影响。研究人员分析指出了其中的原因：从心理角度来看，人们通过乐于助人可以获得内心的温暖，从而缓解其在日常生活中常有的焦虑，长期如此有益于人的身心健康。反之，一个心脏病常常发作又对他人心怀敌意的人，其心脏冠状动脉堵塞的可能性增大；处处视他人为敌的人，自己容易愤怒，导致血压升高；贪污受贿者和盗窃者，因心虚，容易失眠、烦躁，精神压力很大。

一个人的寿命长短虽不完全取决于人的善恶，但在同等体质下，善良的人长寿，作恶的人很难长寿。长寿老人的饮食、起居、学历、性别等各有不同，但也有共同之处，那就是心胸开阔、乐善好施。有研究表明，一个人纯粹的生理疾病是比较少的，人的疾病大多数是由心理因素即情绪引起。压力、紧张、恐惧等是产生疾病的重要原因。善良的人习惯做好事，经常拥有一份好心情，会收获一份用金钱难以买到的愉悦，因此善良人长寿在情理之中。

370.【原文】与治同道罔不兴，与乱同事罔不亡。

【解悟·故事】与善治者谋相同的道，没有不兴盛的；与兴乱者共事，没有不灭亡的。因此，我们要慎重择友，谨慎处事。

介子推是春秋时期晋国名臣，因“割股奉君”，隐居“不言禄”的壮举，深得世人敬重。春秋时期，晋国发生内乱。晋公子重耳出逃，先遭父亲晋献公追杀，后遭兄弟晋惠公追杀。重耳经常食不果腹、衣不蔽体。为让重耳活命，介子推躲到山沟里，把腿上的肉割了一块，与采摘来的野菜一起煮成汤给重耳吃。19年后，重耳由逃亡者变成了晋文公。介子推认为，晋文公返国，实为天意，自己忠君的行为发乎自然，没必要得到奖赏，以接受奖赏为耻辱，并认为狐偃等“以为己力”，无异于“窃人之财”的盗贼，故“难于处矣”。介子推因此与老母隐居绵山。晋文公认为自己忘恩负义，赶紧派人召他受封，才知道他已隐入绵山。可绵山蜿蜒数十里，重峦叠嶂，无法寻觅。晋文公找人心切，听信小人之言，叫人在山前、山后放火，周围绵延数里，火势三日才熄，介子推终究没有出来。后在一棵枯柳树下发现了介子推及其母亲的尸骨。晋文公悲痛万分，将一段烧焦的柳木带回宫中做了一双木屐，每天望着它叹道："悲哉足下！"后来，晋文公将介子推被烧死的那天定为寒食节，当日禁火寒食，以此缅怀。

同习惯于欺软怕硬、媚上凌下的人交朋友，同习惯于低声下气、奴颜婢膝的人交朋友，同习惯于夸夸其谈、言多不实的人交朋友，都是百害而无一益的。因此，要慎重交友，善交好友，宁缺毋滥。交友是这样，做事也是一样。带领一个团队，管理一个企业，需要有制度和法规，做到有章可循，有法可依，违章必究，违法严惩，如此才能赏罚分明、管理有序。如果一个团队、一个企业没有制度和法规，或者违反了制度和法规也得不到惩处，那就会乱套。德治和法治要相得益彰，不可偏废。

371.【原文】富贵定要依本分，贫穷不必枉思量。

【解悟 · 故事】富贵了要安守本分，贫穷时不要枉费心机。因此，我们不应富贵而骄，以免自取灾祸；也不应有非分之想，安贫乐道方能安度人生。

"山不在高，有仙则名；水不在深，有龙则灵。斯是陋室，唯吾德馨……"刘禹锡的这篇充满哲理、让人读后为之拍手叫绝的《陋室铭》，被人们赞誉为古今绝唱之作。但在这篇文章背后，却有着一段辛酸而有趣的故事。

刘禹锡博学多才，是唐代的大诗人、哲学家，还精通医术。他的诗词豪迈旷远，世人称他为"诗豪"。刘禹锡 18 岁考取进士，后不断擢升，历任监察御史、检校礼部尚书等职。刘禹锡为人正直，在朝内反对宦官的腐败和藩镇的割据势力。后因参与王叔文的"永贞革新"，被一贬再贬，逐出洛阳长达 20 余年。后来被降职为安徽和州县刺史。按朝廷规定，刘禹锡的住房应在县衙内，但是和州县太爷是个"势力眼"，把他安排到城南临江的三间民房居住。对此，刘禹锡毫不在意，搬了进去。他环视住地有一种新鲜感，便提笔写了一副"面对大江观白帆，身在和州思争辩"的对联，信手贴在寝门上。知县看了对联，认为他因革新降职，被贬到和州县还不服气，一心想着争辩。为了教训他，又把刘禹锡的住所迁到较远的德胜河边，并把住房面积减半。

刘禹锡搬到新居，看到那里依山傍水，岸柳婆娑，杂花争艳，芳菲宜人，怡然自乐。于是，他又撰写了一副对联："杨柳青青江水平，人在历阳心在京。"知县看了又恼火又害怕，恼他仍执迷不悟，怕他惹出麻烦牵连自己，又下令将他的住所搬到城中一间只能放一床、一桌、一椅的破旧小屋，让他没办法接待鸿儒们来此聚会。果然因室内无立足之地，门前逐渐寂寥。但逆境却使诗人的灵魂更加高洁。这时他写成了《陋室铭》，并请人碑刻后竖于门外。此精妙短文构思巧妙，寓意深刻又发人深思。铭文也充分显示出作者的博大胸怀、高尚情操及安贫乐道的生活态度。

372.【原文】福不可邀，养喜神以为招福之本；祸不可避，去杀机以为远祸之方。

【解悟·故事】幸福不可强求，只有提高自己的涵养，经常保持愉快的心情，才是获得幸福的根本；有些灾祸无法逃避，只有除去了心里怨恨的情绪，才是远离灾祸的良策。因此，我们要通过自我调节去招揽幸福，用仁慈善良去远离灾祸。

小花猫问猫妈妈："幸福在哪里？"猫妈妈说："幸福就在尾巴上。"小花猫疑惑不已，便开始追起自己的尾巴，却怎么也追不上。猫妈妈说："不用追，只要踏踏实实往前走，幸福就会永远跟着你。"幸福是每个人努力追求的对象。拥有正确的世界观、人生观、价值观，淡泊名利、宽容大度、乐于奉献的人更容易获得满足感，更容易战胜挫折、化解忧愁。

笑比哭好——有位医生在他行医过程中发现了一个很有趣的现象：大部分来看病的人都过于关心自己的病，结果越关心越愁眉苦脸。而他则认为人要想把病养好，自己要从心里认定自己的身体能好，病能被治好，形成一种心理暗示，这在某种程度上有"安慰剂效应"。对中医来说，心法、手法是一体的，也就是应把积极正向的心理能量纳入整个医治过程当中。病人心里有正向的能量，再加上好的治疗方法，那就好上加好。

祸是躲不过的，但是去掉心中的杀机，祸就会离你远一点。我们要保持对可能性的关注。如果满眼都是不可能性，那满眼都是陷阱，就看不到希望了。

373.【原文】贪他一斗米，失却半年粮；争他一脚豚，反失一肘羊。

【解悟 · 故事】贪图他人一斗米，却损失了自己半年的粮食；争抢别人一只猪蹄，却失去了自己的一只羊肘。因此，我们不要因小失大，贪小便宜会吃大亏。

有个温文尔雅且还颇有绅士风度的先生，他推了辆自行车，车筐里满是刚刚采购回来的米面蔬菜，车把上还挂着个大西瓜。当看到路边卖桃小贩售卖的新鲜诱人的水蜜桃时，他便匆匆忙忙地把自行车停在一旁，向卖桃小贩询问价钱。卖桃小贩说：“这可是刚从果园里摘回来的，一筐二十斤，六毛钱的本儿，你就好歹加一块钱，十三块钱给你吧。”先生说：“拉倒吧你！甭蒙人了！你那堆挑出来的软桃怎么能卖六毛？就给你十二块，一分钱也不给你加。”突然，一阵大风刮来，绅士先生的自行车迎风而倒，只听得“咣当！”一声米面蔬菜散落一地，尤为可惜的还是那个大西瓜，瞬间成了一堆西瓜泥。绅士先生不住地埋怨：“看看！为了你这一块钱，损失我一个大西瓜！”

许多骗子正是利用一些人爱占小便宜的心理，设下陷阱引诱他人上当受骗。如：以高额回报为诱饵引诱投资者投资，结果投资者血本无归；以“灵丹妙药”为诱饵使一些老年人倾其所有，结果上当受骗。要想不上当受骗，就要调整好心态。天上不会掉馅饼，面对诱惑时，要多几分思考，多几分理性。即使是“到手的便宜”，如捡到别人的钱包，也要弘扬“拾金不昧”的传统美德，想方设法还给失主。我们需要的就是“夜不闭户，路不拾遗”的理想社会，而构建理想社会则需要大家共同努力。

374.【原文】不贪为宝，两不相伤。

【解悟 · 故事】把不贪婪作为自己的财宝，财宝和视“不贪”为财宝的人都维持原状，人们就不会相互伤害。因此，视拥有的美德为宝，自身就是无价的。

战国时期，宋国有人拾得一块宝玉，于是把它献给掌管工程的官员子罕。献玉人说：“我给雕玉的工匠看过，他们认为这是稀世的宝玉，我才敢拿来献给您。”子罕说：“我以不贪的品格为珍宝，而你认为那块玉是珍宝。假如你把玉石给了我，我俩不都失掉了自己的珍宝吗？所以还是让我们各自保存各自的珍宝吧。”那人听后跪下磕头，说：“我是个小小老百姓，藏着这么贵重的宝物，实在不安全。

献给您也是为了自家的平安啊！”于是，子罕在本城给他找个地方住下，并介绍加工买卖玉石的商行帮他把玉磨好，卖了个好价钱，然后让他带着钱回家了。这个故事不仅让我们看到了一位坚持操守、廉洁刚正的清官形象，而且也让我们更加明白了“临财莫如廉”的古训。

我们要算好人生“四笔账”。一是登高望远，算好“政治账”，做到“不敢贪”。每一个领导者都是经过家庭、组织和社会辛勤培养的，当然也离不开个人的艰苦奋斗，成才后要懂得对成果倍加珍惜，如果因为贪腐把自己“撂”倒了，不仅对不起组织的培养和信任，也葬送了自己的前程。二是知足常乐，算好“经济账”，明白“不必贪”。一旦把别人的钱装进自己的口袋，东窗事发，不仅非法所得要没收，甚至落得倾家荡产、锒铛入狱的下场。三是珍惜幸福，算好“亲情账”，懂得“不能贪”。贪官们直到末日来临时，才对自己的所作所为痛心疾首，但为时已晚——幸福的家庭没有了，真挚的亲情没有了，甚至连宝贵的生命也将没有了。四是洁身自爱，算好“名誉账”，做到“不想贪”。能在史书中留下名字的一是清官，二是贪官。古往今来，只有像包拯、海瑞、于成龙这样的清官才能留下美名，千古传颂，其子孙后代也能以其清廉为荣。

375.【原文】画水无风偏作浪，绣花虽好不闻香。

【解悟·故事】画出来的水虽然没有真正的风吹，但是却泛起浪花；布上绣出的花朵虽然美丽，但是闻不到半点花香。因此，我们做人做事要真诚实在，切忌华而不实。

一个局长秘书受局长委托去参加市里的重要会议。由于某些事情耽搁了，他没能去参加，但怕局长召见时露馅，就根据自己以前的会议笔记，如法炮制了A、B、C、D四条会议纪要，并呈于局长过目。当市里检查落实会议精神的电话打来，局长用秘书的会议纪要，对A、B、C、D四条重要精神向上级汇报，并且得到了市里领导的表扬。这个让人啼笑皆非的故事，发人深省，秘书胡乱编造的会议记录，竟然和市里的重要会议精神“苟同”？反映的是会议多、形式主义的弊端。

无论是客户，还是公众，他们都是站在自我利益满足的基础上，对特定事物进行评价。空洞好听的口号，不能给人带来真实的利益满足，也就只能是“画水无风偏作浪”。相反，如果你能够为客户和公众带来利益满足，哪怕你不会说漂亮话，也能够得到客户和公众的认同。“狗不理”，好听吗？不好听，并且其内涵还有污辱人的内容。狗不理这个饮食品牌，没有一个好的名称，但却在人们心中留下了美好的记忆。它平实的香味和充实的馅，让人难以忘怀。这也就是强调要诚实地做人，负责地做事，不来虚的，只来实的。虚的东西也就是绣花，“绣花虽好不闻香”，它无法给他人带来利益上的满足。一个品牌如果没有能让人记住的东西，也就不可能成为有价值的品牌。

376.【原文】贫无达士将金赠，病有高人说药方。

【解悟 · 故事】贫穷只能靠自己来改变，没有人会给你金银救济你的困难；但如果你患病了，无论你贫贱或富贵，给你治病、说良方的好心人却大有人在。因此，我们要勤奋努力创造财富，要常怀助人为乐之心。

李时珍自幼喜欢医学，并钻研医学，长大后成为中国伟大的医学家。当时，嘉靖皇帝迷信仙道，祈求长生不老。一些方士看准了皇帝的心意，便大炼不死仙丹，取悦皇帝，因而在全国掀起了一股炼丹热潮，有不少人服用仙丹后中毒死亡。李时珍知道仙丹多用水银、铅、丹砂、硫磺、锡等炼取，含有毒素，于是大声疾呼：“丹药能长寿的说法，绝不可信！”他列举服食丹药后死亡的例子，但有方士反驳说：“古药书上说，水银无毒，服食可以成仙，是一种长生药。”李时珍说：“前人遗留下来的知识可以参考，但一定要经过分析研究。我们不能尽信书上所说的。古书上也说过，‘食黄金能成神仙’，但有谁见过有人成了神仙呢？秦始皇、汉武帝都是吃仙丹以求长生，结果还不是死了吗？所谓仙丹的成分，大多是有毒的物质，吃了不但不能长寿，反而会令人中毒而死！”李时珍虽然坚决反对服食仙丹，却以科学的态度对待炼丹法。他亲自研制用水银来医治疥疮等疾病，又利用炼金术烧制外用药物。他还把研究的数据记载在《本草纲目》里，对后世影响深远。

有句古话说：“救急不救穷。”遇到像地震、火灾、洪涝等突发灾难，全国人民都会施予援手，帮助灾民渡过难关，重建家园。帮助别人就是帮助自己，对于病人，人们都怀有同情之心，都会尽己之力施以帮助。俗话说“救人一命，胜造七级浮屠”，利人利己，何乐而不为？

377.【原文】三生有幸，一饭不忘。

【解悟 · 故事】人的一生中，得到意外的帮助很幸运，即使只是别人送的一顿饭，也不要忘记。因此，我们要常怀感恩之心。

西汉的开国功臣韩信小时候家里很穷，没有生活来源，总是去别人家蹭饭吃，所以受尽了别人的冷眼与嘲笑。他实在受不了，就自己钓鱼换饭吃，却经常吃不饱。有个老妇人靠为别人洗衣赚钱，见韩信可怜，就把自己的饭菜分给他吃，天天都是这样，从未间断过。韩信感激地说：“以后我一定要好好报答您。”老妇人听后生气地训斥他：“我是可怜你才给你饭吃，难道还稀罕你的报答吗？”可韩信从未忘记老妇人的恩情。他用功读书，勤奋练武，最后封了淮阴侯。他千方百计地找到老妇人，送给了她千两黄金作为报答。这也告诉我们，别人对自己的帮助，不管多么微小，也要时刻牢记在心。有能力时，要尽力报答别人的帮助。

明朝金溪人胡九韶，家境很贫困，一边教书，一边努力耕作，也仅仅可以衣食温饱。每天黄昏时，胡九韶都要到门口焚香，向天拜九拜，感谢上天赐给他一天的清福。妻子笑他说：“我们一天三餐都是菜粥，怎么谈得上是清福？”胡九韶说：“我第一庆幸生在太平盛世，没有战争兵祸；第二庆幸全家人都有饭吃、有衣穿，不至于挨饿受冻；第三庆幸家里床上没有病人，监狱中没有囚犯。这不是清福是什么？”

我们能够来到这个世界，能够生存下来，就是一个幸运的人。要感谢父母给予我们生命，感谢大自然赐予我们食物，感谢爱人予以关爱，感谢师长、朋友、同事给予我们的帮助。一个人要有感恩之心，滴水之恩当涌泉相报。

378.【原文】见善如不及，见恶如探汤。

【解悟 · 故事】见到好人好事就感觉有差距，想要学习，唯恐自己赶不上；看到坏人坏事，就像手快碰到沸水一样，赶紧避开而不敢触碰。因此，我们要见善思齐，

洁身自好。

陈师道是北宋官员、诗人，他是苏门六君子之一，江西诗派的重要作家。陈师道的文学成就主要在诗歌创作上。他说：“于诗初无诗法。”后见黄庭坚诗，爱不释手，就烧掉了自己的书稿，虚心去向黄庭坚学习。他在一段时期内学习过黄庭坚的诗风，其后就发现黄庭坚“过于出奇，不如杜之遇物而奇也”，因而转向致力于学杜诗。对于他学杜甫所达到的境界，黄庭坚也表示钦佩。陈师道见贤思齐的精神是值得赞誉的。

东汉名士陈蕃，因犯颜直谏得罪了权贵，被贬到豫章任太守。豫章名士徐孺子有“南州高士”之誉，朝廷屡次欲起用他，都被他推辞了。徐孺子认为东汉王朝已经病入膏肓，无药可救。陈蕃对徐孺子非常敬重，一到豫章，连官衙都没进，就率领僚属直奔徐孺子家拜访。陈蕃诚心聘请徐孺子出山辅政，但徐孺子还是坚辞不就。但出于对陈蕃的敬重，徐孺子答应经常造访太守府。陈蕃也出于对徐孺子的敬重，专门为徐孺子做了一张榻，平时挂在墙上。徐孺子来访的时候，就把榻放下来，两个人惺惺相惜，秉烛夜谈。唐朝著名诗人王勃在《滕王阁序》中还引用了这个“徐孺下陈蕃之榻”的典故，饱含有“见善如不及”的意蕴。

379.【原文】隐逸林中无荣辱，道义路上泯炎凉。

【解悟·故事】一个退隐林泉之中与世隔绝的人，忘却了红尘世俗中的一切是非而不存荣辱之别；一个讲求仁义道德而心存济世救民之怀的人，对于世俗的贫贱富贵、人情世故都看得很淡而无厚此薄彼之分。因此，我们要履行职责，坚守底线。

孔子结束了周游列国的岁月，回到鲁国，鲁哀公赶紧就修身的问题请教孔子：“寡人生于深宫之中，长于妇人之手，从小就生活在蜜罐中，不知哀，不知忧，不知劳，不知惧，不知危，该怎么办？”孔子跟他说：“您到祖庙祭拜，祖先生前所使用的器物尚在，而他们人已经不在了，这样不就可以‘思哀’了吗？您上朝听政，一件事情没处理好，祸乱就有了开端，如此用心，就是‘思忧’；您上朝听政，大臣们总是在庭下听从您的调遣，您由此即可‘思劳’；您若走出鲁国国都城门，到郊外看看，您会看到从前亡国朝代的废墟，这就是‘思惧’呀；国君是船，百姓是水，想到‘水能载舟亦能覆舟’，这便是‘思危’。”

后来，鲁哀公再次问政：“什么人可以称为贤人？”孔子答道：“所谓贤人，即其品德合乎法度，行为合乎规定，其言论足以被天下人奉为道德准则而不伤及自身，其道德足以教化百姓而不至于招致祸患。虽然富有，而天下人无怨；施恩天下，从而使民众没有什么疾病和贫困。如果这样，就可以称之为贤人了。”可见，贤人是有足够智慧和力量，并以天下为己任的人。人要有足够的智慧和力量才强大，要以天下为己任才无荣无辱，无炎无凉。

有些人尤其是高人由于厌烦尘世，不愿与世俗同流合污，主动退出官场，隐逸山泉，享受闲云野鹤的悠闲生活。他们具有道家的出世和儒家的入世思想，摆脱了世俗是非观念。世俗之人眼中的荣誉与耻辱，在他们眼中不过是水中月、镜中花。

380.【原文】秋至满山皆秀色，春来无处不花香。

【解悟·故事】秋天到了，满山都是美景；春天来了，到处弥漫着花香。因此，面对世界，我们要有一种达观的心态。

在一个寒冷的冬天，因为家庭的变故，有个瘦弱的小男孩被迫到各个小店铺里去做勤杂工。他没日没夜地干活，希望能够攒足钱，好把因还不清巨额债务而被关在监狱里的父亲保释出来。可到了债务偿还期限的最后一天，男孩一家人仍然没有能够把钱凑齐，他的父亲就被法院判为终身监禁了。父亲看着铁护栏外泪流满面的儿子，却神情自若地对他笑了笑，脸上写满了慈爱与希冀，说了一句使他一辈子难忘的话：“孩子，别哭！太阳将永远照在我身上！”这个孩子就是日后写出了《双城记》《远大前程》等世界名著的英国作家狄更斯。多年以后，他仍然深有感触地说：“当时我有一种强烈的愿望，那就是一定要成为一个学识渊博和与众不同的人。这个想法在我的心里翻腾，使我的心都要撑炸了……”多么伟大的父亲！为了不让孩子幼小的心灵被这飞来横祸所击垮，便以阳光般明朗、达观的姿态，为儿子增添了一种坚定的信念与无畏的勇气。

当人们放下世间名利的累赘，放眼自然，处处有着迷人的色彩：第一丝清风拂过，是细腻的春季，万木吐翠；第一缕阳光洒下，是清爽的夏季，鱼跃荷开；

第一片金黄铺开，是丰收的秋季，五谷丰登；第一片雪花飘下，是温馨的冬季，银装素裹。不管生活是酸，是甜，是苦，是咸，只要有平和的心态去欣赏大自然，我们的生活便充满了情趣，充满了温馨甜蜜。

381.【原文】恶忌阴，善忌阳。

庆父尚在

【解悟 · 故事】一个人做了坏事最忌讳的是为了不被人发现而去掩盖它，而做了好事最忌讳的则是自己宣扬出去。因此，我们要身在明处做明事，知错必改，谦虚低调，见善思齐。

公元前662年，鲁庄公死去。在鲁庄公同母之弟季友的支持下，鲁庄公的儿子斑当了国君。庄公的异母之弟庆父，是个贪婪残暴、权欲熏心的人，企图自己成为国君。斑即位不到两个月，便被他派人杀死。庆父派人杀死斑后，另立启当国君，即鲁闵公。庆父制造内乱，激起了鲁国百姓极大的愤慨，但他依旧我行我素。齐桓公便派大夫仲孙湫到鲁国去了解情况。不久，仲孙湫把了解到的情况向齐桓公禀告，并下结论说："如果不除去庆父，鲁国的灾难是不会终止的！"事实果然如此。过了一年，庆父又杀死了鲁闵公，这次他想立自己为国君。两年之内，鲁国两个国君被杀，鲁国的局势陷入了严重的混乱之中，百姓们对庆父恨之入骨。庆父见在鲁国实在无法再待下去了，便逃往莒国。鲁釐公继位后，知道庆父这个人如果继续存在，对鲁国是个严重的威胁，便请求莒国把庆父送回鲁国。庆父请公子鱼替他求情，公子鱼却哭着回来了，庆父听到哭声后说："这是奚斯（公子鱼）的哭声啊！"庆父自知罪孽深重，回到鲁国没有好下场，便在途中自杀了。

一般来讲，在明处做坏事，人们可以看见，或许还可以设法预防或弥补；而在暗处做坏事，让人防不胜防，危害更大。但一个人无论从哪个方面来讲都不应做坏事，而应该抱着为善不求名的态度，做了善事好事，不去宣扬，更不能夸大。做好事不是为了宣扬吹捧，有些人被宣扬是为了推广这种精神，自己去宣扬则改变了做好事的初衷。尽管所做好事在客观上有益，但在主观上过分宣扬则表明动机不纯；从做人角度看，等于伤害了受惠者的自尊心，反而表现出一种沽名钓誉的卑鄙心理。

382.【原文】穷灶门，富水缸。

【解悟 · 故事】灶前要打扫干净，水缸要盛满水。因此，我们要增强安全意识，落实防范措施，免生祸端。

常言道，水火无情。水灾是可以预防和控制的，而火灾就不同了，它常常起于无形，一点点火星便可能造成不可挽回的损失。从前农村家里烧饭、做菜、烧开水都以柴火为燃料，灶前堆放易燃的柴火存在安全隐患，因此，做完饭后，要把灶前整理干净。厨房的水缸要盛满水，除日常使用之外，还有消防功能。一旦出现火灾，就可迅速取水灭火，防止火势蔓延。

有一年清明节，一个上坟者不慎将坟边的枯草点着。开始他以为火苗小，便没及时扑灭，哪知一阵山风吹来，那小小的火苗便成了燎原之势，突然间，火势蔓延。看着凶猛的火势，再看看不远处绵延的松林，令人不禁冷汗直冒。人们飞速跑去灭火。可这时，火在风的"助威"下，已蔓延整个山野，而山上又没有水，人们只好用树枝和衣服去扑打。但即使奋不顾身，也难挡凶猛的火势。正当人们几近绝望之时，一道山涧溪流挡住了大火的去路，火势无法继续向前。人们取山涧水继续灭火，最后火势终于得到了控制。我们一定要牢记：安全重于泰山，生命高于一切。

383.【原文】家贼难防，偷断屋粮。

【解悟 · 故事】家里的内贼最难防范，弄得不好可能会断掉家里的口粮。因此，我们要健全制度，防范内盗。

曹操出生在乱世。他三十岁时起兵镇压黄巾军，一呼百应，没多长时间，竟有数万人马。可军用的钱粮从哪来？据传，曹父是个大官，搜刮了不少财宝。怕失盗，于是将其换成金子打造成二十块金砖，盖房时，放到房梁下面，并涂成青石砖颜色。一次，曹父病危，他认为自己将不久于人世，便将金砖之事告诉了曹操。然而出乎意料的是，曹父竟然活下来了。曹操想干一番事业，便带着自己组建的一支队伍去闯荡，几万人马吃、穿、住都要钱。

他找父亲要不到，就只得瞒着父亲用普通砖块换掉了金砖。曹父知道后，进入库房，拿来梯子，爬到梁头，谁知用锤子一敲金砖，房梁竟断成两节。曹父良久无语，最后只说了一句："家贼难防，偷断屋梁。"

某县邮政局一个投递员利用加班分拣报纸之机，偷取投递室主任抽屉的钥匙，打开放有邮包的铁柜，用剪刀将邮包缝隙处的透明胶带划破，盗走邮包内的手机后，又用透明胶带将邮包粘回原样。这个投递员在半年时间内用同样手段作案二十多次，偷得手机二十多部，之后以较低价格卖给其亲朋好友。东窗事发后，该投递员被送进了高墙。

384.【原文】坐吃如山崩，游嬉则业荒。

【解悟·故事】不去打拼创业而只留在家里消费，家里的老本就会被吃空；只知游玩嬉戏，会使学业荒废、家业凋敝。因此，我们要在努力创造财富的前提下合理消费，要勤奋努力地对待学习和工作。

人们对"啃老族"并不陌生。有一对老夫妻生有三个儿子，老大五十岁，老二四十五岁，老三也有三十五岁，均早已自立门户。老大生有一子正读大二；老二生有一女正在念高三；老三结婚晚，儿子正在上幼儿园，由奶奶接送，包吃包住。常言道："儿孙满堂，多子多福。"可这对老夫妻已经七十来岁了，三个儿子都还没"断奶"。十年前，老大、老二所在的工厂破产被兼并，厂里鼓励自谋职业，二人"下岗"后摆过摊，也给别人打过零工，混到现在，连个正经工作都没找到，每年的养老保险金都是父母帮忙缴纳。仨兄弟当中，只有老三还算有个稳定的收入来源。老三在超市工作，每月能赚一千二百元。他媳妇给别人卖服装，每月能赚一千元。生活也不富裕。老夫妻不是大款，每月的退休金加在一起，只有三千多元，其实，这些钱老夫妻二人来说已经足够了，但儿子有困难，又不能不管。不知从何时开始，老夫妻给仨儿子立了一个规矩：变平时零打碎敲的接济为一次性"发工资"。老夫妻每月十五日发退休金，也是给三个儿子"发工资"的固定日。自从退休后就没有看到这对老夫妻脸上有过笑容，逢人就唉声叹气，不是挂念儿子，就是念叨孙子，从来没让他们省过心。

学子的成功往往需要十年寒窗苦读，大国工匠的练就需要付出几十年甚至一生的努力。如果一曝十寒、三天打鱼两天晒网、迷恋于声色犬马，必定家业难继。

385.【原文】居身务期质朴，训子要有义方。

【解悟 · 故事】修身一定要求质朴，教育子女要让他们守规矩、讲道义。因此，我们修养身心时要朴拙无华，教育子女时要注重品德。

孔子，本名孔丘。他的父亲叔梁纥，是鲁国的武士，虽有九女而无子，六十多岁时娶了不满二十岁的女子颜徵在，生了孔丘。孔丘约三岁时，叔梁纥病故。颜徵在带着孔丘，生活相当贫苦。颜徵在的父亲是饱学之士，在那个时代，能够让女儿识字识礼，可见其开明。父亲的直接传授，使颜徵在不仅积累了丰厚的学识，而且在教育和礼仪方面也有很高的修养。她把父亲家的全部书籍，都搬运到自己家，选三间房子的一间作书房，准备在孔丘满五岁的时候教他念书。她先收了五个小孩子，在自己家教蒙学，得到每个学生家的学资——五斗小米和一担干柴，足以养活母子二人。颜徵在教孩子们习字、算数和唱歌三门功课的同时，也教孩子们学习礼节和仪式。孔丘不到六岁开始跟班学习。后来，颜徵在又收了几个年幼的学生，孔丘成为小帮手。在母亲的苦心栽培和细心教育下，不到十岁的小孔丘就已经学完全部蒙学功课。因他爱琢磨，爱思考，又记忆力出众，成为同窗学习的佼佼者。按照当时的规矩，童子十岁就要跟别的老师去念书。颜徵在便关闭了她的学堂，把孔丘送到城内最好的学堂，学习诗歌、典籍、历史等功课。母亲的这一段家教生涯，和自己帮助别人学习的经历，对孔子以后办私学、兴教育，产生了直接的影响。

现代教育既要看重学科知识，又要关心孩子的品德教育。家庭教育要把重点放在激发子女对真、善、美的感知与热爱上。教子最好莫过于身教，身教胜于言教。要发现子女的潜能和兴趣爱好，因材施教。教育孩子的科学方法是：在给子女一定空间的基础上，加以适当的引导。

386.【原文】富若不教子，钱谷必消亡；贵若不教子，衣冠受不长。

【解悟 · 故事】有钱的时候，如果不好好教育后代，钱财和粮食必定逐渐减少；成了权贵后，如果不好好教育后代，权位富贵也享受不长。因此，我们要重视对后人的教育。

相传宋朝时，汴京有个叫白继祖的富豪，拥有家财万贯，良田千顷。可惜白

家人丁不旺，直到花甲之年才得一子，取名白甲子。但这孩子一出生就哭闹不止，大夫也束手无策。一次，裁缝正为其子制作新衣，儿子听到“嗞嗞”的撕绫声时便中止了啼哭。白继祖见状喜出望外，立即购来大批绫罗绸缎让裁缝撕给儿子听。时间一久，也逐渐失去作用，孩子又开始哭闹不止。又有一次，白继祖与亲友正说事，儿子哭得天昏地暗，白继祖怒骂家人无才，把细瓷茶杯摔得粉碎。岂料此一摔儿子又闻声停哭。为讨儿子欢心，白继祖立命家人购来细瓷碗碟，专供儿子扔摔，一直摔到七岁半。到了上学时，娇生惯养的白甲子不仅不服管教，还撕书本、摔砚台，白继祖见状却束手无策。后来，白继祖和太太相继过世，家业逐渐被吃喝嫖赌的儿子挥霍一空。最后，白甲子沦落为乞丐，冻死在荒郊野外，成了“败家子”的典型。

中国有“富不过三代”的谚语，道出了“盛极必衰”的规律。若要让福泽绵延，就必须重视对子女的道德教育，亲身垂范。历代先贤都十分重视读书。读书是获取知识、开启智慧的重要途径，而通过游历可以饱览河山、阅历人情，是增长见识的重要途径。爱护自己的子女，仅有锦衣玉食、养尊处优是远远不够的，更重要的是通过正确的教育，提高子女的素质和能力，使他们成为创造财富的人。

387.【原文】能师孟母三迁教，定卜燕山五桂芳。

【解悟·故事】如果能效法孟母三迁教育儿子的方法，则可预见就能像五代时窦家五子登科一样光宗耀祖了。因此，我们既要重视教育环境，也要保持持续教育的状态。

孟子是战国时期邹国人，自幼丧父，由母亲抚养长大。孟子小时候很贪玩，模仿能力还特别强。他家原来住的地方离坟地很近，孟子就总学别人哭，还玩修坟墓的游戏。孟母认为这地方不适合孩子居住，便把家搬到集市附近。结果，孟子又开始模仿别人做生意。孟母认为这里也不适合，又把家搬到了学堂附近。这回孟子开始跟着学生们学习礼节和知识。孟母见了很高兴，就在这里定居了下来。最终孟子成了我国著名的思想家。

窦禹钧为五代后晋时燕山人，他早年家境富裕，不懂得接济穷人、广行善事，到了三十岁还没有儿子。后痛改前非，大行善事。他做了很多好事：焚毁仆人卖女债券并收养其女培养到出嫁；主动退还在庙中捡到的内有二百两银子、三十两黄金的钱袋子；亲友中有丧事无钱买棺者，他出钱买棺葬殓；有家贫子女无法婚嫁者，他出资助其婚嫁。对于贫困得无法生活的人，他借钱给他们，使他们有做生意的资本，因此各地的穷人经他帮助而得以维持生活的不可胜数。他因善行而喜得五子，并且言传身教，五个儿子都登科及第，有所成就，被世人誉为“五子登科”。后来，他还建立书院四十间，聚书数千卷，礼聘德才兼备的老师教育青年。对于无钱而有志求学的贫苦子弟，不管认不认识，只要来书院学习，他都为其代缴学费和生活费。就这样，他建的书院造就了很多品学兼优的人才。连《三字经》也记载了他的事迹，称他为窦燕山。

388.【原文】国有贤臣安社稷，家无逆子恼爹娘。

【解悟·故事】国家有贤良的大臣治理，社会就会安定；家里没有不听话、不争气的子女，爹娘就不会烦恼。因此，我们要培养优秀子孙，既可使家庭幸福，又可为国家贡献人才。

赵太后刚刚掌权，秦国加紧攻赵。赵国向齐国求救。齐国说：“一定要把长安君作为人质，才派兵。”赵太后不肯答应，大臣们极力劝说。太后明确地说：“有哪个再来说要让长安君当人质，我就要把唾沫吐在他的脸上。”左师官触詟恳请见太后。太后气冲冲地等着他。触詟来到宫中，从饮食、起居等日常生活谈起，使太后的怒色慢慢消减。再谈到疼爱儿女，都是为儿女的长远利益来考虑，使太后的情感得到了共鸣。紧接着，触詟又说：“从现在的赵王上推三代，直到赵氏从大夫成为国君为止，历代赵国国君的子孙受封为侯的人，他们的后嗣继承其封爵的，还有存在的吗？”太后答道：“没有。”触詟又问：“不只是赵国，诸侯各国有这种情况吗？”太后道：“我还没听说过。”触詟说道：“他们当中，近一点呢，祸患落到自己身上；远一点呢，灾祸就会累及子孙。难道是这些人君之子一定都不好吗？他们地位尊贵，却无功于国；俸禄优厚，却毫无劳绩。而他们又持有许多珍宝异物，这就难免危险了。现在您使长安君地位尊贵，把肥沃的土地封给他，赐给他很多宝物，可是不趁现在使他有功于国，有朝一日您不在了，长安君凭什么在赵国立身呢？我觉得您为长安君考虑得太短浅了。”太后答道：“行了，任凭您把他派到哪儿去。”于是，太后为长安君准备了上百辆车子，到齐国作人质。齐国终于派兵救赵。

真正爱子女，给子女留下的不应仅是财富，而应还有精神。

389.【原文】说话人短，记话人长。

【解悟 · 故事】说话的人往往很快就忘记自己曾经说过的话，而听话的人往往能记得很久。因此，我们要三思而言，以免祸从口出。

1857年初，在印度加尔各答附近东印度公司的军营前面，一个印度籍士兵拿着一只盛水的铜杯正在喝水。一个清洁工走过来恳求说：“先生，给口水喝吧！”“不行，你是贱民，不能接触他人的东西。”清洁工听了，高声说道：“你有什么了不起，你们的嘴马上就要去咬牛脂和猪油了，新发的英国子弹壳底通通涂着这两样东西！”士兵一听，顿时勃然大怒。因为当时的子弹，必须先用嘴咬开子弹壳底才能使用。印度的士兵不是信印度教的就是信伊斯兰教的，印度教徒不吃牛肉，伊斯兰教徒不吃猪肉，强迫他们去咬牛脂和猪油，就是公开侮辱他们。这一消息一传开，印度士兵们纷纷起来反抗。他们面对恒河河水，发誓要赶走英国人。由一句话引起的印度民族大起义终于爆发了。

想当好管理者，首先要学会自我管理。做人要经常反思自问：我有宏伟的梦想，但我懂不懂得什么是节制的热情？我有抗争命运的决心，但我有没有面对恐惧的勇气？我自信能力、天赋过人，但当面对顺流逆流时能不能懂得恰如其分地处理？好的管理者应该既像艺术家又像哲学家，同时还要是心理学家，必须懂得自我管理的同时，还能激励他人、影响他人，从而获得统筹全局的原动力。

390.【原文】平生只会说人短，何不回头把己量。

【解悟 · 故事】许多人只会说别人的短处，如果回过头来对照一下自己，也许还不如人家。因此，我们要客观分析，公正地看待自己和他人。

有个寺院的小沙弥，在化缘时与一农妇发生争吵，两个人开始互相撕扯起来，结果都把对方的脸给抓破了。后来寺院的其他和尚赶来，把他们劝开，并把受伤的小沙弥送回寺院。老法师了解情况后，对小沙弥一句教训的话也没有，就张罗着在供品里为那个农妇寻找布匹，并亲自带着小沙弥去给农妇赔礼道歉、送布匹。

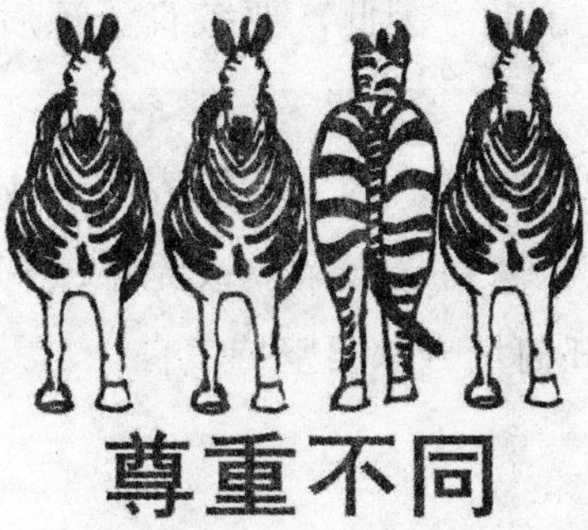

没想到，那个农妇也变得通情达理了，还在老法师面前说这件事情都怪自己，不该和前来化缘的小沙弥争吵甚至动手。从农妇家回来的时候，天已经很黑了。老法师一个没注意，被一块石头绊倒了。小沙弥扶起老法师后，狠狠地朝那块石头踢了几脚。老法师对小沙弥说："石头本来就在原地，它又没动，是我不小心踩上它的，一点儿也不能怪它啊，这次磕绊是自找的，我理应向石头道歉的。"小沙弥愣了一阵，终于领悟了老法师的开导，自责而歉疚地说："对不起，师父，是我错了，今后我一定学会尊重他人、感化他人。"

人生旅途中，大部分矛盾都是自己"踩"出来的。不要只看到对方的短处，忽视对方的长处，要找找自己在事件中的不足，多做自我批评，在自身方面找原因，努力提高自己的道德素养，提高自己对别人的那份责任感，以一颗真诚的心去热情工作、享受生活。

391.【原文】言易招尤，对亲友少说两句；书能化俗，教儿孙多读几行。

【解悟·故事】如果话说得多了，很容易因为说得不当而引起误会和埋怨，对亲戚朋友少说两句不好的话，更能融洽关系；读书能化解俗气，那就要儿孙辈多读点书，变得更为雅致。因此，我们要懂得言多必定有失，书能化俗为雅。

我国现代著名水利工程专家、教育家，水利工程学会的创始人之一沈百先出身于湖州沈氏望族。他 5 岁时开始接受启蒙教育，11 岁考入湖州程安小学，14 岁毕业升入湖州中学，17 岁中学毕业后进入北京工业专科学校。沈百先的父亲想让他继承家业，但是他坚持弃商学工。父亲不但没有责怪他，反而在他考取河海工程专门学校后，亲自把家里珍藏的两本孤本书《东南水利略》和《五种遗规》交给他。在校的学习为他的水利生涯打下了坚实的基础。1923 年，27 岁的沈百先赴美国留学，进入以水利学科著名的爱荷华大学研究院。他是第一个进入这个学校读水利工程的中国人，用一年半的时间获得了硕士学位，又到英国、法国、比利时、荷兰、德国等国考察多项水利工程。沈百先受祖父的影响最深，一生谨遵祖训，其家训传统成为他及沈氏后人为人处世、成就事业的基础。

读书可以使人增长知识、提升品质，有助于成就事业。因此，要教育子孙后人多读书，读好书。

人们不仅在众人面前要慎言，而且在亲友面前也要慎言。因为人们容易形成亲疏有别的观念，在亲友面前会口无遮拦、畅所欲言，有可能被亲友或无意或有心添油加醋传播出去，带来麻烦。因此，任何时候、任何场合都要坚持慎言。

392.【原文】施惠勿念，受恩莫忘。

【解悟·故事】对别人做了好事不要去念叨，而要把它忘记；受了别人的恩惠要永不忘怀，知恩图报。因此，我们不仅要不图回报，而且要常存感恩之心。

有一个名叫玛丽的单身女子刚搬了家，发现隔壁住了一户穷人家——一个寡妇与一个小孩子。有天晚上，忽然停了电，玛丽只好自己点起了蜡烛。没一会儿，忽然听到有人敲门。原来是隔壁邻居的小孩子，只见他紧张地问："阿姨，请问你家有蜡烛吗？"玛丽心想："他们家竟穷到连蜡烛都没有吗？千万别借给他们，免得被他们依赖了！"于是，她对孩子吼了一声说："没有！"正当她准备关上门时，那小孩面带笑容地说："我就知道你家一定没有！"说完，从怀里拿出两根蜡烛，说："妈妈和我怕你一个人住又没有蜡烛，所以我带了两根来送你。"此刻玛丽又自责又感动，将那小孩紧紧地拥在怀里。

法国有个偏僻的小镇。有一天，一个少了一条腿、拄着拐杖的退伍军人，一瘸一拐地走过镇上的马路。旁边的居民同情地说："可怜的家伙，难道要向上帝祈求再有一条腿吗？"这句话被退伍军人听到了，他转过身说："我不是要向上帝祈求有一条新的腿，而是祈求他帮助我，当我没有一条腿后，也知道如何过好日子。"不管人生得与失，我们总要让自己的生命充满亮丽与光彩，不再为过去掉泪，努力活出自己的精彩来。

知恩图报是美德，所以我们要常存感恩之心。一个人如果常存感恩之心，就会保持一种积极良好的心态：对自己的所得会感到满足，而不会过多地挑剔；对自己的所失也会处之泰然，而不会过多地失落；对自己的付出会感到自然，而不会认为吃了亏。因此，一个人常存感恩之心，无论对他人、对社会，还是对自己都有益处。

393.【原文】刻薄成家，理无久享；伦常乖舛，立见消亡。

【解悟·故事】通过对别人刻薄而发家致富，享受也不会长久；如果违背伦理纲常，就会家破人亡。因此，我们要仁爱厚道，遵循伦常，尊重规律。

明朝有一位贤臣叫杨荣，他祖上是以撑船渡人为生。有一次他家乡发大水，冲毁了很多民居，很多人都淹死了。很多船夫趁这个机会捞取货物，只有杨荣的曾祖父和祖父两人在救人，没有拿任何的财物。乡里人都笑话他们父子俩太愚蠢了，有得拿还不拿。可没想到，到杨荣父亲出生的时候，家里渐渐富裕起来。有一个道士说他们家祖父做了善事，子孙将有显贵。后来果然杨荣出生了，弱冠登第。他辅佐明成祖建立奇功，后来荣升少师，而且朝廷把他的曾祖父、祖父和父亲都追封跟他相同的官位。他的子孙也是非常贤能。所以，厚道成家才能久享，刻薄成家必定会身败名裂。

唐玄宗娶了自己的儿媳妇杨玉环。杨玉环入宫后，与梅妃争宠，开始了一番争风吃醋的厮杀。有皇帝支持，最终梅输杨赢。后来在李林甫的精心安排下，杨玉环被加封为贵妃，规格与册封皇后相同。杨贵妃的家人也因此加官晋爵，荣华富贵至极。唐玄宗在后宫演绎浪漫的爱情故事，可外面却乱套了。安史之乱，叛军把官兵打得节节败退。唐玄宗实在待不下去了，带上杨贵妃匆匆逃离长安。官兵在厮杀，皇帝还在莺歌燕舞。这让手下将士十分心寒，走到马嵬坡驿站时，官兵突然发动兵变，先杀死杨国忠，接着请求处死杨玉环。唐玄宗哪里舍得，贵妃无罪啊！高力士劝说道："贵妃诚然无罪，但将士们已杀尽贵妃兄妹，若贵妃仍在陛下左右，将士如何安心？"此时，唐玄宗也无可奈何了，只好凄然地挥了挥手。高力士以一尺白绫结束了杨贵妃的生命。

394.【原文】触来莫与说，事过心清凉。

【解悟·故事】当别人冒犯你时不要争辩和发生冲突，事情过后心平静下来，你就会找到更好的处理方法。因此，我们要注意控制情绪，学会理性处理问题。

常枞，据传是老子的老师。一次，常枞张开嘴给老子看了看，问："我的舌头还在吗？"老子说："还在。"常枞又问："我的牙齿还在吗？"老子说："不在。"常枞问："你知道是为什么吗？"老子说："舌头之所以存在，难道不是

百日免忧

因为它是柔软的吗？牙齿之所以不存在，难道不是因为它的刚硬吗？”舌头软且善忍，可适应环境变化，而牙齿过刚易折，柔软反而更适应生存。

在现实生活中，许多矛盾升级、冲突爆发是因为双方缺乏理性，情绪失控，致使冲动的洪水泛滥成灾。冲突有时候就是争强好胜、互不相让而造成的。当双方冷静下来一想，忏悔不已，其实没有什么问题是不能理性处理的。古语说，忍得一时之气，免得百日之忧。忍让会让很复杂的事情变得更容易理解和处理。当我们遇到别人突如其来的冒犯攻击时，不要急于以牙还牙，要调整好情绪，澄清原委，降低事态温度，寻找最佳解决办法。如果遇到居心不良故意为敌者，则不妨将矛盾公开，可找准时机有理有节地予以还击，彰显自己的人格尊严。

395.【原文】君子不可貌相，海水不可斗量。

科学巨人

【解悟·故事】不能只根据相貌外表来判断一个人是好是坏，海水也是不可用斗去度量的。因此，我们不能以貌取人，要透过现象看本质。

春秋时，孔子让子游推荐人才。子游将鲁国武城人澹台子羽推荐给他。澹台子羽状貌甚恶，孔子认为他才疏学浅。后来，澹台子羽往南游学到楚国吴地，跟从他学习的有三百多人。他有一套严格的教学管理制度，影响很大。其才干和品德传遍了各诸侯国。孔子听到这些消息后感慨地说：“我凭语言判断人，看错了宰予；凭长相判断人，看错了子羽。”后来，澹台子羽也成了孔子著名的弟子。

英国物理学家霍金患有严重的肌萎缩侧索硬化症，身体严重变形，行动困难，并且失去了说话的能力，然而他研究的宇宙起源大爆炸原理、黑洞能产生辐射已是一个公认的假说。霍金被誉为当代最伟大的物理学家之一。

任何人和事物都处于不断变化之中，所以在对待人和事物的时候，不能只看到眼前一点表象，不要以貌取人。一个人现在很贫贱，不一定代表他以后就不能富贵；一个人现在很风光，不能代表他以后就不会窘迫。应该把目光放长远一些，对人和事物从本质上分析、判断，只有掌握了这样的方法，才可以做出正确的决策。

396.【原文】蓬蒿之下，或有兰香；茅茨之屋，或有公王。

【解悟 · 故事】在野草的下面也许有兰花的香味，在茅屋里也许住着未来的帝王将相。因此，我们要摒弃世俗观念，不要戴有色眼镜去看人。

东吴吕蒙，骁勇善战，20多岁就已成为名将。但他出身贫贱，早年没有读书机会。后来，他在吴主孙权的启发下，于繁忙的军旅生活中，利用一切空隙时间发愤读书。随着知识领域的不断扩大，他的见解也日益深刻。军师鲁肃领兵经过吕蒙驻地，以为吕蒙是个大老粗，不屑去看他。部下有人建议，吕蒙将军进步很快，不能用旧眼光看他，还是应该去一趟。鲁肃便前去看望，吕蒙设宴招待。席上，吕蒙问："军师这次接受重任，和蜀国大将关羽为邻，不知有何打算？"鲁肃答道："兵来将挡，水来土掩，到时再说吧！"吕蒙听了，婉言批评说："现在吴蜀虽然结盟联好，但关羽性同猛虎，怀有野心，战略应该早定，决不能仓促行事啊！"他还为鲁肃筹划了五个策略。鲁肃听了，非常折服，并拍着吕蒙的背亲切地说："我总以为老弟只会打仗，没想到学识与谋略也日渐精进，真是士别三日，当刮目相看啊！"

每个人都会有让人出乎意料的地方。璞玉总会有放光彩的一天，纵使不是璞玉，磨砺过的石头也会有夺目的光彩。对于自己，也要自信，即使我们的学习、成长环境再恶劣，经过后天的不断努力，也一定能彻底改变结果。

397.【原文】一家饱暖千家怨，万世机谋二世亡。

【解悟 · 故事】一家日子过得温饱有余，而多数人日子难过且有怨言；尽管秦始皇本想谋划秦朝千秋万代，可惜仅传到秦二世手里就灭亡了。因此，我们要均衡发展，保障公平，走共同富裕的康庄大道。

秦始皇横扫六国，一统中华，其历史功绩影响深远。他原想秦朝可以千秋万代，但是他在统一了国家、当上皇帝后，极度膨胀，穷奢极欲、横征暴敛。长期战争灾难让民众得不到休养生息，大兴土木，征调大批劳工修筑阿房宫和陵墓，并且严刑苛法，征集的劳工不论何种客观原因不能按期到达，立即处以死刑。一些被征调劳役的人，在为大雨所阻有可能误期被朝廷处死的情况下，奋起一搏，在陈胜、吴广领导下揭竿而起。全国纷纷响应，最终秦朝二世而亡。

利比亚的卡扎菲可以说是一个传奇人物。他的第一任妻子名叫法蒂赫，他的岳父是利比亚王国的哈利德将军。卡扎菲婚后不久便发动了“九一”革命，很快宣布与第一任妻子离婚。卡扎菲掌权后，经常到各地视察，因此结识了他的第二任妻子。卡扎菲作为利比亚“九一”革命领导人，是利比亚无可争辩的最高决策者，是绝对权威。在长达42年的统治期间，卡扎菲掠夺了国家巨额财富，引起民众不满。2011年10月，他在自己的家乡苏尔特被俘后遭枪击身亡。卡扎菲王朝的统治也宣告结束。

398.【原文】狐眠败砌，兔走荒台，尽是当年歌舞地；露冷黄花，烟迷绿草，悉为旧日争战场。

【解悟 · 故事】今天狐眠兔走的残垣荒郊就是昔日的歌楼舞榭，花谢草长的冷清之处就是旧时的激烈战场。因此，我们要明白盛衰无常的道理，这个世界唯一不变的就是变化。

松江地方有个相国的孙子，非常贫乏，生活很困难。他家原来的仆人发了大财，他就前去乞求怜悯。正逢那个人家舂米，就给了他五斗米，并安排一个佣工帮他背回家。那个佣工刚走一段路，不能胜任，便在街上休息。相国之孙就问那个佣工：“你怎么这么没力气？”佣工叹息一声说：“我本不是佣工，我家先祖为大学士。”相国之孙非常惊奇地说：“原来我们还是同道中人啊！”然而，两个人都不能负重，于是相互抱着哭泣，说：“可哀呀可哀，我的父母啊！你们生养我们子女非常辛劳！可我们却这么不争气！”街市上的人都聚拢来围观。有一个年长的人，就拿了一根竹梢，让他俩共同抬着回了家。当时有人就说：“五斗大米，两个公子，白读《诗经》，埋怨‘劬劳’，先祖哪里想到会这样！”

古往今来，很多人为求金钱做了砧上鱼肉，很多人为求虚名卑躬屈膝。面对人世间的潮起潮落，面对瞬间变化，我们只能适应、遵循、感悟、利用。当人生得意时千万不要太张狂，一场地震就有可能让你成为灾民；家庭富裕时不要奢侈吝啬，应该多与别人分享，当一场变故让你成为穷人时，才有可能得到别人的慷慨相助；当位高权重受宠时，不要飞扬跋扈，要心存善念，体恤下属，为失去权力时留些退路。

同时，当我们遭遇人生挫折，走入人生谷底时，也要处变不惊，闲看庭前花开花落，仰视天外云卷云舒。当你面前有阴影时，是因为你背后有阳光。

399.【原文】拨开世上尘氛，胸中自无火炎水竞；消去心中鄙吝，眼前时有鸟语花香。

【解悟 · 故事】抛开红尘中的人情势利，心中自然没有了焦虑不安；消除心中的自卑，眼前时常会有鸟语花香的好景致。因此，我们要淡定生活，拥有自信。

婴儿是非常简单的，饿了要吃，冷了要穿。长大后，知识多了、见识多了就慢慢复杂起来，追名逐利之欲会越来越强，攀比之心会越来越烈。人要活得坦然，必须淡泊名利，宁静心境。每个人都是世上的唯一，要对自己充满信心。无论高矮胖瘦，无论男女，既然是父母赐予，就值得珍惜看重。自古至今，成就大业的门敞开着，从来就没有特别将哪一类人排除在大门之外。哀莫大于心死，一个人如果对自己失去了信心，一生就会注定一事无成。只要信心在，一切皆有可能。

邰丽华是一名聋哑人舞蹈家。她两岁失聪，但却以独特方式创造艺术。她领舞的《千手观音》在2004年雅典残奥会上震撼世界，在2005年央视春节联欢晚会上再次感动了全国，邰丽华被评为“感动中国”2005年度人物。她创编并主演的精缩舞剧《化蝶》轰动联合国教科文组织总部。

由此可见，任何人只要自信、执着、刻苦，去除自卑之心，就会激发潜能。用充满自信的眼睛看到的世界会更美好、更光明。

400.【原文】贫穷自在，富贵多忧；既往不咎，覆水难收。

【解悟 · 故事】能自食其力就会感受到自在，而身处富贵则会多愁多忧；对以往的过错不必去责备，倒在地上的水就难以收回了。因此，我们要安享解决温饱后的自由自在，不去刻意追求大富大贵；不要纠缠过去，而要不断向前。

朱买臣是汉代的大臣，早年间家境贫寒，但为人厚道，每日苦读诗书，可运气不佳，屡屡受挫。他无以为生，只得在烂柯山上砍柴度日。多年以来，他的妻子崔氏跟着他过着清苦的生活，渐渐地有些不耐烦了，脾气越来越坏。崔氏从心里看不起丈夫那副穷酸的样子，说话尖酸刻薄。朱买臣有口难言，只得默默忍受。

富贵求闲

一日，天寒地冻，大雪纷飞，朱买臣饥肠辘辘，却被崔氏逼到山上砍柴。他以为多砍些柴草卖掉，买回米面，妻子就会高兴起来。谁知崔氏另有打算：她让媒婆为自己物色了新的丈夫——家道殷实的张木匠。朱买臣一进家门，崔氏就提出要他写下休书。朱买臣痛苦地请求妻子再忍耐一下，等他时来运转，日子就会好起来。崔氏却坚定地表示，即使朱买臣将来做了高官，自己沦为乞丐，也不会去求他。朱买臣见她全然不顾多年的夫妻之情，只好写下了休书。不久，朱买臣的才能惊动了汉武帝。汉武帝得知朱买臣赋闲在家后，便封朱买臣为太守。崔氏得知后心慌意乱，便决定去找朱买臣，不要现任的丈夫了。崔氏蓬头垢面，赤着双足，跑到朱买臣面前，苦苦哀求他允许自己回到朱家。骑在高头大马上的朱买臣若有所思，让人端来一盆清水泼在马前，告诉崔氏，若能将泼在地上的水收回盆中，他就答应她回来。崔氏闻言，知道缘分已尽，羞愧难当，从此精神失常，不知所终。

401.【原文】人无远虑，必有近忧。

远虑少忧

【解悟 · 故事】如果不考虑长远，近期就一定会有忧患出现。因此，我们要目光远大，考虑长远。

有个农夫播下了山蕨和竹子的种子。在光照和水分的作用下，山蕨很快就从地面上长了出来，茂密的绿叶覆盖了地面。然而，竹子却什么也没有长出来。第二年，山蕨长得更加茂密。竹子的种子仍然没有长出任何东西。两年过去了，竹子的种子还是没有发芽。然而，到了第五年，地面上冒出了一个细小的竹芽。与山蕨对比，它小到微不足道。但仅在六个月之后，竹子就长得很高了。竹子花了五年时间来长根，它的根给了它生存所需的一切。我们可从中悟出一个道理，不要拿自己与别人对比，每个人都有各自的发展契机与路径。

今日的忧愁是昨日所致，昨日的决定不正确，才会造成今日的苦果。倘若重新来过，有些错误可以避免，进而去认知、体悟这些事物间的因果关系。重新检讨下来，不但总结了教训、经验，不致重蹈覆辙，而且能强化对事物相关影响的认知，增长决策判断力。在现实生活中得到满足的人，并不一定快乐，因为他们总会想到那遥不可及且不可预期的未来；反而是那些生活在困境中的人，总忙着应付眼前的一切，倒也容易“知足常乐”。拜伦说：“忙碌，就没有时间流泪了。”我们只有在困苦中才能磨炼自己，才能获得克服困难后的快乐。

402.【原文】勿临渴而掘井，宜未雨而绸缪。

【解悟·故事】不要等到口渴了才去挖水井，应当在还没有下雨时就先把家里防雨的工具准备好。因此，我们做事要提前谋划，不要临时抱佛脚。

鲁昭公被鲁国人赶出鲁国，逃亡到齐国。齐景公对他说：“你正是年轻有为的时候，怎么就把国君的位置丢了？这是什么原因呢？”鲁昭公说：“早些时候，人们都对我很好，有很多人经常鼓励我，而我没有亲近他们；也有很多人经常劝诫我，而我也没有听信他们。因此，逐渐内无心腹、外无群众，真正爱护我的人一个也没有，奉承我、欺骗我的人反倒很多。这样，我就好比秋天的蓬草，表面上枝叶似乎还很好看，其实根茎都已枯萎，秋风一起，便连根拔掉了。”齐景公听了，认为颇有道理，便把这番话转告齐国大夫晏子，并且说：“要是现在有可能让昭公回鲁国去，大概他可以成为一个贤明的国君了吧？”晏子说：“不会。蹚水过河而溺水的人，多半因为事先未探明河水的情况；迷路的人也多半因事先没有问清路径。等到他溺水以后才去探水，迷路以后才来问路，不是已经晚了吗？这好比临到战乱爆发时才急着铸造兵器，遇到吃东西干噎得想喝水时才急着去挖井一样，虽然非常急切，可是怎么来得及呢？”晏子认为鲁昭公是个临渴而掘井的人，是不会成功的。

周武王灭掉纣王后，封管叔、蔡叔以及霍叔于商都近郊，监视殷遗民，号称“三监”。周武王死后，周成王年幼继位，由叔父周公辅政，“三监”不满。管叔等人散布流言，说周公将不利于周成王。周公为避嫌疑，远离京城，迁居洛邑。不久，管叔等人与纣王之子武庚勾结叛乱。周公奉周成王命，兴师东伐。周公平乱后，就写了一首《鸱鸮》诗给周成王。其诗曰：“趁天未下雨，急剥桑皮，拌以泥灰，以修补门窗。汝居下者，敢欺我哉？”周公的诗有讽谏之意，希望周成王能清明政治、发展经济、强大军队，预防再次发生叛乱。

做任何事情，如果准备不足而仓促上马，就会出问题；如果提前谋划了，而又能有条不紊、有序推进，所做的事情就能胜券在握。

403.【原文】宁向直中取，不可曲中求。

【解悟 · 故事】对功名利禄，我们都要取之有道，不能为了求得名利而曲意逢迎，丧失人格。因此，我们为人处世要正直，切不可阿谀逢迎。

王安石因提出变法主张深受宋神宗的信任，一些人看上他的权势，对他极尽阿谀奉承之事。然而王安石很瞧不起这些人，所以他们没有捞到任何好处。

有一个叫吴孝宗的官员，曾经极力诋毁新法，可是过了不久，他态度却来了个 180 度的大转变，写了《巷议》十篇，呈送给王安石，内容是他编造的，说是街巷之间的百姓都在议论新法的好处。还有一个叫李师中的官员，原来政见与王安石不合，等到王安石权势渐大，他就在舒州花巨资让能工巧匠建了一座豪华的亭子，取名为“傅岩亭”。因为王安石曾在舒州做过官，后来又被封为舒国公。李师中这样做，是把王安石比作商朝国王武丁时期治国有方的良相傅说，对王安石可谓推崇备至了。王安石却不为所动，根本不理这一套。

当时，武冈县令郭祥正为了升官，向神宗皇帝上奏章，对王安石大加颂扬，极尽溜须拍马之事，并建议天下大事听任王安石处理。一天，宋神宗问王安石：“你认识郭祥正吗？这个人似乎不错。”王安石说：“我在江东时认识他。这个人口才像纵横家，而行为轻浮浅薄，是个不可委以重任的人。”王安石接着问神宗：“皇上，是不是有人举荐他？”神宗拿出郭祥正的奏章给王安石看，王安石看后摇摇头笑了。他认为被这样阿谀奉承的人所颂扬，实在是莫大的耻辱。他态度坚决地向宋神宗表明像郭祥正这样的人万不可重用。

404.【原文】驭横切莫逞气，止谤还要自修。

【解悟 · 故事】面对蛮横无理的人要控制好自己的情绪，要制止谣言传播就要加强自身修养使谣言不攻自破。因此，我们凡事要心平气和，行得端，坐得正。

简 · 爱是个孤女，出身于穷苦牧师家庭。父母在一个月之中相继去世。幼小的她被寄养在舅父家里。舅父去世后，她又被舅妈送进了孤儿院。在孤儿院中，

战胜自我

她仍然承受着肉体上的折磨和心灵上的摧残。但是，她没有绝望，一切不幸，换回的却是她无限的信心和坚强不屈的意志，并给了她一种可战胜一切的内在人格力量。不久，她又陷入了爱情的旋涡。个性极强的她同样保持着高贵的人格尊严，在情敌面前毫不退缩；对于英格拉姆小姐的咄咄逼人，她从容面对。同样，在庄园主罗切斯特面前，她从不因为自己是一个地位低贱的家庭教师而感到自卑。她认为自己和他们是平等的，不应该因为她是仆人而不能受到别人的尊重。也正因为她的正直、高尚、纯洁，罗切斯特感到自惭形秽，对她肃然起敬，并深深地爱上了她。他的真心让她感动，她接受了他。后来，简·爱发现罗切斯特已有了妻子，她的自尊自重让她毫不犹豫地离开了他。她对爱情的专一，让人们敬佩。最后，简·爱得知，罗切斯特的疯妻在一个夜晚放火烧毁了整个庄园，他为了拯救被火焚烧的妻子不幸双目失明，躯体严重残疾，完全丧失了生活能力，而且失去了一切。简·爱再次用全身心的爱投入了他的怀抱。

人生最大的敌人是自己，心灵是行为的主宰，只要心如止水，就可收到“百邪不侵”的效果。

405.【原文】忍得一时之气，免得百日之忧。

百忍成金

【解悟·故事】暂时的忍让可避免因冲动而产生的不良后果，以免未来受长时间的忧愁之苦。因此，我们要注意忍让，不要冲动行事，以免将来后悔。

有个脾气火暴的年轻人，有天跑去向一位老翁请教如何才能做成大事。老翁说：“和气生财，你若能忍住一百次而不发脾气，便能成功了！”年轻人就试着去做。有一天，一个小孩跌倒在地，额头被撞伤，年轻人跑过去扶起小孩，又将草药嚼烂，给小孩敷伤。这时小孩的母亲来了，以为是被他撞倒的，便指着他大骂。这可真冤枉呀！但想想老翁的话，年轻人把即将喷涌而出的怒火压了下去。就这样，他忍了九十九次。待他结婚那天，忽然门外来了个老乞丐，给饭菜他不要，硬要作为新郎的年轻人亲自接待。大家说别理他，可年轻人略加思索，欣然去见了老乞丐。老乞丐对年轻人说："我年轻时因脾气暴躁，气死了父母，娶不了亲。今天来向你请求，我年老了，不希望有什么花烛合衾，只求让我在新房里睡一晚，我死也瞑目了。"老乞丐的话刚说完，众人纷纷责骂他，甚至要把他轰出去。年轻人也很恼火，但他想到自己的遭遇与老乞丐有些相似，也同情老乞丐的不幸，便忍气答应了。那天晚上，年轻人让出新房给老乞丐睡，自己则和新娘到偏房过了夜。第二天早晨，老乞丐睡的新房紧闭着门。大伙儿想去赶他出来，年轻人却劝大家说："天还早，让老人家多睡会吧！"日上三竿了新房里仍无动静。当大家忍不住推门进去时，老乞丐早已无影无踪，只见床上有一堆金灿灿的刻着"百忍成金"的金元宝。

406.【原文】是非只为多开口，烦恼皆因强出头。

【解悟 · 故事】很多是非只因为多说了几句而产生，许多烦恼都是因为争强好胜而导致。因此，我们只要少说闲言碎语，就会少很多是非烦恼。

一般来说，不说话惹是非的概率很小，因为"祸从口出"，说话不注重方式方法，不能迎合他人胃口，就可能会对你不利。烦恼的来源大多是因为自己争强好胜想去改变什么。在不确定结果前肯定不知道会出现怎样的结局，而改变结果之后带来的影响是什么样也不得而知，有可能会带来新的烦恼。

小张回乡度假。那天刚好家里炒菜没酱了，他便去百货店买。店主在打扑克牌，看到小张过去了，就马上站起来，问需要什么。付完钱，在店主包装的时候，打扑克牌的其他人也跟小张打招呼。"你买酱吗？"一个人问道。小张笑着点了点头。"这种酱我不喜欢吃，看起来很恶心，就像掺了什么一样……"另一个人在一旁喃喃地说道。小张还没等他说完就回了句："呵呵，萝卜白菜，各有所爱嘛！喜欢的东西，当然觉得是美好的，就像情人眼里出西施，不喜欢的自然有偏见。"那个人没再说话了，小张也回去了。小张回去一想还有点气，那人真是奇怪，你不喜欢的东西，可以发表意见说自己不喜欢，但不要在别人喜欢的东西面前故意说出自己的主观偏见。如果小张的那句回话换成"我们喜欢吃这种酱的味和香，就不在乎它的色了"，双方不就更容易接受了吗？

生活不比学问，辩论赛中双方见招拆招，可在唇枪舌剑之中去显示自己的才能；生活，只要有利害冲突，就有人会被语言所伤。嘴上得胜的同时，输掉了自己的品德。

看来，再善辩的嘴也需要走走中庸之道。

407.【原文】酒虽养性还乱性，水能载舟亦覆舟。

【解悟 · 故事】喝酒能修身养性，但过量饮酒也可使人犯糊涂而做错事；船依赖水而行，但也能将船倾覆。因此，我们要根据事物的两面性，掌握度，防止过犹不及，要知其两端而用其中。

相传，仪狄酿出味道很好的美酒，进献给夏禹。夏禹喝了，觉得确实好。可夏禹说："后世君王，如喝了这种美酒，一定要亡国的。"从此夏禹就疏远了仪狄，也和酒断绝了关系。酒是一种十分常见饮品，适量饮酒有利于振奋精神，促进血液循环，因而深受人们喜爱，并在历史的演变中形成酒文化，如"无酒不成席""酒壮英雄胆"。任何事物都有两面性，适量饮酒有利，而过度饮酒不仅会伤害身体，而且会误事。三国蜀将张飞好过量饮酒，并多次酒后误事，最后被部将所杀也与他酒后鞭打部属激化矛盾有关。因此，好饮者一定要吸取教训，不过量饮酒。

"水能载舟亦覆舟"之语最早出自荀子。他将自然现象引申到社会政治领域。把君王比作舟，黎庶比作水，深刻地认识到了人民群众的重要性。统治者就如同行驶在大江大海的船，而人民群众则是大江大海的水，水既能托起如航空母舰般的"大舟"，又能在风浪里将其倾覆。

408.【原文】克己者，触事皆成药石；尤人者，启口即是戈矛。

【解悟 · 故事】懂得自我克制的人，日常接触的事物都成了修身戒恶的良药；经常怨天尤人的人，只要思想观念一动就像是戈矛一样伤害别人。因此，我们要严于律己，善以待人。

有一个男孩脾气很坏，于是他的父亲就给了他一袋钉子，并且告诉他，每当他发脾气的时候就钉一根钉子在后院的围篱上。第一天，这个男孩钉下了 37 根钉子。慢慢地，以后每天钉下的钉子数量减少了，因为他发现控制自己的脾气要比钉下那些钉子容易多了。

终于有一天，这个男孩再也不会因失去耐性而乱发脾气。父亲告诉他，从现在开始每当他能控制自己脾气的时候，就拔出一根钉子。一天天过去了，男孩终于把所有的钉子都拔出来了。

父亲牵着男孩的手来到后院说：“你做得很好，我的好孩子。但是看看那些围篱上的洞，这些围篱将永远不能恢复到从前。你生气的时候说的话就像这些钉子一样留下疤痕。如果你拿刀子捅别人一刀，不管你说了多少次对不起，那个伤口将永远存在。话语的伤痛就像真实的伤痛一样令人无法承受。”

思想决定行为，行为决定习惯，习惯决定性格，性格决定命运。如果爱别人却得不到别人的亲近，那就应反问自己的仁爱是否不够；如果不能够管理好别人，那就应反问自己的管理方式是否有问题；如果礼貌待人却得不到别人相应的礼貌，那就应反问自己的礼貌是否到位。凡是行为得不到预期的效果，都应该反过来检查自己。自身行为端正了，别人自然就会归服。总之，遇事不应先责怪别人，而应该从自身找原因，这样才有利于完善人格，成就事业。

409.【原文】以直报怨，以义解仇。

【解悟·故事】用公道去对待怨恨自己的人，用义气去化解双方的仇恨。因此，我们要正确处理恩怨，妥善化解矛盾。

古代梁国与楚国边境都种了很多瓜。楚人忌妒梁人的瓜种得好，乘天黑把梁人的瓜全都毁了。可梁人没有报复，在县令的带领下，夜间去给楚人浇瓜。楚人的瓜一天比一天长得好。楚王听说后，以重金相谢，并表示以后长期修好。这是个以德报怨的典范。

伍子胥是楚国人，性子刚烈，绝不服软，因有勇有谋而闻名于楚国。因为家族遭到陷害，父兄都被楚平王杀了。伍子胥逃到宋国，宋国却发生了内乱；再跑到郑国，郑国又发生了政变事件；他只好逃往吴国。伍子胥要进入吴国，必须越过昭关。昭关在对峙的两山之间，前面便是大江，形势险要，并有重兵把守。伍子胥心急如焚，辗转反侧，一夜间，头发全白，终于混过了昭关进入吴国。后来，他帮助吴王阖庐攻破楚国的郢都。这时楚平王已死，伍子胥把楚平王的尸体从坟墓里挖出来，亲自抽打三百皮鞭，以泄私愤。历史有时就是个轮回。楚平王杀害伍子胥父兄，最后被伍子胥鞭尸，而伍子胥最后却又落了个被逼自杀的命运。可见，

“冤冤相报”最终都会带有极强的悲剧色彩。

“知恩必报”“滴水之恩当涌泉相报”早已成为中国人的传统理念，而对于如何处理怨仇则莫衷一是。有些人践行“以眼还眼，以牙还牙”，甚至奉行“君子报仇十年不晚”的理念。“以怨报怨”是以一种恶意的心态去面对别人的怨仇，其后果会使人陷入“冤冤相报何时了”的恶性循环。

410.【原文】庄敬日强，安肆日偷。

【解悟·故事】庄重恭敬地待人接物自身就会日益强大，而安乐放纵自身就会日益衰弱。因此，我们要深知事物的量变和质变规律，养成好的品质就会有好的结果，沾染坏的习气就会造成不良后果。

汉高祖刘邦是汉朝开国皇帝，中国历史上杰出的政治家、卓越的战略家和指挥家。他本为粗鲁之人，做了皇帝后平易近人，与那些一起打天下的功臣称兄道弟。一次，刘邦与这些人一起喝酒，这些人喝酒后争论功劳的大小，有的人喝醉了，大呼小叫，甚至拔剑击柱，刘邦很不高兴。刘邦开始认识到只有制定庄严的礼仪规矩，才能保证皇帝的威严和朝廷的正常运转。他于是启用儒生叔孙通，借鉴周、秦礼制，制定出庄严仪式，这些制度、仪式在后朝一直有沿用。一个国家如果没有规矩就无法运行，更谈不上强大。社会成员必须遵循道德礼仪、行为规范，要有敬畏之心，因为没有规矩就不成方圆。

我国启蒙读物中多有对礼仪、礼节提出很多具体要求，如“父母呼，应勿缓；父母命，行勿懒；父母教，须敬听；父母责，须顺承”就是中国礼仪的普及和深入，对培养中国民众人文素养发挥了重要作用。注重礼仪是一个国家文明的重要内容之一，无论是东方还是西方，没有一个文明国家不重视礼仪。

此外，一个人如果安于享乐，养尊处优，则会丧失斗志、缺乏进取。人生如逆水行舟，不进则退。

411.【原文】惧法朝朝乐，欺公日日忧。

【解悟·故事】惧怕和遵守国家法律就会坦然自得，每天都快乐；藐视和违反国家法律就会担心东窗事发，每天都忧愁。因此，如果希望自己和家庭都平平安安，就要做个清廉的官员或守法的百姓。

奉公守法

战国时，赵奢在赵惠文王时任“田部吏”，他办事公正而严格。大贵族赵胜，也就是著名的平原君，家中管家仗着权势不缴租税。赵奢坚持原则、依法处理，连续惩办了赵胜的九个管家。赵胜大怒，下令把赵奢逮捕，准备杀死他。赵奢说：“你身为赵国公子，竟然纵容你的管家，不奉公守法。这样国家就会衰弱，引起别国的侵犯，甚至灭亡。到那时，你哪里还能保住什么富贵？以你现在的地位，如能带头奉公守法，做到上下公平，那么国家就会强盛起来，你也就会更加受人尊重了。”赵胜听后觉得很有道理，并向赵惠文王报告了这件事。赵惠文王对赵奢奉公守法的行为大加赞赏，随后任命赵奢总管全国的租税。赵奢改革税制，严格执法，使赵国府库充实、国家富强。

李某在任市委书记期间，藐视党纪国法，以权谋私。1999 年至 2006 年，李某利用其担任市委书记的职务便利，在承揽工程、项目开发、干部提拔升迁等方面为他人或单位谋取利益，涉嫌单独或伙同妻子共同收受他人钱物，折合人民币共计 1434 万元，另有 1765 万元人民币的财产不能说明来源。李某因犯受贿罪，被判处死缓，剥夺政治权利终身，并处没收个人全部财产。国家的法规就是“高压线”，触碰了就会“触电”，轻则受伤，重则身亡。

412.【原文】晴干不肯去，只待雨淋头。

未雨绸缪

【解悟 · 故事】天气好的时候不去做应当做的事，等到下雨时才不得不去做，而此时就很难再做好了。因此，我们凡事要提前谋划，免得问题出现了才仓促应对。

在古老的原始森林，阳光明媚，鸟儿欢快地歌唱，辛勤地劳动。有一只小黑鸟，有着一身漂亮的羽毛和嘹亮的歌喉。它到处卖弄自己的羽毛和嗓子，看到别人辛勤劳动，反而嘲笑不已。一只好心的喜鹊提醒它说：“快垒个窝吧！不然冬天来了怎么过呢！”小黑鸟轻蔑地说：“冬天还早呢，着什么急！趁着今天大好时光，尽情地玩吧！”就这样，日复一日，冬天眨眼就到了。鸟儿们晚上躲在自己暖和的窝里休息，而小黑鸟却在寒风里冻得发抖，哀叫道：“寒风可把我冻死了，明天就垒窝！”

第二天，太阳出来了，万物苏醒了。沐浴在阳光中，小黑鸟好不得意，完全忘记了昨晚的痛苦，又快乐地歌唱起来。一只鹦鹉劝它：“快垒个窝吧，不然晚上又要发抖了。”小黑鸟嘲笑道：“真是个不会享受的家伙。”

晚上又来临了，小黑鸟又重复着昨天晚上一样的故事。就这样重复了几个晚上，大雪突然降临，鸟儿们奇怪小黑鸟怎么没发出叫声。太阳一出来，大家四处寻找，才发现原来小黑鸟已经被冻死了。

在人的一生中，“今天”是多么重要，是你最有权力发挥的。只有那些懂得如何利用“今天”的人，才会在“今天”创造明天的希望。未雨绸缪，方能有备无患。

413.【原文】儿孙自有儿孙福，莫为儿孙作马牛。

【解悟·故事】儿孙自有儿孙的路要走，不要事事代劳包办。因此，在儿孙面前要选择淡然而为，要在保障好自己生活的前提下，再顾及儿孙。

有一个人家贫如洗，妻儿跟着受累。妻子埋怨他：“人家都有钱，你看看你，我就不说了，孩子让你给饿的，脸都是青的。”此人说道：“流年不利，又没收成，街坊四邻也都穷，又没个亲戚，借都借不来，我能咋办呀？”妻子说：“借不来，偷你总能偷吧？”“哪里去偷？”“财主家。”“财主家高墙大院的，我又翻不过去。”妻子说：“他家院墙不是有排水的水眼吗？你不会从那钻进去吗？”此人说道：“财主家有的是护院的，个个如狼似虎。你脑袋一钻进水眼，护院的人就拿大棒把你的脑袋打碎了，更别说去偷了！”“你不会拿个瓢先试试，打碎了就别进去。”此人真听了妻子的话，一爬进水眼，护院就将瓢打碎了。他只好把头缩了回来，心中就思量，我连偷都偷不来，还怎么回去见妻儿，羞愧之下，离家出走了。二十年后，此人流落街头，乞讨为生，来到自家门口，一打听才知道，儿子家很是富足。此人无颜见妻儿，就在墙上题下一首打油诗：“二十年前把钱偷，一棍打破葫芦头。儿孙自有儿孙福，莫为儿孙作马牛。”他的儿子看到诗，告诉母亲。母亲大惊，叫儿子快追此人，说那就是你父亲。

父母溺爱儿女其实是在害他们，同时还苦了自己，其实没必要事事都替孩子去做。每个人来到这世上，都有自己的路要走。人生的酸甜苦辣，都需要自己亲自去体会。如果一个人的一生没有奋斗，那么他的一生就不是真正的人生；如果一个人的一生只是坐享其成，那么他的一生也就毫无意义。

414.【原文】人生七十古来稀，问君还有几春秋？

老来惜福

【解悟 · 故事】古时人能活到七十岁的比较少，你还能活多久呢？因此，我们要珍惜时光，享受生活，到老时也要发挥余热，乐于奉献。

爱迪生从小就对很多事物感到好奇，而且喜欢亲自去试验，直到明白了其中的道理为止。长大以后，他就根据自己这方面的兴趣，一心一意做研究和发明的工作。他在新泽西州建立了一个实验室，一生发明了电灯、电报机、留声机等两千余种东西。爱迪生热衷于研究，为改进人类的生产生活方式做出了重大的贡献。

爱迪生常对助手说：“最大的浪费莫过于浪费时间了。人生太短暂了，要多想办法，用极少的时间办更多的事情。”

一天，爱迪生在实验室里工作，他递给助手一个没上灯口的空玻璃灯泡，说：“你量量灯泡的容量。”他又低头工作了。过了好半天，他问：“容量是多少？”他没听见回答，转头看见助手拿着软尺在测量灯泡的周长、斜度，并拿了测得的数字伏在桌上计算。爱迪生问道：“怎么费那么多的时间呢？”他走过来，拿起那个空灯泡，向里面装满了水，交给助手，说：“把里面的水倒在量杯里，马上告诉我它的容量。”助手立刻读出了数字。爱迪生说：“这是多么容易的测量方法啊，它又准确，又节省时间，你怎么想不到呢？还去算，这不是白白地浪费时间吗？”助手的脸红了。爱迪生喃喃地说：“人生太短暂了，要节省时间，多做事情啊！”

时间是大海，人生是小舟。好好珍惜吧，一生也就是那三万余天。

415.【原文】当出力处须出力，得缩头时且缩头。

【解悟 · 故事】该出力的时候必须出力，该缩头的时候不妨缩头。因此，要根据主观实际情况和客观态势发展量力而行。

文种是春秋时期著名的谋略家，是越王勾践的谋臣，和范蠡一起为勾践最终打败吴王夫差立下汗马功劳。灭吴后，范蠡隐退，并留下信给文种，劝他逃跑。文种看了之后，称病不朝。于是有人进谗言说文种要造反作乱，勾践听信谗言，

龟兔赛跑

赐给文种一把名为属镂的剑，说：“你当初给我出了七条对付吴国的策略，我只用三条便打败了吴国，剩下四条在你那里。你用这四条去地下为寡人的先王打败吴国的先王吧！”于是文种自杀。勾践为什么要杀文种？越国一举灭吴后，文种不听范蠡的劝告，仍留下为相。在要和平还是要称霸的战略方针上，主张养民的文种与勾践又发生了强烈的冲突。当勾践以夫差赐死伍子胥的方法赐文种死时，文种仍“执迷不悟”。他只怨勾践无情无义，却不知自己的心境与识见已与勾践相去甚远。某种程度上说，文种之死无可避免，是“王者之道”与人本性不可共存的必然结果。而范蠡则看出勾践是一个只能共患难、不能共荣华之人，便急流勇退，经商致富，得以善终。

缩头是乌龟的一种自我保护方法。乌龟在遇到天敌或危险时，立即把头缩进硬壳内，就能免遭伤害。名利常常与福祸相连，得到名利有可能是福，也有可能是祸。在人际关系复杂、社会环境恶劣的时候名利甚至会带来杀身之祸。

末日情结

416.【原文】生年不满百，常怀千岁忧。

【解悟·故事】一个人一辈子不过百年，心中偏偏担忧着千年以后的事。因此，我们要少沉湎于那些琐碎的事务和无谓的烦恼，多一些达观的理念和乐观的精神。

张翰是西晋著名的文学家，时人贵其旷达，称之为“江东步兵”。他辞官回家后不久，西晋爆发八王之乱，跟他同时的名士陆机、陆云是三国陆逊的后人，陆氏也是当时一等一的大门阀，然而陆机、陆云两人因为迷恋权位而死在八王之乱中，张翰则因迷恋江南山水而辞官，幸免于难。贪恋官场，占有更多的荣华富贵，结果成了短命鬼，而辞官归隐，反而活得轻松自在。

对人生价值的怀疑，多是因为生活的苦闷。我们要通达世事，安享人生，不必为那些毫无益处的事而日夜烦忧。就像科技发达的今天，仍有不少人怀有“末日情结”，总担心世界会从此永久谢幕。说穿了，人们常常所忧虑的，无非是子孙后代的生计。纵然你能活上百岁，也只能为子孙担忧百年，何况还未必活得了百年，偏偏想忧上“千岁”，岂非愚不可及！有些人也并非不想享受，只是他们常抱着“苦尽甘来”的哲学，把人生有限的享乐，推延到遥远的未来。

我们不该为一些眼前的琐碎事物而烦恼焦虑，破坏自己的心情。人生不如意十之八九，如果总要为这些不如意的事情烦恼，那我们就会有百分之八九十的人生都是不快乐的。这也告诉我们，要随遇而安，满足于自己眼前所有的，不觊觎自己得不到的东西，那样才能经常保持明朗愉快的心情。反过来，如果我们在不满百岁的人生中，能够常常发千古之忧思，也不完全是件坏事。我们如能多关注国家的命运，多关心世界的前途，多展望未来的图景和宇宙的浩渺，倒也不一定会把心情给破坏，反而会对时间和空间以及人在其中的位置有更加清醒的认识。也许，人活在世上，最好是从容而为，长短又何妨呢？

417.【原文】逢桥须下马，有路莫登舟。

【解悟 · 故事】遇到过桥的时候要下马，牵着马走过去，小心马失前蹄；要是有路可以到达目的地就不要等着坐船，坐船常有不安全的地方。因此，我们出门在外要事事注意，安全第一。

有天早晨，山西省新源县某学校的老师领着全校 800 多个同学在国道上跑步，跑着跑着一辆疾驶的加长货车冲过来，将跑在前面的学生一下全给撞倒了。孩子们没有操场能跑步，只能到公路上去跑，遇到了这辆拉煤的货车，超载加上司机疲劳驾驶，结果造成 18 人死亡 21 人受伤。

红绿灯是英国人发明的，而黄色信号灯的发明者是中国人胡汝鼎。他曾在美国通用电器公司任职员。一天，他站在繁华的十字路口等待绿灯信号。当他看到红灯而正要过去时，一辆转弯的汽车呼啸着与他擦身而过，吓了他一身冷汗。他便创造出黄色信号灯，提醒人们注意安全。这样，红、黄、绿三色信号灯才完整出现在世界上。

安全不是一个人的事情，它不仅关系到本人，更关系到家庭、学校，甚至社会。安全隐患随处可见，我们要重视这一切，让危险远离我们。我们一定要加强防范意识，珍爱生命，安全第一，我们的生活才会更加美好。

418.【原文】路逢险处须当避，事到头来不自由。

【解悟 · 故事】行路遇到险峻的地方需要回避，有些事来了便无法自由了。因

此，我们要及早防范危险，而危险若是来了则要处险不惊，及时处理。

有次，小明过马路。可他压根就没想到要看红绿灯标志，径直向对面走去。这时，有好几辆车在他面前飞驰而过，其中一辆车还按了喇叭。他当时吓得根本就不知道该怎么办。他突然灵机一动，赶紧向迎面驶来的车招手，车子紧急刹住，停在了他的面前，他快步走了过去。在生活中，我们必须遵守交通规则，不能像小明这样，不然会有生命危险。我们最好学点避险的小窍门，才能让我们身边多一些快乐，少一些悲伤；多一些幸福，少一些不幸。

孔子与弟子一同前往宋国。途经匡地时，由于阳虎曾经施暴于匡地的民众，孔子与阳虎长得又很相似，于是匡地民众便以为阳虎又来了，赶快报告给匡地的主管简子。简子听后，马上率领士兵，将孔子一行团团围住。子路生性勇猛，见匡人围攻而不知何故，非常不悦，拿起兵器便要与他们对战。孔子见了，立即制止子路说："哪有修行仁义之人，改变不了世俗的凶暴呢？不讲授诗书，不学习礼乐，那是我的过错啊。如果以阐述先王之道，喜欢古代典章制度作为过失，那就不是我的过错了，是命运安排啊。来，你来唱，我来和。"子路听了夫子的话，便放下兵器，拿出琴开始弹奏。孔子于是和着音乐唱起来，其音曲甚哀，用那哀伤的曲调表达了委婉陈情之意。唱了三遍之后，匡人仔细一想，此人虽貌似阳虎，却是一位彬彬有礼的君子。经人提示，原来他是鲁国的大圣人孔子啊！由此，匡人大为惭愧，也备受感动，立即脱去了盔甲，以示不会侵犯，静静地离去了。由此可见，孔子处事不惊，还能时时保持内省，坚持以礼教人、以德化人，其深厚的智慧德行与那宽阔仁厚的胸怀，非常值得我们用心学习。

419.【原文】吴宫花草埋幽径，晋代衣冠成古丘。

【解悟·故事】当年华丽的吴王宫殿及其中的万千芳草，如今都已埋没在荒凉幽僻的小径中；晋代的达官显贵们，就算曾经有过辉煌的功业，如今也长眠于古墓里，早已化为了一抔黄土。因此，我们要惜时知变，切莫迂执。

唐朝的李白游历到曾经繁华一时的凤凰台。由眼前之景联想到历史，引发他对历史的感叹，从而写下了唐代律诗中脍炙人口的杰作《登金陵凤凰台》。李白感慨万分地说，吴国昔日繁华的宫廷已经荒芜，东晋的一代风流人物也早已进了

坟墓。那时的煊赫，在历史上留下了什么有价值的东西呢？诗人从“凤凰台”的时空变化入手，继续深入开掘其中的启示意义。“生子当如孙仲谋”的孙权，风流倜傥的六朝人物，以及众多的统治者，都已经被埋入坟墓，成为历史的陈迹；就连那富丽堂皇的宫殿也已经荒芜破败，变为一片残垣断壁。煊赫与繁华并没有留下可以纪念的东西。这里蕴含着李白独特的历史感悟，对权贵蔑视的态度显而易见。花草蓬勃，天地依旧，一切都按照规律变化发展着。这就是历史，这就是千古不变的兴亡史。

三国故事最早见于《三国志》。它是由西晋史学家陈寿在公元 280 年吴国灭亡、晋朝统一天下后开始撰写的。三国的历史经民间说书人不断宣传和介绍，到了明朝，关于三国的各种人物事件和历史发展已经相当完备。在此基础上，明朝人罗贯中总结前人的讲述并加上自己的再创造，写出了不朽名著《三国演义》。罗贯中和千百年来的民间说书人一道，以他们的艺术热情和创作能力，为我们带来了众多精彩的三国事件和鲜活的历史人物形象。诸葛亮和曹操也在人们千百年的争论和传播中，成了善和恶、忠和奸的代表。“古今多少事，都付笑谈中。”众多的三国人物已不再只是史书上的名字，他们和我们一样，都是曾经在世上生活过的、有血有肉的人。

420.【原文】功名富贵若长在，汉水亦应西北流。

【解悟 · 故事】功名富贵不可能永远存在，如果真的存在，那么本来东流的江水也会向西北流去。因此，我们不要沉迷于功名富贵，而要享受当下幸福。

莱特兄弟，即威尔伯 · 莱特和奥维尔 · 莱特，是美国发明家。1903 年他们成功地完成人类首次飞行试验后，兄弟俩名扬全球。虽然成为世界知名人物，然而他们完全没把名声放在心上，只是默默地工作，不写自传，不参加无意义的宴会，也从不接待新闻记者采访。一次，一位记者要求哥哥威尔伯发表讲话，威尔伯回答说：“先生，你知道吗？鹦鹉喜欢叫得呱呱响，但是它却怎么也飞不高。”

之后有一次，奥维尔和姐姐一起用餐，吃到一半，奥维尔顺手从口袋里摸出一条红丝带擦嘴。姐姐看见了问他："哪来的手帕这么漂亮？"奥维尔毫不在意地说："哦，这是法国政府发给我的荣誉奖章。刚刚嘴巴沾油没手帕用，我就拿来擦嘴了。"

人生百年，生不带来，死不带去，金钱充栋、位居庙堂又有何用呢？事实上，在现代社会中，每个人为了生存都要适应社会。在你适应这个纷繁社会的同时，要能守住心中的宁静，留下一片"净土"。

421.【原文】青冢草深，万念尽同灰冷；黄粱梦觉，一身都似云浮。

【解悟·故事】坟墓上长满了茂盛的青草，人的思想就跟灰烬一样消失了；白日梦做完了，小米却还没熟，醒来顿悟生前不管如何荣华富贵，死后都化作尘埃一场空。因此，我们要知道人生的短促，要珍惜时光，力争多做一些贡献。

相传唐朝时期，有个叫卢生的青年，旅途经过邯郸，住在一家客栈里。巧遇道人吕洞宾。相谈之间，卢生连连怨叹自己穷困，渴望得到荣华富贵。吕洞宾一番劝解不见成效，便让卢生在他的枕头上睡觉，并说："你枕着这个枕头睡，就可以获得荣华富贵。"这时，客栈主人正在煮黄粱饭。离开饭时间尚早，卢生就枕着这个枕头，先睡一会。不想一躺下去立刻做起梦来。在梦里，他娶了清河崔府里一位高贵而美丽的小姐，生活阔绰，十分体面。第二年，又考上进士，后来步步高升，做官一直做到节度使、御史大夫，还当了十年宰相，后来受封为燕国公。五个儿子，都和名门望族结了亲，而且也都做了大官；十几个孙子，个个都聪明出众。真是子孙满堂，福禄齐全。他一直活到八十岁。就在他高高兴兴庆祝八十大寿时，被阎王爷一脚踹中而醒，梦也就结束了。这时，他才发觉原来是做了一场梦，可客栈主人煮的黄粱饭还没有熟。卢生想想几十年荣华富贵，竟是短暂的一梦，十分惊异。吕洞宾笑道："人生就是这样！要想真正地享受荣华富贵，必须靠自己的双手去努力，去创造。"

人生在世，并不像做一场梦那样简单，而是要高瞻远瞩，为整个人类的发展做出自己的贡献，哪怕是很小很小，你也算在人世间没白来一趟。

422.【原文】人平不语，水平不流。

【解悟·故事】人的心灵宁静的时候就不会说闲言乱语，水在平的地方就不会流动。因此，我们要心平气和，保持平常心。

顺其自然

有个流浪汉，走进寺庙，看到菩萨坐在莲花台上受众人膜拜，非常羡慕。流浪汉说：“我可以和你换一下吗？”菩萨说：“只要你不开口。”流浪汉以为容易，就坐上了莲花台。他的眼前整天嘈杂纷乱，要求者众多。他始终忍着没开口。一天，来了个富翁。富翁说：“求菩萨赐给我美德。”磕头，起身，他的钱包掉在了地下。流浪汉刚想开口提醒，猛然想起了菩萨的话。富翁走后，来的是个穷人。穷人祈祷：“求菩萨赐给我金钱。家里人病重，急需钱啊。”磕头，起身，他看到了一个钱包掉在了地下。穷人说：“菩萨真显灵了。”他拿起钱包就走。流浪汉想开口说不是显灵，那是人家丢的东西，可他想起了菩萨的话。这时，进来了一个渔民。渔民说“求菩萨赐我安全，出海没有风浪。”磕头，起身，他刚要走，却被又进来的富翁揪住。为了钱包，两人扭打起来。富翁认定是渔民捡走了钱包，而渔民觉得受了冤枉无法容忍。流浪汉再也看不下去了，他大喊一声：“住手！”他把真相告诉了他们。一场纠纷平息了。这时，菩萨对流浪汉说：“你还是去做流浪汉吧。你开口自认为自己很公道，但是，穷人因此没有得到那笔救命钱，富人没有修来好德行，渔夫出海赶上了风浪葬身海底。你若是不开口，穷人家的命有救了，富人损失了一点钱但帮助了别人，而渔夫因为纠缠无法上船，躲过了风雨，至今还活着。”流浪汉听完，默默离开了寺庙。

有些事情，顺其自然，结果也许会更好。取中庸之道，心怀天下，处事不惊。可面对现实的时候，又有谁会知道，事物本身该有的结果是什么样子呢？静观其变，是一种能力；顺其自然，是一种幸福。

423.【原文】便宜莫买，浪荡莫收。

【解悟·故事】太便宜的货物不要买，不要收取来历不明的东西。因此，我们凡事要多留个心眼，不要贪小便宜。

陈大爷有个爱贪小便宜的毛病。一天，陈大爷听邻居说某保健品公司有个讲座，听完还赠送免费的保健品。陈大爷兴冲冲地去了。听完讲座后，销售人员宣称该保健品包治百病，尤其对调节血脂效果极佳。想到老伴血脂略高，陈大爷便赶紧领了一盒回家。接下来，在一次次的讲座的“洗脑”下，陈大爷购买了很多保健品。此外，还有保健床、治疗仪等保健器材。陈大爷和老伴每天拿保健品当药吃。两个月前，社区开展义诊活动，他和老伴一检查，发现血脂、血糖远超标准，心血管堵塞竟达到70%。后经住院治疗，各项指标才慢慢正常。

“便宜莫买，浪荡莫收”语出我国商界鼻祖计然，即范蠡的老师。看似一句普通的话，却是经商者的金科玉律，惠泽商界两千多年。除了商人的无德之外，还有买者贪图便宜的心理。所以，碰到有悖常理的便宜事，一定要三思而行。

424.【原文】不以我为德，反以我为仇。

【解悟·故事】不因为我善良的行为而歌颂我的大德，反而以怨报德，把我当作仇人并憎恨我。因此，我们要提高警惕，防范不识好歹、恩将仇报的小人。

晋国大夫赵简子到中山打猎，途中打伤了一匹狼。那狼落荒而逃，赵简子驾车穷追不舍。这时，计划前往中山国求官的东郭先生迷了路，困窘不堪时，突然那狼窜了出来，狼哀怜地说：“我遇难了，请赶快把我藏起来吧！我若能活命，今后一定会报答您。”东郭先生就腾空书袋，把狼装进袋中。不一会儿，赵简子来到东郭先生跟前，没打听到狼的去向，调转车头就走了。狼一出袋子就说：“幸亏你救我，可现在我饿得要死，干脆把你送给我吃，将我救到底吧。”边说边张牙舞爪扑过去。东郭先生慌忙躲闪。太阳快下山了，迎面来了位拄着藜杖的老人。东郭先生忙请老人主持公道。老人听了事情的经过，叹息地用藜杖敲着狼说：“你不是知道虎狼也讲父子之情吗？为什么还背叛对你有恩德的人呢？”狼狡辩说：“他用绳子捆绑我的手脚，用诗书压住我的身躯，分明是想把我闷死在不透气的袋子里，我为什么不吃掉这种人呢？”老人说：“你们各说各有理，我难以裁决。俗话说眼见为实，如果你能让他再把你往口袋里装一次，我就可依据他谋害你的事实为你作证，这样你岂不有了吃他的充分理由？”狼高兴地听从了老人的劝说，然而没有想到在束手就缚、落入袋中之后，等待它的就是老人和东郭先生的致命杖击。

东郭先生救狼一命，而狼却恩将仇报。所以，我们虽要心存善念，但也要提高辨别能力，认识事物本性。

425.【原文】有花方酌酒，无月不登楼。

追求雅趣

【解悟 · 故事】有花儿供欣赏时才去饮酒，没有月亮供欣赏时就不要登上高楼。因此，我们生活要有雅兴，讲雅趣。

王子猷，东晋大书法家王羲之之子。王子猷是个十足的怪人，他的许多行为都让人哭笑不得。有一次，他偶然要到别人的空宅院里暂住一段时间，人刚到宅子，便令家人种竹子。有人不解地问：“只是暂时住住，何必这么麻烦呢？”他吹着口哨歌吟了好久，才指着竹子说：“怎可一天没有这个君子呢！”又有一天，他出行经过江苏吴县，看到一户士大夫人家庭院中种有好竹，便径自闯了进去，旁若无人地欣赏起来。主人素知他爱竹，早已洒扫厅堂预备款待，不曾想他赏竹完毕，竟招呼也不打就要扬长而去。主人也不含糊，当即命家人关好院门，执意留客。本就落拓不羁的他对主人的这一招很是欣赏，“乃留坐，尽欢而去”。另有一天，他居住在山阴，那夜下大雪，一觉醒来，打开房门，往四处望去一片银晃晃的。他于是走来走去，吟咏起左思的《招隐诗》来。他忽然想起当时的大画家戴安道，而这时戴安道在剡地。他当夜即刻乘小船前往，过了一宿才到，走到门前没进去就返回来了。别人问是什么缘故，他说：“吾本乘兴而行，兴尽而返，何必见戴？”

人活在物质世界里，而物质满足是有限的，良田千亩，日食一升；人也要活在精神世界里，精神享受是无限的。富与贵可通过祖上或偶然因素获得，也容易失去，而雅则要通过自己长期学习、钻研才能获得，并将永远属于自己。

426.【原文】人有三句硬话，树有三尺绵头。

百步穿杨

【解悟 · 故事】再软弱的人也有三句硬话，再坚硬的树也会有三尺软的枝条。因此，我们看事物都要有相对性，尺有所短，寸有所长。

在某商店里，一个女顾客气势汹汹找上门来，喋喋不休地说：“这双鞋的鞋跟太高了，样式也不好。”商店营业员一声不吭，耐心地听她把话说完后，才冷静地说：“这样吧，我到里面去，再为您挑选一双，让您称心。如果您仍不满意的话，我愿再为您服务。”

这个女顾客的不满情绪发泄完了，觉得自己有些过分，又见营业员是如此耐心地回答自己的问题，也很不好意思。她的态度彻底反转，称赞营业员给她新换的实际上并无太大差别的鞋，说：“嘿，这双鞋好，就像是为我定做的一样。”营业员以慢对快，硬话软说，让顾客把怒气宣泄出来，达到了心理平衡，化解了这场纠纷。可见，想说硬话，有时还要用软的方式说出来，效果会更好。

古时有个射箭的人能百步穿杨，便觉得自己了不得。一个路过的卖油翁看过之后认为没有什么了不起，不过手熟而已。射箭的人不服气。于是卖油翁在油壶上放一枚铜钱，用油杓盛满油从铜钱眼里倒进油壶中去，油倒完后，铜钱眼的四周不沾油。这等功夫非十年八载能练成，而是一辈子的功夫。射箭人见状折服无语。一个人有所长，也会有所短。不仅要认识自己的长处以增强信心，而且要认识自己的短处，谦虚低调，取长补短。

427.【原文】一家养女百家求，一马不行百马忧。

【解悟·故事】一家有美貌的女儿，大家都会为自己的儿子去求亲；一匹马不走，马群会跟着犯愁也走不了。因此，我们既要对美好事物有所向往和追求，也要有大局观念，不要以小阻大。

陈光蕊是古典小说《西游记》中的人物，是个秀才，是唐僧的父亲。陈光蕊在唐太宗年间到达长安，正值大开选场，他就进场考试。考毕，中选。及廷试三策，陈光蕊得到唐王御笔亲赐状元，跨马游街三日。陈光蕊游到丞相殷开山门前，丞相有一女，名叫温娇，又名满堂娇，未曾婚配，正张灯结彩，抛绣球选婿。适值陈光蕊从楼下经过，温娇见陈光蕊气度不凡，又知是新科状元，心内十分欢喜，就将绣球抛下，恰好打着陈光蕊的乌纱帽。猛听得一派笙箫细乐，数十个婢妾走下楼来，把陈光蕊马头挽住，迎状元入相府成婚。

马是人类的亲密伙伴。历史上有很多名马，如项羽的乌骓马、吕布的赤兔马、刘备的的卢马等都有许多传奇故事并流传久远。虎门林则徐纪念馆展示了一匹具有忠义血性的马，它的主人是鸦片战争中的一位抗英将领。这位将领在与英军的浴血奋战中阵亡。这匹马被英国侵略者掳去后，表现出对主人的忠诚与依恋，最终绝食而亡。

现代社会是一个依靠团队取胜的社会，靠个人单打独斗难以取得大成就。只有完美的团队，没有完美的个人。

428.【原文】深山毕竟藏猛虎，大海终须纳细流。

【解悟·故事】深山之中藏匿着凶猛的老虎，大海需要吸纳涓涓细流。因此，我们要找准自己的社会位置，加强修养，使自己不断成长壮大。

大海对小水滴说："我周游了全世界，大家知道了我有多么伟大。你看，地球上绝大部分面积都由我掌管。你们小水滴算什么！"小水滴说："你别骄傲自大了。泉、江、河、湖等都是由成千上万个小水滴组成的，你也不例外。没了我们，你就只是个坑！"大海听了后，非常生气，打了一个浪，把海中的小水滴都抛上了陆地。大海奸笑着说："哈哈！没了你们，我照样可以生存！""哼！我们走！"千千万万的小水滴一气之下都走了。不久，大海就真的成了个坑。小水滴们来到陆地，没多久，它们就被干巴巴的土地吸干了。大海和小水滴们都有点后悔。大海不得不跑到太阳公公面前说："太阳公公，我想让小水滴们回来！"小水滴们也对太阳公公说："太阳公公，我们想回到大海里去！"太阳公公都答应了。太阳公公念起了咒语，并用魔杖指了一下小水滴们。小水滴们身上发出耀眼的光芒，并从土里、山间、树上等地方飞了出来，从各个地方汇流到了大海。太阳公公和大海都很高兴。小水滴们对大海说："对不起！我们不应该离家出走，我们向你道歉。"大海说："我也对不起你们！我不应该对你们发脾气"。于是，大海和小水滴们又和好如初了。我们每个人都是社会的一分子，脱离了社会大家庭，我们什么也不是。

大海一望无际、浩瀚千里，却是由一道道细流汇聚而成，没有细流也就没有大海。我们要想成就事业，受人尊敬，需要有高尚的品格和过硬的本领。一个人只有像海洋一样，心胸开阔、谦虚待人，才能交结朋友、集聚人才。

429.【原文】到此如穷千里目，谁知才上一层楼。

【解悟·故事】攀登到一个新台阶后以为到了一个很高的高度，后来才知道仅上了大厦的一层楼而已。因此，我们要知道天外有天，不要满足于小成就，应当追求更高的目标。

唐代王之涣写了首《登鹳雀楼》："白日依山尽，黄河入海流。欲穷千里目，更上一层楼。"后来，有个自恃高明的文人，当游览到鹳雀楼第二层时，竟有点得意忘形，提笔把王之涣的"欲穷千里目，更上一层楼"改为"到此已穷千里目，何须更上一层楼"。如此一来，反成了颓废怠惰，故步自封，受到人们的奚落，成为"狗尾续貂"的笑柄。到了清代，有个叫鄂容安的文人，只改了三个字，意思又完全变了："到此已穷千里目，谁知才上一层楼。"可见，文学艺术是永无止境的，任何自满自足的观点都有害无益。

从前有个穷孩子，父亲是鞋匠。父亲去世后，母亲为了生活不得不带着他改嫁。有一天，他有机会去拜见王子。他满怀希望，在王子面前朗诵诗歌，背诵剧本。表演完毕后，王子问他想要什么赏赐。这个穷孩子大胆地提出要求："我想写诗剧，并且在皇家剧院演戏。"王子把这个长着小丑般大鼻子的笨拙男孩从头到脚打量了一番，然后对他说："能够背诵剧本，并不表示能够写剧本，那是两码事。我劝你还是去学一门有用的手艺吧。"可是，穷孩子回家以后，打破了自己的储钱罐，向母亲和从不关心自己的继父道别，选择离家去追寻自己的理想。这时候，他才 14 岁，但他相信只要自己愿意努力，安徒生这个名字一定会流传千古。他到了哥本哈根，挨家挨户地按门铃，却没有人赏识他。他衣衫褴褛地落魄街头，却仍不减心中的创作热情。在 1835 年，他发表的童话故事终于吸引了世人的目光，开启了属于安徒生的新世界。他的童话故事被译成多种文字，除了《圣经》之外，没有任何一本书比得上。这时，距离他离开家已经 16 年了。

安徒生说过："只要你是一只天鹅蛋，就算是生在养鸭场里也没有什么关系。"——总有一天你会变成美丽的天鹅！你的梦想多大，你的人生就能走多远。

430.【原文】欲知世事须尝胆，会尽人情暗点头。

【解悟 · 故事】想要知晓世间所有的事情，必须大胆下一番功夫去尝试，甚至卧薪尝胆；想要明了世间百态，就要对人家或好或坏的言行都先表示赞同。因此，我们处理人情世故需要自己谦虚低调，善于赞赏别人。

春秋时期，吴国和越国发生了战争，越国被吴国打败。越王勾践被吴王夫差俘虏。勾践在即将亡国之际，卑辞厚礼，到吴国为奴，为吴王养马种菜，并亲尝吴王的粪便，而获得了生存的机会。后来，吴王释放了勾践，让他回到了越国国

都会稽。勾践在屋内吊了个苦胆，夜里睡在木柴上。他不仅天天都面对苦胆，连每天吃饭时都尝尝苦胆，还总是扪心自问：“你忘了会稽大败之辱吗？”最终，勾践在公元前473年打败夫差，灭掉了吴国。如果勾践没有这番苦难，没有卧薪尝胆的实践，就不会有兴越灭吴的强大动力。

一个人想要谙熟世事，必须经历风雨。爱听赞赏话是人类的天性。如果在人际交往中懂得赞赏他人，善于夸奖他人的长处，那么相互间的好感或友谊就会大大增加。每个人都有缺点，也有优点，看到他的缺点是事实，看到他的优点也是事实，为什么不多赞赏他人的优点呢？当然，这里所说的赞美，绝对不是违心恭维，而是真诚赞美。要把欣赏赞美他人作为一种生活习惯，才会体现出自己的谦虚、低调和努力学习的精神，才会让我们全心全意地去体味人情。

431.【原文】受恩深处宜先退，得意浓时便可休。

【解悟·故事】受到的恩惠太多时应该懂得退让，在人生得意时应该有危机感。因此，我们凡事要讲究适度，要懂得功成身退。

刘伯温是明朝的开国元勋。他通经史、晓天文、精兵法。他辅佐朱元璋创立帝业，建立明朝并努力保持国家的安定，因而驰名天下，被后人比作诸葛武侯。他以神机妙算、运筹帷幄著称于世。为朱元璋平天下、治天下立下了汗马功劳后，为免遭朝廷官场斗争的不测之祸，他上书明太祖，要求辞官过隐居生活。由于他青少年时立下的报国志得以实现，位至开国功臣之列，加上他生就豪爽刚正、疾恶如仇的性格，在为朱元璋出谋划策时曾得罪过宰相李善长等人。哪怕是对明太祖朱元璋，他也常常直谏不讳。因此，他想尽早从官场的漩涡中抽出身来，急流勇退。朱元璋同意了他的请求后，刘伯温回到故里，在乡间每日读书吟诗，饮酒下棋，谢绝同一切官府来往，静心修养。后来，胡惟庸当上了丞相，他对刘伯温曾经在明太祖面前不同意自己担任丞相一事怀恨在心，故意诬陷刘伯温在故里谋占有王气之地为自己墓地，图谋不轨。朱元璋因疑心极重，遂于第二年下旨剥夺了刘伯温的俸禄。

刘伯温被迫进京说明实情，不想在京积忧成疾，不久病逝。如果刘伯温在朱元璋登基称帝的前夕，不待封官列侯即隐退故里或山中寺院，恐怕也不至于后来遭到剥夺俸禄的冤屈。由此看来，任何时候的功成身退都宜早不宜迟，否则虽辞职也难保全。

432.【原文】莫待是非来入耳，从前恩爱反为仇。

香消玉殒

【解悟·故事】不要等到是非、麻烦找上门来时才知道放手，古往今来都是好到极致就会走向拐点，以致反目成仇。因此，我们要懂得把握分寸，不要轻信是非谣言。

有一年后山村民王小二不幸得了出血症，灾荒之年哪来的钱治病呢？家人看着奄奄一息的王小二，束手无策。这时，一位姓田的乡村郎中经过此地，给王小二把脉问治，从背篓里抓出一把草药根茎磨成粉用水冲泡给王小二内服。这药还真神了，服药没多久，王小二就很快好转起来。王小二全家对郎中的救命之恩深表感激，可郎中却不但分文不取，还留下了种子，吩咐好好种植，数年以后以备急需。

第二年，知府张大人的千金也得了出血症。知府爱女心切，就在衙门张榜寻找高手偏方。王小二听说此事后，前去揭榜。他不是为了重赏，而是希望能像田姓郎中那样治病救人。他将地里的草药挖出，将其根茎磨成粉用水冲泡给张小姐内服。可万万没想到的是，张小姐服用后，病情不但没好转，反而加剧，不久就死了。知府一怒之下，对王小二以谋杀定罪。王小二在公堂大呼冤枉，并将田郎中当年事迹如实说出，如今对张小姐的用药用法一模一样，不知何故会出现相反的结果。知府派人将田姓郎中拷来问罪。在公堂上，田姓郎中一语道破天机："这草药的确是有止血止痛的功效，是治疗出血症的首选偏方药物。而这种草药需在地里生长数年，也就是三至七年，才具有治疗功效。没有三至七年，如用于治病，非但无效，反而会起到相反的作用。"这时，人们恍然大悟，那王小二用来治疗的草药，还只在地里长了一年，自然会成为杀人草药。后人为记住这草药的特性，专门给它起名叫"三七"；为纪念善良的田姓郎中，也叫这草药"田七"。

任何事物的发展变化都有它的极限，盛极必衰，否极泰来，谋事一定要把握好度。可止则止，是避免灾祸的法宝；莫听是非，也是避免灾祸的方法。在现实社会中，是非谣言一样也可以杀人。一代影星阮玲玉就被谣言所伤害，香消玉殒。

433.【原文】贫家光扫地，贫女净梳头，景色虽不丽，气度自优游。

【解悟·故事】贫穷的家庭看上去也会光洁亮丽是因为将地扫得干干净净，贫困人家的女孩子看上去清清爽爽是因为将头梳洗得整整齐齐，虽然没有奢华的陈设和美丽的装饰，却能流露出一种高雅的气质。因此，我们要做到即使身处贫穷，也要勤奋努力，乐观向上。

从前，有一个长得很漂亮的女孩儿，她有一个恶毒的继母和两个心肠很坏的姐姐。父亲去世后，她便经常受到继母和两个姐姐的欺负，被逼着去做粗重的工作，经常弄得满身是灰尘，因此被戏称为“灰姑娘”。有一天，城堡里的王子举行舞会，邀请全城的女孩出席，但继母与两个姐姐却不让灰姑娘出席，她很伤心。这时，一个仙女出现了，帮助她摇身一变，成为高贵的千金小姐，并将南瓜变成马车，将老鼠变成车夫，又变出一双水晶鞋穿在了灰姑娘的脚上。灰姑娘很开心，赶去参加舞会，但仙女在她出发前提醒她，一定要在午夜十二时前回来，因为魔法会在那时解除。灰姑娘答应了，她出席了舞会。王子一看到她，便被迷住了，并立即邀她共舞。欢乐的时光过得很快，眼看就要午夜十二时了，灰姑娘只好跑走，在仓皇间留下了一只水晶鞋。王子很伤心，于是派大臣寻找能穿上这只水晶鞋的少女。最终大臣找到了灰姑娘，并识破了她的继母和两个姐姐的诡计。灰姑娘终于穿上了那双水晶鞋。王子很开心，向她求婚。从此，他俩过上了幸福的日子。

当我们无法选择贫穷与富贵时，用一种豁达的心态去延续快乐也是一种气度。如果改变不了当前的命运，就改变自己的心态，也许好运气就会随之而来。

434.【原文】器具质而洁，瓦缶胜金玉；饮食约而精，园蔬愈珍馐。

【解悟·故事】餐具质朴而干净，虽然是用泥土做的瓦器，也比金玉做的器皿要好；饮食简约且精心制作，即使是天天吃园子里的蔬菜，也胜过山珍海味。因此，我们做人要摒弃奢侈浮华，注重实在本质。

1783年9月3日，英国正式承认美国独立。11月2日，在新泽西州的洛基山，华盛顿向追随他征战多年的将士发表了告别演说。他说：“你们在部队中曾是不

屈不挠和百战百胜的战士；在社会上，也将不愧为道德高尚和有用的公民。”最后他公开表达了自己即将退出、过平民生活的热切愿望：“分离的帘幕不久就要拉下，我将永远退出历史舞台了。”两天后，华盛顿乘船离开纽约港，岸边送别的人流如潮。12月23日，华盛顿向联邦议会辞去一切公职，亲手交回了军队总司令的委任状，正式解甲归田，回到他日夜思念的故乡。在给一位朋友的信里，华盛顿说：“亲爱的侯爵，我终于成了波托马克河畔一个普通的百姓，在自己的葡萄架和无花果树下休闲纳凉，看不到军营的喧闹和公务的繁忙。我此时所享受的这种宁静幸福是那些贪婪追逐功名的军人们，那些日夜图谋策划、不惜灭亡他国以谋私利的政客们，那些时时察言观色以博君王一笑的弄臣们所无法理解的。我企盼能独自漫步，心满意足地走完我的人生旅途，我将知足常乐。”

诸葛亮曾告诫他的儿子说：“非淡泊无以明志，非宁静无以致远。”意思是：不看轻世俗的名利就不能明确自己的志向，不是身心宁静就不能实现远大的理想。淡泊是一种人生境界，能让你看清生命的本质。

435.【原文】无益世言休着口，不干己事少当头。

【解悟·故事】对社会没有好处的话不要说，不牵涉到自己的事就不要管。因此，我们要传递正能量，爱岗敬业，扎实而不越位。

玛丽·居里，世称居里夫人，波兰裔法国籍女物理学家、放射化学家。她开创了放射性理论，发明了分离放射性同位素的技术，并发现了两种新元素钋和镭。在她的指导下，人们第一次将放射性同位素用于治疗癌症。她是巴黎大学第一位女教授。她和丈夫的实验室条件极差，但他们热爱自己的职业，克服了各种困难。夏天，因为顶棚是玻璃的，里面被太阳晒得像一个烤箱；冬天，又冷得人都快冻僵了。居里夫人每次把20多公斤的废矿渣放入冶炼锅熔化，连续几小时不停地用一根粗大的铁棍搅动沸腾的材料，并立即投入实验，从中提取仅含百万分之一的微量物质。正因为她的这番努力，她才成为两次获得诺贝尔奖的第一人。

一个人在职场中首先要做好本职工作，钻研本职业务。要正确理解“不干己事少当头”，不是“各人自扫门前雪，不管他人瓦上霜”的狭隘。这里的“己事”是一个广义的概念，遵守法律法规，坚守道德底线，参与公益活动等都是一个公民的“己事”。在家庭和工作中要当好自己的角色，该别人做的事情应当让别人做，一般情况下不要去越俎代庖。

在发表言论之前要三思而后行。一句话说出去，是否真实，会产生什么影响，都要认真思考。公众人物和官员的言论影响广泛，更要慎重。要做到不信谣，不传谣，不在公开场合发表不利于社会和国家的言论，有批评建议可通过正当的渠道提出。

436.【原文】留得五湖明月在，不愁无处下金钩。

恢弘志士

【解悟 · 故事】只要留下五湖，有湖在就能见到月亮的倒影映在水里，就不愁没有地方放下金钩去钓大鱼。因此，当遭遇人生挫折时，我们一定要保持自信，才能克服困难。

诸葛亮是中国人心中智慧的化身，也是自信的典范，他在南阳卧龙岗时就对天下大势了然于胸。在刘备三顾茅庐请出山后，他就为刘备规划了三足鼎立格局，后面的实践证明了诸葛亮的自信。

毛泽东被《时代》杂志评为20世纪最具影响100人之一。毛泽东之所以成为伟人，是与他的自信心分不开的，他的革命生涯道路曲折，坎坷泥泞，但他始终没有丧失过信心。在井冈山时，当有人问他红军前途究竟应该如何估计的时候，他说：“星星之火，可以燎原。”当抗日战争进入相持阶段的时候，党内一些同志存在悲观情绪，毛泽东写下了著名的《论持久战》。他从国力、道义、国际等多方面进行了深入分析，告诉党内的同志和全世界人民，速胜论和亡国论都是错误的，抗日战争将是持久的，要经历三个阶段，结论是抗日战争的胜利属于中国人民。毛泽东的《论持久战》犹如黑暗中的灯塔，指引了抗日战争的方向。后来的实践证明了毛泽东的自信判断是完全正确的。

当面对挫折时，我们要增强信心，不能被眼前的困难所吓倒，更不能被重压压得趴下。人的生命是最宝贵的，因为它对我们每个人来说都只有一次。有了生命，才有机会。人的生命就好比是这“五湖”，有了这“五湖”还怕没有地方放下金钩去钓大鱼，实现自己的梦想吗？

437.【原文】休向君子谄媚，君子原无私惠；休与小人为仇，小人自有对头。

【解悟 · 故事】不要向君子去讨好献媚，君子原本就不会因为私情而给予恩惠；不要与小人结下仇怨，小人自然有他的冤家对头。因此，我们要追求高尚的情操，远离卑鄙的小人。

为齐桓公创立霸业而呕心沥血的管仲患了重病，齐桓公去探望他，询问他谁可以接受相位。管仲说："国君应该是最了解臣下的。"齐桓公欲任鲍叔牙，管仲诚恳地说："鲍叔牙是君子，但他善恶过于分明，这样是不可以为政的。"齐桓公问："易牙怎样？"管仲说："易牙为了满足国君的要求不惜烹了自己的儿子以讨好国君，没有人性，不宜为相。请国君务必疏远易牙、卫开方、竖刁这三个人，若宠信他们，国家必乱。"管仲说罢，见齐桓公面露难色，便向他推荐了为人忠厚、不耻下问、居家不忘公事的隰朋，说隰朋可以帮助国君管理国政。遗憾的是，齐桓公并没有听进管仲的话。后来，易牙听说了齐桓公与管仲的这段对话，便去挑拨鲍叔牙，说管仲阻止齐桓公任命鲍叔牙。鲍叔牙笑道："管仲荐隰朋，说明他一心为社稷宗庙考虑，不存私心偏爱友人。现在我做司寇，驱逐佞臣，正合我意。如果让我当政，哪里还会有你们容身之处？"易牙讨了个没趣，深觉管仲交友之密、知人之深，于是灰溜溜地走了。不久管仲病逝，齐桓公也就将易牙等三人撤职，永远不准入朝。

对待君子要心存敬意，不能以低俗手段去谋取私利，因为君子永远坚守原则和底线，不会因为私情而放弃。对君子献媚不仅得不到好处，而且会丢掉人格尊严，品尝尴尬苦果。现实中有君子，就会有小人。面对小人，最好的办法就是远离。当小人有意伤害你时，不妨冷静处理，让时间来证明一切，最好不要发生正面冲突，不然很有可能正中小人下怀。小人本性难改，自然会有很多死对头，让比小人更厉害的人去收拾他，会让他得到应有的下场。

438.【原文】名利是缰锁，牵缠时，逆则生憎，顺则生爱；富贵如浮云，觑破了，得亦不喜，失亦不忧。

【解悟 · 故事】名利如缰绳枷锁，一旦缠绕则生恩怨；富贵如天上的浮云，看破后，得到不用太高兴，失去也不用太忧伤。因此，我们要淡泊名利，明了富贵。

以正当途径与手段来获取名利富贵无可厚非，但如果是通过以权谋私、弄虚

禅境于简

作假等不正当手段来牟取名利富贵，带来的不但不是幸福快乐，反而是人生灾难。有贪官无视道德法纪，大肆侵吞国有资产，收受巨额贿赂，其结果是有命贪得，无命享受，为世人留下了深刻教训。

居里夫人一生有极高的成就，但她既不求名也不求利。她一生获得各种奖金、奖章，以及各种名誉头衔，却全不在意。有一天，她的一位朋友来她家做客，忽然看见她的小女儿正在玩英国皇家学会刚刚颁发给她的金质奖章，于是惊讶地问：“这是英国皇家学会的奖章，是极高的荣誉，你怎么能给孩子玩呢？”居里夫人笑了笑说：“我想让孩子从小就知道，荣誉就像玩具，只能玩玩而已，绝不能看得太重，否则将一事无成。”

有个财主携带很重的银子渡河，船至河中遭遇狂风巨浪而翻船。财主在水中挣扎，浮浮沉沉，岸上的人急忙呼救：“赶快扔掉银子逃命！”然而财主一边沉浮，一边紧紧抱住银子，在水中说：“我舍不得这些银子！”最终他沉入河底而丧命。我们要认清事物本末，生命与名利富贵相比，前者为本，后者为末。生命高于一切，生命乃人之根本。

439.【原文】若登高，必自卑；若涉远，必自迩。

登高望远

【解悟 · 故事】登到高处看到壮观景色就会觉得自己渺小，走得够远见识多了才会认识到自己浅薄。因此，我们要登高望远，才不会目光短浅。

陈胜年轻时，正值秦朝残暴统治时期，民众所受阶级压迫极深。他不甘心受人奴役，同情和自己命运相同的人。一次耕作中，他心中思考了许久，忽然停下来，走到田边，对伙伴们说：“以后如果有谁富贵了，可别忘了一块吃苦受累的穷兄弟啊！”大伙听了都觉得好笑：“咱们卖力气给人家种田，哪儿来的富贵？”陈胜不免叹息道：“唉，小小的燕雀怎能知道天鹅的志向呢？”后来，陈胜与吴广发动农民起义，建立了中国历史上第一个农民政权。这个政权虽然持续时间不长，但为推翻秦朝的严酷统治做出了巨大贡献。

有一位智慧的长者，谆谆告诫前来投诉或抱怨的学生：“当你在生活中遭遇困境或烦忧的时候，记住，去登高望远或去眺望大海吧！”远望时，视野辽阔，一望无际，会顿时生出平静安宁的感觉。这是为什么呢？长者慈祥地说：“由于心境的不同，平常生活中会缺少了解之心——没有真正了解人生的目的是在于不断地提升自己，而不是一味地追求名利、物欲等幻灭无常的存在。另外，也少了感恩心——不懂得珍惜你已经拥有的，反而羡慕你根本不需要的。”每当登高望远，与大自然亲密接触时，宁静安详之感会油然而生。如果你比别人站得高，当然也就会比别人看得远，看得深，看得全面，也就会“不畏浮云遮望眼，只缘身在最高层”的感慨。

440.【原文】磨刀恨不利，刀利伤人指；求财恨不多，财多终累己。

【解悟·故事】磨刀总嫌磨得不够锋利，但是刀过于锋利则容易割伤手指；寻求财富的时候总嫌不够充足，然而钱财多了反倒会害了自己。因此，做事要适度，求财也要适度。

刀并不是越锋利越好，就像锋利无比的刀无法剁大骨，因为刀越锋利越薄，用锋利的刀剁大骨容易造成刀刃卷曲。太滑头虚伪的人看似会办事，但若管理不好则会给单位带来麻烦。财富从来都是人们追求的目标，通过合理途径、付出智慧和汗水获得的财富无可厚非，但若是通过非法手段、突破道德底线而获得的财富，带来的可能是人生灾难。

有个男子廖某，用尽十万元家产，购买彩票数年，做梦都想中个百万大奖。他恨大奖与自己无缘之际，却意外得到了中头奖的消息，奖金高达1086万元。他一夜之间成了千万富翁，成了大家关注的焦点。就在各大媒体纷纷报道的同时，这个大富豪竟出人意料地将巨额奖金全部捐给了红十字会，接着在家中自杀。据廖某的妻子反映，在所有采访结束后的第三天，家中竟来了不速之客：一小偷翻墙入室，偷走了三部手机与5000元现金。廖某之后便想尽办法藏钱：存银行？不放心；放在家里？也不放心。他天天过着担惊受怕的日子，精神也几乎面临崩溃。继而又出现了不计其数的亲戚向他借钱，有的甚至拿刀逼他。他终于承受不住了，无奈之下，便做出了上述惊人的一幕。

追求财富时就怕财富不多，财富太多后又容易为财所累。在追求财富的过程中万万不能透支生命。现代职场许多人士普遍存在透支生命的现象，为了赶任务、追目标，经常夜以继日。对此，我们都应当讲究适度原则。

441.【原文】有福伤财，无福伤己。

【解悟 · 故事】有福的人受伤害无非损失点钱财，无福的人受伤害则伤及自身。因此，我们要破财惜福，珍爱人生。

有个印刷厂的黄老板刚买第一台机器回厂，就砸伤了一个工人，为了治疗工人花去了两万多元。同时，黄老板还欠了几万块钱的贷款。这样一折腾，整个人都崩溃了。黄老板的人生跌入了低谷，头发也从此白了。黄老板觉得兆头不好，想放弃刚起步的事业。一个同事劝慰道："你不要这样，俗话说'破财免灾'，你身体上的灾难有人帮你顶了，你应该振作起来，别人搞企业奠基还要杀鸡宰羊祭祀，你的事业开始之际见了红，日后自会兴旺发达。"听了他的话，黄老板的心豁然开朗，同事的话就像黑夜中的明灯。于是，黄老板开始认真对待自己的事业，他的印刷厂一步一步发展壮大，现在在当地也算是小有名气了。

奥尼尔的祖父是通用汽车公司前总裁查尔斯 · 威尔逊。奥尼尔在佛罗里达州的一栋豪华别墅里长大。她很小就懂得金钱的魔力，也深知金钱能让拥有它的人生活糜烂、精神空虚，甚至失去奋斗目标。在年少不羁的时候，奥尼尔把家族财富当成一种负担。奥尼尔的两个堂兄妹就因为抑郁最终自杀，她自己则一度酗酒成性。"当人们发现我很有钱之后，我们的关系就发生了变化，这让我苦恼，"她说，"因此我通常会保守这个秘密。"然而，奥尼尔在不惑之年却第一次感受到金钱带来的快乐。她邀请几个朋友登上自家的豪华游艇，一起在加勒比海欣赏海上风景。她说："那是一次有意义的经历，我打算把更多的钱分给别人。"1996 年，她设计了"富贵病工程"，专门为那些富有但不会处理与财富关系的人"会诊"。治病方法就是与他人一同分享财富。如今，成功走出财富阴影的奥尼尔忙于社会公益活动。她建立了工作室，在各地发表关于如何避免遭受财富之累的演讲。她还毫不吝惜地从祖父遗产中拿出一部分，捐献给各种环保组织。她终于成功地走出财富的阴影，精神上、物质上都一样充实。

442.【原文】病加于小愈，孝衰于妻子。

【解悟 · 故事】病刚有好转就不吃药了，病情会因大意而进一步恶化；娶妻生子就忘了父母的养育之恩，孝心也因偏爱妻儿而减退。因此，有病要坚持治疗，尽孝要有始有终。

有始有终

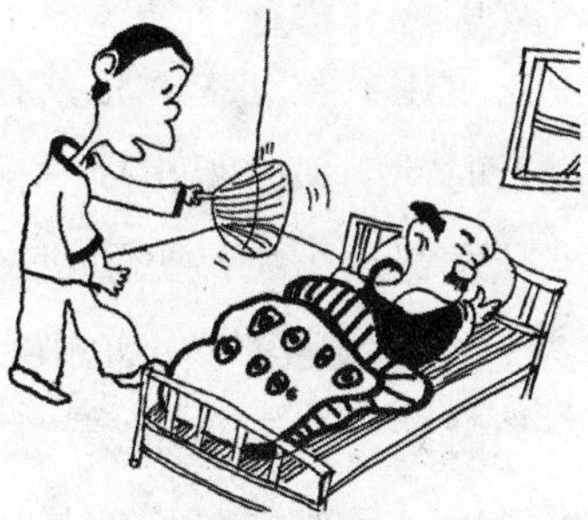

古代尧问舜说："人之常情是什么？"舜回答说："人之常情不好说，又何必问呢？有了妻儿，对父母的孝敬就减弱了；嗜好欲望得到满足，对朋友的守信就减弱了；爵位俸禄合乎心意，对君主的忠诚就减弱了。这是人之常情啊！但只有贤德的人才不是这样的。"

对于疾病，我们必须察其本、绝其源，坚持标本兼治，着眼于强健体魄、增强抵抗力，做到兵来将挡、水来土掩。对存在的毒瘤，不仅要发现一个割除一个，而且对坏细胞也要及时清理，切断病源，决不能让"病加于小愈"，毁了已经取得的疗效。

443.【原文】居视其所亲，达视其所举，富视其所不为，贫视其所不取。

识人有法

【解悟·故事】辨识一个人，就要看他平时与什么人交往，发达时能举荐什么人，富裕时不会做什么事，贫穷时不想取得什么。因此，我们在查看人才品性上，要重点考察人的德行，也要从中领悟到处世的哲学和做人的道理。

曾国藩善于识人。有人推荐了三个年轻人——张某、王某、刘某。曾国藩让他们等待了很长时间，然后悄悄走过去，在不远处停了下来，暗暗观察。他们三人在大厅前的庭院里站着，炎炎夏日，长衫已经汗湿。张某不停地观察着室内的摆设，似乎在思考；王某则低着头，规规矩矩站在庭院里；刘某相貌平庸，却气宇轩昂，背负双手，仰头看云。曾国藩又观察了好一会，刘某仍旧气定神闲地独自欣赏美景，而张、王已有微词。曾国藩又继续观察了一会，才悄悄回房，传令召见。他们一齐来到客厅，曾国藩微笑着请他们坐下，攀谈起来。渐渐地，曾国藩发现，张某和自己谈话最投机，自己的喜好习惯他似乎都早已熟悉，两人相谈甚欢。相形之下，另外两人口才就逊色多了。不过刘某口才一般，却常有惊人之谈，对事对人都很有看法，只是说话过直，让曾国藩有些尴尬。谈完话后，他们起身告辞。

待他们离开后，曾国藩立刻吩咐手下安排职位。出人意料的是，与曾国藩谈得最投机的张某只安了个有名无权的虚职；王某则被派去管理钱粮马草；而那个仰头看云，偶尔顶撞曾国藩的刘某却被派去军前效力。曾国藩还再三叮嘱，对刘某要重点培养。面对大家的疑惑，曾国藩哈哈大笑，说出了用人秘诀：“张某在庭院里等待时，便用心打量大厅的摆设，刚才他与我说话时，明显看得出他对很多东西不甚精通，只是投我所好罢了，而他在背后发牢骚发得最厉害，见了我之后却最恭敬，可见此人表里不一，善于钻营，不足托付大事；王某遇事谨小慎微，沉稳有余，魄力不足，只能做个刀笔吏；刘某等了那么长时间，却不焦不躁，还有心情仰观浮云，就这一份从容淡定，便是少有的大将风度，更难能可贵的是，面对显贵，他能不卑不亢地说出自己的想法，而且很有见地，这是少有的人才啊！”曾国藩一席话说得众人连连点头称是。“这个年轻人日后必成大器！不过，他性情耿直，很可能会招来口舌是非。”说完，曾国藩不由得一声叹息。刘某还真没辜负曾国藩的厚望，在后来的一系列征战中迅速脱颖而出，受到了军政两界的关注，并因为战功显赫被册封了爵位。不仅如此，他还在垂暮之年，毅然复出，率领台湾人民重创法国侵略军，从而扬名中外。他便是台湾首任巡抚刘铭传。不过，正如曾国藩所言，性情耿直的刘铭传后来被小人中伤，最终黯然离开台湾。

444.【原文】知足常足，终身不辱；知止常止，终身不耻。

【解悟 · 故事】知足的人就常能感到满足，一辈子都不会因为欲望太强烈而辱没自己；做事有分寸的人就常能有所节制，一辈子都不会做可耻的事情。因此，我们要知足常乐，当止则止。

有一个天使在人间送信的时候睡着了。醒来后，发现自己的翅膀被偷走了。他又冷又饿，来到一户人家门口，大声说道：“我是天使，请把门打开。”这家人打开门，问道：“你给我们带来了什么礼物？”天使回答：“我的翅膀丢了，没法回到天堂，没有礼物。”“没有翅膀和礼物的天使不算天使！”这家人把门关上了。天使又敲了几家的门，都遭到拒绝。后来，天使遇到了一个牧羊人，对牧羊人述说自己的遭遇。牧羊人说：“你即使不是天使，我也会给你一顿饭吃的。如果你没有别的事做，就留下和我一起牧羊吧！”天使在人间的确不会什么手艺，便留下牧羊。天使每天梳理羊毛时，会把那些掉落的羊毛留下，日积月累，他为自己织了一双羊毛翅膀，然后飞走了。过了几天，天使来答谢牧羊人，问他要什么。牧羊人说：“让我增加 100 只羊吧！”牧羊人愿意实现了，但他比过去更累了。他找到天使，请他把羊收回去，为自己盖一所大房子。牧羊人在大房子里住着，发现到处是灰尘，打扫不过来。他又用房子换了一匹马。牧羊人骑在马上，但不知要到什么地方去，就把马还给了天使。天使问：“你还要什么？”牧羊人回答：“什么也不要了。”天使说：“人向来都有很多愿望，你难道没有吗？”牧羊人回答：“愿望实现之后，我才知道我不需要这些东西，它们成了我的累赘。”天使说：“我送你一件无价之宝，那就是性格。你想有什么样的性格？”牧羊人说：“我已经有了这样的性格，那就是知足。”

人生最珍贵的东西有两个，一是得不到，另一个是已失去。而这两个最珍贵的东西却都是因为不知足。因为不知足，才有东西想要却不能拥有，才有得不到；因为不知足，才有失去，才有无法挽留的人、无法挽回的事。其实知足才是人生的大智慧。

445.【原文】君子爱财，取之有道；小人放利，不顾天理。

取财有道

【解悟 · 故事】君子也需要用钱财来维持生活，但他们总是通过正当的途径去取得钱财；小人在利益上不择手段，也不在乎道义和良心。因此，我们要取财有道，赐善于人。

齐国国王派人送了黄金给孟子，孟子拒绝了。第二天，薛国又送来黄金，他却接受了。孟子的学生陈臻十分奇怪，问道：“如果说昨天不接受齐国的黄金是对的话，那么今天接受薛国的黄金就应该是错的；反过来，如果今天是正确的，那么昨天就是错误的。这其中有什么道理呢？”孟子说：“在薛国的时候，当地发生了战争，国王要我为之考虑设防的事，所以我应该接受我劳动所得的报酬。至于对齐国，我没有做什么事，却赠金给我，显然是想收买我。你在哪里见过君子是可以用金钱收买的呢？所以，或辞而不受，或受而不辞，就我而言，都是根据道义来确定的。”

真正的君子并不是不爱钱，在该得的钱财面前，当仁不让；但在不义之财面前，却是视而不见。纵观古今中外，芸芸众生，或为名所动，或为利所惑，或为官而奔波，因此坑蒙拐骗者大有人在，而为此弄得家破人亡、身败名裂者也比比皆是。这些人到死也未必知道，其实人生最大的财富是健康。试想，连命都没了，高官厚禄、山珍海味，你如何享受？此语虽人人皆知，但要真正领悟，绝非易事。古人云：事能知足心常泰，人到无求品自高。把握好自己的欲望，给自己一份安宁，就能在各种各样的诱惑面前保住自己心灵的净土！

446.【原文】悖人亦悖出，害人终害己。

【解悟·故事】用不正当手段得来的东西同样会被别人以不正当手段夺去，想加害别人最终会害到自己。因此，我们要像君子那样，心存善念，多做善事。

王某曾是某市公安局副局长，事发前逃往美国。他想在美国过有钱人生活，可没想到以前在福州被他敲诈过的人，纷纷委托在美国的黑道向他敲诈。遭敲诈后的王某出门时既要防黑帮又要躲警察，连遇到在美国的老朋友都低头假装没看见。闷闷不乐的王某在2005年被检查出患有肝癌。2007年，王某在留下“一切都是报应”的临终遗言后命丧他乡。王某的悲惨人生为“悖入亦悖出”做出了生动诠释。

如果一个社会盛行违背道德、违反规则、践踏法律，就会出现一种可怕的社会现象和潜规则：某些人自己卖食品却不吃那种食品，因为他们知道所卖食品的来历及危害。其实，当你将有毒鱼肉卖给别人时，别人也有可能把有毒水果送上了你的餐桌。“我们可以放心吃什么”成了严重的社会问题。一个“利”字是罪魁祸首。古人早有“利令智昏”“见利忘义”的说法。职业道德教育应该强化。要杜绝毒奶粉、苏丹红鸭蛋、地沟油油条、甲醇白酒等事故发生，必须加强从业人员的职业道德教育，让从业人员知道遵守道德的益处和违背道德的危害，建立自律防线。如果不重视道德教育，不抓好治本工作，各种食品问题仍会层出不穷，危害社会。

447.【原文】人非善不交，物非义不取。

【解悟·故事】不与恶人为友，不取不义之财。因此，我们要慎重交友，淡泊名利。

范某曾是某市区环卫所所长，因交友不慎被戏称为“史上最倒霉的贪官”。工程项目承包商王某为了承包工程，通过关系认识了范某，并很快跟范某称兄道弟。

非善不交

范某在15个项目中一共接受了28万元“返利”。当范某不想继续与王某合作时，便遭到了王某的威胁，欲将暗中录下的资料交给纪委。范某除了将收受的28万元返还之外，另支付了王某40万元“封口费”。事情并未到此为止，此后范某不断受到王某敲诈威胁。无奈之下，范某把受贿及被敲诈情况如实向纪委作了交代，身心虽获得了安宁却受到了法律的制裁。

明朝施耐庵说：“人无礼而何为，财非义而不取。”人不是善良之辈不要交往，物不符合道义就舍而不取。热爱生命的人，必定也热爱生活，没有生活追求，美好便失去了吸引力。在日常生活中，我们不必过得轰轰烈烈精彩纷呈，淡泊名利才能追求到真正的自由。

古人面对“利”的取舍，是以“义”为准绳的。这样的取舍标准早已成为华夏儿女的义利观。社会中的人离不开与人打交道，在与人打交道的过程中会互相影响。如交到恶人则麻烦不断甚至被拖入泥潭。交到好朋友会受益良多，为一生之幸。如马克思与恩格斯、管仲与鲍叔牙，他们相互欣赏，倾力支持，被传为佳话。

448.【原文】身欲出樊笼外，心要在腔子里。

小隐于野

【解悟·故事】身处纷繁复杂的红尘而想要拥有更广阔的空间，内心却要踏实坚守。因此，我们要宁静致远，淡泊明志。

于成龙在明崇祯年间，曾考取过副榜贡生，倡导经世之学。清取代明之后，于成龙被提为广西罗城县知县，从此开始了其清正廉明的仕途生涯。此后，由于政绩昭著，又屡被提升，曾出任湖北武昌知府，福建按察使、布政使，直隶巡抚，两江总督等职。1684年，因积劳成疾，于成龙病逝于两江总督任所，死后谥号“清端”。其著作有《于清端公政书》。康熙二十年（1681），于成龙任直隶巡抚时，康熙就曾称誉他是“清官第一”。他病逝不久，康熙南巡时，在对各级官吏进行稽核考察的过程中，再次称赞他操守端严，始终如一，居官清正，为天下廉吏第一。

施世纶是清康熙年间有名的清官，人们赞誉他为“施青天”，他的事迹在民间特别是在江浙一带广为流传，大多记载在公案小说《施公案》中。《施公案》

主要记录了施世纶巧断奇案的故事，并且还有黄天霸等一批侠士辅佐施公折狱缉盗、惩恶扬善的故事，是一部在民间流传很广的侠义公案小说。

怎么面对复杂社会和滚滚红尘呢？自古以来就有大隐和小隐之分。所谓小隐，就是走出社会、远离红尘、不问政事、置身山水；所谓大隐，就是置身社会、面对红尘、坚守道德、履行职责。人要想超凡脱俗，首先必须心存善念，把心放正；要想有更广阔的发展空间，内心就必须踏实，不能心浮气躁。

449.【原文】勿偏信而为奸所欺，勿自任而为气所使。

【解悟 · 故事】不要偏听偏信，以免被奸人蒙蔽欺骗；不要因为生气就任性行事，以免被怨气所奴役。因此，我们要兼听则明，有容乃大。

有次，唐太宗问魏徵："身为君主，我要如何做才是明君，怎样做又是昏君呢？"魏徵回答："作为国君，如果只听一面之词常常会做出错误的判断。只有多听取意见，才能得出正确的结论，不至于被坏人蒙蔽而办错事情。"接着魏徵又说："从前尧帝深入民众之中了解情况，所以三苗作恶之事能及时掌握；舜帝耳听四面，眼观八方，所以共工、鲧、驩兜不能蒙蔽他。而昏君秦二世偏信赵高的话，而招来了杀身之祸；梁武帝偏信朱异的话，而自取台城之辱；隋炀帝偏信虞世基的话，而导致彭城阁之变。"唐太宗十分赞赏魏徵的观点并且身体力行，知错必改，从谏如流，为开创贞观之治发挥了重要作用。

清朝康熙年间有个大学士名叫张英。一天张英收到家信，说家人为了争三尺宽的宅基地，与邻居发生纠纷，要他用职权疏通关系，打赢这场官司。张英阅信后坦然一笑，挥笔写了一封信，并附诗一首：一纸书来只为墙，让他三尺又何妨？万里长城今犹在，不见当年秦始皇。家人接信后，让出三尺宅基地。邻居见了，也主动相让，两家中间就有了六尺宽的巷子。这个化干戈为玉帛的故事流传至今。宽容是一种美德，是一种境界。一个人学会了宽容，他就掌握了一种自我提高的有效方法。

450.【原文】差之毫厘，谬以千里。

【解悟 · 故事】最开始只相差了一点点，结果会造成很大的错误。因此，我们做事要认真细致，精益求精。

马虎先生

越南有位将士阵亡，因为他生前笃信佛教，家人特别安排按佛教的礼仪进行告别式。一般的佛教告别仪式中除了诵经外，主持法事的和尚通常会为亡者封棺说法。这一天主持法事的老和尚心想，这位亡者是军人，因为保卫国家而牺牲了自己宝贵的生命，我不如就用枪炮的声音来作为偈语吧！于是，老和尚说了一段话后，本应以佛教的偈语结束，他却用三声“砰！砰！砰！”替代了偈语。岂知这声音一出，在场的几百人，想到了战争的悽惨、残忍，人人悲从中来，不觉泪流满面，场面哀戚。当时在场的还有一个年轻的和尚，他看到老和尚的三声“砰”触动那么多的人，也不明白究竟为何，以为告别式用这种方法很好。于是在另一场由他主持法事的告别式中，如法炮制了老和尚的“砰！砰！砰！”结果全场的人不解其意，觉得很滑稽，忍不住都笑了出来，本来应该哀伤的场面，弄得尴尬不堪。

有位名画家正聚精会神地画着虎身，快完成时，一位慕名而来的老翁前来求画，希望画家帮他画一头马。画家满不在乎地在这幅尚未画虎头的画上画了马头。老翁看了觉得四不像，于是问画家：“这是马还是虎？”画家随口答：“马马虎虎。”而这个非马非虎的图像，却被烙进了画家的两个孩子心里。几年后，有次大儿子出门，看到邻居的马向他跑来，一时心急以为是虎，于是拔箭一射，把邻居的马射死了，最后只好赔钱了事。而后来二儿子出门旅游，经过山区时，看到一头老虎，他却误以为是马，不但没有走开，还迎面而去，结果丧身虎口。这消息传到了画家耳中，真是让他悔不当初。

451.【原文】使口不如自走，求人不如求己。

【解悟·故事】用口头讲还不如亲自走一趟把事办了，求别人还不如求自己来得稳妥。因此，我们要克服依赖性，努力成为一个自尊、自立、自强的人。

三毛原名陈懋平，后改名为陈平，她出生在重庆。1948年底，举家迁居台湾。童年的三毛并未立志当一名作家，她喜爱美术，幻想将来成为一个画家的妻子。三毛曾读过一本《三毛流浪记》，对她影响很大，从此便沉迷于书海之中，疯狂地爱上了文学。三毛早年的人生道路是崎岖坎坷的。就读于台北某女中时，三毛对数学不感兴趣，成绩很差，老师则以此嘲讽她。好强的三毛为不受歧视，发奋用功，终于获得了好成绩。但这位老师却误认为她作弊，竟在她脸上画圈，叫她

绕跑道跑步，在她幼小的心灵上留下了巨大的创伤。她忍无可忍，只好逃学。她父亲得知此事后，并未责怪她，而是让她休学。从13岁到20岁整整7年的时间里，三毛都是在家自学。她的父亲是一位律师，母亲也有很好的文学修养，都耐心教导她。三毛用功读书，孜孜不倦。她读唐诗、宋词，看《古文观止》《红楼梦》《水浒传》等，学绘画，弹钢琴，还学会了英、日、法、德文，尤为出色的是西班牙文。她的作品自成风格，生活气息浓厚，感情真挚。20世纪70年代中期，三毛的作品在台湾极为畅销，一度出现过“三毛热”。

我们一定要做自己命运的主宰。人要靠自己而且必须靠自己活着，依赖是成功的最大障碍，要养成独立的习惯。

452.【原文】为富兼为仁，愿生莫愿死。

【解悟·故事】人的一生中，既要谋求做富人，也要谋求做仁善的人；要求生不要去求死。因此，我们要做既富且仁的成功者，也要做珍惜生命的人。

孔子曾带领部分弟子周游列国14年。他建构了完整的思想体系：在个体层面主张“仁”“礼”。孔子的“仁”说，体现了人道主义精神。

雷曼兄弟公司是美国华尔街的老字号，是由来自德国的移民雷曼兄弟在1850年创立的，前身主营棉花和咖啡。公司成立100多年来，挺过了不少困难时期。但雷曼兄弟公司最终破产了，其落败的根本原因是不顾风险追求高额利润以及失信。2008年9月15日，在次贷危机加剧的形势下，美国第四大投行雷曼兄弟公司最终宣布申请破产保护。

有一个孤儿院的小男孩，常常悲观地问院长：“像我这样没人要的孩子，活着究竟有什么意义呢？”院长总是笑而不答。一天，院长给男孩一块石头说：“明天早上，你拿这块石头到门口的市场上去卖，但要记住，无论别人出多少钱，绝对不能卖。”第二天，男孩拿着石头蹲在市场的角落，意外地发现有不少人对他的石头感兴趣，而且价钱越出越高。回到院里，男孩兴奋地向院长报告，院长只是笑着点点头，然后要他明天拿到黄金市场去卖。在黄金市场上，有人出比昨天高10倍的价钱来买这块石头。最后，院长叫孩子把石头拿到宝石市场上去卖。结果，石头的身价又涨了10倍。由于男孩怎么都不卖，这块石头竟被传扬为“稀世珍宝”。男孩捧着石头回到孤儿院，把一切告诉给院长，并疑惑地问原因。院长望着孩子慢慢地说道：“生命的价值就像这块石头一样，在不同的环境下就会有不同的意义。一块不起眼的石头，由于你的珍惜而提升了它的价值，最终被传为稀世珍宝。所以，只要自己看重自己，自我珍惜，生命就有意义、有价值。”

453.【原文】人见白头嗔，我见白头喜，多少少年亡，不到白头死。

珍稀时光

【解悟 · 故事】别人看到头发变白就生气厌恶，而我看到头发变白的人却很高兴，你看那世上有多少人年纪轻轻就死了，并没有活到白头的时候。因此，我们要珍惜时光，尊敬老人。

传说东汉时有一个叫桓景的人，他的家乡突然发生大瘟疫，他的父母也因此病死了，所以他决定到终南山拜师学艺。有个叫费长房的仙人收了桓景为徒弟，给了他一把降妖青龙剑。桓景早起晚睡，勤学苦练。一天，费长房说：“九月九日，瘟魔又要来，你可以回去除害了。”还给了他茱萸叶子一包、菊花酒一瓶，并嘱咐他带家乡父老登高避祸。于是桓景便离开终南山回到家乡。九月九日那天，他领着妻儿、乡亲登上了附近的一座山。他把茱萸叶分给大家随身带上，瘟魔便不敢近身了。他又把菊花酒倒出来，每人喝了一口，避免染上瘟疫。桓景和瘟魔搏斗，最后杀死了瘟魔，从此家乡又恢复了平静，九月初九也成了登高避疫的日子。后来，九月初九被定为重阳节、老人节。

有两个人都住在山上。那山光秃秃的，看上去荒凉极了。第一个人很悲观，一边叹气一边在山脚下为自己修建墓穴。第二个人很乐观，在山坡上种了好多绿色的树苗。岁月悠悠，转眼过了40年。两个人都老了，第一个人眼泪汪汪地打开墓穴的门走了进去，再也没有出来了；第二个人却精神抖擞，在绿树下享受着丰收的喜悦。又过了许多年，山脚下的墓穴前长满了衰草，时有野狼出没；而山坡上花常开、树常青，闪耀着生命的辉煌。悲观与乐观都是种子，只不过前者结的果苦涩，后者结的果甘甜。只有珍惜时光的人才能品尝到甘甜的果子。

454.【原文】贼是小人，智过君子。

【解悟·故事】贼虽属小人，但在某些方面的智谋却胜过正人君子。因此，我们要提高警惕，防范盗贼。

有个人背着刚买来的一口新锅回家，途中把锅放在地上，站着休息。正好有一个盗贼从旁边经过，随手偷偷把地上的锅拿起顶在自己头上，也站在附近休息。那买锅人休息完准备上路，左找右找就是不见自己的锅，急得团团转。那贼却在一旁讥笑道："你怎么这样不小心！要像我这样把锅顶在头上，就不会丢了！你把锅放在地上，怎能不丢？"说完扬长而去。

有一个盗贼，白天从一户人家盗走一口磬，刚要出门，正好遇见这家的主人从外面回来。盗贼就问主人："老爹，买磬吗？"主人说："我家里有磬，不买。"盗贼就拿着磬径自走了。到了晚上，主人发现家里的磬不见了，才想起白天那个卖磬的原来是个盗贼，大呼上当却为时已晚。

由此可见，窃贼的随机应变能力极佳。但他们偷鸡摸狗，恶行满满，注定不会有好结果。作为正人君子，不应去想着谋取不义之财，而应想着如何防范窃贼小人，保护财产安全。

455.【原文】君子固穷，小人穷斯滥矣。

【解悟·故事】君子可以安于困厄、贫穷，小人遭受困厄、贫穷则会胡作非为。因此，我们即使身陷贫困，也要坚守自己的君子信念。

孔子周游列国到了卫国。卫灵公向孔子请教军事作战列阵之事。孔子说，对于俎豆（即礼乐文化）之事我懂；军事我还没学过，对不起，我不懂。其实，孔子并不是不懂，只是希望卫灵公不要发动战争，所以没说。对侵略战争，孔子是反对的，他第二天就带着大批学生们离开卫国。到了陈国，结果粮食断了，跟从的学生有很多因此病得起不来。这时子路很不高兴，颇有怨言，对孔子说："正人君子，也有穷途末路的时候吗？"孔子回答："君子即使困顿得无路可走了，但是还得坚守自己的原则。而小人就不同了，就会开始想歪门邪道，胡作非为了！"

一个人不论身处何种境遇，都应当考虑如何战胜逆境。现实生活的压力，也实在可怕，为了求生存，有人可能会铤而走险。只有坦荡地看待这个世界，才能真正做到安守困厄；而坦荡地对待世界后，安守困厄就变成了一件很简单的事，甚至是一件很快乐的事，内心不觉灰暗，反而会为自己的抉择感到自豪。能安守困厄的君子在必要时，既可以豪迈地牺牲，也可以低眉折腰地周旋于权贵之间，以等待时机。所以，坚持就是胜利！

456.【原文】壁有缝，墙有耳。

【解悟·故事】即使隔着一道墙，也可能有人偷听。因此，我们做事要小心，说话要谨慎。

有个高级工程师低价购买了三台二手复印机，将其硬盘拆卸接在电脑上，通过免费软件恢复了四万余份的信息，其中包括一些单位的医疗记录、个人薪酬记录、个人保单信息等个人隐私，并将此出售而赢利。他退休几年后因东窗事发锒铛入狱。复印机泄密易被忽视。一般人认为，复印机复印完就过去了，却不知它有存储功能，每页复印信息都被自动存储，其存储器可存储海量的图片信息。即使是使用单位的复印机也要慎重。因为复印机坏了可能去送修，也可能直接丢弃、变卖，一些私密信息就有可能被别人恶意窃取、利用。

本·拉登是全球恐怖组织——基地组织的首领。他被美国政府指控为1998年美国大使馆爆炸案和2001年“9·11事件”的幕后主谋，名列联邦调查局十大通缉要犯榜。大家普遍认为他藏身于阿富汗与巴基斯坦边境一带，甚至有人说他早已死亡。美国一直抓不到他，就是因为他从不使用手机，所以查无踪迹。可没想到的是他的得力助手阿布·祖巴耶达赫因为使用手机暴露了藏身之地。2011年5月2日，美国总统奥巴马发表声明，宣布本·拉登在巴基斯坦阿伯塔巴德的一座豪宅里被美国海豹突击队第六分队突袭击毙。

现在手机功能强大，因此有很多人的手机上储存着私密图片、文字、银行卡信息等。一旦手机意外遗失，可能遭到金钱损失和敲诈勒索。所以，为了保障自身的隐私和安全，一定要多留个心眼，多一分谨慎。

457.【原文】好事不出门，恶事传千里。

【解悟·故事】好的事情不易传播出去，而坏事情则一日可传千里。因此，我们

要谨言慎行，养成良好的品行习惯。

说起武大郎和潘金莲，大家可能并不陌生。《水浒传》上记载潘金莲天生丽质，却嫁给武大郎为妻。武大郎貌丑家贫，其弟武松却天生神勇，醉打白额虎，更被委为都头之职。潘金莲一直嫌弃武大郎，后来竟在王婆的撺掇下与西门庆勾搭成奸，被卖梨的郓哥撞到后告知了武大郎。武大郎捉奸不成反被西门庆一脚踹到胸口，躺在床上半个多月。这期间潘金莲不但不管不问，反而变本加厉地折磨他。武大郎实在没办法，只得拿武松吓她，好让她请郎中来帮他看病。谁知潘金莲与西门庆商议后，反将武大郎毒死。最后，武松将西门庆和潘金莲一同杀死，为哥哥报仇雪恨。

《水浒传》虽然是文学作品，但里面的许多角色却用了真实姓名，因而影响着其子孙后代。得到褒扬者，其后人洋洋得意；而真实形象被歪曲者，其后人则愤愤不平。武大郎的后人一直在为这桩历史冤案鸣冤叫屈，并通过多种方式为他们的祖先平反昭雪。河北省清河县城郊就有武植（武大郎）祠。有人致力于为祖先武大郎平反的工作，有人还出版过关于武大郎和潘金莲的著作。据说，真实的武大郎并非相貌丑陋的矮子，其身高应该超过了一米八。武大郎好学上进并考取进士，担任过阳谷县令，是一位清正廉明、造福民众的好官。潘金莲并非与人私通、毒杀丈夫的妇人，而是一位识文断字的大家闺秀和充满爱心的贤内助。武松并非武大郎的弟弟，武松生活在北宋时期，武大郎则生活在明朝永乐年间。

458.【原文】之子不称服，奉身好华侈，虽得市童怜，还为识者鄙。

【解悟 · 故事】一个人吃穿住行都很豪华奢侈，却与自己身份不相吻合，即便有市井之人爱怜他、羡慕他，但遇上有识之士也会嗤之以鼻。因此，我们做人做事都要不好虚荣，讲究本色。

有一种叫银鼠的小动物，非常珍惜自己的洁白皮毛，凡是碰上肮脏的地方，它就不去。猎人们掌握了它的这一特点，就在它经常出没的地方堵上污泥。银鼠见污泥就蹲着不动了，宁可被猎人捉去，也不愿穿过污泥弄脏自己皮毛。动物为了“尊严”尚且如此，何况我们人呢？生活中，一些人见风使舵、阿谀奉承，这样的人便失去了本色，甚至失去了人格。相反，那些表里如一、善始善终的人们，不因遭遇的好坏而改变自己的目标、信仰。保持本色，一个人才能绽放属于他自

己的无限魅力。

以本色做人，无欺无诈，会赢得尊重与爱戴。而那些所谓的“君子”爱慕虚荣，冒充富贵，尽管被市井之人所爱怜和羡慕，也可能会因机关算尽太聪明，反误了性命。能到极处反成愚，更容易吃亏，总会被有识之士看穿而遭鄙视，不如本色做人，率真处世，活得才坦然。要坚信世界上还是好人多，千万不要太偏激了。

459.【原文】天下无不是底父母，世间最难得者兄弟。

【解悟·故事】天下没有不对的父母，世上最难得的是兄弟姐妹。因此，我们要回报父母之恩，珍惜兄弟姊妹之情。

“目连救母”是一个佛教故事。目连的母亲青提夫人，家中很富裕，然而吝啬贪婪，目连却极有爱心且孝顺。青提夫人趁目连外出时，天天宰杀牲畜，大肆烹食。青提夫人死后被打入阴曹地府，受尽苦刑的惩处。目连为了救母亲因而出家修行，得了神通，到地狱中见到了受苦的母亲。目连心中不忍，但他母亲因生前的罪孽，不能走出饿鬼道，给她吃的东西没到她口中，便化成火炭。目连无计可施，十分悲哀，只好祈求于佛祖。佛祖十分感动，便于七月十五日建盂兰盆会，借十方僧众之力让其母吃饱。目连乃依佛嘱，于是有了七月十五设盂兰供养十方僧众以超度亡人的佛教仪式。青提夫人得以吃饱转入人世，却投生为狗。目连又诵了七天七夜的经，使母亲脱离狗身，进入极乐世界。

汉朝有个叫姜肱的人，他有两个弟弟：仲海和季江。他们兄弟三人非常友爱。有一次姜肱跟他的一个弟弟一同外出，结果半夜路遇强盗。强盗面目狰狞，手里嚣张地晃着匕首，一步步逼近抱在一起的姜肱两兄弟。突然，姜肱把弟弟推到身后，并走上前一步说：“我弟弟还小，我是做哥哥的，我可以死，请你放他一条生路。”这时，后面的弟弟也走上前来说：“不！你不可以伤害我哥哥，还是杀我吧！”兄弟俩都争着把生的权利让给对方，想到兄弟俩就要生离死别，俩人不禁抱在一起痛哭流涕。盗贼也不是铁石心肠，因饥寒才起了盗心，只抢了些财物便匆匆离开了。

对“天下无不是底父母”要正确理解，父母并不是圣人，也会有犯错的时候，问题是要学会正确对待父母的过错。父母有过错时，应小心劝导，劝导时态度要诚恳，声音必须柔和。如果父母不听规劝，要耐心等待，一旦父母情绪好转或高兴时，再继续劝导，直到父母改过为止。因为家庭是讲“爱”的地方，不是讲“理”的地方。

460.【原文】青出于蓝而胜于蓝，冰生于水而寒于水。

【解悟·故事】靛青是从蓼蓝中提取的，却比蓼蓝的颜色还要深；冰是水凝固而成的，却比水还要冷。因此，我们要刻苦学习，要有超过自己老师的精神。

有一年，疾病流行，华佗亲眼看见许多人被病痛折磨得死去活来。为了解除病人的痛苦，华佗立志学医。他风餐露宿，历尽艰辛，来到西山，拜精通医术的老人为师。师父说：“这里有许多病人，你就专心侍候他们吧！”华佗一面耐心地侍候病人，一面留心观察每个病人病情的变化和用药情况。因此，在三年里头，他懂得了不少的病源、病理和用药方法。三年过去以后，师父要他读些医书、药典。从此，华佗不分昼夜，如饥似渴地攻读起医书来。暑去寒来，又是三年。一天，华佗正在读书，忽然有人跑来说：“师父病了，你快去看看！”华佗连忙跑去，只见师父两眼紧闭，手脚僵硬。他摸摸师父的额头，又按按师父的脉搏，然后笑着说：“师父无大病，自会好的。”人们都责怪华佗不懂医道。就在这时，师父突然坐起来哈哈大笑说：“华佗说得对！我是故意装病，试试你们的本领。”众人听了，个个惭愧，不得不佩服华佗的本领。

后魏人李谧，学习很用功，少年时代就读了很多书。他的老师孔璠学问本来也不错，可几年以后，李谧就胜过了老师。那时，孔璠反过来要向李谧请教了。正如韩愈在《师说》中所说：弟子不必不如师，师不必贤于弟子。

461.【原文】不痴不聋，不作阿姑阿翁；得亲顺亲，方可为人为子。

【解悟·故事】不装痴作聋，就做不了公公婆婆；顺从父母、让父母得到满足，才可成为一个有德行的人，才具备做儿子的资格。因此，做长辈的对晚辈要宽宏大量，做晚辈的要孝顺长辈。

郭子仪的儿子郭暧是驸马。有一天与妻子升平公主发生激烈争吵，郭暧气急

之下骂升平公主："你依仗你父亲是皇帝就了不起吗？那是我父亲嫌皇帝不好才不做的。"升平公主听后便哭哭啼啼跑到父皇唐代宗面前告状。唐代宗对升平公主说："你有所不知，郭子仪确实是嫌天子不好才不做的。否则，江山岂是我们李家的。"升平公主听后不解恨仍然啼哭不止，唐代宗劝升平公主赶快回婆家。郭子仪知道儿子犯了大忌，有可能带来杀身之祸，便命人将郭暧五花大绑押至朝堂待唐代宗问罪。谁知唐代宗不仅没有怪罪，反而安慰郭子仪说："俗话说得好，'不痴不聋，不作阿姑阿翁'。小孩子家帐子里面的话，您为何要听啊？"还给了郭子仪父子一些奖赏，劝他们带升平公主赶快回家。一场大祸化于无形。可见郭子仪不愧为一个明理的父亲，唐代宗也不愧为一个开明的君主。

人生在世并不需要太过于聪明，"痴"一点、"聋"一点又何妨。这里的"痴"并非真正的"痴"，而是"装痴"；这里的"聋"也不是真正的"聋"，而是"装聋"。真正的"痴"和"聋"是一种生理疾病，"装痴""装聋"则是悟透了本质、放弃了枝节的大智慧。孔子说"六十而耳顺，七十而从心所欲，不逾矩"。有些话，有些事，在年轻的时候听不进，不顺耳，甚至会做出激烈反应。到了六七十岁之后，就能听得进，能理解。对晚辈的言行不要过于计较，有时装痴作聋更有利于家庭和谐。

做晚辈的为人之道就是要孝顺父母长辈。如果常常把父母长辈的话当成耳边风，甚至动辄教训父母长辈，跟父母长辈发脾气，这就谈不上是一个合格的子女。

462.【原文】处骨肉之变，宜从容不宜激烈；当家庭之衰，宜惕厉不宜委靡。

【解悟·故事】处理亲人间的变故，手段要从容而不能过于激烈；遇到家庭衰败之时，要警惕戒备而不能消极懈怠。因此，我们要注重亲情、宽容大度，面对家庭困境要树立信心、奋发图强。

康熙十四年，康熙立二阿哥胤礽为皇太子，结果胤礽变得骄纵与蛮横并结党营私。康熙四十二年康熙杀索额图，父子关系趋于紧张。康熙四十七年，康熙帝宣布废除太子，之后众多阿哥开始觊觎太子之位。大阿哥胤禔是庶长子，一向不被康熙喜欢，自知无望，向康熙提议立八阿哥胤禩，又说要替父杀掉胤礽。康熙极为寒心，对其严加训斥，同时对八阿哥胤禩严加提防。八阿哥胤禩小时候被大阿哥的母亲惠妃抚养，故大阿哥对他感情较好。这时三阿哥胤祉揭发大阿哥加害胤礽之事，康熙将大阿哥囚禁。康熙四十八年三月恢复胤礽太子地位。康熙五十年末，康熙帝被告知太子结党营私。康熙五十一年九月再次下诏废太子。此时，八阿哥胤禩转而支持十四阿哥胤禵（四阿哥同母之弟），九阿哥、十阿哥附庸八阿哥。十三阿哥胤祥附庸四阿哥胤禛。四阿哥胤禛在太子首次被废后，仍为胤礽说好话。胤礽二度被废之后，四阿哥胤禛看到胤礽绝无复立之可能，开始结党营私，窥视储位。这时形成了以胤禛为首的“四爷党”和以胤禩为首的“八爷党”两大势力。康熙六十一年，康熙帝病故，当时“八爷党”支持者十四阿哥胤禵远在西北，四阿哥胤禛留京。康熙近臣、步军统领隆科多（胤禛的舅舅）宣布康熙遗嘱宣胤禛继承皇位，是为雍正帝。九子夺嫡以康熙帝皇四子雍亲王胤禛取胜告终。雍正登基后，“八爷党”均遭到迫害。雍正为防止再出现兄弟间争夺皇位的悲剧，从此实行秘密立储制度，不再公开设立太子，由皇帝写诏书并放置于乾清宫正大光明匾额后，直到皇帝驾崩才能打开并宣布继承人。

骨肉之情是一种特殊的血缘关系，因为密切且利益攸关，因此易产生冲突，激化矛盾。俗话说“三十年河东三十年河西”，世事是变化的，当家庭遇到灾难，受到挫折之时，家庭成员应当汲取教训，树立信心，共克难关。

463.【原文】是日一过，命亦随减。

【解悟·故事】这一天一过，寿命也随之减少一天。因此，我们要珍惜时光，活好当下。

秦始皇出生于赵国都城邯郸，13 岁继承王位，39 岁称皇帝。他是中国历史上著名的政治家、战略家、改革家，是首位完成华夏大一统的人。他建立中国历史上首个多民族的中央集权的封建国家，并采用三皇之“皇”、五帝之“帝”构成“皇帝”的称号，是历史上第一个称皇帝的封建王朝君主。他灭六国、一统江山之后，非常希望长生不老，永享荣华富贵。他一方面大兴土木，征集全国劳工修筑万里长城和阿房宫；另一方面尝遍天下“长生”仙丹，并被方士徐福骗去巨额钱财。本想“长生”仙丹能带来长寿，可谁知只活了 50 岁便暴死，本想秦朝江山千秋万代却二世而亡，成了历史上想主宰时间却根本无法主宰的笑柄。

假如我们有一笔资金，而这笔资金又是今生唯一的，应该怎么投资呢？如果是精明的商人，一定会用在收益最大的地方，而不是东投一点、西用一点，最终一无所获。时间就是我们这辈子拥有的唯一资金，而这笔资金非常有限，我们一生可用的时间并不多。所以，我们应该找准方向，精确目标，并为之努力奋斗。

“时间就是生命”，我们听了这样的警策语，常常会有急迫感。生老病死是人生的自然规律，谁都无法抗拒。但我们要珍爱生命，珍惜时光，把每天都活出精彩。做好当下的事，珍惜身边的人，学会享受当下的生活，不用多愁善感、杞人忧天。要相信太阳每天都是新的，明天会更好。

464.【原文】务下学而上达，毋舍近而趋远。

【解悟 · 故事】通过学习积累知识从而探索事物规律，不要忽视近处的事物而追求不切实际的东西。因此，我们要刻苦学习，找准思路，从实际出发。

伽利略 1564 年生于意大利的比萨城。那时，他家已经很穷了。17 岁那一年，伽利略考进了比萨大学。在大学里，伽利略不仅努力学习，而且爱思考，喜欢向老师提出问题。哪怕是人们司空见惯的一些现象，他也要弄个一清二楚。然而，家庭生活的贫困，使伽利略不得不提前离开了大学。失学后，伽利略仍旧在家里刻苦钻研数学。他不断努力，在数学研究中取得了优异的成绩。21 岁时，伽利略已经名闻全国，人们称他为“当代的阿基米德”。在伽利略之前，古希腊的亚里士多德认为，物体下落的快慢是不一样的。它的下落速度和它的重量成正比，物体越重，下落的速度越快。人们一直把这个违背自然规律的学说当成真理。年轻的伽利略根据自己的经验推理，大胆地对亚里士多德的学说提出了疑问。经过深思熟虑，他决定亲自动手做一次试验。这一天，他带了两个大小一样但重量不等的铁球，一个是实心的；另一个是空心的。伽利略站在比萨斜塔上面，两手各拿一个铁球，对着塔下观看的人群大声喊道：“你们看清楚，铁球就要落下去了。”说完，他把两手同时张开。人们看到，两个铁球平行下落，几乎同时落到了地面上。所有人都目瞪口呆。伽利略的试验，揭开了落体运动的秘密，推翻了亚里士多德的学说。

我们做事不应该舍近求远，应从身边做起，从小事努力。有的人在家不好好孝敬自己的父母长辈，却跑到庙里去烧香拜佛；有的人一遇到不顺心的事，便把责任都推卸在别人身上，甚至埋怨老天对自己不公。曾国藩不怨天、不尤人，始终抱着一颗平常心，却有着“但反身争个一壁清”的决绝，等待来日打个翻身仗，所以能扶摇直上。

465.【原文】量入为出，凑少成多；溪壑易填，人心难满。

贪蛇吞象

【解悟 · 故事】根据收入来计划支出，要积少成多；溪流和沟壑容易填满，而人的欲望则永无止境。因此，我们要努力创收，合理消费，同时也要知止不殆。

宋朝时，张乖崖在崇阳当县令。当时，常有军卒侮辱将帅、小吏侵犯长官的事。张乖崖认为这是一种反常的现象，下决心整治。一天，他在衙门周围巡视。突然，他看见一个小吏从府库中慌慌张张地走出来。张乖崖喝住小吏，发现他头巾下藏着一文钱。那个小吏支吾了半天，才承认是从府库中偷来的。张乖崖把那个小吏带回大堂，下令拷打。那小吏不服气地说：“一文钱算得了什么！你也只能打我，不能杀我！”张乖崖大怒，判道：“一日一钱，千日千钱，绳锯木断，水滴石穿。”为了惩罚这种行为，张乖崖当堂斩了这个小吏。这个小吏就是利用积少成多的原理去满足个人的私欲，自当受到惩罚。

我国历史上的多数王朝都采用量入为出的财政原则。到了唐朝德宗时，宰相、理财家杨炎提出了与之相反的思想。他说，国家的一切开支应“先度其数而赋予人，量出以制入”。他把国家一切开支先估算出一个数额，然后定出税额向人民收取。这一原则就是“量出制入”。

人心不足蛇吞象。溪壑从外形上看比人心大得多，但填平溪壑比较容易。人的欲望则是无限的，难以满足。相对于无限的欲望，社会资源总是有限的。人的欲望能否得到满足不在于物质和精神需求的数量，而在于自我满足的感受，即知足。如果不能知足常乐，调整好心态，就永远也不会有幸福感，还有可能带来灾祸。

466.【原文】用人与教人，二者却相反，用人取其长，教人责其短。

【解悟 · 故事】任用人与教育人，方法完全不一样，任用人在于用其所长，教育人在于补其所短。因此，我们要正确任用和培养人才，取长补短。

有一家冲洗公司，底片处理员在漆黑的暗房里摸索操作，不仅动作慢、效率低，而且经常出现差错，有时不小心碰到一些设备还会对设备造成损失。老板知道这件事后，经过思考，想出了一个妙招，通知人事部门改聘盲人到暗房工作。奇迹发生了：在暗房里，盲人的工作效率比正常人高出许多。原来正常人每小时最多只能冲 120 个胶卷，改用盲人后，每小时却能冲 160 个胶卷，效果非常明显。同时，因为安排大量残疾人从事冲洗业，冲洗公司还受到了政府部门的表彰。

15 世纪葡萄牙的称霸是从海洋开始的，亨利王子是推动葡萄牙航海事业的第一大功臣。葡萄牙的迪亚士、达·伽马等航海家陆续发现并开辟了海上航道，由此获利无数，进而引发了欧洲列强的垂涎，开始了所谓地理大发现的时代。亨利王子认识到人才在征服陌生海洋中的作用。他倾其所有主持建立了人类历史上第一所国立航海学校，为航海事业培养了一批又一批的人才。他还成立了一个由数学家、天文学家组成的委员会，把数学、天文学理论应用在航海上，使航海成为一门真正的科学。恩里克王子的航海学校为葡萄牙称霸世界奠定了坚实的人才与科学基础，令后人赞誉。

467.【原文】打人莫伤脸，骂人莫揭短。

【解悟·故事】打人时别伤着别人的脸，骂人时不要去揭人家的短。因此，我们要给他人留有余地，不能损害他人的尊严。

美国经济大萧条时期，一个饥寒交迫的流浪汉敲开一户人家的大门，请求提供给他一个干活的机会，以换取一顿简单的饭食。一个老人打开门，他看了看流浪汉那饥饿而疲惫的样子，又看了看院子东边的一堆木柴，高兴地说：“正好那边有堆木柴挡路，请帮我把它移到西边的院墙下吧。”于是流浪汉非常高兴地帮老人把木柴搬运到西边。当他干完活的时候，善良的老人早已给他预备了一桌丰盛的饭菜。流浪汉饱餐一顿之后，又心满意足地上路了。老人的孙子看到那堆木柴总是被不断前来干活求食的人搬来搬去，一直弄不明白祖父的用意。直到自己长大后，在一次探险途中钱尽粮绝，不得不像当年的流浪汉一样，向沿路的人家寻求活干以获取一日三餐的温饱时，才彻底明白了祖父的用意。当年，祖父就是用那堆平常的木柴，维护了别人的尊严，点燃了许多前来干活求食的人心中的希望。

人的外表是内心的图画，相貌表达并揭示了人的整个性格特征。当我们面对爱因斯坦的肖像时，即使没有读过他的著作，我们从他的宽容、幽默、略带忧伤的神情就能判断出他是一位智者。有趣的是，中国的圣人孔子和西方的圣人苏格拉底都是相貌极其古怪的人，但是，历史并未留下人们认为他们面貌丑陋的记载。一个人相貌并不重要，重要的是他的智慧、德行、教养。

468.【原文】仕宦芳规清慎勤，饮食要诀缓暖软。

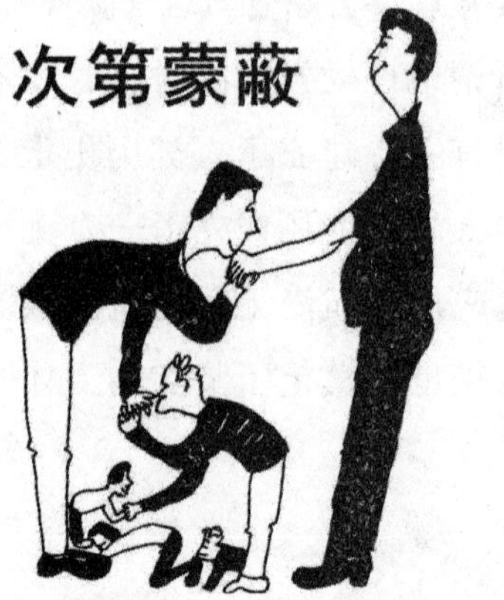

【解悟·故事】为官要遵循清廉、谨慎、勤勉的原则，饮食应牢记缓和、适温、柔软的要诀。因此，我们要想仁途通达、长命百岁，就应该为官有则、饮食有度。

康熙是中国历史上在位时间最长的皇帝，他在少年时就挫败了政治对手鳌拜，取得了对三藩、沙俄战争的胜利，并消灭了台湾的郑氏政权，显示了他卓越的军事指挥才能。他开启了康乾盛世的序幕，是位英明的君主、伟大的政治家，有“千古一帝”之誉。康熙亲政不久，便宣布停止圈地，放宽垦荒地的免税年限。他着手整顿吏治，恢复了京察、大计等考核制度。为防止被臣下蒙蔽欺骗，他亲自出京巡视，了解民情吏治，并御书“清慎勤”三字，遍赐京师与各地衙门，因而成了当时做官的准则。历代正直的官员或被老百姓称为“清官”的人们，无不秉承清、慎、勤三字。

饮食的要诀是缓、暖、软，这是对前人积累的进食经验的科学总结。细嚼缓咽，重在发挥唾液的作用，人的唾液中含有抗菌的溶菌酶和过氧化物酶等，是人体内的“自助药房”和“健康巡逻队”。细嚼缓咽能产生大量的唾液。在快餐风靡全球的情况下，意大利人卡洛·佩特里尼及其支持者成立了一个“国际慢餐协会”，提倡人们坚持用蜗牛的速度去享受美食。至于饮食要暖、软，宋人陈直的《养老奉亲书》写得很清楚：“老人之食，大抵宜其温热熟软，忌其粘硬生冷。”石成金的《生长秘诀》则进一步指出：“食宜温暖，不可寒凉；食宜软烂，不可坚硬。”因为“脾胃喜暖而恶寒”。

469.【原文】水暖水寒鱼自知，花开花谢春不管。

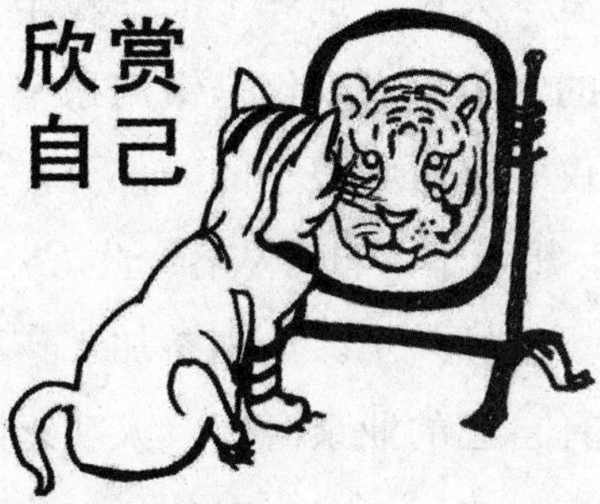

【解悟 · 故事】水是寒冷的还是温暖的，水中的鱼儿自会知道；花开还是花谢，春天是不会管的。因此，我们要向大自然学习，掌控好自然规律。

一位叫亨利的法国青年，在他 30 岁生日那天，站在河边发呆，他不知道自己是否还有活下去的必要。因为亨利从小在孤儿院里长大，身材矮小，长相也不漂亮，说话又带着浓厚的乡下口音，所以他一直很瞧不起自己，认为自己是一个又丑又笨的乡巴佬，连最普通的工作都不敢去应聘。就在这时，与他一起在孤儿院长大的好友约翰兴冲冲地跑来对他说："亨利，告诉你一个好消息！我刚刚从收音机里听到一则消息，拿破仑曾经丢失了一个孙子。播音员描述的相貌特征，与你一模一样！""真的吗？我竟然是拿破仑的孙子？"亨利一下子精神大振。联想到爷爷曾经以矮小的身材指挥着千军万马，用带着泥土芳香的法语发出威严的命令，他顿感自己矮小的身材同样充满了力量，讲话时的乡下口音也带着几分高贵和威严。第二天一大早，亨利便满怀自信地来到一家大公司应聘。几十年后，已成为这家大公司总裁的亨利，查证出自己并非拿破仑的孙子，但这早已不重要了。

现代人格奠基在独立性、进取性和开放性这三块基石上。没有独立人格的人，不会有真正的快乐。每个人在生活的点滴上都有着渴望被人认同的淡淡虚荣。面对既定生活，让你解答自己的生命方程式，答案有多解性，有个答案就是欣赏自己——可以说，这个答案是这个方程式的最优解。人活一世，绝对不能将自己的言行禁锢在"公众形象"的狭隘中。生命的精彩需要得到别人的赞许，但精彩的生命不仅仅为了刻意让别人赞许——别忘了，欣赏自己生命的还有我们自己。

470.【原文】蜗牛角上校雌雄，石火光中争长短。

【解悟 · 故事】在蜗牛的角上那狭小的空间里争个你死我活，在石头撞击发出的短暂火光下一较长短。因此，我们要走出目光短浅的误区，放眼世界，走好人生的每一步。

传说小小的蜗牛头上有两个角，一为左足国，一为右足国。两国间有了争端，兵戎相见，血流成河，可是打过来打过去也只是在蜗牛头顶上那么大点地方。结果胜负的问题还没解决，一个学步小孩突然一脚踩了下来，两国顿时消亡。人较

小小蜗牛

蜗国大多了，我们站在地球上感觉自己很重要，但如果放到宇宙之中来衡量，人仅是地球上的一粒尘埃。地球仅是太阳系中的一员，太阳仅是银河系中极小的一部分，银河系仅是宇宙中很小的一部分，可见人又是何等的渺小。想通了，自可从容一生。

小李是位成功的职场金领人士。他刚参加工作时，总是非常忙，也没有自己的业余时间，人疲乏得要命，工作效率却不高。有天，父亲对他说：你能不能试试每天早出门半个小时？他并未十分理解，但决定试试。第二天，他早出门半个小时。当他走到车站时，等车的人不多，车上有许多空位，比平时惬意多了，很快到了目的地。坐在车上，他把一天的工作理清了头绪。进到办公室，同事们没来，他伸展下手脚，开始听音乐。当同事们匆忙打卡、手忙脚乱地开抽屉时，他面前已放好了需整理的材料，并泡好了热茶。工作有条不紊，不到中午下班，上午的计划已提前完成。悠闲的午休结束，下午工作开始。由于早有打算，思绪清晰，工作也很顺手。下班之前，他把一天的工作小结了一下，看有没有遗漏。如有赶快弥补，决不拖到下班后。工作完成了，下班后还可以打打球、跑跑步，想想这些好处的获得，只因早出门半个小时。小李说很感谢父亲，教会了他掌握时间和命运的主动权，用半个小时换来一世从容。

人完全可以让脚步从容一些，人生的幸福快乐也就会多一些。

471.【原文】留心学到古人难，立脚怕随流俗转。

傲岸不屈

【解悟 · 故事】即使是留心想学到古人的境界也很难，想站稳脚跟却担心还是会随波逐流。因此，我们不仅要见贤思齐，还要有独立精神。

曹雪芹的上祖曹振彦，原是明代驻守辽东的下级军官，立过功。后来，曹家祖孙三代四人担任江宁织造之职共60余年。雍正即位后，被抄了家，家道急剧败落，曹家移居北京。曹雪芹正好经历了曹家盛极而衰的过程，他由贵族上层一下跌入社会底层，饱尝了世态炎凉。生活上的困顿并没有消磨曹雪芹的志气，反而促使他更加傲岸不屈。曹雪芹如果没有亲历时代的演变、家族的盛衰、世态的炎凉，也不可能创作出举世闻名的《红楼梦》。只可惜他没有完成全书，就因幼子夭折而感伤成疾，在贫病交迫中搁笔长逝了。

要想达到先贤的水平确实很难，但我们还是要努力学习，在学习过程中不能急功近利、哗众取宠，要练好基本功，培养独立人格，不能人云亦云。画家齐白石先生曾告诫他的弟子：“学我形者死，学我神者生。”大师之言意味深长，值得品味。

在人类历史长河中，我们的先祖创造了永垂青史、举世瞩目的辉煌，如春秋战国时期的哲学思想，汉朝的史书，魏晋南北朝时期的书法，唐朝的诗，宋朝的词，元朝的戏曲，明清的小说，都树立起了一座座高峰，值得后人认真学习，但要想达到和超越古人的水平难度很大。那些大家巨擘都是在特定的政治、经济、社会和家庭等环境中造就的。司马迁如果没有子承父业的制度，没有年轻时丰富的游历，没有受辱的悲愤，恐怕难以完成被誉为“史家之绝唱，无韵之离骚”的《史记》。

472.【原文】凡是自是，便少一是；有短护短，更添一短。

【解悟 · 故事】有了优点却自以为是，就少了一个优点；有了缺点却掩盖缺点，就增加了一个缺点。因此，我们要谦虚低调，知错必改。

老子曾告诫人们：踮起脚想要站得高，反而站立不稳；迈起大步想要前进得快，反而不能远行。自逞己见的反而得不到彰明，自以为是的反而得不到显昭，自我夸耀的建立不起功勋，自高自大的不能做众人之长。从道的角度看，以上这些急躁炫耀的行为是令人厌恶的，所以有道的人决不这样做。

赫尔墨斯是古希腊神话中天神宙斯的儿子，是主管商业之神。有一天，他想考证一下自己在人间百姓中的地位到底有多高，便化装成一个顾客来到雕像店。他指着宙斯的头像，问雕像的人：“这个值多少钱？”“七十块钱。”他又走到自己的雕像前，心想，自己是商业的庇护神，地位一定比宙斯高，便问：“这个又值多少钱？”雕像者指着宙斯的像说：“假如你买那个，这个白送给你。”赫尔墨斯本想听听雕像者对自己的赞赏，抬高自己的身价，谁知讨了个没趣，只得灰溜溜地走了。

稻子的哲学，就是越成熟越低垂。有本领、有成就的人如果高调张扬，就会令人讨厌。因此，越是有本领、有成就的人越要学会谦虚低调，这样才能得道多助，取得更大成就。人非圣贤，孰能无过。如果出现错误不肯承认，要么去找客观原因，要么推给别人，其结果是不能从主观上认识错误，也就谈不上吸取教训，还有可能破坏人际关系。如果养成了掩盖错误、推脱责任的习惯，将会带来不利后果，因为谁都不愿意与这样的人打交道。

473.【原文】洒扫庭除，要内外整洁；关锁门户，必亲自检点。

【解悟·故事】早上打扫院子要内外整洁干净，晚上要关好门窗并亲自检查。因此，我们齐家之道要从打扫、关窗等小事做起。

朱用纯是明末清初著名理学家、教育家。他的父亲朱集璜是明末学者，因守昆城抵御清军失利，投河自尽。朱用纯昼夜恸哭。他上侍奉老母，下抚育弟妹，流离播迁，备尝艰辛，待局势稍定，才返回故里。他作为明朝诸生入清隐居，潜心治学，以程、朱理学为本，提倡知行并进，躬行实践。他深感当时的教育方法使学生难以学到真实的学问，故写了《辍讲语》，反躬自责，语颇痛切。他曾用精楷手写数十本教材用于教学。朱用纯生平精神宁谧，严以律己，对当时愿和他交往的官吏、豪绅以礼自持。他品高学深、闻名朝野，康熙皇帝曾多次征召，均被婉拒。他所留传的《朱子家训》颇负盛名、流传广泛。

在《朱子家训》中，齐家的内容很多，朱用纯教育子孙后代如何打扫庭院、关好门窗，看似小事，实则大事。打扫庭院强调的是内外干净整洁并且持之以恒。多数人做表面文章，外面看上去很干净，而里面就经不起检查。这些小事彰显的是一个家庭的文化和理念。朱用纯所提倡的关好门窗亲自检查就是教育人们要脚踏实地。在兵荒马乱的年代，晚上若不关好门窗则家里容易进小偷，轻则造成财物损失，重则伤及家人性命。平安对于任何家庭都非常重要，对现代人来说，仍然有着重要意义。宽泛点讲，精神家园的门窗也要干净，也要亲自关好。

474.【原文】天下无难处之事，只消两个如之何；天下无难处之人，只要三个必自反。

【解悟·故事】天下没有难以处理的事情，只要遇事多问两个怎么办；天下没有难以相处的人，只要在与人交往时从忠、信、习三个方面反躬自问。因此，我们遇到难事要虚心求教、深谋远虑，与人相处要反躬自问，从而完善人格。

问计张良

张良是汉高祖刘邦的谋臣，汉朝的开国元勋。张良的祖父、父亲等先辈任过五代韩王之相。秦灭韩后，他在博浪沙狙击秦始皇未中。秦末农民战争中，聚众归刘邦，张良为其主要“智囊”。楚怀王与诸将约定，谁先入秦都咸阳谁就为王。不料刘邦比项羽先入咸阳。为此，项羽大怒，准备发兵攻打刘邦。当时楚强汉弱，形势危急。刘邦问计于谋士张良，先问：“为之奈何”（怎么办？），再问：“且为之奈何”（那又怎么办？）。于是张良请项羽的叔父项伯从中斡旋，帮助刘邦鸿门宴脱险。后来，张良向刘邦提出“聚集三王，方可与霸王一战”的计策，成功帮助刘邦击败了项羽。张良为汉高祖刘邦建立汉王朝立下了汗马功劳。他的机智谋划、文韬武略被刘邦称誉为“运筹于帷幄之中，决胜于千里之外”。汉朝建立时封留侯，后功成身退，千古流芳。

遇到了棘手的难事，不要惊慌失措，而要沉着应对，开动脑筋，多问几个为什么、怎么办。当自己解决不了时，要虚心请教朋友和专家，请他们出谋划策，化解难题。想要与人相处得好，关键在自己。曾子认为处理好人际关系需要经常从三个方面反省自己：为主人出谋献计做到忠心不二了吗？与朋友交往做到诚信了吗？老师所传授的东西经常温习并实践了吗？儒家十分重视个人的道德修养，以求塑造理想人格。如果能经常从忠诚、信义、孝顺等方面反躬自问并且不断改进完善，人际关系就会不断融洽，也就少有难处之人了。

475.【原文】凡事要好，须问三老。

【解悟·故事】凡事要想办好，必须向有道德、有阅历、有学问的人请教。因此，我们要尊重长者，拜能者为师。

康熙皇帝为显示治国有方、太平盛世，并表示对老人的关怀与尊敬，开“千叟宴”之先河。他在位期间曾举办过两次“千叟宴”。乾隆皇帝效法祖父，也举办了两次“千叟宴”，还亲自为90岁以上的寿星一一斟酒。康熙和乾隆皇帝的“千叟宴”取得了良好的社会效果，产生了深远的影响。

建武十九年，桓荣被光武帝刘秀所赏识，被任命为议郎，入宫教授太子刘庄，后被授任为博士。建武二十八年，升任太子少傅。建武三十年，授任太常。刘庄即位后“犹尊桓荣以师礼”。他曾亲自到太常府去，让桓荣坐东面，像当年讲学一样，聆听老师的指教。他还将朝中百官和桓荣教过的学生数百人召到太常府，向桓荣行弟子礼。桓荣生病，他就派人专程慰问，甚至亲自登门看望，每次探望老师，他都是一进街口便下车步行前往，以示尊敬。进门后，往往拉着老师枯瘦的手，默默垂泪。当朝皇帝对桓荣如此，所以“诸侯、将军、大夫问疾者，不敢复乘车到门，皆拜床下”。桓荣去世时，他还换了衣服，亲自临丧送葬，并将其子女妥善安排。

人生是一个生老病死的生命过程，老人走过了漫长的人生之路，见多识广，阅历丰富，并且对家庭家族影响很大，理应受到家庭和社会尊重。

476.【原文】好问则裕，自用则小。

【解悟·故事】喜欢向别人请教的人知识就会丰富，自以为是的人肚量小，就办不成大事。因此，我们要虚心求教，低调做人。

石琚，生于辽天祚帝天庆元年（1111）。他 28 岁时考中状元，任弘政县令，为官清廉，对非己之物，虽一毫而不取。后来，他官至右丞相。他为人沉厚好学，为政勤逸正直，有知人善任之名。金世宗对于大小政事，必先咨询他而后决定，对其可谓言听计从。史家将金世宗誉为“小尧舜”，石琚功不可没。后来，他以年老多病为由向金世宗辞职，金世宗说：“朕知道你年龄大了，但朕仍然希望你能为朝廷继续留职。等过一两年，朕会考虑这个问题的。你们这些老臣是朕的智囊。朕身为天子，从不敢独断专行，每件事情都要询问你们。你们认为可以做就做，不可以做就不做。”石琚说：“喜欢向人发问请教就显得宽宏大量，只采用自己的意见就显得气量狭小。陛下能这样做，是天下之大幸啊！”

闻道有先后，术业有专攻。一个人的知识和能力总是有限的，再聪明勤奋的人都不可能成为各方面的专家。怎样才能在有限的生命历程中获得更多的知识，并且为我所用呢？最简便的方法就是拜能者为师，虚心向专家请教。没有完美的个人，只有完美的团队。一个团队领导者能否向下属请教，能否听得进不同意见，决定着这个团队的成败与否。

477.【原文】勿营华屋，勿作淫巧。

【解悟 · 故事】不要建造华丽的房屋，不要制作过于精巧而无益的物品。因此，我们不要图巧，而要务实。

宋朝名相范仲淹，一生忠孝传家，把自己的俸禄都捐出来办义学，还布施给那些贫苦的亲友。有一次，儿子给他买了一所花园，准备给他养老用，他拒绝了。后来他找到苏州南园一处住宅，别人告诉他那个住宅风水特别好，住在里面一定会代代都有贤人。范仲淹便马上把这个住宅买下捐出来作为学校，为国家培养人才。范仲淹拿俸禄买了很多田地，捐出来给人耕种，养活读书人。自己不要华屋良田，是不是就没有家业可以传承？不是的，他的儿子们后来分别做了宰相、公卿、侍郎。虽然他把自己的俸禄都布施出来，家里的人只穿布衣，甚至他去世前连棺材都买不起，丧葬费也不够，可文化家业却流传千年不衰。

商纣王之所以失天下，就是因为他派人“作奇技淫巧以悦妇人”，他的所作所为完全是为一己之私欲，而丢江山社稷。

478.【原文】若争小可，便失大道。

【解悟 · 故事】一个人如果一味地争夺个人小利，就会损害全局利益，有违道德标准。因此，我们要顾全大局，有全局意识。

从前，有个人非常讨厌老鼠，他花许多钱买了几十只猫，准备用来捉老鼠。他每天给猫吃鲜鱼肥肉，并让它们睡在珍贵的毛毯上。猫儿们吃得饱饱的，生活又安逸，当然不用捉老鼠充饥了，甚至还有一只猫竟然同老鼠打成一片，在一起玩耍，老鼠因此越发猖狂。这个人十分恼火，不再养猫了。他又设下捕老鼠的夹子，可是没有一只老鼠去踩夹子。那个人气极了，又在剩饭剩菜里下毒，可老鼠就是不来吃。这个人恨得咬牙切齿，把所有的灭鼠方法都用上了，结果还是劳而无功。一天，他家的房子着火了，火烧到了米仓，并延伸到卧室里。这个人不但不救火，反而跑到大门外哈哈大笑起来。邻居们看到他家着火了，都来帮忙灭火，他却大发脾气说：“那些老鼠正被这场大火烧死，你们却去救它们，谁要你们多管闲事？”众人一听，都十分生气，扔掉手中的救火工具走开了。火越烧越大，这个人的米仓、卧室都化为灰烬。至于那些老鼠，早已通过地道跑得无影无踪了。

古人云，不谋全局者不足以谋一域。在职场上，凡事都应从大局出发，以大局为重，不能只着眼于一城一地之得失。有很多才华出众的人在做事的过程中却缺乏大局意识，不能立足长远把握实际效果，从而铸成大错，造成严重的损失，甚至一失足成千古恨。

479.【原文】但能依本分，终须无烦恼。

【解悟 · 故事】安安心心做好自己分内的事，一生就没有烦恼。因此，我们要遵纪守法，恪守本分。

周海婴作为鲁迅的儿子，一生淡泊名利。他多次在公开场合提到不愿在鲁迅的光环下生活，从不向外人炫耀自己是谁的后代，他反对靠父母的余荫生活。鲁迅在遗嘱中写下的希望后代“万不可做空头文学家或美术家”的教诲始终贯穿于周海婴的一生。他作为一个无线电专家，长期默默无闻地从事广播规划工作，同时一生致力于鲁迅精神的传播和作品的整理。他和蔼可亲、为人敦厚，虽为名人后代又是政协常委，但待人处事平易近人，值得尊敬。

本分是一种可贵的品格，它像泥土一样，以丰厚的养分和坚实的基础支撑起人格的参天大树。枝繁叶茂，离不开泥土；事业有成，离不开本分。摒弃偏见与误解，还本分以本色。做一个真正的本分人，于己光明磊落，问心无愧；于人海纳百川，和谐共赢。本分是与浮躁偷懒、投机取巧水火不容的。诺贝尔物理学奖得主杨振宁曾应邀为重庆八中题词“宁拙毋巧”。他说：“这句话还有四个字叫作‘宁朴毋华’。把这八个字送给你们，因为做学问不能取巧。希望大家在今后的学习和工作中，脚踏实地做出一番成就来。”

480.【原文】有言逆于汝心，必求诸道；有言逊于汝志，必求诸非道。

【解悟 · 故事】别人说的话违背了自己的心意，一定要考虑它是否有道理，没有道理则大可置之不理，若有道理则应坦然接受；别人说的话与自己的心意一致时，一定要考虑它是否有道理，没有道理，无论怎样动听的言语都不能相信。因此，

邹忌论美

我们要辩证地分析别人说的话，不顺耳时也要看到其合理之处，顺耳时也要看到其不合理的地方。

邹忌身高八尺多，而且容貌光鲜亮丽。有天早晨他穿戴好衣帽，照着镜子。先后问了妻子、小妾和来访的客人，都说他比徐公更美。不久，徐公前来拜访，邹忌仔细地端详他，自觉不如他美；再照着镜子看看自己，更觉得远远比不上人家。第二天，邹忌上朝拜见齐威王，说：“我确实知道自己不如徐公美丽。可我的妻子偏爱我，我的妾惧怕我，我的客人有求于我，他们都认为我比徐公美丽。如今的齐国，土地方圆千里，有一百二十座城池，宫中的妻妾和身边的近臣，没有不偏爱大王的；朝廷中的大臣，没有不惧怕大王的；国内的百姓，没有不对大王有所求的。由此看来，大王受蒙蔽一定很深了。”齐威王说：“说得真好。”于是下了一道命令：“所有的大臣、官吏、百姓，能够当面批评我的过错的，可得上等奖赏；能够上书劝谏我的，得中等奖赏；能够在众人集聚的公共场所指责、议论我的过失，并能传到我耳朵里的，得下等奖赏。”政令刚一下达，所有大臣都来进言规劝，宫门庭院就像集市一样喧闹。几个月以后，偶尔还有人进谏。一年以后，即使想进言，也没有什么可说的了。

481.【原文】吃得亏，坐一堆；要得好，大做小。

陈寔善行

【解悟·故事】一个吃得亏的人就能交到很多朋友；一个人要想做成好事，就要用做大事的能耐去做小事。因此，我们要懂得吃亏是福，以大驭小。

东汉时的陈寔出身寒微，他曾任颍川郡西门亭长。有一次，中常侍侯览托郡太守高伦任用自己推荐的人为吏，高伦就任命这个人为文学掾。陈寔知道此人不能胜任，就去求见高伦，说：“这个人原本不能任用，但也不能违背侯常侍的托付。不如让我来签署，这样就不会玷污您的品德。”高伦答应了陈寔。大家知道这个任命后，都议论纷纷，责怪陈寔不该任用这样不称职的人，陈寔始终没有辩解。后来，高伦升任尚书，士绅都来送行。高伦才说：“我以前任命侯常侍推荐的人为吏，陈寔却悄悄地把我签署的任命书送回来，改由他来签署。我知道大家议论这事，因此轻视陈寔，但这都是因为我畏惧侯览的势力，他为我分担忧愁才这样做的。陈寔可称得上是把善行归于别人，把过错留给自己，能够吃亏的君子啊。”人们知道了原委后都很佩服，陈寔也以自己的个人修养赢得了民心。

小闹钟最近十分沮丧，因为有人对它说：“你一年要重复不停地‘嘀嗒’三千多万次，你能忍受这种枯燥乏味吗？”一只老怀表对小闹钟说：“你不要只想着一年怎么‘嘀嗒’三千多万次，只要想着坚持每秒‘嘀嗒’一次就行了。”于是，小闹钟按照老怀表说的去做。一年过去了，小闹钟顺利完成了“嘀嗒”三千多万次的任务。我们只要坚持从小事做起，不急于求成，认真对待每一天，距离“大事”的成功就会越来越近。

482.【原文】志宜高而心宜下，胆欲大而心欲小。

【解悟·故事】一个人志向要远大，而心态要谦卑；要大胆去开拓，也要心细。因此，我们要志存高远，脚踏实地，胆大心细地去做好事情。

鲁迅先生出生于19世纪末的中国。他立志要把当时的中国从昏暗愚昧的落后状态中拯救出来。为此，他发愤读书，四处求学，甚至不远万里、漂洋过海到日本去学医。他选择学医是单纯地想通过提高国民的身体素质从而使自己的祖国强大起来，摆脱被奴役的命运。然而在学习期间，有一次看幻灯片，片中一个中国人被日军捕获，要抓去枪毙，但围观的却是一群中国人，他们神情麻木，对同胞的死亡竟无动于衷。鲁迅心中受到强烈的震撼。他感到，学医只能治疗疾病，不能“治疗”精神。于是，他毅然弃医从文。回到祖国后，鲁迅奋笔疾书，脚踏实地地写出了一页页杂文、一篇篇小说，如匕首，似大炮，刺向反动势力的心脏，震醒国人的思想。他热爱人民，在广大民众中吸取奋斗的力量；他仇恨敌人，不管敌人怎样恐吓威胁，毫不退让。他以其一生，实践着他的远大志向，在带领中国人民走向光明、独立与富强的道路上，做出了不朽的卓越贡献。

因街亭失守，诸葛亮只得使用“空城计”。面对司马懿的几十万大军，诸葛亮气定神闲，镇定自若，所弹琴声毫无杂音，使司马懿心生疑虑而退兵。诸葛亮布阵作战一向以谨慎而闻名，但在不得已的情况下也只能去打一场心理战。诸葛亮知道城空但心不虚，他胆大心细且自信，用自己赫赫的功绩、响当当的威名震慑住了敌人，弹指一挥间击退了司马懿的几十万大军。而司马懿因与诸葛亮交战屡战屡败，得了“恐亮症”，虽拥有几十万大军，也压不住他内心的余悸，只敢在城外徘徊，错失良机。假如当时司马懿不被诸葛亮面对大军独自弹琴的举动所震慑，而能以良好的心态冷静分析——街亭新败，诸葛亮的身边哪里还有这么多的军队——那么诸葛亮的空城计也就不攻自破了。

483.【原文】学者如禾如稻，不学者如蒿如草。

【解悟·故事】喜欢学习的人就像小米、稻谷一样，春天播种，秋天就会有所收获；而不爱学习的人就像那外面的野蒿、杂草一样放任自流，自生自灭，无法收获。因此，我们要努力学习，做个有学问的人。

高尔基是苏联大文豪，出生在沙俄时代的一个木匠家庭。他 4 岁丧父，被寄养在外祖母家。因家庭极为贫寒，他只读过两年小学，10 岁时就步入冷酷的“人间”。他当过学徒、搬运工人等，还两度到俄国南方流浪，受尽苦难生活的折磨。但他十分喜欢读书，在任何情况下，他都要利用一切机会，如饥似渴地读着自己喜爱的书籍。他 10 岁时在鞋店当学徒，没有钱买书，就到处借书读。那时的学徒，实际上是奴仆，生炉子、擦地板、洗菜、带孩子等杂事都要做，每天从早晨干到半夜。劳累一天之后，他会用自制的小灯，坚持读书。老板娘禁止他读书，还到他所住的阁楼上搜书，搜到书就撕碎，他甚至还因此挨过老板娘的毒打。即便如此，也没有阻挡他对读书的热爱。高尔基一生保持着阅读的习惯并勤奋不懈地努力，写下了大量有影响力的作品，如《海燕》《鹰之歌》《母亲》《童年》《我的大学》等。除此之外，还写了许多剧本和大量的政论、特写、文艺评论等。

宋太宗立志弘扬传统文化，下令整理各种古籍。同时，又重视各种古代文化资料的收集。在太平兴国年间，他下令编纂《太平广记》《太平御览》和《文苑英华》三大类书，从而为保存和发扬我国的传统文化精髓做出了重要的贡献。宋太宗的政事非常繁忙，经常因处理其他事情而未能按计划阅读，于是就在空暇的日子补读。侍臣怕他读书时间太久，影响身体健康，宋太宗说：“只要翻开书卷阅读，就会有收益，所以我不觉得疲劳。”

484.【原文】唇亡齿必寒，教弛富难保。

【解悟·故事】嘴唇没有了，牙齿就会感到寒冷；家里的教育出了问题，财富也就难以得到保全。因此，我们要以教护家，保富求贵。

唇亡齿寒

从前，有只兔子和一只狐狸为对付共同的敌人——猎人，彼此联盟，发誓要同生死、共患难。一天，当它们正在田野里欣赏大自然的美景时，一群猎人突然前来，一箭就射死了兔子，狐狸险遭不测。猎人走后，狐狸就跑到兔子身旁，哀泣悲悼。有个老人经过，看见狐狸在兔子旁边哭泣，觉得奇怪，就问狐狸哭泣的原因。狐狸悲哀地说：“我和兔子同样是弱小的动物，是猎人捕猎的对象。我们约定共同对敌，同生死、共患难。现在我的同盟被猎人射死，它今天的死亡，意味着我明日的死亡。我们是真正的朋友，我哪能不伤心哭泣呢！”老人听了，叹着气，说：“你为同伴哀悼，哭得有理！”

有个财主因祖上遗存而有豪宅良田，家财万贯。他平日不喜欢读书，只有一大嗜好，就是喝茶，天下名茶，均有所藏，并格外敬重懂茶之人。一日，一乞丐前来品茶，他也敬为上宾。财主与乞丐对坐于茶亭，红木茶桌，紫砂茶具，龙井飘香。乞丐小抿一口说：“好茶，但水不行。”财主说：“用的是井水。”乞丐说：“换成山泉水再沏。”财主忙命人上山取来清澈泉水，重新沏茶。财主一喝，果然润滑爽口。乞丐品后说：“茶好，水好，但柴不行。”财主说：“用的是山上的干柴。”乞丐说：“你用的柴，是阳坡之柴，长在山的向阳坡上，生长期短，柴干火燥，煮茶的速度太快。应取阴坡之柴，就是长在山的背阳坡上，生长期长，坚柴慢火，煮的茶才好。”这时财主对乞丐已刮目相看，命人取来阴坡之柴，重新煮茶。再次品茶，财主只觉滋味醇厚、回味悠长。乞丐喝后说：“茶好，水好，柴好，但壶不行。”财主忙问：“哪有好茶壶啊？”乞丐从怀中掏出一布包，层层解开，原是一把古香古色的茶壶。财主用山泉之水、阴坡之柴、乞丐之壶重新沏茶，喝后，只觉如梦如醉，妙似神仙。财主对乞丐已佩服得五体投地，愿用所有家产来换此壶。乞丐哈哈大笑说道：“我之所以成为乞丐，就是当年和你一样用所有家产换了这茶壶！”

485.【原文】书中结良友，千载奇逢；门内产贤郎，一家活宝。

【解悟 · 故事】通过读书去结识各种好友是千载难逢的机缘，家里培养出一个有品德、有能力的人才非常宝贵。因此，我们要以书为友，并教育后代去读书明理，才守得住家里的财富与名望。

北宋史学家司马光藏书很多，也经常翻书阅读，但书仍然像新的一样。原来，他对书非常爱惜。每次看书之前，一定要把几案擦拭干净，把书放得端端正正，然后坐下看书。他还专门做了一个木制方板，每当他要一边踱步一边看书时，就将书放在这个方板上，用手捧着方板看，唯恐手上的汗渍会沾到书上。他曾多次教导儿子：“做生意的人聚集钱财，有学问的人则收集图书。”

明代藏书家王世贞做尚书时，遇一书商卖一部版本精美、装帧考究的宋版《两汉书》。王世贞见到此书爱不释手。书商揣摩出他非买此书不可的心理，要价极高。他拿不出那么多钱，又担心书被别人买去，只得被书商狠宰一刀，商定用自己的一座庄园换得这部书。此事曾轰动一时，被人誉为“舍庄换得宋版书”。

家中若没有书的滋养，就不可能产生儒雅儿郎，活宝之源又从何来？家财的守护、名望的增添也就无从谈起了。

486.【原文】一场闲富贵，很很挣来，虽得还是失；百年好光阴，忙忙过去，纵寿亦为夭。

【解悟·故事】拼命挣来的大富大贵，即使得到了还不如不要；百年间的大好光阴，匆匆忙忙就过去了，长寿也和短命差不多。因此，我们要珍惜光阴，享受生活，不要做功名富贵的奴隶。

马致远是位“姓名香贯满梨园”的戏曲家，被尊称为“曲状元”。他喜欢一壶老酒，几条鲜鱼，清风明月杜甫诗，云蒸霞蔚王维画；他心意慵懒，纵情山水，不为世事所羁绊，只求平生得慰藉。在他生活的年代，元朝统治者开始注意到“遵用汉法”和任用汉族文人，却又未能普遍实行。这给汉族文人带来一丝幻想和更多的失望。他早年曾有仕途上的抱负，后来担任地方小官吏，但并不如意，在职的时间也不长。随着时光的流逝，他渐渐心灰意冷，便以隐士自居。

明万历年间，洪应明专门写了本参悟人生的小册子《菜根谭》。他说：“天地尚无停息，日月且有盈亏，况区区人世，能事事圆满，而时时暇逸乎？”自然界尚没有圆满的事物，怎能要求社会上事事都圆满呢？知盈亏实乃人生的一大智慧。人有悲欢离合，月有阴晴圆缺，本乃世之常态、人之常情。盈时不自喜，亏时不自悲。我们必须知道富贵得一世宠荣，到死时反增了一个“恋”字，如负重担；贫贱得一世清苦，到死时反脱了一个“厌”字，如释重枷。因此，人能轻松洒脱地活着，能看到每天的日升月降，这算是真正的幸福生活。

487.【原文】事事有功，须防一事不终；人人道好，须防一人着恼。

善知进退

【解悟 · 故事】样样事都做得好时，要小心个别事不能做到善终；大家都说好时，要防止有人妒忌生恨酿成祸殃。因此，有时候我们做事不用太过坚持完美主义，要知进退。

唐玄宗时的张九龄是一骨鲠诤臣，从不屈从于奸佞。开元天宝年间，玄宗已做了数十年皇帝，他自以为天下太平，便渐肆奢欲，怠于政事。张九龄、韩休经常劝谏玄宗，常常弄得玄宗很不高兴。这时，善于献媚奉迎的李林甫乘机媚事皇帝左右，甚合帝意。玄宗想立李林甫为相，问宰相张九龄，张九龄直言反对，不同意拜李林甫为相。但玄宗最终还是将李林甫封为宰相。而从此李林甫也对张九龄怀恨在心，而张九龄从未向他屈服过。

牛仙客担任河西节度使时，政绩卓著。玄宗很赏识，想给牛仙客加官为尚书。张九龄不同意，他说：“尚书是古代负责向皇帝提建议的大臣，牛仙客出身河湟小吏，一下子提拔为朝廷要职，会影响朝廷的声誉。”玄宗又问：“只给牛仙客加个爵位可以吗？”张九龄仍然反对，说：“爵位是对立功者的鼓励，作为边将，使仓库充实，器械修整，都是分内事，不算立功。如果陛下认为他工作勤劳，可以赏赐金帛，而分封土地、赐给爵位，极不合适。”玄宗心里十分不舒服。李林甫跟玄宗说：“牛仙客有宰相之才，给他个尚书称号有何不可！张九龄所说全是书生之见。”玄宗觉得李林甫说得对。第二天，玄宗又提起封牛仙客爵位之事，张九龄仍然极力反对。玄宗说：“你嫌牛仙客出身寒微，你的门第也不高啊！”张九龄说：“我家在岭南，出身低贱。但是我出入朝廷，职掌诰命已经多年。牛仙客出身边境小吏，大字不识，如果一下子提拔为高官，众人会轻视朝廷。”李林甫又跟玄宗说：“只要有才能见识，要什么学问才华！天子用人，什么样的人不能用！”于是唐玄宗认为张九龄太专横，再也容不得这种骨鲠之臣的刺耳之言了，便罢其宰相职，而专任李林甫。

现代著名学者钱穆先生曾说过，儒家主进，道家主退，而中国儒学取中庸之道，慢慢流传后，都有兼容道家。所以知进必知退，是中国人文大道之所在。儒家使人关注社会价值，道家使人关心自我的超越价值；儒家使人振奋，道家使人安怡。儒道互补，进退相宜，这是中国人从儒道中获得的人生大智慧。

488.【原文】宁添一斗，莫添一口。

吕祖报恩

【解悟·故事】宁可为家多增添一点粮食，也不要吃饱后再加饭。因此，我们宁愿多一点付出，不要占小便宜。

相传，吕洞宾生性好客，喜结交天下奇士。渌江县有位制作毛笔的翟技师，平日喜欢接近道家方士。吕、翟二人常常聚在一起喝酒、聊天、出游，二人相处像兄弟一样亲切。翟技师家有两个儿子，正是启蒙入学之年，翟技师就延请吕洞宾做家教。吕洞宾食寝都在翟技师家里，宾主之间相处得很愉快。道家都喜欢游山玩水，吕洞宾却在翟技师家中停留了一年多。有天，吕洞宾提议，二人到渌江之滨玄观游览。他拿出一支毛笔，把竹制的笔杆用牙齿咬破，劈为两片，丢到江面上当竹筏。他牵引翟技师踏上小小的竹片，顺流而下，不一会儿就抵达对岸。二人登岸，正欣赏美景时，忽然不见吕洞宾的影子了。翟技师惊愕之余，只好独自回家。

十天后，吕洞宾回来了。翟技师非常讶异，追问他去了哪儿。吕洞宾只是对着翟技师微笑着连说“对不起”，然后说带了一些美食回来答谢翟技师。吕洞宾从一个竹篾盒子里拿出几碟菜肴来，指着碟子说：“这些都是朋友们送我的佳肴，很名贵，很好吃！”翟技师刚要伸出筷子夹菜，猛然闻到一股强烈的腐臭味冲鼻而来，差一点把他眼泪都熏出来。吕洞宾见他这表情，也不勉强。这佳肴初闻其味，有人冲鼻不敢接近，待尝后，方品出其鲜美。人生境界往往如此，福中不惜，待舍离后，方生追悔。吕洞宾又从竹盒中拿出两个罐子来，对翟技师说：“你不能吃发臭的东西，来！这两罐肉酱送你吧！”说完，把身子一晃，又不见人影了。翟技师愕然，打开两个罐子一看，里面原来是满满的两罐碎金块，可保翟技师全家后半辈子不愁衣食了！由此可见吕洞宾“吃人一口，还人一斗”的报恩理念。

489.【原文】但求放心，休夸利口。

【解悟·故事】只要能让人放心就好，不要夸下给人好处的海口。因此，我们不要轻易做出给人好处的承诺，关键是要兑现承诺，让人放心。

春秋时期，鲁哀公的身边有一个重臣叫孟武伯，他有一个最大的毛病，就是说话不算数。因此，鲁哀公对他很不满。一天，哀公举行宴会招待群臣，孟武伯和哀公的宠臣郑重也参加这次宴会。孟武伯向来不喜欢郑重，在宴会上想借机出郑重的洋相，便问道："郑先生怎么长得越来越胖了？"哀公听到后，便代之回答道："一个人常常吃掉自己的诺言，当然会长肥呀！"在座的大臣一听就知道哀公并不是批评郑重，而是在暗中指责孟武伯说话不算数。

宋庆龄当了国家副主席后，诚信的高尚品格仍不变。一次，她去幼儿园对小朋友许下承诺，"六一"儿童节那天会和小朋友们一起过节。可是那天天气突变，刮起了大风，下起了大雨，老师和同学们都以为宋庆龄不会来了。当他们失望地望着窗外灰蒙蒙的天空时，宋庆龄的车奇迹般地出现在幼儿园门口。孩子们惊喜地笑了，老师激动地紧紧握住了宋庆龄的手。宋庆龄对老师说了一句话："既然我说了，就得守信。"

古人云，一言既出，驷马难追。承诺是一根坚强不屈的脊梁。一句承诺，看似简单，却一定要付诸行动，兑现诺言。边防战士远离家乡、远离亲人，坚守岗位，为的就是那一份对祖国、对人民的承诺。

490.【原文】要学好人，须寻好友。

【解悟·故事】要想成为好人，必须寻找和结交好的朋友。因此，我们要慎重择友，择友正确了，离成功就近了一步。

李鸿章是晚清四大名臣，并被西方人称为"东方的俾斯麦"。李鸿章的父亲经多年苦读，终于在1838年与曾国藩同年考取同榜进士，使李氏家族成为当地名门望族。后来，李鸿章师从曾国藩门下，两人的关系可以说是亦师亦友。李鸿章和曾国藩、左宗棠都从事洋务运动。李鸿章在洋务运动时期创造了中国“四十六个第一”，体现了“师夷之长技”的思想，在对洋人的态度方面与老师曾国藩如出一辙，在组建与管理湘军和淮军上，二人之间也有许多相似之处。

张衡是我国家喻户晓的人物，他发明了地动仪，在天文、物理等方面也有研究。张衡在青年时期有很多知己，如马融、王符、崔瑗等，这些都是当时很有才能的青年，特别是崔瑗，很早就学习过天文、数学等，张衡经常同他在一起研究问题，交换心得。张衡能进一步研究天文、物理等科学都是受了崔瑗的不少影响。

与好人相处，就能天天受到有益的教诲；同恶人结交，就会逐渐产生邪恶的思想。君子择友，应交善人，彼此扶持，共同进步。

491.【原文】引酵若酸，那得好酒。

农家小孩

【解悟·故事】如果使用的酒曲是酸的，怎能酿出好的酒来呢？因此，我们要营造一个好的环境，使自己走向成功。

酵母是对人类贡献很大的微生物。早在几千年前的古巴比伦和中国的商周时代，人类酿酒、制醋、制酱之时，就开始与酵母打交道。中医早在数百年前就已经用酵母来治疗消化系统疾病，而几十年前美、英、日等都将酵母收载入国家药典。我们在酿酒时，如果酒曲存在质量问题，怎么能酿出好酒来呢？因此，要想有好的结果，就要从源头开始善加处理。

欧阳修是北宋时期著名的文学家、史学家和政治家。他在文学上取得了卓越的成就，创作了大量优秀的散文和诗词。尤其是他的散文，简洁流畅，丰富生动，富有感染力。欧阳修在颍州府当官时，有位名叫吕公著的年轻人在他身边学习。有一次，欧阳修的朋友范仲淹路过颍州，顺便拜访欧阳修。欧阳修热情招待，并请吕公著作陪叙话。谈话间，范仲淹对吕公著说：“近朱者赤，近墨者黑，你在欧阳修身边做事，真是太好了，应当多向他请教作文写诗的技巧。”吕公著点头称是。后来，在欧阳修的言传身教下，吕公著的写作能力提高很快，也成了北宋时期著名的政治家。

农家的孩子早识犁，兵家的孩子舞刀枪，秀才的孩子弄文墨。接触多的是什么，学会的就会是什么。所以，身处的环境很大程度决定着你将成为怎样的人才！

492.【原文】宁遭父母手，莫遭父母口。

【解悟·故事】宁愿让父母打自己，因为父母爱你才会教训你；不愿让父母说出伤人的话来数落自己，因为这伤的是心。因此，我们要多给孩子更多的爱，不要去用语言刺激孩子幼嫩的心。

小吴曾在一个年迈而富有的老人家里做钟点工。每天，除了搞卫生，还有半个钟头的“陪读”任务。一天，小吴把花瓶与笔筒的位置弄反了，老人大发雷霆，大骂小吴。小吴忍受了近十分钟的恶骂，之所以忍着，是因为他同情老人除了能用嘴巴来骂人外，已别无利器。等到要读一段故事给老人听时，他想起了一个朋友讲过的来自南太平洋的见闻——所罗门岛上，如果树木长得过大，连斧头都砍不了时，岛上的土著们就会对着树木集体叫喊，直到树木倒下为止，据说是喊叫声扼杀了树的精灵。刀棍、石头会打断我们的骨头，而尖酸、粗鲁的言语则会刺伤我们的心。老人听完他的故事，不说话了。当他把咖啡送到老人面前，准备为老人加块糖时，老人第一次慈祥地抬起头，说：“不，你已为我加了糖！”

有个孩子成绩很差。有天上课时，年轻的老师叫他拼读一个简单的词语，可他尝试了几次，还是没拼出来。老师非常生气，问全班小朋友：“他现在像不像一头猪？”天真无邪的小朋友异口同声地回答：“像！”嘴巴能说出刻薄的话，像一把利刃，会刺痛心灵，扼杀智慧。而那个“笨”孩子，可能会一辈子记住这句恶毒的话，这也意味着他心灵所受的伤害会伴他一生。所以，教师应从授业解惑的教书匠真正转变为学生的心灵导师，为孩子们指引一条通往光明的道路。

493.【原文】狗不嫌家贫，儿不嫌母丑。

【解悟·故事】自家养的狗不会嫌弃家里穷，孩子不会嫌弃母亲长得丑。因此，不管怎样，我们都要热爱自己的父母亲。

小柯的父亲在他很小的时候就病故了，母亲艰辛地支撑着这个家。母亲是容貌丑陋的乡下女人，小柯从不与母亲一起出门。别人家的小孩都让母亲拉着小手送到学校去，但他从来都拒绝接送。他知道，每天下晚自习后，沿着漆黑的街巷走时，身后传来的那不紧不慢的脚步声，就是他母亲的。但他还是假装不知道，怕突然走到一盏路灯下，让别人窥见了他有个丑陋的母亲。母亲一向都是孤独和

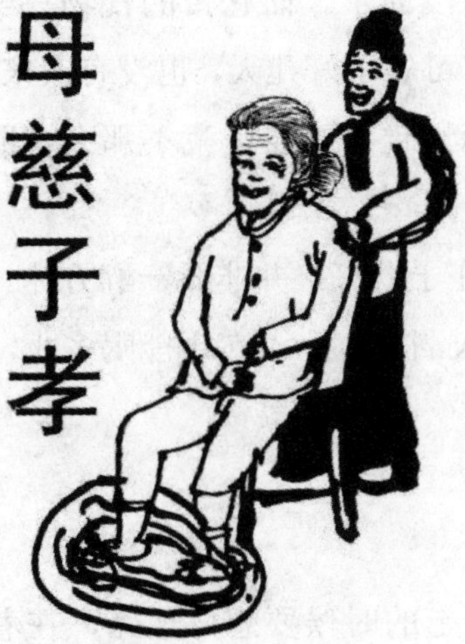

寂寞的。她不走亲戚，不到人流如织的集市上去。她从不高声说话，总是一个人不声不响地忙碌在家中和田间。

后来，小柯考上大学，毕业后在省城上班，还有了个漂亮的女朋友。小柯和他的女朋友每次来到乡下，母亲也只能以大婶的身份招待他俩，怕丢了儿子的脸。小柯在省城和女朋友结了婚，母亲给他俩汇来了1000元，对只靠卖粮挣钱的乡下人来说，是非常多的了。他妻子分娩的前一天，楼下的邻居转给他一个很重的包袱，说是个很丑的乡下女人送来的。回到家打开包袱，全是花花绿绿的童衣童帽。他再也控制不住自己，放声大哭。他告诉妻子，那个曾自称是大婶的人，就是自己的母亲。她千里迢迢、风尘仆仆地赶来，为了儿子的颜面，竟临门而不入，连一口水也没有喝，却留下她满心的慈爱。妻子也哭了，说："她一点也不丑，比许多女人都美。她是我见过的最了不起的母亲！"后来，他们把母亲从乡下接到了省城，一起幸福地生活着。

494.【原文】勿贪意外之财，勿饮过量之酒。

【解悟·故事】不要贪图不属于你的财富，不要喝过量的酒。因此，我们要取财有道，饮酒有度。

从前，有一只贪财的猴子，一天到晚眼里只有一个"钱"字。这天，小兔子等在猴子的必经之路上，神秘兮兮地对猴子说："猴子，你过来，我告诉你一个秘密。""什么秘密？""告诉你，这可是有关钱的秘密。""兔子老兄，我俩都是几十年的哥儿们了，有什么你就说吧！"兔子假装为难地说："好吧！看在我们的交情上，我就告诉你。听说月球上有一笔财宝。"兔子故意压低了声音说。"谢谢你，你太够哥儿们了，等我回来，就请你吃饭。"说完，猴子便一溜烟地跑回家拿钱买了一个火箭，准备飞上月球。它同时还拿了很多袋子，准备装财宝。猴子坐在火箭上，系上安全带，按了启动按钮，只听"嗖"的一声，火箭往天空冲过去。火箭带着猴子落在了月球上，猴子欣喜若狂。果然，它看到了很多耀眼的财宝，于是它马不停蹄地把财宝往自己的袋子里装。可有个问题难住它了——自己到底该怎么回去？跳下去，不行；飞下去，不行，因为火箭没油了。而它带的食物只够吃一星期了，它只得一屁股坐在月球上，等人来救它。可等了好几天，也没有人来。猴子最后就在月球上一命呜呼了。临死前，猴子后悔地说："要是我不那么贪财就好了！"

中国的酒文化源远流长，所谓无酒不成席。喝酒在于助兴，并非要一醉方休。凡是喝酒的人，一定要把握好自己的量。其实，一个人酒量大小不在于能喝多少，而在于酒后不失言不失态。

495.【原文】进步便思退步，着手先图放手。

【解悟 · 故事】在往前走的时候要想好退路，在着手做一件事的时候要先考虑如何放手。因此，我们要深知有得必有失的道理，从而做到进退自如。

西楚霸王项羽英勇善战。戎马一生的他，由于所向披靡、战无不胜，便骄傲自满、刚愎自用，最后落得个自刎于乌江边的下场。如果项羽能听得进谋士的谏言，在战术上重视敌人，为自己留一条退路，他日说不定还能东山再起，中国的帝王史可能会重新演绎。遗憾的是，历史从来没有假设，结局从来没有如果。就为这区区一条退路，项羽以可悲的自负，让自己的生命，让万众的浴血奋斗，让唾手可得的江山，草草地收了场。

三思而后行，有备方无患，这是祖先留给我们的宝贵精神财富。做任何事，都要思前想后、权衡再三，考虑好最坏结果时的退路，做到进可攻退可守。纵有不测风云，只要留有退路，只要雄心仍在，就能东山再起。

年轻的富兰克林去拜访一位前辈。他年轻气盛，抬头挺胸迈着大步进门，不料"哐"地一下撞到了门框上。出来迎接他的前辈看到他的尴尬模样后，笑着说："这是你今天来得到的最大收获，要想平安无事地活在世上，你应该时时记得低头。"由此可见，低头是一种人生态度，也是一种人生智慧，此刻的低头是为了将来高高地抬头。

496.【原文】不嫌刻鹄类鹜，只怕画虎成狗。

【解悟 · 故事】不怕把天鹅雕刻得像野鸭子，就怕把老虎画成了狗。因此，我

们要想有所成就，就切不可好高骛远，弄巧成拙。

“伏波将军”马援有两个侄子——马严和马敦。这两个人都爱讥讽、议论他人，并且喜欢和一些轻浮滑头的侠客交游。马援在军中得知此事后，便写了一封信去训诫他们。这信就是流传至今的《诫兄子严敦书》。那信上写着：龙伯高厚道谨慎，从不多言多语，不随便论人长短，恭谦节俭，做事廉洁公正有威望，我很敬重他，希望你们学他！杜季良豪侠好义，能忧人之忧，乐人之乐，不论好人坏人，他都能交上朋友。他给父亲治丧时，门庭若市，我也很尊重他，但不希望你们学他！因为，你们如果学伯高不得，至少还能成为一个忠厚谦谨的人，所谓“刻鹄不成尚类鹜”。但是，你们若学季良不成，就会成为一个轻薄浪荡的人，所谓“画虎不成反类狗”了！

有一个年轻人毕业于名牌大学，能言善辩、才华横溢。在某公司的招聘专场上，他给公司老总留下了极深刻的印象。当时他应聘的职位是销售总监，见多识广的老总也被他的雄心壮志吓了一跳。在接下来的45分钟里，年轻人讲述了自己对工作的构想，听得老总直点头。最后老总录取了他，让他到销售部担任助理的工作，先在基层锻炼一下，再慢慢提升。年轻人却觉得让自己当助理简直就是大材小用。因此，对于分给他的“小事”，他根本就不曾用心去做，实用的知识、技能也看不上眼。就这样浪费了五个月后，老总给了他一次表现的机会——全权组织一个促销活动。他觉得这是小菜一碟，马上就开始组织。没想到看花容易绣花难，他不知道怎样培训促销员，不知道怎样和商场工作人员沟通，也不知道怎样布置会场。一个星期后，看着他交上来的惨淡的“成绩单”，老总叹了口气：“我以为找到了良将韩信，没想到他其实只是纸上谈兵的赵括。”结果可想而知——年轻人很快被公司辞退了。

497.【原文】责善勿过高，当思其可从；攻恶勿太严，要使其可受。

【解悟·故事】劝导别人行善不可期望太高，要顾及对方是否能做到；责备别人的过错不可过于严厉，要顾及对方是否能承受。因此，我们劝说、教育人的起点不要太高，批评人不要过严。

晏子是春秋末期齐国的一代名相。他头脑机灵，能言善辩，能根据不同的时

间环境、不同的事件特点和君王在不同时刻的不同心境而采取相应的劝谏方式，能让帝王闻过而改。

齐景公上任后，曾经有一段时间沉溺于酒色，因为醉酒三天不理朝政。晏子便正面直谏：“古时喝酒的目的只是使气脉畅通、让客人快乐罢了，所以男子不会因为饮酒妨害本业，女子也不会因为饮酒而影响正常生活。一般是轮番敬上五杯酒就差不多了。君主更是身体力行，不会因为饮酒导致政事积压，宫内混乱。而君王您喝醉了酒，大睡三天，任身边人胡作非为，会耽误多少事情啊，希望您加以节制！”这一劝诫让齐景公有所收敛，朝廷上下无不为晏子的直言劝谏而由衷佩服。但过了一段时间，齐景公又狂饮七天七夜不止，众人无人敢劝。但一位叫弦章的大臣竟然以死相谏：“大王您已经喝了七天七夜了，我希望您停止饮酒；要不然，请您赐我一死！”齐景公听后，对晏子说：“如果我听了劝诫，就等于被臣子制约了；如果我不听，又舍不得他死，如何是好？”晏子十分机智地回答道：“弦章遇到您这样的君王真是太幸运了。如果今天他遇到的是暴君桀、纣，早就一命呜呼了！”晏子这一句话，既保全了齐景公的面子，又使得齐景公不会置弦章于死地。齐景公十分惭愧，再也不敢乱喝酒了。

498.【原文】享现在之福如点灯，随点则随灭；培将来之福如添油，愈添则愈久。

【解悟 · 故事】安享现在的幸福就像点灯一样，随时点亮也可能随时熄灭；而培育保护将来的幸福就像给灯添油，添得越多就点得越久。因此，我们既要安享当下，也要造福未来。

非洲大草原上生长着一种叫尖毛草的植物，它有“草地之王”的美称，它的生长过程有点怪异。起初半年它只有一寸高，日子一天天过去了，它几乎不再生长，别的植物全都比尖毛草长得高。雨季来临后，它好似得了魔法一样狂长，平均每天可长至少 0.5 米！三五天就可以长到 1.6 米至 2 米高，就像突然竖起的一堵围墙！为什么会这样呢？科学家研究发现，它前六个月都在长根，根的长度有 28 米！在雨季来临时，它蓄积了足够多的能量，所以长成了草地之王。若是一味拔苗助长、舍本求末，可能最终尖毛草也成不了草地之王。

我们不怕享不到福，只怕吃不了苦。享福、吃苦，都有代价。以吃苦始者，多以享福终；吃一己之苦者，享一己之福；吃众人之苦者，享众人之福；真正会享福者，先要备尝艰苦，而后苦尽甘来。孟子说："天将降大任于是人也，必先苦其心志，劳其筋骨，饿其体肤；空乏其身，行拂乱其所为，所以动心忍性，曾益其所不能。"

499.【原文】恩里由来生害，得意时须早回头；败后或反成功，拂心处莫便放手。

超越残缺

【解悟 · 故事】身处顺境受人恩宠往往会招来祸患，志得意满时应见好就收；遭受挫败后有时反而会使人走向成功，不要轻易放弃，坚持必有好处。因此，我们得意时要见好就收，失意时要坚持到底。

刘濞是汉高祖刘邦的侄子。他性情极为剽悍勇猛且有野心。英布反时，刘濞作为骑将，随从刘邦破英布军。有一年，刘邦惧怕江东人士不服他的皇权，故而封刘濞为吴王，改当年刘贾所封的荆国为吴国，统辖东南三郡五十三城，定国都于江苏广陵。刘濞在封国内大量铸钱、煮盐，并招纳工商和"任侠奸人"，以扩张割据势力，图谋篡夺帝位。当时，天子奉行"无为而治"，刘姓宗室诸侯王的势力日益壮大，他们于是骄纵起来，处处与朝廷对抗。汉文帝已感到同姓藩国的威胁，于是听从大夫贾谊的建议，开始削弱诸侯王势力。汉景帝采纳御史大夫晁错的建议，削夺王国封地。刘濞打出"清君侧"的旗号，以诛晁错为名，联合楚、赵等七国公开叛乱，史称"七国之乱"。后被汉军主将周亚夫击败，刘濞兵败被杀，封国被中央废除。刘濞之败就在于其难以满足的贪欲。

从做人角度看，得意时更要谨慎，不骄不躁。世上没有什么是完美无缺的，人也一样，一个人再怎么顺风顺水、大获成功，都不可能完全跳过逆境和失败。受了挫折并不可怕，关键是不要气馁。一个人在没有发达时，不能看轻自己，要对自己有信心；而当自己处在位高权重之时则不要过于看重自己，要小心"爬得越高，摔得越重"。万事万物没有绝对，阴阳转换，瞬息万变。昨天的"盛"可能转眼就成了今天的"衰"，而今天的"弱"可能很快就变成了明天的"强"。

500.【原文】多交费财，少交省用。

【解悟 · 故事】交往的朋友多，来往应酬成本大，自然耗费财力；朋友少了交

际少，也就省钱。因此，我们要结交适当，交真朋友。

2015年6月，山东惊现“行贿日记”，举报人以实名方式公开举报受贿人。行贿人张某系山东某公司总经理。在他近20本日记中，记录了他向近百名官员的行贿内容，上至多名省厅级官员，下至一般公务员，涉及党政、国企、银行、公检法等。行贿手段也花样百出，有送现金、烟酒、银行卡、购物卡等，有请境外旅游、给贷款回扣等。张某通过各种利益输送手段，在省内构织了一把庞大而隐秘的“保护伞”。通过找有关当事人谈话，调阅相关账目、资料，查询相关银行往来信息，最终查实有市管干部17人、县管干部12人被举报问题属实或部分属实。最终，法院认定张某犯单位行贿罪，涉案人员也被依法处理。张某为了拓展人脉，花费了不少钱物，最多的一次达千万元。结交多了，费了钱财，破了规矩，触犯了法律法规，自己还得接受法纪的惩罚。

501.【原文】千里送毫毛，礼轻仁义重。

【解悟·故事】千里之外送来几根羽毛，礼虽轻但仁义却很重。因此，我们在人际交往中，不必送那些很贵重的礼物，只要能体现自己的心意就够了。

唐朝贞观年间，西域回纥国是大唐的藩国。一次，回纥国为了表示对大唐的友好，便派使者缅伯高带了一批珍奇异宝去拜见唐皇。在这批贡物中，最珍贵的要数一只罕见的白天鹅。缅伯高最担心的也是这只白天鹅，万一有个三长两短，可怎么向国王交代呢？所以，一路上，他亲自喂水喂食，一刻也不敢怠慢。这天，缅伯高来到沔阳河边，只见白天鹅伸长脖子，张着嘴巴，吃力地喘息着；缅伯高心有不忍，便打开笼子，把白天鹅带到水边让它喝了个痛快。谁知白天鹅喝足了水，伸颈一扇翅膀飞上了天！缅伯高向前一扑，只拔下几根羽毛，却没能抓住白天鹅，眼睁睁看着它飞得无影无踪。一时间，缅伯高捧着几根雪白的鹅毛，站在那直愣愣地发呆，脑子里来来回回地想着一个问题：“怎么办？进贡吗？拿什么去见唐皇呢？回去吗？又怎敢去见回纥国王呢！”思前想后，缅伯高决定继续东行。他拿出一块天蓝的绸子，小心翼翼地把鹅毛包好，又在绸子上题了一首诗：“天鹅贡唐朝，山重路更遥。沔阳河失宝，回纥情难抛。上奉唐天子，请罪缅伯高。礼轻情意重，千里送鹅毛！”缅伯高带着珠宝和鹅毛，披星戴月，不辞劳苦，不久来到了长安。唐太宗接见了缅伯高，缅伯高献上鹅毛。唐太宗看了那首诗，又听了缅伯高的诉说，非但没有怪罪他，反而觉得缅伯高忠诚老实，不辱使命，就重重地赏赐了他。

502.【原文】骨肉相残，煮豆燃萁；兄弟相爱，灼艾分痛。

【解悟·故事】兄弟之间相互残害，就像燃烧黄豆秸秆去煮黄豆；将艾灼烧到自己无病的身上来分解有病兄弟的疼痛，这才是兄弟友爱。因此，我们要与家人和睦，与兄弟友爱。

相传三国时，曹丕即位后，非常嫉妒弟弟曹植之才。有一次，曹丕命曹植在七步之内作诗一首，如不成就处死。曹植才思敏捷，应声吟出一首“煮豆燃萁”的《七步诗》。曹丕听后，勾起手足之情，深感羞愧，最终没有加害曹植。

北宋时期，宋太祖赵匡胤的弟弟赵匡义得了病，十分痛苦。赵匡胤去探望他并亲自为他灼艾治病。赵匡义感到很疼痛，叫了出来。赵匡胤于是将热艾往自己身上灼烧，的确很痛，却能以此分担弟弟的痛苦，赵匡义十分感动。

中华传统文化的八德为孝、悌、忠、信、礼、义、廉、耻。“悌”字是一个竖心旁，跟一个弟弟的“弟”字。心在弟旁，表示兄长对弟弟妹妹的关心；心中有弟，就是兄弟间彼此诚心友爱。兄长爱弟弟妹妹要像爱护自己的子女一样，弟弟妹妹尊敬兄长要仅次于父母。所以古人云“有父从父，无父从兄”。

503.【原文】以身教者从，以言教者讼。

【解悟·故事】用行动来进行教育的人，别人会跟着他做；用空话来进行教育的人，只能导致争吵。因此，我们要坚持多用实际行动去进行教育，以达到事半功倍的效果。

战国时期，田稷是齐国的宰相。一次，他的属吏送给他百两黄金。他几番推辞，最后碍于情面还是收下了，并将它拿回去原封不动地献给了母亲。田母面现怒容说：“你为相三年，俸禄从没有这么多，难道是掠取民财、收受贿赂得来的？”田稷低下了头，以实情相告。田母严肃地说：“我听说士人严于修己、洁身自爱，

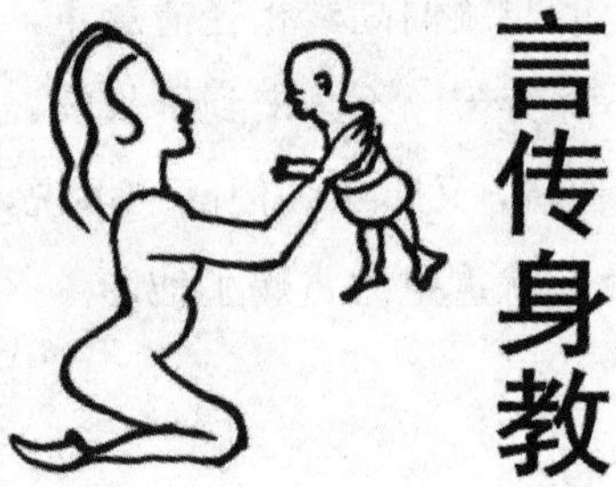

不取苟得之物；坦荡磊落，不做诈伪之事。不义之事不存于心，不仁之财不入于家。你肩负着国家的重任，就应处处做出表率，而你却接受下属的贿赂，这是上欺瞒国君，下有负于百姓，实在让我痛心啊！速将金子退回，请朝廷发落！”田稷听了母亲的话，羞愧万分，先将百金如数退还，又立即到朝廷坦白过错，请求罢相。齐宣王听后，并没有治罪田稷，还对田母的道德风范称赞不已，并诏令天下学习田母廉洁清正、教子有方的高尚品德。从此，田稷更加严以自律，后来成为齐国一代贤相。

我国著名教育家张伯苓，十分注意对学生进行文明礼貌教育，并且身体力行，为人师表。一次，他发现有个学生手指被烟熏黄了，便严肃地劝告那个学生：“烟对身体有害，要戒掉它。”没想到那个学生有点不服气，俏皮地说：“那您吸烟就对身体没有害处吗？”张伯苓面对学生的责难，歉意地笑了笑，立即唤工友将自己所有的吕宋烟全部取来，当众销毁，还折断了自己用了多年的心爱的旱烟杆，诚恳地说：“从此以后，我与诸同学共同戒烟。”果然，从那以后，他再也不吸烟了。

504.【原文】厚积不如薄取，滥求不如减用。

【解悟 · 故事】与其不停地积累财富，还不如每次支取时少一点；与其广泛求人资助还不如节减费用。因此，我们要有节俭意识。

苏轼做官期间总是注意节俭，常常精打细算过日子。苏轼被降职贬官来到黄州后，由于薪俸减少了许多，穷得几乎无法生活下去。后来在朋友的帮助下，他弄到一块地，便自己耕种起来。为了不乱花一文钱，他还实行计划开支：先把所有的钱计算出来，然后平均分成12份，每月用一份；每份又平均分成30小份，每天只用一小份。钱全部分好后，按份挂在房梁上，每天清晨取下一包，作为全天的生活开支。拿到一小份钱后，他还要仔细权衡，能不买的东西坚决不买，只准剩余，不准超支。积攒下来的钱，苏轼就把它存在一个竹筒里，以备不时之需。

老子的《道德经》充满着辩证法思想，对于世人有洞悉世事人生、厘清乱世浮尘之助益。老子曾说“节俭”是他的“三宝”之一。我国古人认为，我们所生活的世界是由“金、木、水、火、土”五种物质构成的，它们之间相生相克，此消彼长。人类要想在这个世界上生活得更美好，就要遵循自然规律，注意和谐发展。如果违背自然规律，竭泽而渔，浪费资源，就会受到大自然的惩罚。

505.【原文】一字入公门，九牛拖不出；理字不多大，千人抬不动。

【解悟·故事】向公家呈送的材料每一个字都要慎重，因为一旦递进去就无法更改了；做事要讲理，千人都抬不动一个理字。因此，我们做事要慎重，更要讲理。

有个叫杨乃武的人被人诬陷，他的姐姐替他上京申冤，写好状纸后说：“一定要让李亘塘先生看一遍，不经他看过，我不放心。”李亘塘看过后说：“文笔很好，只是有一字要改一下，就是‘江南无日月，神州无青天’后一个‘无’字要改一下，改成‘神州有青天’。”后来姐姐到了京城告御状，她一字一句地背起了状纸。当背到“江南无日月，神州有青天”时，尚书桑春荣大悦，拍案叫绝道：“好一个神州有青天！”如果不改这一字，状还能告成吗？一场冤案能洗清吗？真是“一字入公门，九牛拖不出”。

春秋时，晏婴是齐国的“三朝元老”。他“长不满六尺”，貌不出众，但足智多谋，为齐国的昌盛立下了汗马功劳。当时，诸侯称雄争霸，外交上的胜负成为当时兼并战争的重要辅助手段。有次出使楚国，楚王妄自尊大，无缘无故欲辱来使。事关齐国尊严，晏婴不卑不亢，从容镇定，针锋相对地向楚王进行了有力反击，且乘胜反攻，以其人之道还治其人之身，将“使民善盗”的帽子扣到楚国人的头上，置楚王于理屈词穷的尴尬境地。这充分体现了一位外交使臣不凡的勇气和智慧。晏婴的对话不长，却句句设伏、步步紧逼，终于成功地折服了楚王，显示了一位外交家所应有的应变才能。

506.【原文】两人自是，不反目稽唇不止，只温语称他人一句好，便有无限欢欣；两人相非，不破家亡身不止，只回头认自己一句错，便有无边受用。

【解悟·故事】两个人都认为自己正确，不到反目成仇，相互责问就不会停止，可只要用温语软话去称赞对方一句，便会有无限的快乐；两个人相互指责、攻击，不到家破人亡就不会停止，可只要回过头来承认自己的错误，便会有很大的受益。

因此，我们做人要低调谦逊，学会赞美别人、批评自己。

春秋战国时期，耕柱是墨子的得意门生，不过，他老是挨墨子的责骂。有次，墨子又责备了耕柱。耕柱觉得自己很委屈，因为在墨子的许多门生之中，耕柱被公认是最优秀的，但他却偏偏常遭到墨子的批评。这让他觉得很没有面子。耕柱愤愤不平地问墨子：“老师，难道在这么多门生中，我竟是如此差劲，以至于要时常遭您老人家责骂吗？”墨子听后反问道：“假设我现在要上太行山，依你之见，我应该要用良马来拉车，还是用老牛来拖车？”耕柱回答说：“再笨的人也知道要用良马来拉车。”墨子又问：“那么，为什么不用老牛呢？”耕柱回答说：“理由非常简单，因为良马足以担负重任，值得驱遣。”墨子说：“你答得一点也没有错。我之所以时常责骂你，也是因为你能够担负重任，值得我一再教导与匡正。”听了墨子这番话，耕柱立刻明白了老师的良苦用心，从此再也不以遭受批评为耻，而是更加发奋努力，终于成为墨子的继承人。

1921 年，美国钢铁大王卡耐基出 100 万美元的超高年薪聘请一位执行长。众多的报名者中，一个叫夏布的不起眼的年轻人最终被卡耐基锁定。许多人表示质疑：“为什么偏偏是他？”卡耐基说：“因为他最会赞美别人。这是他最值钱的本事，却是你们最缺乏的一种能力。”后来，夏布成为卡耐基最为得力的事业助手之一，得到公司上下一致的认同与尊重。

507.【原文】和气致祥，乖气致戾。

【解悟 · 故事】和睦能带来吉祥，不和会招致祸患。因此，我们要对人温和而宽容，恰情而讲理。

相传在清朝雍正年间，苏州有一家小面馆，铺面不大，地段不佳，只由一位老妇人打理。一日，一位抱着孩子的妇女走进店里要了一碗面条，还没开始吃，淘气的孩子一伸手，就把面条推到了地上，碗也碎了。孩子的母亲立即道歉，并主动表示要赔偿。但老妇人非但婉拒赔偿，还关切地询问孩子是否被烫到，随后重新做了一碗面递给母子二人。孩子的母亲感动万分，连声道谢。日后，这位母亲逢人便说她这一段经历，人们纷纷慕名而来，与人为善的老妇人的面馆生意也就越做越红火。

中国人讲究天地人和，但天时与地利是无法改变的，人们唯一能够主动改变的是人与人之间相处的关系，即“人和”。成功的商人历来都非常重视“和”的思想，在与他人交往时，做到以和为贵，和气待人，相互尊重，学会换位思考、关注对方感受，处理事情懂得灵活变通，为彼此留有余地。通过这些“和”的思想与行为，更多地与顾客联络感情、增进情感，才能不断地赢得顾客的信任，才能持续推动事业的发展壮大，所以“和气”方能“生财”。

508.【原文】玩人丧德，玩物丧志。

【解悟 · 故事】经常玩弄别人就失去了做人的品德，迷恋于所玩赏的事物就会消磨了积极进取的志气。因此，我们要谨守道德底线，坚持自己的理想。

春秋时，卫国的卫懿公特别喜欢鹤，整天与鹤为伴，如痴如醉，丧失了进取之志，常常不理朝政、不问民情。他还让鹤乘比大臣所乘的还要高级豪华的车子。为了养鹤，他每年耗费大量的人力财力。这种行为引起大臣们的强烈不满，百姓也怨声载道。后来，赤狄侵入国境，卫懿公命军队前去抵抗。将士们气愤地说：“既然鹤享有如此高的地位和待遇，现在就让它去打仗吧！”懿公没办法，只好亲自带兵出征，与狄人战于荥泽，由于军心不齐，结果战败而死。后来，人们把卫懿公的行为称作“玩物丧志”。

从前，波兰有个叫玛丽的小姑娘，学习非常专心。不管周围怎么吵闹，都分散不了她的注意力。一次，玛丽在做功课，她姐姐和同学在她面前唱歌、跳舞、做游戏。玛丽就像没看见一样，仍在一旁专心地看书。姐姐和同学想试探她一下。她们悄悄地在玛丽身后搭起几张凳子，只要玛丽一动，凳子就会倒下来。时间一分一秒地过去了，玛丽读完了一本书，凳子仍然搭在那儿。从此姐姐和同学再也不逗她了，并且像玛丽一样专心读书，认真学习。玛丽长大后，因有重大的科研发现两次获得诺贝尔奖。她就是著名的居里夫人。

509.【原文】福至心灵，祸至心晦。

【解悟 · 故事】福气来了，人心都会变得很灵巧；灾祸来了，人心就会变得

福至心灵

很沮丧。因此，我们每天要保持良好心态，福气自然就来到了。

兔子这种动物天生胆小。有一次，许多兔子聚集在一起，为自己的胆小无能而难过，悲叹自己的生活中充满了危险和恐惧。它们越谈越伤心，就好像已经有许多不幸发生在自己身上。它们怨叹自己的不幸，既没有拔山扛鼎的力气和能飞上蓝天的翅膀，也没有锋利的牙齿，每天只能在惊恐中度过，就连想要大睡一觉，还要受灵敏的长耳朵的阻挠。它们觉得自己的这种生活毫无意义，与其一生心惊胆战，还不如一死了之。它们决定从山崖上跳下去了结自己的生命。于是，它们一齐奔向山崖，想要投河自尽。这时，一群青蛙正围在河边蹲着，听到急促的脚步声，如临大敌，立刻跳到深水里逃命去了。这是兔子每次到河边都会看到的情景，但是今天，有一只兔子突然明白了什么，它大声地说："快停下来，我们不必去寻死了，因为我们现在可以看见，还有比我们更胆小的动物呢！"这么一说，兔子们的心情竟奇妙地豁然开朗起来，好像有一股勇气喷涌而出，于是它们高高兴兴地回家去了。

人较之其他动物的最大区别就在于有思想，有思想就会有喜怒哀乐。所以福运来时，人就会心情舒畅，思路敏捷；灾祸降临时，人就会心慌意乱，神志不清。心理学研究证明，人的心理活动虽然千差万别复杂多变，但有一点是大致相同、基本不变的，那就是人要在心理上最大限度地追求平衡。心理平衡了，心情才会愉快，幸福感和满意度才会提高。所以，一个人只要心态好，世界上一切都会变得很美好。总而言之，如果你每天都能保持良好的身心状态，那你就会成为一个福泽深厚的人，好运就会常常伴随在你的左右，祸害也会远远地躲着你。

510.【原文】受宠若惊，闻过则喜。

【解悟 · 故事】得到宠爱或赏识而感到不安，听到别人指出自己的缺点或错误会感到很高兴。因此，我们要多听取不同意见。

考取状元的王曾回青州时，地方官命令父老乡亲奏乐到郊外迎接。王曾换了衣服，乘小马车从其他的城门入城去拜望地方官。郡守大吃一惊，说道："听说您来了，已经派人去迎接您。城门官还没有报告您的到来，怎么就到了？"王曾说："我无才，侥幸考中头名，自己正感惶恐，哪里还敢劳烦郡守与父老乡亲们来迎接呢！所以我变换服装，瞒过欢迎的群众与城门官就进来了。”郡守感叹地说：“先生真可以称得上状元，前程不可限量啊！”后来王曾成了著名的宰相，被皇上封为沂公。皇上传诏下达时，诏书中的第四名叫张中，在殿廷上喜不自胜，拉住沂公的手说：“怎么才能让家乡人知道呢？”沂公没答话。回去后，他悄悄对亲近的人说：“此人不会有远大前程！”后来，张中任县官，不久即因犯罪而被罢免了。

闻过则喜

春秋时期，有个人叫高缭。他为人谨慎，在齐国丞相晏婴手下做了三年的官，从来没有犯过错，但晏婴却无缘无故把他辞退了。这是为什么呢？晏婴说：“我是一个不中用的人，正如一块弯弯曲曲的木头，必须用墨斗来弹，用斧头来削，用刨子来刨，才能做成一件有用的器具。每个人都会有自己的毛病和缺点，但是如果别人不给予提示的话，自己是看不到的。但是高缭呢，他在我身边足足三年，看见我的过错，却从来不说，这对我有什么好处？所以，我把他辞退了。”可见，晏婴喜欢别人指出他的过失，他认为，指出上司的过失，是手下的责任，否则是没有尽到自己的责任。

511.【原文】创业固难，守成不易。

【解悟·故事】创业固然很难，但守住成功的事业更不容易。因此，我们要珍惜已有事业，努力去创造更大的事业。

隋朝末年，爆发了大规模的农民起义。李渊父子起兵反隋，经过长期的战争，最后建立唐朝。后来唐太宗李世民继位后，常与众大臣论治国之道。贞观十年，唐太宗问身边大臣：“帝王之业，创建与守成哪个更重要呢？”宰相房玄龄认为创建难，而魏徵则认为守成更难。时隔五年后，贞观之治四海升平，国运昌隆，唐太宗又问大臣同样的问题，魏徵依然坚持原来的主张，认为守成更难。魏徵一语道破天机：“安乐之中尚能保持忧虑惶惧之心，这难道不难吗？”的确，创业时期的困境是来自组织外的，比如对手的竞争等。守成时期的困境则来自组织内的，比如管理者的轻忽骄纵、内部的凝聚力削弱等。创业不易，守成更难，商场如战场，治企与治国是同一个道理。

胡雪岩一手创办了杭州的庆余堂药店，他手下有名得力干将叫刘不才。刘不才本名刘三才，家中世代经营药店，靠着祖传配药秘方，药店生意十分兴隆。刘三才由于本性好玩加上嗜赌如命，药店传到他手上没多久就为了还赌债顶掉了，因此大家都改口叫他“刘不才”。在大家眼中刘不才不过是个败家子，但胡雪岩看刘不才的眼光却不一样。他认为，刘不才即使再落魄也未曾出卖祖上秘方，可见此人本性不坏，还没有到欺师灭祖的地步。他认为，刘不才出身上等家庭，非常了解公子哥的习性，加上他好赌好玩的“专长”可以带动交际场合的气氛，将是一个能帮他交际应酬的高手。当时胡雪岩正筹划开药店，刘不才手上的秘方对他极为有用，于是他决定将刘不才留在身边做事。刘不才日后果然为胡雪岩办成了一件大事——笼络上海的丝业龙头庞二，使得胡雪岩最终得以顺利操控整个上海的丝价。可见胡雪岩在创业守成过程中的深谋远虑。

512.【原文】门内有君子，门外君子至；门内有小人，门外小人至。

【解悟·故事】屋里有君子，就会吸引君子到来；屋里有小人，就会招引小人到来。因此，物以类聚，人以群分，我们要多交往君子。

春秋战国时期，齐国的淳于髡是当时有名的谋士。他足智多谋，能言善辩，曾多次为齐国立下大功。

齐威王在位时经常通宵达旦地喝酒作乐，不理政事，文武百官也跟着荒淫放纵。其他各国见齐国内政混乱，都趁机进攻齐国，国家危在旦夕，但是齐王身边的近臣都不敢进谏。只有淳于髡用“大鸟三年不展翅”的隐语劝谏齐威王振兴朝纲。果然，齐威王经过他的规劝后，励精图治，经过几年的努力，终于使齐国成为当时的七雄之一。

后来齐威王的儿子齐宣王继位，昭告天下，用重金求取贤士来帮助他治理齐国。淳于髡在一天内就给他推荐了七位有才能的人。齐宣王同他们交谈后，发现果然个个本领高强。齐宣王觉得非常奇怪，就问淳于髡说：“我听说人才是很难等到的，在千里之内的土地上，如果能找着一个贤士那就不得了了。现在你却在一天之内推荐了七个贤士，照此下去，贤士不是多得连齐国都容纳不下了吗？”淳于髡听后说：“同一类的鸟都会聚居在一起，同一类的兽才会走在一条路上。要找柴胡和桔梗这类药材，如果到洼地里去找，一辈子也不会找到一株，但是如果到山的北面去寻，那就多到可以用车装运了。这是因为天下的生物都是同一类的聚在一起。我淳于髡可算是个贤士吧，所以您叫我推荐贤士，就像是到河里打水、用打火石打火一样容易。我还准备给您再推荐一批贤士，那可就不止七位了！”

513.【原文】东海曾闻无定波，北邙未肯留闲地。

【解悟 · 故事】东海不可能有风平浪静的时刻，北邙山上也从未留有空闲的地方。因此，我们要顺应自然，放宽心怀。

相传道教有三十六洞天，七十二福地，皆为仙人居住游憩之地。世人认为它们是通天之境，祥瑞多福，咸怀仰慕。道教潜隐默修之士，喜遁居幽静之山林，故多择有仙迹传说之处，兴建宫观。历代以来，道侣栖止，香客游人络绎不绝，故洞天福地已成为中国锦绣河山之胜境。第七十福地即北邙山，位于今河南洛阳市北，相传属魏真人治之。所以北邙山自古以来就是古代帝王理想中的埋葬之地。

礼拜六上午，一位牧师正在苦思明天的布道辞，淘气的儿子在旁边搅得他心烦意乱。他实在不知该如何让儿子安静下来，忽然看见身旁的一本杂志，灵机一动，扯下了封面，这是一张背面是人像的世界地图。他把它撕成了很多块，然后交给淘气的儿子，让他到一边把已成碎片的世界地图重新拼接好，允诺如果拼好了就给他一美元。父亲以为这件事足够儿子忙乎一阵子了，可是才过了不到十分钟，就响起了敲门声。儿子站在书房门口，手里拿着的正是他把碎片拼起来的世界地图。父亲惊异于孩子的拼图速度，问他是如何在这么短的时间内完成的。儿子非常得意：“我先按人像来拼碎片，然后翻过来就是地图了。只要‘人’好了，‘世界’也就好了。”父亲心中一动，把一美元给了孩子，说：“儿子，感谢你的提醒，我想好了明天的布道辞——‘只要人好了，世界就好了’。”

不要抱怨世界怎样，其实关键就在于人本身。一个人，无论何时何地，只要保持一种乐观的心态，就会发现这个世界其实真的很美丽。

514.【原文】趋炎虽暖，暖后更觉寒增；食蔗能甘，甘余便生苦趣。

【解悟 · 故事】靠近火焰虽然会得到一时的暖和，但一离开火之后就会觉得寒冷倍增；吃甘蔗虽然觉得甘甜，但甘甜之余更会生出一种苦味。因此，我们不要

趋炎附势，要活得清淡自如。

北宋真宗时，李垂学问极高，正直无私，深孚众望。当时官场中阿谀奉承、溜须拍马的庸俗作风非常流行，李垂对此非常反感。大臣丁谓就是靠阿谀奉承当上了宰相。丁谓把持朝政，对不听自己话的人严厉打击。很多想升官发财的人，见丁谓很得皇帝的宠信，都去巴结他，希望得到好处。可是李垂对奉承之道从来不感兴趣，坚决不去丞相府拜谒。李垂认为，丁谓身为当朝宰相，不秉公执法，反而欺凌同僚，实在有负天子所托、百姓所望。这样的人臭气熏天，躲都来不及，为什么还去参拜呢！世上没有不透风的墙，有一些小人知道了李垂的想法，就去向丁谓报告，以这种方式来巴结他。丁谓知道李垂的想法后，气得不得了，就找了个借口把李垂贬到外地去做官。

宋仁宗即位后，丁谓失去了靠山，得罪他的人又都被调回京城，李垂也被天子召回，有了被重用的机会。一些朋友劝李垂去拜谒新宰相，不要再清高下去了。他却冷静地回答道："三十年前的我，如果肯抛弃清高，去拜见丁谓，可能早就被他当成心腹，成为翰林学士了。现在我老了，见到大臣们不秉公办事，还常常不给他们留面子，当面进行指责，可谓疏狂到了极点，又怎么能依附有权势的人，看别人的眼色做事，来使他们向天子引荐我呢？"很快，有人将他的话报告了新任宰相。新任宰相觉得他在朝中将会是个麻烦，就再次将他贬出京城，让他到外地去当了个小小州官。

515.【原文】争名利，要审自己分量，休眼热别个，辄生嫉妒之心；撑门户，要算自己来路，莫步趋他人，妄起挪扯之计。

【解悟·故事】争名夺利，要审视自己有几斤几两，不要看见别人升迁就眼热，不然就会生出嫉妒的心理；经营家业，要算一算自己的收入来源，不要与他人盲目攀比而东挪西借。因此，我们要平和心态，不要一心争名夺利，也不要常怀嫉妒之心。

南北朝时期，有个人叫甄彬，他品行高洁，从来不取不义之财。这一年闹春荒，家里能吃的东西都吃完了，全家人饥肠辘辘。甄彬找到一捆萱麻，拿到当铺，典当了一点钱，买了些粮食，勉强熬过了春荒。老天还算帮忙，这年风调雨顺，是个丰收年。秋后，甄彬卖了些粮食，凑齐了钱，到当铺里将那捆萱麻赎了回来。过了几天，甄彬的妻子拆开麻捆准备纺线时，猛然从里面掉出一个布包——竟然包着五两黄金！一家人很是惊喜。甄彬对妻子和儿子们说："这可能是当铺的伙计在收拾库房时，不小心把这包黄金裹进了萱麻捆里。按理说，我们留下它也未尝不可，反正也不是我们自己拿的，别人也不知道，而且咱们家也太需要钱了。不过，古人云'君子爱财，取之有道'。咱们人穷志不穷，不是我们该得的东西，不要说是五两黄金，就是一文钱也不能要！你们认为怎么样？"甄彬的妻子、孩子平日里深受他的影响，也都赞成甄彬的意见。于是，甄彬将黄金送还给了当铺。

老子与世无争，尤其是争名夺利的事他绝对不干。一个真正有自信心的人不愿意和人争名夺利，不愿意蝇营狗苟。对名利不争，这是一种大智慧。有了平和的心态，"不管风吹浪打，胜似闲庭信步"，我们就可以生活得更快乐。

516.【原文】家庭和睦，疏食尽有余欢；骨肉乖违，珍馐亦减至味。

【解悟·故事】一家人和和美美，即使是粗茶淡饭也吃得欢乐无穷；亲骨肉明争暗斗，纵然是珍馐佳肴也会吃得索然无味。因此，我们要珍惜亲情，让家庭和睦。

一对老虎兄弟之间爆发了一场激烈的冲突，到最后两败俱伤。老虎哥哥快要断气时，对老虎弟弟说："如果不是你非要抢我的地盘，我们也不会弄成这样。"老虎弟弟气若游丝地说："我从未想过要抢你的地盘，我一直以为是你要加害于我。"可见，相互沟通是家庭和睦的一个重要因素。

一对鸟夫妻在一起生活。雄鸟采集了满满一巢果仁，让雌鸟保存。由于天气干燥，果仁脱水变小，一巢果仁看上去只剩下原来的一半。雄鸟以为是雌鸟偷吃了，双方争吵得不可开交，最后雌鸟委屈地离开了家门。过了几天，下了几场雨后，空气湿润了，果仁又胀成满满的一巢。这时，雄鸟十分后悔地说："是我错怪了雌鸟。"可见，家庭成员之间要相互信任。

家人是我们生命中最重要的人，只有信任、包含和体谅才能构建起幸福的家庭。进家门之前，请把在外面的烦恼通通抛掉，带一张笑脸回家。如果所有的家庭成员都能这样做，那么这个家就一定会变得更加和睦。

517.【原文】观过知仁，投鼠忌器。

【解悟·故事】察看一个人所犯过错的性质就可以了解他的为人，想用东西打老鼠就不要担心打坏了旁边的器物。因此，我们做事既要善于观察分析，又要果断行动，不能畏首畏尾、瞻前顾后。

贾谊是西汉著名的政论家、文学家，他曾写过不少议论精辟的文章。其中，《陈政事疏》（又名《治安策》）就是极具代表性的名篇。贾谊将《陈政事疏》上奏给皇帝，此篇文章所谈之事很多，其中一点是建议皇帝要用“廉耻节礼”这样一套封建道德来约束王侯大臣。贾谊从尊卑有别的封建礼仪出发，认为对犯法的百姓可以用黥（在脸上刺字并涂墨）、劓（割鼻）、刖（砍脚）、笞（鞭打）等严刑来惩治。但是对犯法的王公大臣就不能用这些酷刑了，再重的罪也只可赐死，因为他们是皇帝身边的贵人。贾谊为使其论点有说服力，就采用了民间一句谚语“欲投鼠而忌器”，意思是对王公贵族用刑会有损皇帝的尊严。后来，人们就用投鼠忌器来比喻做事有所顾忌，不敢放手去干。

春秋时代，晋、楚两个强国争当盟主。有一次，晋灵公在扈地会见诸侯，郑国国君没有来。晋灵公以为郑国和楚国有往来，很生气。郑国公子归生知道这事后，就给晋国写了封信，首先回顾了郑国和晋国的友好历史，然后解释了郑国国君没来参加的原因，最后说：“我们国君在这三年来，先后多次去朝见你们国君，对你们已经尽了最大的努力和诚心了，可还不能使你们感到满意。如今我们除了亡国，已经无法增加这诚意了。古人曾说‘畏首畏尾，身余其几’。郑国现在的处境便是这样，既怕楚国攻打，又怕晋国袭击。而晋国的命令又好像没完没了似的，这使得我们郑国没有别的办法，只好将全国力量集合起来，等候你们晋国大军到来……”

518.【原文】爱而知其恶，憎而知其善；贫而无怨难，富而无骄易。

【解悟·故事】喜爱他还能知道他丑恶的一面，憎恨他还能知道他善良的一面；贫穷时还能做到没有埋怨很难，富裕时还能做到没有骄傲却很容易。因此，我们待人待事要有辩证的思维，而对待生活则要安贫乐道，富而不骄。

山水诗人

有一次，一个老强盗带着徒弟去抢劫银行，被警方追捕。两人狂奔逃跑。好不容易甩掉了警察，两人上气不接下气，瘫倒在地上。良久，惊魂稍定，徒弟说：“师父，要是这个世界上没有警察该多么美好啊！”师父骂道：“放屁！要是没有警察，我们还有饭吃吗！”徒弟大惑不解。师父说：“你只知其一不知其二啊！你想，如果没有了警察，是不是大家都敢去偷、去抢了？而且其中肯定会有很多有本事的人。而正因为有了这些警察，把那些有本事的人挡住了，我们才有生存空间啊！和他们相比，我们有什么本事啊？我们不就是仅仅凭着一颗贼胆，敢干他们不敢干的事，才混得一口饭吃吗？要是没有警察，哪里有我们的好日子过啊！”正当徒弟领悟师父所说道理之时，警察已站在他们身后，随之将二人绳之以法。

东晋时的陶渊明年幼时，家道衰微，九岁丧父，后在外祖父孟嘉的家里生活。孟嘉是当代名士，陶渊明的个性、修养，都很有外祖父的遗风。外祖父家里藏书多，给他提供了读书的条件。时代思潮和家庭环境的影响，使他接受了儒家和道家两种不同的思想，培养了“猛志逸四海”和“性本爱丘山”的两种不同的志趣。在为仕过程中，他目睹了统治者的腐败、政局的黑暗，感到失望，于是辞职隐居。他十三年的仕宦生活，是他为实现“大济苍生”的理想抱负而不断尝试、不断失望、终至绝望的十三年。最后赋《归去来兮辞》，表明他不与世俗同流合污的决心。陶渊明辞官归隐，虽然生活条件异常艰苦，但他依旧怡然自乐，过着安贫乐道的生活。

519.【原文】晴空看鸟飞，流水观鱼跃，识宇宙活泼之机；霜天闻鹤唳，雪夜听鸡鸣，得乾坤清纯之气。

【解悟·故事】在晴朗的天空下看那鸟儿飞来飞去，在流水中看鱼儿上下跳跃，就能认识到宇宙间活泼的生机；在打霜的日子里听飞鹤的鸣叫，在下雪的夜里听雄鸡的鸣啼，就能悟得天地间清纯的真气。因此，我们要顺应自然规律，才能更好地感受自然的美好。

传说非洲戈壁滩上有种依米花。那里干旱炎热的气候和贫瘠的土地只适合生长根系庞大的植物，而依米花除外，它只有一条细长的根茎。在热带气候环境中，又在茫茫戈壁滩上，它得用五年时间才能完成根部对泥土的植入，到了第六年它才吐蕊。让人惊叹的是，依米花非常奇特，每朵花有四片花瓣，一片花瓣一种颜色，红、黄、蓝、白，煞是可爱。更让人难以置信的是，这种经过漫长等待、扎根开出的四色小花，花期竟只有短短两天。两天过后，依米花便连花带茎一起枯萎死亡。这种花象征着一生一次的美丽和一生一次的辉煌，它无怨无悔，全情投入。五年扎根，一朝吐蕊，一辈子都在恶劣的自然环境下倔强生长的依米花，仅仅是为了两天短暂的花期。

传说尧帝时期，黄河流域经常发生洪水。为了保护百姓生命和农业生产安全，尧帝召集部落首领，征求治水能手来平息水患。鲧被推荐来负责这项工作。鲧接受任务后，采用堤工障水，就是用简单的堤埂把居住区围护起来抵御洪水，然而九年过去了还是没有成功，最后他被放逐羽山而死。舜帝继位以后，任用鲧的儿子禹来治水。禹总结父亲的治水经验，改鲧的“围堵障”为“疏顺导滞”的方法，就是利用水自高向低流的自然趋势，顺着地形把川流疏通。把洪水引入疏通的河道、洼地或湖泊，然后合通四海，从而平息了水患，使百姓得以从高地迁回平川居住并从事农业生产。后来禹因此而成为夏朝的第一代君王，并被人们称为“神禹”。可见，我们虽然不能改变自然规律，但只有顺应自然规律，并发挥自己的主观能动性，方能成事。

520.【原文】先学耐烦，切莫使气，性躁心粗，一生不济。

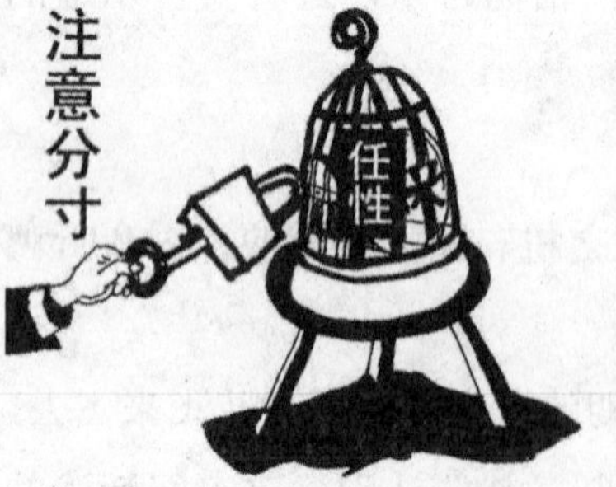

【解悟·故事】人想要成功就要耐得住性子，不能意气用事，性格急躁和粗心大意的人，难以获得成功。因此，我们做人要懂得忍耐，做事要认真细心。

唐代宗时，鱼朝恩因为保驾有功，被封为天下观军容宣慰处置使，并统率京师神策军，后任国子监事，掌握朝廷大权。他非常专权，一般的公卿不敢抬头看他。宰相大臣决定政事时，不先和他讲，他便瞪大眼睛说：“天下之事，怎么不由我？”公元770年，宰相元载密奏请杀鱼朝恩，并以重金贿赂鱼朝恩的亲信周皓、皇甫温二人，暗中观察鱼朝恩。三月寒食节那天，皇宫举行宴会。宴会结束后，鱼朝恩回家之际，唐代宗叫他留下来讨论事情。等他一到，唐代宗便责难他图谋不轨，他为自己辩护，此时周皓与左右将他擒获，并用绳子将其勒死。他被杀，天下人无不称快，这便是使气任性的后果。

1967年，苏联著名宇航员科马洛夫一个人驾驶着“联盟一号”宇宙飞船在返回大气层时，减速降落伞无法打开，科马洛夫无论怎么操作也无法减慢飞船的速度。面对这一突发的恶性事故，地面指挥中心采取了一切可能的措施帮助排除故障，但都无济于事。地面指挥中心请示中央，经中央研究决定同意将实况向全国人民公布。播音员以沉重的语调宣布：“‘联盟一号’飞船由于无法排除故障，不能减速，两小时后将在着陆基地附近坠毁。我们将目睹宇航英雄科马洛夫遇难。”而“联盟一号”发生不幸的原因仅仅是在地面检查时忽略了一个小数点。

521.【原文】举世好承奉，承奉非佳意，不知承奉者，以尔为玩戏。

【解悟 · 故事】世人都喜好被奉承，可奉承却并非出自善意，如果不识破奉承的人，人家会把你作为戏弄的对象。因此，我们不要去阿谀奉承，而要有自己独特的风格与魅力。

奉承源于“奉天承运皇帝诏曰”的文章格式，其广泛使用应该是在明代。明太祖为加强中央集权不遗余力，自然少不了这受命于天、君临天下的气势。明太祖以为自己的统治出自天意，因而其诏书的开头就是奉天承运。

东汉时，有个隐士叫颜光，为人正直，是大司徒侯霸的老朋友。有次侯霸写信邀请他来家里做客，颜光不但不去，还不写信回复，而是口头向送信的人说：“你回去转告他，他的官位已经够高了。这很好，他侍奉皇上，如果以仁义为本的话，那是天下人所高兴的。如果对皇上是一味阿谀奉承那是会引来杀身之祸的。”侯霸还真听进去了，他作为东汉初年的官员，对东汉初年的政权建设多有建树。侯霸为人矜持严肃，仪容庄重，虽家财万贯，却潜心好学，师从九江太守房元，汉成帝时任太子舍人。汉朝刘秀评价他：“惟霸积善清洁。视事九年”。

522.【原文】得时莫夸能，不遇休妒世。

【解悟 · 故事】得意顺利时不要自夸，怀才不遇时不要怨天尤人。因此，我们要拥有平和的心态，宠辱不惊。

话说诸葛亮足智多谋，在三国时混得风生水起。这天他突发奇想，不如穿越到现代找工作。让我们来看看诸葛亮在现代，能做什么工作吧！（1）如今不需要打仗，所以军师是当不了了，去国防部吧，又没文凭。（2）应聘个策划的工作，

孔明失聘

都会被拒绝，为什么呢？公司说，对不起，诸葛先生，你没有文凭，还不会英语，我们不能录用你。（3）当个文员，不会用电脑，不会打字，简体汉字也不会写。（4）应聘只要体力活的工作，诸葛先生一介书生，手无缚鸡之力。最后总结下来，诸葛亮只能去当个算命先生了！所以，有时候千里马是有的，却不一定有能慧眼识千里马的伯乐。

有个年轻人觉得自己很有才华，但在生活与事业上遇到很多挫折，觉得活着没意思，于是他决定跳海，但他刚跳下去就被一个老渔民救了起来。他很生气，冲着老渔民嚷道："你救我干什么？"老渔民说道："年轻人，为什么跳海？你这么年轻多可惜呀！"于是年轻人就对老人诉说了他怀才不遇的苦衷。老渔民听完，说道："哎呀，你今天遇到我，运气来了。我正好是治怀才不遇的专家，我帮你治治吧！"年轻人很诧异，急忙问老渔民医治之法。老渔民说："我有秘诀，如果你想知道，就必须答应我一个条件。"老渔民说着，顺手从沙滩上拣起一粒沙子，往旁边一扔，说："年轻人，帮我去把刚才扔掉的那粒沙子捡起来，然后我就告诉你。"年轻人听了很生气，说道："这么多沙子，我怎么知道哪粒是你扔掉的？"老渔民听了，笑着说："别生气，我这还有个条件，如果你满足了我这个条件，我就告诉你——我这里有一颗珍珠，我把它扔到沙滩上，你去给我捡回来。"年轻人很快把珍珠捡了起来，交给老渔民，并很虔诚地说："老人家，我把珍珠捡起来了，可以告诉我秘诀了吧？"老渔民说道："年轻人，秘诀我已经讲完了。"年轻人恍然大悟。如果自己是一颗珍珠，肯定会与众不同；如果自己是千里马，那么就很容易被伯乐发现。问题在乎自己是不是一匹真正的千里马。

523.【原文】物盛则必衰，有隆还有替。

【解悟 · 故事】事物兴盛以后则会走向衰败，兴隆会被冷清代替。因此，我们要掌握规律，顺道而为。

燕人蔡泽，到诸侯各国游说，不被人重用。他被赵国驱逐出境，便想往韩国和魏国去，途中听说秦国应侯范雎任用的郑安平、王稽都身负重罪，范雎正为此而内疚。他于是进入秦国，面见范雎，劝其功成身退，免遭祸殃。蔡泽对范雎说："你为秦国排除患难，扩展领土，广播五谷，使秦国的利益向东伸展，难道你希望得

到像商君、吴起、大夫文种那样的结局吗？”范雎早就料到他会故意引用这三人之事来堵住自己的嘴，于是就诡辩地回答说：“为什么不可以！像这三个人，本来就是仁义的极致，忠诚的标准。因此君子为保持节义可以以身殉难，视死如归。活着而受辱没，还不如为节义而死去荣耀。士人本来就有杀身成仁的。只要仁义所在，即便死也无所怨恨，为什么不可以？”

蔡泽又说：“商君、吴起、大夫种作为人臣，做得对；但那些君主，却错了。所以，世人称这三人尽了忠孝之功而不得好报，难道羡慕他们那样不得好报而白死吗？人们建功立业，难道不期望成全吗？性命和功名都得到成全，这是最好的愿望。功名可以为后世景仰却失去性命的，这就次一等了；性命虽得苟全，但声名却蒙受污辱，这就是最下的一等了。”

月满则亏，水满则溢。人生在世，任何人都不可能没有遗憾。人不可能总活在过去，往事也不可重来。与其深陷其中，还不如好好把握现在与将来，心怀憧憬与希望。

524.【原文】路径仄处，留一步与人行；滋味浓的，减三分让人嗜。

【解悟·故事】道路狭窄时，给别人留点走路的地方；有好处的时候，不妨让出一部分给别人。因此，我们不要贪天下之功为己所有，而要学会分享。

有个年轻人，毕业于名校，才华横溢，走到哪儿都带着一股指点江山、舍我其谁的气势。他觉得别人都如无用蝼蚁，不配跟自己比。“我的能力最强，所以理应得到最多。”他总是那么想，得到好处不与同事分享，事事皆独占头功。结果其他同事联起手来，跟这个“优秀人才”较劲，合力拖他后腿，处处给他制造麻烦。一个人在这种环境下，要想做成点事情，那真是比登天还难！最后，这个年轻人终因领导痛责，同事不怜而只好一走了之。

留一步让三分，是拓宽人际资源的绝妙之策。如果你不懂利益均沾原则，凡是好处都自己独吞，哪怕是惊世的才华也只能变无用的白纸！大凡成功的“牛人”都懂得这一点，他们大都是一掷千金，让跟随自己的人得到实惠。即使是最精明的商人，也都奉行这一理念。世事就是这样，唯我独尊最危险，大家都有汤喝才是王者之道。这一处世法则，是中国几千年来一直奉行的“潜规则”。是否懂得这一处世法则，也可能决定了一个人的一生是坎坷不平，还是顺风顺水。

525.【原文】为人要学大，莫学小，志气一卑污了，品格难乎其高；持家要学小，莫学大，门面一弄阔了，后来难乎其继。

【解悟 · 故事】为人处世要立志远大，志气一旦被轻视侮辱，品格就难以达到原来的高度；持理家务就要节俭，场面弄大了，后面就难以跟进了。因此，我们要立志高远有雄心，持家节俭不奢华。

一天，一个外国学生很不礼貌地冲着徐悲鸿说：“徐先生，我知道达仰（法国巴黎高等美院的绘画大师）很看重你，但你别以为进了达仰的门就能当画家。你们中国人就是到天堂去深造，也成不了才！”徐悲鸿被激怒了，但他知道，靠争论无法改变别人的无知和偏见，必须用事实让他们重新认识真正的中国人。从此，徐悲鸿更加奋发努力。后来，那个外国学生看到徐悲鸿的作品非常震惊。他找到徐悲鸿，鞠了一躬说：“我承认中国人是很有才能的。看来我犯了一个错误，用中国话来说，那就是‘有眼不识泰山’。”

季文子为官 30 多年，一生俭朴，以节俭为治家根本。每次外出，所乘车马也极其简单。见他如此，有个叫仲孙它的人就劝他不要太寒酸了。季文子听后淡然一笑，对他严肃地说：“我也希望把家里布置得豪华，但看看我们的百姓，还有人吃着粗糙得难以下咽的食物，穿着破旧不堪的衣服，正在受冻挨饿。想到此，我怎忍心去添置家产呢？如果百姓都粗茶敝衣，而我则装扮妻妾，精养良马，这哪里还有为官的良心！况且，一个国家的强大与光荣，只能通过臣民的高洁品行表现出来，并不是以他们拥有美艳妻妾和良骥骏马来评定的。既如此，我又怎能接受你的建议呢？”这一番话，说得仲孙它满脸羞愧，同时从内心更加敬重季文子了。此后，仲孙它也仿而效之，十分注重生活的简朴。

526.【原文】争斗场中，出几句清冷言语，便扫除无限杀机；寒微路上，用一片赤热心肠，遂培植许多生意。

【解悟 · 故事】在争名夺利的过程中，如果不说那些寒凉、讥讽的话，就会扫

除无限的杀机；在人生路上，用自己那一片古道热肠，便就会培植出许多生机来。因此，我们要与人为善，才有助于自己的成功。

有个老秀才天性尖酸刻薄，凡是听闻好人好事，都刻意挑剔，比司马迁笔下刻薄少恩的商鞅还要过分，故而得了个赛商鞅的名号。有个贫民，母亲死在路旁。贫民跪着向路人乞钱买棺以安葬母亲，形容枯槁。人们纷纷施舍给他钱。赛商鞅说：“这人是借尸发财，尸体未必就是他母亲。这骗得了别人，可骗不了我。”又有一次，赛商鞅路经一座表彰节妇的牌碑。他抬头看了一阵牌碑，嘲笑说：“这位夫人生前富贵，家里奴仆众多，难道没有像秦宫、冯子都那种人？这事必须核查，我不敢断定她是不是节妇，但也不敢肯定她就是节妇。”这个赛商鞅平生的论调都诸如此般。人们都怕他，回避他，没人敢请他教书。他最终因贫困潦倒而死。尽管这个老秀才平生并没有做过什么大恶事。但他总要显示自己见识高人一等，所以不知不觉走到这步田地，足可引以为戒。

唐代大诗人杜甫一生穷困，生活艰辛。在安史之乱中，杜甫一家老小颠沛流离，从陕西流落到四川成都，在浣花溪畔盖起了几间茅屋安了家。每到深秋，狂风刮走茅草，屋子里雨漏不止。这种情景引发杜甫创作出传世名作《茅屋为秋风所破歌》。后来杜甫把这里的房子让给一个姓吴的亲戚住，自己搬到了十几里路外的东屯。不久，之前的邻居寡妇来诉苦说，新房主不让她打树上的枣子。于是杜甫作了《又呈吴郎》一诗劝告自己的亲戚，要他对这个无依无靠的寡妇亲切友善一些。杜甫的善良成了艺术的源泉，也有助于艺术的成功。

527.【原文】一日为师，终身为父。

【解悟 · 故事】哪怕只教过自己一天的老师，也要一辈子把他当作父亲看待。因此，我们要虚心好学，尊师重教。

传说有一年宣化府摆下擂台，周围各个州县的武功高手都云集于此。这个擂一共打了二十一天，死伤了很多人，最后有个和尚，人称“生铁佛”的人击败了其他对手，夺得了头名。一年之后的一个冬天，生铁佛出外化缘，看见一个十四五岁的小孩躺在雪地里，快冻僵了。生铁佛将他抱回来，热汤热水将他救醒，又留他在寺中当了一名和尚，法号法缘。法缘生性聪明，悟性极高，很得生铁佛的喜爱，

生铁佛便将自己的一身武功倾囊传给了法缘。转眼十几年过去了，生铁佛年事已高，患病卧床。一日夜里，突见法缘拿了刀站在自己床前，正在吃惊，只听法缘说："我是十几年前在宣化擂台上被你打死的陈武师的儿子，今天我要为我的父亲报仇。"说罢举刀就砍，就在这时旁边突然伸出一条板凳，架住了他的刀，原来是大师兄法慧。法慧说："你只知报仇，难道就不知报恩吗？师父如不救你，你早已冻死了。一日为师，终身为父，你为了生父杀死师父，就不怕后人耻笑吗？"法缘羞愧难当，赶紧跪下向师父道歉。

宋代的将领岳飞，因幼年丧父，家境贫寒，所以没有钱上学。老师周侗十分喜欢这个勤学的孩子，免费收岳飞为学生。周侗不仅教育他如何做人，帮助他树立爱国爱民、建功立业的远大抱负，还教会他射箭的绝技。周侗去世后，岳飞把他当作父亲一样安葬。每到初一、十五，岳飞不管在什么地方都会祭拜周侗。

528.【原文】衣不如新，人不如故。

【解悟·故事】衣服还是新的好，朋友还是旧的好。因此，我们要有自己稳定的朋友圈，这样才能得到老朋友们的关照了。

一个农人在田里捡到一只受伤的兔子，农人看它很可怜，就将它带回家照顾。时间过得很快，转眼间兔子的伤好了，农人虽然心中有千万个不舍，但为了它好，还是让它回到属于它的地方。这只雪白的兔子，要离开前更是万般的不舍，迟迟不肯离开。那农人眼里的泪水沾湿了自己的脸颊，浸湿了他的衣袖，但是农人仍然带着微笑与祝福，唯一的希望就是它能找到幸福，得到快乐。都说衣服是新的好，朋友却是老的好。人的一生中每个阶段都会有值得一辈子怀念的人。有好朋友可以怀念是非常幸福的！

华君武是我国著名漫画家、美术活动家。他过世两年后，有个姓张的好友，因崇敬他，开始收集起他往年的故纸，即使是故纸碎片，也不忍错失。他曾收藏过华君武一叠故纸，多属未书就的残简和便条。长者不过四五十字，短则两字，费神费心得之不易。有朋友说"值"，毕竟他是大家；也有的说"大可不必"，终归是堆碎纸。但他喜欢从这一片片碎纸中，去描摹想象中的华君武，试着解读那些纸中的故事。然而，由于拥有的资料有限，只好到网上去搜罗，他将网上与华君武有关的页面地毯式搜了一遍。泛读其残稿、工作报告、批示、与媒体通信、致师友函札，以及回复读者来信。去伪存真，作一番梳理后得相关书简杂件百篇，并撰写回忆故友的文章，情深义重，赢得一片赞誉。

529.【原文】忍一言，息一怒；饶一著，退一步。

【解悟·故事】少说一句气话，就能平息一次愤怒；宽容别人一次错误，退后一步，事情就发生了翻天覆地的变化。因此，我们待人要宽容忍让，遇事要心平气和。

林肯在竞选总统前夕，在参议院演说时，遭到一个参议员的羞辱，那参议员说：“林肯先生，在你开始演讲之前，我希望你记住你只是个鞋匠的儿子。”“我非常感谢你使我记起了我的父亲。他已经过世了。我一定记住你的忠告，我知道我做总统无法像我父亲做鞋匠那样做得好。”整个参议院陷入了一片沉默。他转过头来对那个傲慢的议员说：“据我所知，我的父亲以前也为你的家人做过鞋子。如果你的鞋子不合脚，我可以帮你修整一番。虽然我不是伟大的鞋匠，但我从小就跟我的父亲学会了做鞋子的技术。”然后，他又对所有的参议员说：“对参议院的任何人都一样，如果你们穿的那双鞋是我父亲做的，而它们需要修理或改善，我一定尽可能地帮忙。但有一点可以肯定，他的手艺是无人能比的。”说到这里，所有的嘲笑化作了真诚的掌声。有人不满林肯总统对待政敌的态度：“你为什么试图让他们变成朋友呢？你应该想办法打击他们，消灭他们才对。”“我们难道不是在消灭政敌吗？当我们成为朋友时，政敌就不存在了。”林肯总统温和地说。

因为忍耐，才有旱土出新芽的喜悦；因为忍耐，才有枯木又逢春的欢欣。做人应该具有一颗忍耐之心，应该胸襟豁达。眼前的损失，可能就是日后的报酬。成功往往是在你忍受了常人所无法承受的痛苦之后，才会出现在你面前。面对困难，以乐观的态度克服困难，在逆境中愈挫愈奋，才会逐渐磨炼出坚强意志，从而收获自己的幸福。

530.【原文】三十不立，四十见恶，五十相将寻死路。

【解悟·故事】一个人若是到了三十岁还不能够独立，到了四十岁就会遭人厌恶，五十岁的时候将会走入困境甚至绝境。因此，我们要自立自强，努力奋斗。

杰夫·贝佐斯是亚马逊公司的创始人、总裁。1994 年，30 岁的贝佐斯坐在曼哈顿一栋办公大楼的 39 层的办公室里，探索尚未成熟的网络使用情况。他惊讶地发现：网络使用的成长形势以每年高达 2300% 的速度在暴增。于是，当时已是美国信孚银行史上最年轻副总裁的他，从父母那里拿了 30 万美元，便辞职开始创业。他带着太太，从美国东岸开车前往西岸。一路上，贝佐斯在他的手提电脑上拟订事业计划书，并且用移动电话到处募集资金。贝佐斯计划，在另一个世界里开设一家书店，他把这个世界叫作“网络空间”。这个书店里没有书架，没有库存，也没有让顾客实际光临的店面。就这样，他于 1995 年 7 月成立了亚马逊公司。人们难以想象当初如天方夜谭的亚马逊公司会成为当今世界顶顶大名的互联网企业。

孔子说：“三十而立，四十而不惑，五十而知天命。”中国人讲究三十而立，其实这个“立”字，也不仅仅是说个人独立，也可以说是确立自己在为人处世、对待生活的态度和原则，可以坦然面对一切苦难 。

531.【原文】爱儿不得爱儿怜，聪明反被聪明误。

【解悟·故事】溺爱儿女却得不到儿女的关爱，喜欢耍小聪明的人往往受到小聪明带来的伤害。因此，我们要抱朴守拙，小事糊涂，大事聪明。

面粉商人高老头中年丧妻，他把自己所有的爱都倾注在两个女儿身上，对她们十分溺爱。为了让她们挤进上流社会，从小让她们接受良好的教育，且出嫁时给了她们每人 80 万法郎作为陪嫁。他以为女儿嫁了体面人家，自己便可以受到尊重。哪知不到两年，女婿竟把他当作下流东西，把他赶出了家门。高老头为了获得女儿女婿们的好感，忍痛卖出了店铺，将钱一分为二给了两个女儿，自己便搬进了伏盖公寓。他的女儿们在榨取了父亲的最后一点养老金之后，就把他无情地抛弃了。

杨修是曹操门下掌库的主簿，博学能言，才识过人。但他自恃其才，竟小觑天下之士。一次，曹操令人建一座花园。快竣工时，监造花园的官员请曹操来验收察看。曹操参观花园之后，一句话也没说，只是拿起笔来，在花园大门上写了一个"活"字，便扬长而去。一见这情形，大家都摸不着头脑，怎么也猜不透曹操的意思。杨修却笑着说道："门内添'活'字，是个'阔'字，丞相是嫌园门太阔了。"官员见杨修说得有道理，立即返工重建园门。园门改造后，又请曹操来看。曹操一见重建后的园门，不禁大喜，问道："谁知道了我的意思？"左右答道："是杨修主簿。"曹操表面上称赞杨修的聪明，其实内心已开始忌讳杨修了。后来，又有"一合酥"和"鸡肋"等事件，曹操终于寻得机会，除掉了杨修。杨修到死都不明白，正是他过分外露的聪明使他成了刀下鬼。如果你是真正的聪明，就不要总是在别人面前随意"卖弄"。那样，你的聪明不但会变得"廉价"，有时还会给你惹来不必要的麻烦。

532.【原文】去时终须去，再三留不住。

【解悟·故事】到了离去时终究要离开，再怎么挽留也留不住。因此，我们要顺其自然，凡事莫强求。

禅院的花园里光秃秃的一片，显得很没有生机。小和尚看在眼里，就对师父说："师父，我们撒些草籽吧，花园变成这个样子太难看了。"师父回答道："现在不急，等我有空了，我会去买些草籽回来的。草籽什么时候都能撒。一切随时！"接近中秋节的时候，师父把一包草籽交给小和尚，对他说："你现在可以把草籽撒在花园里。"小和尚便拿着草籽去花园，但是风很大，小和尚一出手，草籽就随风飘走了。小和尚连忙告诉师父，说："师父，不好了，好多草籽都被风吹走了。"师父对小和尚说："吹走的种子大多都是空的，这又有什么关系呢？那些草籽即便不被吹走，也不会发芽，没有什么可担心的。一切随性！"草籽撒上不久，小和尚发现有很多麻雀飞来，在花园里专挑草籽吃。这让他很着急。于是他又跑去告诉师父，说："花园里的草籽快被麻雀吃光了，这样下去，明年花园还会是一片秃地。"师父说："没关系的，草籽很多，麻雀是不可能全部吃掉的，放心吧，明年还是会长出小草的。"夜里，突然下起了滂沱大雨。小和尚无法入睡了，担心草籽会被全部冲走。第二天，天一亮他就跑到花园，发现草籽真的都不见了。他赶紧把这一情况告诉师父："昨天的大雨把草籽全部冲走了，怎么办啊？"师父不慌不忙地说："草籽被冲到哪里就会在哪里发芽。一切随缘！"没过多久，果然有许多青翠的草苗破土而出，原来没有撒草籽的地方也是绿油油的一片。小和尚高兴地对师父说："太好了，我种的草籽都发芽了！"师父拍拍小和尚的头，说："一切随喜！"

很多时候梦寐以求的事情，得到了又如何；而想要离你而去的，就算留得了一时，也留不了一世。俗话说天下没有不散的筵席，不必过多思虑，还是安享当下，奋发未来，才能活得更加从容自在。

533.【原文】非意相干，可以理遣；横逆加来，可以情恕。

【解悟·故事】遇到意外的无故冒犯，可以以理排遣；面对横暴忤逆，可以以情宽恕。因此，我们要知情懂理，宽厚平和。

汤斌从小家教甚严，在战乱环境下成长的他，立下了为国为民效命的心愿。当年康熙帝下诏举行博学鸿儒科的科举考试，汤斌前去应考，一举拔得头筹，授翰林院侍讲。后来，灵台郎董汉臣呈上奏章指责时事，语言触及当权的人。康熙帝让朝中大臣商议，纳兰明珠很害怕，担心自己承担罪责。大学士王熙说："这是市井小人胡言乱语，应立即斩首，事情就可以完结。"汤斌后来也到了朝廷，余国柱把这件事告诉他。汤斌说："董汉臣根据诏旨议论朝政，没有处死的理由。大臣们不敢讲而小臣敢讲，我们应该自我反省啊。"康熙帝最终赦免了董汉臣的罪。而纳兰明珠、余国柱对汤斌更加怨恨，摘录他的言论向上禀报康熙帝，并找出汤斌在苏州发布文告中的话"爱民有心，救民无术"，将其作为对朝廷的诽谤。康熙帝传旨责问。汤斌只是说自己天资愚昧，过错很多，请求严加惩处。当时正赶上汤斌带病入朝，人们道听途说越传越广，听到的人都流下眼泪。很多人要击鼓为汤斌诉冤，后来知道汤斌并无大碍，才散去。汤斌曾说过："遇到不顺心的事却不发怒，遇到变故却不惊动，遇到极大的诽谤却不辩解，这样的人可以担当大任了！"

534.【原文】贫穷患难，亲戚相顾；婚姻死丧，邻保相助。

【解悟 · 故事】在生活上遇到困难时，亲戚间应该相互关照；如果有红白喜事，邻居们应该相互帮助。因此，我们要照顾亲友事，珍惜邻里情。

“中国式亲戚”喜欢“比较”，而这比较的来源，恰恰是“中国式父母”。那些被“比较”伤害的人，往往是从小就听着父母一天十遍“别人家的孩子如何如何”长大的。这些人的父母总要在比较中才能找到自己和孩子存在的意义。他们既希望孩子与众不同，又希望孩子无论哪个方面都和别人一样好，而丝毫不觉得这些要求本身就自相矛盾。于是，他们便用“别人家的孩子”来打击自己的孩子，还美其名曰“激将法”。但他们若真正被“别人家的孩子”打击了，却又会痛苦万分。要知道最深的伤害，都是出自最亲最爱的人之手。给亲人们一个宽松的环境，尊重亲人们的选择，也许大家会更加和睦。

中国古代有个人叫杨公翥，他品德高尚，心胸宽广。一次，由于邻居家墙塌下来堵住了水沟，下雨时水积在了杨公翥家中。杨公翥却当什么事也没有，还对家人说：“晴天多，雨天少，何必去争呢？”后来，邻居又占了杨公翥的地盘，杨公翥也不恼。邻居家有小孩后，杨公翥主动卖了驴，因为怕吓着小孩。有一次，邻居家的小孩竟推倒了杨公翥祖上的墓碑。要知道，在古代推别人家的墓碑是大忌，这是对其祖先的大不敬。可杨公翥关心的是：小孩有没有受伤。久而久之，杨公翥的宽容让邻居们很感动。一年，一伙贼人想偷杨公翥家的财产。邻居们知道后，主动给杨公翥家守夜，使杨公翥免于这场灾难。中国有句古话叫“远亲不如近邻”，我们应该善待邻居，良好的邻里关系会给你的生活带来极大的便利。

535.【原文】亲者毋失其为亲，故者毋失其为故。

【解悟 · 故事】亲戚间不要失去那份亲情，老朋友间也不要失去那份友情。因此，我们要珍惜亲情，珍爱友情。

李勣的姐姐患病了，吃不下饭。李勣当时已经是宰相了，但还是亲自跑到厨房为姐姐淘米煮粥。姐姐知道后，痛惜地说：“家里仆妾还是很多的，何苦要这样为难自己呢？”李勣听后回答：“不是没有人可以使唤啊！只是现在姐姐已经老了，而我也老了，就算以后想长长久久地为姐姐烧火煮粥，又怎么做得到呢？”

俄国伟大的作家果戈理逝世了。他的挚友屠格涅夫伏案疾书，写出一篇悼念

珍爱亲友

果戈理的文章。但是，沙皇统治者害怕这个名字此时出现在报刊上。彼得堡的书报检查机关禁止发表一切悼念和颂扬果戈理的文章，并声称如果屠格涅夫不顾禁令强行发表文章，他就会遭到逮捕。屠格涅夫不惧威胁，他宁愿坐牢，也要慰藉死者的灵魂，尽朋友的情谊。于是，他机智地避开沙皇侦探的监视，离开彼得堡，把文章送到莫斯科，趁那里还没接到禁令，就将文章在《莫斯科新闻》上刊登出来。沙皇的特务机关不久见到了这篇文章，他们传讯屠格涅夫。沙皇统治者早就痛恨这个作家，其作品的反农奴制倾向深深地触怒了他们。在把屠格涅夫监禁一个月后，沙皇亲自下令，将屠格涅夫流放。为了朋友而被流放，屠格涅夫感到自豪和光荣。

536.【原文】得意不宜再往，凡事当留余步。

想象空间

【解悟·故事】事情做好了应该见好就收，凡事都应该留有余地。因此，我们要学会有所节制，凡事留有适当空间。

清康熙时有个叫裴律的人，自幼饱读诗书，尤擅赋诗联对。因少年得意，他有些目中无人。这天，裴律外出踏青，只见春光明媚，芳草萋萋，一群洁白的羊儿正在泉边饮水。他诗兴大发，随口吟道："白水泉口口口品。"没想到吟出上联后，反复沉吟半晌，总也续不出下联来，急得他抓耳挠腮。正在为难之际，忽听得一串银铃般的笑声。裴律抬头一看，只见是个牧羊姑娘，便道："你耻笑我，莫非能续出下联来？"那姑娘莞尔一笑，随口吟道："山石岩石石石磊。"裴律大吃一惊，暗想："想不到这牧羊女有如此才情，待我再出一联，难为一下她。"裴律低头一想，说道："白水泉下女子好少女为妙。"吟毕，他得意地望着牧羊姑娘。不料那姑娘毫不慌忙，随口答道："山石岩上古木枯此木为柴。"说完，咯咯笑起来。裴律大惊失色。此句不但对仗工整贴切，而且把裴律暗喻为"枯木朽柴"。裴律没想到在山野之中，有此才女，可见大千世界，能人辈出，而自己却狂妄自大，实属可笑！于是悻悻而归。从此，裴律谦虚好学，发奋读书。后来金榜题名，位及江西巡抚，居官廉正，为百姓所赞颂。

有个佛门弟子，做事非常认真，日夜参禅，可就是收效甚微。一天，他去请教师傅。师傅听后，给他一个葫芦、一把盐，说："你把葫芦装满水，再把盐放进去，让它快速融化。"弟子立即照办。可过了一会儿，他又来找师傅，说："师傅，水太满了，摇不动啊！我想用筷子伸进去搅拌，可葫芦口又太小了，筷子进不去。所以，这盐都沉到下面去了，化不开。"师傅听后笑着说："那还不好办！你先把葫芦里的水倒掉一些，然后再用力摇摇，看看如何？"徒弟立即按照师傅说的去做了。果然见效，葫芦里的盐很快就融化了，清水变咸水了。这一下，徒弟终于悟出了其中的"真谛"。在生活中，我们所面对的人和事，往往纷繁复杂，需要留有足够的"空间"或"余地"，才可促进或加快事物向既定目标发展。有时候，留下"余地"，其实就是留下了"活"路。

537.【原文】宁使人讶其不来，勿令人厌其不去。

【解悟 · 故事】宁愿使别人对你的不到来而感到惊讶，也不要使别人对你的不离去而感到讨厌。因此，我们要学会交往，掌握人际关系中的度。

老肖是湖南人，因读书、工作的缘故，买房后定居到了北京。他的一个龚姓中学同学来北京打工，起初出于同学之情，便接他在家暂住一两天。不想他竟住了一两个月，催又催不走，还将自己的朋友带到家里来，弄得老肖家人都很不高兴。没办法，老肖只好请另一位同学出面，才将龚姓同学请走了，最终闹得不欢而散，再也没有同学的情分了。

电视剧《中国式离婚》中，女主角林小枫最后在终结自己失败的婚姻时说过：婚姻，就像手中的一把沙子，你越想紧紧地抓住它，失去的反而越多，适度地给它一定的自由和空间，反而能把它握在手中。

与人交往，距离太远了不行，太近了也不行，人际交往的艺术也就是把握度的艺术。每个人的心灵都需要一个独享的心理空间，再亲密的关系，相互间也要有自己独享的自由。爱对方，但不要爱得让对方窒息；关心对方，但不要让过多的关心成为一种压制。在人际交往中，保持应有的自信和宽容，适当拉开一点儿距离，付出关爱的同时，学会倾听对方的感受，不仅能让对方多一分舒服和自在，还可以使彼此感到更美好，从而促使关系更为融洽与和谐。

538【原文】有生必有死，孽钱归孽路。

石崇斗富

【解悟 · 故事】有人出生就必然有人死去，造孽得来的钱会归结到造孽之路去偿还。因此，我们要正确对待生死，并且取财有道。

古往今来，人们总是为生离死别而哀伤。不管人是否能坦然面对死亡，每个人的生命从出生开始，其实就是在走向死亡。有生必有死，生与死是自然界一种永恒的、正常的现象，就像白天和黑夜一样普通、频繁。所以，过度恐惧死亡，不但于事无补，反而会有伤身体。明智的态度就是：顺其自然，在自由自在中生活，一切一如既往。

石崇是西晋开国元勋石苞的第六子。少年时便敏捷聪明，有勇有谋。早年历任修武县令、城阳太守、黄门郎等职，吴国灭亡后获封安阳乡侯。武帝因为石崇是功臣之子，又有才干，非常器重他。石崇聪明有才气，但横行霸道而行为不检点，任荆州刺史时竟抢劫远行商客，取得巨额财物，以此致富。后来他担任卫尉，巴结奉承权臣贾谧。晋武帝的舅舅王恺也极力铺张浪费，想办法与石崇比富。王恺得到一株珊瑚十分得意，拿到石崇家。石崇拿出六七株送给王恺。王恺自叹不如。公元 300 年，赵王司马伦发动政变，诛杀贾后等人，贾谧也被杀。石崇因是贾谧同党而被免官，并最终因得罪司马伦的党羽落得个家破人亡的下场。所以，我们应该合理看待金钱，不拿亏心钱，不做亏心事。

539【原文】不怕无来处，只怕多去处。

金钱神树

【解悟 · 故事】不怕自己的钱财是从哪里来的，只怕钱财会耗散在很多的地方。因此，我们要正确对待钱财，用财有度。

有一个懒汉到处找摇钱树。一个农夫告诉他："摇钱树，两枝杈，两枝杈上十个芽；摇一摇，开金花，创造幸福全靠它。"原来，农夫说的摇钱树就是人的双手。

唐朝时的张说在玄宗继位后，任中书令，封燕国公，擅长文辞，当时朝廷重要文件多出自其手，时有"大手笔"之称。张说为官时好物贪财，敛钱好利，排斥异己，事发后被贬，做了个地方官。这时，张说才有所醒悟，认识到人虽离不开金钱，但金钱也能害人，张说仿《神农本草经》体式与语调撰了一篇奇文《钱本草》，并把钱诙谐地比喻成一味中草药。张说 60 多年的人生历程，事业可谓一帆风顺，青云直上，且有 40 多年的做官经验，积 17 年的修史功底，却为财物和金钱栽了个大跟头。张说痛定思痛，写下这一奇文，对后世很有借鉴意义。以钱喻药，针砭时弊，利害之论，颇富哲理。有了钱财，不怕它从何处来，就怕自己的钱财会耗散在很多地方，花得不明不白，并被毫不相关的人所瓜分和使用。

540.【原文】务要见景生情，切莫守株待兔。

【解悟 · 故事】要根据新环境做出新反应，万万不能守株待兔。因此，我们要用发展的眼光看问题，要知变通。

从前有个农民，每天在田地里耕作。一天，他正下地干活，忽然有一只兔子跑了过来。这只兔子可能因为受了惊吓，慌里慌张，瞎逃乱窜，一头撞在树干上死了。这个农民就毫不费力地得了一只兔子，心里有着说不出的高兴。他想：“这倒不坏，兔子会自己跑来送死，那我何必辛辛苦苦地种田呢？只要每天到树下捡几只死兔子，就够我吃穿了！”从此，他就扔下锄头，不再耕作，整天坐守在那棵树下，等待兔子前来撞死。可是，日子一天一天过去，却不再有兔子撞死在这棵树下。他的田也从此荒废了。

在 19 世纪中叶，美国加利福尼亚州涌来了大量的淘金者，淘金的人越来越多，金子也就越来越难淘。当地的气候十分炎热干燥，水极缺，不少人因为缺水而被渴死。一个 17 岁的男孩亚默尔灵机一动，断然放弃淘金的念头，改为卖水。他的这一行动引起了不少人的不解与讪笑。然而，当许多的淘金者空手而归时，亚默尔已成为一个小富翁了。亚默尔正是学会了变通，不执着于很多人已尝试过的失败的事物上，而是在同一种情况下转换思维寻求商机。这一点，往往被许多人忽视。所以，学会变通，会使我们走向成功。

541.【原文】丧家亡身，多言占了八分；世微道替，百直曾无一遇。

【解悟 · 故事】家庭及本身的灾祸，十有八九都是因为乱说了不该说的话；世道衰微导致道德沦丧，难以遇到正直的人。因此，我们要学会说话，正直做人。

多言何益

墨子是我国战国时期著名的思想家、政治家，墨家学派的创始人。他曾提出了“多言何益”的理念。子禽向老师请教道：“多说话有好处吗？”墨子答道：“蛤蟆、青蛙，白天黑夜叫个不停，叫得口干舌疲，可是没有人去听它们的叫声。再看那雄鸡，在黎明按时啼叫，天下人都被叫醒了，按时起床。多说话有什么好处呢？只有在切合时机的情况下说话才有用。”这给我们一个重要的启示：说话不在于多少，而在于切合时机，抓住关键。

东汉年间，有个叫戴就的小官在会稽郡管理仓库。当时会稽郡的太守叫成公浮，他为官清廉，不善奉承，因此得罪了刺史欧阳参。欧阳参派了一个叫薛安的人，前来搜集成太守“贪污”的证据，结果一无所获。为了置成太守于死地，薛安把戴就叫来，要戴就做假证。戴就为人正直，听说要陷害成太守，便虎目圆睁，把薛安大骂了一顿。薛安一气之下，把戴就抓进了监狱，想用残酷的刑罚，撬开戴就的嘴。一连几天用刑，可戴就从不松口，薛安已无计可施。他问戴就说：“你不就是个管仓库的小官吗？干吗拿自己的性命替太守开脱？”戴就虽然身体虚弱，但说出话来却掷地有声：“朝廷命官理应秉公明断。成太守廉洁奉公，我怎能与你们一样诬陷忠良？你们就是打死我，我也不会做出假证。”薛安见戴就誓死不从，又怕出了人命不好交代，只得把戴就放了。

542.【原文】得忍且忍，得耐且耐，不忍不耐，小事变大。

【解悟 · 故事】需要忍受时就得忍受，需要耐烦时就要耐烦，遇事不忍耐不耐烦，会因小事而酿大祸。因此，我们要学会包容，学会忍耐。

娄师德举荐了被武则天尊为“国老”的名相狄仁杰，但他却没有透露半点。狄仁杰之所以能当上宰相，是因为娄师德的竭力推荐。然而狄仁杰对此却一无所知，他认为娄师德不过是个普通武将，很瞧不起他，还一再排挤他到边陲地方去打仗。武则天觉察此事后，便问狄仁杰：“你看娄师德这人怎么样？他是不是一个贤才？”狄仁杰说：“娄师德做个将军，小心谨慎守卫边疆，还不错。至于是不是贤才，我就不知道了。”武则天又问：“娄师德是不是善于发现人才？”狄仁杰说：“我曾经跟他一起共事过，没听说过他能发现人才。”武则天笑着说：“我能提拔你当宰相，就是娄师德的推荐。我看他的确有识人之明！”并随手拿出以往娄师德推荐狄仁杰的奏章。狄仁杰顿时十分惭愧，不禁叹道：“娄公盛德如海，一直包容我，我却没有任何察觉，看来我比他差远了！”

梵·高在成为画家之前，曾到一个矿区当牧师。有一次他和工人一起下井，在升降机内，他陷入巨大的恐惧之中。颤巍巍的铁索轧轧作响，箱板在左右摇晃，所有的人都默不作声，任凭这机器把他们运进一个深不见底的黑洞。返回地面后，梵·高问一个神态自若的老工人：“你们是不是已经习惯了，不再感到恐惧了？”这位坐了几十年升降机的老工人答道：“不，我们永远不习惯，永远感到害怕，只不过我们学会了忍耐。”

有时候，忍耐才是君子大度的作风。做人最好不要咄咄逼人，争个高低。看到不顺眼或不顺自己心的地方，一定要忍耐。这才是人生大智慧。忍一时风平浪静，退一步海阔天空。百战百胜，不如一忍。

543.【原文】事以密成，语以泄败。

【解悟·故事】事情因保密而可获得成功，说话因泄密而招致失败。因此，我们要学会慎重说话，谨慎做事。

汉献帝刘协是汉灵帝之子，汉朝最后一任皇帝。曹操控制了刘协后，“挟天子以令诸侯”。刘协不满曹操大权独揽，不甘心作为傀儡，乃暗下衣带诏，令董贵人的父亲董承设法诛杀曹操。而所托非人，董承领了衣带诏后，却马虎大意，大白天打盹，诏书不藏好被发现了；半夜醉酒说梦话，吐露反曹心意。多次泄密，使得消息透漏了，不仅给自己招来杀身之祸，还破坏了献帝的灭曹计划。

说话并不难，难的是在合适的地点、合适的时间说合适的话，不说那种祸从口出的话。要避免无谓的争端，最好的方法就是少说为佳。我们在处理重要的事情时，不要张扬，不要去把这些机密的事情到处跟人讲，等事情做起来了，人家想设置障碍都无法阻止了。所以事以密成，还是要谨慎为好。

544.【原文】相论逞英雄，家计渐渐退。

【解悟·故事】家庭成员之间互相逞能、争强好胜，家庭就会渐渐衰落。因此，我们要学会处理家庭关系，追寻平淡心境。

小梅和老公小孙是大学校友，刚毕业那年他们都是穷学生，除了爱情几乎一无所有。他们的爱情属于一见钟情的那种，因此他俩非常相爱。经过几年的拼搏，他俩在各自的工作岗位站稳了脚跟，家庭也日渐丰裕，房子买了，有了温暖的小窝。在婚姻走过了5年甜蜜后的某一天，小梅意外地在老公小孙的手机相册中发现了一张年轻姑娘的照片。凭女人的直觉，小梅觉得肯定有问题。后来，小孙也不得不承认他跟那个女人的隐情，于是小梅提出离婚。小孙怕了，流着泪恳求小梅原谅，说自己从未想过要真正离开小梅，恳求小梅给他一次机会。可最终小梅还是坚持要离婚，跟小孙签了离婚协议，却没有去办理法律上的手续，只是生活上分居而已，也许这就是别人说的“试离婚”吧，也算是小梅给他的最后一次机会。

试离婚后，小孙果断地离开了那个女人，把全部的精力都放在了家庭上。基于他的真心悔过，3个月后小梅与他重归于好。失去才懂得珍惜，小梅以宽容大度和智慧挽救了他们家的婚姻危机。

遇事不要急，不要争，要看淡功名，维持好心态，要超脱豁达，安心生活。人生在世几十年，其价值不在于多赚几个钱，而在于为人类多做贡献。人生像条河，流得越宁静、越深沉，就能越有尊严地注入海洋。

545.【原文】贤妇令夫贵，恶妇令夫败。

【解悟·故事】贤惠的妻子有助于丈夫兴旺尊贵，恶毒的妻子会招致丈夫身败名裂。因此，我们要慎重择偶，以德为先。

孙中山是中国民主革命伟大先行者。他有个很好的贤内助——宋庆龄，尽管宋庆龄与孙中山年龄上相差近30岁，但并没妨碍他们成为志同道合的革命伴侣。1913年8月，宋庆龄回到横滨，拜访并会晤了所仰慕的革命家孙中山，并协助处理英文资料。后来，宋庆龄做了孙中山的秘书。1915年6月，宋庆龄特地为婚事返回上海征求父母的同意，宋家上下像遭遇了大地震。宋嘉树夫妇更是震怒惊骇，破口大骂孙中山。宋母泪眼婆娑地劝导她说：孙已有妻室，儿子比你还大，两人年纪相差悬殊。但意志坚定的宋庆龄始终不为所动，父亲只好将她软禁在家。好在看管她的女仆心疼她，趁买菜的机会秘密给孙中山发了封信。孙中山这才得知她被软禁的情况，便立刻派人到上海营救她。在选择逃走前，她给父母写好了留言条，尽管对自己以背叛父母的方式来面对未来的生活，她有些伤感，但是一想到孙中山，想到他说的“能与她结婚，即使第二天死去也不后悔”，她又觉得这样的义无反顾是值得的。她打开窗户，以床单为绳，滑到一楼，坐上事先准备好的车子来到码头，随即去了东京。1915年10月25日，离了婚的孙中山与宋庆龄正式签订了婚姻誓约书。从此，她尽心尽力帮助孙中山，为中国革命的胜利做出了自己的贡献。

纵观历史，大凡成就大业者，身后都有一个贤惠的配偶。李世民之妻长孙皇后是贤妻良后的典范；朱元璋之妻马娘娘心有黎民百姓不徇私；周恩来夫人邓颖超把爱情和革命融于一体。这些伟大的女性，以其高尚的品德，杰出的智慧，超凡的能力，帮助丈夫成就事业，她们的美德广为流传，影响深远。

546.【原文】一人有庆，兆民永赖。

为民请命

【解悟·故事】一人事业成功了，大家都有了依靠。因此，我们要努力奋斗，为人民多干实事。

明朝初年，青文胜担任龙阳县令的属官。龙阳毗邻洞庭湖，每年遭遇水灾，拖欠赋税几十万，受鞭笞之刑而死的人接连不断。青文胜情绪激昂，好不容易来到明朝京城南京的宫门外呈上给皇帝的奏章，为百姓请命。可是他官小位卑，连皇帝的面也没见到，更不可能得到答复。青文胜仰天叹息说：“我有什么脸面回去见父老乡亲啊！”于是他再次准备了奏章，击鼓上诉，并在鼓下上吊自尽。明太祖朱元璋听说后十分惊讶，同情他为百姓而牺牲了自己，下令彻查。查明真相后宽减龙阳赋税二万四千多石。乡里人建立了祠堂来祭奠青文胜。他的妻、子因贫困不能返乡，乡里决定用百亩公田奉养他们。后来，朝廷为他做春秋祭奠，并赐谥号“惠烈”。惠烈公的事迹也一直教育着家乡人民勤政、务实，造福子孙。

袁隆平曾在湖南的一个小镇上当过农校教员。虽然工作条件差，可他一心扑在科研工作上。每天除了教学外，他还会在试验田里培育高产品种。在试验中，他发现天然杂交水稻穗大粒饱，产量高，但是第二年再种，就退化了，失去了优势。他就想进行一种试验，培育能保持高产的杂交水稻种子。为了这个想法，袁隆平不知花费了多少精力，有时候在试验田里观察，连家也顾不上回。经过 10 年的艰苦努力，终于培育成功了能保持高产的杂交水稻种子。这种杂交水稻亩产达到 1000 多斤，在全国推广后，我国稻谷在几年中增产了 1000 多亿公斤，取得了大飞跃！袁隆平因而获得了国家第一个特等发明奖，被称为“杂交水稻之父”，他为改变我国粮食生产的落后状态打了一个翻身仗。

547.【原文】富贵家，宜宽厚，而反忌克，如何能享；聪明人，宜敛藏，而反炫耀，如何不败。

【解悟 · 故事】富贵人家待人本该宽厚，却反而猜忌刻薄，这又如何能久享富贵；聪明人本该收敛，却反而到处炫耀，这怎么会不失败。因此，我们要宽容厚道，谦虚低调。

公元前 481 年，田常发动政变，杀死了阚止和齐简公，拥立齐简公的弟弟齐平公担任国君。之后，田常独揽齐国大权，他的封邑，比齐平公直辖的地区还要大。在田常政变之前，同殿为臣的隰斯弥看出了他的不良居心，可考虑到国君无能，也只能装作不知情。隰斯弥前往田常家拜访，田常闲聊了几句，便领他来到自家的阳台，远眺四方。隰斯弥站在楼顶朝四周望去，东、西、北三面很空旷，景致一览无余，唯独南面被自己家的大树挡住了视线。田常看着隰斯弥家的树，但什么话也没说。隰斯弥回家后，立刻命人去砍树，但是砍了几斧之后，隰斯弥又收回成命，不让再砍。家臣们都觉得奇怪，问他：“刚才那么急着要砍那些树，现在又决定不砍了，这到底是为什么呢？”隰斯弥说：“能看透别人的秘密，并不是什么好事，处理不好可能酿成大祸。现在田常正图谋篡国，就怕被人看穿，如果我按他的暗示去砍树，他就会怀疑我机敏过人，这样做对我反倒有威胁。而我不砍树，顶多让他觉得我愚笨，不懂他的心思，还不至于招来杀身之祸。”果然，后来田常政变成功，自任宰相执掌大权。他常嘲笑隰斯弥糊涂，可还是给他升了官。隰斯弥大智若愚，以聪明装糊涂的做法救了自己一命。

富贵两个字，并非连在一起。拥有财富并有助于他人，才最可贵。另外，在我们身边，有些人整天猜测上司的意图，炫耀自己有本领。这样的人其实只是耍些小聪明，终究做不成大事。

548.【原文】见怪不怪，怪乃自败。

【解悟 · 故事】发现古怪事物不要惊慌，它自然就败下阵来。因此，我们要掌握规律，培养定力。

染指于鼎

春秋郑国的公子宋，每当食指乱动，一准过一会儿就能吃到好东西。有天，郑国的大臣子家和公子宋去拜见郑灵公。在宫殿外面，公子宋突然食指大动。他对子家说：“今天有美食吃。”子家问其缘故，公子宋说每次遇到将有美食的情况，他的食指就会颤动。两人到了郑灵公那儿，恰好郑灵公决定将一个楚国人进献给他的甲鱼分赐给大夫们尝尝。子家和公子宋便相视而笑。郑灵公看他们笑觉得很奇怪，便追问原因，子家就把前因讲了一遍。郑灵公听闻便说：“真有这么灵验？”过了一会儿，大夫们到齐了。郑灵公先尝了一口，称赞道：“味道不错！”示意大家一起吃。大家便津津有味地吃了起来。但是，公子宋却呆呆地坐着。原来，他面前的桌案上什么也没有。公子宋看大家高高兴兴地吃喝，自己没份，偷偷伸个手指头到汤里，尝了尝味道便扬长而去。郑灵公因此大怒，后来酿成一场内乱。这个故事被后人称作染指于鼎，比喻沾取非分的利益。

当今社会出现的林林总总的怪事怪象，除整个社会需自省自查毛病出在哪里以外，也必须加大扑怪灭怪的力度。

549.【原文】一正压百邪，少见必多怪。

【解悟 · 故事】一个思想正派的人可以压制住各种奸邪违法行为，而那些见识少的人会把正常的现象当作奇怪的现象。因此，我们做事要有原则，博学识谬误。

春秋时，吴王阖闾知道军事家孙武的大名后，就请他到吴国来，想重用他，便对他说：“先生写的兵法十三篇，寡人都看过了，真是妙不可言。不知可否小试一下，好让寡人开开眼界？”孙武说：“可以。”吴王想了想，又笑着问：“可以让女子来试试吗？”“可以。”孙武点点头。吴王高兴得满面春风，连忙派人去后宫挑选了很多美女。

孙武命令她们排成两列，又从中选出两名吴王的宠妃担任队长，让她们手执长戟。列队完毕，孙武大声问道：“你们知道心、背和左右手的方位吗？”众美女都说：“知道。”孙武又说：“向前，就看心所对的方向；向左，看左手方向；向右，看右手方向；向后，就看背的方向。鼓声为号，懂了吗？”“是！”美女们抿着嘴忍住了笑。这时，一声号令，右边的战鼓擂响了。妃子们俏皮地相互望望，终于憋不住，哈哈大笑起来。“静！”孙武皱着眉头喊道，“军令传达不明，是将军的过错。好，我再把规定讲一遍。”于是，他再一次宣讲纪律命令，而后击鼓传令向右，美女们仍旧大笑不止。“肃静！”孙武声色俱厉地喝道，“军令已明，知法不行，乃是士官的罪责！”说罢，他命令卫兵将那两个队长推出去斩首。

吴王正坐在阅兵台上看得哈哈大笑，忽然见孙武要杀他最宠爱的妃子，大惊失色，慌忙说：“寡人已经知道先生会用兵了。寡人没有这两位爱妃，连饭也吃不香，请不要杀她们。”孙武出阵回道：“臣既已受大王之命担任将军，有道是将在外，君命有所不受。请大王不要干涉军中执法。”说完就把两个队长斩首示众。接着，孙武又派两名排头的美女担任队长。美女们没有再敢出声嬉笑的了。后来，孙武率领吴军攻打楚国，将士都严守军令，勇往直前，取得了巨大胜利。

550.【原文】君子之交淡以成，小人之交甘以坏。

【解悟·故事】君子之交因淡如水而能成功，小人之交因甜如蜜而容易坏事。因此，朋友之间的交往要清淡如水，以诚相待。

薛仁贵尚未得志之前，与妻子住在一个破窑洞中，衣食无着落，全靠王茂生夫妇的接济。后来，薛仁贵参军。在跟随唐太宗李世民御驾东征时，因薛仁贵平辽功劳特别大，被封为“平辽王”。前来王府送礼祝贺的文武大臣络绎不绝，可都被薛仁贵婉言谢绝了。他唯一收下的是普通老百姓王茂生送来的“美酒两坛”。一开酒坛，启封的执事官吓得面如土色，因为坛中装的不是美酒而是清水！“启禀王爷，此人如此大胆敢戏弄王爷，请王爷重重罚他！”岂料薛仁贵听了，不但没有生气，反而命令执事官取来大碗，当众饮下三大碗王茂生送来的清水。在场的官员们都不解其意，薛仁贵喝完三大碗清水之后说："我过去落难时，全靠王兄弟夫妇资助，没有他们就没有我今天的荣华富贵。如今我美酒不沾，厚礼不收，却偏偏要收下王兄弟送来的清水。因为我知道王兄弟贫寒，送清水也是王兄弟的一番美意。这就叫君子之交淡如水。"此后，薛仁贵与王茂生一家关系更加亲密了。

君子有高尚的情操，他们的交情淡得像水一样，不含任何功利之心。他们的交往纯属友谊，长久而亲切。

551.【原文】视寝兴之早晚，知人家之兴败。

【解悟 · 故事】观察某户人家起床的时间是早还是晚，就能知道那户人家的发展趋势是兴旺还是衰败。因此，我们要珍惜时光，勤于耕耘。

有一天，晋平公问晋国的乐师师旷说："我已经七十了，想要学习，但是恐怕已经晚了！"师旷眼睛失明，但弹得一手好琴，精于辨音。师旷说："晚了，为什么不点燃蜡烛学习呢？"晋平公说："哪有臣子和君主开玩笑的呢？"师旷说："我是一个双目失明的人，怎敢戏弄君主呢？我听说，年少时喜欢学习，就像初升的太阳一样；中年时喜欢学习，就像是正午的太阳一样；晚年时喜欢学习，就像是点蜡烛一样明亮。点燃蜡烛照明和摸黑走路比，哪个更好呢？"晋平公恍然大悟，高兴不已，说："你说得很好！"从此晋平公开始了晚年的求学路。只要能珍惜时间，点烛而学也可以自成大器。

西汉著名学者匡衡，出身于农民家庭，生活十分贫困。他从小很渴望读书，可父母没有能力供他上学，甚至连书本也买不起，匡衡只好向别人借书来看。某天晚上，匡衡很想睡前读一读书，但家里穷得连灯油也没有，根本没办法点灯读书。正当匡衡发愁之际，突然发现从墙壁缝隙投射过来的丝丝光线，原来是邻居家的灯光。匡衡灵机一动，用凿子把小缝挖成大洞，倚着墙壁，利用那微弱的光线阅读。从此，匡衡就在这样的环境下专心阅读，最终成为大学问家。

552.【原文】寂寞衡茅观燕寝，引起一段冷趣幽思；芳菲园圃看蝶忙，觑破几般尘情世态。

【解悟 · 故事】在寂寞的时候通过简陋的居室去观察燕子的迁徙，会引发自己

芳菲蝶忙

对人生的冷静思考和回味乐趣；在满园芳草中去观看蝴蝶的飞来飞去，会让人看破许多红尘情思和世态炎凉。因此，我们要体味自然之美，深得天然之趣。

缪勒，美国著名医学家，遗传学专家。他阐明了单个基因的作用，为实验遗传学开辟了新领域。缪勒从小喜欢大自然，这和他的父亲有很大关系。每年夏天，父亲总要带上全家人去山中或河畔度假。置身于大自然的无限生机中，缪勒格外欢愉。缪勒喜欢和父亲一起去散步，沿着小路漫步向山上走去，时不时地停下来捕捉昆虫，采摘鲜花。父亲边走边讲一些缪勒似懂非懂的知识，比如达尔文的进化论、物质世界运转的规律等。有一回，他追逐一只蚱蜢，一不小心，从高高的山坡上摔了下来，腿跌断了。这个喜欢大自然的孩子在养伤期间闲着无聊，就用动物的名字给为他看病的舅舅莱昂斯医生和他的同事们取绰号。每当他们来为缪勒疗伤的时候，这个淘气的孩子就用动物的名称呼唤他们。舅舅则回答说："看来我不是医生，而是兽医了，正在给一只受伤的小动物看病。"缪勒听后，愉快地说："您正给一只小虎崽看病。"缪勒不仅顽皮，而且手很巧。在无聊时，他就用毛毯的穗边编织各种各样的小动物，十分精巧。来看他的人见了都赞不绝口，夸他聪明手巧。缪勒将捕捉来的蚱蜢、昆虫等小动物，有的制作成标本，有的精心喂养，给它们编笼子，喂食物，观察它们的习性。这为他长大后事业的成功奠定了基础。

553.【原文】言忠信，行笃敬。

重耳守信

【解悟 · 故事】言语要忠诚守信，行为要敦厚恭敬。因此，我们要诚实守信，忠厚无欺。

重耳流亡 19 年后回国执政，即晋文公。他在攻打原国时，曾语重心长地说："我跟大夫们约定 10 天的期限，若不回去，是失去信用啊！为了得到原国而失去信用，得不偿失。"坚持下令撤兵回国。原国的百姓听说这件事，都说："有像晋文公这样讲信义的君王，怎可不归附他呢？"于是原国的百姓纷纷归顺了晋国。卫国的人听到这个消息后说："有君主像文公这样讲信义的，怎可不跟随他呢？"于是也向文公投降。孔子听说后，就把这件事记载下来，并且评价说："晋文公攻打原国竟获得了卫国，是因为他能守信啊！”

太平天国时期，一个军官来胡雪岩的钱庄存了银子。这个军官存银子时既没要存折，又承诺不要利息。当他在打仗身负重伤弥留之际，拜托一位老乡帮他到胡雪岩钱庄取回所存银两，带回四川老家还债。于是这位老乡到胡雪岩的钱庄去取钱，可是他没有任何凭据。胡雪岩了解了情况后，不仅让其取出了本金，而且还按照钱庄的规定支付了利息。胡雪岩诚信待客的消息不胫而走，因而来他钱庄存钱的人越来越多，他的生意也越做越好。

554.【原文】君子安贫，达人知命。

【解悟 · 故事】君子能够安于贫穷，贤达的人知晓命运。因此，我们要安贫乐道，平静内心。

1925年秋，俗名叫李叔同的弘一法师，因战事停留在宁波的七塔寺。一天，他的老友来访，看到弘一法师在吃饭，只有一盘咸菜，就问道：“难道咸菜不咸吗？”大师答道：“咸有咸的味道。”饭后，弘一大师倒了杯白开水，老友又问：“没有茶叶吗？”“开水虽淡，淡也有淡的味道。”弘一法师本来出生富贵之家，有这样的修为更加难能可贵。所谓咸有咸的味道，淡也有淡的味道，这和贫富一样。如果你能看透人生，看透失败与成功，你就能做到安贫乐道。

君子一般都比较正直，明事理、辨是非，对于事情都有自己的见解，不同流合污，同时他们也有弃旧图新、改良社会的愿望或志向。他们安其分、守其贫、知其命，日出而作，日落而息，推动了人类社会不断向前发展。而懂得命运里有些不可更改的内容，平静地接受而不耿耿于怀的人，那就是达人。“达”是通达，因通晓而豁达的人才算作“达人”。譬如一个人生于什么历史时期、生于什么家庭、生于什么地点、谁是自己的父母等都是“天定”的，不可改变。知道什么可为，什么不可为，从而做出取舍，不去怨天尤人、自寻烦恼。知命不是认命，不是对命运的无所作为，而是对不可为的部分保持平静心态，从而去争取有所为的事情，以获得成就。

555.【原文】惟圣罔念作狂，惟狂克念作圣。

【解悟 · 故事】聪明睿智的人如果有了邪念则会被当作狂妄无知的人；而狂妄

克己成圣

无知的人如能克制邪念也能转变成圣人。因此，我们要心存善念，善于克制。

家喻户晓的济公，原名李修缘，他不喜念经，嗜好酒肉，衣衫褴褛，浮沉市井，经常和那些顽童厮混在一起，出入歌楼酒肆，活脱脱一副“游戏人间”的模样，人们称他为“济颠僧”。

济公一身破帽破鞋垢衲衣，摇着一把破扇，似丐似氓，非僧非道，貌似疯癫，实际上却是一位学问渊博、行善积德的得道高僧，被列为禅宗第五十祖。他懂医术，为百姓治愈了不少疑难杂症。他曾经带着自己撰写的《化缘疏》，外出募化以修复被火烧毁的寺院。他经常游方市井，拯危济困，救死扶弱，彰善惩恶。他既受佛教禅宗的熏染，又受到道家隐逸之风的影响，还具有民间游侠的色彩，从而使他在众多的佛门弟子中独树一帜。这与他从小就在佛道双修的赤城山攻读，并受到“台州式硬气”民风陶冶有关。济公善围棋，喜斗蟋蟀，更写得一手好诗文。他徜徉山水，自得其乐，游履所至，挥毫题墨。济公在一些文学作品中，给人们的印象是：不守戒律，嗜好酒肉，似乎完全不受佛教戒规的约束。这也使老百姓觉得他更亲切、更具有人情味。济公用自己的行动，最终证明了他是个外俗内仁、外颠内智的大圣人。

像济公那样性格放荡不羁，做事风风火火、干净利落，并强烈追求极致和绝对的狂人，在历史上并不少见。他们并非狂妄无知，相反他们能拥有高尚的德行，并能克制自己的私念，因此他们才能在历史的舞台上绽放光彩。

556.【原文】爱人者，人恒爱；敬人者，人恒敬。

孟子传道

【解悟 · 故事】一个关爱他人的人，也一直会得到他人的爱；一个尊敬他人的人，也会一直得到他人的尊敬。因此，我们要关爱他人，尊重他人。

战国时，孟子以士的身份游说诸侯，到过梁、齐、宋、鲁等国，企图推行自己的政治主张。当时几个大国都致力于富国强兵，想要通过暴力的手段实现统一。孟子的仁政学说被认为是“迂远”的事情，没有得到施行的机会。最后他仿效孔子，退居讲学，和他的学生一起著述。他继承并发扬了孔子“仁”的思想，对后世影响深远，因此被称为“亚圣”，与孔子合称为“孔孟”。孟子说过：君子与一般人不同的地方在于，他内心所怀的念头不同。君子内心所怀的念头是仁，是礼。仁爱的人爱他人，礼让的人尊敬他人。爱他人的人，他人也会爱他；尊敬他人的人，他人也会尊敬他。

一个颇有名望的富商在路边散步时，遇到一个衣衫褴褛的年轻人在摆地摊卖旧书。有着同样苦难经历的富商顿生一股怜悯之情，便不假思索地将8元钱塞到年轻人的手中，然后头也不回地走开了。没走多远，富商忽然觉得这样做不妥，于是连忙返回来，从地摊上拿了两本旧书，并抱歉地解释说自己忘了取书。最后，富商郑重其事地告诉年轻人说：“其实，您和我一样也是商人。”两年之后，富商应邀参加一个商贾云集的慈善募捐会议时，一位西装革履的年轻书商迎了上来，紧握着他的手不无感激地说：“先生，您可能早忘记我了，但我永远也不会忘记您。因为您曾亲口对我说，我和您一样都是商人。这使我树立了自尊和自信，从而创造了今天的业绩。”一句尊重鼓励的话，让年轻人出现人生的剧变，这就是尊重的力量。

557.【原文】好讼之子，多致终凶；积善之家，必有余庆。

【解悟 · 故事】喜好诉讼的人，多易引发凶事；积累仁善的家庭，常常比别的家庭有更多的喜庆事。因此，我们要与人为善，为家庭创造更和美的环境。

有一天，三只虱子在一头肥猪的身上，相互争吵起来。这时，另一只虱子经过这里，见他们争吵得不可开交就问：“你们为什么争吵呢？”三只虱子一起回答说：“为了争夺猪身上最肥的地方。”那只虱子听后说：“你们难道不害怕腊月祭祀的日子即将到来吗？到那时，茅草一烧，这头猪就被杀掉丢进汤锅里了，还在这里争吵什么呢？”三只虱子一听，立即停止争吵，挤在一起，拼命地吸起猪血来。猪被吸瘦了，到了腊月祭祀的时候，人们就没有杀它。三只虱子也得到了最大的利益。所以，不要因为争夺眼前的小利，而忘掉了维护共同的根本利益。

明朝有位叫王稳的官员，22岁中举。在做汀州知府时，遇到不归他管辖的邻郡遭受大旱灾，百姓多受饥饿之苦。王稳立即打开本府仓储，发放粮食，赈济灾民。同知陈熙表示反对，王稳正色坦言：“《春秋》之义，救灾恤邻，彼民犹吾民也。”因而使得这些饥饿的百姓不至于受饥荒之苦，最终渡过了难关。在王稳之后的几代，出了一位叫王宗沐的玄孙，大振家风，光大其族。从王宗沐开始，在浙江的临海出现了一个“父子四进士，一门三巡抚”盛极一时的明代王氏家族。

558.【原文】损友敬而远，益友亲而近。

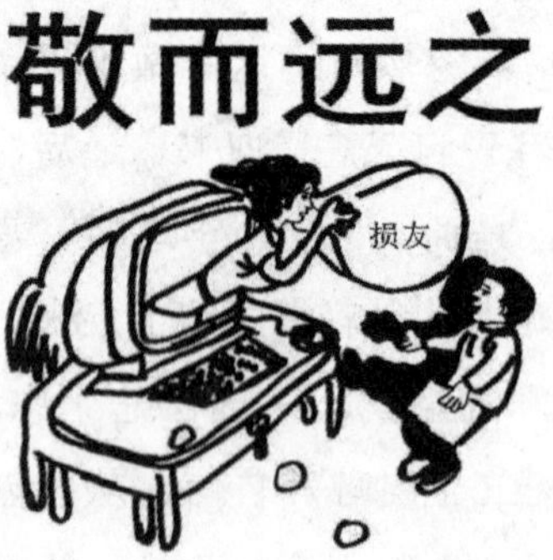

【解悟 · 故事】对居心不良的朋友要保持距离，对道德高尚的朋友则要亲近。因此，我们要对损友敬而远之，与益友亲密无间。

春秋时期，南方除了楚国外，周边还有一些小的国家，如蔡国和息国等。楚国很想找机会消灭掉这两个国家，只是一直找不到借口。蔡国和息国的国君是亲戚，两国的关系本来很好。但有一次，息侯的夫人路过蔡国，蔡侯在招待息侯夫人的时候很没礼貌。息侯知道后，非常生气，就要求楚国帮自己攻打蔡国，以报复蔡侯。楚王一听，可以趁机把两个国家都消灭掉，高兴极了，就对息侯说：“好吧，以后我就是你的朋友，我非常乐意帮忙。”很快，楚国就派兵攻打蔡国。因为蔡国很小，不堪一击，楚国很轻松地就灭掉了蔡国。蔡国的国君当了俘虏。等楚国回兵的时候，息侯为了感谢楚王，感谢“朋友”对自己的帮助，就举行盛大的宴会，招待楚王和他的士兵们。在宴会上，楚王看见息侯夫人果真长得很漂亮，心里更想把息国灭掉，把息侯夫人抢到手。第二天，楚王安排好了刀斧手，然后派人请息侯赴宴。息侯以为楚王把自己当好朋友，就高高兴兴地去了。正当他坐在宴席上大吃大喝的时候，早已埋伏好的刀斧手蜂拥而出，把息侯给捉拿了。息侯怎么也没料到，楚国不但消灭了蔡国，而且把自己的国家也给灭掉了。这时，息侯才后悔不该轻易结交自己并不了解的居心不良的“朋友”，可惜为时已晚。

孔子曾说，有益的朋友有三种，有害的朋友也有三种。与正直的人交朋友，与守信的人交朋友，与见多识广的人交朋友，是有益的；与谄媚逢迎的人交朋友，与两面三刀的人交朋友，与花言巧语的人交朋友，是有害的。仔细琢磨孔子的话，再回过头看看自己身旁的朋友，哪些是益友？哪些是损友？如何对待，心中也就有了答案。

559.【原文】善与人交，久而能敬，过则相规，言而有信。

【解悟 · 故事】君子应善于与人交往，时间久了就能相互尊重，有过错则相互

交久益敬

规劝，说出的话必定履行。因此，我们要善于交友，言而有信。

东汉时期，有一个叫公沙穆的人，他穷苦而好学。经过一段时间的刻苦读书，总认为自己所学有限，想进入京城太学继续深造。公沙穆家中穷困，没有那么多钱作为他入太学学习的费用。于是，公沙穆到一位叫吴佑的富户家做舂米工人。有一天，公沙穆正在舂米，吴佑来到他的身边。吴佑见公沙穆举止斯文有礼，根本不像做粗工的人，便和他攀谈起来。言谈中，吴佑发现公沙穆学识渊博，见解独特。吴佑不顾彼此贫富悬殊，和公沙穆在杵臼前成了朋友。

相传，武则天时禁止天下屠杀牛羊、捕捉鱼虾。张德因其妻生子，私下杀羊宴请同僚时，也请了杜肃。杜肃赴宴后表面上很亲热，散席后却暗中向武则天告密。武则天问明情况后，宽恕了张德，并对他说："天下禁杀，红白喜事不在其中。不过，你今后交朋友，应该有所选择。"说罢，将杜肃的告密奏章公之于众，杜肃臊得无地自容，满朝文武都欲"唾其面"。

明代学者苏浚在《鸡鸣偶记》中，对真朋友和假朋友作了区分。他指出，道义互相砥砺，有过失互相规劝，这样的朋友为"畏友"；无论在日常生活中，还是危急关头，都能生死相依，这样的朋友可称"密友"；而以甜言蜜语来迎合人，以吃喝玩乐论交情的朋友是"昵友"；遇到利益相互争夺，遇灾祸就相互倾轧的人是"贼友"。

560.【原文】贫士养亲，菽水承欢；严父教子，义方是训。

严父教子

【解悟 · 故事】贫穷的人只要尽心赡养好双亲，即使是普通饮食也会让父母开心；严厉的父亲教育子女，要以人们行事应该遵守的法规和道理为主要内容。因此，我们既要赡养好父母，也要教育好子女。

江革，东汉时齐国临淄人，幼年丧父，侍奉母亲极为孝顺。战乱中，江革背着母亲逃难，遇到匪盗，匪盗欲杀死他。江革哭求说老母年迈，无人奉养。匪盗见他孝顺，便不忍心杀他。后来，他迁居江苏下邳，做雇工供养母亲，自己贫穷赤脚，而母亲所需甚丰。汉明帝时他被推举为孝廉，章帝时被推举为贤良方正，任五官中郎将。

李晟是唐德宗时期著名的大将。他非常重视对子女的教育。李晟将女儿许配给吏部尚书崔枢为妻。一次李晟做寿，女儿也从婆家赶来为父亲庆贺。酒宴中，一个侍女来到女儿身旁耳语了几句，女儿听后似乎极不耐烦，但依旧与客人们推杯换盏，谈笑自若。后来在侍女的再三催促下，女儿才被迫退席。可是很快，女儿就又回到了宴席上。这一幕被李晟看到了，他觉得其中必有缘故，便招来女儿问个明白。女儿答道："刚才侍女来报，昨晚我婆婆得了一场小病，我看也没有什么大不了的，便派人回婆家代我去看望婆婆了。"李晟听罢大怒，对女儿说道："你真是个没有教养、不懂礼仪的女儿啊！你的婆婆病了，作为媳妇，就应该在婆家侍奉左右，要像对待自己父母一样孝敬公婆，这才是我李家知书达理的女儿啊！"女儿听从了父亲的训教，急忙赶回婆家照料婆婆去了。而李晟也在宴会结束后，亲自来到崔家看望亲家，同时对自己疏于管教表达了深深的歉意。李晟教女的故事在当时传为美谈。

中国是一个崇尚礼仪的国度，被世人称为礼仪之邦。父母教儿女做人要崇尚道义。中华民族培育了千千万万为了民族大义而不惜抛头颅、洒热血的优秀儿女，他们都是舍生取义的英雄，他们用自己的生命对民族大义做出了诠释。

561.【原文】不为昭昭信节，不为冥冥堕行。

【解悟·故事】不因为人人都看得到而表现自己的节操，也不因为别人看不见而堕落自己的德行。因此，我们要慎独而处，德行一致。

一只狐狸为躲避猎人们的追赶而逃窜，恰巧遇见了一个樵夫。狐狸请求樵夫让自己躲藏起来，樵夫便叫狐狸去他的小屋里躲着。一会儿，许多猎人赶来，向樵夫打听狐狸的下落。他嘴里一边大声说不知道，又一边做手势，告诉他们狐狸躲藏的地方。猎人们相信了他的话，但并没留意他的手势。狐狸见猎人们都走远了，便从小屋出来，什么都没说就走了。樵夫责备狐狸，说自己救了它一命，它却一点谢意都不表示。狐狸回答说："如果你的手势与你的语言是一致的，我会好好感谢你的。"这个樵夫言行不一，表面上说要保护狐狸，暗地里却出卖狐狸，可是出卖没有成功，还受到了狐狸的指责，完全是咎由自取。

有天晚上，卫灵公和夫人南子在屋里聊天，听到街上有车的响声，到宫殿门前车声没了，过了宫殿车声又响了起来。卫灵公问南子：“这会是谁呢？”南子说：“肯定是蘧伯玉。”卫灵公问：“你怎么知道？”南子说：“路过王公的大门口，要下车，揽辔缓行，以表示对王公的敬意。作为忠臣，不仅仅是众目睽睽之下才彬彬有礼，即使在黑暗的夜晚，也不会唐突的。蘧伯玉，仁智谦恭，所以我认为一定是他。”卫灵公派人去查看，果然如南子所言。卫灵公却故意装作很意外地说：“不是呀。”南子听后，斟了满满一杯酒，说：“那该贺喜主公了。”卫灵公不解地问：“为什么要祝贺？”南子道：“我以为卫国只有蘧伯玉这样的贤者，今日才知道还有和蘧伯玉一样品行的人。这可是国家之福，主公之福！所以要祝贺您。”当道德成为一种习惯，那才是道德的最高境界。

562.【原文】勤，懿行也，君子敏于德义，世人则借勤以济其贪；俭，美德也，君子节于货财，世人则假俭以饰其吝。

【解悟·故事】勤奋是种懿美的品行，君子领悟于其中德行与道义，而世人却假借勤劳来实现自己的贪婪欲望；节俭是种美好的德行，君子注重节约资源，而世人却会假借节俭来掩饰自己的吝啬。因此，我们要去伪存真、抱诚守真。

诸葛亮少时从学于水镜先生司马徽。诸葛亮学习刻苦，勤于用脑，不但司马徽赏识，而且司马徽的妻子对他也很器重。他们都很喜欢这个勤奋好学、善于动脑的少年。那时，还没有钟表，计时用日晷。遇到阴雨天没有太阳，时间就不好掌握了。为了计时，司马徽训练公鸡按时鸣叫，办法就是定时喂食。为了学到更多的东西，诸葛亮想让先生把讲课的时间延长一些，但先生总是以鸡鸣叫为准。于是诸葛亮想：若把公鸡鸣叫的时间延长，先生讲课的时间也就延长了。于是他上学时就带些粮食装在口袋里，估计鸡快叫的时候，就喂它一点粮食，鸡一吃饱就不叫了。过了一些时候，司马徽感到奇怪，为什么鸡不按时叫了呢？经过细心观察，发现诸葛亮在鸡快叫时给鸡喂食。司马徽一开始很恼怒，但不久还是被诸葛亮所感动，对他更为器重，对他的教育也更加没有保留，而诸葛亮也就更勤奋了。通过自己不懈的努力，诸葛亮终于成了一个上知天文、下识地理的博学之人。

中华民族历来崇尚节俭。唐代大诗人李商隐在总结唐朝由盛世走向衰败的历史教训时写下了“历览前贤国与家，成由勤俭败由奢”的警世名言。家庭消费不仅要与自己的身份相称，而且要与家庭经济状况相符，即要适度消费。节俭应该成为现代人的一种美德，只有每个人都形成节俭的意识，践行节俭的行为，与大自然和谐相处，才能保持生态的平衡、社会的健康发展。

563.【原文】欲临死而无挂碍，先在生时事事看得轻；欲遇变而无仓忙，须向常时念念守得定。

【解悟 · 故事】要想在面临死亡时没有挂念和障碍，就要在生时淡泊名利；想要在遇上变故时不慌张，就必须先防患于未然。因此，我们要淡泊人生，防微杜渐。

庄子从来是一个不惧怕死亡的人。他认为生与死都是自然现象，人由生入死的过程是符合自然规律的。庄子认为死亡也是有意义的，它能带给人们快乐和解脱，能摆脱人世间的各种负累，最终获得精神的自由；同时，生也是有价值的，人生在世，最重要的就是保全自己的生命。因而我们要淡泊名利，顺应自然。

东汉和帝即位时因为年幼，便由窦太后执政。太后的哥哥窦宪官居大将军，国家的军政大权实际上落入窦宪兄弟等人手中。他们为所欲为，密谋篡权。许多正直的大臣心里很着急，大臣丁鸿就是其中的一个。丁鸿决心为国除掉这一祸根。几年后，天上发生日食，丁鸿就借这个当时认为不祥的征兆上书和帝，建议趁窦氏兄弟权势尚不大时，早加制止，以防后患，这样才能使得国家长治久安。他在奏章里说：“‘杜渐防萌’则凶妖可灭。”和帝其实早就有这种打算，于是采纳了他的意见，并任命他为太尉兼卫尉，进驻南北二宫，同时罢免窦宪。窦氏兄弟情知罪责难逃，便都自杀了，从而避免了一场可能发生的宫廷政变。

564.【原文】识得破，忍不过；说得硬，守不定。

【解悟 · 故事】能看得清楚前景，却没有定力来抵挡诱惑；能讲得信誓旦旦，却把持不定内心来付出行动。因此，我们要坚守信念，言行一致。

范仲淹幼年丧父，其母为了使儿子和自己得以生存下去，只得改嫁到了长山

的朱家，范仲淹的姓也改成了朱。范仲淹长大后知道自己亲生父亲姓范，便想恢复自己原来的姓，可是继父不同意，两人为此闹得不可开交。范仲淹便从家里搬了出来，住进了长山醴泉寺的僧房里，开始了刻苦的读书生活。寺庙里的日子是很清苦的，而当时范仲淹正是长身体的时候，饭量又特别大，所以他经常还没到下一顿时就已经饿得头晕眼花，以至于看书都无法集中精力。无奈之下，他想到了一个办法，每天早晨煮好一锅稀粥，等粥冷了凝结成块以后，用刀在上面画个十字，切成四块，早晚饭各吃两块。下饭菜切一点咸菜就行了。范仲淹就这样在醴泉寺里刻苦读书，学了不少知识，也懂得了很多道理。为了开阔眼界，增长更多的知识，他不远千里来到应天府，进了当时很有名气的南都学舍，拜著名学者戚同文为师。范仲淹当时很穷，经常吃不上饭，刚开始还能喝点稀粥，后来稀粥也没了，每当太阳落山时，他才吃点东西，可他从来没有因为吃不上饭而影响学习，反而比以前更加刻苦了。他为自己制订了严密的学习计划，每天不完成计划就不睡觉。在严寒的冬夜里，每当学习感到疲倦时，他就用冷水洗脸，提提精神。学习环境虽然艰苦，可范仲淹从来没有叫过一声苦。范仲淹就这样凭着一股坚定的信念，十几年如一日，勤奋学习，后来终于取得了很大的成就，成了北宋中期著名的政治家、军事家和文学家。

565.【原文】笑前辙，忘后跌；轻千乘，豆羹竞。

【解悟 · 故事】在笑话别人犯错之时，自己却犯了同样的错误；不在乎千乘的财富，却享受跟别人争吃豆羹的快乐。因此，我们要牢记前车之鉴，欢喜平淡人生。

贾谊是西汉杰出的政治家、文学家，从小就有“神童”之誉。贾谊18岁起就名满天下，受到汉文帝的重用，担任梁王太傅一职。在任期内，贾谊专心著书立说，将毕生才华倾注于文章中，流传千古的政论文《治安策》便是他这一时期的杰作。在这篇文章中，贾谊分析了秦王朝奸臣当道、实施暴政、由盛而衰的惨痛教训，并总结说：“前车之覆，后车之鉴。秦朝的失败应该引起我们足够的警惕呀！否则，我们也会重犯秦朝的错误。那太危险了！”汉文帝看了《治安策》

后，对贾谊十分赞赏，并且采纳了文中的一些建议。

上古有位贤人叫许由，他品格端方，淡泊名利，赢得了帝尧的尊重。帝尧不仅多次向他请教为君处世之道，甚至想要把首领之位禅让给他。许由不但不接受，反而逃到颍水之滨的箕山脚下隐居。后来，尧又想委任他做九州长，结果不等传达的人说完，许由就忙不迭地跑到颍水边去洗耳朵，表示不愿意让这种世俗的声音玷污了自己的清听。从此之后，许由便隐居深山之中，终身不为名利，死后葬于箕山之巅。

566.【原文】子有过，父当隐；父有过，子当诤。

邹忌讽谏

【解悟 · 故事】子女有过错，父母应私下劝诲；父母有了过错，子女应当微谏，委婉提出建议。因此，我们要明辨是非，注重方式。

战国时有个叫邹忌的人，身材修长，而且外貌光鲜美丽。有天早晨，他穿戴好衣帽，照了一下镜子，对妻子问道："我和城北徐公比，谁更美呢？"妻子说："您美极了，徐公怎么能比得上您呢？"城北的徐公是齐国最美的男子，邹忌不相信自己比徐公美，又问他的妾："我和徐公相比，谁更美呢？"妾说："徐公哪能比得上您呢？"不久，有客人从外面来拜访邹忌，相坐而谈，邹忌又问道："我和徐公比，谁更美呢？"客人说："徐公不如您俊美。"有天徐公来了，邹忌仔细地看着他，自认为不如徐公美；看着镜子里的自己，更觉得自己与徐公相差甚远。

第二天，邹忌上朝拜见齐威王，说："我知道自己确实不如徐公美。可是我的妻子偏爱我，我的妾惧怕我，我的客人有求于我。因此，他们都认为我比徐公美。如今齐国有方圆千里的疆土，一百二十座城池。宫中的姬妾及身边的近臣，没有不偏爱大王的，朝中的大臣没有不惧怕大王的，全国范围内的百姓没有不对大王有所求的。由此看来，大王您受到的蒙蔽太严重了！"齐威王说："你说得很好！"于是就下命令："大小官吏、大臣和百姓们，能够当面批评我过错的人，给予上等奖赏；上书直言规劝我的人，给予中等奖赏；能够在众人集聚的公共场所指责、议论我的过失，并传到我耳朵里的人，给予下等奖赏。"命令刚下达，许多大臣都来进献谏言，宫门和庭院像集市一样热闹；几个月以后，仍不时地有人偶尔进谏；一年以后，即使有人想进谏，也没有什么可说的了。燕、赵、韩、魏等国听说了这件事，都到齐国朝拜齐威王。

567.【原文】木受绳则直，人受谏则圣。

择善而从

【解悟·故事】木头在匠人打的墨线下就可切割成笔直的木料而成良材，人如果接受别人的劝告就能变得英明。因此，我们要乐于接受批评，才能不断提升自我。

有次，孔子对子路说："你有什么喜好？"子路回答说："我喜欢长剑。"孔子说："我不是问这方面。以你的天赋，再加上后天的学习，谁能比得上呢？"子路说："学习能够增长我们的能力吗？"孔子说："好比君王如果没有敢进谏的大臣，政事就会有错失；读书人如果没有能够指正自己缺点的朋友，品德就容易有所缺失。对性情狂放的马不能放下鞭子，操弓射箭则不能随便更换辅正的檠。接受教导认真多问，没有什么学不成的。违背仁德专行恶事的人，随时要接受国法的制裁。所以说君子不能不学习。"子路说："南山有一种竹子，不经加工就很笔直，削尖后用它做箭，能穿透犀牛的厚皮，所以有些东西天赋异禀又何必经过学习的过程呢？"孔子说："如果在箭尾安上羽毛，把箭头磨得更加锐利，箭不是能刺入得更深吗？"子路听后拜谢说："我真是受益良多。"

我们要学会接受别人的批评，勇于改过。即使别人误会我们，我们也不必去计较、争论。我们要有则改之，无则加勉，择善而从之，择不善者而改之。长此以往，就能成为一个很优秀的人。

568.【原文】良药苦口利于病，忠言逆耳利于行。

【解悟·故事】好药虽然苦，但有利于疾病的治疗；忠直的劝告虽然不好听，却能利于培养良好行为。因此，我们要虚心接受忠告，力争行为正确。

在灭秦战争和楚汉相争时，沛公刘邦十万义军攻破峣关，在蓝田大败秦朝关中守军，顺利进入咸阳。进入秦朝的咸阳宫后，刘邦被宫中的美色珍玩吸引，忘乎所以，准备留在秦宫里玩个尽兴不出来了。他的连襟兄弟樊哙怎么劝他，他都听不进去。这时，张良入宫直谏，很严厉地数落了刘邦一顿，指出他的错误，还说了这么一句："良药苦口利于病，忠言逆耳利于行，请沛公听樊哙言。"沛公这才依依不舍离开了秦宫，宣布军队从城市撤离，到咸阳郊外的灞上乖乖驻扎，

太宗纳谏

不许扰民。如此，沛公为建立大汉江山迈出了正确的第一步。

唐太宗善于纳谏，能够接受批评，认真反省检点改过。这在帝王当中是非常难得的。他旁边亲近的那些大臣，听到有人错误地批评了皇帝，就对唐太宗说：“他这个指责是错误的，应当要受到惩罚。”唐太宗说：“不可。”大臣问：“为什么？”唐太宗说：“如果我惩罚了这个人，以后就没有人敢在我面前说过失了。”唐太宗广开言路，从善如流，所以历史上才会有“贞观之治”。

身体不适就要吃药，吃药不能怕苦。苦虽不受人欢迎，但只要对身体健康有好处，就不能拒绝它；正确的批评、建议、意见虽然有时候不中听，但对个人品德的培养、国家事业的发展具有积极意义。有些话虽然说得刺耳，但只要诚恳有益，就不应该挑剔提意见人的话是否顺耳、方法是否得体。一个人有了过错并不可怕，可怕的是讳疾忌医，不愿意接受别人的批评意见，从而由小错到大错，由大错到不可救药。

569.【原文】家丑不可外传，流言切莫轻信。

依法锁舌

【解悟 · 故事】家里不太光彩的事情不要向外宣扬，流言蜚语不要轻易相信。因此，我们要让家庭更加和睦，不轻信流言。

阮玲玉是中国著名电影演员。她1910年出生，幼年丧父，年少时经常被挑选参加歌唱舞蹈演出，养成对表演艺术的浓厚兴趣。阮母靠做女佣拉扯着多病的阮玲玉，母女二人相依为命、艰难度日。阮玲玉7岁时，阮母转到张家为佣。1925年，16岁的阮玲玉与20岁的张达民碰面，张达民对阮玲玉开始了追求。不久，阮玲玉便与张达民同居，这给她的人生预埋了一颗悲剧种子。张达民挥金如土，没几年就囊空如洗。阮玲玉迫于生计，到明星影片公司报考女演员，从此开始了电影表演工作。她的表演形成了真挚朴实、自然清新的风格，达到了默片时期表演艺术的最高峰。然而事业如此成功的她，家庭并不幸福。1933年，阮玲玉与其夫张达民协议离婚。后与茶商唐季珊同居。1935

年春，《新女性》上映后，阮玲玉主演的人物颇受非议，私生活被屡屡曝光。而此时张达民也否认签有离婚协议，向法院上诉。法院遂定于3月9日传讯阮玲玉。而就在传讯的前一天，阮玲玉因深感压力太重而自杀，并留下遗言："人言可畏。"

处理家庭矛盾，最好用爱化解，要学会包容忍让。不要把家里的矛盾冲突到外面去宣扬，这样做只能使矛盾扩大。面对流言蜚语，不要轻易相信，人云亦云，更不能推波助澜，到处传播。当今，网络广泛被应用，且网络有传播范围广、传播迅速的特点，所以网络谣言的危害更甚。2013年9月最高人民法院、最高人民检察院发布了《关于办理利用信息网络实施诽谤等刑事案件适用法律若干问题的解释》，当中对网络谣言所造成的负面影响给予了相关的界定。

570.【原文】下情难于达上，君子不耻下问。

【解悟·故事】下面的情况很难传达到上面去，君子不要把向比自己身份低下的人请教当作耻辱。因此，我们要畅通言路，虚心求教。

卫国有个大夫叫孔圉，虚心好学，为人正直。孔圉死后，给他的谥号为"文"，所以后来人们又称他为孔文子。孔子的学生子贡有些不服气，他认为孔圉也有不足的地方，于是就去问孔子："老师，孔文子凭什么可以被称为'文'呢？"孔子回答："因为孔圉聪敏又勤学，不以向职位比自己低、学问比自己差的人求学为耻辱，所以可以用'文'字作为他的谥号。"

有次，孔子去鲁国国君的祖庙参加祭祖典礼。孔子不时向人询问，差不多每件事都问到了。有人在背后嘲笑他，说他不懂礼仪，什么都要问。孔子听到这些议论后说："对于不懂的事，问个明白，这正是我知礼的表现啊。"

《本草纲目》是明朝医药学家李时珍为修改古代医书中的错误而编。他以毕生精力，亲身实践，广收博采，对本草学进行了全面的整理总结，因而《本草纲目》被誉为"东方药物巨典"，是我国医药宝库中的一份珍贵遗产。而李时珍在撰写《本草纲目》的几十年间，读过八百多种典籍。在研读古书时，发现诸家说法并不一致，且相互矛盾，便多方深入实际，亲自"采药"，同时向许多有实践经验的医生、药工、樵夫、渔夫等人请教，终于鉴别考证了历代记载的一千多种中草药，给它们重新下了科学定义。

571.【原文】芙蓉白面，不过带肉骷髅；美艳红妆，尽是杀人利刃。

【解悟·故事】眼睛所见到的绝色美女，只不过是骨头上附着鲜亮的皮肉；美丽浓艳的红粉佳人，都是杀人的利刃。因此，我们不能沉迷美色，不要放纵欲望。

释迦牟尼是古印度著名思想家，佛教创始人。他出家前是古印度北部迦毗罗卫国的王子，有美貌娇妻，生活奢侈。一次，他偶然间看见了熟睡中的宫娥妃嫔，一个个睡相难看。不由想到只是睡一觉，不化妆，女人就这样难看。要是老了，死了，岂不是更难看？可见，我们的眼睛所能见到的绝色美女，只不过是骨头上附着鲜亮的皮肉。美色既可给人带来愉悦，同时也像利刃一样刮骨吸髓，伤害身体。于是他苦思，在菩提树下觉悟，得道，后成为佛祖。

孔子的“三戒”中第一戒就是“少之时，血气未定，戒之在色”。爱美之心，人皆有之，但如果贪图美色带来的将是灾祸。古代皇帝居住豪华住宅，享受山珍海味，然而养尊处优的物质生活并没有让他们延年益寿、幸福快乐，而几乎都短寿。有学者的研究表明，皇帝短寿的主要原因之一就是沉迷美色。人们都说皇帝有三宫六院七十二嫔妃，所以长期损伤元气、毁坏身体，岂有不短寿之理？

572.【原文】读书而寄兴于吟咏风雅，定不深心；修德而留意于名誉事功，必无实证。

【解悟·故事】读书时偏好吟咏诗文，则必然不会用心思考问题；如果在潜修道德时仍去注意事功名誉，则必得不到真实的造诣。因此，我们在追求学问上应集中精力，专心致志。

三国时，管宁跟华歆读书时合坐一张席。有一天，他们在读书时，华歆看到街上很热闹，有个坐着有围棚的车、穿着礼服的人刚好从门前经过，就连忙放下书跑去看。管宁看到后，觉得华歆读书太容易受外界影响了，很看不起他，竟把席子割开与他分坐，并说：“你已经不是我的朋友了。”

一位哲学家带着他的弟子们坐在郊外的一片旷野里。哲学家问身边的弟子们该如何除去周围长满的杂草。弟子们十分惊讶，没有想到哲学家竟会问这么简单的问题。于是，他们给出了各种答案，有的说用铲子就够了，有的说用火烧，有的建议在草上撒些石灰，还有的说只要把根挖出来就行了。哲学家听完后，站起身说：“今天就到这里。你们回去后，用各自的方法除去一片杂草，没除掉的，一年后，再来除草。”一年后，他们都来了，不过原来相聚的地方已不再是杂草丛生，而是变成了一片长满谷子的庄稼地。几十年后，哲学家去世，弟子们在整理他的言论时，在书的最后补了一章：要想除掉旷野里的杂草，方法只有一种，那就是在上面种庄稼。同样，要想让灵魂无纷扰，唯一的方法就是用美德去占据它。所以，我们读书时不要寄兴于外在的风雅，而是要用心去体悟才能获得真本领、大学问；要想修养道德就不要太在乎外在的名声功绩，不要太在乎外在的花环与掌声，才能形成实实在在的好品德，才能真正培养好自己的心智，一天天得以茁壮成长。

573.【原文】一人非之，便立不定，只见得有是非，何曾知有道理；一人不知，便就不平，只见得有得失，何曾知有义命。

【解悟·故事】一个人被否定了某事就动摇不定，那是因为他只看到了是非，而没有真正明白其中的道理；一个人不了解情况就心生不平，那是因为他只看到了得失，而不知道其中还有道义和天命。因此，我们要先实践，再下结论。

1821年，英国的科学家戴维和法拉第发明了电弧灯。这种灯用炭棒作灯丝，虽然能发出亮光，但光线刺眼，灯丝寿命很短。于是，爱迪生开始试验用其他的材料作灯丝。经过13个月的不断尝试，爱迪生试用了6000多种材料，试验了7000多次，终于发现用棉线做灯丝，足足亮了45小时灯丝才被烧断。这是人类第一盏有实用价值的电灯。这一天——1879年10月21日，被人们定为电灯发明日。后来，爱迪生经进一步试验发现用竹丝作灯丝效果很好，灯丝耐用，灯泡可亮1200个小时。此后，电灯开始进入寻常百姓家。

冰川的分布是研究地质构造的重要依据。有些外国人对中国的冰川进行过考察，断言“中国没有第四纪冰川”。地质学家李四光提出“让事实说话”，对冰川的研究投入了极大的精力。1921年，他回国后在太行山的沙河县、山西大同盆地口泉附近发现了第四纪冰川遗迹。虽遭一些外国专家否定，但他仍继续带领学生在太行山等地考察，又发现了许多有力的证据。1933年，李四光以《扬子江流域之第四纪冰期》为题，在中国地质学会第十次年会上作了学术演讲。会后专门请中外学者到庐山实地考察。有的外国专家私下对李四光说，如果这些遗迹在国外被发现，早就被公认是冰川遗迹了。此后，李四光加紧了对第四纪冰川的考察，先后在扬子江（长江）流域、黄山等地发现了大量遗迹，最终推翻了外国人的错误结论。

574.【原文】智生识，识生断，当断不断，反受其乱。

【解悟 · 故事】有智慧的人才有见识，有见识处理事情才会果断，该果断的时候不果断，就会反过来受其祸害。因此，我们要培养见识，做事果断。

楚国考烈王没有儿子，宰相春申君很是担心，就去找会生孩子的女人献给考烈王。李园的妹妹被春申君看中了。但是，春申君自己却十分喜欢她，便将她纳为自己的妾。不久，李园的妹妹怀孕了。李园知道后，想出了一个计谋，让春申君把李园的妹妹献给楚王，生下名义上是楚王的，实际上是春申君的孩子。而这个孩子将会成为楚国的下一代君主。于是，他们真的实施了此事，这个孩子就是楚幽王。此后，李园和妹妹都害怕春申君泄露秘密，总想找机会刺杀春申君。后来楚王患了重病，门客朱英来找春申君说："你现在面临着灾祸及幸福。灾祸是楚王死后，李园将会刺杀你；幸福是你将有可能成为新的楚王。"春申君听了后很生气地说："李园不会这样做的！"考烈王死后，李园果然派刺客藏于王宫门内，刺杀了春申君。司马迁评价春申君说：当断不断，反受其乱。

北齐文宣帝高欢的次子高洋没有即位前，在大臣的眼中，并不是一个特别有才干的人，只有高欢看出高洋与其他诸儿不同。曾说："此儿的智慧思虑更在我之上。"有一次，高欢为测试儿子们对处理事情的应变能力，就交给每个儿子一团乱丝，要他们整理。当其他儿子正低头整理乱丝时，只有高洋拿起刀斩断乱丝说："乱了就只有斩断它。"可见高洋深有远见，以及他为人处世的果断。

575.【原文】人各有心，心各有见。

【解悟 · 故事】每个人都有各自的心思，对事物的理解认识都不相同。因此，我们要包容理解，尊重不同。

从前，有一位国王，他养了许多大象。有一天，他正坐在大象身上游玩，忽

然看见一群瞎子在路旁歇息，便命令他们过来，问他们：“你们知道大象是什么样子吗？”瞎子们说“陛下，我们不知道。”国王笑道：“你们亲自用手摸一摸吧，然后向我报告。”瞎子们赶紧围着大象摸起来。过了一会儿，他们开始向国王报告。摸到象耳朵的瞎子说：“大象同簸箕一样。”摸到象腿的瞎子说：“大象和柱子一样。”摸到象背的瞎子说：“大象好似一张床。”摸到象尾的瞎子说：“大象好似绳子。”国王听了哈哈大笑起来。原来他们都把自己摸到的某一个部分误认为是大象的全部。

不同的人思考问题的层次和角度为什么不一样呢？成长环境不一样就是其中的原因之一。俗话说，穷人的孩子早当家。对于家庭较为困难的孩子，他们更能理解生活的不易，因而对于生活和社会有着较为深刻、真实，甚至是痛苦的理解。而对于一些成长环境较好的孩子，金钱和一些其他东西，就只是一个概念了。

我们总是要求他人与我们一样，与其他人一样；我们总是想改变他人，与我们想象的、期望的一样。于是，我们由此产生了许多烦恼。烦恼一次次把我们打倒，我们却依然抱怨他人不合作，不能如我们的意，却从未想过，天生万物，各有不同，尊重他人与我们的不同，就是尊重我们自己。

576.【原文】有盐同咸，无盐同淡。

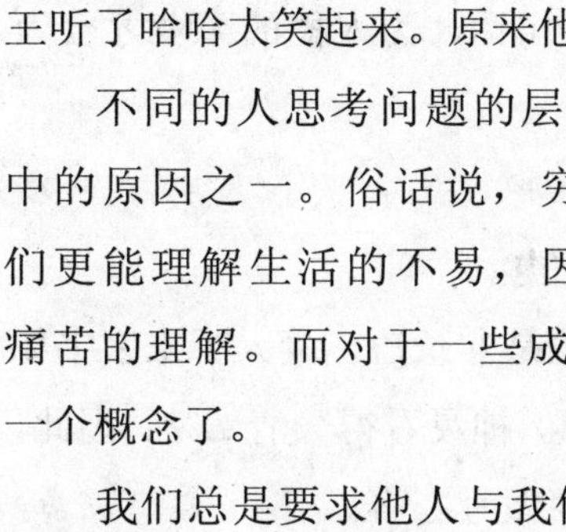

【解悟 · 故事】有盐的时候一起感受咸味，没盐的时候一起感受淡味。因此，我们要同甘共苦、患难与共。

1928年9月，由于国民党的经济封锁，不让“一粒米、一撮盐、一勺水”进入苏区，生活条件异常艰苦。红米饭，南瓜汤，挖野菜当口粮，就是当时井冈山生活的真实情景。有一天，朱德在井冈山一个小山村的茅草房，看到一个手拄拐杖的老大爷，走路摇摇晃晃的，脸色灰白泛黄，于是关心地问道：“老人家，您是生病了还是没粮食吃了？”老人叹了口气，断断续续地说：“我不是生病，也有饭吃，就是已经几个月没有尝过盐的味道了。没有盐吃，连路都走不动了。现在外面的盐不让运进来，盐价高不说，就是有钱也没有地方买啊。村里好几户人家都外出逃荒去了。”听完老人的话，回去以后，朱德了解了部队的存盐情况，虽然部队也断盐许久了，但还是把缴获的食盐分出一部分，赶紧送到紧缺食盐的老乡家中，让他们暂时渡过目前的难关。当老人看着红军战士送来的一包盐时，再三推辞不愿接受。战士说：“收下吧，老人家！朱军长说了，我们共产党和红军与人民群众‘有盐同咸，无盐同淡’。只要红军有盐吃，就得让老百姓的菜碗也是咸的。这是朱军长交给我的任务啊！”老人含着热泪接受了。

如今，能否与群众“有盐同咸，无盐同淡”，是检验执政者是否得民心的一杆标尺。为政者只有牢记“有盐同咸，无盐同淡”这句话，为人民的事业才会万古长青。

577.【原文】人间私语，天闻若雷；暗室亏心，神目如电。

【解悟 · 故事】背后私论是非长短，老天听来字字如雷贯耳；暗地里做亏心事，神灵看得一清二楚。因此，我们要慎独、慎微，不要做亏心事。

北宋人查道为人淳厚，秉性正直，曾任宋真宗的龙图阁待制。有一次，查道外出巡查自己所管辖的地区时，见路旁有上好的甜枣，随从人员就从树上摘下来拿给了查道。查道要随从人员按价付钱。可此时不见枣树的主人，查道又急着赶路，于是，他就按甜枣的质量，估算出甜枣的价钱，然后将应付的铜钱挂在树上后离去。

元代大学者许衡一日外出，因为天气炎热，口渴难耐。正好路边有一棵梨树，行人们纷纷去摘梨解渴，只有许衡一个人不为所动。这时有人就问他：“你为什么不摘梨呢？”他说：“不是自己的梨，怎么可以随便乱摘呢？”那人就笑他迂腐：“世道这么乱，管它是谁的梨。”他说：“梨虽无主，我心有主。”

做人要懂得如何去为人，做事要晓得什么样的事能做。做人做事心中要有思考，谨言慎行。做任何事情，不要为眼前不当利益，而丢掉人格尊严。

578.【原文】一毫之恶，劝人莫作；一毫之善，与人方便。

【解悟 · 故事】一丝一毫的坏事，都要劝大家不要去做；一丝一毫的好事，都会给予他人帮助。因此，我们要多留善行，不做恶事。

与人方便

一日，佛祖从井边向下望去，看到生前作恶多端的人正因自己的邪恶饱受地狱之火的煎熬。此时，一个江洋大盗无意间发现了佛祖慈悲的注视，于是他向佛祖呼救。佛祖发现他虽然作恶多端，却并没有完全泯灭自己的良知，生前曾因一念之慈放过了一只自己差点踩到的蜘蛛。这也是其一生中罕见的善事。于是，佛祖大发慈悲，决定用那只小蜘蛛的力量来解救他，使他脱离苦海。很快，一根蛛丝从井口垂了下去。大盗发现后立刻抓住游丝向上爬去。其他恶人看到了也蜂拥而上抓住了游丝，完全不理会大盗的恶声大骂。大盗担心游丝不堪重负，毁了自己脱离苦海的唯一希望，于是便将身后的游丝砍断。结果原本可以承担所有人重量的蜘蛛丝却突然断了，而大盗的最后一丝良知也被自己斩断了，跌入了万劫不复的地狱。

有一个盲人住在一幢楼里，每天晚上他都会到楼下花园散步，奇怪的是，无论上楼还是下楼，他虽然只能顺着墙摸索，却一定要按亮楼道里的灯。一天，一个邻居忍不住好奇地问他："你的眼睛看不见，为何还要开灯呢？"那盲人笑笑说："开灯能给别人上下楼带来方便，也会给我带来方便。"邻居疑惑地说："你眼睛看不见，开灯能给你带来什么方便呢？"盲人接着回答说："开灯后上下楼的人都会看见路，就不会把我撞倒了，这不是在给我自己方便吗？"邻居恍然大悟。

579.【原文】终身让路，不枉百步；终身让畔，不失一段。

礼让为先

【解悟·故事】一生给人让路，走的冤枉路加起来不会超过百步；一生礼让田界，总计起来也不会有多大损失。因此，我们要宽容礼让，吃亏是福。

有一次，列宁下楼梯，在楼梯狭窄的过道上，正碰见一个女工端着一盆水上楼。那女工一看是列宁，就要退回去给列宁让路。列宁阻止她说："不必这样，你端着东西已走了半截，而我现在空手，请你先过去吧！"然后自己紧靠着墙，让女工上楼了，他才下楼。

在停车场停车时，把右边留宽点，左边留窄点，这样能给别人带来方便。否则，碰上新手司机，如果你把右边的车位留得太窄，有可能他倒车时还会刮到你的车，从而带来更大麻烦。如果和年纪大的人同走楼梯，下楼时让长者走后面，上楼时让长者走前面，这样可以有效地保护长者。在社会上多一些礼让，给别人方便就是给自己方便。如果礼让成了习惯，社会就会更加和谐，每个人都能享受到文明带来的幸福。

580.【原文】难合亦难分，易亲亦易散。

马恩挚情

【解悟·故事】刚直磊落之人，你似乎很难和他结交，他也绝不会轻易和你断交；而那些看似平和易处之人，你很容易和他结交也很容易和他分开。因此，我们与人交往应该彼此尊重，诚心诚意。

有一年，马克思一家到了一贫如洗的地步。马克思打算让大女儿和二女儿停学，找个地方做工去，自己和妻子、小女儿搬到贫民窟去住。恩格斯得知后，连忙发电报劝说马克思别这么做，又迅速筹集一笔钱，汇给了马克思，使马克思一家暂时渡过了难关。碰到恩格斯需要帮助的时候，马克思同样竭尽全力，毫不犹豫。当时，恩格斯逃亡到瑞士，因为走时匆忙没带多少钱。马克思知道后，连忙从病床上挣扎起来，到银行将自己仅有的钱取出，全部寄给了恩格斯。

马克思和恩格斯同住在伦敦时，每天下午，恩格斯都要到马克思家里去。他们讨论各种政治事件和科学问题，一连谈上好几个小时，各抒己见，滔滔不绝，有时候还进行激烈的争论。天气晴朗，他们就一起到郊外散步。后来他们住在两个地方，就经常通信，彼此交换对政治事件的意见和研究工作的成果。他们时时刻刻设法帮助对方，为对方在事业上的成就感到骄傲。马克思答应给一家英文报纸写通讯稿时，恩格斯就帮他翻译；恩格斯从事著述的时候，马克思也往往放下自己的工作，帮助他编写其中的某些部分。

1883 年，马克思逝世，恩格斯悲痛万分。但他想到马克思生前用毕生精力写作的《资本论》还没完成，就放下自己的研究工作，着手整理和出版《资本论》的最后两卷。他夜以继日地抄写、整理、补充、编排，花了整整 11 年时间，才完成了这部伟大的著作。马克思和恩格斯合作了40年，共同创造了伟大的马克思主义，也树立了友谊的丰碑。

581.【原文】口说不如身行，耳闻不如目见。

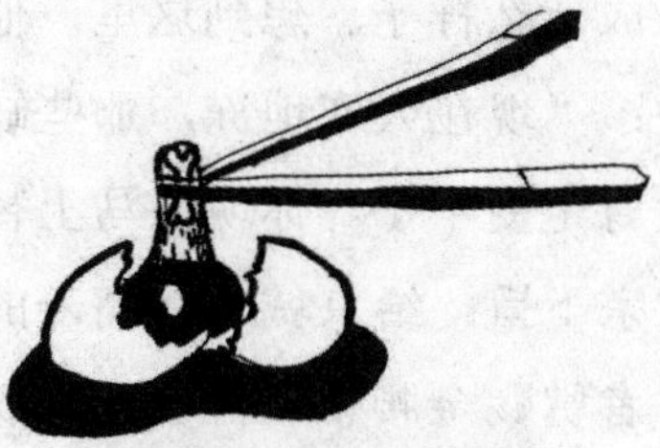

突破经验

【解悟 · 故事】口说不如亲自去做，耳听不如亲眼去看。因此，我们应该重视实践，反对经验主义。

战国初期的魏文侯在位近50年，善于用人，曾任用李悝为相国，吴起为将。他还讲求实际，进行改革，从而使刚刚建立的魏国成为当时的强国。有一年，魏文侯派西门豹去治理邺地，临行时，魏文侯嘱咐西门豹到邺以后要多调查研究，不要轻信传闻。他说："亲耳听到不如亲眼看到，亲眼看到不如再走近它，走近它不如用手接触它。一般来说，一个人开始做官赴任，就好像猛地走进一间昏暗的屋子，过了一些时间眼睛才能逐渐明亮起来，才能看得清东西；眼睛明亮了才能办事情，这样事情才会办得好，工作才能得到成功。"西门豹到邺地后，便深入当地百姓中去了解情况，严厉地打击和铲除了一批为害多年的巫婆、乡绅，鼓励群众发展生产，把邺地治理得很好，受到当地老百姓的拥护。

《战争与和平》是列夫 · 托尔斯泰的长篇巨著。书中对战争场景的描写非常生动形象，读者读后有身临其境的感觉。这一切都要归功于托尔斯泰的亲自考察。当托尔斯泰写到俄法双方在鲍罗金诺会战的一段文字时，总感到描写得很抽象、不具体，他决定亲自去战场考察一番。到了鲍罗金诺，他仔细巡视了这个历史战场遗迹，把它的地形地貌牢牢记在心里，还特地画了一幅图，标上地平线和树林，标明各个村庄、河道的名称及当年会战时太阳移动的方向等。回到家里，又把自己观察到的情况同历史文献上记载的材料联系起来分析研究，直到一切都清楚明白了，他才坐到桌边，重新写这段文字。这个会战场面，托尔斯泰写得不仅生动，且色调明朗、场面壮观。

582.【原文】只见锦上添花，未闻雪里送炭。

【解悟 · 故事】锦上添花的人多，雪中送炭的人少。因此，我们既要给人添彩，也要助人御寒。

宋太宗年轻时，曾跟哥哥宋太祖一起打天下，深知江山来之不易。因此，他特别爱护老百姓。一年冬天特别冷，房檐垂下的冰凌有一尺多长。宋太宗在皇宫里穿着龙袍，烤着炭火，还觉得寒气逼人。他便命人拿来美酒驱寒。他一杯酒还没有喝完突然想到了天下百姓：我住在皇宫中，穿着狐狸皮做的龙袍，烤着炭火

喝着酒还觉得冷；那些缺衣少食的贫苦农民，他们没有炭火烤，不知会冻成什么样子。想到这里，他马上召见开封府尹，说：“现在天寒地冻，那些缺衣少食没火烤的老百姓肯定受不了。你现在马上替我去慰问他们。”宋太宗下旨：给京城所有高寿的人发放津贴，超过百岁者赏赐金腰带。再赏京城鳏寡和贫穷者一千钱、木炭若干。开封府尹一接到圣旨，马上准备好衣服、钱财、粮食和木炭，带领他的所有随从，挨家挨户送到老百姓手中。宋太宗首开雪中送炭的爱心先河，着实感动了许多的百姓。

锦上添花，是你穿着暖和、漂亮的丝锦外衣时，有人送你一朵美丽的花来增添色彩；雪中送炭，是你在寒冷的时候，孤独无援的状况下，有人给你送来一盆火炭。人生在世，没有谁会一直一帆风顺，总会有一些艰难与困苦。当你遇到断崖险阻时，你需要的是帮助你架桥搭梯的人。也只有在这时帮助你的人，才是你真正的朋友。

583.【原文】传家二字耕与读，防家二字盗与奸，倾家二字淫与赌，守家二字勤与俭。

【解悟·故事】将家业传给子孙后代就靠耕作和读书，防止家庭生变就要从家庭内部防范盗贼和奸人，嫖和赌会导致倾家荡产，勤俭和节约才能守住家业。因此，我们要传承美好家风，建设美满家庭。

“耕读传家”这一观念可谓流传甚广，深入民心。从“耕读传家”中我们既学做人，又学谋生。耕田可以事稼穑，丰五谷，养家糊口，以立性命。读书可以知诗书，达礼义，修身养性，以立高德。而勤俭又是耕读文化的必然产物，既是祖辈留下的传统，也是现实的需要，更有骨子里流淌着的一种血脉印记与传承。

有个人叫阿诚，一家三口本来生活很幸福。高二那年，他父母迷上了赌博，不到两个月就把家里的积蓄全部输光了，还欠了很多账。孩子没钱交学费，只好退了学。邻居见阿诚为人老实，又很懂事，就介绍他去自来水厂做维修工。刚开始的半年阿诚很勤快，和同事相处得也很好，大家都挺喜欢他。后来他跟家里人学会了赌博，并慢慢上瘾，没有一天不赌。和父母一样，他很快输光了自己的所有积蓄。然而这并没有阻止他继续赌博。没钱，他想方设法地弄，今天找这个借明天找那个借。日子久了，大家都知道他把钱拿去赌博，都不愿意借给他。一天夜里，他匆忙跑回家，正在收拾行李，公安局就来人带走了他。原来，那天夜里他出去赌博又输光了，怒火冲天的他和别人起了冲突，一时失去理智，拿刀将对方捅死了。一个原本幸福的家庭就这样被赌博彻底毁了。

584.【原文】作种种之阴功，行时时之方便。

【解悟·故事】行善积德的事情，无论大小都要去做；与人方便的事情，要经常做。因此，我们应多行善事，持之以恒。

隋朝时，终南山有位得道高僧叫普安法师。有一天，这位法师到了一个村庄。村里有个村民叫田遗生，家里很穷。他有四个女儿，穷得连衣服都只能分着穿。长女名叫华严，当时她二十岁，也想布施修福，找来找去只找到两尺质量很差的粗布。正在她悲叹自家的贫穷时，突然抬起头来看屋顶，发现屋顶是漏的，而漏的孔缝里有一扎禾，上面有点谷穗。于是她马上爬上房顶把这一扎禾取下来，磨成十粒黄粟。华严准备把这十粒黄粟和粗布一起献给普安法师，可自己又没衣服穿，只好等到晚上半夜三更没人时，拿着粗布二尺还有十粒黄粟，匍匐前进。好不容易到了普安法师所住的地方，她就把那两尺布扔了进去，然后把十粒黄粟放在接受供养的一个桶里。布施以后她就发了个愿——愿我家结束贫穷，迎来幸福，现以我家仅存的这些物品来供养出家人，愿他们明天吃的米饭都变成黄色的。发了这个愿后她就回家了。第二天早上，僧团做完功课吃饭时，发现煮出来的米饭都是黄色的，就觉得很惊讶。一去打听才知道，原来昨天晚上有位贫女来过这里布施。这一消息传出去以后，当地一些有钱人听了很感动，马上就拿出钱物来周济华严家，改善她们的生活。

585.【原文】不汲汲于富贵，不戚戚于贫贱。

【解悟·故事】财富和地位不必去过分地追求，处在贫困当中也用不着忧心如焚。因此，我们要安贫乐道，淡看富贵。

晋代诗人陶渊明的《五柳先生传》载：不知道五柳先生是什么地方的人，也不清楚他的姓名和表字。因为住宅旁边有五棵柳树，就把这个作为号了。他非常

五柳先生

闲静，很少说话，也不羡慕荣华利禄……简陋的居室里空空荡荡，遮挡不住风吹日晒，粗布短衣上打满了补丁，盛饭的篮子和饮水的水瓢里经常是空的，可他却能安然自得。常常以写诗作文当娱乐，抒发自己的志趣。他能够忘掉世俗的得失，悠然地度过自己的余生。

大学者钱锺书，一生淡泊名利，甘于寂寞。他谢绝所有新闻媒体的采访。中央电视台《东方之子》栏目的记者，曾想方设法采访钱锺书，最后还是不无遗憾地向全国观众宣告：钱锺书先生坚决不接受采访，我们只能尊重他的意见。他的著名小说《围城》发表以后，不仅在国内引起轰动，而且在国外反响也很大。新闻和文学界有很多人都想见见他，一睹他的风采，都遭到他的婉拒。有一位美国女士打电话给钱锺书，说她读了《围城》很想见他。钱锺书再三婉拒，她仍然执意要见。钱锺书幽默地对她说：“如果你吃了个鸡蛋觉得不错，何必一定要认识那只下蛋的母鸡呢？”钱锺书用自己的实际行动践行着他淡泊名利的高尚志趣。

586.【原文】素位而行，不尤不怨。

管仲拜相

【解悟·故事】根据平日所处的地位而行事，不责备怪罪，也不埋怨。因此，我们要在其位谋其职，不要怨天尤人。

春秋时期齐国国君襄公被杀。襄公有两个兄弟，一个叫公子纠，当时在鲁国；另一个叫公子小白，当时在莒国。两个人身边都有个师傅，公子纠的师傅叫管仲，公子小白的师傅叫鲍叔牙。两个公子听到齐襄公被杀的消息，都急着要回齐国争夺君位。在公子小白回齐国的路上，管仲早就派好人马拦截他。管仲拈弓搭箭，对准公子小白射去。只见公子小白大叫一声，倒在车里。管仲以为公子小白已经死了，就不慌不忙护送公子纠回到齐国去。怎知公子小白是诈死，等到公子纠和管仲进入齐国国境，公子小白和鲍叔牙早已抄小道抢先回到了国都。公子小白因而当上了齐国国君，即齐桓公。齐桓公即位以后，即下令杀死公子纠，并把管仲抓回齐国治罪。鲍叔牙立即向齐桓公推荐管仲。齐桓公气愤地说：“管仲拿箭射我，要我的命，我还能用他吗？”鲍叔牙说：“那回他是公子纠的师傅。他用箭射您，正是因为他对公子纠的忠心。论本领，他比我强得多。主公如果要干一番大事业，管仲可是个用得着的人。”齐桓公也是个豁达大度的人，听了鲍叔牙的话，不但不治管仲的罪，还立刻任命他为相，让他管理国政。管仲帮着齐桓公整顿内政，大开铁矿，多制农具，后来齐国就越来越富强了。

无论身处逆境还是顺境，都应保持高尚的品德；不论处在什么样的位置上，都应做好自己应该做的事，心态平和。安贫乐道，无非分之想，对每个人来说，都至关重要。不怨天尤人，不妄自菲薄，不见异思迁，向着既定的目标坚持不懈地走下去，最终总会有所收获。

587.【原文】先达之人可尊也，不可比媚；权势之人可远也，不可侮慢。

【解悟·故事】才德高的前辈值得尊敬，我们要学习其不勾结谄媚；倚势凌人者我们应该远离他，不可以表现出对其不恭敬。因此，我们要有尊严，不逢迎，不侮慢。

小李在某村当技术员时，村里的村主任权势很大，从市里到镇里，到处都有他的亲朋好友。他家从早到晚都聚满了人，他们时常凑在一起打着麻将，喝着小酒，看起来关系特别好。那个时候的村干部中，唯有刚毕业不久不大懂得人情世故的小李默默做着自己的事，整天跑田间地头，与父老侃病虫害防治，与乡亲谈施肥，一心只想多学知识多学技术。有那么一段时间，小李感觉十分迷茫，自己好像被排斥在村干部圈子之外。有时也想，那些年龄大的村干都肯屈身俯就，而自己最年轻，是不是也要到村主任家去做做事？是不是也要学会打麻将，学会喝酒？那样是否就可以处理好同事之间的关系，有利于自己工作？然而，固执的他怎么也下不了决心走到村主任家。骄傲的个性，做人的尊严，都不允许他跨出这一步。那段时间，失落的他将自己投身到农业技术的实践和学习中，向老干部学，向老技术员学，向农民学，向书本学，不断充实和完善自己。在其他村大发病虫害的时候，自家村的几千亩庄稼在他的看护下总是安然无恙。

没想到的是，这一年村里搞选举，清白如纸的他一下子脱颖而出。通过选举，他的得票竟跃居原来的村主任之上，成为当时最年轻的村主任。后来，不管他是到乡镇还是到市委机关工作，不管是与领导还是与同事相处，都能保持独立的人格，看似难以合群，实则适应大同，反受人尊重。

588.【原文】祖宗富贵，自诗书中来，子孙享富贵而贱诗书；祖宗家业，自勤俭中来，子孙得家业而忘勤俭。

诗书传家

【解悟·故事】如果祖辈的富贵是靠读书成才挣来的，子孙们容易享受了富贵却看不上诗书的价值；如果祖辈的家业是靠勤俭节约积累起来的，子孙们虽然得到了家业却会忘记勤俭节约。因此，我们要重视教育，追根溯源。

有一对夫妇，读的都是好大学。毕业后，在单位都不出众，默默无闻，日子过得平常普通。但是他们对儿子的培养十分重视，为儿子营造了一个良好的家庭环境。儿子也不负众望，顺利被名牌大学录取。毕业后儿子进了好的单位，又有闯劲，有点积累后跟同学几人合伙开了一家公司。他既会钻研，又会经营，所以事业蒸蒸日上。后来，他结了婚，生了一个孩子。接着，麻烦就来了。他工作忙，应酬多，无暇照顾孩子，结果孩子不仅成绩一塌糊涂，还成天抽烟喝酒、打架斗殴。原本富裕的家庭因此被弄得元气大伤。由此可见，即使再富裕也不要忘了对孩子的教育。

589.【原文】以孝律身，即出将入相，都做得妥妥亭亭；以忍御气，虽横祸飞灾，也免脱千千万万。

鹿乳奉亲

【解悟·故事】以孝道来约束自身，能把出征为将、入朝为相的事做得妥当；以容忍来制服意气，能为自己免除许多飞灾横祸。因此，我们要讲孝道、懂忍让，才能立身于世。

春秋时期著名纵横家郯子，父母年老，患眼疾，需饮鹿乳治病。郯子便披着鹿皮进入深山，钻进鹿群中，挤取鹿乳供奉双亲。一次，郯子在取鹿乳时，看见猎人正要射杀一只鹿，郯子急忙掀起鹿皮现身走出来，将挤取鹿乳为双亲医病的实情告知猎人。猎人敬他孝顺，以鹿乳相赠，护送他出山。

相传秦时，一位穿粗布短衣的老人来到张良跟前，他故意把鞋子丢到桥下，对张良说："小子，下去拾鞋！"张良很生气，但看他年事已高，就耐着性子到桥下把鞋取来。老人又要他帮忙穿上，张良就跪着给他穿了。然后，老人就笑着走了。过了一会儿，老人又回来了，对张良说：“你这个孩子可以教导，五天后天一亮，在这里和我会面。”张良答应了。五天后，天刚亮，张良来到桥上，可老人已先到，生气地说：“跟老人约会还迟到，为什么呢？”他转身就走，说：“过五天早点来。”五天后，鸡刚刚打鸣，张良就去了，老人又先在那里，又生气地说：“又迟到，为什么呢？”他转身就走，并说：“过五天再早点来。”又过了五天，张良大半夜就到了桥上。一会儿，老人来了，高兴地说：“应当这样。”老人拿出一本书，说：“读了这本书，就可以做帝王的老师了。十年后应验。十三年后你会在济北见到我，谷城山下那块黄石就是我。”老人没留下别的话，就这样走了，再也没出现。那本老人送张良的书原来是《太公兵法》，张良非常珍惜，认真学习，从中学到了许多知识。后来，张良成为历史上有名的将领。

590.【原文】善有善报，恶有恶报，若有不报，日子未到。

【解悟·故事】做了善事就会有善报，做了坏事就会有恶报，假如做坏事还没得到报应，那是因为时候还未到。因此，我们要心存敬畏，与人为善。

古时有个赵庄，村里有个赵老汉，心地善良。为避战乱，携全家逃往南方。赵老汉有两个儿子，赵大和赵二。赵大好逸恶劳，平日给富家恶少充当打手，沆瀣一气，鱼肉乡里。那天赵大同恶少一行人打死了人，新任县官严查。那些人家花钱打点，都被无罪释放了。可怜赵大，因没钱只能做了替罪羊，被当作杀人元凶秋后问斩。赵老汉与妻子气得双双咽了气。赵二含泪处理好父母的后事，然后日夜兼程往老家赶。回家途中，他路过一个村子，此时他又饥又渴，于是来到一户人家乞讨。这家主人姓善，是个员外。善员外老两口都是宅心仁厚的人。听了赵二的故事，他们不仅让他饱餐一顿，还将他认作义子。善员外视他如亲生儿子，请来先生教他读书作文，还张罗着给他娶了媳妇。到了会试之年，赵二上京应试赶考，一举中了状元。之后，他来到南方，将父母尸骨迎回故乡厚葬。赵二从始至终都非常孝敬善员外和夫人，使二老颐养天年，无疾而终。

秦桧一直被世人视为奸臣，因其以“莫须有”的罪名处死岳飞而遗臭万年。他本来是抗金义士，随同徽、钦二宗被掳到金，后逃返南宋。此后，辅佐宋高宗，官至宰相。秦桧任相时，独揽朝政，排除异己，大兴文字狱，极力贬斥主张抗金的官员，压制抗金舆论。当中最为世人所知就是“十二金牌召岳飞”的故事。他还任用李椿年等推行经界法，丈量土地，重定两税等税额，使很多贫民因横征暴敛而家破人亡。绍兴二十五年（1155），秦桧病死，被封申王，谥号忠献。秦家从此失势，长期被压抑的抗战派感到为岳飞平反昭雪有了希望，要求给岳飞恢复名誉。后来宋孝宗为鼓励抗金斗志，给岳飞平反，将秦桧列为陷害岳飞的罪魁祸首，宁宗开禧二年（1206），秦桧被追夺王爵，改谥谬丑。

591.【原文】水不紧，鱼不跳。

【解悟 · 故事】水不紧缺时，鱼就不会跳。因此，有压力时才会有动力，我们应该充分发挥自己的潜力。

水不激不跃，人不激不奋。特殊情况下，看似平静的水也能激起惊涛骇浪，释放出巨大的能量。人也一样，每个人都有超乎寻常的潜力，应激条件下，就能把潜力充分发挥出来。

相传，项羽担任了援赵大军的主帅，下令士兵每人带足三天的口粮，然后又下令砸碎全部行军做饭的锅。将士们都愣了，项羽说：“没有锅，我们可以轻装前去，立即挽救危在旦夕的赵国！至于吃饭嘛，让我们到章邯军营中取锅做饭吧！”大军渡过了漳河，项羽又命令士兵把渡船全都砸沉，同时烧掉所有的行军帐篷。战士们一看退路没了，这场仗如果打不赢，就谁也活不成。项羽指挥楚军很快包围了王离的军队，同秦军展开了激烈的战斗。沙场之上，烟尘蔽日，杀声震天。经过多次交锋，楚军终于以少胜多，大败秦军。在这场战役中，项羽率全军渡河，原本全军将士进则已，不进可退，没有后顾之忧。但在断了退路后，求生成了他们的唯一奢望。在这种险境中，全军将士个个以一当十，勇猛无比，拼命厮杀，最终大获全胜。所以，有时斩断退路反而能看到出路。

592.【原文】年年防饥，夜夜防盗。

【解悟 · 故事】每年都要预防饥荒，每天夜里都要防备盗贼。因此，我们要保持警惕，有备无患。

在很久以前，有个妇人，她每天煮饭时，总是从锅里抓一把米出来，放到一个特备的米缸中。有人讥笑过她的这种行为，但她不以为意，照旧不变。过了不久，

发生了灾害，地里粮食严重歉收，很多人家都揭不开锅了。但这个妇人家由于有一个特备的米缸，得以熬过了饥荒。在我们身边，经常会发现很多人在有钱时，乱花钱不懂得储蓄，等到急需用钱时又没有钱了。这个故事告诉我们，要做到未雨绸缪，有备无患。

一只野狼卧在草上勤奋地磨牙。狐狸看到了，就对它说：“天气这么好，我们都在一起玩耍，你也加入我们吧！”野狼没有说话，继续磨牙，把自己的牙齿磨得又尖又利。狐狸奇怪地问道：“森林这么安静，猎人和猎狗都已经回家了，老虎也不在近处徘徊，又没有任何危险，你何必那么用劲磨牙呢？”野狼停下来回答说：“你想想，如果有一天我被猎人或老虎追逐，到那时，我想磨牙也来不及了。而平时我就把牙磨好，到那时就可以保护自己了。”

世事是多变的，可能会遇到计划跟不上变化的情况。所以，很多时候都要多做考虑或提前做好应变措施，这样等到真的发生变化时才不至于手忙脚乱。

593.【原文】祸福无门，惟人自召。

【解悟·故事】灾祸和幸福不是注定的，而是人造成的。因此，我们要惜福避祸，种德育福。

宋朝的赵康靖，备置瓶子和豆粒，每当起了一个善念，就投一粒白豆入瓶内；若是起了一个恶念，就投一粒黑豆入瓶内。刚开始投入瓶内的黑豆非常多，后来渐渐减少，最后连善恶两种念头都没有了，瓶与豆也就弃而不用。这是因为心地已经清净而光洁明澈。行善就像春天时田园里的草一样，虽然没有清楚看到草在生长，但草却每天在增加；作恶有如磨刀用的石块，虽然不能明显发觉它在减损，但实际上每日都慢慢变少。祸福都是在不知不觉中慢慢增减，没有智慧的人是难以觉察的。

天地并没有私心，吉凶祸福是自己所招引的。人的念头未动时，心地清净，如同虚空，哪有善恶之别？只因念头刚动，心所向的若是好事就是善，所向的若是坏事就是恶。原本只不过是起了一个念头、做了一件事情而已，后来日积月累，就有了善人和恶人的区别。而招祸或得福都是取决于起心动念之时，因此，世人在起心动念时，要提醒自己保持警觉，若有丝毫差错，效果就会天差地别。

594.【原文】好义固为人所钦，贪利乃为鬼所笑。

【解悟 · 故事】一个重义轻利的人一定会受到人们的钦佩，而一个轻义贪利的人不仅会遭到人们的鄙视，甚至连鬼都会讥笑。因此，我们要重义而轻利。

中国素有好义的传统，说到崇尚道义，不能不说说三国时的汉寿亭侯关羽。关羽被奉为“武圣”，全国各地供奉武圣关羽的关公庙有很多，过去在各个城邑都有这类建筑。在今天我国各地的许多饭店也仍然供奉着关公的雕像，以求关公的保佑。关公成了许多中国人心目中的神，地位非常之高。

关羽与刘备、张飞当年在桃园三结义，许下了同生共死的誓言，并且他们都努力践行。有一年，当关羽与刘备、张飞在曹操的追剿下被冲散，关羽为保护刘备的夫人，在曹操部将张辽的游说下，与曹操约法三章之后依附了曹操。曹操为了收买关羽，用了各种办法，给关羽送来美人、黄金、战袍、赤兔马，又利用手中的权力封了关羽一个汉寿亭侯。尽管这些物质利益很诱惑人，但始终未能改变关羽对刘备的忠心。当关羽打听到刘备的下落之后，毅然封金挂印，过五关斩六将，克服重重困难险阻，终于兄弟相聚。另外，关羽还不愧为一位光明磊落、知恩图报的君子。当曹操在赤壁之战中大败后，关羽奉军师诸葛亮之命把守曹操败退的必经之路——华容道。面对落荒而逃、狼狈不堪的曹操，关羽念起了当年曹操对自己的恩情，冒着违令杀头的危险，放了曹操一马。由此可见，关羽是一位有情有义的英雄。

595.【原文】贤者不炫己之长，君子不夺人所好。

【解悟 · 故事】贤德的人不炫耀自己的长处，君子不会强夺别人所喜爱的东西。因此，我们要藏己所长，远人所好。

传说和珅曾修了一座府邸，为附庸风雅，炫耀富有，他便去请纪晓岚为府第正厅题一匾额。纪晓岚既不愿意写，又不便推辞，略一踌躇，便提笔题了“竹苞”

二字，取“竹苞松茂”之意。和珅高高兴兴拿回府悬挂在正厅，并常在同僚中炫耀。一天，乾隆皇帝到和珅家里，见匾额上的字是纪晓岚所题，心里犯疑，凝神沉思，忽恍然大悟，便笑着对和珅说：“爱卿被纪晓岚作弄了！把‘竹苞’二字折开来，不就变成‘个个草包’四字了吗？”乾隆说完不禁哈哈大笑，和珅却是哭笑不得。

糊涂县官

从前，有个糊涂县官，老百姓常骂他是糊涂虫。一天，他对一个差役说：“老百姓都在骂我糊涂虫，看来糊涂虫一定不是个好人。限你三天之内，抓到三个糊涂虫。”差役奉命出了县城，走呀走呀，见一人骑在马上，头上还顶着一个大包袱。差役问他：“你为啥不把包袱放在马背上，而顶在头上呢？”那人却说：“顶在我头上，好让马省点力啊！”差役心想：这个人可真是个糊涂虫，就把他带回了府衙。差役带着那人骑在马上，刚走到城门口，又见一个人拿着一根竹竿，横着拿，竖着拿都进不了城门口，差役说：“这也是个糊涂虫，把他带回去吧。”三天的期限到了，第三个糊涂虫怎么也找不到，差役只好把这两个糊涂虫带到县太爷那里。县太爷哈哈大笑，开始炫耀起自己的智慧，对拿竹竿的那人说：“你真蠢，就不会把竹竿锯成一节节，不就横、直都能进城门了吗！”差役听到这里，连忙对县太爷说：“第三个糊涂虫找到了。”县太爷问：“在哪儿？”差役指县太爷说：“老爷，你也算一个呀！”

596.【原文】受享过分，必生灾害之端；举动异常，每为不祥之兆。

【解悟 · 故事】过分的享受，必定是灾害的开端；异常的举动，往往是不祥的预兆。因此，我们要知足常乐，举止如常。

贵在知足

这天早上，小和尚发现师父得到了六个馒头，大师兄也得到了六个馒头，而他自己只得到了四个馒头。小和尚觉得这太不公平了。师父有六个馒头，他没意见，可大师兄也有六个馒头，不是跟师父平起平坐了吗？于是小和尚找到师父，也要六个馒头。师父说：“你能吃下六个馒头吗？”小和尚大声说：“能！”师父看了看小和尚，拿了两个自己的馒头给他。不久，小和尚就将六个馒头吃完了，他吃得很饱。小和尚拍着肚子高兴地对师父说：“师父，你看，我都吃下去了，以后每天早上我都要像大师兄一样要六个馒头！”师父说：“你是吃下去了六个馒头，但明天你要不要六个馒头，还是等会儿再说吧！”过了一会儿，小和尚觉得又肚胀又口渴，就去喝了半碗水。接着，小和尚的肚子比刚才更胀了，他开始难受起来。这时，师父对小和尚说：“平时你吃四个馒头，今天却吃了六个，你虽多得到了两个，但你却并没有享受到这两个馒头的好处，相反，它们给你带来了痛苦。得到不一定就是享受。不要把眼光盯着别人，不贪，不求，自然知足常乐。”

597.【原文】救既败之事，如驭临岩之马，休轻加一鞭；图垂成之功，如挽上滩之舟，莫稍停一棹。

袁术称帝

【解悟·故事】挽回已经失败的事，就像骑着快到悬崖的马，不要再随意给马加上一鞭；做马上就要成功的事，就像拉着快上沙滩的船，不能少划一下船桨。因此，我们要善于把握时机，抓住关键。

东汉末年，黄巾起义几乎推翻了汉朝。袁绍同父异母的弟弟袁术一开始是虎贲中郎将。董卓进京后任袁术为后将军，袁术却因畏祸而出奔南阳。初平元年（190）袁术与袁绍、曹操等同时起兵，共讨董卓。后来，袁术与袁绍对立，被袁绍、曹操击败。袁术率余众奔九江，割据扬州。袁术见汉室岌岌可危，写信给一个朋友，希望朋友能帮他称帝。那个朋友回信说你已走上迷途，如果知道回返，还可避免一场灾难。袁术不听，一意孤行，并以算命先生的结论为由于建安二年（197）称帝，建号仲家。此后袁术占据南阳，过上奢华的生活。他奢侈荒淫，横征暴敛，使江淮地区残破不堪，民多饥死，部众离心。袁术称帝两年后被吕布打败，最终于建安四年（199）在逃亡路上呕血而死。

周武王灭商建周之后，各地诸侯纷纷朝贡给他。太保召公对周武王说：“他们把珍宝、玉器贡献给你，你也要封赏他们。治理国家要时刻修养自己的德行，大德是从小德积累起来的，如果稍有懈怠就会功亏一篑。”周武王从此小心翼翼，专心治理朝政。周武王为了收服人心，巩固新建的政权，在政治上采取了许多政策和措施。首先，采取了以殷治殷，分而治之的办法，安抚殷商遗民。其次，采取封邦建国的方略，实行对全国的统治。毫无疑问，武王实行的封邦建国方略，相对于商朝那种原始小邦林立的现象来说，显然是一个进步。它确有统天下于一尊的意义，在当时起到了巩固和加强全国统治的作用。周武王日夜思虑，如履薄冰，终于成功地巩固了全国政权。

598.【原文】窗前一片浮青映白，悟人处，尽是禅机；阶下几点飞翠落红，收拾来，无非诗料。

【解悟 · 故事】窗前冰雪未尽融已有青青草色，能够领悟的地方都是禅法玄机；台阶下几点绿草红花，收拾起来没有不是写诗的素材。因此，我们要留意生活，发现生活中的美。

有一个人总是落魄不得志，欲知原因何在，有人便告诉他可以去请教智者。智者深思良久，默然舀起一瓢水，问："这水是什么形状？"这人摇头："水哪有什么形状？"智者不答，只是把水倒入杯子，这人恍然："我知道了，水的形状像杯子。"智者没有说话，又把杯子中的水倒入旁边的花瓶。这人悟道："我知道了，水的形状像花瓶。"智者摇头，轻轻端起花瓶，把水倒入一个盛满沙土的盆里，清清的水便一下渗入沙土，不见了。这个人陷入了沉默与思考。智者弯腰抓起一把沙土，叹道："看，水就这么消逝了，这也是一生！"这个人将智者的话咀嚼良久，高兴地说："我知道了，您是想通过水告诉我，社会处处像一个个规则的容器，人应该像水，盛进什么容器就是什么形状。而且，人还极有可能在一个规则的容器中消逝，就像这水一样，消逝得迅速、突然，而且一切无法改变！"这人说完，紧盯着智者的眼睛，他现在急于得到智者的肯定。智者说："是这样，又不是这样。"说毕，智者出门，这人随后。在屋檐下，智者俯下身子，手在青石板的台阶上摸了一会儿，然后顿住。这人把手指伸向刚才智者所触摸之地，他感到有一个凹处。他不知道这石阶上的"小窝"藏着什么玄机。智者说："一到雨天，雨水就会从屋檐落下。这个凹处就是水落下的结果。"此人遂大悟："我明白了，人可能被装入规则的容器，但又应该像这个小小的水滴，一点一滴，坚持不懈，直到将青石板破坏。"智者说："对！随着时间的推移，小孔会变成大洞。人也一样，只要持之以恒终究会有所回报。"

599.【原文】种麻得麻，种豆得豆。

【解悟 · 故事】种麻籽，会得麻；播豆种，会得豆。因此，我们做了什么事，就会得到什么样的结果。

舜一生历经磨难。舜的父亲瞽叟是个糊涂透顶的人。舜的母亲死后，舜的父亲又新娶了一个妻子，继母一直不喜欢舜，再加上生了儿子象，便更加傲慢了。继母仗着瞽叟对她的宠爱，对舜百般刁难，总想把舜赶出家门。有次，舜的后母给了舜和象一人一包麻豆的种子，让他们俩去各自的地里种。谁先种出来麻豆，谁就是最能干的。其实继母事先已将舜的麻豆种子炒熟了，就是想让舜种不出来。后来他们俩在路上累了，象坐下来休息，感到肚子饿了，就想尝尝麻豆种子，结果吃了他自己的，很难吃；又尝了尝舜的，炒熟的种子非常好吃。他就和舜把种子换了。结果舜种出了麻豆，象却没有收获。继母的诡计因而没有得逞。

有三个人要被关进监狱三年，监狱长承诺答应他们每人一个要求。第一个人爱抽雪茄，要了三箱雪茄；第二个人爱喝酒，要了三箱伏特加；第三个人是做生意的，要了一部能与外界沟通的电话。三年过后，第一个人冲了出来，嘴里塞满了雪茄，大喊道："给我火！给我火！"原来他忘记要火了。接着出来的是第二个人，只见他一手拎着一个酒瓶，走得摇摇晃晃。最后出来的是第三个人，他紧紧握住监狱长的手说："这三年来我每天通过电话与外界联系，我的生意不但没有停顿，反而有了增长。为了表示感谢，我送你一辆劳斯莱斯！"所以，什么样的选择就决定什么样的结果。

600.【原文】天网恢恢，疏而不漏。

【解悟 · 故事】天道是公平的，作恶就要受惩罚；天网看起来似乎不周密，但绝不会漏掉一个恶人。因此，我们要遵纪守法，心存敬畏。

1913 年 3 月 20 日宋教仁被刺后，人们纷纷要求缉拿凶手。上海地方检察厅先后抓到了嫌疑犯应桂馨、武士英，同时查出应桂馨与国务院秘书洪述祖的多封密电稿。人们初步看到这件谋杀案的总后台是袁世凯，由国务总理赵秉均策划，洪述祖收买帮会头子应桂馨，应桂馨又指使凶手武士英行刺宋教仁。应、武二人已在押，顺藤摸瓜，捉到元凶就很容易了。袁世凯慌了，一方面出兵镇压南方革命党人发动的"二次革命"，一方面令人在狱中毒死武士英，又把被下属救出的应桂馨枪杀于列车上。赵秉均这时已当上直隶总督，在服了袁世凯送来的所谓治头晕药后身亡。

眼看局势如此窘迫，洪述祖闻风而逃，化名王兰亭，暂避青岛，但又觉不踏实，想着只有加入德国籍才能逃脱惩罚。于是，他向当时青岛的德国殖民当局写了申请书，说自己是国事犯，请求庇护。岂知德国人认为他是杀人犯，便把他扣押了起来，意欲引渡。山东总督周自齐得到消息后，马上向袁世凯通风。袁唯恐洪落到国民党手中，就急令内务次长言敦源赶往青岛，将洪“引渡”押往北京。可等言敦源到达青岛后，形势已大变。原来洪述祖在押期间，愿意出高价收购德国警务长苦无买主的一座住宅，德方遂决定放弃引渡的打算。当言敦源劝洪述祖回北京时，他反唇相讥，并声称将把事件经过译成各国文字后宣扬出去。袁世凯见难以“灭口”，只好把这件事暂且搁置一旁。洪述祖化名恒如，向德国祥丰洋行借贷银两，买下警务长的一座住宅，隐居起来。

1916年6月6日，袁世凯死后，刺宋案犯只有洪述祖一人逍遥法外。他在青岛生活了几年，等到人们对刺宋案已渐渐淡忘后，1917年他绕道日本秘密回到上海，化名张皎安，赁屋在英美租界定居。不料，他因债务案见诸报端，立刻引起注意，于是被提起诉讼、收押、审判。1919年4月5日，洪述祖被送上绞刑架，刺宋案最后一名案犯最终被正法。

601.【原文】见官莫向前，做客莫在后。

【解悟·故事】在觐见官员时候，不要争风头；在当客人的时候，千万不能矜持客气。因此，我们要注意场合，讲究分寸。

有一户人家生了个儿子，全家人都非常高兴。儿子满月的时候，抱出来给客人看——自然是想讨点好彩头。第一个客人说：“这孩子将来是要发财的。”于是他得到一番感谢。第二个客人说：“这孩子将来是要做官的。”于是他收到几句恭维。第三个客人说：“这孩子将来是要死的。”于是他得到了一顿痛打。

说话要注意场合。不看场合，信口开河，想到什么就说什么，这是“不会说话”的一种表现。人总是在一定时间、一定地点和一定条件下生活的。在不同的场合，面对不同的人和事，从不同的目的出发，就应该说不同的话。这样才能收到理想的言谈效果。我们不管做什么事都要恰到好处。一个有分寸感的人，就是一个做事得体、说话得当，言行进退有度的人，在刚柔张弛之间透出一种力量感和智慧感。这样的人，在成功的路上必定会走得顺风顺水。

602.【原文】会数而礼勤，物薄而情厚。

【解悟 · 故事】聚会虽多，但只是礼节上殷勤；用来作招待的食物虽然简单，但情谊深。因此，我们要提倡节俭，看重情意。

“会数而礼勤，物薄而情厚”一句出自北宋史学家司马光为儿子撰写的家训《训俭示康》。家训中说：我本来出身卑微，世代以清廉家风相承袭。众人都以奢侈浪费为荣，我唯独以节俭朴素为美……我记得父亲做群牧判官时，客人来了也摆酒席，但最多不超过七次就不斟了。酒是在市集上买的，水果限于梨、枣等，下酒菜限于干肉、肉酱、菜汤，食具用瓷器和漆器。当时士大夫人家都这样，人们并不讥笑非议。聚会虽多，但只是礼节上殷勤，用来作招待的食物虽然简单，但情谊深。由此可见，司马光不但自己崇尚简朴，还训导、教诲子孙后辈们一定要节俭。

李亨是唐玄宗的第三个儿子，他后来继承了皇位，也就是唐肃宗。野史中载，正因为他的节俭，才让他顺利地步入权力巅峰。李亨做太子的时候，经常陪唐玄宗吃饭。有一次，御膳房准备了一些熟肉，里面有熟羊腿。玄宗让李亨把羊腿割开来。李亨就用手把羊腿分开了，手上沾满了油。李亨取了一个饼，拿着饼把手上的油擦下来。玄宗看了心里非常不舒服，觉得李亨太浪费了。但让玄宗意想不到的是，李亨擦完油，把沾满油的饼有滋有味地吃了下去。玄宗看罢，非常高兴，夸奖李亨说：“幸福的生活应当珍惜。”

603.【原文】大事不糊涂，小事不渗漏。

【解悟 · 故事】做大事时能头脑清醒，做小事时能考虑周全。因此，我们对大事要坚持原则，对小事要细致认真。

北宋时期，谏议大夫吕端办事公正，是非分明。他为人谦虚谨慎，宋太宗十分信任他。宋太宗不满当时的宰相吕蒙正，想让吕端取代，征询大臣们的意见。有人说吕端为人糊涂，宋太宗则认为吕端是小事糊涂，大事不糊涂。

西夏李继迁造反，宋保安军逮住了李继迁的母亲。宋太宗本来想把她杀了，可是吕端亲自上朝奏本，提出不要斩杀李继迁母亲的建议。他对太宗说：“李继迁是个反叛之人。今天杀了他母亲，明天能逮住李继迁本人吗？如果不能的话，不就结下了更大的冤仇了，不就更加坚定了他的反抗之心了吗？”太宗听了吕端的一番话，觉得很有道理，就问道：“那该如何处置呢？”吕端说：“以本人想到的不算高明的办法，请圣上想想，是否可以把她放到延州那个地方去，派人好好安置她。以此让李继迁回心转意，不再造反。这样的话，虽说李继迁不可能马上就降宋，但是，我们终究可以用他母亲在宋来拴住他的心。至于他母亲的生死大权，还不是掌握在我们的手里？”太宗听后便采纳了吕端的意见。李继迁死后，他的儿子念在宋朝待他奶奶不薄的情分上，就归顺了宋朝。

吕端任相几年后，就主动奏请圣上将相位让给了寇准，由寇准接任宰相。吕端自己则做了参知政事这个有相职无实权的谋事官职。吕端不计名利地位，遇事顾全大局，处事以清廉简洁为原则，在当时传为佳话。

604.【原文】内藏精明，外示浑厚。

【解悟 · 故事】自己心里要有处世的精明，在外人眼里要显示出为人敦厚。因此，我们要做事精明，做人厚道。

在一次银行家会议上，当某银行主席被问到做小生意的人的偿还能力时，他是这样回答的：“成千上万美元借出去了，唯一的抵押品就是信誉。有的人虽然不富有，却有高尚的品质。他们借款从来不超过自己的承受能力。”另一个银行家说得更加明了：“我宁可借钱给那些为人厚道的穷人，也不愿意借钱给不厚道的富人，即使这些富人有很强的偿还能力。”

东汉刘秀打下江山后不久，他的姐姐湖阳公主刘黄的丈夫就去世了。他给姐姐在大臣中物色对象。他的姐姐看中了宋弘，说宋弘的容貌、威望、德行、器宇群臣莫及。刘秀便特地安排了一次“相亲”，召见了宋弘，让他姐姐躲在屏风后。

他问宋弘："民间有俗话说'贵了要换朋友，富了要换老婆'，你觉得这是人之常情吗？"这是一个圈套，更是一个诱惑。宋弘略一思索，给出一个有力的回答："贫贱之交不可忘，糟糠之妻不下堂。"刘秀只好对屏风后的姐姐说："这事成不了。"这就是厚道之人的高贵之举，他不会去贪功，更不会为了攀龙附凤而负心薄幸。

其实，应将厚道与精明结合起来，既不做碌碌无为的平庸者，也不做狡猾奸诈的小人，而做一名恪守中庸之道的君子。如此一来，静静等待，终有所成。

605.【原文】佳人傅粉，谁识白刃当前；螳螂捕蝉，岂知黄雀在后。

美人妙计

【解悟·故事】当你看到美人通过涂脂抹粉变得楚楚动人时，岂会知道刀刃已摆在你面前了；当螳螂去捕捉夏蝉时，岂会知道黄雀就在身后。因此，我们要抵住诱惑，不要目光短浅不顾后患。

勾践回到越国之后，卧薪尝胆，不忘雪耻。吴国强大，靠武力，越国不能取胜。越大夫文种向他献上一计："高飞之鸟，死于美食，深泉之鱼，死于芳饵。要想复国雪耻，应投其所好，衰其斗志。这样，可置夫差于死地。"于是勾践挑选了两名绝代佳人西施、郑旦送给夫差，并年年向吴王进献珍奇珠宝。夫差认为勾践已被他臣服，所以一点也不怀疑，便整日与美人饮酒作乐。后来，吴国进攻齐国，勾践还出兵帮助吴王伐齐，借以表明忠心，麻痹夫差。吴国大胜之后，勾践还亲自到吴国祝贺。公元前482年，吴国大旱。勾践趁夫差北上会盟之时，突出奇兵伐吴，吴国终于被越所灭。

吴王要攻打荆地，警告左右大臣说："谁敢劝阻就处死谁！"一个年轻侍从想要劝吴王却不敢直说，便每天早上拿着弹弓、弹丸在后花园转来转去，露水湿透了衣鞋，接连三天都这样。吴王觉得奇怪，问道："你为什么要像这样打湿衣服呢？"侍从对吴王回答道："园里有棵树，树上有只蝉。蝉停留在高高的树上一边叫一边吸饮露水，却不知有只螳螂在身后；螳螂弯曲着身体贴在树上，想扑上去猎取它，却不知有只黄雀在自己身后；黄雀伸长脖子想要啄食螳螂，却不知有个人举着弹弓在树下要射它。这三个家伙，都极力想要得到它们眼前的利益，却没考虑它们身后有隐伏的祸患。"吴王听后，说："好啊！有道理！"随后取消了这次进攻荆地的军事行动。

606.【原文】天欲祸人，必先以微福骄之，所以福来不必喜，要看会受；天欲福人，必先以微祸儆之，所以祸来不必忧，要看会救。

塞翁失马

【解悟 · 故事】如果上天要想给你灾祸，那么必定会先给你一点小小的幸福，让你沾沾自喜从而有点骄傲，所以当你得到一点幸福的时候不要那么欣喜，要懂得自持；如果上天要想给你幸福，那么必定会先给你一点小小的磨难，让你提高警惕从而有所敬畏，所以当你遇到一点困难的时候不要那么担忧，要懂得自救。因此，我们要做到不以物喜，不以己悲。

古时候，在靠近边塞居住的人中，有位擅长推测吉凶的老翁。一次，他的马无缘无故跑到了胡人的住地。人们都来安慰他。那老翁却说："这或许是一种福气呢？"过了几个月，那匹丢失的马带着胡人的良马回来了。人们都前来祝贺他。那老翁却说："这或许是一种灾祸呢？"老翁的家中有很多好马，他的儿子爱好骑马，结果从马上掉下来摔断了腿。人们又前来安慰他。那老翁却说："这怎么就不能变为一件福事呢？"过了一年，胡人大举入侵边塞，健壮男子都拿起武器去作战。去应战的人，死亡的占了十分之九。老翁的儿子因为腿瘸的缘故免于征战。父子俩一同保全了性命。

贾谊少时聪慧，十八岁即能赋诗作文，闻名全郡。后有吴廷尉荐举，被朝廷任命为博士。二十出头，就与众多白发老者同列于朝。每当皇帝召令臣下商议政事，各位大臣无言以对，而贾谊却能不假思索，对答如流。皇帝很喜欢他，一年之内，就把他破格提拔为太中大夫。后来遭到其他老臣的嫉恨，皇帝也有意疏远贾谊，并把他贬为长沙王太傅。此后贾谊便日日郁郁寡欢，进而自认为寿不得长，于是愁肠百结。后又因梁怀王堕马而死，自己难辞其咎，以为再不会得到皇帝重用，再无出头之日。所以终日以泪洗面，终至死亡，年方三十三岁。可谓英年早逝，壮志未酬。

607.【原文】算甚么命，问甚么卜。

【解悟 · 故事】如果知道返璞归真的道理，还要算什么命，问什么卜，一切都已融入大自然中。因此，我们要领悟自然规律，多行善事，自然快乐。

庆云寺的住持大慧长老，养气悟道的功夫相当深厚。有一天县令来到庆云寺游览，随行的有个姓刘的幕僚，因为与大慧长老熟悉，知道他精于命理，便告诉县令。

县令便请大慧长老为自己看相，大慧长老推辞不了，只好勉强答应县令的请求。他请县令躺着休息，而自己垂眉合掌，盘腿端坐约半个小时。接着又请县令垂足闲坐，心情放松。大慧长老定神凝望，便以佛偈告诉县令说："生灵操在手，积德能保寿。"县令又问："我的前途如何呢？"大慧长老微笑着说："老衲愚昧，不敢预言您的前程。大德之人自有福泽。只要您能保持虔诚的仁爱心，便是县民的大幸。"县令知道大慧长老说话含蓄，所以不再过问。

后来，县令请姓刘的幕僚私下去探问玄机。大慧长老坦白告诉他："老衲观看县令的相，发现他脸上的光华和瑞气已经消失了。他的掌上产生暗白的气色，他的寿命恐怕不到一年了。幸好原来的气色尚存，表示'命不该绝'。他身为一县的县令，举手投足，发号施令，关系着百姓的性命安危。如果他本着一念至诚的善心，去拯救溺水和饥饿的百姓，就能造福万民、延年益寿。"姓刘的幕僚不敢直接把话禀告给县令，只是委婉地告诉县令："长老的意思是——您在未来数个月内，必须做一件拯救苍生的善事，才可以增长寿命！"

不久，洪水泛滥成灾。洪水淹没了农田，淹浸了许多房屋，不少灾民身溺水中，急声呼救。县令亲临附近的山冈瞭望，惊心惨目。只见年轻力壮的乡民纷纷驾小船逃命，但是年纪较小的孩子却没有人援救。见到这种情景，县令突然下令：救起一个小孩的人，可以获赏银一两，多救多赏。于是，有船的人家相继出动拯救小孩，一共救了四百多个孩子。后来，县令升任惠州知府。当他路过庆云寺时，又拜访了大慧长老。大慧长老一看见他，便说："善心人终于得到回报，您的福泽以后必定绵长。"

608.【原文】欺人是祸，饶人是福。

【解悟·故事】欺负别人会给自己带来祸事，饶恕别人会给自己带来福气。因此，我们要得饶人处且饶人。

路边，一只黄蜂和一条蛇为争夺一颗苹果而打了起来。蛇一甩尾巴，差点把黄蜂甩晕过去。气急败坏的黄蜂瞅了个空子，一下子飞到蛇的头部，并紧紧地叮住不放。蛇不停地摆动头部想把黄蜂甩掉，但黄蜂丝毫没有飞走的意思。蛇又痛又痒。这时，刚好有个农夫点了一把火在烧路边的荆棘。蛇见了，心想：你让我痛苦，我也不让你舒服，咱们同归于尽吧！于是，蛇一扭身子，钻进了大火中。最终，

蛇和黄蜂一起被烧死了。

曹操的一生活得非常洒脱，他文武兼备，戎马间还能横槊赋诗，直抒一统天下的胸臆。当年袁绍虎踞冀、青、幽、并四州，带兵七十万，而曹操起兵七万，却以一当十，火烧敌粮，使敌自乱，取得官渡之战大捷。这正是曹操人生最得意之时。袁绍败逃黄河之北，其手下猛将张郃率重兵投奔曹操。曹操引得胜之军，陈列河上。用十面埋伏之计于苍亭，再胜袁绍。将是越打越勇，兵是越打越多。此时，对手袁绍自官渡之败，大病缠身，不治身亡。袁家兵虽仍有四州地盘，带甲数十万，但实力大减，再加上袁绍两子袁尚、袁谭不和，曹操如乘胜追击，赢面居多。曹操打弱敌袁谭果然很是顺手，捎带着把前来帮忙的袁尚也打得落花流水。曹操追敌动作迅速，直打得敌军退到邺县。而曹军此刻却兵回许都，准备打南方的刘表。因为曹操判断，袁谭、袁尚在大敌当前之时，便会团结对外；而外敌一去，必会分裂内讧。袁家兄弟果然又相互打了起来。曹操的妙算，不仅仅是智慧，也是一种以退为进的计谋，从而使自己最终获得了更大的胜利。

609.【原文】鹪鹩巢林，不过一枝；鼹鼠饮河，不过满腹。

【解悟·故事】鹪鹩在树林里建巢，怎么建都只能占一根树枝；鼹鼠在河边喝水，怎么喝都只不过喝满一肚子的水。因此，我们要戒除贪心，乐享人生。

这句话最早出自庄子。庄子从大鹏的出尘思想和精英意识，一下子降到鹪鹩和鼹鼠的简单生活和平民意识，显示了精神高远与物质贫乏之间的强烈对比。圣人不以贫寒累其心，无知无欲，安贫乐道。鹪鹩和鼹鼠不可谓不贫，只因其贫，往往被人鄙夷，留下了清寂与孤独。其实，“鹪鹩巢一枝于深林，鼹鼠饮满腹于大河”，放到现实中也是许多人的理想。在春秋战国时代，即便是帝王将相也常常性命朝不保夕，弑君、亡国之例不胜枚举。在这种情况下，能安稳地栖于一枝，能水浆满腹，已成奢望。即便是放到当今社会，也可以说是绝大多数人的理想。当今世界，尤其在战火燃烧的地方，能安稳地求一枝之栖，饮一江之水，是很多平民百姓的天堂之梦。

照理说，尧的境界也够高的了，让掉辛辛苦苦打拼而来的江山社稷，不贪功倨傲。他认为天下已经大治，自己若还占据着君王之位，容易被视为贪图名位，非要让给许由。可在庄子看来，尧的境界还不够高，因为他还不够本真，太在乎自己的名声，太追求完美了。现实中，好名声也是对人的一种压迫。为名所累的根本在于本性的迷失，对自己缺乏了解，不知道自己真正需要的是什么，也不知道自己的才能是否与现有的或正在追求的名分相匹配。名副其实，就能做到“走自己的路，让别人说去”；名不副实，往往就是“走别人的路，让别人无路可走”。

610.【原文】大俭之后，必有大奢；大兵之后，必有大疫。

医圣辨药

【解悟 · 故事】大量节俭之后，必定会有大量奢侈消费；大规模的战争之后，必定隐藏有大的疫病。因此，我们要倡导节俭，防范疫病。

张仲景是东汉末年著名医学家，被后人尊称为医圣。他广泛收集医方，写出了传世巨著《伤寒杂病论》。张仲景写《伤寒杂病论》的时代，正好验证了“大兵之后必有大疫”的论断。大兵即战争，战争后，必有许多人死亡，主要劳动力减少，尸体得不到及时的处理，就容易成为滋生病菌的温床，造成瘟疫。那时，三国纷争，战争连年不断，疫病流行也就不可避免。正是战争后传染病的大面积流行，为张仲景撰写《伤寒杂病论》提供了很多材料，对张仲景探索防治传染病方法提供了许多病例，大量的临床实践经验和体悟由此形成，也使他有机会来收集防治传染病的经验和方法。张仲景创立了理法方药相结合的辨证论治体系，成了临床医学的奠基人。

20 世纪五六十年代，一般家庭若是能得到一台座式电话机是一件非常了不得的事，甚至有人把“楼上楼下，电灯电话”视作家庭富裕的象征。如今，随着信息社会的到来，人们的生活水平日益提高，几乎人人都有一台手机，而且随着手机更新换代速度的加快，家里丢弃的旧手机也越来越多。即便我们处在一个如此优越的时代，也不应过于奢侈，勤俭节约才是美德。

611.【原文】天眼恢恢，报应甚速。

【解悟 · 故事】天道广阔，但对恶人的报应却很快。因此，我们要遵纪守法，无愧于心。

杨震四知

杨震，东汉人，官至荆州刺史、东莱太守。在杨震赴郡途中，路上经过昌邑。到了夜里，从前由他举荐而担任昌邑县令的荆州秀才王密，怀揣十斤金子前来拜见他。杨震说：“老朋友了解你，你却不了解老朋友，这是为什么呀？”王密说：“夜里不会有人知道这件事。”杨震说：“上天知道，神明知道，你知道，我知道，怎么能说没人知道呢？”王密惭愧地走了。杨震为人奉公廉洁，不收别人的钱，子孙常常吃素菜，出门步行。老朋友中有人想让他为子孙置办产业，杨震不愿意，说：“让后代人说他们是清官的子孙，把这个‘荣誉’留给他们，不也是十分厚重的吗？”

许衡是元代初期的名臣。他鉴于当时干戈扰攘、民生凋敝的势态，一再向忽必烈建议要重视农桑，广兴学校，以“行汉法”作为“立国规模”。由于这些政策，中原广大地区社会秩序得到恢复，生产得到发展，人民生活得以安定。许衡年轻时，家境贫穷，就亲自下田耕作，谷物熟了吃谷物，谷物不熟就吃糠咽菜。如果家里有余财，许衡就将其分给同族人以及贫困的学生。人们如果有所馈赠，只要有一丝一毫不符合礼义，他都不会接受。他曾经在盛夏时经过河阳，口干舌燥。道路附近有棵梨树，大家都争先恐后地去摘梨来吃，只有他一人端坐在树下一动不动。有人便问许衡，他回答说：“那梨树不是我的，我不摘来吃。”那人说：“现在时局这么乱，这棵梨树没有主人。”许衡说：“纵然梨树没有主人，难道我的心里也没有主人吗？”

612.【原文】人欺不是辱，人怕不是福。

【解悟·故事】不要因为别人欺负你而感到痛苦，那不是真正的屈辱；也不要因为别人怕你而感到自豪，这并不是福气。因此，我们要摆正心态，善待他人。

人活着，都在做三件事情：欺负人，被人欺，自欺欺人。通常，恶人最喜欢欺负的就是心地善良的老实人。老实人也常常感慨：“马善被人骑，人善被人欺。”于是有人信守一个原则：宁做一个恶人，也不做一个被人欺负的好人。这样的想法对吗？肯定不对。为人善当先，不可做恶人。人和人的关系是平等的，根本就没有必要去怕谁。人与人之间和谐共处才是真正的文明。如果仗势欺人，以强凌弱，那是一种无知和悲哀。如果你强悍，处处压制别人，这并不能证明你强大，反而会让人看不起你！

这是发生在肉类加工厂的一个故事：一个工人下班后进入冷库检查，突然门自动关上了。他被困在里面与死亡做了近五个小时的斗争，终于门开了——工厂保安救了他。超出日常工作时间的保安为什么会来冷库呢？原来，这位被困的工人，是保安从事这项工作三十几年来见过的数百工人中，唯一一个早上向他问好、晚上向他道别的人。今天保安只听到了那句温暖的问候，还未听到他的道别，所以保安知道他还没有离开。每天一句简单的问候却在他最需要帮助的时候救了他。所以，善待他人就是善待自己。

613.【原文】人亲财不亲，人熟礼不熟。

【解悟·故事】人与人之间不管多亲密，钱财是必须分清的；人与人之间不管多熟悉，礼节是不能少的。因此，我们不要随意将对方的财物占为己有，也不要疏忽了应有的礼节。

吴某和李某两家是亲戚，李某的丈夫刘某在吴某所在公司上班。2006年1月，吴某在城区看中两间商铺，因不能同时办理两套房屋的贷款，吴某提出暂借李某和刘某的名义购买其中一套的设想。此举得到了李、刘二人的同意。于是，吴某将所购一套商铺产权登记在李、刘二人名下，贷款由吴某支付，双方商议贷款还清后过户。2013年1月，吴某为保险起见让刘某出具了一份房屋权属承诺书。言明上述房屋的实际产权人为吴某。两个月后，当吴某提出要将房屋过户时却遭到了刘某的拒绝。无奈，吴某将李某和刘某夫妻俩告上了法庭，要求确认房屋产权归其所有。但刘某辩称，自己在吴某的公司工作表现出色，当时吴某购买商铺时曾表示这是给自己的奖励，且自己还将自家房屋做抵押为吴某办理了贷款，现在吴某说收回就收回，于情于理都说不通。法院经审理查明，该案中所涉商铺虽登记在李某和刘某的名下，但该房屋是吴某出资购买，房屋首付及贷款由吴某支付，房屋长期由吴某实际占有、使用，而李某和刘某从未向吴某主张房屋权利或提出异议。据此，法院认定吴某是上述房屋的实际所有人，房屋的所有权归吴某所有。吴、李虽然是亲戚，但财产却不能“鸠占鹊巢”。

人与人之间，无论多么熟悉，普通的礼节还是要有的。人与人之间感情可以亲密无间，但在钱财问题上，金钱不认人、贪财不认亲。这是所谓“讲钱伤感情”的变种。我们应与他人保持良好关系，真诚亲切，并用适当的“礼”来维持彼此的关系。

614.【原文】百病从口入，百祸从口出。

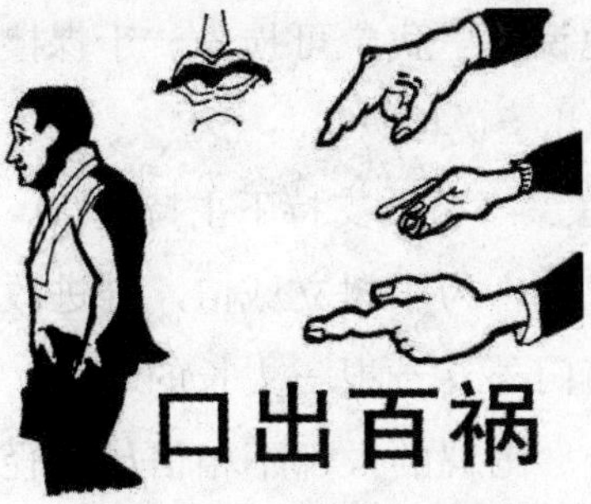

【解悟 · 故事】病菌常常因饮食不注意而入侵，灾祸往往因说话不谨慎而招致。因此，我们要注意饮食卫生，讲究说话艺术。

我们平日要注意卫生，如果一不小心食用了带病菌的食物，患病的概率就会增大。所以，我们要多加注意，以免病从口入。

贺若敦，南北朝时的大将。他在参加平定湘州之战中立有大功，自以为能受朝廷封赏，但没想到因被奸人所诬，不仅没受赏反被降职，心中不满，当着使者的面大发雷霆。当时北周权臣宇文护也早就对他不满，听到使者回来一说，马上把贺若敦调回，迫其自杀。临死之前贺若敦对儿子贺若弼说：“吾以舌死，汝不可不思。”说完拿锥子狠狠地刺破儿子的舌头，想以痛感让贺若弼记住他的临终遗言和血的教训。

到了隋朝时，贺若弼成了隋的右领军大将军，镇守江北。贺若弼自认在朝中无人能及。隋文帝杨坚心有不快，认为他贪功邀宠，不满之情溢于言表。隋文帝质问他：“我用高颎、杨素为宰相，你在众人面前多次说他们什么也不能干。言外之意是说我这个皇帝也是废物不成？”贺若弼只能伏地求宽恕，隋文帝把他削职为民，一年后复其爵位，但不重用。杨广篡位后，贺若弼因议隋炀帝太奢侈，被隋炀帝所杀。

615.【原文】片言九鼎，一公百服。

【解悟 · 故事】说话一言九鼎，办事公正严明才能让人信服。因此，我们要言而有信，克己奉公。

美国第一任总统华盛顿，从小就十分讲诚信。相传有一次，华盛顿的爸爸买来一把十分锋利的斧头。这把斧头被淘气的华盛顿发现了，他想试试这把斧头的锋利程度，便将斧头拿到果园，抡起斧头砍下去，那棵小樱桃树就成了两截。华盛顿试了刀锋，便将斧头放回原位，假装什么事都没有。过了一会儿，华盛顿的

诚实胜金

爸爸看见他用高价买的樱桃树断成了两截十分生气，便找来仆人问樱桃树是谁砍的，仆人说不出是谁干的，华盛顿的爸爸便要赶仆人走。华盛顿知道了，赶忙跑到了爸爸那里，告诉爸爸这件事是他干的。华盛顿以为父亲会责备他，可他父亲听了之后，却哈哈大笑起来，抱着他说："我宁可损失一千棵樱桃树，也不愿听到我的儿子说谎。"

春秋战国时，商鞅在秦孝公的支持下主持变法。当时战争频繁，人心惶惶，为了树立威信，推进改革，商鞅下令在都城南门外立一根三丈长的木头，并当众许下诺言：谁能把这根木头搬到北门，赏十金。围观的人都不相信如此轻而易举就能得到重金赏赐，结果没人肯出手一试。于是，商鞅将赏金提高到五十金。重赏之下必有勇夫，终于有人站起将木头扛到了北门。商鞅立即赏了他五十金。商鞅这一举动，在百姓心中树立起了威信，也促使商鞅接下来的变法得以顺利推广。

616.【原文】点石化为金，人心犹未足。

点石成金

【解悟 · 故事】就算能把石头变成金子，可是人的贪欲仍无法得到满足。因此，我们要戒除贪心，知足惜福。

从前，有个人特别贫穷，一生虔诚地供奉吕祖，也就是吕洞宾。吕洞宾被他的诚意所感动，有天从天上下凡到他家，看见他家十分贫穷，不禁心生怜悯，于是伸出一根手指，指向他庭院中一块厚重的石头，石头立刻变成了一大块光闪闪的黄金。吕洞宾问他："你想要它吗？"那个人拜了两次，答道："我不想要。"吕洞宾非常高兴，说："你如果能这样没有私心，我倒是可以传授给你成仙的真道。"那个人说："不是这样的，我想要的是你的那根手指头。"吕洞宾听后十分生气，认为这个人实在是太贪婪了，于是就消失了，庭院里的黄金也变回了石头。

有一个叫许逊的县令道术高深，他能施符作法。人们见他像仙人一样神，就称他为"许真君"。有一年，由于收成不好，农民缴不起赋税。许逊便叫大家把石头挑来，然后施展法术，用手指一点，石头竟都变成了金子。这些金子补足了百姓们拖欠的赋税。于是有人想从许逊那里学得法术，可他不同意。那人便将许逊灌醉。许逊酒后吐真言，竟将此法术教给了那人。当那人正想用法术点石成金时，许逊不慎跌倒在地，顿时酒醒。这一醒，连许真君的法力也跟着不见了，那人贪婪的美梦也就破灭了。

617.【原文】不肯种福田，舍财如割肉。

【解悟·故事】不肯行善积德来播种自己的福德之田，施舍钱财就像割自己的肉一样。因此，我们要多施善行，大方宽容。

在葛朗台的眼中，金钱高于一切，没有钱就什么都完了。他对金钱的渴望和占有欲几乎达到了病态的程度：他半夜里把自己一个人关在密室之中，把玩、欣赏自己的金币，然后把金币放进桶里，紧紧地箍好。对金钱的贪得无厌使葛朗台成为一个十足的吝啬鬼：尽管拥有万贯家财，可他依旧住在阴暗、破烂的老房子里，每天亲自给家人分发食物、蜡烛。在他获悉女儿把积蓄都给了自己的侄子、女儿的心上人夏尔之后，暴跳如雷，竟把女儿软禁起来。当他妻子因此而大病不起时，他首先想到的是请医生要破费钱财。当听说妻子死后女儿有权和他分享遗产时，他才转变态度与母女讲和。葛朗台临死时，看到了神甫手上的金十字架，贪婪之心作祟，于是伸手去抓，最终因用力过猛而断气。

宽容大方是一种正能量，总能让我们豁然开朗、心情舒畅。大方的人有着极佳的人缘，深受朋友们的喜爱；大方的人既付出了爱，也能够收获到爱；大方的人既成就了自己，也成就了别人。我们总是喜欢大方的人，愿意追随大方的人，与大方的人同甘共苦。相反，那些吝啬自私的人，一心只想着自己，很难交到真正的朋友。当他们获得了成功，很少有人会与他们分享喜悦；当他们遭遇危难，也无法得到人们的倾力相助。因此，我们做人要宽宏大度，不斤斤计较，才能收获友谊，取得成功。

618.【原文】临时空手去，徒向阎君哭。

【解悟 · 故事】死去的时候只能两手空空，向阎王哭泣也是徒劳。因此，我们要乐善好施，切忌吝啬贪婪。

君子九思

古时候，有一个人非常吝啬。有一次，他病了，病情越来越重。当他生命垂危的时候，便把孩子们叫到身旁，嘱咐说："你们不要因为我的死而乱花钱。务必把丧事办得俭朴一些，不花钱才好。知道吗？"孩子们说："那就照您的意思办！可是棺材总得雇人用车子运出去吧？"老头道："不，那太费钱了。""那就用牛车拉吧！""那也费钱。""那就请两个人抬出去吧。""不，那也得雇两个人，要花钱。""到底该怎么办呢？"老头说："真麻烦！死后，还是让我自己走着去吧！"

在汉朝，有个读书人叫蔡顺，他母亲喜欢吃桑椹。有天，蔡顺外出采桑椹，他拿了两个篮子，一个装紫色的，另一个装红色的。在回家的路上竟遇到了强盗。强盗们将蔡顺绑住后搜查了一番，可什么值钱的都没有找到。见他采的桑椹，有点纳闷，于是就问他："你为什么采桑椹要分两边？"他说："因为紫色的是熟的，比较甜，是留给我母亲吃的；另一个篮子放红色的，还不太熟，是留给自己吃的。"强盗们听了很感动，就把他放了。强盗们还想把一些吃穿的东西送给蔡顺，让他拿这些东西去奉养母亲。但是，蔡顺并没有拿。试想，他拿回去放到家里，官府的人一来，岂不是人赃俱获，百口莫辩？我们拿别人的东西，一定要先思考物品的来路是否清楚。孔子说，"君子有九思"。这九思当中就提到"见得思义"。

619.【原文】积产遗子孙，子孙未必守；积书遗子孙，子孙未必读。

仁善传家

【解悟·故事】积累财产留给自己的子孙，子孙不一定能守；积累书籍留给自己的子孙，子孙不一定会去读。因此，我们要先将仁善传家，才能泽及子孙。

美国的琳达·瑞沃斯始终难忘的是20年前的那个夏天，她年仅36岁的母亲突然去世。那天傍晚，一名警官来到她家，请求她父亲允许医院移植使用她母亲双眼上的角膜和动脉瓣。她完全呆住了！"医生要剖开妈妈，把她分给别人！"她流着泪跑进屋。这对于当时只有14岁的她来说，怎么也无法接受，但父亲竟然同意了。"你怎么能让他们这样对待妈妈？"她朝着父亲又喊又叫。父亲搂住她，平静地说："琳达，一个人所能赠予的最珍贵的礼物便是自己身体的一部分。你妈妈和我早就决定死后要捐赠器官，这样，即便死了，对活着的人来说也是有意义的。”父亲给她上了人生中最重要的一课。

多年后，琳达结了婚，有了自己的家庭。1980年，父亲患上肺气肿，病得厉害，便搬来与琳达一家同住。在此后6年的共同生活中，他们经常在一起谈论生与死。父亲告诉她，他死后，要捐赠所有完好有用的器官，尤其是眼睛。“如果一个孩子能因此重见光明，像你的女儿温迪一样能够画鸟，该多好啊！”她把父亲说的话讲给温迪听，温迪满眼泪花，紧紧拥抱了外公一下。她也只有14岁，和琳达当年一样大。1986年4月，父亲去世。琳达按照父亲的遗愿，捐献了他的眼睛。三天后，温迪跟她说：“妈妈，我为你和外公感到骄傲。你想过没有，眼睛看不见是什么样子？我死的时候，也要把眼睛捐赠给需要的人。”不幸的是，仅半个月后，琳达不得不又一次在器官捐赠书上签了字，她女儿温迪竟悲惨地死于车祸！温迪死后三个星期，琳达收到了一封信，上面写着：“我们欣喜地告诉你，角膜移植手术非常成功，两名本已失明的病人又重见了光明！”

620.【原文】莫把真心空计较，惟有大德享百福。

【解悟·故事】不要把别人的真心拿来比较算计，只有高尚品德之人才能享受厚福。因此，我们要待人以真心，不要患得患失。

在宋庆龄小的时候，一天早晨，一家人正准备去李伯伯家做客。突然，她告诉父母：“我和小珍约好，今天上午我要教她叠纸花，我不去李伯伯家了。”爸爸说：“以后再教吧！明天再和她解释一下，再说，李伯伯家有你喜欢的鸽子，你不去会后悔的！”宋庆龄想了想，说：“你们去吧，我在家等她，我不能失信。”妈妈考虑了一下说：“就按她的意思吧！有句话说‘言必信，行必果’，一个有道德的人要讲信用，不能自食其言。”就这样，宋庆龄一个人在家等小珍。11点了，小珍还没来，宋庆龄十分失望。中午，父母回来了。听宋庆龄说小珍没来，爸爸说：“早知道她不来，就不等她了。”宋庆龄说：“不！她没有来，我也要等。虽然没等到，但我心里很坦然。”宋庆龄就是这样，从幼年起，一直都要求自己恪守诚信，决不自食其言。只要自己是真心的，别人是不是真心也就不需要计较了。

一个二十出头的年轻小伙子急匆匆地走在路上，对路边的景色与过往行人全然不顾。一个人拦住了他，问："小伙子，你为何行色匆匆啊？"小伙子头也不回，飞快地向前跑着，只说了一句："别拦我，我在寻找幸福。"转眼二十年过去了，小伙子变成了中年人，他依然在路上奔跑。又一个人拦住了他："喂，伙计，你在忙什么呀？""别拦我，我在寻找幸福。"又是二十年过去了，这个中年人已成了一个面色憔悴、老眼昏花的老头，还在路上艰难地向前挪。一个人拦住他："老头子，还在寻找你的幸福吗？""是啊。"当老头回答完那人的问话，猛地惊醒，眼泪掉了下来。原来刚刚问他的那个人就是幸福之神。他寻找了一辈子，可幸福实际上就在他身旁。只要他停下来看看风景，乐善好施，认真工作，幸福就会悄然而至。

621.【原文】不作无益害有益，不贵异物贱用物。

拒绝宝马

【解悟·故事】不做对人无益的事情，也不妨害别人做有益的事；不看重珍奇的东西，也不轻贱实用之物。因此，我们要多做有益之事，并坚持实用原则。

一次，有人向汉文帝进献一匹千里马。汉文帝看到这样漂亮的千里马，十分喜爱。但他说："我在出行的时候，有仪仗队的旗子在前面引导，后边又跟着负责保卫的武士车队。即使是出去巡视的时候，也不过一天走五十里就停下来；出征行军，一天也不过走三十里就停下来休息了。我放弃现有的这匹马而骑上这样的千里马，独自一人跑在前面，将要往哪儿跑呢？"于是下诏令，拒绝接受这匹宝贵的千里马。由此可见，能舍有真益，不舍是无益，故不要做不益害有益的事情。

汉文帝在位时，多次颁布命令，减免天下百姓的田赋，发放粮食来赈济受灾的百姓。为了鼓励农耕，扩大粮食的种植，汉文帝亲自下地种田，收获的谷物用来供应宗庙的祭祀。他还要求皇后亲自植桑，并亲手纺织，以提供祭祀穿的衣服。汉文帝极其厌恶那些华而不实的东西。他逝世前，曾留下遗嘱说：天下万物没有不死而长生的。死亡是万事万物的最终结果，所以不应该过分悲伤。而对死人的厚葬，就更加没有必要了。这样做，不但会导致家产破尽，而且还会损害家人身体。于是他下令：在自己逝世以后，全国的官吏和百姓，哭吊三天，就除去丧服。至于娶妻、嫁女、祭祀、饮酒、吃肉等，都不要禁止。

汉文帝以节俭著称，他始终认为对老百姓无益的事情，都尽量不要去做。同时，他也拒绝谄媚，远离那些试图以不正当的手段来获取君王好感的人。

622.【原文】谁人不爱子孙贤，谁人不爱千钟粟，奈五行不是这般题目。

【解悟·故事】没有人不喜欢子孙后代有出息，没有人不喜欢家里有大量的米粮，可是“仁、义、礼、智、信”这五行中并不包括这些。因此，我们做人要在“仁、义、礼、智、信”这五行上下功夫。

宋朝大夫蒋瑗有十个儿子，一个驼背、一个跛脚、一个手脚不能伸直，一个瘸腿，一个疯癫，一个愚痴，一个耳聋，一个瞎眼，一个哑巴，一个死在监狱中。子皋看到这种情况，就问蒋瑗：“您做了什么事情，为什么会遇到这么大的灾祸呢？”蒋瑗说：“我平生并没有干什么大坏事，只不过经常会嫉妒比我高明的人，而喜欢巴结我的人。听到别人做了善事就加以怀疑，听到别人做了恶事则深信不疑，看见别人得到好处，好像自己损失了什么似的。遇见别人有了损失，好像自己得到了好处一般。”子皋感叹说：“你的心术这么坏，应该满门全灭才对，恶报岂止这些罢了。”蒋瑗听了他的话，感到畏惧不已。子皋又说：“如果你能够改过向善，则必可转祸为福，从现在开始还不晚！”蒋瑗从那时起就痛改前非，广施善行。数年后，他儿子们的毛病都逐渐痊愈了。所以做人一定要胸怀坦荡，扬善弃恶，方能立世而不败。

623.【原文】恩宜自淡而浓，先浓后淡者，人忘其惠；威宜自严而宽，先宽后严者，人怨其酷。

【解悟·故事】对人施予恩惠应该从淡到浓，如果开始浓厚后来逐渐淡薄，人们就容易忘掉你的恩惠；树立威信要先严后宽，如果先宽容后严厉，人们就会怨恨你的严苛。因此，对于施恩与施威，我们要把握尺度，注重顺序。

古代有个养猴子的老爷爷，他在院子里养了几只猴子。他每天早晚都分别给每只小猴子四颗栗子。可是过了几年，猴子越来越多，他拿不出那么多钱来买栗子了，就想把每天每只猴子喂八颗改成喂七颗，省一点是一点。于是，他和猴子们商量：“从今天开始，我每天早上照常给你们四颗栗子，晚上给你们三颗栗子，行不行？”猴子们听了，怎么越来越少？于是就开始吱吱大叫，还到处跳来跳去，非常不愿意。老人一看猴子们这样闹腾，赶紧改口说：“那么这样吧，我早上给你们三颗，晚上再给你们四颗，这样总该可以了吧？”猴子们听了，想：晚上的栗子从三颗变成四颗了，而且越来越多，就都高兴地在地上翻滚起来。

施行恩惠宜从少而渐多，循序渐进。如果一开始就施恩无度，先多后少，一旦被惯坏，就会把先前的恩惠忘得一干二净。这启示我们，管理是一门高超的艺术，需要讲究策略，要把握人们的心理。

624.【原文】以积货财之心积学问，则盛德日新；以爱妻子之心爱父母，则孝行自笃。

【解悟·故事】以积累钱财的心态去积累学问，那么道德修养就会不断升华；以爱妻子儿女的心理去爱父母，那么孝行就更加纯厚。因此，我们要不断积累知识，真心关爱父母。

英国化学家波义耳出身贵族，父亲是个伯爵，家庭富有。波义耳童年时并不聪明，说话还有点口吃，但十分好学，喜欢静静地读书思考。他从小受到良好的教育，曾游学欧洲。在这期间，他阅读了许多自然科学书籍。后来，家道衰落，他便回到伦敦开始学医学和农业。他在学习中接触了很多化学知识和化学实验，很快成为一位化学实验家，同时也成了一位有创造能力的理论家。波义耳十分重视实验研究。他认为只有实验和观察才是科学思维的基础。他总是通过严密、科学的实验来证明自己的观点。1661 年，他出版了划时代名著《怀疑派化学家》，化学史家也因此把这一年作为近代化学的开端。1680 年，他被推选为皇家学会的会长，但他谢绝了这一荣誉。他虽出身贵族，但醉心的却是科学研究。他未曾结婚，用毕生精力从事对自然科学的探索。1691 年，这位曾为 17 世纪的化学奠定基础的科学家在伦敦逝世。恩格斯曾对他做出评价：“波义耳把化学确定为科学。”这也是他一生积累学问胜过积累财富的最好诠释。

相传，东汉时有个叫姜诗的人，娶庞氏为妻，夫妻孝顺。其家距长江六七里之遥，庞氏常到江边取婆婆爱喝的长江水。婆婆爱吃鱼，夫妻就常做鱼给她吃。婆婆不愿意独自吃鱼，他们又请来邻居老婆婆一起吃。一次因风大，庞氏取水晚归，姜诗怀疑她怠慢母亲，将她逐出家门。庞氏寄居在邻居家中，昼夜辛勤纺纱织布，将积蓄所得托邻居送回家中孝敬婆婆。其后，婆婆知道了庞氏被逐之事，令姜诗将其请回。庞氏回家这天，院中的枯井里忽然喷涌出泉水，口味竟与长江水相同，偶尔还会有两条鲤鱼跃出。从此，庞氏便用这些供奉婆婆，不必远走江边了。

625.【原文】学须静，才须学。

【解悟 · 故事】人如果要学习就必须安静，人要有才识就必须持之以恒地学习。因此，我们要心静以求学，持恒以积才。

清朝初期的著名学者、史学家万斯同小的时候是一个顽皮的孩子。万斯同由于贪玩，遭到了宾客们的批评。万斯同恼怒之下，掀翻了宾客们的桌子，被父亲关到了书房里。万斯同闭门思过，并从《茶经》中受到启发，开始静心学习。转眼一年多过去了，万斯同在书房中读了很多书，父亲原谅了他，而他也明白了父亲的良苦用心。万斯同经过长期的勤学苦读，终于成为一位通晓历史、遍览群书的著名学者。

欧洲文艺复兴时期的著名画家达 · 芬奇从小就爱好绘画，父亲送他到当时意大利的名城佛罗伦萨，拜著名画家韦罗基奥为师。老师要他从画蛋入手，他画了一个又一个，足足画了十多天。老师见他有些不耐烦了，便对他说：“不要以为画蛋容易，要知道，一千个蛋中从来没有两个是完全相同的，即使是同一个蛋只要变换一下角度去看，形状也就不同，蛋的椭圆形轮廓就会有差异。所以，要在画纸上把它完美地表现出来，非得下番苦功不可。”从此，达 · 芬奇用心学习素描，创作出许多不朽的名画。

626.【原文】非学无以广才，非静无以成学。

【解悟 · 故事】不学习就难以增长才干，心不静就难以学有所成。因此，我们要平心静气，不断学习。

1724 年，人们在英国发现一个全身赤裸、褐色皮肤、黑色头发的怪物，他就是著名的“兽孩”。当时他才 12 岁，却能轻易地攀爬在树枝之间，他以植物为食，却不会说话。他拒绝食用面包，却宁愿剥树皮吸树汁，不过最终他还是学会了吃水果和蔬菜。虽然人们给他起名叫“彼得”，但由于他的行为非常怪异，人们更

习惯叫他“野孩子”。他在英国的上流社会中被当成“宠物”，就这样一直生活了68年，直至80岁才逝世。他一生除了“彼得”“乔治国王”之外，几乎不会说其他话。但据称他的听力和嗅觉能力“异常敏感”。科学家认为“兽孩”的发现比发现3万颗新星更有意义。因为这个发现给人无比深刻的启示：学狼成狼，学人才能成人。没有哪一个人的才能，不是靠学习造就的。

康熙是极有本领的一位帝王，当群臣称赞他的能力是由上天赐予、不是人力可及的时候，他立即批驳怎么会有生来就无所不能的人，凡事都由学习而成。从未有什么生来就能力高强的人，人的一切才能都是学习的结果。康熙还说，只要勤学苦练，人人可成圣贤。人的本领差异，都是学习差异造成的。人的才能无论多高，都是学习的结果。

627.【原文】行义要强，受谏要弱。

【解悟·故事】做好事就要理直气壮，接受别人的良言建议就要虚心纳言。因此，我们要多行义举，善纳谏言。

20世纪前半叶，中国动荡不已，如果没有张伯驹，《平复帖》《游春图》等100多件国宝很可能落入无知之人手里，更可能流落国外，成为中国文化的又一大损失。张伯驹7岁过继给叔叔，成了进士京官张镇芳的儿子。9岁能作诗，《古文观止》倒背如流，有“神童”之誉。他并没按父亲设计的从政从军之路，而是摒弃世俗，全身心投入自己喜欢的事情：填词作诗，写字作画。自1926年，他偶然爱上了收藏，并一发不可收拾，将自己的精力、财力尽数投入其中，成为“天下第一收藏家”。收藏，一要有财，二要有才。张伯驹正好都具备，他似乎是注定为收藏而生。对收藏界来说，当时有很好的机遇——清朝灭亡，有很多来自清廷的藏品流入民间。溥仪变卖的宋李公麟的《五马图》、黄庭坚的《诸上座帖》、文徵明的《三友图》等大内珍品，大多为张伯驹购得。通过收藏大内珍品，张伯驹鉴赏字画的功力更是练得炉火纯青。那时，中国政局混乱，许多古董商唯利是图，致使大量国宝流落国外。张伯驹对此深为痛惜。最初，他收藏古字画仅仅出于爱好，后来却生发出一种责任感，以保护文物不外流为己任。这是张伯驹一生收藏所遵循的信念。

唐太宗曾提出一个发人深省的问题：什么叫明君，什么叫昏君？魏徵回答说："兼听则明，偏信则暗。"唐太宗听了完全赞同。有一次李世民得到良弓数十张，送给工匠验看。工匠说，这些弓木心不正、脉理皆邪，都不是良弓。李世民说自己是以弓箭定天下的，对弓箭仍知之甚少。由此，他悟出自己并非无所不知，帝王一日万机，安能尽善？李世民颇有自知之明，不把自己当作尽善尽美的完人，因而主张大臣们极言规谏。为鼓励大臣们进谏，他上朝时总是和颜悦色，态度恳切。对那些敢讲真话的人，李世民还给予一定的物质奖励。唐太宗时期进谏之风盛行一时，上至宰相，下至小吏，甚至宫廷嫔妃，都有人直言进谏。

628.【原文】生于忧患，死于安乐。

【解悟·故事】忧虑患害可以使人生存，而安逸享乐使人萎靡死亡。因此，我们要有忧患意识，不要贪图享乐。

秦二世元年（前 209）七月，朝廷大举征兵去戍守渔阳，陈胜也在征发之列，并被任命为带队的屯长。他和其他穷苦农民在两名秦吏的押送下，日夜兼程赶往渔阳。当行至大泽乡时，遇连天大雨，道路被洪水阻断，无法通行，不能按期到达。按秦律，凡所征戍边兵丁，不能按时到达指定地点者，要一律处斩。在生死存亡关头，陈胜决定发动起义。按事先谋划，诈以公子扶苏、楚将项燕之名，宣布起义。各处积极响应。陈胜自立为将军，一举攻下大泽乡、蕲县。中国历史上第一次大规模的农民起义就这样爆发，最后还果断地做出了称王立国的决定，并以陈县为都城，国号为"张楚"，建立了中国历史上第一个农民革命政权。

陈胜称王后，其思想逐渐发生变化，与群众的关系日益疏远。比如陈胜的一个同乡听说他做了王，特意从老家来陈县找他，敲了半天门也没人搭理。直到陈胜外出，同乡拦路呼喊其小名，才被召见，一起乘车回宫。因为他是陈胜的故友，所以进进出出比较随便，有时也不免讲讲陈胜在家乡的一些旧事。不久有人对陈胜说："您的同乡愚昧无知，专门胡说八道，有损于您的威严。"陈胜十分羞恼，便把"妄言"的同乡杀了。自此以后，起义队伍内部离心离德，争相称王，起义军内部公开分裂。群起响应的各地英豪也不再听从陈胜的命令，给了秦军反扑的机会。秦将章邯倾全力进攻陈县。秦二世二年十二月，陈胜亲率农民军将士与秦军展开激战，虽奋力拼搏，终究未能挽回败局，被迫撤退，本想聚兵再战，不料，竟被跟随自己数月的车夫庄贾杀害，成为千古遗恨。

629.【原文】闲时不烧香，急时抱佛脚。

防患未然

【解悟 · 故事】平时不去烧香拜佛，事关紧急才去抱佛的脚。因此，我们做事只有事先做好充分准备，遇到特殊情况才能从容应对。

古时候有个国家的官民都信奉佛教。有次，一个死囚趁月黑风高之际，越狱逃跑了。第二天，官府发现犯人跑了，派兵四处搜捕。那个死囚跑了一天一夜，又饥又渴，筋疲力尽。他看着追捕他的人越来越近，知道自己难以逃脱，便钻进一座古寺。寺里供奉着释迦牟尼像，佛像高大庄严，死囚的肩头正与佛像的脚平齐。他一见佛像，心里就悔恨不已，痛恨自己没有听佛祖的教诲，以致犯下了死罪。于是，他便抱着佛像的脚大哭起来。他边哭边磕头，把头都磕破了。追捕的兵被他真诚的忏悔感动了，于是转告官府，请求宽恕他的罪过，官府便赦免了他的死罪。

汶川大地震是中国历史上伤亡极其惨重的地震之一。然而，在这场大地震中，有一所学校的两千多名师生，却无一伤亡，创造了汶川大地震中的一个奇迹，这就是四川绵阳市安县桑枣中学。桑枣中学紧邻北川，在汶川大地震中也遭遇重创，但由于平时校长叶志平组织过多次演习，地震发生后，全校 2200 多名学生、上百名老师，从不同的教学楼和不同的教室全部聚集到操场。汶川大地震发生的时候，叶校长不在学校，但学生们却按着平时学校要求的和他们已练熟了的方式疏散，使整个学校无人员伤亡。桑枣中学的安全和叶志平的努力是分不开的。叶志平平时非常注意学生的生命安全。学校较早修建的教学楼质量不过关，叶志平从 1997 年开始，连续多年对这栋楼进行了改造加固，使得这座楼在地震中没有倒塌，从而创造了属于桑枣中学的奇迹。

630.【原文】不患老而无成，只怕幼而不学。

【解悟 · 故事】不必担心到老了一事无成，就怕小的时候不爱学习。因此，我们从小就要爱学习，才能老而无患。

勤学本领

小公鸡觉得自己已经长大了，应该学习一些本领了。学什么呢？它还没想好。这一天，天气晴朗，小公鸡决定独自出去学一些本领。小公鸡来到树林里，看见猫妈妈正在教它的孩子爬树。小猫学着妈妈的样子，很快就爬到了树顶。小公鸡想：“我就学习爬树吧，我要比小猫爬得还高！”小公鸡说完便开始爬树。谁知它却突然惨叫起来。原来，树皮把它的羽毛刮掉了一撮儿。猫妈妈对小公鸡说：“你还是学习别的本领吧！”小公鸡来到了草地上。看见几只小鸟在练习飞翔。小鸟们张开翅膀，“呼”地一下，就飞到了蓝天上。小公鸡想：“我也学习飞翔吧，我要成为出色的飞行家！”小公鸡学着小鸟的样子，张开翅膀，使劲儿往上飞。没想到刚飞几下，就“嗵”的一声，重重地掉进了沙坑里。小公鸡爬起来，疼得直揉屁股。小鸟对小公鸡说：“你还是学习别的本领吧！”小公鸡来到了小河边，看见小鸭子和小白鹅正在游泳。小公鸡想：“我还是学习游泳吧，我会成为游泳冠军的！”小公鸡下了水，也用力地划呀划。可是，它的身体却一直往水下沉，吓得小公鸡大喊：“救命！救命！”小鸭子和小白鹅急忙游过来，把小公鸡救上了岸。那么，后来小公鸡学成本领了吗？你听，每天催我们起床的歌唱家就是那只小公鸡呀！

一时的得失成败并不重要，重要的是始终保持一种平和的心态。不要顾虑年老之后没有成功，关键在于年轻时努力了没有。如果年轻时努力学习、勤奋工作，年老时必定有所成就。

631.【原文】咬得菜羹香，寻出孔颜乐。

【解悟·故事】即使是用蔬菜煮的羹也吃得津津有味，就能从中找到像孔子、颜回那样的快乐。因此，我们要领悟仁善的真味，获取生活的快乐。

洪应明早年热衷于仕途功名，晚年归隐山林，洗心礼佛。万历三十年（1602）前后曾居住在南京秦淮河一带，潜心著述。所著《菜根谭》，取自宋儒汪革语：“人就咬得菜根，则百事可成。”也就是说，一个人只要能够坚强地适应清贫的生活，不论做什么事情，都会有所成就。一个人面对厄运，必须坚定自己的操守，奋发努力，辛勤培植与浇灌自己的理想。只有心性淡泊沉静的人，才能领会其中的旨意。

传说春秋时，孔子的学生中最出名的有七十二人，其中颜回是孔子最得意的门生。颜回的一举一动，在孔子看来，都合乎心意。所以孔子常常以颜回的事例

来教育其他学生。有一次，孔子对学生们说：“颜回吃的是一小筐饭，喝的是一瓢水，住在穷陋的小房子中，别人都受不了这种贫苦，颜回却仍然不改变好学的乐趣。他是多么贤德啊！”孔子十分赞赏颜回这种“安于贫而乐于道”的品德。还有一次，鲁哀公问孔子：“在你三千多学生中，谁最好学？”孔子说；“只有颜回最爱学习。他发怒的时候，能做到随发随化，从不转移到别的事情上去；有了错误就改，决不重犯。”有人把孔子对颜回的这种赞赏概括为“孔颜乐处”。这是儒学关于人生理想与道德境界的命题，汉、宋以来的许多儒学大师都把它奉为最高的人生理想与道德境界，简单来说，它是指儒家知识分子那种安贫乐道、达观自信的处事态度与人生境界。

632.【原文】富贵如刀兵戈矛，稍放纵便销膏靡骨而不知；贫贱如针砭药石，一忧勤即砥节砺行而不觉。

【解悟·故事】富贵像刀兵戈矛这些武器一样很危险，富贵的人稍微放纵自己就会在不知不觉中让身心受到腐蚀；贫穷就像治病用的针和药一样对人有很大帮助，一旦忧虑勤劳可在不知不觉中磨砺人的操守和品行。因此，我们要防范富贵对人的伤害，感谢贫困对人的帮助。

士族是中国魏晋南北朝时期地主阶级中的一个特殊阶层。士族在东晋时发展达到鼎盛，而在衰落腐朽的南梁时则达到顶点。他们专事游荡，纵情声色，腐朽糜烂。他们根本不知农事，更不会带兵打仗，连马也不敢骑。当时，士族子弟多沉溺酒色，不学无术，斗酒斗富之风盛行，饮食豪奢，每逢聚宴则穷水陆之珍。因此，这一阶层到了南朝末期就完全失去了统治社会的能力。

有个孩子家里穷得叮当响，他每天都要提着小筐去捡那些从拉煤车上掉下的碎煤。为了得到一个果腹的面包，他请求老板让他擦拭面包店的窗户。这个工作干完了，他又开始忙着寻找另外的工作。他星期六早晨去卖报，星期六下午和星期天，向那些坐马车旅行的人兜售冰水和柠檬水，到了晚上，还要为报社写各处举行生日宴会和茶会的新闻。这时他才 12 岁，从西班牙来到美国还不到 6 年。13 岁那年，他离开学校，到一家公司当了一名清洁工，逐渐结识了一些名人，开始有了自信和雄心。这个孩子就是后来美国新闻史上最成功的杂志编辑博克。他创办了世界上发行量最大的妇女杂志《妇女家庭》。

“忧劳可以兴国，逸豫可以亡身。”人生的路有起有落，应该辩证地看待人生的起落顺逆。居逆境固然痛苦压抑，但对一个有作为、能自省的人来讲，经历各种磨砺可以锻炼自己的意志，修正自己的不足，一旦有机会，就可能由逆向顺转化。

633.【原文】送君千里，终须一别。

【解悟·故事】送君上千里，也终有分别的时候。因此，我们要珍惜相逢，留下美好的回忆。

古时交通不便，一去不知多久，再见不知何年，所以南浦唱支骊歌，灞桥折条杨柳，甚至在阳关敬酒一杯，都深有意味。而今交通方便，通信发达，人与人相见不再那么困难，但离别时的情景仍让人难以忘怀。

1997 年，软件工程师马某第一次接触到 ICQ，即一个以色列人开发的即时聊天工具，他便被其无穷的魅力所吸引，立即注册了一个账号。使用后，他觉得英文界面的 ICQ 在中文用户中推广很难，想做个类似的中文版本。1998 年 11 月，他与同学合作，注册了一家公司，决定开发一个中文版 ICQ 软件。他也成了公司董事会主席兼首席执行官。1999 年下半年，从美国传到中国的互联网技术开始升温，受昔日老友海外融资启发，他拿着改了 6 次版本、20 多页的商业计划书开始寻找国外风险投资。经过一番努力，他的公司得到了 220 万美元的投资，公司就这样一步步发展壮大起来。2016 年全年，公司总收入为人民币 1519.38 亿元（219.03 亿美元）。基于该聊天工具，他的公司还借力移动互联网技术开发了一款手机软件，月活跃用户超 10 亿，已成为中国人通信交流的重要工具。

科技给人带来了便利，让人忘却了时间、地点和距离。但科技又让人变得陌生，原本面对面的交流如今已被消息框取代。因此，我们应该珍惜彼此间相处的每一瞬间，不要让生命留下遗憾。

634.【原文】不矜细行，终累大德。

注重小节

【解悟 · 故事】平时如果不注重小节，到头来必将会伤害大节酿成终生遗憾。因此，我们要注重小节，从小事做起。

当年，林则徐以钦差大臣身份前往广州禁烟，临行前特地通知各地官吏，不准摆酒席、不准馈赠礼物、不准惊动百姓等。尽管如此，仍有官员花费不少人力、财力给他修建住宅。于是他又追加一条，不住豪华居所。一只失修的马钉会导致一匹战马失蹄，一匹战马失蹄会导致一个士兵的失败，一个士兵的失败会导致一个队伍的失败，一个队伍的失败会导致一场战争的失败，一场战争的失败足以葬送一个民族。林则徐注重小节，才为他日后的虎门销烟打下了基础。

周武王灭了商朝，安定天下，声威显赫，四方蛮夷都来进贡。有个叫旅的国家进贡了一头獒犬，高大威猛，还能通晓人意。召公害怕周武王玩物丧志，劝周武王继续修德慎行，以尽安定国家和保护人民的责任，并指出：如果不顾惜小节方面的修养，到头来会伤害大节，酿成终生的遗憾。若是为山九仞，功亏一篑，就实在太可惜了。周武王接受了劝谏，委贤任能，因才录用。周武王命周公为太宰，康叔为司寇，丹季为司空。召公、太公、毕公等贤臣良将各当其位，专司其职，共同治理国政。对在灭商大业中做出贡献的姬姓宗族和有功之臣论功行赏，在统治阶级上层进行权力分配，给他们在政治上、经济上某种好处，换取他们对周王朝的支持。对殷遗民实行分而治之的政策。周武王还散财物和粮粟救济贫民，使刚刚建立起来的周王朝坚如磐石。

635.【原文】亲戚不悦，无务外交；事不终始，无务多业。

【解悟 · 故事】自家人都相处不好，谈何外交；一件事都办得有始无终，又怎么能同时干多项业务？因此，我们做事要有条理，先近后远。有始有终，才会有更大的发展空间。

东汉有个少年叫陈蕃，独居一室，屋内龌龊不堪。当他父亲的老朋友薛勤劝告他时，他慨然道："大丈夫活在世上，当以扫除天下为己任，怎么能局限于整理一间房呢？"薛勤反驳道："一屋不扫，何以扫除天下？"薛勤的话，中肯而深刻地道出了大事与小事，理想与实干的辩证关系，很有哲理性。这里强调的是

做好事情要先近而后远，先一而后多，正如“一屋”与“天下”的辩证关系。这正是一个办事要“先易而后难”的基本原理。

孔子说过，立身行事有六个根本，然后才能成为君子：立身有仁义，孝道是根本；举办丧事有礼节，哀痛是根本；交战布阵有行列，勇敢是根本；治理国家有条理，农业是根本；掌管天下有原则，选定继位人是根本；创造财富有时机，肯下力气是根本。根本不巩固，就不能很好地从事农桑；不能让亲戚高兴，就不要进行人际交往；办事不能有始有终，就不要经营多种产业。因此，返回到事物的根本，从近处做起，是君子应遵循的途径。

636.【原文】临难毋苟免，临财毋苟得。

【解悟 · 故事】面对危难时不可随便逃避，面对财物时不要随便获取。因此，我们面对困难时要迎难而上，能克则克；见财要辩义，当取则取。

德国天文学家开普勒，从出生开始便多灾多难——他是一名早产儿。后来，天花又把他变成了麻子脸，猩红热又弄坏了他的眼睛。但他仍然顽强、坚毅地努力读书，学习成绩遥遥领先于他的同伴。后来因父亲欠债而失去了读书的机会，他就开始边自学边研究天文学。在以后的生活中，他又经历了多病、良师去世、妻子去世等一连串的打击，但他仍未停止对天文学的研究，终于在59岁时发现了行星运行的三大定律。他把一切不幸都化作了推动自己前进的动力，以惊人的毅力，摘取了科学的桂冠，成为“天空的立法者”。

苏东坡在担任徐州知府时，以为官清廉、刚正不阿、不畏权势、执法严明而著称，受到徐州百姓的称道和传颂。至今徐州城乡还流传着他不少的佳话。苏东坡五十岁的时候，家人要为其祝寿，苏东坡一再制止，并嘱咐家人不准宣扬。谁料，寿辰这一天，来了一个送礼人，双手抱着一盆盛开的月季花。家人便问：“请问尊姓大名，有何事？”来者说：“我叫赵钱孙李，来祝寿的。”家人听罢，奇怪地笑道：“哪有这样的名字呢？”来者说：“我本姓赵，右邻姓钱，左邻姓孙，对门姓李。知府大人今年五十大寿，大家推荐我送一盆月月红，给知府大人做寿礼。”家人听后，知是百姓心意，本想收下，但知大人从不收礼，只好叫来者说出理由。那人思忖片刻，便说道：“花开花落无间断，春去春来不相关。但愿大人常康健，勤为百姓除赃官。”家人把诗写在纸上，叫仆人把诗送给苏东坡看，让他来处理此事。不一会苏东坡出来，亲自收下那盆月季花，笑着咏诗道：“赵钱孙李张王陈，好花一盆黎民情。一日三餐抚心问，丹心要学月月红。”后来，苏东坡虽赋闲回乡，但他一生清正廉明、惩贪除恶的好名声却在民间永远流传。

637.【原文】气死莫告状，饿死莫做贼。

【解悟 · 故事】就是气得要死也不要轻易去告状，就是饿得要死也千万不能去做贼。因此，我们做人要有胸怀，有了矛盾最好协商解决；做人要有气节，凡事要坚守底线。

生活中有许多问题，其实很容易解决。但当我们的双眼被利益蒙蔽时，原本很小的事情也会引起纷争、产生矛盾。如果我们有一个宽广的胸怀，能够舍弃自己的利益，成全他人，只需一点谦让，事情往往就能得到圆满解决。一位老人去世前，给三个儿子留下 17 只骆驼，并留下遗嘱：这些骆驼，大儿子分一半，二儿子分三分之一，三儿子分九分之一。三个儿子为这个古怪的方案争得面红耳赤，最后只好去请教一位智者。听完事情的经过，智者说：“我这里有 1 只骆驼，留着也没什么用，就送给你们吧！”不想，有了 18 只骆驼后，难题迎刃而解：大儿子得到 9 只，二儿子得到 6 只，小儿子分到九分之一，得 2 只骆驼。有趣的是，三兄弟分得的骆驼，9 加 6 加 2，正好是 17 只，多出来的那只，他们又满怀感激地还给了智者。

1949 年 8 月，刘青山和张子善从冀中八分区和十分区调到天津地委和天津专署分别担任地委书记和专员。这两人居功自傲，贪图享受，意志消沉，腐化堕落，经常扬言：“天下是老子打下来的，享受一点还不应当吗？”两人假借经营机关生产的名义，勾结私商进行非法经营。他们利用职权，先后像贼一样盗窃国家救灾粮、治河专款、干部家属救济粮、地方粮，克扣民工粮、机场建筑款，骗取国家银行贷款等，总计达 170 余亿元（旧币）。刘青山吸毒成瘾，借口有病，长期不工作。他们把自己负责的地区视为他们个人的天下，宣扬天津地区的党内只能有“一个领袖”“一个头”。1951 年 11 月，有人揭发出刘、张的贪污犯罪事实。面对高官腐败的严重问题，毛泽东坚决反腐，处死了刘青山、张子善，杀鸡儆猴。

638.【原文】醉后思仇人，君子避酒客。

【解悟 · 故事】喝醉之后往往容易回想到以前和自己有仇的人，君子要尽量避免和嗜酒的人接触。因此，我们喝酒莫贪杯，不要与醉酒的人交锋。

南宋时，苏州有个和尚，因喝酒闹事，州官下令把他抓起来，派一名解差把他押送边远地方去治罪。交通不便，解差心里怨恨，因此棍棒不断，和尚叫苦不迭。几天后，在一个客店住宿，和尚起了逃跑之心，于是对解差说了一番好话，然后拿出碎银请酒。贪杯的解差立即给和尚卸下行枷，开怀畅饮，不多时即醉成一摊烂泥了。此时和尚就找了剃刀，给解差剃了个光头，把囚衣穿在解差身上，再给他套上枷锁，然后自己越窗而逃。第二天，解差酒醒，不见和尚，急了。再一看自己身上的囚衣，颈上的枷锁，对镜一照脑袋竟然光溜溜的，不禁转忧为喜，自言自语地说：“哈哈，我量你也不敢逃！”可是略一沉思，又愣然了：“咦！和尚在，我上哪里去了？”

适度饮酒有益健康，但若贪杯不舍，搞得酩酊大醉，不但伤身，还极易闯祸。许多人平时知礼明理，一旦多喝几杯，就会理智尽失，该说的、不该说的，全都“一吐为快”，对平日里能容忍的一些小事，也会暴跳如雷。古人早就知道贪杯惹祸的道理，所以从西周的《酒诰》起，我国历朝历代都发布过禁酒令，违犯者轻则处以罚金，重则处斩。作为现代人，在许多方面，要比古人进步多了，就更应该多一分自制，少一分放纵，莫因一时贪杯而成千古恨。

639.【原文】智者千虑，必有一失；愚者千虑，必有一得。

【解悟 · 故事】聪明的人在上千次的考虑中，也会有一次失误；愚蠢的人在上千次的考虑中，总会有一次收获。因此，任何事物都是一分为二的，我们要辩证地看待。

晏婴为人正直，为官清廉，生活非常俭朴，上至君主、下至百姓，对他都很尊敬。一天，晏婴正要吃午饭，景公派了一个人来见他。晏婴当场把自己的饭菜分成两份，

晏子拒赏

请来人共进午餐。当然，他这顿饭没有吃饱。景公知道这件事后，感叹地说："相国家里竟然如此贫困，我一直不知道。这是我的过错！"说罢，景公命人给晏婴送去千金，以供他接待宾客之用。不料，晏婴不愿接受，叫来人带回。景公命人再送，他仍然不肯收下。当景公命人第三次送来时，晏婴怕为难送金的人，就一同去面见大王。晏婴见了景公，感谢他对自己的厚爱，并表达了作为一个臣子，能吃饱穿暖就可以了，不能有要过多财富的想法，请求他不要勉强让自己接受额外的赏赐。景公听了这番话，对晏婴更敬重了，但还是坚持要把千金赐给他。景公举了一个例子：齐国以前的贤相管仲，为齐桓公成为当时各诸侯国第一个盟主立了大功。桓公赏给他许多封地，管仲没有推辞就接受了。你为什么要推辞？晏婴说："我听到过这样的说法：智者千虑，必有一失；愚者千虑，必有一得。也许管仲考虑这件事有失误；而我虽然笨，这件事处理得可能正确。"景公听后，只好作罢。

魏国大军南下，与蜀军在柳城以西的街亭开战。诸葛亮派王平、马谡前去镇守街亭。马谡因为刚愎自用，不听王平劝阻，执意将营地盖在山上，导致魏军一来，马谡被团团围住。多亏其他人救援及时，马谡才没有死于乱军之中。但街亭已失，诸葛亮便将马谡斩首了。虽然大部分责任在马谡身上，但没有看到马谡性格缺点的诸葛亮也难逃过错。诸葛亮上知天文、下知地理，用兵如神，却在了解别人的问题上栽了跟头，所以这次失街亭诸葛亮也有着不可逃避的责任。由此可见，聪明之人不可能永远聪明，也有失误的时候，只有正确对待失误，才能将错误降低到最少。

640.【原文】千年田地八百主，田是主人人是客。

【解悟 · 故事】上千年的田地可能会有八百个田地的主人，而田地其实才是真正不变的主人。因此，我们不要累于贪婪，疲于名利，而要生活得洒脱些。

同仁堂药店已创建了300多年，主人也在不断更替。清初，一名叫乐显扬的在皇宫太医院出任出纳文书的吏目，因收集了大量的宫廷秘方、御用古方、民间验方及家传秘方，便于康熙八年（1669）创立同仁堂。1702年，乐显扬之子乐凤鸣将药铺迁至前门大栅栏路南。后来，乐姓四支又在全国各地创办了30多号"乐家老铺"，进一步扩大了同仁堂在国内外的影响。

1939年，乐达义花了很多的钱，才使日本人没有挤进同仁堂，维护了民族利益。当时，日本人的避暑开胃药“人丹”在北平很畅销。同仁堂为了抵制日货，组织几位老药工，翻阅药书，经过多次实验，最后炮制出以牛黄、珍珠、麝香、蟾酥等为主要成分的“六神丸”。这种六神丸，能够清热解毒，消肿止痛，对患有咽喉病的人有特殊的疗效。其功效远远超过了日本的人丹，因此成为当时轰动北平的名药。当时，不仅中国人患咽喉病，喜欢服同仁堂的六神丸，就连日本人也千方百计地抢购六神丸。1942年一个日本商人想用高价收购同仁堂六神丸的配方，他多次找同仁堂乐家人提出要求，但都遭到严词拒绝。1956年乐松生带头参加了公私合营。1953年，同仁堂在北京大学的帮助下，试制银翘解毒片、黄连上清片、女金片成功。后来又相继制成舒肝片、藿香正气片、祛暑片等，使同仁堂名震海内外。

有形的物质，无形的品牌都是人们想抢占、独占的宝贵财富。但这些总是不断地辗转传递、数度易主。别说是大型财产如土地，就算一块小小的玉饰，谁也不能保证能永远戴在同一人身上。在时间的洪流中，我们又何曾真正占有过什么？

641.【原文】良田不由心田置，产业变为冤业折。

【解悟·故事】良田不能任由自己的想法随意购置，产业可能变成冤业而留给儿孙。因此，我们要培养良好的品德，留给儿孙的应该是品德而不是财富。

恩格斯的父亲原是一个殷实的工厂主，1360年他与世长辞。过了一个多月，恩格斯的母亲也得了重病，生命垂危。于是，恩格斯匆匆忙忙地从英国赶回自己的家乡德国巴门探望母亲。不料，在大家忧心忡忡之际，恩格斯的兄弟之间却为遗产的处理产生了意见分歧。恩格斯的三个弟弟坚持要恩格斯放弃他对父亲在德国恩格尔斯基兴的企业的继承权。这种要求显然是不合理的。但倘若不答应他们的要求，兄弟之间就会发生纠纷，重病中的母亲也会受到精神上的打击。为了使母亲免受精神上的刺激，使兄弟之间不因遗产的继承问题而起纠纷，恩格斯慎重考虑后，决定向弟弟们让步，放弃自己的继承权利。他母亲经过精心治疗，终于痊愈。恩格斯在后来写给母亲的信中说：“我还会有成百个别的企业，但是我永远不会另有一个母亲。”

有个商人有两个儿子。商人很喜欢大儿子，打算死后把自己的财产全部留给大儿子。可商人的妻子十分同情小儿子，请求丈夫先不要把这个决定告诉两个儿子。她要想办法使两个儿子得到公平的对待。商人听从了妻子的意见，没有马上向儿子们宣布自己的遗嘱。有一次，商人的妻子坐在窗前哭泣，一个智者朝她走了过来，问她为什么哭泣。商人的妻子如实以告。智者说：“你现在就如实告诉你的两个儿子，而最后他们得到的肯定会是相等的。”果然，小儿子得知实情后，就毅然决然地离开家到外地谋生去了。他勤奋学习，很快就掌握了几门手艺和技术。而大儿子则一直留在父亲身边，什么也没有学，因为他知道他以后会衣食无忧。可等父亲死后，大儿子什么也不会做，父亲留下的遗产很快就挥霍光了。而小儿子在异乡练就了一身生存的本领，早已富甲一方了。

642.【原文】真士无心邀福，天即就无心处牖其衷；险人着意避祸，天即就着意处夺其魄。

【解悟 · 故事】真正的君子无心去祈求福祉，可机缘偏偏会针对他那“无心处”开导启发他，反而给他意外的福祉；行为不正的小人刻意去躲避祸害，可机缘偏偏会针对他那“着意处”夺取他的心魄，反而使他躲不掉灾祸。世事有时并不会遂人愿，所以我们要顺其自然，感悟幸福。

河堤的树丛里，有三只毛毛虫，它们是从很远的地方爬来的。现在它们准备过河，到一个开满鲜花的地方去。第一只毛毛虫说：“我们必须先找到桥，然后从桥上爬过去。这样我们才能抢在别人的前头，找到蜜最多的花朵。”第二只毛毛虫说：“在这荒郊野外，哪里有桥？我们还是各造一条小船，从水上漂过去。只有这样，我们才能尽快到达对岸。”第三只毛毛虫说：“我们走了那么多的路，已经疲惫不堪了，现在应该静下来休息两天。到时候，也许自然就有办法了。”另外两只毛毛虫很诧异：休息？简直是笑话！没看对岸花丛中的蜜都快被喝光了吗？我们一路马不停蹄，难道是来这儿睡觉的？最终，第一只毛毛虫爬上河堤上的一条小路，它要寻找一座过河的桥；第二只毛毛虫则开始爬树，它准备折一片树叶，做成船，让它把自己带过河；第三只毛毛虫却躺在树荫下没有动，它想，畅饮花蜜当然舒服，但在这儿稍作休息，享受此刻习习的凉风也是一大乐事。于是，第三只毛毛虫就钻进一片树林，找了一片宽大的叶子，躺了下来。河里的流水声如音乐一般动听，树叶在微风中如婴儿的摇篮，它很快就睡着了。不知过了多少时辰，也不知自己在睡梦中到底做了些什么，总之，一觉醒来，它发现自己变成了一只美丽的蝴蝶。它的翅膀是那样美丽，那样轻盈，轻轻扇动了几下，就飞过了河。此时，花开得正艳，每个花苞里都是香甜的蜜汁。它很想找到两个伙伴，可是，飞遍所有的花丛都没找到——因为它的伙伴一个累死在路上，另一个被河水冲走了。所以，有时候幸福就是顺其自然。

643.【原文】权贵龙骧，英雄虎战，以冷眼观之，如蝇竞血，如蚁聚膻；是非蜂起，得失猬兴，以冷情当之，如冶化金，如汤消雪。

【解悟 · 故事】有权势的达官贵人像龙一样显示他们的威风，英雄豪杰像猛虎一样争战，若用冷静的眼光来看待，他们只不过是像苍蝇争食血腥，蚂蚁聚食腥膻一样；是非像乱蜂一般涌集，得失像刺猬的刺一般密集，若用冷静的头脑来面对，这些不过就像金属在炉中冶炼，冰雪被热水融化一样。因此，我们要冷眼看待功名富贵，淡然视之。

魏晋时期，有一个叫嵇康的名士。他早年丧父，家境贫困，但仍励志勤学，因而博学多才，文学、玄学、音乐等无不精通并成就非凡。嵇康不慕功名利禄，隐居山林，以酒和琴度日，是“竹林七贤”之一。野心勃勃、求贤若渴的司马昭征召他，他逃跑；将军钟会专程拜访他，他报以冷遇。最后，与嵇康同属“竹林七贤”之一，曾经一起开怀畅饮的山涛，忍不住规劝了几句，不料却得到一封绝交书。

宋代著名的理学家周敦颐为人清廉正直，淡泊名利，平生酷爱莲花。周敦颐任南康知军时，在府署东侧开挖了一口池塘，全部种植荷花。当时周敦颐已值暮年，又抱病在身，所以每当工余饭后，他或独身一人，或邀三五幕僚好友，于池畔赏花品茗，并写下了脍炙人口的散文《爱莲说》。《爱莲说》虽短，但字字珠玑，历来为人所传诵，其中“出淤泥而不染”成千古名句，更是体现了周敦颐淡漠功名利禄之心。

644.【原文】客不离货，财不露白。

【解悟 · 故事】出门在外要看好自己的行李物品，有钱财不要轻易泄露给别人。因此，我们凡事要多留一个心眼，低调做人。

一日，店主黄先生在店内对家人说了一声“把这9万元收好”，没想到这句话被从店外经过的一个“有心人”听到了。此人趁着天色变暗，悄悄潜入店内，将这9万余元现金“闪电”盗走后逃离。发现遭遇偷盗的黄先生如遭雷击，这可是自己近两年省吃俭用的辛苦钱。随后，黄先生向警方报案。接到报警后，警方开展调查、勘验、取证等系列工作，抽丝剥茧，将侦查范围逐渐缩小，犯罪嫌疑人浮出水面。最终，犯罪嫌疑人刘某被成功抓获。刘某对其犯罪事实供认不讳。俗话说，“不怕贼偷，就怕贼惦记”，即使再富有也要保持低调，钱财及存放位置不能随意外露，尽量不要放大量现金在家中，以免有心者动歪脑筋。

南宫敬叔因为太有钱了，得罪了国君，逃到卫国。卫侯让他回去，把财宝都带去敬献国君。孔子听后，说：与其这样，还不如早先穷点儿。富而不好礼，必然要遭殃。现在南宫敬叔的钱财都没了，但如果不改旧习惯的话，恐怕以后还有麻烦。南宫敬叔听说后，赶紧按孔子说的去做，以后只要钱财多了，就施散给众人。中国有一个古训，叫作“财多压身”，这是因为富而不好礼，骄纵炫耀，没有节制，惹祸上身。如果富而好礼，财多就不压身了。

645.【原文】谗言不可听，听之祸殃结，君听臣遭诛，父听子遭灭，夫妇听之离，兄弟听之别，朋友听之疏，亲戚听之绝。

【解悟 · 故事】谗言千万不要听，如果听了就会灾祸连连，君王听了臣子就会遭杀戮，父亲听了孝子就会遭殃，夫妻听了就会导致离婚，兄弟听了就会反目成仇，朋友听了就会疏远，亲戚听了就会断绝往来。因此，我们千万不要听信谗言，那会害人害己。

吴王夫差在姑苏山楼台东建造了一座楼台，以使参与朝政的大臣听取百姓疾苦，查看各地的军事情况。夫差派伍子胥去视察工程，还没建到三、四层台阶，伍子胥就奏报说：“大王的臣民挨饿了，大王的兵士疲惫了，大王的国家危险了。”夫差听了很不高兴，就让太宰嚭替换伍子胥。九层都筑完了，太宰嚭并没有奏报实情，而且声言：“四方的国家都畏惧大王，百姓歌颂大王。”伍子胥说：“他只是想自己极力往上爬，本来就没有时间为大王明察秋毫，也不为百姓打算，这就是欺骗大王啊！”吴王命伍子胥自尽，而让太宰嚭掌管朝政。结果到了第二年，越国的军队就攻入了吴国。

春秋时的楚怀王，听信谗言，使忠心耿耿的屈原徘徊在汨罗江边，最终为了灭亡的楚国而投江自尽。有个外国批评家说过，说谗言的舌头比毒蛇更毒，毒蛇一口只能咬伤一个人，咬伤也不难治好，而说谗言的人，舌尖一动，则祸害无穷，也没有什么办法可以收回那些坏的影响。毁谤人就如同挖陷阱害人一样，最终会害了自己！所有的亡国之君，都最爱听信谗言。君主蒙蔽听信谗言，迫害忠良之士，必然亡国败家。

646.【原文】鬼神可敬不可谄，冤家宜解不宜结。

【解悟·故事】对鬼神要敬而远之而不要去谄媚巴结，是冤家宜和解而不宜结怨。因此，我们不要刻意去讨好别人，也不要轻易得罪别人。

明朝末年，王刘庄的王林和他的好伙伴刘玉商量外出做生意，打算赚了钱之后回家娶媳妇。转眼间已近年关，两人各分了二百五十两银子，他们脸上乐开了花。腊月二十五这天早上，他俩兴高采烈往家赶，一天走了不少路，于是就在路边一小酒馆里歇歇脚。他们要了一斤老白干，几个下酒菜，还有一盘包子和一摞炊饼。酒足饭饱，继续赶路。走到一道山梁上，二人就势在一棵大树下休息。不久王林打起了鼾，刘玉看着王林包袱里的那二百五十两银子突然心生歹念。他悄悄从王林的靴筒里抽出匕首，准备向王林的脖子刺去。突然，刘玉改变了主意，把王林的手脚捆了个结结实实，想要他死个明白。

忙完这一切，刘玉便靠在树干上打盹。迷迷糊糊中，他看见一白发老人严肃地对他说：“你今天杀死王林虽然报了前世的冤仇，但你为财杀死自己的伙伴，来世他也会找你索命的。冤家宜解不宜结，好自为之吧。”“老人家，你说他前世杀了我，有何证据呢？”老者说道：“因为他杀你的凶器就在你的屁股下边。”刘玉一听，猛然惊醒，才发现是大梦一场。他赶忙找来工具就在他坐的地方挖了起来，果然挖出一把锈迹斑斑的刀子。良心未泯的他感于梦境的神奇，也想到自己为财杀了王林虽然报了前世之仇，可来世他还会找自己报仇，一直这样下去何时才是尽头呢？就在他犹豫不决的时候，王林打着哈欠睁开了睡眼。刘玉赶忙解开了捆绑的绳子，并跪在王林的脚下，声泪俱下、愧疚万分地说明了事情的原委。恍然大悟的王林上前握住刘玉的手说：“老弟啊，幸亏梦中神仙的劝导，不然我们真是冤冤相报何时了啊！”

647.【原文】人生何处不相逢，莫因小怨动声色。

【解悟 · 故事】人与人分手后总有再见面的时候，莫因为小怨恨而声色大变。因此，遇到矛盾纠纷时我们要宽容大度，大事化小，小事化了。

明朝时，山东济阳有个叫董笃行的人在京城做官。一天，他接到家里母亲的来信。信中说家里正在盖房子，因为一堵墙和邻居起了冲突，想借他的权力解决这件事。董笃行看完立刻回了信。信上说：“彼此相让才能结成好邻居，我们就让出两尺给邻居又能怎么样呢？”董母读了以后，觉得儿子说得很对，就在盖房子的时候主动让出了几尺。邻居见董家这样做很感动，于是也效仿董家的做法。两家的房子盖成后，中间空出了一条胡同，这就是著名的“仁义胡同”。

刘备去世以后，蜀国丞相诸葛亮准备北伐中原。当时蜀国南部少数民族的大酋长孟获发动叛乱，诸葛亮决定亲自领兵平息叛乱。双方首战，诸葛亮就大获全胜，擒住了孟获。但孟获却不服气，说什么胜败乃兵家常事。诸葛亮说：“既然这样，你就回去好好准备一下再打吧！”孟获被释放以后，逃回自己部落，重整旗鼓，又一次进攻蜀军。但孟获本是一个有勇无谋的人，根本不是诸葛亮对手，第二次又乖乖地被活捉。诸葛亮又下令放了孟获。像这样捉了又放，放了又捉，一次又一次，一直把孟获捉了七次。到了孟获第七次被捉的时候，诸葛亮还要再放。孟获却不愿意走了。他流着眼泪说：“丞相七擒七纵，待我可说是仁至义尽了。我打心底里敬服。从今以后，不敢再造反了。”

宽容是一种美德，海纳百川，不计前嫌，以博大的胸怀包容一切。只有能接纳世界的人才能得到世界。那些成功人士之所以成就大业，原因就在于他们懂得宽容。

648.【原文】心思如青天白日，不可使人不知；才华如玉韫珠含，不可使人易测。

【解悟 · 故事】心思就像蓝天上的太阳，一眼就能看到；才华就如同石中宝玉、蚌中珍珠，不能被人轻易看见。因此，我们的心思要光明正大，才华要藏而不露。

刘备因征战病倒，便派人请诸葛亮来嘱托后事。诸葛亮赶来，看到刘备病得很重，慌忙拜倒在刘备床前。刘备叫诸葛亮坐在旁边，说：“自从得了丞相，我发展了自己的事业。只是由于知识浅薄，没听丞相的话，才遭到今天的失败，实在后悔万分。看来我这病是难好了。我儿子能力太弱，不得不将大事托付于你。”刘备说完，泪流满面。诸葛亮也哭着说：“望陛下保重身体。”刘备召集众将官到齐，拿笔写了遗嘱，交给诸葛亮，并嘱转给刘禅。诸葛亮拜倒在地上说：“望陛下好好安息，臣等一定全力效劳，辅佐太子。”刘备叫左右的人扶起诸葛亮，一手擦拭眼泪，一手握住诸葛亮的手说：“我现在快要死了，有心腹的话要说。”诸葛亮问：“有什么事吩咐？”刘备说：“阁下才干高于曹丕十倍，一定能办成大事，使国家安定。如果刘禅可以辅佐就辅佐，实在不行，你就做两川之主。”诸葛亮听到这话，立即哭拜在地说：“臣一定尽力辅佐太子，一直到死为止。”刘备听后，双眼一闭，便断了气。最终运筹帷幄、决胜千里的诸葛亮也并没有自立为王，而是呕心沥血地辅佐刘禅，可见他对刘备如同青天白日般的忠心。

我们即使拥有过人的才华也必须看情况行事，只能在适当的时候，在适当的人面前显现。年轻人从骨子里不服从任何人，而社会却要求他们必须由服从开始，有所隐藏。因此，若实若虚的人往往站得更稳，外界始终对他们存在着好奇与敬畏，不忍拒绝也不敢怠慢。

649.【原文】性天澄澈，即饥餐渴饮，无非康济身肠；心地沉迷，纵演偈谈元，总是播弄精魄。

【解悟 · 故事】天性空明透亮的人，即使无意修炼，饿了就吃，渴了就喝，这一切都是为了身心健康；沉沦于世间功名利禄的人，纵然整天讨论佛经、谈论禅理，

摒弃浮华

亦不过是在白白耗费自己的精力罢」。因此，我们要摒弃浮华，追求实质。

相传有一天，苏东坡到佛印禅师处与佛印禅师聊天，两人均盘腿而坐。聊到高兴时，苏东坡问佛印禅师："你看我现在像什么？"佛印禅师说："我看你像一尊佛。"苏东坡笑着对佛印禅师说："我看你像一堆牛屎。"佛印禅师笑笑，没有说什么。苏东坡以为自己占了便宜，回家后沾沾自喜地和苏小妹谈起了这件事。苏小妹说："哥哥，你输了！禅师的心是佛一样的境界，所以看你像一尊佛；而你的心态像一堆牛屎一样，看禅师当然也就像一堆牛屎了。"苏东坡听后顿时面红耳赤。

一场音乐会中，观众屏息等待，一位女钢琴家出现了，却衣着朴素。人们不解，演出结束后就此询问她。女钢琴家淡淡地说："人，要隐于音乐背后。"有时候人们走得太远，往往就忘记了最初的目的，以致本末倒置。生命不过数十载，而在生命的追逐中，有太多人过多关注于光华的表面，却忽略了物象内在的本质存在。我们活着，总要追求些质朴实在的东西，找寻生命的本真。

650.【原文】芝兰生于深林，不以无人而不芳；君子修其道德，不为穷困而改节。

史家绝唱

【解悟·故事】芝草和兰草生长在幽深的树林之中，不因为没人观赏就不发出芳香；君子修养自身道德，不因为处境艰难就改变节操。因此，我们要坚持洁身自好，不应随波逐流，丢了气节。

孔子接受聘请前往楚国时，路经陈蔡。陈蔡的统治者担心孔子一旦为楚国所用就会危及自己国家，便派兵包围孔子，阻止他前行。这导致孔子粮食断绝，跟随他的人都生病了。但是孔子却不因处境艰难而放弃追求，而是更加慷慨地讲诵诗书。子路因处在困境而气恼，问孔子，善有善报，恶有恶报，为什么讲仁德的人却会被困？孔子开导他，历史上有才有德而不被接纳的人很多，怎么做在于自己，而回报与否则在于上天。人就要像深林里的芝兰一样，不因林深而改变芬芳。

司马谈去世三年后，其子司马迁继承其遗志，当上了太史令，开始从皇家藏书馆中整理选录历史典籍。天汉二年，正当司马迁全身心撰写《史记》之时，天降横祸，他因对李陵事件直言不讳而受宫刑。但他并没向这残酷的命运屈服，而是坚持继续写作。经过多年的努力，司马迁完成《史记》的写作。这是他用一生的精力，并忍受了肉体上和精神上的巨大痛苦而写成的一部永远闪耀着光辉的伟大著作。鲁迅先生曾评价《史记》是“史家之绝唱，无韵之离骚”。

651.【原文】满招损，谦受益。

【解悟 · 故事】骄傲自满将会引来损失，谦虚谨慎将会得到好处。因此，我们做人要低调谦虚，万不可自傲自满。

戒满酒杯

古时候一种用于灌溉的容器叫作攲器，它有个特点，如果水不满，里面的小人就一直竖立着，只要水一满，它就自动翻转，里面的水就流出来了，然后它接着再竖立起来，接着盛水。于是圣人从这里悟道：容器盛满了水，然后就会倾倒，里面的水就出来了，这就是损失，于是就构成了“满招损”；如果是空的或者不满，那么水就会往里面注入，也就得到了增加，这体现出“谦受益”来。

有个爱好丹青的年轻人，千里迢迢来到法门寺向住持释圆和尚诉说：“我一心一意想要学丹青，可至今没有找到一个满意的师傅。许多人都是徒有虚名，有的画技还不如我。”释圆和尚听了淡淡一笑，要求其当场作画。年轻人问画什么。释圆说老僧平素最大的嗜好就是品茗，施主就为我画一把茶壶一个茶杯吧。年轻人寥寥几笔就画完了，一把倾斜的茶壶正徐徐吐出一脉茶水来，源源不断地注入茶杯中，画得栩栩如生。没想到和尚却说他画错了，应该把杯子置于茶壶之上才是。年轻人感到疑惑，说哪有杯子往茶壶里倒水的。释圆哈哈大笑：“原来你懂得这个道理啊！你渴望自己的杯子里能够注入那些丹青高手的香茗，但你总是将自己的杯子放得比那些茶壶还要高，香茗该如何注入你的杯子里？人只有把自己放低，才能吸取别人的智慧和经验。”年轻人听后恍然大悟。满招损，谦受益，这是永远不变的真理。

652.【原文】百年光阴，如驹过隙。

【解悟 · 故事】百年的时光，如同骏马在细小的缝隙前跑过一样。因此，我们要珍惜时间，勤奋努力。

孙敬是汉代人，幼年丧父，家里很穷，但他立志发愤读书，抓紧一切时间学习。孙敬读起书来不分昼夜，到了晚上时常打瞌睡。为了使自己不睡过去，他就用绳子将自己的头发吊在梁上。每当他低头打瞌睡时，就会因头发被紧紧拉住而疼醒。这样，就不会因打瞌睡而影响学习了。孙敬凭借坚持不懈的努力，终于取得了很大的成绩，长大后成了大学问家。

晋代的祖逖是个胸怀坦荡、拥有远大抱负的人。青年时代，祖逖和幼时的好友刘琨一起担任司州主簿。俩人常常同床而卧，同被而眠，希望共同建功立业，复兴晋国。一次，半夜里祖逖在睡梦中听到公鸡的鸣叫声，他一脚把刘琨踢醒，对刘琨说："别人都认为半夜听见鸡叫不吉利，我不这样想，我觉得这是在催促咱们起床练剑啊！"刘琨欣然同意。于是他们每天鸡叫后就起床练剑。功夫不负有心人，经过长期的刻苦学习和训练，他们终于成为能文能武的全才，既能写得一手好文章，又能带兵打胜仗。多年后，祖逖被封为镇西将军，实现了他报效国家的愿望；刘琨做了都督，兼管并、冀、幽三州的军事，也充分发挥了他的文才武略。

人生在世，想要有所成就，就得勤学苦练。世上从来就没有不流汗水、不付出努力的成功。

653.【原文】世事明如镜，前程暗似漆。

【解悟·故事】世事如同看明亮的镜子一样清晰，前路却漆黑一片看不到光明。因此，我们应只求现在的耕耘与付出，不问将来的收获。

一个年轻人向父亲征求意见："我想在咱们这条街上开店赚钱，得先准备些什么呢？"父亲说："你如果不想多赚钱，现在就可租两间门面，摆上货柜、进一些货物开张营业。如果你想多赚钱的话，就先得准备为这条街上的街坊邻居做些什么。"年轻人问："我先做些什么呢？"父亲想了想，说："要做的事很多，比如，每天清晨可以扫一扫街上的落叶，为有需要的家庭提供帮助……"年轻人听了觉得很奇怪，这些跟我开商店有什么关系呢？虽然心存疑惑，但他还是去做了。他不声不响地每天打扫街道，帮邮差送信，给老人挑水劈柴，渐渐地，这条街上的人们都知道了这个年轻人。半年后，年轻人的商店挂牌营业了，让他惊奇的是，来的客户非常多，很多人舍近求远，拄着拐杖，赶到他的店里买东西。他们说：“我们都知道你是个好人，来你的店里买东西，我们特别放心。”仅仅几年时间，年轻人就成了拥有上千万资产的企业家。有一天记者采访他，问他为什么短短几年就有如此大的收获时，他想了想说：“在收获前，先要学会付出！”

前程一片漆黑，并非说“看不到出路”，而是说未来的发展难以预料。未来可能是暗无天日，也可能是一片光明。谁要以“前程似锦”来糊弄人，劝人坐等明日的美好前程，那就是真正不懂古人的醒酒之法：“前程暗似漆。”

654.【原文】有麝自然香，何必当风立。

【解悟·故事】有麝就一定能闻到它的芳香，不一定要站在迎风的地方。因此，我们要重在培植，硕果天成。

麝香，为雄麝腺囊中的分泌物。一般来说，有麝的地方自然就会有芳香的气味，自然不必迎风站立去刻意表现了。也就是说只要有真才实学，在实践中自会显示出来，用不着自己到处宣扬。

1911年2月15日美国国会通过决议，为庆祝巴拿马运河建成通航，拟定于1915年在加利福尼亚州旧金山市举办巴拿马国际博览会，并向世界各国发出了参展邀请。1912年初，尽管时局维艰，时任大总统的孙中山还是保证，新政府将派展团参加，而且要办得比历届都好。

1915年1月贵州省推荐了茅台镇“成义”“荣和”两家酒坊，以“茅台造酒公司”的名义参展。茅台酒装在一种深褐色的陶罐中，不仅包装得较为简陋，而且又是在农业馆，杂列在棉、麻、大豆、食油等产品中，一点儿也不起眼。由于茅台酒有在南洋劝业会获奖的历史，因而很受中国代表团推崇，有代表提出将茅台酒移入食品加工馆陈列，以突出其位置。搬动时，一位代表不慎失手，一瓶茅台酒从展架上掉下来摔碎了。这就是后来被演绎成“怒掷酒瓶”的故事源头。陶罐一破，酒香四溢。中国赴赛监督陈琪等人灵机一动，建议不必换馆陈列，只需取一瓶茅台酒，分置于数个空酒瓶中，并敞开酒瓶口，旁边再放上几只酒杯，任茅台酒挥洒香气，随专业人士品尝。此举果然非常奏效。博览会会场里的参观者们纷纷寻香而来，更有好奇者顺手拿起酒杯，争相倒酒品尝，赞不绝口。农业馆里一时人头攒涌，热闹非凡，很快产生了轰动效应。

由于茅台酒在农业馆展出的过程中，通过“酒香为媒”的轰动效应已成为博览会上的明星，故不必再由评审团进行评比，而直接由高级评审委员会授予荣誉勋章金奖，享有“世界名酒”的美誉。

655.【原文】良田万顷，日食三餐；大厦千间，夜眠八尺。

【解悟 · 故事】家里有万顷的良田产粮，一天也只是吃三餐饭而已；家里有上千间高大的房子，夜间睡觉时也只不过占用了八尺宽的地方。因此，我们不要贪婪，多也无益。

有人养了一条狗。每天给狗喂食的时候，他养的那群鸡就围在跟前，趁狗不注意时就偷吃几口。看到鸡和自己抢食，狗很不高兴，它冲着鸡群大声吼叫着，一副要把它们吞下去的样子，于是它们便叫着落荒而逃。可等狗再次低头享受美食的时候，鸡群又悄悄地围了过来。狗再次吼叫着把它们赶走。这样鸡狗抢食的场景每天都在上演。一天，为了平息鸡狗之间的争抢，打造鸡狗和谐共处的环境，他准备了两个食盆，把它们拉开距离放在院子里。他想：两个食盆，狗吃一盆，鸡吃一盆，谁也不抢谁的，自然就安宁了。

可万万没想到，狗在吃食的时候，意外地发现鸡没有来抢食。它抬头一看，鸡正在另一个食盆跟前津津有味地吃着。它很生气，跑过去把鸡赶走，自己在那里吃了起来。被赶走的鸡马上跑到刚才狗的食盆跟前吃了起来。狗发现后，又跑过去把鸡赶走，自己吃了起来。鸡和狗就这样在两个食盆间跑来跑去。后来，鸡干脆分成两拨，一个食盆前守一拨。狗跑到另一个食盆前时，这个食盆前的鸡开吃；狗跑到这个食盆前时，另一个食盆前的鸡开吃。就这样，狗不停地在两个食盆间跑来跑去，最后终于累倒了，而鸡却吃得不亦乐乎。由此可见，贪婪的狗不想丢掉任何一盆吃食，最终不仅一盆都没有得到，自己也累垮了。所以，学会取舍是十分重要的。

656.【原文】救生不救死，寄物不寄失。

【解悟 · 故事】要抢救能存活的生命而不要抢救那些已经死去的，要寄情于现

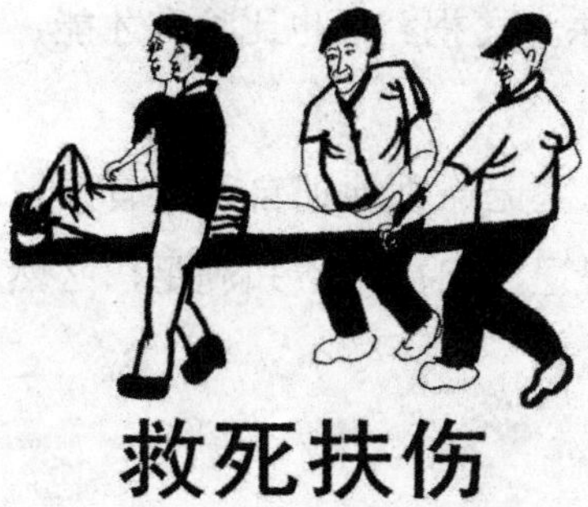

有的事物而不要寄情于那些已经失去的。因此，我们要着眼于存在，着眼于当下。

所谓救生不救死，是相对于杀人者和被杀者而言的。纪晓岚《阅微草堂笔记》中有一则言及于此，说是佐幕者相传有四救口诀，“救生不救死，救官不救民，救大不救小，救旧不救新。”为何“救生不救死”？因为“死者已死，断无可救；生者尚生，又杀以抵命，是多死一人也，故宁委曲以出之。而死者衔冤与否，则非所计也”。救生不救死之说在清代相当流行，是胥吏办理人命官司的秘诀。实际上这种做法宋以来就很突出，影响很大。

一位青年画家把自己的作品拿给大画家柯罗请教。柯罗指出了几处他不满意的地方。“谢谢您！”青年画家说，“明天我全部修改。”柯罗激动地问：“为什么要明天？你想明天才改吗？要是你今晚就死了呢？”

人生不能重来，我们要更加珍惜现在，珍惜现在的生活，珍惜现在的拥有。人生只有今世，每一分每一秒都那么珍贵。不要以为时间还早，不要以为年纪还小，不要以为生命很长，不要以为过了今天还有明天，因为谁都不知道死亡和明天哪一个会先来。

657.【原文】人生孰不需财，匹夫不可怀璧。

【解悟·故事】一生中谁不需要钱财，但是普通百姓最好不要拥有玉璧一类的宝贝。因此，我们取财要有道，有宝莫炫耀。

虞叔有块宝玉，虞公想要得到，虞叔没有给他。后来虞叔为此而感到后悔，说：“周地有句谚语说‘匹夫无罪，怀璧其罪’。”于是就把宝玉献给了虞公。可是，虞公又来索要虞叔的宝剑，虞叔说：“这实在是贪得无厌。如此贪得无厌，将会给我带来杀身之祸。”于是就发兵攻打虞公。最后，虞公只得出逃到共池去了。很显然，贪图财宝会招来祸患。虞叔因为担心贪图财宝招来祸患，所以把宝玉献出去了；但是，虞公得到了宝玉仍不知满足，最终因为贪得无厌而落荒而逃。古人有“匹夫无罪，怀璧其罪”的说法，意思是说一个人本来没什么罪过，但是身怀宝藏，可能有被别人觊觎，从而带来杀身之祸。后也比喻有才能、有理想、有美貌等反而深受其害。

由此可知，不贪图财宝，可以免祸，但绝不是说毫无原则地把自己所有的财宝都送给别人；别人如果贪图财宝，也许一开始能得逞，但如果不知满足，必然招来祸患。

658.【原文】廉官可酌贪泉水，志士不受嗟来食。

【解悟·故事】真正廉洁的官员，即使饮了贪泉水，也不会产生贪欲之心；有志之士哪怕饿死，也不会接受嗟来之食。因此，我们要诚心不贪，真志不辱。

广州城外二十里，有口贪泉。其水明亮如镜，清冽爽口。人喝了必起贪心，哪怕是廉洁之士也无可避免。因此，过去那些赶路人，即使口干舌燥，也不敢妄自饮用。新升任的广州刺史吴隐之，走马上任路过贪泉时，却挹泉而饮，喝下此水后操守反而更加坚定。当时的广州也是块肥得流油的地方，当权者只要随意“捞一把”，必定发大财。刺史离任时往往是“船载洋货，车装珍宝”。然而吴隐之破了这个例。他始终保持不贪不占的清白操行。任期满后，他从广州乘船返回老家，与赴任时一样，依然身无长物，两袖清风。泉还是那口泉，真正的廉官饮了却不为贪所伤，自扬洁名。

战国时期，各诸侯国互相征战，再加上天灾频至，老百姓就更没法生活了。这一年，齐国一连三个月没下雨，田地干裂，庄稼全死了，穷人吃完了树叶吃树皮，吃完了草苗吃草根，一个个都快要饿死了。可富人家的粮仓却堆得满满的，他们照旧吃香的喝辣的。有个富人名叫黔敖，看到穷人一个个饿得要命，他反而幸灾乐祸。他摆出一副救世主的样子，把做好的窝窝头摆在路边，施舍给饥民们。每当过来一个饥民，他便丢过去一个窝窝头，并且傲慢地叫着：“叫花子，给你吃吧！”有时过来一群人，他便丢出去好几个窝窝头让饥民们互相争抢。他就在一旁嘲笑地看着饥民们，十分开心，觉得自己真是救苦救难的活菩萨。这时，有个瘦骨嶙峋的饥民走过来，只见他的头发乱蓬蓬的，衣衫褴褛，一双早已破烂不堪的鞋子用草绳绑在脚上。他一边用破旧的衣袖遮住面孔，一边摇摇晃晃地迈着步。由于几天没吃东西了，他已经支撑不住自己的身体，走起路来踉踉跄跄。黔敖看见这个饥民，便特意拿了两个窝窝头，还盛了一碗汤，对着这个饥民大声吆喝着："喂，过来吃！"饥民像没听见似的，没有理他。黔敖又叫道："嗟，听到没有？给你吃的！"只见那饥民突然精神振作起来，瞪大双眼看着黔敖说："收起你的东西吧，我宁愿饿死也不愿吃你这样的嗟来之食！"黔敖万万没料到，饿成这样的人竟还保持着自己的人格尊严，顿时满面羞愧。

659.【原文】适志在花柳灿烂、笙歌沸腾处，那都是一场幻境界；得趣于木落草枯、声稀味淡中，才觅得一些真消息。

【解悟·故事】若是志向在那莺歌燕舞、花欢柳灿的地方，其实那只是在游历一个虚幻的世界；要想领略人生趣味就应该细心感受花开叶落、云卷云舒，只有在平淡无奇之中，才能寻觅到生命的真谛。因此，我们不要奢望于人生的繁华，而要在平淡中去追求自我价值。

史蒂芬·霍金，出生于1942年。他热衷于搞清楚一切事情的来龙去脉，非常有探索精神。17岁时他进入牛津大学学习物理。刚过完21岁生日的他经检查，被确诊患上了肌肉萎缩性侧索硬化症。医生宣告他只剩两年的生命。但是他却创造了医学史上的奇迹，坚强地活了下来，而且一活就是五十多年！可想而知，霍金在有生之年是何等的艰辛！他在创造科学奇迹的同时，又创造了生命的奇迹！2006年6月霍金在香港科技大学举行的讲座晚宴上，主持人向霍金提问："你追求的目标是什么？"霍金答道："除了渴望知道黑洞里面有什么、宇宙如何开始及人类的生存问题外，了解女人也是我心中的一个目标。"引爆全场掌声。尽管他的身体饱受痛苦，先是肌肉萎缩症后又失去了说话能力，但他仍然非常珍惜生命，极其顽强地工作和生活着。他在轮椅上完成了《时间简史》等一系列著作，从宇宙大爆炸的奇点到黑洞辐射机制，霍金为量子宇宙论的发展做出了杰出的贡献，被誉为当今最伟大的科学天才之一，曾获得理论物理学界的最高荣誉——爱因斯坦奖。

人是有智慧的生命。名也好，利也好，都是身外之物，只有生命才是真正属于自己，要善待自己的生命。生活中确实有人被虚幻的景致迷住了，而放弃了触手可及的快乐。怀着一颗珍惜拥有的心走进生活，就会发现：窗外是白云悠悠，晴空万里。珍惜生活的每一天，珍惜生活中的每一个细节，珍惜你现在拥有的一切，就会拥有幸福与快乐。

660.【原文】己所不欲，勿施于人。

轮椅总统

【解悟 · 故事】自己都不愿意做的事，就不要强加给别人。因此，我们要平等待人，尊重他人。

罗斯福当海军助理部长时，有一天一位好友来访。谈话间朋友问及海军在加勒比海某岛建立基地的事。“我只要你告诉我，”他的朋友说，“我所听到的有关基地的传闻是否确有其事。”这位朋友要打听的事在当时属于机密，不便公开。既然是好友相求，那该如何拒绝是好呢？只见罗斯福望了望四周，然后压低嗓子向朋友问道：“你能对不便外传的事情保密吗？”“能。”好友急切地回答。“那么，我也能。”罗斯福微笑着说。

从前，有个国家的政府实施“种族隔离”政策，不允许黑人进入白人专用的公共场所。白人也不喜欢与黑人来往。有一天，有个长发白人姑娘在沙滩上晒日光浴，由于过度疲劳睡着了。当她醒来时，太阳已经下山。此时，她觉得肚子有点饿，便走进沙滩附近的一家餐馆。她推门而入，选了张靠窗的椅子坐下。她坐了约 15 分钟，却没有侍者前来招待她。她看着那些侍者都忙着招待比她来得迟的顾客，对她则不屑一顾，顿时怒气满腔，想走向前去责问那些侍者。当她站起来，眼前正好有一面大镜子。她看着镜中的自己，吓得说不出话来，原来她已被太阳晒得很黑，像黑人一样了。这个时候，她才真正体会到被歧视的滋味！

如果是自己不想做的事，硬推给他人，不仅会破坏与他人的关系，还会将事情弄得僵持不下而不可收拾。人应当善待他人，应该有宽广的胸怀，待人处事时切勿心胸狭窄，而应宽宏大量，宽恕待人。这才是尊重他人、平等待人的体现。

661.【原文】抱薪救火，火必成灾；扬汤止沸，不如去薪。

【解悟 · 故事】抱着柴去救火，会使火势加大而成灾。把锅里烧开的水舀起来再倒回去，使它凉下来不沸腾，还不如拿掉锅下的柴。因此，我们不要披麻救火，而要釜底抽薪。

战国末期，秦国向魏国接连发动大规模的进攻，魏国无力抵抗，大片土地都

负薪救火

被秦军占领了。魏王愁眉苦脸地问大臣们有没有使秦国退兵的办法。由于经过多年的战乱，大臣们提起打仗就吓得直打哆嗦。在这大军压境的危急时刻，多数大臣都劝魏王用黄河以北和太行山以南的大片土地为代价，向秦王求和。谋士苏代听了这些话，很不以为然，忙上前对魏王说："大王，他们是因为自己胆小怕死，才让您去卖国求和，根本不为国家着想。您想，把大片土地割让给秦国虽然暂时满足了秦王的野心，但秦国的欲望是无止境的，只要魏国的土地没割完，秦军就不会停止进攻我们。"说到这里，苏代讲了一个故事："从前有一个人，他的房子起火了，别人劝他快用水去浇灭大火，但他不听，偏偏抱起一捆柴草去救火，他不懂得柴不但不能灭火反而会助长火势的道理。大王若同意拿着魏国土地去求和，不就等于抱薪救火吗？"尽管苏代讲得头头是道，但是胆小的魏王只顾眼前的太平，还是依大臣们的意见把魏国大片土地割让给秦国。公元前 225 年，秦军果然又向魏国大举进攻，包围了国都大梁，掘开黄河大堤让洪水淹没了大梁城。魏国最终被秦国灭掉了。

北朝大将侯景擅长骑射，被选为怀朔镇兵，后又被封为功曹史等低等官职。北魏末年侯景开始建立功勋，投靠东魏丞相高欢。后来起兵反叛朝廷被打败，就跑到了南朝梁武帝萧衍那里求救。萧衍发兵给他，他进攻东魏失败。东魏魏收给萧衍写了一篇文章，劝萧衍对侯景这种人只能"釜底抽薪，剪草除根"。萧衍不听。公元 548 年，侯景起兵叛乱。公元 551 年他自立为帝，改国号为"汉"，称南梁汉帝，史称"侯景之乱"。

662.【原文】贪心害心，利己伤身。

【解悟 · 故事】如果有了贪心就会伤害自己的良心，只求利己就会伤害自己的身体。因此，我们要盖紧贪婪的魔瓶，净化自己的身心，以知足为基，以渐进为模，不断提升自己。

有一只狐狸，嘴里叼着一只飞雁。这只飞雁大概是刚捉到的，被狐狸叼在口中还在扇动着翅膀。当狐狸走到河边，看见河里的鱼又肥又大，滑溜溜的，似乎比飞雁好吃。贪心的狐狸立即把飞雁放到岸边，跳入河里。可是刚一入水，狐狸就站不稳而摔倒了，便随水漂流起来。狐狸一看情形不对，就不想捉鱼了，拼命

贪欲害己

地游上了岸。狐狸捉不到鱼，想再去找飞雁，而飞雁却早已不知去向。人说狐狸很聪明，岂知它那么傻！既然得到了飞雁，为什么又贪心去捉鱼？到头来两边皆空，还差一点断送了自己的性命。

有一个农民想要买一块地，他听说有个人想卖地，就决定去询问一下。结果那个人告诉他："交上一千两银子，给你一天的时间，从太阳升起的时间算起，直到太阳落下地平线，你用步子圈出的地就都是你的。但是如果不能回到起点，你将不能得到一寸土地。"农民心想："如果我这一天辛苦一下，多走一些路，岂不是可以得到很大一块地？真是太划算了！"于是农民就和那个人签订了合约。第二天，太阳刚一露出地平线他就迈着大步向前疾走。到了中午，他的步子一分钟也没有停下，一直向前走着，心里想："忍受着这一天，以后就可以享受这一天辛苦带来的回报了。"他又向前走了很远的路，眼看着太阳快要下山了才往回走。他心里非常着急，因为如果他赶不回去的话就一寸土地也不能得到。于是他抄近路向起点赶去。可是太阳马上就要落下去了，他只得拼命地奔跑，最后只差两步就要到达起点了，但他的力气已经耗尽，倒在了地上，再也爬不起来了。

如果对名利等过于执着、迷恋，就会伤害自己的身心。我们要吸取历史教训，丢贪欲，弃浮华，修涵养，归真朴。

663.【原文】以法治人，人即得治。

法治天下

【解悟·故事】用法律的手段来治理民众，民众就能得到很好的治理。因此，我们要遵纪守法，律己修身。

隋文帝执政后，制定了新律，健全了法制，而且执法也非常严格，主张不偏袒那些有地位的尊贵者。隋文帝的第三个儿子杨俊，被封为秦王后，依仗权势，胡作非为。他违反国家规定，偷偷放债取息，敲诈勒索。他手下的一些官员也乘机为非作歹，致使小官吏和黎民百姓苦不堪言。隋文帝得知后，派专使调查，处罚了100多个与这件事有牵连的人，并以此来警告杨俊。可杨俊认为自己是皇子，无人敢惹，所以继续作恶。同时，他还大兴土木，建造豪华宫室，成天带着一伙浪荡公子和歌姬舞女寻欢作乐。隋文帝见杨俊如此目无法纪，便下令将他召回京师，撤销了他的一切官职，不许他再参与政事。杨俊被撤销官职的消息传出后，朝廷上下震动不小。宫中的侍卫为讨好杨俊，便跑去对隋文帝说："秦王只不过营建宫室，这不算什么大错，圣上应该原谅他。"隋文帝反问："他放债取息，是不是已经违反了国法？"侍卫只好点头称是。隋文帝又问："法律容许违犯吗？"侍卫哑口无言了。紧接着，御史大夫杨素也跑来说情，劝隋文帝道："对秦王的处罚太重了，求陛下看在父子的情分上，从轻处理。"隋文帝说："如果按照你说的意思，皇子们犯法要从轻处理，那不是要另外为他们制定特别的法律吗？"杨素无言以对。最终，隋文帝坚持依法惩办了杨俊。

664.【原文】不患人不知己，唯患己不知人。

帝王自缢

【解悟·故事】不怕别人不了解自己，只怕自己不了解别人。因此，我们要推己及人，知己知彼。

明朝最后一位皇帝——崇祯，眼见李闯王的大军将逼近北京城，国势危在旦夕。他便紧急召集百官商议，却不见一人到来，感叹说："百官误朕啊！"失望之余，在煤山自缢而死。当初崇祯即位，国家正处于内忧外患，崇祯希望振作有为，但他却无法辨识贤能之士，不能委以重任，导致政风败坏，亡国之祸立至。一个端正君子，心中所忧愁的事，自己应当明辨取舍，这才是君子有智慧的抉择。我们不要时时刻刻担心别人不能理解自己，而要经常想着自己能不能理解别人。也许没人理解自己，恰恰是因为自己不愿意去理解别人。

魏文侯问他的大臣李克："魏成子和翟璜两个人中间谁适合当宰相？"李克说："看他们回家后亲近谁，富裕了把钱分给谁，做大官时都举荐了些什么人，穷困时哪些事情是坚决不做的，贫寒时有哪些东西是坚决不拿的，凭这五条就可以定了。"后来李克经过翟璜家的时候，翟璜问他最后结果，李克说是魏成子当宰相。翟璜很生气地说："我什么地方输给魏成子了？西河的郡守是我举荐的；君王担忧邺这个地方难以治理，我举荐了西门豹；君王要征伐中山国，我举荐了乐羊；中山攻克以后没有合适的人管理，我举荐了你；君王的儿子没有师傅教，我举荐了屈侯鲋。我哪里比魏成子差？"李克答道："就我说的五个方面来说，你怎么可以跟魏成子比呢？魏成子食禄千钟，九成都用在别人身上，只有一成是自己在享用，这才得到了卜子夏、田子方、段干木这三个人，君上将他们看作是自己的老师。而你所举荐的人都是君上的臣子，你怎么比得上魏成子呢？”于是翟璜心服口服。这个故事说明，真正的“千里马”不仅仅是要“遇伯乐而嘶”，而且要懂得知人、用人。你所知的、所用的人在什么层次，就基本上决定了你自己处在什么层次。因为只有真正知晓别人的人，才最有可能找到自己心目中最理想的知己。

665.【原文】仁慈者寿，凶暴者亡。

仁慈益寿

【解悟 · 故事】仁慈善良的人容易长寿，凶狠残暴的人容易早亡。因此，我们要心怀善念，做善良的人。

古代有位长寿老人叫圃翁，主张以慈、俭、和、静四字为养生根本。所谓慈，慈祥、仁爱带来的快乐心情，足以抵御各种灾害，使人健康长寿，颐养天年。所谓俭，俭于饮食养脾胃，俭于嗜欲聚精神，俭于言语养气息防止产生是非，俭于交游则可择友寡过，俭于酒色则清心寡欲，俭于思虑则可免除烦恼和困扰。所谓和，君臣和则国家兴，父子和则家宅安乐，兄弟和则手足提携，夫妻和则闺房静好，朋友和则互相维护。所谓静，就是环境清静、处事冷静之意。只有自爱自全才是养生的准则和关键。

高湛，北齐神武皇帝高欢的第九子，外表虽好，却是个十足的坏蛋。其兄高演病重时，他就和族侄高元海以及族叔祖平秦王高归彦等人密议，准备发兵篡位。可当时有一巫师占卜，说“不利举事，静则吉”，高湛才未动手。很快，高演病死，遵遗诏高湛继统为帝，即北齐武成帝。公元 564 年 7 月，由于出现“白虹贯日”等天文星象，高湛就想起了六哥高演的旧太子、自己的侄子乐陵王高百年。高百年好写“敕”字，而“敕”有皇帝命令之意，高湛知道了不由大怒，立命武士数人上堂对这个侄子拳打脚踢，打得他口中狂吐鲜血，倒在地上。高湛毫不留情，让人揪住他的头发在地上拖，后面卫士用大棒击打，“所过处血皆遍地”。将死之际，高百年哀求说：“阿叔饶命，我愿给您作奴仆。”高湛起身，亲手给了侄子一刀，随即一脚踢入池中，“池水尽赤”。又有一次，高湛在酒席上，命大哥高澄的儿子河南王高孝瑜饮酒 37 大杯，又让人在他回家的路上往他嘴里灌毒酒。高孝瑜难受至极，投水而亡。最终，坏事做尽的高湛病重而死，时年 32 岁。

666.【原文】圣贤言语，雅俗并集，人能体此，万无一失。

【解悟 · 故事】把圣贤语录、名人诗词集成《增广贤文》，若能领悟其中的奥秘，处理万事皆会有把握。因此，我们只要保持良好的心态，必能从中获益良多。

大雨过后，一只蜘蛛艰难地向墙上已经支离破碎的网爬去。由于墙壁潮湿，它爬到一定的高度，就会掉下来，它一次次地向上爬，一次次地又掉下来……第一个人看到后，叹了一口气，自言自语："我的一生不正如这只蜘蛛吗？忙忙碌碌而无所得。"于是，他日渐消沉。第二个人看到后，说："这只蜘蛛真愚蠢，为什么不从旁边干燥的地方绕一下爬上去？我以后可不能像它那样愚蠢。"于是，他开始明白遇事要知变通，变得聪明起来。第三个人看到后，立刻被蜘蛛屡败屡战的精神所感动，于是，他变得坚强起来，通过自己执着的努力，最终大获成功。

有兄弟二人，年龄不过四五岁，他们的卧室窗户整天都密闭着，十分阴暗。为了让阳光照进房间，兄弟俩就商量说："我们可以一起把外面的阳光扫一点进来。"于是，兄弟两人拿着扫帚和簸箕，到阳台上去扫阳光。等到他们把簸箕搬到房间里的时候，里面的阳光就没有了。这样循环往复地扫了许多次，屋内还是一点阳光都没有。正在厨房忙碌的妈妈看见他们奇怪的举动，问道："你们在做什么？"他们回答说："房间太暗了，我们要扫点阳光进来。"妈妈笑道："只要把窗户打开，阳光自然会进来，何必去扫呢？"但愿你读了这本《故事增广》后，能把封闭的心扉敞开，让成功的阳光照亮人生的阴暗，从此更好地感受生活的美好。

首字笔画索引

一画

一 (17、90、97、104、183、190、270、321、352、362、397、427、486、505、527、549、546、573、578)

二画

十 (169)，人 (63、70、137、138、164、163、161、159、203、221、247、307、322、401、414、422、426、447、453、577、575、613、612、647、657)，入 (208、206、336)，儿（345、413），力 (54)

三画

三 (87、199、217、377、530)，士 (332)，下 (570)，大 (92、88、603、610)，与 (370)，万 (130、275)，上 (300、351)，小 (196)，口 (581)，千 (61、501、640)，久 (245)，凡 (472、475)，门 (512)，之（458），己（660），子（257、566），飞 (68)，马 (40)

四画

天（142、264、459、474、600、606、611），无 (93、98、198、338、435)，木 (567)，不（43、149、150、278、291、301、333、355、374、424、461、496、539、561、585、617、621、630、634、664），友 (195)，少 (238、187、315、318)，日 (185)，内 (258、604)，水 (239、469、591)，见 (115、273、378、548、601)，气 (128、637)，仁（665），片 (615)，父 (18、160、207)，仓（252），勿 (113、292、402、449、477、494)，风 (308)，为 (131、180、283、329、452、525)，认 (243)，心 (9、202、648)，引 (491)，以 (409、503、624、589、663)，劝 (80、326)，书 (319、339、485)，毋 (111、112)

五画

击 (285)，打（467），功 (420)，去（532），世 (64、79、108、337、349、365、653)，龙 (166)，平 (33、119、197、390)，灭 (118)，东（513），北（77），由 (314)，只（19、582），兄 (15、320)，生 (155、416、628)，乍（141），

仕(468)，白（143、233），他(297)，瓜(287)，用(265、305、466)，乐(267)，处（10、462），务(464、540)，宁(24、242、403、488、492、537)，礼(140)，训(249)，出（216、325），发(134)，圣(666)，驭(404)

六画

吉(343)，老(312)，扫(133)，耳(103)，芝（650），权(514)，过(204)，再（23），在（48），百（248、268、614、652），有(16、51、251、286、324、425、441、480、538、576、654)，成（175、359），光(342)，当（65、96、213、415），早(162、363)，同(227)，吃(481)，因(341)，岂(13、99)，年(592)，先(116、236、520、587)，竹（234），传（583），休(437)，伤(284)，自（89、310、316），血(81)，行(627)，会(346、602)，众（84、95、121），创（511），名(83、438)，多（500），争（515、526），庄（410），衣(528)，江(69)，池（360），汝(146)，汤(367)，忙(299)，守(135、211)，讲(361)，许(182)，农(4)，好(156、302、457、476、557、594)，观(2、517)

七画

进(191、495)，远(52)，运(39)，孝(5、11)，护(126)，志（50、482），声(176)，却(279)，芙(571)，花(281)，克(408)，求(228)，两(53、506)，来(71、107)，吴(419)，男(356)，听(55)，财（266），牡(120)，但(59、129、167、246、306、334、479、489)，作（8、230、584），身(448)，近(37、41)，坐（384），肝(153)，言(222、282、391、553)，闲(177、629)，穷(382)，良(568、641、655)，识(136、564)，君(395、445、455、550、554)，忍(405、529)

八画

玩(508)，青(421、460)，责（22、497），抱（661），幸(78)，拨（399），择（91），昔(1)，若(193、439、478)，苗(36)，英(158)，丧(541)，画(57、375)，事(171、277、294、487、543)，雨(100)，妻(241、276)，到（429），非(125、533、626)，虎(106)，贤(3、545、595)，国(173、331、388)，明(73、147)，易(56)，知（21、303、348、444），物(85、523)，和(507)，佳(605)，使(451)，命(124)，受(151、431、510、596)，贪(25、215、373、662)，贫(62、132、290、376、400、433、534、560)，狎(201)，狐(398)，狗(493)，饱（67），享(498)，刻(393)，闹(72)，河(66)，性(649)，学(223、483、625)，官(192)，视(551)，居(385、443)，终（272、579）

九画

春（335），城（220），茫(253)，荣(174)，枯(317)，相(31、32、46、75、544)，要(254、490)，厚(237、504)，鸦(12)，点（616），临(618、

636)，是(244、406、463)，昨（76），咬(631)，骨(502)，钝（60），适(659)，种（599），秋(181、434)，便（423），顺(364)，鬼(646)，待（152），须(189)，急(154)，饶(42)，将(289)，亲(535、635)，施(392)，差（450），养(200、209、250、330)，美(44、157、212)，洒(473)，送(633)，炮(235)，举(521)，客(47、644)，祖（588)，误(288)，说(389)，既(225)，屋(144)，昼（28），结(226)

十画

素(586)，损(558)，莫(105、117、274、432、620)，恶(381)，莺(74)，真（642），栖(34)，根(357)，速(82)，唇（484），烈(127)，恩（499、623），贼（454），钱(7)，积(328、350、619)，笑(565)，笋(145)，倚(114)，俱(411)，爱（14、518、531、556），逢(417)，留(436、471)，凌(94)，座（139），病（442），酒(30、232、407)，悖（446），害(231)，家(383、516、569)，诸（20），读（29、572），谁(58、622)，能(260、358、387)，难(580)

十一画

黄(168、344)，萤(35)，救(255、597、656)，爽(366)，常（179、210），略(271)，偏(102)，假(178)，得(172、311、522、536、542)，欲(86、224、269、430、563)，逸(296)，祭(280)，望(214)，着（218），清(148)，深(428)，情(340)，惜(188)，惟(555)，寂(552)，祸(593)，谗（304、645），随(26)，隐(309、379)

十二画

趋(608)，博（186），欺(380)，晴(412、519)，量(368、465)，智（574、639），善(165、327、369、559、590)，尊（6），道（205、295），渴(229)，惺(109)，割(45)，富(123、261、298、353、371、386、547、632)，窗（598），遍（110），谦(354)，强(347)

十三画

鼓(122)，勤(562)，蓬(396)，鄙（184），愚(323)，暗（262），路(38、293、418、524)，蜗(470)，衙(263)，触（394），廉(658)，痴（240），福(372、509)，群(49)

十四画

静(194、256)，榜（313），算(607)，慢(101)

十五画

聪（259），横(27)，醉（638）

十六画

燕(170)，器(643)，鹪(609)，磨(440)，壁（456）

十七画

鹬(219)

首字音序索引

A

爱（14、518、531、556），暗（262）

B

白（143、233），百（248、268、614、652），榜（313），饱（67），抱（661），北（77），悖（446），鄙（184），壁（456），遍（110），病（442），拨（399），博（186），不（43、149、150、278、291、301、333、355、374、424、461、496、539、561、585、617、621、630、634、664）

C

财（266），仓（252），差（450），谗（304、645），常（179、210），成（175、359），城（220），吃（481），痴（240），池（360），出（216、325），处（10、462），触（394），传（583），窗（598），创（511），春（335），唇（484），聪（259）

D

打（467），大（88、92、603、610），待（152），但（59、129、167、246、306、334、479、489），当（65、96、213、415），到（429），道（205、295），得（172、311、522、536、542），点（616），东（513），读（29、572），钝（60），多（500）

E

恶（381），恩（499、623），儿（345、413），耳（103）

F

发（134），凡（472、475），飞（68），非（125、533、626），风（308），逢（417），芙（571），福（372、509），父（18、160、207），富（123、261、298、353、371、386、547、632）

G

肝（153），割（45），根（357），功（420），狗（493），骨（502），鼓（122），瓜（287），观（2、517），官（192），光（342），鬼（646），国（173、331、388），过（204）

H

害（231），好（156、302、457、

476、557、594），和（507），河（66），横（27），厚（237、504），狐（398），虎（106），护（126），花（281），画（57、375），黄（168、344），会（346、602），祸（593）

J

击（285），积（328、350、619），吉（343），急（154），己（660），既（225），祭（280），寂（552），佳（605），家（383、516、569），假（178），见（115、273、378、548、601），江（69），讲（361），将（289），鷦（609），结（226），进（191、495），近（37、41），静（194、256），久（245），酒（30、232、407），救（255、597、656），居（385、443），举（521），俱（411），君（395、445、455、550、554）

K

渴（229），克（408），刻（393），客（47、644），口（581），枯（317）

L

来（71、107），老（312），乐（267），礼（140），力（54），廉（658），良（568、641、655），两（53、506），量（368、465），烈（127），临（618、636），凌（94），留（436、471），龙（166），路（38、293、418、524），略（271）

M

马（40），慢（101），忙（299），茫（253），美（44、157、212），门（512），苗（36），灭（118），名（83、438），明（73、147），命（124），磨（440），莫（105、117、274、432、620），牡（120），木（567）

N

男（356），难（580），闹（72），内（258、604），能（260、358、387），年（592），宁（24、242、403、488、492、537），农（4）

P

炮（235），蓬（396），偏（102），便（423），片（615），贫（62、132、290、376、400、433、534、560），平（33、119、197、390）

Q

妻（241、276），栖（34），欺（608），岂（13、99），气（128、637），器（434），千（61、501、640），谦（354），钱（7），强（347），亲（535、635），勤（562），青（421、460），清（148），情（340），晴（412、519），穷（382），秋（181、380），求（228），趋（514），去（532），权（643），劝（80、326），却（279），群（49）

R

饶（42），人（63、70、137、138、159、161、163、164、203、221、247、307、322、401、414、422、426、447、453、575、577、612、613、647、657），仁（665），忍（405、529），认（243），日（185），荣（174），汝（146），入（206、

208、336），若（193、439、478）

S

洒（473），三（87、199、217、377、530），丧（541），扫（133），善（165、327、369、559、590），伤（284），上（300、351），少（187、238、315、318），谁（58、622），身（448），深（428），生（155、416、628），声（176），圣（666），施（392），十（169），识（136、564），使（451），士（332），世（64、79、108、337、349、365、653），仕（468），事（171、277、294、487、543），视（551），是（244、406、463），适（659），守（135、211），受（151、431、510、596），书（319、339、485），爽（366），水（239、469、591），顺（364），说（389），送（633），素（586），速（82），算（607），随（26），损（558），笋（145）

T

他（297），贪（25、215、373、662），汤（367），天（142、264、459、474、600、606、611），听（55），同（227）

W

玩（508），万（130、275），望（214），为（131、180、283、329、452、525），惟（555），蜗（470），屋（144），无（93、98、198、338、435），毋（111、112），吴（419），勿（113、292、402、449、477、494），务（464、540），物（85、523），误（288）

X

昔（1），惜（188），狎（201），下（570），先（116、236、520、587），闲（177、629），贤（3、545、595），相（31、32、46、75、544），享（498），小（196），孝（5、11），笑（565），心（9、202、648），惺（109），行（627），幸（78），性（649），兄（15、320），休（437），须（189），许（182），学（223、483、625），血（81），训（249）

Y

鸦（12），衙（263），言（222、282、391、553），燕（170），养（200、209、250、330），咬（631），要（254、490），一（17、90、97、104、183、190、270、321、352、362、397、427、486、505、527、546、549、573、578），衣（528），以（409、503、624、589、663），倚（114），易（56），逸（296），因（341），引（491），隐（309、379），英（158），莺（74），萤（35），用（265、305、466），由（314），友（195），有（16、51、251、286、324、425、441、480、538、576、654），愚（323），与（370），雨（100），驭（404），欲（86、224、269、430、563），鹬（219），远（52），运（39）

Z

再（23），在（48），早（162、

363），责（22、497），择（91），贼（454），乍（141），真（642），争（515、526），之（458），芝（650），知（21、303、348、444），只（19、582），志（50、482），智（574、639），终（272、579），众（84、95、121），种（599），昼（28），诸（20），竹（234），庄（410），着（218），子（257、566），自（89、310、316），祖（588），醉（638），尊（6），昨（76），作（8、230、584），坐（384），座（139）

全文依序索引

1. 昔时贤文，诲汝谆谆，集韵增广，多见多闻。
2. 观今宜鉴古，无古不成今。
3. 贤乃国之宝，儒为席上珍。
4. 农工与商贾，皆宜敦五伦。
5. 孝弟为先务，本立而道生。
6. 尊师以重道，爱众而亲仁。
7. 钱财如粪土，仁义值千金。
8. 作事须循天理，出言要顺人心。
9. 心术不可得罪于天地，言行要留好样与儿孙。
10. 处富贵地，要矜怜贫贱的痛痒；当少壮时，须体念衰老的酸辛。
11. 孝当竭力，非徒养身。
12. 鸦有反哺之孝，羊知跪乳之恩。
13. 岂无远道思亲泪，不及高堂念子心。
14. 爱日以承欢，莫待丁兰刻木祀；椎牛而祭墓，不如鸡豚逮亲存。
15. 兄弟相害，不如友生；外御其侮，莫如弟兄。
16. 有酒有肉多兄弟，急难何曾见一人。
17. 一回相见一回老，能得几时为弟兄。
18. 父子和而家不败，兄弟和而家不分，乡党和而争讼息，夫妇和而家道兴。
19. 只缘花底莺声巧，遂使天边雁影分。
20. 诸恶莫作，众善奉行。
21. 知己知彼，将心比心。
22. 责人之心责己，爱己之心爱人。

23. 再三须慎意，第一莫欺心。

24. 宁可人负我，切莫我负人。

25. 贪爱沉溺即苦海，利欲炽燃是火坑。

26. 随时莫起趋时念，脱俗休存矫俗心。

27. 横逆困穷，直从起处讨由来，则怨尤自息；功名富贵，还向灭时观究竟，则贪恋自轻。

28. 昼坐惜阴，夜坐惜灯。

29. 读书须用意，一字值千金。

30. 酒逢知己饮，诗向会人吟。

31. 相识满天下，知心能几人。

32. 相逢好似初相识，到老终无怨恨心。

33. 平生不作皱眉事，世上应无切齿人。

34. 栖迟蓬户，耳目虽拘而神情自旷；结纳山翁，仪文虽略而意念常真。

35. 萤仅自照，雁不孤行。

36. 苗从蒂发，藕由莲生。

37. 近水知鱼性，近山识鸟音。

38. 路遥知马力，事久见人心。

39. 运去金成铁，时来铁似金。

40. 马行无力皆因瘦，人不风流只为贫。

41. 近水楼台先得月，向阳花木早逢春。

42. 饶人不是痴汉，痴汉不会饶人。

43. 不说自己桶索短，但怨人家箍井深。

44. 美不美，乡中水；亲不亲，故乡人。

45. 割不断的亲，离不开的邻。

46. 相见易得好，久住难为人。

47. 客来主不顾，应恐是痴人。

48 在家不会迎宾客，出路方知少主人。

49. 群居守口，独坐防心。

50. 志从肥甘丧，心以淡泊明。

51. 有钱堪出众，遭难莫寻亲。

52. 远水难救近火，远亲不如近邻。

53. 两人一般心，有钱堪买金；一人一般心，无钱堪买针。
54. 力微休负重，言轻莫劝人。
55. 听话如尝汤，交财始见心。
56. 易涨易退山溪水，易反易覆小人心。
57. 画虎画皮难画骨，知人知面不知心。
58. 谁人背后无人说，哪个人前不说人？
59. 但行好事，莫问前程。
60. 钝鸟先飞，大器晚成。
61. 千里不欺孤，独木不成林。
62. 贫居闹市无人问，富在深山有远亲。
63. 人情似纸张张薄，世事如棋局局新。
64. 世人结交须黄金，黄金不多交不深；纵令然诺暂相许，终是悠悠行路心。
65. 当局者昧，旁观者明。
66. 河狭水急，人急计生。
67. 饱暖思淫泆，饥寒起盗心。
68. 飞蛾扑灯甘就镬，春蚕作茧自缠身。
69. 江中后浪催前浪，世上新人赶旧人。
70. 人生一世，草木一春。
71. 来如风雨，去似微尘。
72. 闹里有钱，静处安身。
73. 明知山有虎，莫向虎山行。
74. 莺花犹怕风光老，岂可教人枉度春。
75. 相逢不饮空归去，洞口桃花也笑人。
76. 昨日花开今日谢，百年人有万年心。
77. 北邙荒冢无贫富，玉垒浮云变古今。
78. 幸名无德非佳兆，乱世多财是祸根。
79. 世事茫茫难自料，清风明月冷看人。
80. 劝君莫作守财虏，死去何曾带一文。
81. 血肉身躯且归泡影，何论影外之影；山河大地尚属微尘，而沉尘中之尘。
82. 速效莫求，小利莫争。
83. 名高妒起，宠极谤生。

84. 众怒难犯，专欲难成。

85. 物极必反，器满则倾。

86. 欲知三叉路，须问去来人。

87. 三十年前人寻病，三十年后病寻人。

88. 大富由命，小富由勤。

89. 自恨枝无叶，莫谓日无阴。

90. 一年之计在于春，一日之计在于寅，一家之计在于和，一生之计在于勤。

91. 择婿观头角，娶女访幽贞。

92. 大抵取他根骨好，富贵贫贱非所论。

93. 无限朱门生饿殍，几多白屋出公卿。

94. 凌云甲第更新主，胜概名园非旧人。

95. 众口难辩，孤掌难鸣。

96. 当场不战，过后兴兵。

97. 一肥遮百丑，四两拨千斤。

98. 无病休嫌瘦，身安莫怨贫。

99. 岂能尽如人意，但求不愧我心。

100. 雨露不滋无本草，混财不富命穷人。

101. 慢藏诲盗，冶容诲淫。

102. 偏听则暗，兼听则明。

103. 耳闻是虚，眼见是实。

104. 一犬吠影，百犬吠声。

105. 莫信直中直，须防仁不仁。

106. 虎生犹可近，人熟不堪亲。

107. 来说是非者，便是是非人。

108. 世路由他险，居心任我平。

109. 惺惺常不足，懵懵作公卿。

110. 遍身绮罗者，不是养蚕人。

111. 毋私小惠而伤大体，毋借公论而快私情。

112. 毋以己长而形人之短，毋因己拙而忌人之能。

113. 勿恃势力而凌逼孤寡，勿贪口腹而恣杀牲禽。

114. 倚势凌人，势败人凌我；穷巷追狗，巷穷狗咬人。

115. 见色而起淫心，报在妻女；匿怨而用暗箭，祸延子孙。
116. 先到为君，后到为臣。
117. 莫道君行早，更有早行人。
118. 灭却心头火，剔起佛前灯。
119. 平日不作亏心事，半夜敲门心不惊。
120. 牡丹花好空入目，枣花虽小结实成。
121. 众星朗朗，不如孤月独明；照塔层层，不如暗处一灯。
122. 鼓打千椎，不如雷轰一声；良田百亩，不如薄技随身。
123. 富厚福泽，不过厚吾之生；贫贱忧戚，乃是玉汝于成。
124. 命薄福浅，树大根深。
125. 非上上智，无了了心。
126. 护疾忌医，掩耳盗铃。
127. 烈士让千乘，贪夫争一文。
128. 气是无明火，忍是敌灾星。
129. 但存方寸地，留与子孙耕。
130. 万事劝人休瞒昧，举头三尺有神明。
131. 为恶畏人知，恶中犹有善路；为善急人知，善处即是恶根。
132. 贫贱骄人，虽涉虚骄，还有几分侠气；奸雄欺世，纵似挥霍，全没半点真心。
133. 扫地红尘飞，才著工夫便起障；开窗日月进，能通灵窍自生明。
134. 发念处即遏三大欲，到头时方全一点真。
135. 守分安命，趋吉避凶。
136. 识真方知假，无奸不显忠。
137. 人无千日好，花无百日红。
138. 人老心不老，人穷志不穷。
139. 座上客常满，杯中酒不空。
140. 礼义兴于富足，盗贼出于贫穷。
141. 乍富不知新受用，乍贫难改旧家风。
142. 天上有星皆拱北，世间无水不朝东。
143. 白发不随人老去，转眼又是白头翁。
144. 屋漏更遭连夜雨，船慢又被打头风。
145. 笋因落箨方成竹，鱼为奔波始化龙。

146. 汝惟不矜，天下莫与汝争能；汝惟不伐，天下莫与汝争功。

147. 明不伤察，直不过矫。

148. 仁能善断，清能有容。

149. 不尽人之欢，不竭人之忠。

150. 不自是而露才，不轻试以幸功。

151. 受享不逾分外，修持不减分中。

152. 待人无半毫诈伪欺隐，处事只一味镇定从容。

153. 肝肠煦若春风，虽囊乏一文，还怜茕独；气骨清如秋水，纵家徒四壁，终傲王公。

154. 急行缓行，前程只有许多路；逆取顺取，到头总是一场空。

155. 生不认魂，死不认尸。

156. 好言难得，恶语易施。

157. 美玉可沽，善贾且待；瓦甑既堕，反顾何为。

158. 英雄行险道，富贵似花枝。

159. 人情莫道春光好，只怕秋来有冷时。

160. 父母恩深终有别，夫妻义重也分离。

161. 人生似鸟同林宿，大限来时各自飞。

162. 早把甘旨勤奉养，夕阳光景不多时。

163. 人善被人欺，马善被人骑。

164. 人恶人怕天不怕，人善人欺天不欺。

165. 善恶到头终有报，只争来早与来迟。

166. 龙游浅水遭虾戏，虎落平阳被犬欺。

167. 但将冷眼观螃蟹，看你横行到几时。

168. 黄河尚有澄清日，岂有人无得运时。

169. 十年窗下无人识，一举成名天下知。

170. 燕雀那知鸿鹄志，虎狼岂被犬羊欺。

171. 事业文章，随身消毁，而精神万古不灭；功名富贵，逐世转移，而气节千载如斯。

172. 得宠思辱，居安思危。

173. 国乱思良相，家贫思良妻。

174. 荣宠旁边辱等待，贫贱背后福跟随。

175. 成名每在穷苦日，败事多因得意时。

176. 声妓晚景从良，半世之烟花无碍；贞妇白头失守，一生之清苦俱非。

177. 闲事休管，无事早归。

178. 假饶染就真红色，也被旁人说是非。

179. 常将酒钥开眉锁，莫把心机织鬓丝。

180. 为人莫作千年计，三十河东四十西。

181. 秋虫春鸟，共畅天机，何必浪生悲喜；老树新花，同含生意，胡为妄别妍媸。

182. 许人一物，千金不移。

183. 一言既出，驷马难追。

184. 鄙啬之极，必生奢男；厚德之至，定产佳儿。

185. 日勤三省，夜惕四知。

186. 博学而笃志，切问而近思。

187. 少年不努力，老大徒伤悲。

188. 惜钱休教子，护短莫从师。

189. 须知孺子可教，勿谓童子何知。

190. 一举首登龙虎榜，十年身到凤凰池。

191. 进德修业，要个木石的念头，若稍涉矜夸，便趋欲境；济世经邦，要段云水的趣味，若一有贪恋，便堕危机。

192. 官清书吏瘦，神灵庙祝肥。

193. 若要人不知，除非己莫为。

194. 静坐常思己过，闲谈莫论人非。

195. 友如作画须求淡，邻有淳风不攘鸡。

196. 小窗莫听黄鹂语，踏破荆花满院飞。

197. 平生最爱鱼无舌，游遍江湖少是非。

198. 无事常如有事时提防，才可以弥意外之变；有事常如无事时镇定，才可以消局中之危。

199. 三人同行，必有我师，择其善者而从，其不善者改之。

200. 养心莫善于寡欲，无恒不可作巫医。

201. 狎昵恶少，久必受其累；屈志老成，急则可相依。

202. 心口如一，童叟无欺。

203. 人有善念，天必佑之。

204. 过则无惮改，独则毋自欺。
205. 道吾好者是吾贼，道吾恶者是吾师。
206. 入观庭户知勤惰，一出茶汤便见妻。
207. 父老奔驰无孝子，要知贤母看儿衣。
208. 入门休问荣枯事，观看容颜便得知。
209. 养儿代老，积谷防饥。
210. 常将有日思无日，莫待无时想有时。
211. 守己不贪终是稳，利人所有定遭亏。
212. 美酒饮当微醉候，好花看到半开时。
213. 当路莫栽荆棘树，他年免挂子孙衣。
214. 望于天，必思己所为；望于人，必思己所施。
215. 贪了牲禽的滋益，必招性分的损；占了人事的便宜，必受天道的亏。
216. 出家如初，成佛有余。
217. 三心一净，四相俱无。
218. 着意于无，即是有根未斩；留心于静，便为动芽未锄。
219. 鹬蚌相持，渔人得利。
220. 城门失火，殃及池鱼。
221. 人而无信，百事皆虚。
222. 言称圣贤，心类穿窬。
223. 学不尚实行，马牛而襟裾。
224. 欲求生富贵，须下苦工夫。
225. 既耕亦已种，时还读我书。
226. 结交须胜己，似我不如无。
227. 同君一夜话，胜读十年书。
228. 求人须求大丈夫，济人须济急时无。
229. 渴时一滴如甘露，醉后添杯不如无。
230. 作事惟求心可以，待人先看我何如。
231. 害人之心不可有，防人之心不可无。
232. 酒中不语真君子，财上分明大丈夫。
233. 白酒酿成缘好客，黄金散尽为收书。
234. 竹篱茅舍风光好，道院僧房总不如。

235. 炮凤烹龙，放箸时与盐齑无异；悬金佩玉，成灰处于瓦砾何殊。

236. 先达笑弹冠，休向侯门轻束带；相知犹按剑，莫从世路暗投珠。

237. 厚时说尽知心，恐妨薄后发泄。

238. 少年不节嗜欲，每致中道而殂。

239. 水至清则无鱼，人至察则无徒。

240. 痴人畏妇，贤女敬夫。

241. 妻财之念重，兄弟之情疏。

242. 宁可正而不足，不可斜而有余。

243. 认真还自在，作假费工夫。

244. 是非朝朝有，不听自然无。

245. 久住令人贱，频来亲也疏。

246. 但看三五日，相见不如初。

247. 人情似水分高下，世事如云任卷舒。

248. 百年成之不足，一旦坏之有余。

249. 训子须从胎教始，端蒙必自《小学》初。

250. 养子不教如养驴，养女不教如养猪。

251. 有田不耕仓廪虚，有书不读子孙愚。

252. 仓廪虚兮岁月乏，子孙愚兮礼义疏。

253. 茫茫四海人无数，那个男儿是丈夫。

254. 要好儿孙须积德，欲高门第快读书。

255. 救人一命，胜造七级浮图；积金千两，不如一解经书。

256. 静中观物动，闲处看人忙，才得超尘脱俗的趣味；忙处会偷闲，闲中能取静，便是安身立命的工夫。

257. 子教婴孩，妇教初来。

258. 内要伶俐，外要痴呆。

259. 聪明逞尽，惹祸招灾。

260. 能让终有益，忍气免伤财。

261. 富从升合起，贫因不算来。

262. 暗中休使箭，乖里放些呆。

263. 衙门八字开，有理无钱莫进来。

264. 天灾不时有，谁家挂得免字牌。

265. 用人不宜刻，刻则思效者去；交友不宜滥，滥则贡谀者来。

266. 财是怨府，贪为祸胎。

267. 乐不可极，乐极生哀；欲不可纵，纵欲成灾。

268. 百年容易过，青春不再来。

269. 欲寡精神爽，思多血气衰。

270. 一头白发催将去，万两黄金买不回。

271. 略尝辛苦方为福，不作聪明便是才。

272. 终身疾病，恒从新婚造起；盖世勋猷，多是老成建来。

273. 见者易，学者难。

274. 莫将容易得，便作等闲看。

275. 万恶淫为首，百善孝为先。

276. 妻贤夫祸少，子孝父心宽。

277. 事亲须当养志，爱子勿令偷安。

278. 不求金玉重重贵，但愿儿孙个个贤。

279. 却愁前面无多路，及早承欢向膝前。

280. 祭而丰不如养之厚，悔之晚何若谨于前。

281. 花逞春光，一番雨一番风，催归尘土；竹坚雅操，几朝霜几朝雪，傲就琅玕。

282. 言顾行，行顾言。

283. 为事在人，成事在天。

284. 伤人一语，痛如刀割；杀人一万，自损三千。

285. 击石原有火，逢仇莫结冤。

286. 有容德乃大，无欲心自闲。

287. 瓜田不纳履，李下不整冠。

288. 误处皆缘不学，强作乃成自然。

289. 将相顶头堪走马，公侯肚内好撑船。

290. 贫不卖书留子读，老犹栽竹与人看。

291. 不作风波于世上，但留清白在人间。

292. 勿因群疑而阻独见，勿任己意而废人言。

293. 路逢险处，为人辟一步周行，便觉天宽地阔；遇到穷时，使我留三分抚恤，自然理顺情安。

294. 事有急之不白者，宽之或自明，勿操急以速其忿；人有切之不从者，纵之或自化，勿操切以益其顽。

295. 道路各别，养家一般。

296. 逸态闲情，惟期自尚；清标傲骨，不愿人怜。

297. 他急我不急，人闲心不闲。

298. 富人思来年，贫人顾眼前。

299. 忙中多错事，醉后吐真言。

300. 上山擒虎易，开口告人难。

301. 不是撑船手，休要提篙竿。

302. 好言一句三冬暖，话不投机六月寒。

303. 知音说与知音听，不是知音莫与谈。

304. 谗言败坏真君子，美色消磨狂少年。

305. 用心计较般般错，退步思量事事难。

306. 但有绿杨堪系马，处处有路到长安。

307. 人欲从初起处剪除，如斩新刍，工夫极易，若乐其便，而姑为染指，则深入万仞；天理自乍见时充拓，如磨尘镜，光彩渐增，若惮其难，而稍为退步，便远隔千山。

308. 风息时，休起浪；岸到处，便离船。

309. 隐恶扬善，谨行慎言。

310. 自处超然，处人蔼然。

311. 得意欿然，失意泰然。

312. 老当益壮，穷且益坚。

313. 榜上名扬，蓬门增色；床头金尽，壮士无颜。

314. 由俭入奢易，由奢入俭难。

315. 少成若天性，习惯成自然。

316. 自奉必须俭约，宴客切勿留连。

317. 枯木逢春犹再发，人无两度再少年。

318. 少而寡欲颜常好，老不求官梦亦闲。

319. 书有未曾经我读，事无不可对人言。

320. 兄弟叔侄，须分多润寡；长幼内外，宜法肃词严。

321. 一饭一粥，当思来处不易；半丝半缕，恒念物力维艰。

322. 人学始知道，不学亦徒然。

323. 愚而好自用，贱而好自专。

324. 有书真富贵，无事小神仙。

325. 出岫孤云，去来一无所系；悬空明镜，妍丑两不相干。

326. 劝君作福便无钱，祸到临头使万千。

327. 善恶关头休错认，一失人身万劫难。

328. 积德若为山，九仞头休亏一篑；容人须学海，十分满尚纳百川。

329. 为善最乐，为恶难逃。

330. 养兵千日，用在一朝。

331. 国清才子贵，家富小儿骄。

332. 士为知己用，节不岁寒凋。

333. 不因渔父引，怎得见波涛。

334. 但知口中有剑，不知袖里藏刀。

335. 春蚕到死丝方尽，恶语伤人恨难消。

336. 入山不怕伤人虎，只怕人情两面刀。

337. 世间公道惟白发，贵人头上不曾饶。

338. 无求到处人情好，不饮随他酒价高。

339. 书画是雅事，一贪痴便成商贾；山林是胜地，一营恋便成市朝。

340. 情欲意识属妄心，消杀得妄心尽，而后真心现；矜高倨傲是客气，降伏得客气平，而后正气调。

341. 因风吹火，用力不多。

342. 光阴似箭，日月如梭。

343. 吉人之辞寡，躁人之辞多。

344. 黄金未为贵，安乐值钱多。

345. 儿孙胜于我，要钱做甚么；儿孙不如我，要钱做甚么。

346. 会使不在家豪富，风雅不用着衣多。

347. 强中更有强中手，恶人自有恶人磨。

348. 知事少时烦恼少，识人多处是非多。

349. 世间好语书说尽，天下名山寺占多。

350. 积德百年元气厚，读书三代雅人多。

351. 上为父母，中为己身，下为儿女，做得清，方了却平生事；立上等品，为中等事，享下等福，守得定，才是个安乐窝。

352. 一念常惺，才避得去神弓鬼矢；纤尘不染，方解得开地网天罗。

353. 富贵是无情之物，你看得他重，他害你越大；贫贱是耐久之交，你处得他好，他益你必多。

354. 谦恭待人，忠孝传家。

355. 不学无术，读书便佳。

356. 男以女为室，女以男为家。

357. 根深不怕风摇动，表正何愁日影斜。

358. 能休尘境为真境，未了僧家是俗家。

359. 成家犹如针挑土，败家好似水推沙。

360. 池塘积水堪防旱，田地深耕足养家。

361. 讲学不尚躬行，为口头禅；立业不思种德，如眼前花。

362. 一段不为的气节，是撑天立地之柱石；一点不忍的念头，是生民育物之根芽。

363. 早起三光，迟起三慌。

364. 顺天者存，逆天者亡。

365. 世路风波，炼心之境；人情冷暖，忍性之场。

366. 爽口食多终作疾，快心事过必生殃。

367. 汤武以谔谔而昌，桀纣以唯唯而亡。

368. 量窄气大，发短心长。

369. 善必寿考，恶必早亡。

370. 与治同道罔不兴，与乱同事罔不亡。

371. 富贵定要依本分，贫穷不必枉思量。

372. 福不可邀，养喜神以为招福之本；祸不可避，去杀机以为远祸之方。

373. 贪他一斗米，失却半年粮；争他一脚豚，反失一肘羊。

374. 不贪为宝，两不相伤。

375. 画水无风偏作浪，绣花虽好不闻香。

376. 贫无达士将金赠，病有高人说药方。

377. 三生有幸，一饭不忘。

378. 见善如不及，见恶如探汤。

379. 隐逸林中无荣辱，道义路上泯炎凉。

380. 秋至满山皆秀色，春来无处不花香。

381. 恶忌阴，善忌阳。

382. 穷灶门，富水缸。

383. 家贼难防，偷断屋粮。

384. 坐吃如山崩，游嬉则业荒。

385. 居身务期质朴，训子要有义方。

386. 富若不教子，钱谷必消亡；贵若不教子，衣冠受不长。

387. 能师孟母三迁教，定卜燕山五桂芳。

388. 国有贤臣安社稷，家无逆子恼爹娘。

389. 说话人短，记话人长。

390. 平生只会说人短，何不回头把己量。

391. 言易招尤，对亲友少说两句；书能化俗，教儿孙多读几行。

392. 施惠勿念，受恩莫忘。

393. 刻薄成家，理无久享；伦常乖舛，立见消亡。

394. 触来莫与说，事过心清凉。

395. 君子不可貌相，海水不可斗量。

396. 蓬蒿之下，或有兰香；茅茨之屋，或有公王。

397. 一家饱暖千家怨，万世机谋二世亡。

398. 狐眠败砌，兔走荒台，尽是当年歌舞地；露冷黄花，烟迷绿草，悉为旧日争战场。

399. 拨开世上尘氛，胸中自无火炎水竞；消去心中鄙吝，眼前时有鸟语花香。

400. 贫穷自在，富贵多忧；既往不咎，覆水难收。

401. 人无远虑，必有近忧。

402. 勿临渴而掘井，宜未雨而绸缪。

403. 宁向直中取，不可曲中求。

404. 驭横切莫逞气，止谤还要自修。

405. 忍得一时之气，免得百日之忧。

406. 是非只为多开口，烦恼皆因强出头。

407. 酒虽养性还乱性，水能载舟亦覆舟。

408. 克己者，触事皆成药石；尤人者，启口即是戈矛。

409. 以直报怨，以义解仇。

410. 庄敬日强，安肆日偷。

411. 惧法朝朝乐，欺公日日忧。

412. 晴干不肯去，只待雨淋头。

413. 儿孙自有儿孙福，莫为儿孙作马牛。

414. 人生七十古来稀，问君还有几春秋？

415. 当出力处须出力，得缩头时且缩头。

416. 生年不满百，常怀千岁忧。

417. 逢桥须下马，有路莫登舟。

418. 路逢险处须当避，事到头来不自由。

419. 吴宫花草埋幽径，晋代衣冠成古丘。

420. 功名富贵若长在，汉水亦应西北流。

421. 青冢草深，万念尽同灰冷；黄粱梦觉，一身都似云浮。

422. 人平不语，水平不流。

423. 便宜莫买，浪荡莫收。

424. 不以我为德，反以我为仇。

425. 有花方酌酒，无月不登楼。

426. 人有三句硬话，树有三尺绵头。

427. 一家养女百家求，一马不行百马忧。

428. 深山毕竟藏猛虎，大海终须纳细流。

429. 到此如穷千里目，谁知才上一层楼。

430. 欲知世事须尝胆，会尽人情暗点头。

431. 受恩深处宜先退，得意浓时便可休。

432. 莫待是非来入耳，从前恩爱反为仇。

433. 贫家光扫地，贫女净梳头，景色虽不丽，气度自优游。

434. 器具质而洁，瓦缶胜金玉；饮食约而精，园蔬愈珍馐。

435. 无益世言休着口，不干己事少当头。

436. 留得五湖明月在，不愁无处下金钩。

437. 休向君子谄媚，君子原无私惠；休与小人为仇，小人自有对头。

438. 名利是缰锁，牵缠时，逆则生憎，顺则生爱；富贵如浮云，觑破了，得亦不喜，失亦不忧。

439. 若登高，必自卑；若涉远，必自迩。

440. 磨刀恨不利，刀利伤人指；求财恨不多，财多终累己。

441. 有福伤财，无福伤己。

442. 病加于小愈，孝衰于妻子。
443. 居视其所亲，达视其所举，富视其所不为，贫视其所不取。
444. 知足常足，终身不辱；知止常止，终身不耻。
445. 君子爱财，取之有道；小人放利，不顾天理。
446. 悖入亦悖出，害人终害己。
447. 人非善不交，物非义不取。
448. 身欲出樊笼外，心要在腔子里。
449. 勿偏信而为奸所欺，勿自任而为气所使。
450. 差之毫厘，谬以千里。
451. 使口不如自走，求人不如求己。
452. 为富兼为仁，愿生莫愿死。
453. 人见白头嗔，我见白头喜，多少少年亡，不到白头死。
454. 贼是小人，智过君子。
455. 君子固穷，小人穷斯滥矣。
456. 壁有缝，墙有耳。
457. 好事不出门，恶事传千里。
458. 之子不称服，奉身好华侈，虽得市童怜，还为识者鄙。
459. 天下无不是底父母，世间最难得者兄弟。
460. 青出于蓝而胜于蓝，冰生于水而寒于水。
461. 不痴不聋，不作阿姑阿翁；得亲顺亲，方可为人为子。
462. 处骨肉之变，宜从容不宜激烈；当家庭之衰，宜惕厉不宜委靡。
463. 是日一过，命亦随减。
464. 务下学而上达，毋舍近而趋远。
465. 量入为出，凑少成多；溪壑易填，人心难满。
466. 用人与教人，二者却相反，用人取其长，教人责其短。
467. 打人莫伤脸，骂人莫揭短。
468. 仕宦芳规清慎勤，饮食要诀缓暖软。
469. 水暖水寒鱼自知，花开花谢春不管。
470. 蜗牛角上校雌雄，石火光中争长短。
471. 留心学到古人难，立脚怕随流俗转。
472. 凡是自是，便少一是；有短护短，更添一短。

473. 洒扫庭除，要内外整洁；关锁门户，必亲自检点。

474. 天下无难处之事，只消两个如之何；天下无难处之人，只要三个必自反。

475. 凡事要好，须问三老。

476. 好问则裕，自用则小。

477. 勿营华屋，勿作淫巧。

478. 若争小可，便失大道。

479. 但能依本分，终须无烦恼。

480. 有言逆于汝心，必求诸道；有言逊于汝志，必求诸非道。

481. 吃得亏，坐一堆；要得好，大做小。

482. 志宜高而心宜下，胆欲大而心欲小。

483. 学者如禾如稻，不学者如蒿如草。

484. 唇亡齿必寒，教弛富难保。

485. 书中结良友，千载奇逢；门内产贤郎，一家活宝。

486. 一场闲富贵，很很挣来，虽得还是失；百年好光阴，忙忙过去，纵寿亦为夭。

487. 事事有功，须防一事不终；人人道好，须防一人着恼。

488. 宁添一斗，莫添一口。

489. 但求放心，休夸利口。

490. 要学好人，须寻好友。

491. 引酵若酸，那得好酒。

492. 宁遭父母手，莫遭父母口。

493. 狗不嫌家贫，儿不嫌母丑。

494. 勿贪意外之财，勿饮过量之酒。

495. 进步便思退步，着手先图放手。

496. 不嫌刻鹄类鹜，只怕画虎成狗。

497. 责善勿过高，当思其可从；攻恶勿太严，要使其可受。

498. 享现在之福如点灯，随点则随灭；培将来之福如添油，愈添则愈久。

499. 恩里由来生害，得意时须早回头；败后或反成功，拂心处莫便放手。

500. 多交费财，少交省用。

501. 千里送毫毛，礼轻仁义重。

502. 骨肉相残，煮豆燃萁；兄弟相爱，灼艾分痛。

503. 以身教者从，以言教者讼。

504. 厚积不如薄取，滥求不如减用。

505. 一字入公门，九牛拖不出；理字不多大，千人抬不动。

506. 两人自是，不反目稽唇不止，只温语称他人一句好，便有无限欢欣；两人相非，不破家亡身不止，只回头认自己一句错，便有无边受用。

507. 和气致祥，乖气致戾。

508. 玩人丧德，玩物丧志。

509. 福至心灵，祸至心晦。

510. 受宠若惊，闻过则喜。

511. 创业固难，守成不易。

512. 门内有君子，门外君子至；门内有小人，门外小人至。

513. 东海曾闻无定波，北邙未肯留闲地。

514. 趋炎虽暖，暖后更觉寒增；食蔗能甘，甘余便生苦趣。

515. 争名利，要审自己分量，休眼热别个，辄生嫉妒之心；撑门户，要算自己来路，莫步趋他人，妄起挪扯之计。

516. 家庭和睦，疏食尽有余欢；骨肉乖违，珍馐亦减至味。

517. 观过知仁，投鼠忌器。

518. 爱而知其恶，憎而知其善；贫而无怨难，富而无骄易。

519. 晴空看鸟飞，流水观鱼跃，识宇宙活泼之机；霜天闻鹤唳，雪夜听鸡鸣，得乾坤清纯之气。

520. 先学耐烦，切莫使气，性躁心粗，一生不济。

521. 举世好承奉，承奉非佳意，不知承奉者，以尔为玩戏。

522. 得时莫夸能，不遇休妒世。

523. 物盛则必衰，有隆还有替。

524. 路径仄处，留一步与人行；滋味浓的，减三分让人嗜。

525. 为人要学大，莫学小，志气一卑污了，品格难乎其高；持家要学小，莫学大，门面一弄阔了，后来难乎其继。

526. 争斗场中，出几句清冷言语，便扫除无限杀机；寒微路上，用一片赤热心肠，遂培植许多生意。

527. 一日为师，终身为父。

528. 衣不如新，人不如故。

529. 忍一言，息一怒；饶一著，退一步。

530. 三十不立，四十见恶，五十相将寻死路。

531. 爱儿不得爱儿怜，聪明反被聪明误。

532. 去时终须去，再三留不住。

533. 非意相干，可以理遣；横逆加来，可以情恕。

534. 贫穷患难，亲戚相顾；婚姻死丧，邻保相助。

535. 亲者毋失其为亲，故者毋失其为故。

536. 得意不宜再往，凡事当留余步。

537. 宁使人讶其不来，勿令人厌其不去。

538. 有生必有死，孽钱归孽路。

539. 不怕无来处，只怕多去处。

540. 务要见景生情，切莫守株待兔。

541. 丧家亡身，多言占了八分；世微道替，百直曾无一遇。

542. 得忍且忍，得耐且耐，不忍不耐，小事变大。

543. 事以密成，语以泄败。

544. 相论逞英雄，家计渐渐退。

545. 贤妇令夫贵，恶妇令夫败。

546. 一人有庆，兆民永赖。

547. 富贵家，宜宽厚，而反忌克，如何能享；聪明人，宜敛藏，而反炫耀，如何不败。

548. 见怪不怪，怪乃自败。

549. 一正压百邪，少见必多怪。

550. 君子之交淡以成，小人之交甘以坏。

551. 视寝兴之早晚，知人家之兴败。

552. 寂寞衡茅观燕寝，引起一段冷趣幽思；芳菲园圃看蝶忙，觑破几般尘情世态。

553. 言忠信，行笃敬。

554. 君子安贫，达人知命。

555. 惟圣罔念作狂，惟狂克念作圣。

556. 爱人者，人恒爱；敬人者，人恒敬。

557. 好讼之子，多致终凶；积善之家，必有余庆。

558. 损友敬而远，益友亲而近。

559. 善与人交，久而能敬，过则相规，言而有信。

560. 贫士养亲，菽水承欢；严父教子，义方是训。

561. 不为昭昭信节，不为冥冥堕行。

562. 勤，懿行也，君子敏于德义，世人则借勤以济其贪；俭，美德也，君子节于货财，世人则假俭以饰其吝。

563. 欲临死而无挂碍，先在生时事事看得轻；欲遇变而无仓忙，须向常时念念守得定。

564. 识得破，忍不过；说得硬，守不定。

565. 笑前辙，忘后跌；轻千乘，豆羹竞。

566. 子有过，父当隐；父有过，子当诤。

567. 木受绳则直，人受谏则圣。

568. 良药苦口利于病，忠言逆耳利于行。

569. 家丑不可外传，流言切莫轻信。

570. 下情难于达上，君子不耻下问。

571. 芙蓉白面，不过带肉骷髅；美艳红妆，尽是杀人利刃。

572. 读书而寄兴于吟咏风雅，定不深心；修德而留意于名誉事功，必无实证。

573. 一人非之，便立不定，只见得有是非，何曾知有道理；一人不知，便就不平，只见得有得失，何曾知有义命。

574. 智生识，识生断，当断不断，反受其乱。

575. 人各有心，心各有见。

576. 有盐同咸，无盐同淡。

577. 人间私语，天闻若雷；暗室亏心，神目如电。

578. 一毫之恶，劝人莫作；一毫之善，与人方便。

579. 终身让路，不枉百步；终身让畔，不失一段。

580. 难合亦难分，易亲亦易散。

581. 口说不如身行，耳闻不如目见。

582. 只见锦上添花，未闻雪里送炭。

583. 传家二字耕与读，防家二字盗与奸，倾家二字淫与赌，守家二字勤与俭。

584. 作种种之阴功，行时时之方便。

585. 不汲汲于富贵，不戚戚于贫贱。

586. 素位而行，不尤不怨。

587. 先达之人可尊也，不可比媚；权势之人可远也，不可侮慢。

588. 祖宗富贵，自诗书中来，子孙享富贵而贱诗书；祖宗家业，自勤俭中来，子孙得家业而忘勤俭。

589. 以孝律身，即出将入相，都做得妥妥亭亭；以忍御气，虽横祸飞灾，也免脱千千万万。

590. 善有善报，恶有恶报，若有不报，日子未到。

591. 水不紧，鱼不跳。

592. 年年防饥，夜夜防盗。

593. 祸福无门，惟人自召。

594. 好义固为人所钦，贪利乃为鬼所笑。

595. 贤者不炫己之长，君子不夺人所好。

596. 受享过分，必生灾害之端；举动异常，每为不祥之兆。

597. 救既败之事，如驭临岩之马，休轻加一鞭；图垂成之功，如挽上滩之舟，莫稍停一棹。

598. 窗前一片浮青映白，悟入处，尽是禅机；阶下几点飞翠落红，收拾来，无非诗料。

599. 种麻得麻，种豆得豆。

600. 天网恢恢，疏而不漏。

601. 见官莫向前，做客莫在后。

602. 会数而礼勤，物薄而情厚。

603. 大事不糊涂，小事不渗漏。

604. 内藏精明，外示浑厚。

605. 佳人傅粉，谁识白刃当前；螳螂捕蝉，岂知黄雀在后。

606. 天欲祸人，必先以微福骄之，所以福来不必喜，要看会受；天欲福人，必先以微祸儆之，所以祸来不必忧，要看会救。

607. 算甚么命，问甚么卜。

608. 欺人是祸，饶人是福。

609. 鷦鹩巢林，不过一枝；鼹鼠饮河，不过满腹。

610. 大俭之后，必有大奢；大兵之后，必有大疫。

611. 天眼恢恢，报应甚速。

612. 人欺不是辱，人怕不是福。

613. 人亲财不亲，人熟礼不熟。

614. 百病从口入，百祸从口出。

615. 片言九鼎，一公百服。

616. 点石化为金，人心犹未足。

617. 不肯种福田，舍财如割肉。

618. 临时空手去，徒向阎君哭。

619. 积产遗子孙，子孙未必守；积书遗子孙，子孙未必读。

620. 莫把真心空计较，惟有大德享百福。

621. 不作无益害有益，不贵异物贱用物。

622. 谁人不爱子孙贤，谁人不爱千钟粟，奈五行不是这般题目。

623. 恩宜自淡而浓，先浓后淡者，人忘其惠；威宜自严而宽，先宽后严者，人怨其酷。

624. 以积货财之心积学问，则盛德日新；以爱妻子之心爱父母，则孝行自笃。

625. 学须静，才须学。

626. 非学无以广才，非静无以成学。

627. 行义要强，受谏要弱。

628. 生于忧患，死于安乐。

629. 闲时不烧香，急时抱佛脚。

630. 不患老而无成，只怕幼而不学。

631. 咬得菜羹香，寻出孔颜乐。

632. 富贵如刀兵戈矛，稍放纵便销膏靡骨而不知；贫贱如针砭药石，一忧勤即砥节砺行而不觉。

633. 送君千里，终须一别。

634. 不矜细行，终累大德。

635. 亲戚不悦，无务外交；事不终始，无务多业。

636. 临难毋苟免，临财毋苟得。

637. 气死莫告状，饿死莫做贼。

638. 醉后思仇人，君子避酒客。

639. 智者千虑，必有一失；愚者千虑，必有一得。

640. 千年田地八百主，田是主人人是客。

641. 良田不由心田置，产业变为冤业折。

642. 真士无心邀福，天即就无心处牖其衷；险人着意避祸，天即就着意处夺其魄。

643. 权贵龙骧，英雄虎战，以冷眼观之，如蝇竞血，如蚁聚膻；是非蜂起，得失猬兴，以冷情当之，如冶化金，如汤消雪。

644. 客不离货，财不露白。

645. 谗言不可听，听之祸殃结，君听臣遭诛，父听子遭灭，夫妇听之离，兄弟听之别，朋友听之疏，亲戚听之绝。

646. 鬼神可敬不可谄，冤家宜解不宜结。

647. 人生何处不相逢，莫因小怨动声色。

648. 心思如青天白日，不可使人不知；才华如玉韫珠含，不可使人易测。

649. 性天澄澈，即饥餐渴饮，无非康济身肠；心地沉迷，纵演偈谈元，总是播弄精魄。

650. 芝兰生于深林，不以无人而不芳；君子修其道德，不为穷困而改节。

651. 满招损，谦受益。

652. 百年光阴，如驹过隙。

653. 世事明如镜，前程暗似漆。

654. 有麝自然香，何必当风立。

655. 良田万顷，日食三餐；大厦千间，夜眠八尺。

656. 救生不救死，寄物不寄失。

657. 人生孰不需财，匹夫不可怀璧。

658. 廉官可酌贪泉水，志士不受嗟来食。

659. 适志在花柳灿烂、笙歌沸腾处，那都是一场幻境界；得趣于木落草枯、声稀味淡中，才觅得一些真消息。

660. 己所不欲，勿施于人。

661. 抱薪救火，火必成灾；扬汤止沸，不如去薪。

662. 贪心害心，利己伤身。

663. 以法治人，人即得治。

664. 不患人不知己，唯患己不知人。

665. 仁慈者寿，凶暴者亡。

666. 圣贤言语，雅俗并集，人能体此，万无一失。

后 记

我和曾祥丰既是工作上的同事，亦是生活中的益友。三十多年来，翻阅《增广贤文》一直是我们共同的爱好，茶余饭后讨论最多的也是该书的内容，每次谈及都是一次思想的碰撞，总会得到新的人生感悟。近年来兴起的传统文化热，让我们催生了编写一本重新阐释《增广贤文》读本的念头。我们的提议迅速得到了另外两位国学爱好者曾馨仪、曾尧生的响应，由四人组成的编写团队也随之诞生。

2013 年 2 月 24 日元宵佳节之际，四人召开了第一次编委会议。在我和曾祥丰多次商议的基础上，最终敲定了基本框架、编书方向和职责分工。具体分工如下：作为主编我负责整本书的架构、布局谋篇及一半初稿的编撰，主管组织、编审、发行等工作。副主编曾祥丰主要负责另一半初稿的编撰及本书文字编辑的统稿工作，并按照主编和编辑的意见进行全面修改。曾馨仪主要负责整本书的文字校对和审定，向主编提出初步的编审意见和部分资料的搜集、编辑，确保本书出版的编校质量。曾尧生除协助副主编对部分条目进行编辑外，主要是遴选图片，编辑制作本书插图，同时对本书的电子文本进行技术处理。会后，各项工作就基本上按此顺利推进。我们也一致同意一个季度召开一次调度会和研讨会。

在四人编写团队的不懈努力下，666 句的《增广贤文》以一种全新的方式呈现，也正是这本新书——《故事增广》。如果各位读者读过本书后，能因国学经典《增广贤文》的精神熏陶而变得更加成熟、理性，也算是编著者为国家和社会做了一点小小的贡献，编著本书的心愿也就算基本实现了。

此外，在编著过程中，我们特邀请了汉寿一中的袁婷老师进行插图再创作，然后由曾祥丰修改插图、由曾尧生进行电子图文处理。如此一来，本书便增添了文化灵性，读者的阅读体验也得到了丰富 。在此，我们诚恳地感谢袁婷老师的大力支持！

在即将成书之际，我们有幸邀请了北京师范大学姚建彬教授从大洋彼岸的孔子学院为本书亲自作序。姚建彬先生是湖南省汉寿县人，文学博士、教授、博士生导师。2012年6月，被任命为北京师范大学文学院副院长。2016年2月，就任美国塔夫茨大学孔子学院中方院长。姚建彬教授不仅给予《故事增广》高度评价，还给本书提出了很多修改意见，为编著者如何编辑修改、如何提高成书质量指明了方向，在此深表谢意！

尽管这本书已付梓，但由于编著者汲深绠短，讹误难免，不乏瑜不掩瑕之处，还请读者批评指正。烦请各位通过电子邮箱给我们提出宝贵意见，以便再版时修改和完善，使其真正成为广大读者案头的精神加油站。另外，因本书为编著作品，在编写过程中，参阅和使用了一些报刊资料等，在此我谨代表编委会向各位作者诚表谢意，对未取得联系的作者，致以深深歉意。原作者见本书后如有异议，敬请及时与本书编著者联系，商榷后续事宜。

曾友明　电子邮箱：nxhzr999@163.com

2018年7月27日

图书在版编目（CIP）数据

故事增广 / 曾友明等编著. —长沙:湖南教育出版社，2018.10
ISBN 978-7-5539-6048-7

Ⅰ.①故… Ⅱ.①曾… Ⅲ.①历史故事—作品集—中国 Ⅳ.①I247.81

中国版本图书馆CIP数据核字(2017)第324472号

故事增广
GUSHI ZENGGUANG

曾友明　曾祥丰　曾馨仪　曾尧生　编著

责任编辑：李　欣　罗伟成
责任校对：刘　源　胡　婷
封面设计：阙　铭
插　　图：曾祥丰　袁　婷
出版发行：湖南教育出版社（长沙市韶山北路443号）
网　　址：www.bakclass.com
微 信 号：贝壳网教育平台
电子邮箱：hnjycbs@sina.com
客服电话：0731-85486979
经　　销：湖南省新华书店
印　　刷：湖南贝特尔印务有限公司
开　　本：787mm×1092mm　16开
印　　张：35
字　　数：608 000
版　　次：2018年10月第1版　2018年10月第1次印刷
书　　号：ISBN 978-7-5539-6048-7
定　　价：80.00元